わざ伝承の道しるべ

金子明友　著

明和出版

まえがき

『わざ伝承の道しるべ』と題した本書は，謎に満ちた技芸の〈動く感じ〉に運動現象学的分析を進めるための〈道しるべ〉の一助になればと書き下ろした拙い論考集である。その〈道しるべ〉という和語的表現は〈知る方〉という方向標識だけでなく，〈知る辺〉つまり〈その辺を知る〉という両義をもつ。しかし，その謎に満ちた技芸の運動伝承を開示する古来の芸道では，師匠から教えてもらうのではなく，自ら工夫し習得すべきだと世紀を超えて厳しく伝えられている。とすれば，わざ伝承の〈道しるべ〉を立てることそれ自体は，伝来の自得の美意識を本義とする芸道に反するから，それは邪道になってしまう。しかし，馬齢を重ねて生来の臍曲がりが嵩じ，その虚仮の一念が芸の道に反する〈道しるべ〉を立てるという大それた論考を書かせたのかもしれない。とは言っても，その空元気は卒寿を過ぎてすっかり気弱になってしまい，わざ伝承の謎解きは次世代の臍曲がりの俊英たちに託さざるをえない。運動文化のわざ伝承の道には，どんなアポリア［難関］が立ち塞がっているのかだけでも思うままに書き遺しておきたいと，それはまさに頑是無い童子の如き老翁の一徹なのかもしれない。

　長い大学生活を終えて上梓した拙著『わざの伝承』(2002)以来，一貫して追及してきた技芸を身に付ける〈動く感じ〉の開示は老生の心を捉えて放さない。その道しるべはフッサールのいうキネステーゼ感覚の働く原発生地平に通底しているから，いわばドクサ的身体経験の深層に立ち入らざるをえなくなる。そこではじめて，その先も後もなく同時変換する奇妙な動感身体発生現象に出会う仕儀となる。そこには，コツとカンが一元化した統一態として，その感覚論理の身体発生という志向対象がやっと姿を見せ始めるのだ。発生的運動学の〈発生〉という表現には，動く感じの自己時間化の働きが含意されているから，そのコツとカンが同時変換する奇妙な動感身体の発生現象は単に言語化しにくいというだけではない。その〈動く感じ〉を身体化する体験のない人にとっては，まったく理解しにくい非論理的な出来事となる。たとえば「三段跳びは感覚で跳ぶのだ(織田幹雄)」とか「技を身に付けるには失敗に成功することだ(加藤澤男)」などと言われても，その奇妙な非論理的な表現はその道の名選手たちの謎めいた言葉として伝えられるだけである。

その奇妙な動感身体発生に秘められた〈動く感じ〉は私秘的だから理解しにくいというだけでなく，それは非直観的だから科学的な映像分析で捉えることもできない。ところが，他人の動く感じをすぐ真似できる人は，その意味発生の秘密を一気に読み取ってしまう。たしかに，そのコツとカンを同時変換できる身体知の奥義はその人だけのパテントだから，その秘伝は伝承発生を拒絶する働きさえもつ。わが国の芸道には流派や宗家の制度が成立して，その身体知の伝承成立にもいろいろな障碍が立ち塞がっているのは周知のとおりである。このように謎の多い〈わざ伝承〉の道は，わが国古来の武芸や技芸の世界だけでなく，現代のスポーツ領域にも姿を変えて，その運動分析に難題を突きつける。しかし，コツとカンを同時変換できる動感身体の発生現象は，単に技芸や競技における達人の深層世界だけに現れるのではない。いわば，学校体育の運動学習でも，このコツとカンの一元的身体能力の発生は決定的な役割を担っている。ところが，まだ言語表現もままならない幼児が友達の動きを一目見ただけで即座に真似ができるのはどうしてなのか。それどころか，〈あ〉という仮名文字を〈手指〉で習い覚えた幼児が即座に〈肘〉でも，さらに〈踵〉でも描けるのだ。考えてみれば，このようなコツとカンが情況に応じて同時変換する奇妙な感覚論理の出来事は日常生活の至るところに見られる。スクランブル交差点を急いで通り抜けようとすると，無意識のうちに情況を見るカンととっさに身を交わすコツが同時変換して他人にぶつからずに通り抜けることができる。このような非論理的な〈反論理性〉はドイツの神経学者 V. ヴァイツゼッカーによって循環形態の現象として見事に開示されているが，それはフッサールの〈触る‐触られる〉という我が身に潜む二重感覚の働きに通底しているのは言をまたない。

　これまでは，幼児の運動遊びでも，体育の運動学習でも〈できればよい〉という成果主義一辺倒だから，その謎に満ちたコツとカンの一元化身体発生は運動分析する人の問題意識にも上ってこない。これまで物的身体の運動発生に関しては，生理学的，物理学的ないし心理学的な科学的運動分析として，その因果的メカニズムの開示が主題化されている。それが 17 世紀の科学革命以来一貫しているのは周知のとおりである。しかし，フッサールによる超越論的構成分析として本質直観の構想が発表されてから早や一世紀を超えているのに，競技スポーツや学校体育の運動分析はこれを拒否し続けている。ところが，その現象学的なキネステーゼ身体発生分析は，奇しくもわが国古来の武道や芸道に

通底しながら，フッサールの超越論的反省の態度は現場の競技実践のなかで当然の分析手続きとして現に取り上げられている。しかしそれは非科学的分析であるから，客観性の欠如として選手たちやコーチの胸三寸に納められてしまうのである。しかし戦後の東京五輪（1964）後のわが国には，生ける身体運動そのものを記述分析する純粋運動現象学の成立を求める機運（『序説運動学』1968 大修館書店）が芽生えてはいたのだ。それからすでに半世紀の歳月が流れても，そのようなスポーツ実践の運動現象学的分析が一向に科学的運動分析との区別も定かでないまま低迷しているとすれば，それは遺憾としか言いようがない。しかし，どうしてその〈動く感じ〉[キネステーゼ]の身体発生[ピュシス]分析は貶められ，開示されないままなのか。たしかに動感感覚の身体経験に気づかない人に首肯してもらうには，多くのアポリア［難関］に阻まれているのは明らかである。だから本書の拙い論考集が現象学的発生運動分析の〈道しるべ〉に少しでも役に立てばと念じること頻りなのだ。

　〈序章〉においては「コツとカンの一元論」と題されて，スポーツ領域における戦後の運動分析がアメリカの科学的運動学[キネシオロジー]を範として急速に修正させられていく経緯が露呈される。それまでのスポーツ領域や武道を含む体育領域の運動分析論は，すべてコツとカンだけを頼りに分析してきたから，それは素朴な非科学的分析として真っ先に排除されることになった。終戦前まで学校体育に必修だった剣道や柔道は全面禁止となり，コツとカンに頼る古来の稽古論も軍国的精神主義の温床として忌避される徹底振りであった。ところが，平和になって急に盛んになった競技スポーツの実践現場では，その選手たちが自らの〈動く感じ〉[キネステーゼ]を無視しては，何一つ勝負できないことに気づいていたのだ。いわばそれは，アメリカの運動学[キネシオロジー]や西欧圏の生力学[バイオメカニクス]でその運動の科学法則が分かっても，自らのコツとカンの工夫なしには競技力に直結しないからである。むしろ，競技力に直結する身体能力の獲得は奇しくもわが国古来の芸道や武道に通底することが現場では確信され，国際競技でも堂々と活躍し始めたのである。その競技力向上の現場では，科学的分析かコツとカンの感覚[センス]分析かとの二者択一の問題でなかったことが序章として浮き彫りにされることになる。

　〈第Ⅰ章〉の「自己運動の身体発生基盤」においては，これまでの科学的運動分析では対象から外されていたキネステーゼ感覚の働く〈自己運動〉が動感身体発生基盤として主題化されている。そこでは，〈動く感じ〉[キネステーゼ]の身体感覚を介して遂行される自己運動こそがあらゆるキネステーゼ身体発生の基盤と

て，発生運動学の分析対象に取り上げられることになる。その場合，自ら反省する以前に受動発生する自己運動の先反省的志向対象がその分析の〈道しるべ〉としてまず前景に立てられる。マイネル運動学の起点に据えられていた〈運動の自己観察〉は，当時の西欧でも非科学的な経験分析と批判されつつも，自己運動の記述分析を放棄しなかったマイネル教授の道を我々の発生的運動現象学もフッサールの超越論的反省の立場を起点として継承することになる。その〈道しるべ〉は，今ここに自ずと動ける動感発生の〈なじみ地平〉に始まって，その連合的覚起や類比統覚化の志向対象の意識分析を経て，やがて偶発的にキネメロディーの流れる原発生地平に至り，自己時間化の深層分析に入っていくことになる。しかしながら，未来予持の地平志向性を確信するには〈現象学する自我〉の働きが不可欠である。とすれば，フッサールのいう〈自我分裂〉を触発化し，現象学的自我をどのように触発するかの〈道しるべ〉が喫緊の課題として我々に主題化されることになる。

〈第Ⅱ章〉の「他者運動の身体発生基盤」では，他者運動の身体発生分析［本書§2-(c) 参照］の志向対象が主題的に問われている。しかも，マイネル運動学による〈運動の他者観察〉という共感分析が我々にも引き継がれているのは言うまでもない。そのマイネルの他者観察は，改めてフッサール発生現象学の〈代行分析〉［本書§:14〜§22参照］として，その道しるべが問い直されることになる。しかし，他者運動の模倣分析からその動感身体発生に問いかけるには，内在超越的な観察分析と他者の動感世界に越境できる借問分析の道しるべが前提的に取り上げられなければならない。いわば，ここでいう他者運動とは，外部視点から客観的に映像化される他者の身体運動ではない。その物的身体の客観的運動はバイオメカニクスの運動分析の対象である。我々の発生的運動現象学の分析対象は，他者の絶対主観による自己運動をその原発生地平志向性に遡って，その他者の一元化意味核の志向対象が分析対象に取り上げられるのである。だから，他者の自己運動に越境できる自らの〈身体移入能力〉［本書：§36-(c) 参照］が必然的に求められる。しかし，マイネルのいう共感能力の開示とそのフッサールのいう代行分析能力の開発は我々に多くの難題を突きつけてくることになる。

〈第Ⅲ章〉ではスポーツ運動の「カテゴリー分析の道」が取り上げられる。そこでは類化分析，基づけ分析，事態分析の三カテゴリー領域の志向対象が主題化されている。それぞれの競技スポーツの領域は区々であり，その当該の分

析対象性も多岐にわたるのは論じるまでもない。しかしその動感発生現象におけるその述定判断のカテゴリー分析は，その志向対象の〈感覚発生〉そのものであり，その分析結果は取りも直さず発生運動学の一般理論に不可欠な身体発生基盤を開示してくれることになる

　〈第Ⅳ章〉では「パトス分析の道」が主題化される。そのパトス分析に道を開いたのは，『パトゾフィー』の大著で壮大な医学的人間学の構想を唱道した神経学者V. ヴァイツゼッカーであるのは周知の通りである。ヴァイツゼッカーは〈知覚と運動の一元論〉を〈ゲシュタルトクライス〉と命名して，その同時変換の反論理的相即性を早くから開示（1933）しているのである。その変換同時性はその始原が〈パトス的なるもの〉のカテゴリー分析にも求められ，その生命的パトスに〈知覚と運動の一元論〉という動感発生基盤が開示されていることはよく知られている。スポーツの発生的運動学においても，この身体発生分析で動感の働く志向対象が先構成されるのは，この動感パトス世界に潜む苦悩性に求められているからである。そのパトス分析とは，動こうとする意志，動いてもよい許可，動かざるをえない必然，動ける可能性，そう動くべき規範というペンタグラム［五先端の星印］として取り上げられている。その情念の葛藤のなかに，パトス的な動感運動性が生き生きと働き，さらなる動感エート充実の気概を芽生えさせることになる。その動感パトス分析におけるその〈パトス転機〉こそが〈動感エートス〉の動感身体発生の基盤を成しているのである。だから，発生運動学としての超越論的構成分析では，まずもってこの動感パトス分析に起点が置かれるのは多言を要しないことである。

　〈第Ⅴ章〉では「エートス分析の道」として，キネステーゼ感覚エートス分析の〈道しるべ〉が主題化されてくる。そこでは，私の身体が〈見抜くこと〉〈聴き取ること〉という気概溢れるエートス的な事態分析が取り上げられ，その道しるべに多くの志向対象が浮上してくる。つまり，この動感感覚への気概は，そこで述定判断される志向対象として目指されるからである。我々の発生的運動学においては，受動発生から能動発生に至るキネステーゼ感覚形態化の現象野のなかで，その歴史身体の志向含蓄態を含めた広大な身体発生現象の志向対象が浮上してくることになる。それまでのパトス的感覚世界と基づけ関係にあるこの動感エートスの時間化される身体発生は，広大な現象野のそれぞれに特徴的な姿を次々と現してくるからである。動感エートスの身体発生様態の起点になるのは〈非直観的なもの〉の地平構造に潜む志向含蓄態である。その直観

化道程の全体を直観化綜合層位，本質直観層位，自在無碍層位の三層に分けられて具体的に動感(キネステーゼ)発生分析の志向対象が次々と開示されていくことになる。

〈終章〉では，「発生的運動学の現在と将来」と題して，動感(キネステーゼ)身体発生の復権こそが運動文化伝承のために結論として浮かび上がってくることになる。本論の基本概念の一つとして取り上げられているフッサールの〈身体感覚〉という用語は，生理学や心理学で取り上げられている体性感覚ではない。だから，我々のスポーツ領域の発生的運動学においては，フッサールのいう絶対主観性に発するコツとカンの一元化統一態として示される動感(キネステーゼ)身体発生現象に決定的な役割が与えられているのである。いわば，発生的現象学の〈身体感覚(キネステーゼ)〉の表記が感覚生理学の〈体性感覚(キネステーゼ)〉と同じような表記だからといっても，動く感じを秘めた時間化される〈動感身体発生〉の内在超越論的な概念と混同されるはずもない。そこには，キネステーゼと一元化して働く身体感覚のなかに伝承すべきモナド意味核をもつ究極基体(ヒュポケイメノン)［担い手］が前景に立てられるから，そのノエマ的意味存在として確認するだけで充分である。ところが，学校体育の教材研究として，その学習対象のノエマ的存在論そのものが取り上げられることは珍しい。同じように競技世界でも，その動感(キネステーゼ)伝承財のノエマ的意味構造は確認されないまま，コーチの胸三寸に畳み込まれてしまうこと頻りである。いずれにしても，伝えるべき動感(キネステーゼ)身体発生分析の志向対象である〈伝承財そのもの〉の静態分析が取り上げられることは希有なことである。さらに，その静態分析と対になるノエシス契機を秘めた発生分析もその純粋記述が欠落したままになりやすい。とは言っても，キネステーゼ身体発生を指導する実践現場では，どんな教師やコーチでも，そのつど変様する動感(キネステーゼ)身体感覚に必然可能的に向き合っていることには変わりはない。そこには，指導者がコツとカンの身体発生の場面に〈居合わせる〉という事態が全く欠損しているわけではない。選手も生徒たちも，その動きのコツとカンをわが身に身体化しようと必死に工夫を重ねているのだ。しかしそこには，動感(キネステーゼ)身体感覚の伝承という時間化する〈身体発生〉の貴重な場が成立していない。だから，それは伝承発生の学習指導とは言えず，単なる学習課題の空虚形態を一方的に呈示しただけで，その身体発生そのものの指導は生徒や選手に丸投げされているのである。指導者はただ拱手傍観して，励ましの言葉かけをする野次馬(キービッツ)に変身するだけとなる。戦前と戦後の運動実践指導の決定的な違いは，コツとカンが同時変換する一元化意味核の身体発生現象に指導者が価値感覚を働かせるかどうかである。自己時間化す

る動感身体発生こそが，スポーツ運動文化の伝承発生ないし身体教育の究極的基体を，いわばその担い手になっていることを確認するのでなければならない。

　この随想的論考集を閉じるにあたって，すでに卒寿を越した老翁がコツとカンの一元化に執着したのは，謎に満ちた身体発生への単なる好奇心からではない。そのキネステーゼの働く身体感覚がスポーツ実践では，その身体発生の究極の担い手として決定的な役割を果たしているからである。にもかかわらず，それに正統な学問性が認められずに，ヴァイツゼッカーの揶揄する野次馬がその科学主義的態度を変えようとしない頑迷さが馬齢を重ねた老翁を刺激したのかも知れない。もちろん，急速な人工頭脳の革新技術は世人を驚かすに十分であり，精密科学が運動分析に大きな役割を果たしうることを首肯するのに吝かではない。しかしそれはパトス的情念を秘めた感覚的感情の働くスポーツの生きた〈動きかた〉ではない。さらに，自己時間化する〈身体発生〉とは全く異質なロボット工学の〈動作発生〉の学問性に対して，わざわざフッサールの厳密な論証を援用するまでもないであろう。それは科学的運動分析と現象学的運動分析とは二者択一の問題でなく，ボイテンデイクのいう上位の身体発生基盤の構成こそ喫緊の課題として追求されるべきものであろう。

　拙稿を閉じるに当たって，明和出版社の和田義智氏には変わらぬ励ましと老翁の晦渋な文章と回りくどい論展開に細心の注意を払っていただいた。また，数十年に及ぶ拙稿の出版に関わって尽力してくれたそのご厚情に衷心からの謝意を捧げたい。同時に，すっかり物ぐさになった老生に膨大なフッサリアーナ文献の収集みならず，パソコンの修理までしてくれた金子一秀教授の協力に謝意を伝えなければならない。最後に，卒寿を越えてまでこの奇妙な身体発生論に打ち込めたのは，仕事にかかると周りが全く見えなくなる偏屈な老翁を支えてくれた妻順子の献身的協力なくては本書の上梓は叶わなかった。その度重なる苦労をかけ続けてきたことに対して，衷心からの謝意を表明しておくのを忘れるわけにはいかない。

　2017年　晩秋

金子明友

わざ伝承の道しるべ・目次

序　章　コツとカンの一元論
§1. 戦後はコツもカンも追放される……………………………………2
- (a) 武道禁止令は身体感覚を排除する /2
- (b) 戦後は科学的分析一辺倒となる /6
- (c) アスリートは身体知能で勝負する /12
- (d) 競技の命綱は身体知能しかない /16

§2. 古来の芸道に学ぶ……………………………………………………21
- (a) 反論理は身体感覚で捉える /21
- (b) 身体感覚は自得するしかない /26
- (c) 身体発生の重大さに気づく /29

§3. 動感原発生の地平に遡る……………………………………………33
- (a) 遂行自我は反論理で動く /33
- (b) 形態化は東洋技術観に遡る /36
- (c) 自己観察と他者観察は一元化する /39

§4. 身体発生の志向対象を問う…………………………………………41
- (a) 身体能力の意味発生に向き合う /41
- (b) 一元化意味核の固有性を確認する /43
- (c) 身体発生の伝承に道を拓く /45

第Ⅰ章　自己運動の身体発生基盤

[Ⅰ] 先反省の分析道しるべ──────────────52
§5. 身体発生は自己運動から生じる……………………………………52
- (a) コツの足音が聞こえる /52
- (b) 身体発生の故郷がない /55
- (c) 私の身体が勝手に動く /56

§6. 動く感じを純粋記述する……………………………………………59
- (a) 私の身体感覚を記述する /59
- (b) 二つの今を超越論的に反省する /62
- (c) 遂行自我は先存在地平をもつ /64

§7. 遂行自我に先反省が機能する………………………………………66
- (a) 自己運動は今統握を隠蔽する /66
- (b) 自己意識は匿名のままに働く /67
- (c) 原現在に意識欠損態が潜む /70

§8. 先反省性が発生基盤となる…………………………………………72
- (a) 身体発生の先反省に向き合う /72
- (b) 構成分析は静態分析を起点とする /75
- (c) 原発生の自己時間化に向き合う /77

§9. 超越論的記述学に向き合う…………………………………………80

(a) 先反省から直観化に入る /80　　　(b) 記述分析が直観化の道を拓く /82
　　(c) 先反省の記述学に向き合う /84

[Ⅱ] 自己運動の分析道しるべ ──────────────87
§10. 動く感じを記述する ………………………………………87
　　(a) 自己運動の流れを読む /87　　　(b) マイネルの自己観察に回帰する /89
　　(c) 身体発生の今統握を起点とする /92
§11. 身体発生に気づくのは誰か ………………………………95
　　(a) 自得は離見の見に学ぶ /95　　　(b) なじみ地平志向性を開示する /99
　　(c) 身体発生の連合覚起を問う /101　(d) 類比統覚化に直接向き合う /104
§12. 身体発生の志向性分析を問う ……………………………106
　　(a) 感覚世界の用語を問い直す /106　(b) 学習目標像を静態分析する /108
　　(c) 原発生地平のゼロ点に立つ /110
§13. 現象学する自我に向き合う ………………………………114
　　(a) 沈黙する身体発生を開示する /114 (b) 現象学的自我に問いかける /116
　　(c) 現象学的自我の充実に道を拓く /118

第Ⅱ章　他者運動の身体発生基盤

[Ⅰ] 代行能力分析の道しるべ ──────────────122
§14. 他者の自己運動を模倣する ………………………………122
　　(a) 他者の動く感じを反省する /122　(b) 他者の自己運動を模倣できるか /125
　　(c) マイネルの他者観察に回帰する /128
§15. 用具も周界も身体で感覚する ……………………………130
　　(a) 身体発生は物的知覚も一元化する /130 (b) 物的経験の志向対象に注目する /133
　　(c) 気配感から未来予持地平に迫る /135
§16. 他者運動の身体発生を探る ………………………………137
　　(a) 身体発生は同時変換的に働く /137　(b) 超越論的反省の時間化を問う /139
　　(c) 身体発生の分析能力に向き合う /142
§17. 他者の身体発生を代行する ………………………………145
　　(a) 身体移入の代行能力を問う /145　(b) 代行模倣化から他者に潜入する /147
　　(c) 代行形態化して他者に迫る /148　(d) 代行適合化の実践知に向き合う /151
§18. 形なきものの形を問う ……………………………………153
　　(a) 身体発生の欠損態を追う /153　(b) 他者の身体発生を見抜けるか /156
　　(c) 他者の身体発生基盤を構成する /159

[Ⅱ] 他者運動分析の道しるべ ―――――――――――――――――― 162
§19. 他者の身体発生に向き合う ……………………………………………… 162
(a) 芸道の自得精神を問い直す /162　(b) 身体発生は自然法則をエポケーする /165
(c) 他者身体発生に越境できるか /168
§20. 他者の時間化を代行する ………………………………………………… 172
(a) 他者の時間化に越境できるか /172　(b) 代行分析は身体発生を開示する /174
(c) 代行分析は自己時間化に始まる /176
§21. 代行分析の三層位に向き合う …………………………………………… 179
(a) 受動発生はアポリアに阻まれる /179　(b) 受容発生は受動綜合化する /182
(c) 能動発生に自己時間化が働く /184
§22. 他者の身体発生を代行する ……………………………………………… 187
(a) 身体発生能力を問い直す /187　(b) 他者の自己時間化に向き合う /188
(c) 時間化能力が代行分析の起点となる /190

第Ⅲ章　カテゴリー分析の道

[Ⅰ] 類化分析の道しるべ ―――――――――――――――――――― 194
§23. 超越論的反省の原対象に向き合う ……………………………………… 194
(a) 直進知覚から超越論的反省に入る /194　(b) 単一形態は原対象の内在成素をもつ /195
(c) 受動発生はアポリアに阻まれる /198
§24. 動きかたの類型化に向き合う …………………………………………… 201
(a) 運動類型学に問いかける /201　(b) ナンバ歩きを問い直す /203
(c) 規範化と動感化の角逐に向き合う /205

[Ⅱ] 基づけ分析の道しるべ ――――――――――――――――――― 208
§25. 単一形態の基づけ分析を問う …………………………………………… 208
(a) 全体と部分の基づけ関係に問いかける /208　(b) 単一形態は循環と非循環に区別される /210
(c) 全体は部分に基づけられる /212　(d) 絶対確信の身体発生に向き合う /215
§26. 複合形態に四層位を区別する …………………………………………… 217
(a) 複合形態の意味発生に向き合う /217　(b) 融合化は変換同時性を示す /218
(c) 接合化にも形なき形が潜む /220　(d) 組合せ局面は意味発生する /222
(e) シリーズ図式にメロディーが流れる /224
§27. 競技の基づけ分析に注目する …………………………………………… 226
(a) 競技固有の身体能力を問う /226　(b) 身体発生能力の身体化に向き合う /229
(c) 学校体育の教材研究に道を拓く /231

[Ⅲ] 事態分析の道しるべ —————————————————— 235
[A] 原発生地平分析の道しるべ —————————————————— 235
§ 28. 原発生の身体発生現象に遡る ・・・・・・・・・・・・・・・・・・・・・・・・・・・・ 235
(a) 身体の意味発生に向き合う /235　　(b) 事態カテゴリーの志向対象を問う /237
(c) 動感身体性を直観化する /238
§ 29. 原発生の自己時間化を問う ・・・・・・・・・・・・・・・・・・・・・・・・・・・・・・ 241
(a) 眠れるゼロ動感に問いかける /241　　(b) 絶対ゼロ点の原現在に回帰する /244
(c) 原発生の自己時間化に向き合う /246　(d) 自己時間化に苛立ちを感じる /250

[B] 定位感分析の道しるべ —————————————————— 253
§ 30. 定位感が局面化を構成する ・・・・・・・・・・・・・・・・・・・・・・・・・・・・・・ 253
(a) 定位感はゼロ点から生まれる /253　　(b) 絶対ゼロ点は反省に先立つ /256
(c) 局面構造との違いを問う /258　　　　(d) 身体能力が局面化を構成する /260
§ 31. リズム化の伝染に注目する ・・・・・・・・・・・・・・・・・・・・・・・・・・・・・・ 264
(a) リズム化の地平志向性を問う /264　　(b) 自我身体の中心化が起点となる /266
(c) 他者リズムに身体移入する /268
§ 32. 優勢化の身体発生に向き合う ・・・・・・・・・・・・・・・・・・・・・・・・・・・・ 270
(a) 側性の受動発生に注目する /270　　　(b) 優勢化は物的身体に成立しない /273
(c) 側性現象は静態分析を動機づける /276
§ 33. 伝動化の直観化分析を問う ・・・・・・・・・・・・・・・・・・・・・・・・・・・・・・ 278
(a) 伝動化の身体能力に問いかける /278　(b) 伝動化を運動伝導から区別する /281
(c) 伝動化の日常的例証に注目する /284
§ 34. 弾力化の変様態に注目する ・・・・・・・・・・・・・・・・・・・・・・・・・・・・・・ 287
(a) 弾力化は同時変換で一元化する /287　(b) 弾力化の様相変動に向き合う /289
(c) 弾力化の実践可能性を問う /292

[C] 隔たり感分析の道しるべ —————————————————— 295
§ 35. 隔たり感の原対象に向き合う ・・・・・・・・・・・・・・・・・・・・・・・・・・・・ 295
(a) 隔たり感の実践可能性を問う /295　　(b) 遠近感は科学的に分析できない /298
(c) 遠近感は主観身体にしか開示されない /300
§ 36. 同時変換の身体能力に注目する ・・・・・・・・・・・・・・・・・・・・・・・・・・ 303
(a) 変換同時性は映像化できない /303　　(b) 同時変換の一元化能力を問う /305
(c) 身体移入現象に道を拓く /307
§ 37. 結果の先読みに向き合う ・・・・・・・・・・・・・・・・・・・・・・・・・・・・・・・・ 311
(a) 先読みは先取りと区別される /311　　(b) 予描と即興の先読みに注目する /313
(c) 結果の先取りに道を拓く /315

§38. 身体能力を他者に伸長する……………………………………………318
  (a) 伸長する非直観性に注目する /318　(b) 物的対象に身体感覚を伸長する /320
  (c) 動感情況に感覚論理を投射する /322

[D] 全身感分析の道しるべ――――――――――――――――――――325
§39. 漠然とした気配感に向き合う……………………………………325
  (a) 漠然性は述定化を阻む /325　(b) 気分と雰囲気の絡み合いに注目する 327
  (c) 気配感の習得に道を拓く /328
§40. 情況感は身体能力で捉える…………………………………………331
  (a) 情況の動感意識を一元化する /331　(b) 自得の美意識に回帰する /333
  (c) 情況感を純粋記述する /337
§41. シンボル化能力に向き合う…………………………………………339
  (a) 自己運動をシンボル化する /339　(b) シンボル化能力を開示する /341
  (c) シンボル化に確率は成立しない /344

第IV章　パトス分析の道

[I] パトス分析の身体発生基盤――――――――――――――――350
§42. 動感パトスは身体発生を触発する…………………………………350
  (a) 身体発生はパトス分析から始まる /350　(b) 動感パトスの世界に向き合う /353
  (c) パトス分析で未来地平を拓く /355
§43. 動感パトスのペンタグラムに向き合う……………………………360
  (a) パトスのペンタグラムとは何か /360　(b) 許可のパトスは浮遊する /362
  (c) 浮遊状態の超越論的反省に向き合う /364

[II] パトス分析の道しるべ――――――――――――――――――367
§44. 動く意志と動ける必然はせめぎ合う…………………………………367
  (a) パトス分析は身体発生を誘う /367　(b) 動く必然は自己を隠蔽する /370
  (c) 決断と承認の転機に向き合う /372　(d) 偶発する転機に立ち向かう /374
§45. 動くべき規範性に向き合う…………………………………………376
  (a) パトス転機に時間化が機能する /376　(b) 動きかたに規範性を問う /377
  (c) 規範と鋳型の矛盾に向き合う /380
§46. 動く可能性は未来予持を拓く………………………………………382
  (a) 今の転機が動く可能性を誘う /382　(b) パトス情念性は運動世界に住む /384
  (c) パトス分析はエートスの道に通じる /386

第Ⅴ章　エートス分析の道

［Ⅰ］直観化綜合分析の道しるべ―――390

§47．エートスの身体発生に向き合う―――390
(a) 直観化綜合の道を辿る /390　(b) 動感エートスの身体発生を問う /393
(c) 動感エートスの三層位を一望する /396

§48．非直観志向性に道を拓く―――403
(a) 偶発する意味発生は沈黙する /403　(b) 直観化綜合の志向対象を探る /405
(c) 身体発生の非直観性に道を拓く /409

§49．連合的綜合の志向対象を問う―――411
(a) 連合動機づけに向き合う /411　(b) 時間化能力が身体発生の源泉となる /414
(c) ノエシス契機こそ連合的綜合を誘う /417　(d) ノエシス契機に気づけるのか /419

§50．マグレの偶発現象に道を拓く―――422
(a) 直観化分析の志向対象に向き合う /422　(b) 連合的綜合はなじみ現象に始まる /424
(c) 動感形態化が身体発生を触発する /427　(d) マグレは共鳴化に発生する /431
(e) マグレの確率論は鋳型化を誘う /433

［Ⅱ］本質直観分析の道しるべ―――438

§51．本質直観の静態分析に向き合う―――438
(a) マグレのパラドックスに向き合う /438　(b) マグレは本質直観への道を拓く /440
(c) 静態分析の新しい役割は何か /443　(d) 静態分析はモナド意味核を問う /445
(e) 静態分析は原創設に通底する /448

§52．発生分析の道しるべを問い直す―――452
(a) 本質直観の生成必然性を問う /452　(b) 本質直観の発生分析に道を拓く /455
(c) 原発生地平への道を拓く /457　(d) ノエシス契機の様相変動を記述する /460

§53．身体化の志向対象を開示する―――462
(a) 反逆身体の志向対象に向き合う /462　(b) 身体化に直に立ち向かう /466
(c) 未来予描の身体能力を開示する /470

§54．モナド意味核の伝承に道を拓く―――473
(a) 鋳型化は解体できるのか /473　(b) 動感発生は誰が伝えるのか /477
(c) モナド意味核の存在に向き合う /480　(d) 運動伝承は芸道に通底する /482

［Ⅲ］自在無碍分析の道しるべ―――486

§55．自在無碍は原現在に回帰する―――486
(a) 自在洗練化は極致に現れる /486　(b) 時間化する自己運動に向き合う /489
(c) 伝承を阻む秘伝に道を拓く /491

§56. 安定化の志向対象を問い直す……………………………………………………494
　(a) 定着化の数的反復を排除する /494　　(b) 自己運動の正確性とは何か /497
　(c) 安定化分析の自己時間化に向き合う /500
§57. わざ幅の層位構造を問い直す……………………………………………………502
　(a) 外的軽減化の地平志向性を問う /502　(b) 内的軽減化の地平分析に立ち向かう /504
　(c) わざ幅の地平分析を問い直す /508
§58. 冴えの意味発生に立ち向かう……………………………………………………511
　(a) 雄大さ,安定さ,優雅さの地平性を探る /511　(b) リズム感,スピード感,極めの地平性を探る /516
　(c) 冴えの価値意識に立ち向かう /521
§59. 自在無碍の動感世界に向き合う…………………………………………………525
　(a) 優勢化自在の身体発生を問う /525　　(b) 即興自在無碍の身体発生に向き合う /528
　(c) 大自在の本質可能性を追う /530　　　(d) それが動く世界を問う /532

終章　発生的運動学の現在と将来

§60. 身体発生の危機に立ち向かう……………………………………………………538
　(a) 身体感覚は自己運動にしか働かない /538　(b) 身体能力の伝承危機が迫る /542
　(c) 運動伝承の道しるべを追う /548
§61. 身体能力の伝承財を開示する……………………………………………………553
　(a) 伝承財の志向対象を問い直す /553　　(b) 伝承財の身体能力に問いかける /555
　(c) 伝承財の促発方法論に向き合う /559　(d) 代行分析の道を再確認する /562
§62. 発生的運動学の喫緊問題を展望する……………………………………………566
　(a) 運動分析の対象領域を確認する /566　(b) 競技三領域の身体発生を問い直す /570
　(c) 体育領域の身体発生に向き合う /574　(d) 幼児運動学の身体発生に道を拓く /578
　(e) 高齢者運動学の身体発生に道を拓く /580

● さくいん ………………………………………………………………………………583

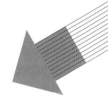

序章
コツとカンの一元論

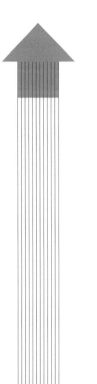

§1. 戦後はコツもカンも追放される

(a) 武道禁止令は身体感覚を排除する

　ここにスポーツ領域におけるキネステーゼ身体感覚の分析論を問うに当たって，我々が主題化する発生論的運動学の分析方法論が一体どのような固有な役割を担っているかをまず確認しておく必要がある。というのは，第二次世界大戦後のわが国には，アメリカから運動学（キネシオロジー）という科学的運動分析論が導入され，スポーツ分析の手続きは大きく変化し，そこに科学的明証性が厳しく求められるようになったからである。因みに，我々が問う〈発生論〉とは，習慣身体や歴史身体のキネステーゼ形態化を含意した超越論的論理学の発生論（ゲネアロギー）が意味されている。だから，発生生物学や分子生物学などの発生論（ゲネーティク）とは区別されるのは喋々するまでもない。戦後の混乱期にあったわが国の競技や体育の領域には，戦勝国の欧米諸国から新しいスポーツ分析論が堰を切ったように流れ込んできた。とりわけ，新しい科学的運動学（キネシオロジー）や横断科学的サイバネティクスが真っ先にアメリカから上陸してきたし，共産主義圏のソ連や東ドイツからはスポーツバイオメカニクス［生物力学］が入ってきたのは周知の通りである。しかも同時に，西ヨーロッパからはヴァイツゼッカーらによる知覚と運動の一元論的運動学やフッサール発生的現象学に基づくボイテンデイクの人間学的運動学など，さらに高次元の一元論的運動理論も導入され，我々はそこで東西イデオロギー論争の緊張のなかに，為す術もなく流れに身を任せていただけである。さらにスポーツ教育学領域におけるウィーンの自然体育的運動学［ガウルホーファ］やライプツィヒのモルフォロギー的スポーツ運動学［マイネル］もイデオロギー的対立を超えて，指導実践の現場から大いに歓迎されていたのだ。まさにわが国のスポーツ運動学は，戦後の国際的な東西イデオロギー対立の緊張に揉まれて，まさに混乱の最中（さなか）に漂っていただけであった。

　さらに加えて，ここで単に運動学や運動分析と言うときの〈運動〉という日本語の概念は，極めて多義性をもつから，どうしても混乱は免れない。だから，コツとカンによる身体発生（ピュシス）［拙著「わざの伝承」：470～473頁，「スポーツ運動学」：115頁，「運動感覚の深層」：§24参照いずれも明和出版］というキネステーゼ感覚の新しい身体能力を理解するのに，その運動概念を科学的な位置移動（モートスロカーリス）［深層：§41・④参照］と捉えると，混乱は免れないからである。因みに，この身体発生は端的には身体能力ないし身体知能の発生が意味されるが，ここで言われるピュシスとして

の身体発生は特別な広がりももつ。自ずと動く身体発生という奇妙な一元論としての原現象は，拙著『わざの伝承』(2002) 以来の一連のスポーツ運動学の基本概念の一つであったことは言をまたない。そのピュシスはアリストテレスの自然学では「自分自身の中に運動と静止の原理(アルケー)をもつ」とされ，位置移動だけでなく，内在する生成消滅も意味されているのは周知の通りである。しかし，ここでのピュシス [physis] というギリシャ語の表現はウィーンの精神神経学者アウァスペルク [Auersperg Alfred Prinz 1899~1968] による心身一元論的な〈身体発生(ピュシス)〉[1] [Physiogenese] の用語として取り上げられたものである。そこでのピュシスは「その心情(プシュケー) [psychē] も排除されずに露わに示された，生き生きと体験しつつある身体」と定義されている。さらにボイテンデイクも『人間学的生理学序説』[2] のなかでは，その身体発生の概念をキネステーゼ身体性の身体発生基盤としてその本質必然性に注目している。そこで使われている「発生と言う概念は［内的］組織化の時間流のなかでのみ使われる」[3]［深層・§29‐③~④段落参照］ことをボイテンデイクは注意しているが，この身体発生現象の分析論は後段でそのつど具体的に開示されていくことになろう。キネステーゼ感覚が形態化される発生現象は外部視点からの客観的運動分析ではその開示が不可能だからである。しかも，その科学的運動概念は，そもそも動感(キネステーゼ)身体発生基盤上に形成されているわが国伝来芸道の〈わざ〉[目標とする技(わざ)，身体化した業(わざ)，表現する態(わざ)，洗練された芸(わざ)] の運動世界を混乱させるだけではない。それどころか，発生的現象学を基柢に据える我々のスポーツ運動学の運動認識でも，その「数学化の不幸な誤解」[4] が絶えない昨今なのである。例えば，外部視点から運動を計測するニュートンの数学的運動学も物理学的運動力学(キネティク)も，あるいは運動生理学の運動学(キネシオロジー)[5] も，さらに客観心理学的な行動分析に至るまで，多種多様な運動分析が入り乱れて，無用な混乱を引き起こすことになるからである。しかし戦後にアメリカから導入された運動学(キネシオロジー)は，すべて客観的な運動分析論であり，いわば物的身体ないし物質身体の位置移動を外部視点から計測する精密分析の立場をとるのは言うまでもない。そこでは，対象化された身体運動が精密機器によって計測され，その定量分析のデータから普遍妥当的な自然法則が導き出され

1　Auersperg, Alfred P.: Vorläufige und rückläufige Bestimmung in der Physiogenese; Jahrbuch für Psychologie, Psychotherapie und medizinische Anthropologie, 8, 1961, S.226
2　Buytendijk, F.J.J.: Prolegomena einer anthropologischen Physiologie, S.53f. 1967 Otto Müller Verlag
3　Buytendijk, F.J.J.: dito S.198
4　Hua. VI. § 9‐i) S.54　邦訳：ヨーロッパ諸学の危機と超越論的現象学，第 9 節‐i), 76 頁
5　Meinel, K.: Bewegungslehre S.92, 1960　邦訳：スポーツ運動学，90 頁 1981　大修館書店

るという分析方法論に基づいている。このような科学的運動分析がアメリカや西欧圏からわが国に一気に上陸してきた戦後においては，同時に戦後の大学制度改革期と重なっていた。そのため，競技領域も体育領域も一様に客観的学問性が脚光を浴び，単なる主観的なコツとカンだけに頼る身体能力の内在経験的な反省が徹底的に忌避されていった経緯は，いわば敗戦国の事情から当然の成り行きであったのかもしれない。

　しかしながら，戦後にアメリカ主導のもとに華やかに登場してきた物理学や生理学，さらに心理学までも統合した〈キネシオロジー〉と呼ばれる科学的運動学は，戦後のわが国における教育制度の改革と相まって，すでに大きな支配力を得ていたことになる。すなわち，義務教育の六三制に端を発した教育制度改革では，体育教科においても戦前の実践的な体育活動の他に，新たに保健理論が導入されて〈保健体育〉という教科が成立したのは周知の通りである。たしかに戦前の体育，武道のみならず教練［銃剣術を含む］という軍国主義的な実戦的身体修練に比べれば，その保健体育という教科名は一段と科学的思考[6]が重視される切っ掛けになったのは言うまでもない。もちろん，運動生理学や公衆衛生学までを保健理論として体育教科に組み込まれたそのこと自体に何の異論のあるはずもない。ところが，それまでの〈銃剣術〉は言うに及ばず，剣道や柔道など軍国主義教育を鼓吹する体育の授業は，GHQ［連合軍総司令部］の命令によって一切禁止されてしまった。それに呼応して，その科学主義に傾斜した運動認識論が浮上し，古来の武道の技やその奥義(おうぎ)に関する内在経験の教育的意義もその指導内容もすべてその禁止令によって排除される仕儀となる。もちろん，コツとカンという身体感覚の内在経験を学習内容に取り入れることは禁じられ，すべて生理学的，物理学的合理性をもつその運動の客観的事実のみを取り上げる科学的思考がその陶冶内容に取り上げられるのである。かつての武道や芸道の奥義を記述分析する厳密な理論的研究さえも，〈非科学的〉という一語のもとに排斥され，それは単なる主観的な記述でしかないと一気に侮蔑対象にされてしまうことになる。

　さらに加えて，戦後の大学制度改革の影響も格別な重みをもつようになっていった。その制度改革によって設置された新制大学においては，教養課程に保健体育が必修単位としてスポットを浴び，国立大学にも体育学部が設置され，私立の体育大学も理論体系に自然科学的明証性が厳しく問われるようになるの

6　Merleau-Ponty, M.: L'Œil et l'Esprit, op.cit. p.12 Gallimard 1964　邦訳：眼と精神，255頁，みすず書房

は当然の成り行きであった。こうして、身体運動の認識論それ自体も、一気に自然科学に傾斜し始め、体力向上の生理学的な運動学や生力学、客観的心理学の行動分析もそれぞれが旧制大学の講座制に倣って独立の学領域をもつ講座に組織替えになっていった。そこに取り残されたのが競技スポーツの各種目領域の講座成立の問題であった。それぞれの競技領域を個人、対人、集団とカテゴリー的に類化しても、そこに普遍妥当性を保証する一般理論が成立するはずもない。個人競技といっても、陸上競技や競泳のような測定競技と体操競技やフィギュアスケートという価値感覚(センス)による評定(ひょうてい)競技とは、全く異質な意味構造をもつからである。その当該の競技理論と実技指導担当の教員は、講座独立のためには、競って運動生理学や運動力学などの科学的運動学(エクササイズ)の学位が条件になっていった。この講座制による教授資格審査は、結果的に科学的運動学の路線を活性化することになり、医学博士をもつ剣道の技能者が剣道講座の教授資格を得るという笑い話が真実味を帯びてきたのである。

　ところが、各種競技のどんな身体運動でも、それは〈物的身体〉と価値意識の働くキネステーゼ身体の絡み合い現象であるから、むしろ各競技の実践現場からその科学的分析の結果自体に疑義が提出されて混乱の起きる事態になり始めていたのだ。大学の講座制を巡る競技理論の正統性が問題視されていったのは洋の東西を問わないのであり、伝統的なドイツの大学でも学領域のない講座は成立しないから、すべて実技の実践指導は競技コーチに頼るしか道はなくなる。まして、わが国の戦後の混乱期に、フッサール現象学における〈身体学〉の領域存在論を厳密な学問論として取り上げるには、わが国の事情は東西イデオロギー論争をはじめとして余りにも苦悩に満ちた時代なのであった。いわば、戦後の混乱期に、戦勝国のアメリカ科学主義との対決はそう単純な事態ではないのは論じるまでもない。身体運動の分析は即座に科学的な客観妥当性が必然的に要求されるから、そこではいつも自ら行う自己運動はその分析対象から排除されてしまうことになる。いわば、その場合の〈身体運動〉の概念は、生理学的な物質身体の運動(エクササイズ)、ないし物理学的ないし心理学的な位置移動を伴う対象化された身体運動に限定されているのだから、それは当然のことである。まして、コツとカンで行う自己運動は本義的に分析対象に取り上げられないから、フッサールの現象学的な発生分析、つまり主観的な自己運動の〈身体感覚〉に関する発生分析が取り上げられるはずもない。いずれにしても、その運動分析の概念は、精密科学的概念に限定されているのだから、そこに精神医学者ヴァ

イツゼッカーの主唱する〈自己運動〉[7]という人間学的概念は，競技領域でも体育領域でも，運動分析の対象性に取り上げられる余地は皆無なのであった。いわば，主観的な身体運動のパトス的な情念運動が科学的運動分析の対象から本質必然的に排除されているのだから，フッサールの意味する〈遂行自我〉のキネステーゼ身体発生現象に浮上するコツとカンの身体感覚も問題になるはずもない。このような客観主義一辺倒の時代風潮は，これらの微妙な〈動く感じ〉を一気に排除してしまう勢いをもっていたから，実践現場で選手たちが新しい動きを身につけるキネステーゼ形態化の発生分析が，まさにそのアスリート本人の努力志向性にすべて丸投げされていることになる。科学的運動分析は客観的な分析法だから，主観的なキネステーゼ身体発生は本質必然的に取り扱ってはならないという科学主義的態度は，戦後70年経った今でも，スポーツ学領域になお生き続けているのである。

(b) 戦後は科学的分析一辺倒となる

これに対して，スポーツ実践を基柢に据えている我々の身体発生的運動学は，〈自ら動く本人〉がどのようにして新しい動きを身体化できるかという〈意味発生〉[8]［キネステーゼ身体感覚の生成と消滅］の志向性分析を主題化するから，科学的運動分析とは本質必然的に異なる分析対象性をもつことになる。そこでは，謎に満ちた身体感覚が発生する内在経験そのものの志向体験が純粋に記述分析されなければならないから，その分析対象性は自然科学領域における物的運動の分析対象とは明確に区別されるのは言うまでもない。それはどちらが正当性をもつのかという二者択一の問題ではないことは論をまたない。科学的運動分析に客観性が不可欠なのは自明の理であるとしても，コツとカンという〈身体知〉や〈感覚論理〉を侮蔑して排斥し，フッサールの言う価値感覚まで信頼できない曖昧な身体経験でしかないと断じる立場に，生き生きしたキネステーゼ感覚の発生分析が成立するはずもない。この両者の運動分析は，まずその対象性の違いをここで確認しておかなければならないのはこの意味においてである。そうしなければ，このような二者択一という素朴な運動認識から生じる不毛な論争は解消されるはずもない。このようにして，身体運動の端的なメカニズム分析ではなく，新しい目標像となる〈動きかた〉を身体化するとき，〈動

---

[7] Weizsäcker, V.v.: Gestaltkreis, Gesammelte Schriften, Bd.4, S.101, 1997, Suhrkamp Verlag 邦訳：ゲシュタルトクライス，31頁

[8] Hua. XVII. FTL. § 85 - Abs.Nr. ③ S.215 邦訳：形式論理学と超越論的論理学，§ 85 - 改行③ 230頁

〈感じ〉の意味発生，いわばキネステーゼ身体性の感覚発生に直に向き合う現象学的意識分析は，いつも運動主体その人に，つまり遂行自我に一方的に丸投げされてきただけである。

そこでは，分析対象となる〈志向含蓄態〉[9] は，アスリートの胸三寸に収められて，開示されないまま放置されてきたことを見逃してはならない。因みに，ここで言う〈遂行自我〉とは，フッサールの意味する〈立ち止まりつつ流れる原現在〉を捉えつつ動く遂行主観としての自我[10] であり，それが仮に排除されるとなると，アンリの主張する主観身体の〈動きそのもの〉[11] さえも成立しなくなってしまうのだ。そのような遂行自我は，そのなかに匿名性［自らを名乗らない身体］をもつ〈絶対主観性〉[12] を蔵しているからこそ，〈のっそり十兵衛〉という驚異的な職人の独善的一徹さ［露伴の五重塔］や名選手の反論理的な発言，例えば名打者川上哲治の「飛んでくるボールが止まって見える」が際立って我々の耳目を惹くことになる。いわば遂行自我が，主観的なコツとカンの〈動く感じ〉を形態化して自らの身体感覚でしっかり掴んでいなければ，新しい動きを生み出せるはずもない。この場合に，コーチや教師が「コツとカンは自得すべきものだから，それは指導対象にならない」という古来の武道や芸道の〈自得の美意識〉を生徒たちに一方的に押しつけて拱手傍観するだけとすれば，その生徒は一体どうすればよいのか。そこでは，コツとカンの意味発生に関わる地平志向性分析という決定的な指導対象を学習者に丸投げしておいて，教師はその微妙な意味発生の様相変動の機微も知らずに何を学習させるというのか。その意味発生の中身を知悉して拱手傍観して待つことと，その様相変動の機微も知らず拱手傍観する野次馬教師とは，そこに千里の隔たりがあるのだ。

たしかに，意味発生分析に直に〈動感連帯化〉［深層：§46‐③参照］できる老練な教師の存在は決して珍しいことではない。しかし，その長い経験から結果された奇妙なキネステーゼ感覚の発生指導は非科学的な侮蔑を覚悟せざるをえない昨今である。ところが，その老練な教師の奇妙な謎めいた一言に，生徒たちはそれを自らのキネステーゼ感覚のなかに受け容れて，即座に〈身体化〉して，つまり自らのカンで見抜きコツを掴んで難しい動きを身につけてしまうの

---

9 Hua. XVII. §85‐⑦ S.216 邦訳：形式論理学と超越論的論理学，§85‐⑦ 231頁
10 Hua. VIII. S.89, [Erste Philosophie II. Theorie der phänomenologischen Reduktion : 40.Vorlesung 1959]
11 Henry, M.: Philosophie et phénoménologie du corps, p.100-101; 1965 邦訳：身体の哲学と現象学，105頁以下　法政大学出版局
12 Landgrebe, L.: Der Weg der Phänomenologie, Das Problem einer ursprünglichen Erfahrung, S.196f. 1978 Gütersloher Verlagshaus

だ。こうして，その生徒は自らの身体感覚に潜む本質可能性との〈出会い〉に次々と成功していくことになる。昨今の指導者は，コツとカンの感覚発生の存在論にも無関心のまま，もっぱら体力強化の〈トレーニング監視役〉にまわり，そのマネジメントの合理的手続きを呈示するだけである。としたら，その場合の科学的なメカニズム分析の情報を入手できれば十分だから，昨今の情報化時代の指導者たちは，そのマニュアル的指導方法の入手に手間は掛からない。となれば，スポーツの指導者養成大学では，実践可能性を追求させる実技実習など何の意味もないことになる。それぞれの競技領域でも，選手たちは課題となる感覚図式の新しい目標像に向けた修正をコーチに指導してもらえず，一方的に自得の美意識を強いられ，「ひたすら自得すべきだ」と責め立てられるだけである。ところが，万一その意味核が突然消滅して，いわば〈技が狂う〉という破局的な感覚消滅に襲われると，それも「自力で克服せよ」というコーチは，ヴァイツゼッカーの意味する野次馬〔感覚発生に関わらない自然研究者〕に変身すればよいことになる。そこでは，コツとカンというキネステーゼ身体感覚の学習指導は誰が受け持つことになるのか。その身体感覚を身体化する意味発生の変様過程，いわば動感形態化への〈道しるべ〉も自得するしかないとなれば，その道しるべも呈示できないコーチや教師の専門的役割とは一体何になるのか。

　とは言っても，戦後にわが国の競技スポーツや学校体育に主導的な役割を果たしたのは何と言ってもやはりアメリカであった。その運動分析論の混乱期に主導的な役割を果たしたのがフランスからアメリカ経由のキネシオロジー，つまり科学的な運動学であった。終戦後の混乱期に最初に翻訳されたアメリカの〈キネシオロジー〉と題された専門書は，そのタイトルが『運動力学』[13] と邦訳されたのは極めて印象的である。というのは，キネシオロジーはその語原から〈運動学〉〔キネーシス＝運動＋ロゴス＝学〕と直訳されるのが一般的なのだ。ところが，戦前のわが国における体育として指導方法論は，古来の武道や芸道の影響下にあって，その貴重な道しるべは数世紀を超えてきた技芸伝承の世界に生き続けてきたのである。いわば，コツとカンの一元化された〈キネステーゼ身体能力〉という内在的な〈実践知能〉に基づいた技芸伝承の道は，多くの先人たちに踏み固められた〈技芸の道しるべ〉に従うのに何の疑義も生じないのだ。しかしここで無用な誤解を避けるために，蛇足ながら一言付け加えてお

13　スコット，M.G.：『運動力学』宮畑虎彦訳 1954 不昧堂
　　Sott, M. Gladys: Analysis of human movement, a textbook in kinesiology; 1942

かなければならない。ここで意味される〈キネステーゼ〉とはフッサールの定義する〈キネステーゼ感覚〉[14] が意味されている。だから，その身体能力は生理学的な体力ではない。いわば，キネステーゼ身体能力とはキネステーゼ感覚の機能する身体性[15] に蔵（かく）れているボイテンデイクの言う〈身体知〉ないし〈感覚論理〉[16] という実践知能に他ならない。不世出の名選手が見事な業（わざ）を呈示するとき，その身にありありと潜んでいる〈身体知〉は〈感覚運動知能〉[17] としか表現しようがないとボイテンデイクを嘆かせるほどの反論理的現象なのだ。それはまさに謎に満ちた動く感じの究極的意味核［キネステーゼ感覚の担い手］である。いわばコツとカンが同時変換する〈一元化身体発生〉の奇妙な現象は，ここで主題化されるこの身体能力の普遍的な身体発生基盤に据えられているのだ。その問題圏はさらに後段で詳しく論じられていくことになろう。

　因みに付言しておけば，わが国の戦後事情のもとで，欧米のいろいろな運動学が混在した時代に，最初に翻訳されたアメリカのキネシオロジーがその語原に即して〈運動学〉と邦訳されてしまうと，その〈科学的分析〉という独自性が消えてしまうことになる。その訳書のタイトルが直訳的な〈運動学〉という表現を取らずに，最終的に科学的運動分析を含意できる〈運動力学〉が選ばれたのはそれなりの時代背景的な経緯が秘められているのだ。その後は，スポーツ界の国際交流も盛んになり，東京五輪(1964)の頃には，ヨーロッパで一般化していたバイオメカニクス［生物力学］に置き換えられ，キネシオロジーという運動学の19世紀的名称は消えてしまった。このような戦後の東西イデオロギー対立に混迷していた運動認識のもとでは，〈運動学〉と呼ばれる学領域の意味内容は，自然科学的な運動認識論が自ずと前景に浮上してきたのはむしろ当然であった。そのために，わが国の戦前のコツとカンが一元化された意味核の実（レエール）的な内在経験分析は，その科学的客観性の欠落が批判され，すでに学術研究の枠組みから排除される羽目に追い込まれてしまった。さらに蛇足を顧みず付言すれば，わが国の哲学界ではその半世紀以上も前からベルクソンの純粋持続の運動理論(1889~1896)やフッサールによる内的意識の時間分析論(1905)やキネステーゼ感覚論(1907)による高次の意味発生分析が注目されていたのは喋々するまでもない。しかし，戦後の競技や体育の研究領域においては，もっぱら

14　Hua. XVI. Ding und Raum 1907 §46 - ④ S.161 1973
15　Hua. VI. § 28 - ⑦ S.109　邦訳：ヨーロッパ諸学の危機と超越論的現象学，第28節 - ⑦ 147頁
16　Buytendijk, F.J.J.: Das Menschliche der menschlichen Bewegung, S.186 in: Das Menschliche, 1958 Koehler Verlag
17　Buytendijk, F.J.J.: Allgemeine Theorie der menschlichen Haltung und Bewegung, S.153 1956 Springer Verlag

アメリカ主導の事情の下で，一方的に西欧の新しい現象学的運動分析は敬遠され，埒外に置かれてしまった。そこでは，スポーツの身体運動を自然科学的に精密分析するのが学術的な運動分析として，その科学主義的方法論に傾斜していったのは当然の成り行きではあった。そのような科学的運動分析しか分析方法論として承認されない時代がその後も引き継がれて現在に至っているのはまさに一驚に値する。

このように，科学的運動分析が主流になっている戦後の時代に，その分析論に疑念を差し挟むマイネル運動学の形態学的（モルフォロギー）な本質分析が唯々諾々と受け容れられるはずもない。その動く感じを反省する自己観察分析や他者の運動を共感的に観察する印象分析を理論化したマイネルの形態学（モルフォロギー）分析は，即座にその非科学的な素朴さが批判され，一方的に排除されてしまったのは遺憾としか言いようがない。もちろんそのマイネルのモルフォロギー分析においては，フッサールの意味における現象学的な〈身体感覚〉の先反省的な〈自己観察〉が取り上げられ，その〈ドクサ的内在経験〉を純粋記述する態度が堅持されていたのに，それは〈上空飛行的思考〉の欠損が批判され，無残にも唾棄されてしまったのだ。だから，それは本質必然的に非科学的な〈分析法〉であるのは自明なことなのに，それにも気づかないほど素朴であり，科学主義的分析一辺倒であったのだ。因みに，無用な混乱を避けるために，フッサールの発生的現象学における〈身体感覚〉の概念について，とりあえずその要点だけを確認しておきたい。そこで純粋記述される〈身体感覚〉[18]の原語は Empfindnisse である。しかし，その場合の〈身体感覚〉とは，自我身体に同時に機能する触覚，視覚，聴覚などの〈身体感覚〉[Leibesempfindungen] とフッサールが命名した〈キネステーゼ感覚〉[深層：§5参照] と絡み合って一元化されているから，それはキネステーゼ身体感覚（エンプフィンドニス）が意味されていることは論じるまでもない。つまり，私の身体にキネステーゼ感覚が機能している場合の身体感覚が主題化され純粋記述されるのである。しかし，私の身体で直に動きを捉える Empfindnis というフッサールの専門用語は邦訳しにくく，その訳語は区々［感覚態，感覚感，再帰的感覚，感受態，身体感覚など］である。だから，我々の発生的運動学では，その Empfindnisse をフッサール自身がイデーンⅢで別言している Leibesempfindungen[19] をそのまま直訳的に〈身体感覚〉として取り上げている。身体感覚という邦語表現は，

---

[18] Hua. V. Beilage I §4‐(a) S.118f. 邦訳：イデーンⅢ，付論 第4節‐(a)‐② 152頁以降
[19] Hua. V. Beilage I §4‐(a)‐② S.118f. 邦訳：イデーンⅢ，付論 第4節‐(a)‐② 152頁以降

§1. 戦後はコツもカンも追放される　11

私の〈身体で感覚する〉と直に理解できるからである。それは，自我身体の動く感じを私の触覚や視覚などと同時に働く〈共通感覚〉[20]で直に感じとる様態が呈示されているのだから，フッサールの意味するキネステーゼ身体感覚の意味内実はむしろ了解しやすいことになろう。すでにフッサールは1907年における「物と空間」という夏学期の講義で，早くも自我身体の〈動きの感覚〉を取り上げ，その場合の運動感覚は「原理的にすべての感覚に主観化する統握を可能にする」[21]と断じているのだ。だから，その運動感覚をキネステーゼという外来語で表し，さらに他の諸感覚と絡み合うから，〈キネステーゼ感覚〉と術語化したのは周知の通りである。その例証として，撫でるときの触覚の二重感覚［フッサール］や視線を向けると首の動きが同じ方向に動く連動原理［ボイテンデイク］を挙げることができる。そこでは，自らの身体運動を遂行する自我の主観的な〈動く感じ〉がキネステーゼ身体感覚として記述学的に純粋に捉えられ，遂行する主観身体の心情的な〈感覚的対象〉もいつも必ず前景に浮上しているのである。

　さらにフッサールはイデーンIIにおいても，この感覚的対象を〈構成的原対象〉[22]と指摘し，それを「究極の原初的原対象」[23]と言うのだ［深層：§72, §81参照］。そこに構成されるキネステーゼ身体感覚としての〈感覚的対象〉は「もはや何らかの自我能動性によって構成されたものではなく，正鵠を射た意味では，自我のすべての活動にとって先所与性をもっている」[24]と断じている。その〈感覚的対象〉は，たしかに「主観的であるが，自我作用や自我状態ではなく，自我が所有しているもの，自我の最初の〈主観的所有物〉に他ならない」とフッサールは引き続いて駄目押しをする。だから，そこでは外部視点から他者の身体運動を客観化して分析する科学的運動分析とは全く別種の〈超越論的反省〉の立場から，主観身体のキネステーゼ身体感覚がその分析の志向対象に取り上げられているのである。このような〈原対象〉としてのキネステーゼ身体感覚のさらなる立ち入った考察は，その問題圏に即しながら，後段で詳しく立ち入っていくことになろう。こうして，私の身体がコツとカンを一元化した新しいキネステーゼ身体感覚の意味発生こそが主題化されるのだ。この生身にありあ

20　Hua. VI. §9-(b)-④　Anm. 1 S.27f.　邦訳：ヨーロッパ諸学の危機と超越論的現象学，第9節-(b)-④　注①　83頁
21　Hua. XVI.　Ding und Raum 1907 §47 - ② S.163　1973
22　Hua. IV. §8 - ① S.11　邦訳：イデーンII - I, §8 - ①　20頁
23　Hua. IV. §54 - ⑤ S.214　邦訳：イデーンII - II, §54 - ⑤　49頁
24　Hua. IV. ibid. §54 S.214　邦訳：ibid. イデーンII - II, §54　49頁

りと感じられる私の身体知能が機能する謎を開示するには，最初から科学的な精密分析を埒外にエポケー［判断中止］することが求められるのは自明の理となる。こうして，その動く感じの〈原対象〉を蔵(かく)している身体感覚の発生基盤の上にこそ，その明証性を開示する超越論的構成分析の手続きをとることができるのだ。それがまさに主観的な〈自己運動分析〉であることは〈必当然的〉な明証性をもつことになる。それが批判の対象になるとすれば，それは全く素朴な批判以外の何ものでもない。競技世界では，それが何らの侮蔑の対象になるはずもないのだ。勝負を賭けて競技する主観身体は，コツとカンを同時変換できる自己運動そのものなのであり，競技の世界では，まずもって私の固有領域の自己運動の分析が何にもまして関心事になるのは当然のことである。

(c) アスリートは身体知能で勝負する

　戦前におけるわが国の学校体育ないし競技スポーツにおける身体運動の分析は，もっぱらコツを掴み，カンを働かせて，その微妙な動く感じを厳しく反省しながら行ってきた。受動志向性も含めて自らの動く感じが機能する〈身体感覚〉，つまりキネステーゼ身体感覚で掴み取ろうとする〈自然的反省と超越論的反省〉[25] の立場は，〈わざ〉の〈究極基体(ヒュポケイメノン)〉[26] ［最後の担い手］を極めようとする選手たちにとっては当然の身体発生基盤である。いわば，わが国古来の武道や芸道における極限を追求する〈わざ［技，業，態，芸］〉の身体発生世界では，とりわけ，物づくり職人の主観的経験の反省分析がいつも例外なく主題化され続けて，数世紀の歳月を経て現在に至っているのだ。そこにおける感覚素材をキネステーゼ形態化(ヒュレー)する手続き［深層：§16,§84参照］においては，その〈動く感じ〉を自我身体の内在経験のなかで厳密に〈超越論的反省〉の態度に徹しながら，全くの手探りによって，自己運動に潜む身体感覚の意味発生を自ら追求する道(ホドス)を辿ってきたのだ。そのことは後段［§11参照］でも詳しく立ち入ることになるが，動く感じのコツとカンを厳密に私の身体(からだ)で感じとることなしには，どんな素晴らしい〈わざ〉も自らに身体化することはできない。そのことを選手たちは先経験的に知悉しているのだ。その運動メカニズムをどんなに明快に説明されても，ロボットではない私の身体(からだ)そのものが，内在経験する〈主観身体〉[27] として，自ら動こうと意志しなければ〈動ける〉［Sich-bewegen-

---

25　Hua. I. §15 S.72ff.　邦訳：デカルト的省察，第15節，69頁以降　岩波文庫
26　Hua. XVII. §81‐③ S.208　邦訳：形式論理学と超越論的論理学，第81節‐③ 223頁
27　Hua. IV. §18‐①〜S.55　邦訳：イデーン II‐I, 第18節, a‐① 66頁

§1. 戦後はコツもカンも追放される　13

können] わけはないのを先反省的に知っているのだ。
　しかし戦後になって，軍国主義を支えてきた剣道や柔道などの武道がGHQ［連合軍総司令部］の禁止命令によって排除され，新たにスポーツの新しい科学的分析が次々と欧米から紹介され始めると，敗戦国の弱みからか古来の武道や芸道の核心をなす奥義に通じる〈東洋的な技術観〉までも一気に色褪せて，凋落の一途を辿ってしまった。それはさらに，単なるコツとカンだけに頼った非科学的な〈主観的運動分析〉と批判され，一方的に侮蔑対象に追い込まれる羽目になったのだ。動く感じの原発生における地平志向性の深層に潜んでいる主観的身体感覚の純粋記述が，どんなに〈本質的なるもの〉を捉えていても，つまりそれが超越論的反省による現象学的純粋記述分析であっても，それは一般妥当性を欠く信頼できない単なる主観的な記述報告として一蹴されてしまうのである。そこでは，生ける身体運動を「幻のように曖昧なままのドクサ経験」[28]として重視するフッサールの〈原ドクサ分析〉の厳密さには全く無頓着であり，まさにその牧歌的な態度に慣れ切っているのだ。こうして，スポーツ運動分析の領域における論文審査には，単なる科学主義的査定基準だけが一方的に求められ，厳密な超越論的構成分析でさえも唾棄されてしまう昨今である。因みに，ここで用いられている〈動く感じ〉という平易な表現は，キネステーゼ身体感覚という発生的運動学の基本概念を端的に表しただけである。いわば自我身体に機能するキネステーゼ身体性はその位置移動の有無にもかかわらず，快不快の感情がわが身の価値感覚と共に〈身体的なるもの〉としていつも必ず感知され，共感されるのだ。さらにそのときの意味核は，キネステーゼとして働く身体感覚の基体［担い手］（ヒュポケイメノン）が意味された，いわばコツとカンの同時変換的作用をもつ価値感覚の〈究極核〉に他ならないのである。とは言っても，その身体感覚の現象学的意識分析は，科学主義一辺倒に傾斜していた敗戦後の学校体育ないしスポーツ科学の世界には受け入れられなかった。それは剣道や柔道の禁止令に即して，単なる精神主義的な身体経験の記述分析として，真っ先に客観性の欠損態が侮蔑の的にされる始末である。物的な身体運動の自然法則が分かっても，動けるかどうかのキネステーゼ感覚発生に向き合うのには，私の〈身体知能〉以外に考えられないのだ。私のコツとカンでその動く感じが掴めなければ，我々は〈動ける〉はずもないのは論をまたない。因みに，ここ

28　Husserl, E.: Erfahrung und Urteil §6‐③ S.22　6.Aufl. 1985　Meiner Verlag　邦訳：経験と判断，第6節‐③　20頁

で言う実践的な〈身体知能〉は語原的意味から，その間に一つの決断を選べる〈現実態〉[エネルゲイア][29] としての達成技能が含意されている。しかし，実践可能性として〈身体能力〉では，〈可能態〉[デュナミス]としてのキネステーゼ身体の能力可能性が意味されているから，それぞれの目標像[センス]の意味存在構造を開示しておかなければならないことになる。身体知能と身体能力との問題はおりに触れてそのつど開示されることになろう。いわば，絶対ゼロ点に潜む原発生の地平志向性分析の開示を追求するフッサールによる原ドクサ分析がこの意味においてこそ了解できることになる。そこには，私の固有領域［深層：§15,§18 参照］である主観身体にありありと感じとれる〈原的身体性〉が息づいているからである。

　ところが，その〈動ける〉という〈実践可能性〉［深層：§69 参照］は，すべて遂行自我，つまり自ら動く〈主観身体〉に丸投げされたままの事態が注目されなければならない。にもかかわらず，その実践可能性の動感地平性が一向に分析され，開示される気配も生じないのはどうしてなのか。しかし現在においても，スポーツ運動分析の論文審査は科学主義一辺倒であるから，その超越論的反省の立場から〈現象学的自我〉を介した〈純粋記述分析〉に対しても，それが客観的明証性の欠落として指摘されるのは決して珍しいことではない。もちろん，それが自然科学的な運動分析であれば，自然法則の客観的分析が正鵠を射ているのは喋々するまでもない。しかし，コツとカンという主観身体に潜む一元的意味核は，目に見えない奇妙な運動意識だから，〈志向対象〉それ自体が映像[キネマトグラフィー]分析の対象にはならないのだ。つまり，コツとカンの意味発生する身体運動を分析対象にして，客観的に計測し定量化できるのは物的身体の位置移動だけである。そこに計測された位置移動の数学的形式化には肝心のコツとカンの意味発生の内実は何一つ含まれてはいない。その数学化された自然のメカニズムは，コツとカンのキネステーゼ感覚発生の身体経験の生き生きした意味内実を何も語ってくれはしない。ところが，コツとカンを含んでいる身体運動を映像[キネマトグラフィー]分析できると信じている素朴な研究者も決して少なくない。その映像[キネマトグラフィー]分析の精度は飛躍的に改善されていることに多言を要しない。どんなに素早い動きでも，昨今では一兆分の一秒まで解析できるデジタル工学の驚異的な技術革新の時代だからこそ，すべての身体運動を客観的に捉えうるのは明証的なことだと勘違いしてしまう。それはガリレイが自然の数学化に〈不幸な誤解〉[センス][30] をも

29　桑子敏雄：エネルゲイア，96~120 頁，1993　東大出版会
30　Hua. VI. §9‐I) S.54　邦訳：ヨーロッパ諸学の危機と超越論的現象学，第 9 節‐I), 76 頁

たらしたことに関して，その数学化の意味不明確を痛烈に批判したフッサールがまさに正鵠を射ていることになるのだ。しかし，コツとカンという身体感覚の運動意識は西田幾多郎の言う〈形なきものの形〉だから，それが映像化できるはずもない。その物的身体の位置移動を映像分析しても，それはその意味核の動感意識流を見抜ける人にしか読み解けないのだ。もちろん，コツとカンが同時変換する謎に満ちた意味核は〈地平志向性〉[31] をもっているから，その地平に潜む含蓄潜在態を観取できない人には奇妙な身体発生の現象は見えるはずもない。そこでは，いつも〈空虚志向性〉[32] のままだから誰にでもと言うわけにはいかないのだ。それを万人に妥当性をもたない主観的な意味発生分析など信頼できないと批判するのでは，現象学的な動感志向性分析と科学的な位置移動的運動分析との区別も認識しない素朴さそのものである。それほどに科学主義の呪縛が競技スポーツの世界に猛威を振るうのはどうしてなのか。その基本的な運動認識論の差異による不毛な誤解は容易に解けそうにない様相を呈している昨今である。

　しかしながら，悲惨な世界大戦も終わり，やっとスポーツのできる平和が訪れたというのに，戦後初のロンドン五輪(1948)から我々日本の選手たちはドイツ，イタリアと共に，ボイコットの憂き目に遭う羽目になったのは周知の通りである。戦後の五輪大会参加を日本がやっとIOC［国際オリンピック委員会］から認められたのは，次のヘルシンキ五輪大会(1952)からであった。その前回のベルリン五輪(1936)では，陸上競技の三段跳びや棒高跳びの金メダルに沸き，水泳の前畑選手の活躍に日本中が興奮して以来の，まさに16年ぶりの五輪参加となった。その16年もの長い間には，ヨーロッパにおける運動分析論は長足の進歩を遂げているのだ。大脳生理学の画期的な進歩と相まって，その科学的運動分析も身体運動の時間計測の精密化や横断科学的な運動分析などの急速な改革期に突入していたのである。ところが同時に，それらの科学的分析と平行して，ベルクソンやフッサールなどの哲学者たちによる新しい身体発生の運動分析論も大きな転換期を迎えていたことを見過ごすわけにはいかない。この画期的な新しい純粋運動学［身体学的運動現象学］の学術的な情報は，世界大戦の渦中にあったわが国の競技スポーツ領域には入ってくるはずもない。そのような自己運動の新しいキネステーゼ感覚分析の方法論から全く遮断されていたわ

31　Hua. VI. § 69 - ④ S.240　邦訳：ヨーロッパ諸学の危機と超越論的現象学，第69節 - ④ 336頁
32　Hua. XI. § 22 - ⑮ S.99f.　邦訳：受動的綜合の分析，第22節 - ⑮ 147頁以降

が国の選手たちは，外国の進歩した科学的分析に煩わされることなく，ひたすら古来の武道や芸道における技芸伝承の手続き方式に基づいて，コツとカンというキネステーゼ身体感覚そのものの修練に依存するしか勝負する手立ては全くなかったのだ。それがフッサールのキネステーゼ身体感覚に基づく厳密な〈純粋記述学〉だとは知る由もなかった。戦後の悲惨な時代のなかに勝負を賭けた選手たちやコーチたちは，その謎に満ちた意味核の重大さに密かに気づいてはいても，純粋現象学的分析に関心をもつ余裕さえもなかったのである。むしろ，科学主義を唱え，客観的な技術や戦術を開示しようとしたのは，コーチや選手たちの実践可能性を追う競技実践の現場からではなく，戦後の大学制度改革の渦中にあった大学の研究者たちからであった。それはいわば生理学や力学ないし心理学やマネジメント科学などの研究者たちだけである。その教授たちが科学的運動分析に取りかかっていたのは競技に即した身体能力の謎に迫ろうとしたのではなく，大学の制度改革の事情がその動機づけになっていたのである。おりしも，不幸な戦争のため返上した東京オリンピック大会（1940年，昭和15年）の再招致の機運が盛り上がってきて，1958年にIOCに正式に申請し，翌年1959年［5月26日第55回IOC総会で決定］に東京大会開催が正式決定したのだ。その頃から，急に競技スポーツの国際的な選手たちの活躍の報道と共に，スポーツ科学における生理学的な体力理論や運動メカニズムのニュースが華々しく報道され始めた。東京オリンピック大会のために日本体育協会にスポーツ科学委員会が創設され，その活動は直ちに開始されるほど意気込みが感じられるものであった。日本の競技スポーツでは，その頃にはもうコツとカンだけを競技力の命綱として勝負すると断言するにはかなりの勇気が要る時代に急速に変貌していたのだ。その理論と実践の乖離事態は今日でもなお本質必然的に変わらないままであり，医療実践の渦中にあったヴァイツゼッカー教授が自然研究者の野次馬根性を揶揄した指摘が印象的なのはこの意味においてである。それほどにこの問題の根深さは我々にアポリア［通り抜けできない難関］を突きつけているのかもしれない。

(d) 競技の命綱は身体知能しかない

　ところが，戦後に華々しくアメリカから上陸してきた科学的運動分析とそのメカニズムの謎解きに躍起になっている科学者たちの成果に対して，競技スポーツの実践現場にいるコーチや選手たちが何か隔靴掻痒の違和感を禁じえな

かったのは事実である。コーチングの実践現場では，選手たちにその新しい技術や戦術を身体化させて，実戦に使えるようにさせるには，すでに前段 (c) で述べたような現実態(エネルゲイア)の身体知能ないし可能態(デュナミス)の身体能力しか命綱にはならないのだ。コツとカンというキネステーゼ感覚の働く身体知能ないし身体能力の意味核，つまりその〈究極の担い手〉こそが謎解きの動機づけになっていたからである。ところが客観的な科学的情報としては，普遍的に誰にでも通用する自然法則だけが追求されていくから，どうしても運動メカニズムだけが分析者たちの関心になってくるのは当然である。となると，その運動メカニズムの実践可能性を実現するとき，〈どう動けば勝てるか〉という実践可能性への開示は，選手たちやコーチの工夫に丸投げせざるをえないことになる。それはコーチ自身の原的な身体知能はすでに萎えて消滅に瀕しているから，その可能態(デュナミス)の原的な身体能力を自ら奮い起こしながらコーチするのはまさに不可能に近い。だから，目標像の〈身体感覚〉[33] そのものの生成発生は，選手たちにひたすら丸投げして，その自得に頼るしか道はないことをコーチ自身もよく知っているのだ。その場合に，古来の武道や芸道における〈自得の美意識〉をコーチが唱道して選手たちにやる気を誘うことができれば，辛うじて指導者の面目を保つ可能性も残っていることになる。だから，それはコーチにとってまさに渡りに船でもある。しかし，コーチ自身がマネジメントの合理性だけに終始するとなれば，それはその道の専門家に託す方が効果的である。とは言っても，科学的な運動メカニズムを呈示し，その手続きのマネジメントを合理化したとしても，結局は選手たちが動けるようになるには，その〈動く感じ〉の自得を促すしか道はないのだ。結局のところ，新しい身体感覚の〈生成発生〉に直接的に関われないコーチは苦悩し，指導者としての後ろめたさを感じざるをえないことになる。コーチがその習練プロセスの合理化を監視すること以外は，不屈の根性を唱えるしか道は残されていないのであろうか。

　このような問題意識のなかに浮上してくるのが，フッサールの言うキネステーゼ身体感覚の機能する〈動く感じ〉を学習者の遂行自我に直観させる〈志向対象は何か〉ということである。つまり，動感(キネステーゼ)形態化という身体発生に取り組むときの志向対象の開示こそが求められているのだ。卑近な例証を挙げれば，水溜まりを走って跳び越すときに，踏切り地点に潜む先読み能力こそが志向対象であり，その先読み能力の意味発生が反復練習されることになる。この

[33]　Hua. V. Beilage I §4‐(a) S.118f. 邦訳：イデーンⅢ，付論Ⅰ第4節‐(a)　151頁以降

問題圏は，結局のところその運動主体の動感地平性(キネステーゼ)の原発生分析に関わらざるをえなくなる。その意味発生については，すでに前段［§1‐(a)］でその概略を素描しておいたが，後段［§29］でもさらに立ち入って詳しく開示していくことになろう。それを約言しておけば，自らの身体(からだ)それ自体の価値感覚の働きに気づき，身体で見たり，聞いたり，工夫して，わが身の〈動感身体性(キネステーゼ)〉[34]［後段：§10～§13参照］の自己運動分析の問題圏がそこに浮上してくるのである。これに対して，身体運動を物的身体の位置移動と断じて，それを客観化した科学的分析の結果は，そのコツとカンの意味(センス)内実を排除しているから，その実践可能性を選手たち自身に丸投げせざるをえないのはすでに述べた通りである。物的身体運動の客観的な自然法則を定立するには，その身体感覚のキネステーゼ意味発生に関わる志向対象を科学的運動分析から本質必然的に排除しなければ，その絶対的な自然法則を抽出することはできないのは論をまたない。となると，科学的運動分析の実践可能性の方法論は，再び物理学的運動メカニズムを確認し，生理学的体力条件と心理学的メンタルリハーサルの強化トレーニングのマネジメント合理性を開示しようとするしかなくなる。そこでも，実践現場の選手とコーチが渇望しているコツとカンという〈キネステーゼ身体感覚〉そのものの意味(センス)発生現象は，科学研究者の問題意識から本質必然的に排除されていることを見過ごしてはならない。結局のところ，1920～1930年代に西欧圏を席巻した現象学的動感(キネステーゼ)意識の実(レエール)的な発生分析は，わが国に入ってこないまま，戦後はアメリカから導入された自然科学的な運動分析の時代に一気に移行してしまったことになる。今から考えると，戦後やっとオリンピック参加を許されたのはヘルシンキ大会（昭和27年）であるが，そこで活躍したレスリングや体操競技は，わが国古来の〈わざ〉［技，業，態，芸］における〈身体感覚〉のキネステーゼ形態化を保証してくれるコツとカンに頼るしか道はなかったのだ。しかもその職人的な身体感覚を命綱として決して手放そうとはしなかったのは，むしろそれは偶然の僥倖であったのかもしれない。それ以降の東京五輪（1964）に至る道程で日本選手が活躍した体操競技やレスリングは，職人的な身体感覚の同一路線を堅持しており，さらにバレーボールの〈東洋の魔女たち〉が次々と新しい動き［回転レシーブ］を駆使して頂点にまで上り詰めた事実は，単なる根性主義だけではない何かをすでに暗示していたと言えよう。いつも必ず緊迫感に見舞われる試合のなかで，一体どのようにして厳しさに耐える

34　Hua. Ⅵ. §28‐⑦ S.109　邦訳：ヨーロッパ諸学の危機と超越論的現象学，§28‐⑦ 147頁

実存的な〈身体感覚〉を高めうるのか，これこそがアスリートやコーチたちの渇望して止まない〈究極的意味核〉であり，キネステーゼ感覚の普遍的な〈身体発生基盤〉に他ならないのだ．そのためには，身体感覚の厳しい超越論的反省を通して，自己運動の深層に潜んでいる〈動く感じ〉，つまり〈キネステーゼ意味核〉[35] に気づき始めていたのかもしれない．当時における競技実践に生きる人たちは，結果的にその〈原事実〉[深層：§69参照]を見過ごしてはいなかったことになる．そのための自己運動の反省分析や他者運動の代行分析についての身体発生基盤(ビュシス)は，さらに具体的な手続き論を含めて，後段［§5～§22参照］で改めて立ち入ることになろう．

　ここにおいて，我々は動きのコツとカンという身体感覚の内在経験に潜む〈地平志向性分析〉を単なる主観的な記述に過ぎないと貶め，その客観性の欠損を批判の対象にする科学的思考[36] の存在をここでも確認しておかなければならない．そのためには，わが国の戦後の科学的運動分析が〈動感形態化〉という新しい動きかたの意味(センス)発生を，いわばキネステーゼ感覚を形態化する身体能力の生成現象に向き合って，現にどのように関わるのかを改めて厳密に開示しておかなければならない．とりわけ，その科学的運動分析はその精度をますます高め，一兆分の一秒を記録できる超高速の映像分析(キネマトグラフィー)が可能になっている昨今である．だから巷間で運動分析と言えば，科学的運動分析と同義語にまでなっている時代であることに注意しておかなければならない．科学主義はそれにますます勢いを得て，主観身体にしか捉えられないコツとカンという私秘的なドクサ経験［思い込みの感覚経験］の現象学的な志向性分析の非科学性を許すはずもない．とすれば，その科学主義を信奉する運動分析者たちがその私秘的なドクサ経験の迷妄を排除し，そのコツとカンという身体能力の発生の謎を精密な科学的分析によって開示しようと勢いづくのは当然の成り行きかもしれない．このことは，17世紀科学革命以降の驚異的な科学の進歩を考えれば至極もっともな展開であろう．しかし，フッサールは「自然科学には，どんな価値に関わる述語も，いかなる実践に関わる述語もすべて無縁なのだ」[37] と言い切り，たとい一兆分の一秒に運動を分割しても，「動きそのものは分割不可能」[38] と断じるベルクソンは，それは静止像の連続でしかないと喝破し，「動きそのもの

35　Hua. III. § 116 - ⑤ S.240　邦訳：イデーンⅠ-Ⅱ, 206頁
36　Merleau-Ponty, M.: L'Œil et l'Esprit, op.cit. p.12 Gallimard 1964　邦訳：眼と精神，255頁，みすず書房
37　Hua. IV. § 11 - ① S.25ff.　邦訳：イデーンⅡ-Ⅰ，第11節 - ① 29頁
38　Bergson, H.: Essai sur les données immédiales de la sonscience, 1927(1993), p.82~86,　邦訳：ベルクソン全集 1, 22頁，1993，白水社

は直観できるはずもない」と嗤うことであろう。このような科学主義万能の状況下にあって，フッサールの発生的現象学に基礎づけをもつスポーツ運動学との間には，抜き差しならない誤解と侮蔑感に満ちた曲解が露わになっているのであり，このような執拗な絡み合いのあることを知っておかなければならない。

この時代風潮の下では，我々の発生的運動学が主題化するコツとカンという内在経験の超越論的な〈直観化綜合分析〉［本書：§47～§50参照］が人々の関心を呼ぶはずもない。ところが，実践現場にいる選手や生徒たちにとっては，その自らのコツとカンの動感意識を反省分析するのは至極当たり前の出来事なのである。自ら動こうとする運動主体として，自らのコツ，自らのカンを即座に捉えるのは，他でもない〈自我身体〉[39]に潜むキネステーゼ感覚として働く身体性，つまりフッサールの言う〈動感身体性〉に依拠せざるをえないのだ。その絶対ゼロ点からコツとカンに機能する〈自我〉[40]の働きは，〈遂行自我〉から生まれるのだから，外部視点からの正当な運動メカニズムをどんなに精密に呈示されても，その〈動く感じ〉のコツとカンを自らに身体化できないのであり，それは何の役にも立たないのだ。だからコツとカンというキネステーゼ身体能力は，結局のところ〈自得〉するしか道はないと言われるのはこの意味においてである。その自得する〈道しるべ〉を開示するためには，自我身体に流れる意識時間流の原発生地平志向性に回帰するしかないのは，すでに拙著［深層：§62～§65］に詳しく述べられている。さらに後段［本書：§5～§13］でも「自己運動の分析道しるべ」と題して具体的に開示されていくことになろう。選手たちは，このような厳密な発生分析の道しるべに沿って，それが現象学的分析の〈超越論的反省〉[41]とは気づかずに，全く自覚しないまま現に遂行しているのだ。新しい技芸を身につけようとする選手たちは，その技芸を〈自己中心化〉するのに，当たり前のようにキネステーゼ意識の超越論的反省をいつも必ず，全く無意識に〈今ここ〉で〈現に〉行っているのだ。いわば，新しい動きを生み出すときには，厳密な静態分析や発生分析という超越論的構成分析は，自我意識の働かないまま受動的に，つまり，いつの間にか独りでに選手や生徒たちのなかで，受動的に，匿名的に秘かに行われてきているのである。このような厳密な超越論的な動感発生分析は，新しい動きかたの学習のなかに〈志向含蓄態〉としていつも必ず息づいているからこそ，学校体育における運動発生学

39　Hua. XVI. §47・①～② S.161
40　Hua. VI. §28・⑦ S.109　邦訳：ヨーロッパ諸学の危機と超越論的現象学，147頁
41　Hua. I. §15 S.72ff.　邦訳：デカルト的省察，第15節，69頁以降　岩波文庫

習が身体教育の〈究極核〉という担い手になりうるのである。つまり新しい動きかたを身につける〈意味発生〉の学習活動は，生き生きと機能する〈動感身体性〉に依拠せざるをえないのだ。その動感身体性は絶対ゼロ点からコツとカンに〈機能する自我〉[42] の貴重な身体感覚を直に経験する場となっているのである。同様にして，各競技領域の実践的トレーニングは，未だ実現していない実践可能性として未来予持の成否に決定的な意味づけを与えることになる。このような実践現場で当たり前のように身体感覚の〈未来予持発生〉に取り組んできているのは，わが国古来の技芸の道，いわば武道や芸道として，数世紀以前から伝承されてきた先人たちの遺産に他ならない。コツとカンを自らの身体感覚で捉えて，新しい〈動きかた〉のキネステーゼ感覚素材を形態化して行くには，わが国古来の遺産である技芸の道に回帰するしかないのだ。その具体的な分析対象性とその〈道しるべ〉は，後段に第Ⅳ章のパトス分析［§42以降］と第Ⅴ章のエートス分析［§47以降］として，順を追ってその詳細に立ち入っていくことになろう。

§2. 古来の芸道に学ぶ

(a) 反論理は身体感覚で捉える

スポーツ領域における身体運動の分析は，その生ける身体の〈物的運動〉を科学的運動分析に基づいて客観的に［対象化して］精密に計測し，その因果的メカニズムを開示するのが一般的である。例えば，うまくできない選手がいれば，まずビデオでその動きかたをゆっくり再現して観察し，その欠点が見つかれば，選手に修正指示を出すといういわゆる映像分析法が取り上げられる。ところが，そこに映像化された身体運動は，その選手の生身の〈動き〉だから，その位置移動やスピードを比較した客観的メカニズムのデータはすぐに選手に適用できると考えるのに何の違和感もない昨今である。しかし，その映像は選手の物的身体の運動経過だけだから，それはその選手のキネステーゼ身体感覚，つまりコツとカンの意味発生の様相変動が映し出されているはずもない。そこに見られるキネグラムという静止像の連続は物的身体の位置移動であり，選手自らの身体感覚が機能しつつある様相は映像化されてはいない。ところが，その同じ映像を見ても，わが身の〈動感メロディー〉が同時に流れてくる観察者には，

---

[42] Hua. Ⅵ. §28 ⑦ S.109　邦訳：ヨーロッパ諸学の危機と超越論的現象学，147頁

その静止像連続からコツとカンの絡み合った生き生きしたキネメロディーが聞こえてくるのだ。そこには，映し出されたその人の意味発生(センス)の様相が観察者に実的(レエール)に統握できるという奇妙な事態が起きるのである。だから，その静止図形の変化にメロディーが流れない人には，その映像を見た後で，次にはどんな感じで動くのかという〈未来予持志向性〉が全く生じてこない。未来予持の動く感じが何も生まれてこないのでは，次の新しい動きかたを試して見ることもできない。そこでは，マイネルが注意する機械的反復に堕してしまうのだ。

こうして，映像分析における瞬間像の連続を見るときには，視知覚によって直進的に観察するのではないことになる。そこには，自らの〈身体感覚で見る〉という奇妙な反論理的身体能力が必要なのだ。つまり，自らの動く感じが生き生きと機能している〈身体感覚で見る〉という新しい〈身体能力〉の可能態(デュナミス)が求められているのである。とすると，このような超越論的反省の立場から動く感じを見抜く能力をどのようにして身につけるかが問題になってくる。そこにこそ発生的運動学に特徴的な起点的役割として身体発生基盤が据えられているのはこの意味からである。ここで言う身体発生の身体(ピュシス)とは，すでに序章の冒頭から述べているように，生き生きと体験しつつある身体が〈内的組織化〉[43]［深層：§ 29-③～④参照］の時間流のなかに機能する能力可能性なのである。キネステーゼ身体感覚の意味発生(センス)を厳密に超越論的反省に基づいて観察分析をするには，フッサールの発生的現象学に基づいたこのような超越論的発生分析の道しるべが開示されていなければならない。となると，生ける身体運動を物的運動として対象化し，その因果法則を開示する科学的運動分析は，このようなコツとカンが一元化した身体発生現象を開明する役割をもつはずもない。それは科学的運動分析それ自体の本質必然性に基づいているからだ。こうして，科学的運動分析と現象学的運動分析との本質必然的な差異がしっかり確認できれば，それぞれの役割を生かして高次の協力関係を構築する可能性が生じてくるから，二者択一の不毛な論争を繰り返す必要はなくなるであろう。それだけに，運動発生学習において，動いた後にすぐにビデオ映像を見せて，その運動経過を観察させるのは余りにも問題が多いことになる。それは，その前提となる観察能力の役割が改めて確認されなければならないからである。生徒たちがまだキネステーゼ身体感覚の自己観察分析もできずにビデオ映像を見ても，物理的な位置変化しか見えないのでは，そこから次の学習する動く感じを統握するこ

43　Hua. XI.: § 47-④ S.215　邦訳：受動的綜合の分析, § 47-④ 305頁

§2. 古来の芸道に学ぶ　23

とは不可能なのである。その観察分析においては，そのビデオ映像を直進的に視知覚で見るのではなく，〈身体で見る〉という新しい身体能力を学習しないうちにキネグラムを見せることがどれほどアポリア［通り抜けできない難関］を生み出してしまうか［深層：§33~§40参照］は，後段［本書：§47~§50参照］でもさらに具体的に明らかにされていくことになろう。

　このようにして，科学的運動分析で取り扱えないコツとカンの働くキネステーゼ身体感覚の発生分析は，本質必然的にヴァイツゼッカーの意味する，いわゆる反論理的な運動現象だから，動く感じの意味発生という特殊な志向対象に向き合って，まずもって超越論的構成分析を取り上げなければならなくなるが，このことは後段でさらに具体的な例証によって詳しく開示していくことになろう。一般に，自然科学における，例えば物理学の慣性法則は，等質的な数学的時空系における物的身体の運動法則であること言うまでもない。そのことを確認しておけば，人間の生身の運動を科学的に分析するときに，その生き生きと躍動する身体運動を物的身体の位置移動に置き換えざるをえないのは自明の理として了解できるであろう。とすれば，バイオメカニクスの精密な運動分析のデータは，コツとカンの働く身体感覚の改善に直接に関係してこないのだ。それは物体ないし物質としての身体運動の改善に客観的データを取り出す役割しかもっていないのは論をまたない。ところが，その科学的運動分析の結果がすぐに新しい動く感じに役立つと早合点してしまうことが多い昨今である。科学的な客観分析では，主観的な身体感覚や力の入れ方，あるいはリズムの取り方のような個人的な動く感じのデータではなく，その基柢に潜んでいる因果的な自然法則のデータを取り出すだけである。だから，その因果的な客観的法則をわが身に移して生かすのには，繰り返し反復して自分の〈動きかた〉に取り入れる努力志向性がその本人に丸投げされているのである。その本人，つまり遂行する自我がどんな感じで，どんなリズムで動くのかを身につける道しるべの構成分析は我々の発生的運動学の固有の役割である。だから，科学的運動分析と現象学的運動分析の役割は全く異質な時空系に属しているのだ。つまり，一方は数学的時空系であり，他は現象学的な身体発生的時空系である。それはどちらが正しいとかどちらが客観的だとかいう二者択一の問題でないことを確認しておかなければならない。こうして，生身の自己運動に潜むキネステーゼ感覚の〈ゲシュタルト成立〉という，つまりキネステーゼ形態化による発生分析はスポーツ運動学の独自な役割として浮上してくる。その本質必然性が確認さ

れれば，はじめてボイテンデイクの意味する上位の協力関係としてそれぞれの補完性を生かして，高次元の身体発生基盤［人間学的生理学序説(1967)］が構想されることになる。しかし，その道はまだ多くのアポリア［難関］に阻まれているのは周知の通りである。

　ところが，選手たちの躍動する身体運動を科学的分析の対象に取り上げているのだから，それは生身の〈運動そのもの〉の科学的分析に他ならないと早合点してしまうことが少なくない。この場合には，その選手の身体運動がどのような速さで位置移動をしたかを判断するために空間と時間を計測するのだから，その身体運動は数学的時空系運動学の分析対象に変換されざるをえない。その途端に，その選手の身体運動からキネステーゼ感覚の機能する身体性が消えて，単なる物的身体の位置移動に同時変換したことになる。となると，その数学的運動学のデータ分析の結果には，その選手が自らの身体感覚をどのように生かして動こうとしているかという〈キネステーゼ感覚形態化〉の本質可能的な〈純粋記述〉はすでに消滅しているのだ。だから，その科学的運動分析のデータから意味発生の様相変動も同時に統握することは本質必然的に不可能なのである。というのは，その選手が「どう動こうとしたのか」という〈原発生地平〉に潜んでいる志向的含蓄の分析対象性は，別種の超越論的反省の立場に依拠するしかないからだ。つまり，その運動主体がどのような〈パトス的な目標像〉をもち，その動感形態化にどのような〈様相変動が見られるか〉という動感発生分析は全く科学的分析の対象には属してはいない。とすれば，その選手は生身の動く感じをどのように〈形態化しつつあるか〉という意味発生の超越論的反省の分析対象は，その選手の身体運動の科学的分析データからは何一つ取り出されるはずもない。仮に，そのロボットに感情や意志決定のソフトを予めプログラミングしておいても，その場の気分あるいは価値意識によって相即的に変容するコツとカンの〈原現在の意味発生〉は記述されるはずもないのだ。我々がもっとも知りたい分析結果は，自己運動する本人の価値感覚がどのように〈身体発生〉に関わっているのかという身体感覚の〈立ち止まりつつ流れる原現在〉の一連の様相変動についてなのである。それによってしか，次の目標像の構成化とその未来予持志向性の遂行に生かしていくことができないからである。次に反復するための主観的な身体感覚の目標像をありありと予描する〈必当然的明証性〉をもつことは，ロボット工学の科学的運動分析の結果からは不可能であることを確認しておかなければならない。ましてや，コツ

とカンの動感原発生地平に潜む〈志向含蓄態〉を分析できる保証はすでにどこにも残されてはいないのだ。

競技に生きる選手たちは，いつも必ず自分自身が絶対に確信できる身体感覚を掴もうと苦心しているのである。そのパテント的な独自な動感身体性で勝負しようとしているのに，ロボティクス的運動法則こそもっとも客観妥当性をもつと一方的に断じ切れる正当な論理はどこにあるのか。私のパトス的な苦悩と共に〈動きかた〉を身につけ，それに修正を加えつつ充実化を図ろうとしているのに，その物理的自然法則に基づく本質必然性はその機能する動感身体性の充実化作用をどのように保証してくれるというのか。こうして，発生的運動学における動感形態化の動感発生分析は科学的運動分析と本質必然的に袂を分かつことになるのはもはや喋々するまでもない。それはどちらが正当性をもつかという二者択一の問題ではなく，どのように上位の協力関係に辿り着けるかの問題圏に属すのだ。我々の発生的運動学は，その間身体性［深層：§48参照］の〈究極的確信〉を追求していくために，動感身体性という普遍的な発生基盤の上に身体感覚の動感形態化の道しるべを探っていこうとしているのである。科学的自然法則がロボットの機械的運動の形成や修正に正当性をもつのは当然であり，そのこと自体に何の批判もあるはずもない。しかし，それを競技する選手たちの身体感覚の生成に妥当するかどうかは全く別問題である。そこでは，ロボットの機械装置的な物的位置移動とパトス的な身体感覚変様との差異が，まずは現象学的な本質分析に付されなければならないことになる。それは，パトス［情念］的な動きの価値感覚と原感情をもつ人間がその〈動きかた〉を生成消滅させる発生現象のなかに，フッサールが「我々のはじめには，ある一つの矛盾が存在している」[44] という謎めいた一文を残しているのを見逃すわけにはいかない。ロボティクスにおける運動発生の自然法則が謎に満ちたキネステーゼ身体発生の反論理性を容認するとは考えられないからである。つまりコツとカンと呼ばれる動感意味核［価値感覚の担い手としての基体］の変換同時性という謎に満ちた現象は，いわばヴァイツゼッカーの言う生成消滅の〈同時変換作用〉[45] という奇妙な反論理現象にその源流を求めるしかない。もちろん，ヴァイツゼッカーの意味する〈反論理性〉[46] は単なる非論理的な現象ではないのだ。それは生成消滅の同時性という矛盾と和合の一元化的知覚内容が本質必然

---

44 Hua. XVI. § 46・① S.159
45 Weizsäcker, V.v.: Gestaltkreis, S.254　邦訳：ゲシュタルトクライス，221頁
46 Weizsäcker, V.v.: Gestaltkreis, S.227f.　邦訳：ゲシュタルトクライス，184-185頁

的にいつも必ず開示されているからである。

　しかし言うまでもなく，そのヴァイツゼッカーの言う反論理性の源流はフッサールの〈触る-触られる〉という〈二重感覚〉に還元されることは周知の通りである。混み合ったスクランブル交差点を他人にぶつからないで通り抜けるときのコツとカンの同時変換作用の不思議さを想像すれば容易に首肯できるであろう。ところがスポーツ領域における科学主義は，その客観法則の示すように動けない事態に直面すると，その物的身体の力学的運動を改善し，あるいは物質身体の生理学的体力要因を強化して合成し，緊迫した競技に適合するメンタルリハーサルとその手続きのマネジメントを合理化すれば，そこにフッサールの言う実践可能性が実現できると断じること頻りである。このような科学主義的な思考態度が何の違和感もなく受け入れられる昨今である。ロボット工学的な運動発生とパトス的な価値感覚の身体発生(ピュシス)［深層：§18-⑦，§28-⑦参照］との区別は最初から無視されているのだ。しかし多かれ少なかれ競技スポーツは，勝敗決定の公正な基準に等質的な数学的時空間のデータを本質可能的に採用しているから，アスリートの身体運動のデータもその物的身体の数学的運動学以外の何ものでもないと断じてしまうのだろうか。このような昨今の競技界の事情が我々にさらなる難問を突きつけてくるのであり，それにどのように対応し，改善すべきかは今後の重要な問題として我々に迫ってくることになろう。

(b) 身体感覚は自得するしかない

　ところが，それらの合理的な自然法則を受け入れる物的身体の数学的運動学(キネマーティク)であっても，具体的なコツとカンが同時的変換に一元化された動感意味核［担い手］を発生させる役割は本質必然的に排除されているのは言をまたない。その意味発生のためには，自我身体に〈先構成〉［深層：§28-②参照］として潜んでいるキネステーゼ空虚形態，いわば空虚な〈動く感じ〉の充実化を図らなければ，その動感発生分析の起点に立つこともできない。自我意識の働かない受動的なキネステーゼ感覚素材(ヒュレー)がその意味発生に向けて，〈相互覚起〉[47] を通して〈連合的綜合〉しながら空虚形態の充実化を，いわば動感形態化の道を辿っていかなければならないのはこの意味においてである。さらに，世界規模の緊迫した大試合で勝負を打つためには，選手たちはコツとカンの命綱となる身体感覚をしっかりと身体化するために，新しい動感形態化の道しるべを工夫を

47　Hua. XIV. Nr. 35-(a) S.531　邦訳：間主観性の現象学Ⅱ，テキスト Nr. 35-(a) 217頁

しなければならなくなる。その命綱となる意味発生に確信的な身体化を拓く道は，高次のコツとカンを掴む動感エートスの〈努力志向性〉つまり〈原努力〉に全面的に依存せざるをえなくなる。そのとき，〈確信的命綱〉をわが身に意味発生させるのがキネステーゼ身体感覚それ自体の必当然的な役割となるのは言をまたない。それはキネステーゼ感覚として機能しつつある自己身体性の働きだから，わが国古来の武道や芸道で言われている自得の美意識［価値意識］以外の何ものでもないのだ。わが国古来の〈芸道〉においては，手取り足取りして師匠が教えてくれることは決してない。因みに，西山松之助によれば「芸道というのは，芸を実践する道である。芸とは，肉体を用いて，踊ったり，演じたり，画いたり，嗅いだり，味わったり，弾いたり等々，体の全体または一部をはたらかすことによって，文化価値を創り出すとか，または再創造とかする，その働きをいう」[48] と説明する。さらに西山の言葉を借りれば，芸道の〈道〉[49] というのは，もっとも抵抗が少なく，しかも無駄もなく，確実にかつ速やかに目的地に行くことのできる〈通路〉として設定されてきたという。天賦の才に恵まれた技芸(わざ)の開拓者たちが，創意工夫して苦心を重ねながらやっと切り拓いた至芸に通じる道を，さらに後に続く多くの弟子たちが〈踏み固めながら〉歩いてきた道，それが究極の芸(わざ)への道，つまり〈芸道〉に他ならないのだ。芸(わざ)を伝承する道程には，その芸(わざ)への道に立てられている沈黙を守る匿名(アノニューム)の〈道しるべ〉が存在している。それを誰の助けも借りずに，努力志向性によって自ら工夫して究極の芸(わざ)を発生させるのが古来の〈伝承道しるべ〉に他ならないのである。このことは後段で再び立ち入ることになろう。

　そのとき，誰にも頼ることのできない〈自得の心構え〉の獲得が何よりも大事にされる。つまり，わが身でその意味発生(センス)に向き合うとき，自らの微妙な身体感覚の変化を密かに感じとり，その感覚素材に生命(ヒュレー)を吹き込みながら身体化する〈自得の心構え〉こそ伝承成立の身体発生基盤に据えられているのだ。その自得精神を貫くことの厳しさを自らの身体感覚で感じとるまで，師匠は辛抱強く待つだけである。その技芸伝承世界では一切の手引き(マニュアル)が固く禁じられているのだ。弟子たちも自己自身の身体感覚の働きしか何にも頼れないことをその厳しい身体経験を通して学ぶ重大さを了解しているのである。このような芸道における道しるべも〈自得する〉という厳しい教えは，わが国に数世紀の歳月

48　西山松之助：「近世芸道思想の特質とその展開」，『近世芸道論』所収，586頁，1972　岩波書店
49　西山松之助：ibid. 586頁

を経て脈々と受け継がれてきているのだ。それが発生的運動学における伝承発生のキネステーゼ形態化への普遍的な身体発生基盤を形成していることは言うまでもない。そのような〈絶対主観性〉を基柢に据えた自我身体が〈コツとカンの一元化意味核〉を自得できずに苦しんでいるとき，その本人は一体どのようにして道しるべを見つけることができるのか。大方の山道には，分かれ道ごとに方向標識があり，それを頼りに道に迷うことなく目的地に辿りつける。それが〈道しるべ〉と呼ばれるのは周知の通りである。いわば〈しるべ〉という古語的表現には〈知る方〉つまり「そこへ行く方向を知る」という標識的意味と，〈知る辺〉つまり「その辺を知る」という事態的意味の両義をもっているのだ。だから，それは方向標識だけでなく，努力志向性の具体的な目標像も同時にわが身に〈先構成〉されていなければならない。渺茫たる草原のなかで方位を感知する能力は，科学主義一辺倒に馴らされた現代人には危機的状況にあるのだ。同じように，動くときに即座に働くコツとカンという〈動く感じ〉の身体感覚もすっかり萎えて消滅しかかっている。自ら動くときに，その方位も，目指す像も自ら見分けられない事態を我々は直視しなければならない。その身体発生の道しるべの〈知る方向〉も〈知る辺〉もすべて自らの身体感覚に頼るしかないのだ。まさに自得精神の体得に向き合う身体発生の事態は学校における身体教育の本質必然的な核心を形成しているのである。そのような〈身体発生学習〉は体育実践に主題化されないまま，生理学的身体だけに特化されている事態を見過ごしてはならない。もちろん，体育の教科目標が健康の増進と体力の向上を基盤に据えることに何の異論もあるはずもない。しかし，スポーツ領域の運動学習が単に将来の楽しいスポーツ生活の充実に資するという意味づけは余りにも皮相的だと言わざるをえない。学校体育における身体習練の概念が生理学的身体の学習と同時に，現象学的身体の〈動感発生学習〉こそが貴重な身体経験を形成するのであり，それによってはじめてフッサールの意味する身体物体の身体発生の事態として意味をもつことになる。

　さらにフッサールは「今とか以前とかいう主観的な［内的時間意識の］形式は絶対固定的であり，それを私は何一つ変更できない」と断じる。さらに言葉を継いで「〈今はこうだ〉という判断定立は〈やがて何かある〉という未来定立を誘う」[50]　と述べて，〈原現在の自我作用〉と〈私の体験〉の絶えざる〈時間化統握〉への重大な指摘を我々は見過ごすわけにはいかない。そこには，絶対ゼ

---

[50] Hua. IV. § 56 - d) - ② S.227f. 邦訳：イデーン II - II, § 56 - d) - ② 65頁

ロ点という原現在における〈自己時間化〉[本書:§29参照]が,他人に代わってもらえない身体感覚の〈絶対時間化〉[51]の現象として,いみじくも浮き彫りにされてくるからである。学校体育に取り上げられる身体運動は,単に生理学的身体の発育発達の手段だけではない。そもそもキネステーゼ身体感覚によって身体化されるスポーツの身体運動は,いかなる実用的目的からも解放された〈脱目的性〉[52] が基柢に据えられるというグルーペの指摘を見過ごしてはならない。その脱目的性を含意する純粋な身体運動そのものは,単なる無目的なしぐさや動きが意味されているのではない。そこには,動きの自在洗練化に向けて,その高みを無限に追っていく目的論的構図が含蓄潜在態として蔵(かく)されているからである。そのような実用目的から解放された〈純粋な動き〉それ自体の身体経験に潜む意味(センス)発生の学習,いわばフッサールの言う〈身体感覚の自己統握〉こそが,人間形成に資する身体教育の〈究極的基体〉[53] をなすからである。〈動ける−動けない〉というパトス的な志向体験を無視した単なるスポーツ学習には,自らの身体感覚に統覚されるありありとした原(オリギネール)的な身体性が欠損していることを見逃してはならない。つまり,身体運動はわが身にありありと感じとれる身体性のなかにキネステーゼが機能する身体感覚の発生学習こそが,身体教育ないし競技スポーツの陶冶的な身体発生基盤を構成しているからである。そこでは,身体教育と競技の領域を問わずに,単なる手段として他の実用目的に利用されるのではなく,その動き自体に価値意識をもつ〈身体発生能力〉を追求する本質必然性こそがその基柢に据えられているのである。

(c) 身体発生の重大さに気づく

ところが,運動発生学習の道しるべに含まれる純粋な定位感にも,コツとカンの一元化された意味核にも関心を示そうとしない体育教師や競技コーチが少なくない昨今である。そこでは,もっぱら運動学習の行動プロセスを外部視点から観察するだけで,その出来事の客観的経過だけの合理性を監視,監督するのをその役割と心得るのが一般である。生徒たちが何とか自らの〈動く感じ〉を掴もうと悩んでいるその発生現場に居合わせていても,それに共感して指導するはずのコーチや教師は,もっぱら拱手傍観するだけで,いわばヴァイツゼッカーの言う野次馬(キービッツ)の立場を変えようとはしていない。わが国古来の能楽,演

---

51 Hua. XV. Text Nr. 38 S. 670 邦訳:間主観性の現象学 III, 506 頁
52 Grupe, O.: Grundlagen der Sportpädagogik, S.86ff. 2.unveränderte Aufl. 1975
53 Hua. XVII. § 82 - ③ S.210 邦訳:形式論理学と超越論的論理学, § 82 - ③ 225 頁

劇，武芸ないし技芸などの芸道［技，業，態，芸の修行道］における師匠たちは，その道しるべという道標の位置も，そこに呈示される定位感の身体感覚も，さらに動く感じに潜む様相変動のすべてを知悉しているのだ。しかも弟子たちに自得を迫る価値感覚の本質必然性についても，師匠はわが身にすでにいつも身体化されているから，承け手に動く感じを〈なぜ今ここで自得させるのか〉という芸の本質可能性を知り抜いている。これに対して，技芸(わざ)の深層に潜むコツとカンが同時変換する〈身体発生〉[54]に苦悩する経験を素通りした教師たちは，こともあろうに，一気に軍師的戦略家(ストラテーゴス)を目指してしまう牧歌的な素朴さしか持ち合わせていない。指導者とは，合理的な学習活動の管理者であって，いつも外野から叱咤激励するだけで，そこに不可欠な〈キネステーゼ連帯感〉［深層：§1参照］を持ち合わせてもいない。コツとカンを「教えて欲しい」と求められると，「それは動く本人［遂行自我］のやることであり，他人は誰も代われないのだ」とひたすら〈自得の美意識〉を繰り返すだけである。コツとカンの一元化意味核は私秘性を本質とし，本人にしか分からないのだから，必然的に他者には代替不可能なのだと説得すること頻りである。とすれば，運動主体のコツとカンは決して他者には伝わらないことになるから，わざの伝承は絶対成立しないことになってしまう。こうして，わざ伝承の世界では，昔から「自らの身体感覚は自ら把握するしかない」という自得精神が芸道の〈究極基体〉と言われ，「わざは教えてもらうのでなく，見て盗むのだ」と言い伝えられる。とすれば，我々はこのような事情のなかでその身体感覚発生の〈道しるべ〉を知るには，改めて数世紀以前の昔から技芸(わざ)が伝承されてきた〈芸道〉という伝承世界に立ち返らなければならないことになる。

　ここにおいて，我々の〈動感形態化〉という伝承の道しるべは，言うまでもなく，フッサールの発生的現象学における原発生地平の志向含蓄態に向き合って，その本質直観分析［深層：§76～§81参照］として取り上げられることになる。そこには，過去把持地平と未来予持地平との緊密な〈相関共属性〉に基づいて，未来の動きかたを確信的に予描していく〈身体発生〉の決定的な役割が開示されているのだ。その動感志向性の分析対象性については，後段で個別的に詳しく立ち入っていくことになるが，ここで因みに，身体発生論における〈伝承〉という邦語表現が極めて特徴的であることについて少しだけ付言しておき

54　Auersperg, Alfred P.: Vorläufige und rückläufige Bestimmung in der Physiogenese; Jahrbuch für Psychologie, Psychotherapie und medizinische Anthropologie, 8, 1961, S.226

たい。というのは，伝承という表現は，端的に西欧語に置き換えにくいからである。西欧語では，伝え手から承け手への動感システムの〈一方的伝達〉の意味しか表記されていない。これに対して，邦語の伝承では〈伝える〉と〈承ける〉という両者の相互作用が同時に意味されている。だから，承け手の継承的発生学習をも同時に表すには，説明的な合成語にするしかない。その伝え手と承け手の同時的相互作用を一語で〈伝承〉と端的に表記できる邦語はまさに好都合である。それだけに，謎に満ちた身体発生現象の伝承成立に取り上げられる超越論的構成分析に関して，わが国古来の芸道伝承との比較論的視座が開けてくるのは極めて興味深いことである。

　こうして我々は，まずもって伝承の〈生成消滅〉という発生現象野の意味内実を確認しておかなければならない。伝承世界における伝え手，つまり教師やコーチは，承け手に伝えるべき身体感覚の〈ノエマ的意味〉をまずもってしっかりと確認することがこの伝承発生の前提条件となる。しかしすでに述べているように，学校体育の教材研究として，その習練対象のノエマ的意味そのものが取り上げられることは極めて珍しい。同様に競技世界でも，そのノエマ的な意味存在は〈志向含蓄態〉としてコーチの胸三寸に畳み込まれているだけである。いずれにしても，コツとカンを蔵しもつ一元化意味核という〈伝承財そのもの〉の厳密な志向性分析が取り上げられるのは希有である。そこでは，課題達成の成否それ自体が関心事になっているだけなのである。その意味発生の多襞的な変様態の存在論がノエマ的意味として分析対象性に取り上げられないのはどうしてなのか。そこでは〈ノエシス契機〉の〈原発生地平分析〉が志向対象性に取り上げられていないから，そこに潜む〈相関共属性〉をもつノエマ的意味が浮上してくるわけはないのだ。とは言っても，動感形態化の身体発生現象を指導する実践現場では，どんな教師やコーチでも，そのつど変様する動きの〈身体感覚発生〉に直に向き合っている事態に変わりはない。しかしそこでは，指導者がキネステーゼ感覚の発生そのものに関心がないまま傍観するだけだから，その動感発生分析に〈居合わせる〉[Mit-dabei-sein]という事態が成立していないのだ。だから選手たち自身が，自ら〈そう動ける〉という実践可能性の実現に向けて，その意味核をわが身に取り込もうと，ひたすら自得の工夫を重ねるしかない。そこには，動感形態化の伝承という重大な身体発生の事態そのもの，つまり述定判断する〈志向対象〉が確認されていないのだ。それでは伝承次元にあるとは言えず，単なる伝承課題という空虚形態の一方的な伝達

以外の何ものでもないことになる。

　ところが伝授する側の指導者も，かつては技能者だったにもかかわらず，そのときのキネステーゼ身体感覚はすでに消滅し，古びた鋳型として過去地平に沈殿したままになっているのだ。そこでは，〈動感仲間化〉という重大な伝承関係系がすでに崩壊していることになる。だから，微妙な動感メロディーを含む身体能力発生の共感可能性をもつ〈仲間関係系〉が成立していないことになるのだ。昨今の体育教師のみならず，競技コーチさえも，キネステーゼ感覚伝承のノエマ的な意味存在に気づかず，一方的に教材ないし伝承財だけを理念的に伝達するだけとなる。それどころか，伝承発生の成立を保証するノエシス契機による身体発生さえも放棄しているとしたら，キネステーゼ身体発生の伝承という身体教育の〈究極核〉[55] ［最終的担い手］の発生学習は一体どうなるというのか。マネジメントしかできない教師やコーチはキネステーゼ世界に身を置いていても，その身体感覚の意味発生には全く関わらない，いわばヴァイツゼッカーの意味する野次馬に変身してしまっているのだ。そうすると，伝承関係系の基柢に据えられるべき〈動感連帯感〉［深層：§48‑③参照］が成立していないのだから，そこに微妙な意味核の伝承発生が成立するはずもない。このようにして，動くべき実践課題だけが与えられる生徒や選手たちは，どのようにして自らの身体感覚に向き合えばよいのか。そのときに，古来芸道の自得美意識だけを唱える昨今の指導者は，ひたすら動感形態化という〈身体発生〉そのものから逃げ回っているだけと批判されても仕方がないことになる。

　ここにおいて，我々は伝承発生の現象野にあって，その動感伝承の対象になる身体感覚のキネステーゼ感覚素材をどのように〈形態化〉していくのか，どうすればその〈身体発生〉に現に立ち会えるのかを明らかにしなければならない。そのためには，どうしても身体感覚発生の〈動機づけ〉に探りを入れるしかない。これまでは，伝承発生に関わる伝え手が，かつて自ら住んでいた動感身体性の時空間世界を放棄して，理念的な運動メカニズムを呈示してやり，あとは生理学的な体力条件のトレーニング手続きを取り上げるだけである。そこでは，教師自らのノエシス契機の意味統握とノエマ的意味内容との平行関係が確認されずに放置されているのは明白である。自らの過去地平に沈殿した鋳型化図式しかもっていない指導者が往時の生き生きした身体感覚を生気づけるのは容易なことではない。だからといって，それは「自得すべきだ」と一方的な

---

[55] Hua. XVII. § 82‑③ S.210　邦訳：形式論理学と超越論的論理学，§82‑③ 225頁

丸投げに終始してよいのか。フッサールが「〈準現在化〉は生き生きした現在化の変様態だ」[56] と指摘していても，そのノエシス契機の時間様相をわが身にありありと捉えられる〈原的開示性〉(オリギネール)への努力志向性はすでに消滅してしまっているのだ。身体発生現象の専門指導者として，それなりの動感意識を再び生気づける努力が求められるのは自明の理としても，肝心の身体発生を指導する〈志向対象〉そのものが最初からすでに欠損している事態を見過ごしてはならない。こうして我々は，運動伝承の普遍的な身体発生基盤(ピュシス)のなかで，ノエシス契機の実的な志向分析を可能にする身体感覚の志向対象をここに改めて確認しておかなければならない。そこでは，キネステーゼ感覚発生に現に居合わせている〈ノエシス契機〉に働く〈身体感覚のノエマ的意味存在〉(センス)がすでに志向対象として取り上げられているのだ。それらの非直観的な志向対象は〈直観化綜合分析〉の道しるべとして，後段［本書：§47〜§50参照］で具体的に開示されていくことになろう。

§3. 動感原発生の地平に遡る

(a) 遂行自我は反論理で動く

　すでに前節でも指摘しているように，発生的運動学において分析対象性となるのはコツとカンが同時変換する統一態である。その一元的に機能する意味核は，遂行自我が自らどのように動き，そのように振る舞うかを一気に直観できるキネステーゼ身体感覚を前提にして成立している。そこでは，思わず知らずに動いてしまう受動志向性の場合でも，こう動こうと意志する能動志向性の場合でも，その動く感じを一気に捉えるキネステーゼ身体能力こそがその超越論的反省の志向対象にまずもって取り上げられるのだ。別言すれば，コツとカンが一元化された身体発生，つまり自らの感知志向性と共感志向性の〈二形統一態〉(ふたなり)[57]［半陰陽体］として直観される〈身体発生〉そのものが超越論的構成分析の志向対象に取り上げられるのである。そこにはコツとカンが同時変換する一元化身体発生現象が分析対象性として前景に浮上してくる。このコツとカンという意味核に潜む奇妙な二形統一態について，フッサールは超越論的論理学の立場から「相互に消し合い，共存を拒否し合う具体的な二形統一態」(ふたなり)と巧みな

56　Hua. XI.: B-Abhandlungen <14> Retention und Wiedererinnerung S.326
57　Husserl, E.; Erfahrung und Urteil, §87‐(d)‐⑧ S.417　邦訳：経験と判断，第87節‐(d)‐⑧ 333頁

説明を付け加えてくれる。次いで「それを捉える意識は，独自な具体的内容をもつ固有な意識であり，その相関者は矛盾と食い違いの具体的統一態と呼ばれ，この注目すべき二形統一態は本質直観の基柢に潜んでいるのだ」と明快に結論づけをしてくれる。そこでは，動きの価値感覚に潜む基体の担い手が生き生きと機能して，まさに謎に満ちた反論理的なコツとカンの一元化意味核がそこに生き生きした姿を現してくるのだ。主観的な単なる思い込みと侮蔑され続けてきたコツとカンの二形統一態という身体発生そのものがフッサール発生現象学における分析対象性として取り上げられ，その同時変換する身体発生の意味核[担い手]こそ，謎に満ちた動感身体感覚(キネステーゼ)の発生分析の志向対象に取り上げられることになる。

　こうして我々は，超越論的構成分析の志向対象が蔵(かく)されているドクサ経験の源泉に改めて問いかける拠点を確認することができる。というのは，周知の奇妙な表現〈立ち止まりつつ流れる原現在〉[58] のなかに捉えられる〈原現在〉という今統握に注目せざるをえないとフッサールは再び巧みに道しるべを示してくれる。その原現在は動感意識の源泉，つまり絶対ゼロ点のなかに〈絶対今〉と〈絶対ここ〉として，わが身にありありと受け容れられていると言う。しかし，〈流れつつある今〉と言い表されている出来事は，何とも雲を掴むような漠然とした分析対象である。とりわけ，その〈今を感覚する〉という表現は，我々をますます混乱させてしまう。それは「感覚は与えられるものだ」という〈感覚与件〉の理解に慣れている我々は，自ら今を感覚すると考えることに奇異な感じを禁じえないからだ。主観的な感覚(センス)の意味存在を単なるドクサ経験でしかないと批判して，科学的に思考する人が絶えない昨今だからなおさらである。ところが，競技の世界に生きる選手たちにとっては，流れつつある現在のただ中に，この二つの今[深層：§63参照]という〈絶対今〉と二つの上[深層：§64参照]という〈絶対ここ〉を把握することは当たり前のことなのだ。わが身でありありと感じながら動かないと勝負は打てないから，それは自明なことである。しかし「自ら感じている今は外からは分からない」と選手が言うと，「そんな非科学的な言い方は可笑しい」と唾棄されてしまう。ここにおいて「すべて感覚することは自己自身を感覚することそのものである」[59] というラントグレーベの指摘を我々は見逃すわけにはいかない。ラントグレーベは「感覚する自己

---

[58] Hua. XV. Beilage 43 - ① S.598　邦訳：間主観性の現象学Ⅱ，付論43 - ① 456頁
[59] Landgrebe, L.: Prinzipien der Lehre vom Empfingen, 1954 in: Der Weg der phänomenologie, Gütersloher Verlagshaus 1963, S.116　邦訳：現象学の道，第五章 - ⑫ 186頁

自身をどのように意識するのか」という問いかけを起点として〈感覚すること〉という出来事を本質分析して開示しようとする。ラントグレーベによると，〈感覚する〉とは刺激を全く受容的に感受することだと考えるから，それを〈感覚与件〉として理解してしまうのだと指摘する。ラントグレーベは感覚対象を構成する意味に問いかけるときにはとくに注意が必要だと言う。つまり，〈自己自身が意識されている〉[Sich-seiner-selbst-bewußt-Sein] という契機は，いつもその感覚に向けた問いに先行しているからである。〈感じること〉すべては〈自ら感じること〉そのものなのだとラントグレーベは敢えて駄目押しをする。むしろラントグレーベは，単刀直入に「感覚することはキネステーゼ意識それ自体なのだ」と断じて，いわば見る，聞く，触るなどの感覚それ自体の働きはすでに〈動く感じ〉を含んでいるから，常に感覚とは自己感覚することだと結論できるというのである。

　ここおいて，ラントグレーベのこの指摘には，一体何が意味されているのかに立ち戻ってみよう。〈感覚すること〉が常に同時に〈自ら感じる〉根拠になるのが〈キネステーゼ感覚意識〉だというラントグレーベがまず注意しているのは，そのキネステーゼ志向性という用語を客観的空間における物的運動として，つまり可視的な事物の出来事として，知覚できる位置移動と理解してはならないということである。むしろキネステーゼ感覚システムは〈感覚すること〉とそれを引き起こす〈運動意識〉が一つの統一態として自発的に生み出される〈動く自己意識〉に他ならないからだという。キネステーゼ感覚の働く自己運動と身体感覚との〈連合化現象〉は触覚のなかにもっとも顕著に現れるのはよく知られている。さらに，その連合化は他の感覚野においても同様に働くのは言うまでもない。例えば，知覚に直結する視知覚の眼球運動も，耳を傾けて聴く聴覚のときも，それらは不可疑的な連合化の典型的な例証となる。それらは思わず知らずに独りでに，自ずと発生する動きなのである。それらの受動志向性が抑制され，欠損すると，はじめてその感知作用に気づくことになる。例えば，緊張して目を凝らし，耳を欹てる場合，あるいは物をしっかり握りしめる場合などがその例証となる。そこに支配的に働いているのは，ボイテンデイクの言う〈連動原理〉[60] であり，それが生理的反射でないのは周知の通りである。こうして，自ら感覚することは，そのつどの感知可能な最適のものを志向した自己

60　Buytendijk, F.J.J.: Allgemeine Theorie der menschlichen Haltung und Bewegung, S.102ff. 1956 Springer Vorlag

運動の成果だと言うことができる。こうして我々は、このキネステーゼ身体感覚をわが身にありありと感じとれるのであり、その共感可能な動感志向性が主題として取り上げられることになる。そのような感知志向性と共感志向性が絡み合って機能する〈動感身体性〉の働きによって、はじめて絶対ゼロ点の源泉に遡る〈超越論的反省〉の態度をとることがきる。こうして、流れる現在の今把握や時空的隔たりの遠近感を超越論的な動感意識分析によって解明する必然可能性を我々はそこに見出せることになる。いわば、因果法則的思考の通じないようなアスリートの非科学的な発言、つまり「ボールはシュートして欲しいと飛んでくる」とか、「私の体が勝手に動いた」とかいう謎に満ちた反省的言表は、因果決定論的思考に慣れている我々を驚かすこと頻りである。その謎めいた発言を非科学的な論理矛盾だと決めつけて貶めたところで、それによって何一つ解決されることになりはしない。そこには、知覚と運動の一元論を唱えたヴァイツゼッカーのゲシュタルトクライス原理が働いているのだ。知覚と運動が一元化して、反論理的な先_{プリウス}と後_{ポステリウス}の順序づけのない奇妙な同時変換する〈意味発生〉の出来事は、これまでこのような相互作用の同時性を記述する方法がなかっただけなのである。それどころか、スポーツの競技世界では科学的分析の因果決定論を否定する〈結果の先取り〉_{プロレープシス}という出来事は、極めて日常的に生起しているのであり、その未来の動きを先読みできなければ、とても競技の世界では生きていけないのだ。それは不可疑的な明証性をもっているのである。

(b) 形態化は東洋技術観に遡る

　ここにおいて、スポーツ領域の発生的運動学はこれまでの科学的運動分析に截然と一線を画して、フッサール現象学の動感意識分析_{キネステーゼ}にその基礎づけを求めることになる。我々はそこではじめて、謎に満ちた奇妙な身体発生の源泉に向けて、いわばコツとカンを一元化するキネステーゼ感覚形態化の働きを絶対ゼロ点に還元して、動感意識流_{キネステーゼ}の〈原発生地平分析〉に遡って行くことができる。しかし競技領域における超越論的構成分析は、そこでの勝敗決定基準を巡る時空間の計測問題に向き合わざるをえなくなる。ところが、従来の科学的分析の運動計測をエポケー［判断中止］しさえすれば、競技における動感発生_{キネステーゼ}分析の実践可能性が必然可能的に姿をそこに見せてくれるのだ。むしろそこには、わが国古来の芸道や武道における禅仏教や道教に還元される〈東洋的技術観〉が発生的現象学におけるフッサールの本質直観分析に通底する本質必然性

として浮上してくるのである。そのことはすでに拙著［わざの伝承：第4章，深層：§6〜§17参照］において論じているので，ここで再び立ち入る必要はないであろう。因みに，その要点だけを付言すれば，わが国古来の武道や芸道の伝書では，貴重なコツとカンの動感形態化（キネステーゼ）の働きに関わる超越論的構成分析に通底する手続きがすでに行われているのだ。例えば，応永31年(1424)の奥書をもつ世阿弥の『花鏡』という能楽伝書に遺された〈離見の見〉の教えは，現代の発生的運動学の分析方法論に貴重な示唆を与えてくれる。すなわち「見所（けんじょ）［観客席］より見る所の風姿は我が離見［他我の見方］なり。しかれば，我が眼の見る所は我見［自我の見方］なり。離見の見［観客と同じ見方］にあらず。離見の見にて見る所は，すなわち，見所同心の見［観客と同じ見方］なり。その時は，我が姿を見得（けんとく）［見極める］するなり。……さるほどに，離見の見にて見所同見（けんじょどうけん）［観客と同じ見方］となりて，不及目（ふぎゅうもく）の身所まで見智（しんじ）［肉眼の届かぬ後ろ姿まで見抜いて］して，五体相応の幽姿［身体全体が調和した優雅な舞姿］をなすべし。これすなわち「心を後ろに置く」にてあらずや。返す返す，離見の見をよくよく見得して，眼まなこを見ぬ所を覚えて［眼は眼そのものを見ることができないことを弁えて］，左右前後を分明に安見（あんけん）［しっかり見極める］せよ」[61]と驚くべき観察分析を示唆している。いわば，超越論的反省の〈自我分裂〉[62]における〈現象学する自我〉について，驚くべき厳密な記述分析をしている世阿弥の能楽理論は，すでに15世紀のわが国の芸道で主題化されているのだ。超越論的反省をする観察者としての他我が「ここの自我から抜け出して客席に身を移し，そこから自我の動きかたを観察する」という世阿弥の離見の見の教えは，現象学的な自己観察分析として，フッサールに先立ってすでに実践されていたのは，まさに一驚に値すると言えよう。価値意識によって身体発生の機微を捉える古来の武芸や技芸の修行の道しるべに対して，それは非科学的な単なる主観的な思い込みでしかないと批判するとすれば，フッサールの『危機書』(1936)［第Ⅰ〜Ⅱ部参照］に先立つこと500年以上も前に能楽の奥義（おうぎ）を識しているのをどのように理解することになるのか。ここに，発生的運動学の学問的基礎づけについて，改めて発生的現象学の視座から検討し直す本質可能性を見出すことができる。

その後における室町時代以降の〈能楽の態（わざ）〉みならず，武芸や技芸の芸道修行の在り方は，大陸から輸入されてきた禅仏教，儒教，道教などに見られ

61　世阿弥：「禅竹」，『芸の思想・道の思想』，88頁，岩波思想大系
62　Hua. I. § 15 - ② S. 73　邦訳：デカルト的省察，第15節 - ② 72頁

る〈東洋的技術観〉がその動きの身体発生を支えていることは周知の通りである．すでに拙著［わざの伝承：226～227 頁参照］でも述べているように，古代中国の前 4 世紀後半に生きた荘周も，その著『荘子』に多くの技やコツに関する記述を残している．その外篇第 13〈天道篇〉には，車大工の職人のアロゴスなコツについて次のような記述が見られる．「車の輪を作るのに，削り方が甘いと［削った穴にをさしこむのに］緩くてしまりが悪く，削り方がきついときゅうくつでうまくはめこめません．甘くもなく，きつくもないという程のよさは，手かげんで会得して心にうなずくだけで，口では説明することはできませんが，そこにはきまったひとつのコツがあるのです．わたしはそれを自分の子供に教えることができず，わたしの子供もそれをわたしから受けつぐことができません．そのため七十のこの年になっても，老いさらばえて車作りをしているのです．むかしの人も，そうした人に伝えられないものといっしょに滅んでいきました」[63]．この荘子における一文は，わざの伝承におけるキネステーゼ志向性分析に極めて貴重な示唆を与えてくれる．つまり，コツの存在をしっかりと認識し，その〈無師独悟〉の道しか残されていない身体感覚の伝承世界をいみじくも指摘しているからである．さらに，コツがその開示を嫌って，その〈本人と死を共にする〉ものであることを年老いた職人の口を借りて説いているのはまさに印象的である．とりわけ「徐ならず疾ならず，これを手に得て心に応ず．口言うことを能わず，数ありてその間に存す」［不徐不疾　得之於手而応之心　口不能言　有数存焉於其間］とする一文には，〈身体知〉としての〈数〉，つまりコツの本質がすでに捉えられているのだ．因みに，この〈数〉という表記は，会意として〈続けて打つ〉という原義をもち，動きかたのコツと，それによって成しとげられた業をも表す．この数という漢語は，「ちゃんときまるところ」[64]［原富男訳］，あるいは「コツ」［金谷治訳］と和訳される．中国からの道教や禅仏教における身体感覚の修行過程への教えは，わが国の武芸や演芸，さらに物づくりの技芸の〈意味発生〉に決定的な影響を残していることを見逃すわけにはいかない．わが国古来の芸道の道しるべに潜む注目すべき〈東洋的技術観〉[65]は，それが世紀を超えてわが国の伝承世界に生き続けているからである．明治維新以降に，西欧のいろいろな競技スポーツが取り入れられてからでも，それまで伝承されてきた芸道の自得精神は，技芸に生きる人々のなかに連綿と伝承

63　荘周（金谷治訳注）『荘子』　第二冊（外偏）174~177 頁　1975　岩波文庫
64　原富男『現代語訳　荘子　荘周とその書の研究』，98~99 頁，1962，春秋社
65　浅井浅一：『国民錬成と体錬』，「東洋的技術観の探求」163~298 頁，1944，教育科学社

§ 3. 動感原発生の地平に遡る　39

され，とりわけ武道のなかに，例えば〈道の精神〉を基柢に据えた嘉納治五郎の柔道のなかに生かされていることに言を重ねる必要はない。このことがフッサール現象学の晦渋な専門用語にかかわらず，むしろ〈わざ〉に生きるアスリートやコーチたちのなかでは，キネステーゼ感覚素材を形態化するときの〈動感親和性〉が生き生きと働き，そこに相互覚起が機能して，共感できる〈なじみ地平〉さえ構成されていく本質可能性を我々は見過ごすわけにはいかない。

(c) 自己観察と他者観察は一元化する

　スポーツ実践における発生的運動学は，マイネル運動学 (1960) に倣って自己観察や他者観察の動感発生分析を基本的に踏襲している。新しい動きかたのキネステーゼ形態化を目指す運動発生学習，つまりキネステーゼ的身体感覚の〈意味発生〉を学習する現場では，それらの動感発生分析が当たり前の実践的分析としていつも慣れ親しんでいる道なのである。その実践的な〈直観化綜合分析〉が非科学的だと批判されても一向に痛痒を感じないのは，身体中心化する貴重な意味発生［キネステーゼ感覚の生成と消滅の成立］の多くの例証分析によってその実践可能性が確信されているからに他ならない。因みに，ここで言う〈身体中心化〉とは，いわばキネステーゼ身体性としての〈自我中心化〉であり，フッサールは「まずもって，過去把持とは持続的な変様であり，その変様は身体と身体中心化が絶えず変化するなかで合致するのだ」[66] と開示してくれる。だからこの動感身体の自我中心化は，独りでに〈受動綜合化〉するなかに身体発生が成立するのだ。そのような自我身体性の統覚化分析や他者身体性の共感化分析を施す方法論は本質必然的に〈非科学性〉そのものなのである。しかしそれは，決して批判されるべき学問的汚点などでは決してない。むしろフッサールも注意しているように，そのキネステーゼ形態が示す〈漠然性〉[67] こそ本質をなす〈現象学的形態学〉[68] は超越論的運動分析に他ならず，精密化をねらう科学的運動分析とは本質必然的に別種の志向対象に向き合っていることになる。だから，それは必然的に非科学的でなければならないのだ。マイネル運動学の実践的な形態学分析が第二次世界大戦後の西欧圏で，とりわけ競技スポーツの実践現場から熱烈に歓迎されたのはまさにこの意味においてである。そのマイネルの形態学的運動分析は，決して批判されるような主観的な思い込み

66　Hua. XV. Beilage L (50), S.642f.　邦訳：間主観性の現象学Ⅲ, 付論 50 - ⑤ 495 頁
67　Hua. III. § 74 - ①　S.155　邦訳：イデーンⅠ - Ⅱ, 第 74 節 - ① 35 頁
68　Bernet, H・Zum Begriff der Bewegung, S.9 Verlag Karl Hofman, 1966

や見た感じの素朴な経験記述分析ではなく，その源流を本質必然的にフッサールの原発生地平における深層位の〈身体発生〉[69]の分析論であることを見逃してはならない。だから，それが普遍妥当性に欠けた単なる身体経験分析に過ぎないと批判されるようなものでは決してありえないのだ。

その場合に，自ら思うように動けない選手や生徒たちが自らの〈動く感じ〉を超越論的反省の志向対象に取り上げなければ，〈動ける〉ようになるはずもないのだ。さらに，指導者はその工夫を凝らしている学習者の動く感じに共感して，その動く感じを志向性分析として〈共遂行〉してみなければ，選手や生徒たちの動く感じをありありと捉えることはできないのは喋々するまでもない。つまり，マイネルの言う動きの〈他者観察〉ができなければ，新しい動きかたの意味発生学習に〈動感連帯感〉［深層：§48‐③参照］をもって越境的に関わることはできるはずもないからである。それは，決して客観性の欠落した，単なる思い込みによる素朴な記述分析ではなく，ヴァイツゼッカーの言う相補的一元性の問題圏に属しているのである。その場合の〈相補的一元性〉[70]とは，発生分析と静態分析の両者が相互補完性の関係のなかに一元的統一態を形づくっていることが意味されている。その〈静態論的地平〉は「完了済みの統覚をもち，その統覚作用はすでに現出済みで，いわば〈すでに出来上がったもの〉としてすでに気づかれている」[71]とフッサールは的確な解説で開示してくれる。むしろそれは，科学的客観性の立場からでなく，厳密な発生的現象学のキネステーゼ意識分析として，〈間身体性〉[72]という別種の研究方法論(メトドロギー)からの純粋記述分析でなければならないのである。

このように，自然主義的態度をエポケー［判断停止］して，超越論的反省の態度に徹して，その立場からコツとカンの一元化意味核に向けて統覚化していけば，いわゆる〈我汝仲間化〉という〈出会い現象〉がそこに機能し始めることになるのだ。そこにこそ，伝え手と承け手の間に〈動感感覚交信世界〉(キネステーゼ)［深層：§46〜§47参照］がはじめて姿を現してくるからである。〈そう動けない〉と悩む生徒たちの自ら動く感じの意味発生現象(センス)，さらに一流の選手たちをも襲う

---

[69] Buytendijk, F.J.J.: Prolegomena einer anthropologischen Physiologie, S.76ff. 1967 Otto Müller Verlag
[70] Weizsäcker, V.v.: Gestaltkreis, Gesammelte Schriften, Bd.4, S.319, 1997 邦訳：ゲシュタルトクライス，299頁
[71] Hua. XI.: B. Abhandlungen : statische und genetische phänomenologische Methode‐⑰ S.345, 邦訳：受動的綜合の分析，329頁
[72] Waldenfels, B.: Das leibliche Selbst, S.284f. 2000, Suhrkamp　邦訳：身体の現象学，308頁以降，2004，知泉書館

奇妙な動感消滅の発生現象に直に向き合う態度こそが、我々の発生的運動学に固有な、しかも他で置き換えられない実践的役割を主張することができるのだ。たしかに成果主義の昨今では、〈できた〉という成果だけがスポットライトを浴びるのが一般である。しかし、世界的なアスリートでさえも、その動感メロディーが突然消えてしまう、いわゆる〈破局的消滅〉［深層：§39参照］に襲われることも決して珍しくはない。それは、その選手生命が絶たれてしまうような、まさにカタストローフな出来事が突然襲ってくるのだ。それにもかかわらず、その選手生命が関わる破局的消滅の動感意識流を断ち切れる本格的な身体発生コーチが極めて少ないのは遺憾としか言いようがない。このような動感消滅現象こそ科学的な精密分析と一線を画しうる発生的運動学の独自な役割に他ならないからだ。その超越論的地平分析の源流はフッサールの発生的現象学に求められ、動感志向性の厳密な超越論的反省に基づく〈純粋記述分析〉[73] が起点とされていることは周知の通りである。そのためにこそ、フッサールが「ドクサの内在経験世界に回帰せよ」[74] と繰り返し注意［深層：§6～§17参照］を促しているのである。コツとカンが一元化された動感意味発生の現象は、まだまだ謎に包まれたままであり、その反論理的な奇妙なキネステーゼ身体感覚の発生様相変動に、実践現場の選手たちもコーチも振り回されているのが昨今である。ここにおいてもう一度、コツとカンの奇妙な一元化意味核の志向含蓄態に問いかけながら、そのキネステーゼ身体発生現象が潜んでいる源泉に還元せざるをえない地平性分析の志向対象性を浮き彫りにしておかなければならない。

§ 4. 身体発生の志向対象を問う

(a) 身体能力の意味発生に向き合う

　コツという邦語表現は、すでに鎌倉時代の兼好法師による『徒然草』(第150段)に骨(コツ)［芸を身につける才能や素質］として取り上げられている。発生的運動学のコツという表現は、一般に技芸(わざ)を自我中心化する〈動きかた〉を会得するキネステーゼ身体能力と理解される。すでに700年以上も前から、わが国では技芸の修練によって、自らの動く感じの要点(ポイント)［意味核］を統握して〈身体化〉する〈事態〉［述定判断の志向対象］をコツと呼んでいたのはまさに特筆に値しよう。いわ

---

[73]　Hua. VI. § 64 - ④ S.226　邦訳：ヨーロッパ諸学の危機と超越論的現象学、§64 - ④ 315頁
[74]　Husserl, E.; Erfahrung und Urteil, §6 - ③ S.22　邦訳：経験と判断、§6 - ③ 20頁

ば、骨という会意文字は、物質身体の中核を意味するから、フッサールの言う時間流の〈原発生地平〉[75]に潜んでいる動く感じの究極的意味核を表せることになる。それはまさに正鵠を射た優れた表記であり、決して独りよがりな〈主観的なコツ〉と貶められるような素朴な概念などではない。ラントグレーベも「絶対への道は主観性の深み以外のどこにも求められない」[76]と述べて、〈絶対主観性〉のわが身にありありと覚知できる原的な〈原事実〉に注目しているのだ。こうして、主観身体のコツは、あらゆる〈間主観身体〉のコツに通底し、いわば〈モナドコツ〉としてさらにコツとカンの一元化した同時変換能力が〈モナド意味核〉として運動文化の伝承発生を可能にしてくれるのは言うまでもない。

この人口に膾炙したコツに対して、カンという表現も我々の日常生活ではよく使われる。スポーツ領域の発生的運動学にカンが取り上げられるのは、もっぱら自らの内在経験に結晶した〈感覚論理〉ないし〈身体知〉[77]として、運動主体と周囲世界との相即的な〈身体発生〉に関わる現象野のなかにおいてである。たしかにカンは、「カンが鋭い」「カンに頼る」など日常的に使い慣れた表現ではある。同時に「賭けごとはカンでやる」とか「いい加減な山勘だ」などの侮蔑的表現につながる可能性もある。しかし、カンは勘と表記される音符の〈甘〉は解字として〈挟む〉の意味をもち、その〈匹〉は並べるの意味をもつから、両側から挟んで比べ考える比較考量が意味されている。いわば、カンの言語表記そのものには〈動物的カン〉とか〈当てずっぽう〉などと貶められる意味内容は全く含まれていない。それどころか、カンと呼ばれる身体能力はそのキネステーゼ身体感覚を周界に〈予描的〉に投射して、刻々と変化する情況を的確に捉える可能態も意味される。だから、それらの意味内実を〈情況投射化能力〉と別言できることになる。

こうしてその投射化能力は、変動しつつある周囲世界の〈キネステーゼ情況〉[78]に向けられるとき、その運動主体が自らの情況判断を的確に構成できるから〈予描的身体能力〉とも別言される。しかし、そのとき同時に絶対ゼロ点から発する原身体の予描的なコツ身体能力もすでに機能していることを見逃し

---

[75] Hua. XI. § 18 - ④ S.73　邦訳：受動的綜合の分析、第 18 節 - ④ 111 頁
[76] Landgrebe, L.: Phänomenologische Bewußtseinsanalyse und Metaphysik, 1949 in: Der Weg der Phänomenologie, S.87f. Gütersloher Verlagshaus 1963　邦訳：現象学の道、第Ⅳ章「現象学的意識分析と形而上学」、第 5 節 - ② 139 頁
[77] Buytendijk, F.J.J.: Das Menschliche der menschlichen Bewegung, S.186 in: Das Menschliche, 1958 Koehler Verlag
[78] Claesges, U.: Edmund Husserls Theorie der Raumkostitution, S.120 1964 Martinus Nijhoff, Den Haag

§4. 身体発生の志向対象を問う　43

てはならない。だから，コツとカンという身体感覚は，重複一元性という〈同時変換能力〉をもっていて，緊迫した競技の最中にあっても，カンが働いてその状況の重大さを感知すると同時にすでにコツの身体能力も自在に働いているのだ。それは端的な因果連関ではない。同時的変換という反論理性が〈先反省的に働く〉という事態は，まさに〈身体発生の怪〉としか言いようがない。それは正鵠を射た状況判断のカンが働いたから，コツが即座に機能するのではない。コツは同時に裏で息づいていて，カンが働くと同時にコツも機能しているのだ。それはヴァイツゼッカーの意味する反論理的な〈結果の先取り〉[79]が保証されていることは言うまでもない。それはまさに奇妙な可能態(デュナミス)の身体能力であり，コツとカンの同時変換的な身体発生をヴァイツゼッカーが〈ゲシュタルトクライス〉と呼んだことは周知の通りである。そのことを選手たちやコーチは実践可能性として直観的に自らの身体能力で感知し，共感して了解できるのである。しかし，昨今の指導者はこのキネステーゼ身体能力の必当然的な〈身体発生現象〉[80]を見過ごしてしまうことが少なくないのだ。それは，戦後の科学主義的傾向だけが運動分析に要求されてきたからかもしれない。そのために，教師は学習者との間に働く肝心な動感親和性(キネステーゼ)［深層：§59参照］が欠損したまま，その生徒に潜む身体感覚の働きを読み取れない事態が生じていることを見過ごしてはならない。

(b) 一元化意味核の固有性を確認する

ところが，そのようなキネステーゼ身体能力の同時変換作用に関して，スポーツ領域に関わる科学主義を信奉する人たちはそれに耳を貸すはずもない。それどころか，そんな曖昧なドクサ経験の反省分析や単なる思い込みの意識分析などによって「現実に実在する身体運動の客観性が開示できるわけはない」と唾棄することになる。運動分析に科学主義だけを信奉する人たちは，その身体運動の意味発生が科学的な因果決定論に反して，そこに〈未来に起こる結果〉を先取りする事態が起こっていても，そのような不可視的な志向対象をにわかに信じるわけにはいかないと断じるのだ。だから，可能態(デュナミス)の身体能力の発生を促す実践的立場にあるコーチと科学的運動分析者との間には，共感可能な間身体性［深層：§83・④〜⑤参照］という現象学的概念が通じない。そのまま，不毛

79　Weizsäcker, V.v.: Gestaltkreis, S.258, 1997, Suhrkamp Verlag　邦訳：ゲシュタルトクライス，226頁
80　Buytendijk, F.J.J.: Prolegomena einer anthropologischen Physiologie, S.57 1967 Otto Müller Verlag

な論争が続くのは遺憾としか言いようがない。ところが，フッサールの超越論的論理学に基づく発生論的身体現象学(ゲネアロギー)やヴァイツゼッカー（1940）やボイテンデイク（1948）の人間学的運動学のなかで，次々と明快な例証分析が発表されてくると，コツとカンの価値感覚の働きを単なる曖昧なドクサ領域の身体経験に過ぎないと拒否するわけにはいかなくなってくる。例えば，ヴァイツゼッカーの主張する〈結果の先取り〉だけでなく，デアヴォルトの〈図形時間研究〉[81]に示される身体発生現象は，その典型的な例証分析として必当然性をもつ明証性であることに論をまたないからである。コツの身体中心化作用もカンの情況投射化作用も，先(プリウス)も後(ポステリウス)もなく即興的に，しかも同時変換的に機能する一元化意味核は，因果決定論の論理性をもたないが故に，これまで長い間にわたって非科学的な思い込み的なドクサ経験分析に過ぎないと批判の的にされてきたのである。

　これに対して，ヴァイツゼッカーは「この変換同時性を〈作用〉ではないとか，〈無時間的なもの〉と見なす理由はどこにも存在しない」[82] と正鵠を射て断じるのだ。これまでには，このような同時変換作用を記述する方法がなかったのだから，この直観可能な図式的表示(シェーマティズムス)についてヴァイツゼッカーは「この有機体の運動形態発生をゲシュタルトクライスと呼ぶ」と宣言することになる。生命ある自己運動に機能しつつある身体性について，その〈動きのかたち〉に新しい〈発生論〉が主張されたことはよく知られている通りである。競技領域で選手たちがコツとカンの存在を頑なに主張すると，自らの身体感覚でその動く感じを反省しても，それは単なる主観的な思い込みに過ぎないと批判すること頻りである。ところが，このような素朴な思い込みと唾棄されてきた問題圏が一気に発生的現象学として厳密な学問的基礎づけをもって脚光を浴びてきたのだ。そうなると，精密科学における因果決定論による身体運動の説明原理に慣れ切っている我々は，フッサールの新しい超越論的構成分析が理論的に了解しにくいことに改めて気づかされることになる。とりわけ科学的運動分析の精密さを信奉して科学主義に心酔している人たちは，〈結果を先取りする〉という因果論的矛盾を理解するには，まさにコペルニクス的転回を迫られることになる。とは言っても，17世紀以来の〈ロックの呪縛〉［わざの伝承：162頁以降参照］はそう簡単に解除されそうにもない。たしかに，〈直感〉で捉えるコツや当て

81　Derwort, A.: Untersuchungen über den Zeitablauf figurierter Bewegung beim Menschen, S.661ff. Pflügers Arch. Physiol. 1938
82　Weizsäcker, V.v.: Gestaltkreis, S. 254, 1997, Suhrkamp Verlag　邦訳：ゲシュタルトクライス，221頁

ずっぽうなカンに頼った行動は，そこに万人を納得させる客観性が示されないと，にわかに信じるわけにもいかないのだ。

ところが，自ら動く〈主観身体〉[深層：§ 28‐⑥参照]にとっては，そのコツとカンだけが頼りなのである。その身体感覚に頼って動き，その遂行を身体化して確信してきたからである。それは当たり前のトレーニングの手続きであり，それ以外に身体発生の道は存在しないのだ。だから，「それは主観的だから当てにならない」とどんなに揶揄されても，実践現場の選手たちはそれにしがみつくしかない。そうでないと，その私の身体発生を自ら疑うことは完全な自己否定に陥ってしまうからである。つまり，フッサールの言う〈必当然的明証性〉がいかなる経験によっても覆されない本質必然性をもっているのはこの意味においてである。例えば〈歩いている私〉に向かって，他人から「今歩いているのは君ではない」と言われても，そのアポディクテッシュ必当然的な明証性を私が否定できるはずもない。西田幾多郎がラテン語で ambulo ergo sum［我歩く故に我在り］[83] と述べたのはまさに正鵠を射た純粋記述に他ならない。たとい無意識に歩いていても，自我身体なしには動けないのだから，遂行自我の不可欠性を否定することは不可能なのだ。受動志向性における「〈私がする〉は〈私ができる〉に先行する」[84]とフッサールがその微妙な価値感覚の生成様相を指摘するのはこの意味において首肯することができる。さらに，フッサールの言う〈立ち止まりつつ流れる現在〉を捉えつつ動く〈遂行主観の自我〉[85] が仮に排除されるとすると，アンリがいみじくも主張する〈主観身体の動き〉[86] そのものも成立しなくなってしまう。その遂行自我は，受動発生の匿名性をもつ〈絶対主観性〉[87] を蔵しているからこそ，驚異的な職人の独善的一徹さや名選手の反論理的な言表が際立って我々の耳目を惹くことになるのだ。

(c) 身体発生の伝承に道を拓く

ここにおいて我々は，まず運動伝承の分析対象性に向き合わなければならない。そのための超越論的反省の志向対象として構成されるのは，コツとカンの

---

[83] 西田幾多郎：人間的存在 1938『論理と生命』354頁 岩波文庫
[84] Hua. IV. § 60 - a) - ⑧ S.261 邦訳：イデーン II‐II, 第60節 - a) - ⑧ 105頁
[85] Hua. VIII. S.86ff. [Erste Philosophie II. Theorie der phänomenologischen Reduktion : 40.Vorlesung 1959]
[86] Henry, M.: Pholosophie et phénoménologie du corps, p.100 -101; 1965 邦訳：身体の哲学と現象学，105頁以下 法政大学出版局
[87] Landgrebe, L.: Der Weg der Phänomenologie, S.196f. - ⑦~⑧ 1978 邦訳：現象学の道，五 - ⑦~⑧ 316~317頁

同時変換作用が一元化された〈身体発生現象〉であることをここで確認しておかなければならない。そのコツとカンという身体発生能力の志向対象そのものは〈直進的知覚〉[88]に捉えられていても映像化されないから、科学的な映像分析(キネマトグラフィー)に取り上げるわけにはいかない。たとい、百万分の一秒まで精密に分析可能な超高速ビデオをもってしても、その動く人の志向対象性を捉えることはできるはずもない。そこに映し出される瞬間像の連続として捉えられているのは、位置移動という物的身体の物理的過程だけである。コツとカンの価値感覚の機能そのものは、そのキネステーゼ感覚と同時に働く〈可能態(デュナミス)の身体能力〉でしか捉えられないのだ。となると、その〈身体発生能力〉でその映像を直観できる人にはそのキネメロディーまで〈聴き取れる〉ことになる。キネステーゼ身体感覚を介してその瞬間像の連続シリーズを見抜ける人、いわばその身体(ビュシス)で見るという〈可能態(デュナミス)の身体能力〉をもった人には何の躊躇(ためら)いもなく直観化できるのは周知のことである。ところが巷間では、超高速の電子機器を使えば、そのミラクルボディーの秘密を暴き出せると断じる人が少なくないのだ。しかしそこで分析される対象は、物的身体の物理学的な自然法則であり、運動主体のコツとカンに生かせる身体発生の可能態(デュナミス)ではない。しかし、その位置移動する運動経過からその物的身体に潜むその原因さえ確認できれば、トレーニングによってその不足部分を補填し、遂には謎の神業のコツとカンも解明できると考えること頻りなのだ。しかし、我々の発生的運動学が求めているのは、その謎の一元的意味核の原的(オリギネール)な、つまりありありとわが身に感じとれる動きの〈意味発生(センス)〉[89]の開示そのものなのだ。それは自ら動く身体主観に機能するコツとカンそれ自体であり、少なくとも〈間身体性〉[深層：§82‐③参照]をもつ一元化意味核のキネステーゼ身体発生として、いわばモナド意味核をもつ間身体性として捉えられていなければならない。そうでなければ、コツとカンという動感能力可能性の伝承発生が成立するはずもないからである。

このように、単に一コマの瞬間映像を一目見ただけでも、そこに動感メロディー(キネステーゼ)を〈直観できる達人〉も現に存在しているのはよく知られている。つまり、身体(ビュシス)発生を見抜ける人は、そのなかの一枚の瞬間像を見ただけで、そこに潜んでいるコツとカンに流れているメロディー(キネステーゼ)を生き生きと再現できる人なのだ。その人はそこに流れる動感(キネステーゼ)意識の時間流をわが身の経験知として、つま

---

[88] Hua. I. § 15‐① S.72ff. 邦訳：デカルト的省察、第15節‐① 69頁以降
[89] Hua. XVII. § 85‐③ S.215 邦訳：形式論理学と超越論的論理学、§ 85‐③ 230頁

りボイテンデイクの言う〈身体知〉⁹⁰ ないし〈感覚論理〉を完全に身体化した人に他ならない。だから，単なる連続図でも，〈見抜ける人〉が見れば，その動感(キネグラム)メロディーが生き生きと再現されるのだ。となると，そのような意味(センス)発生の身体能力，いわば〈身体発生能力〉をもっていることが運動観察の前提的条件になってくる。ところが，一般にコーチないし体育教師は現役の選手ではないし，まして年齢と共にその微妙なキネステーゼ身体感覚は枯渇し，かつてのコツとカンの身体発生能力も形骸化が進行しているのだ。ここにおいて，指導者はその身体発生(ピュシス)［スポーツ運動学：141頁参照］における〈原的な身体能力〉(オリギネール)をどのようにして保持できるのかが問題となってくる。さらには，全く体験したことのない新しい動きの感覚発生を指導するには，もう一度その身体発生(ピュシス)に向き合い，その実践可能性に挑戦し，身体化し直さなければならないことになる。すでに序論の冒頭に述べたように，そこで意味される身体(ピュシス)は心身二元論を基柢に据えた身体ではなく，生き生きと体験しつつある身体であり，心(プシュケー)も取り込んだ一元化身体である。しかし，それは加齢と共に忘却の彼方に沈んでいき，動感意識の身体発生指導は暗礁に乗り上げてしまうのだ。つまり，そこには未経験の身体発生指導の〈動感代行分析〉と〈観察・交信分析〉という処方素材化の問題圏［スポーツ運動学：314~333頁参照］が我々にその道の開示を迫ってくることになろう。それは第Ⅱ章の「他者運動の身体発生基盤」に送ることになる。

　同様にして，現実に選手や生徒たちに生き生きしたコツとカンの意味核を身体化させる〈処方の道しるべ〉も開示されていなければならない。いわゆる動感促発に向けた処方化の問題圏は我々にさらに難題を突きつけてくることになろう。そのためには，まず学習者の身体発生能力に関する〈静態分析〉が施されなければならない。その静態分析で取り上げられる問題地平は「完了済みの統覚をもち，その統覚作用はすでに現出済みで，いわばすでに〈出来上がったもの〉としてすでに覚起されている」⁹¹ とフッサールはいみじくも指摘してくれる。だから，その選手や生徒たちの〈出来上がったもの〉としての一元化意味核が〈どのようにして発生してきたか〉を改めて静態分析として確認しておかなければならない。学習者の〈意味核生成史〉という静態分析を欠損させた

90　Buytendijk, F.J.J.: Das Menschliche der menschlichen Bewegung, in: Das Menschliche, S.186, 1958, Koehler Verlag
91　Hua. XI. B. Abhandlungen: statische und genetische phänomenologische Methode‐⑰ S.345
　　邦訳：受動的綜合の分析「静態的現象学の方法と発生的現象学の方法」，段落⑰ 329‐330頁

ままに発生分析に入っても，結果的には，〈生成発生〉の微妙な様相変動を伴う現象を自我身体で，いわば〈私の身体感覚〉によってありありと捉えることはできないからである．それは，発生分析と静態分析の両者が〈相互補完関係〉［深層：§68参照］のなかに一元化されているからであり，ヴァイツゼッカーの表現を借りれば，〈相補的一元性〉[92] を形づくっているからである．こうして，これまでの科学的思考態度をエポケー［判断停止］して，超越論的反省の立場に徹し，その立場からコツとカンの一元化身体発生を統握させていけば，いわゆる〈我汝仲間化〉という〈出会い現象〉が生き生きと機能し始めることになる．そこでは，伝え手と承け手の間に動感交信世界（キネステーゼ）［深層：§46～§47参照］が活気を取り戻すからである．〈そう動けない〉と悩む生徒たちの〈動く感じ〉の身体発生現象，さらに一流の選手たちをも襲う奇妙な〈キネステーゼ消滅現象〉に真っ向から向き合う態度こそが，我々の発生的運動学における固有な，他で置き換えられない独自な運動分析の役割として浮上してくることになる．コツとカンの伝承発生世界で最大の障碍となる動感身体発生現象（キネステーゼ）は，因果決定論に基づく科学的運動分析では解決できない問題であり，いわばキネステーゼ身体感覚の身体発生現象の開示こそ，我々の発生的運動学の固有な分析対象性なっていることがしっかり確認されなければならない．

これに対して，科学的運動分析の役割というのは，身体運動の〈成立条件分析〉［体力条件，力学的条件，心理的条件の精密分析］が主題化されているのだ．しかし，その物的身体運動は「幽霊身体の位置移動などでは決してないのだ」[93] とフッサールは巧みに指摘してみせる．つまり，動き回る幽霊でも，身体をもっているが，その〈幽霊身体〉は現実の物質自然ではない．そこに現出する物質性は錯覚に他ならない．そのような幽霊身体と対比してみれば，有意味な動きで競技する身体は，物質自然領域における単なる物体的な身体でもないし，フェヒナーの精神物理学で分析される因果連関的な身体でもない．そこでフッサールは，物理的な身体運動との区別をはっきりと例証を挙げて説明してくれるのだ．つまり「人間が動くのでなくて，人間という肉の塊（かたまり）だけが自ら運動したり，通りを歩き回ったり，自動車に乗り，田舎や都会に住んでいると言ったら，それは何と奇妙なことだろう」[94] といみじくも正鵠を射た指摘をしてくれる．物質化ないし物体化した身体運動をどんなに科学的に精密分析しても，生き生きし

92　Weizsäcker, V.v.: Gestaltkreis, S.319, 1997　邦訳：ゲシュタルトクライス，299頁
93　Hua. IV. §21‐③～④ S.94　邦訳：イデーンII‐I, 第21節‐③～④ 109～110頁
94　Hua. IV. §13‐⑤ S.32　邦訳：イデーンII‐I, 第13節‐⑤ 37～38頁

た〈身体発生〉そのものの本質を解明することはできないと言い切るフッサールの指摘は，スポーツ運動学にとって決定的な重みをもつことになる。このような意味での相互補完性のなかで，我々のスポーツ領域における発生論的運動学の独自な役割が身体発生の超越論的構成分析として捉えられるのでなければならない。そこにおいてこそ，ボイテンデイクが指摘する高次元の両学領域の協働研究[95]の道が拓かれ，その遺著『人間学的生理学序説』[96]に遺された〈現象学的人間学〉を基柢に据えた新しい生理学の普遍的基盤は，我々の発生論的運動学の具体的なキネステーゼ身体発生基盤をさらに支えてくれることになろう。

95　Buytendijk, F.J.J.: Allgemeine Theorie der menschlichen Haltung und Bewegung, S.30 1956 Springer Verlag
96　Buytendijk, F.J.J.: Prolegomena einer anthropologischen Physiologie, S.21ff 1967 Otto Müller Verlag, Salzburg

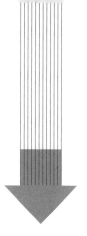

第1章
自己運動の身体発生基盤

［Ⅰ］ 先反省の分析道しるべ

§5. 身体発生は自己運動から生じる

(a) コツの足音が聞こえる

　謎に満ちた身体発生現象の分析論に入るに際して，我々の運動分析の対象に取り上げられるのは，〈生命あるものの自己運動〉であって，数学的時空系で計測される物的運動ではない。我々はヴァイツゼッカーに倣って，その〈自己運動〉がそこに自己自身の力で自己自身との関係で動く存在として主題化される自発性（スポンタナイテート）をその基柢に据えていることを確認しておかなければならない。というのは，我々のスポーツ領域では，物的身体の位置移動を分析することを運動分析と理解するのが一般だからである。その科学的運動分析では，外部視点から客観的にその因果関係を捉えるときに，その分析対象に主観身体の自己運動は排除されてしまうのである。現象学的運動分析では，その普遍的基盤に生ける身体発生現象が主題化されるのだから，このことをまずもって確認しておかなければならない。それは競技領域のみならず，日常の動きや振る舞いにおける生ける（ビュシス）身体発生の実践にも，まさに謎に満ちた奇妙な出来事が目白押しに現れてくるからである。それどころか3歳の子どもでさえも，一目見ただけで新しい〈動きかた〉[1]を即座に真似をすることができるのはまさに一驚に値する。例えば，〈あ〉という仮名文字を鉛筆で書き覚えた手の動きを即座に肘でも，踵でも，同じ動きかたを再現できるのはどうしてなのか。いわば，幼児における動く〈かたち〉（ゲシュタルト）の奇妙な身体発生現象は動感意識の反省にいつもすでに先立っているのだ。いわば，〈先反省性〉［深層：§22‐②参照］という動きの受動発生に潜む様相変動が我々を驚かすのだ。さらに例えば，長縄跳びに入って跳ぶという新しい身体発生学習をするときでも，その跳びに入るタイミングを掴むのはそう容易（たやす）いことではない。しかし，その難しい間合いのカンの取り方も，突然マグレでできてしまう〈生成現象〉はとても言葉ではうまく説明できないのだ。しかも，そのマグレの成功は儚く，その間合いのカンが突然の〈消滅現象〉に悩まされるのも決して珍しいことではない。

　我々はこのような謎に満ちた自己運動の生成や消滅の事態に一驚させられる

1　Staus, E.: Vom Sinn der Sinne, S.263ff. zweite vermehrte Aufl. 1956 (erste Aufl.1935) Springer Verlag

§5. 身体発生は自己運動から生じる

こと頻(しき)りである。動きの感覚発生(センス)という，いわばキネステーゼ感覚の働く身体感覚に潜む貴重な原的(オリギネール)な身体発生(ピュシス)の現象に満ち溢れていることを見逃してはいないだろうか。その身体教育に固有な価値感覚の発生学習はこれまで単に〈できればよい〉という成果主義によって見過ごされていたことに注目しなければならない。それどころか，偶然のマグレ発生に向き合って，マグレが〈出そうな気がする〉[2] というコツとカンの足音に聞き耳を立てる〈身体発生現象〉さえ起こっているのだ。そのような無意識に出現してくる受動的な身体発生(ピュシス)のなかに，一元化されたコツとカンの足音を鋭く聴き分ける〈身体能力〉とは何と奇妙なことか。マグレの儚さを何となく感じとって，そこに先構成［深層：§28参照］されている動きを夢中に繰り返す幼児の滑り台の姿は，未来の動きを予感する大切な身体経験に出会いつつある貴重な〈事態〉［述定判断の志向対象］に我々を気づかせてくれる。儚く消えてしまう身体発生の微妙な感じを〈先反省的〉に予感している幼児の自己運動に潜む能力可能性 [Vermöglichkeit] に対して，我々はその新しい身体発生の機微に気づき，それにノエシス契機を捉えようとしてきたであろうか。それに対してどんな分析手続きを取り上げてきたであろうか。

　我々がコツとカンで直感的に行う自己運動の実践現場には，数え切れないほどの貴重な生成消滅の身体発生現象が現れているのに，我々はそれを分析する志向対象に何故か取り上げようとはしない。それは余りにも日常茶飯事の出来事だからなのか。ところが，幼児体育や学校体育の運動発生学習のなかには先反省的な身体発生(ピュシス)が生じているのに，この貴重な身体発生現象にノエマ分析の試みさえも生じてこないのだ。このままでは，このような深層位における原発生地平に潜む動感意識流の静態分析[3] も，さらにそれに相関する発生分析も取り上げられるはずもない［深層：§68参照］。となると，その原発生地平の空虚形態(ゲシュタルト)に充実化の道が拓かれずに放置されたままになってしまうことになる。それとも，この実践現場ではすでにこの喫緊の課題に気づいているのに，それに対応できる正当な志向性分析の道が何かの障碍に阻まれているのか。いずれにしても，先構成的，先反省的な発生分析の欠損態が一向に充実化に向かわないのは，ある動きができれば生理学的，心理学的陶冶目標がそれで充足されるという成果主義に偏しているからなのか。そこでは，肝心のキネステーゼ感覚

2　Buytendijk, F.J.J.: Allgemeine Theorie der menschlichen Haltung und Bewegung, S.272 1956 Springer Verlag
3　Hua. XXXV. Bl.XIV. ・Abs.Nr. ⑫ S.410

に関わる身体発生の志向性分析が放置されている現状はまさに直視されなければならない。このような先反省的な発生分析に関わる発生的運動学の研究分野が，保育園や幼稚園における幼児運動学の領域に属していることは多言を要しない。先反省的な発生分析という重大な運動学的分析の道が拓かれて，すでに半世紀以上の歳月が流れている。それなのに〈動ければよい〉という生理学的成果主義がこの貴重な身体発生現象の経験学習を無視させるのであろうか。それが幼児期における身体発生の成立を主題化するはずの保育園や幼稚園の指導者養成課程にその身体発生的分析論まで無視されるとしたら，それは遺憾としか言いようがない。

　この幼児運動学の受動発生的，受容発生的な身体発生学習における謎に満ちた現象に対して，我々はまず〈生成的発生〉と〈消滅的発生〉という二契機の存在様相を分析対象性に取り上げることから始めなければならない。とりわけ，いつの間にか習慣化が進んで動けるようになり，すでに身体化した動きは我々の志向性分析を阻むことを確認しておかなければならない。さらに，すでに鋳型化しているのにかかわらず，突然〈動けなくなる〉という事態はもっとも困難な志向性分析を要求しているからである。ところが，それまでの動感メロディーが突然に消えるというこの現象は全く信じられない出来事であるのに，それほど指導者の関心を呼ばないのはどうしてなのか。それは一過性の単なる動く感じの〈ズレ〉だから，すぐに元に戻るから心配ないと考えるのか。しかも，それ以外のどんな動きに何の問題もなく動けるのだから，生理学的，病理学的な原因を求めることも大げさ過ぎると考えてしまうのだろうか。ところがその本人の心情は，まさにパトス的［受苦的］な気味悪さを感じていても，周りの人たちはほとんど無関心なままで，まさに牧歌的風情そのものである。しかし，その〈技の狂い〉のために，五輪代表選手の選考に関わるとなると，急に問題が先鋭化して，メンタルリハーサルの出番となったりする。しかし，それは心身二元論で解決できるような単純な消滅現象ではない。〈たった今〉まで，何の問題もなくできた宙返りが突然できなくなっても，周りの人たちもそんなに深刻に心配はしない。そのうち，マグレでまたできるようになる，そのマグレの確率が上がれば元に戻ると考えているのに何の違和感もないのだ。それが競技領域ないし体育領域の一般的な現状といっても，決して過言ではないであろう。

§5. 身体発生は自己運動から生じる　55

(b) 身体発生の故郷がない

　ところが緊迫した競技世界のなかで，このような動感メロディーの消滅現象に見舞われると，その様相は全く一変してしまう。とりわけ，その動感意識消滅のためにオリンピックの代表選手になれるかどうかとなると，そのメロディーの突発的消滅は，本人の心の痛手になるだけでなく，選手を取り巻く周囲の人たちにとっても無関心ではいられなくなる。選手たちから〈技の狂い〉と怖れられるこの現象は，意識時間流の原発生地平における突発的な動感消滅と呼ばれる実的(レェール)な内在経験の出来事なのだ。その意識流の突発的消滅は，遂行自我の〈自己忘却性〉［深層：§19参照］を伴っているから，本人にも分からないし，外部視点から映像化することもできない。しかもこの意識現象は，その〈狂った技〉以外の技はすべて正常に動けるのだから，生理学的な物質身体の問題ではないし，病理学的異常でもないのだ。その選手の技を直接指導しているコーチにとっても，それはまさに大事件であって，どうしてよいか苦慮させられる仕儀となる。もちろん選手本人にどんなに借問を重ねても，当人が答えられるはずもない。老練なコーチでも，この技の狂いに苦しむ選手の苦悩を理解できても，それを快刀乱麻のごとく断ち切る秘伝の奥義を心得ている人は極めて希有である。それは選手本人の，いわば遂行自我の深層に潜む意識流の消滅問題だから，他人の介入できる問題ではないと割り切るしか道はないほどである。そこでは，古来の芸道に伝承される〈自得の美意識〉を説いて，本人が自暴自棄に陥らないように気配りをするのが精一杯であろう。この悲惨な技が狂う消滅現象に対して，超高速の映像分析を持ち出しても，結局は本人の自己運動の身体発生世界に入り込むことはできないから，科学者と同じに，野次馬に変身するしかないと断じるヴァイツゼッカーの批判はまさに正鵠を射ていることになる。

　競技スポーツの領域では，このような苦境に陥る一流選手は，決して珍しいことではない。まして，その選手を取り巻く関係する人々は心を痛めながらも，ひたすら見守るしか道はないのだ。このような動感メロディーの突発消滅の場合，それが選手生命の存続に関わる〈破局的危機(カタストローフ)〉に陥っていても，その苦悩から救ってやれるコーチは極めて少ない。国際的に著名なプロコーチでも，その出来事の内実によく通じてはいても，その消滅危機から救済できる奥義は，たといあったとしても，それは即座に秘伝化されてしまうのだ。いわば，すべて本人に丸投げして，拱手傍観の立場をとるしかない。この問題圏はわが国の

芸道や武道の方法論と深く関わっていて，その動感深層への道は極めて険しく，かつ奥が深い。古来の芸道に倣って，世阿弥の教える〈初心〉に返ってやり直そうとしても，その破局的消滅に瀕した動感メロディーを再生化する〈なじみ地平〉をもつ身体発生の故郷［深層：§12, §19, §40参照］は，その本人のなかですでにゴーストタウン化しているのだ。それはとくに幼少時から，機械的反復一辺倒の厳しいコーチによるトレーニングのもとに成長した選手たちがこの消滅現象に苦しめられることが少なくないようである。ここにおいて，我々が何気なく「動きは身体(からだ)で覚える」とか「身体感覚でコツとカンを掴む」と言い慣わされている身体発生の事態とは，つまり述定判断のその〈志向対象〉とは一体何なのか，改めてそこに志向性分析の問題として浮上してくることになる。この問題圏には，本質直観化の形相的分析を伴う〈原的直観(オリギネール)〉[4] の問題が浮上してくるが，これは後段［§19～§22］にまとめて立ち入ることになろう。

　こうして，我々はやっと古来の芸道や武道で追求されてきた〈身体で覚える〉しかないコツとカンの奇妙な〈変換同時性〉［深層：§35‐①参照］に気づくことになる。我々はやっと身体性に機能する一元化身体発生に直に向き合うことができるのだ。その究極核に潜む身体発生能力は，現象学的人間学の視座から身体運動の一般理論を体系化したボイテンデイクが〈身体知〉ないし〈感覚論理〉と呼んでいるのは周知の通りである。こうして，身体感覚の能力可能性が前景に浮上してくると，機能する身体能力は，キネステーゼ感覚の身体性が意味され，〈今ここ〉に統握される私の身体感覚によって身体発生に至ることになる。その場合の動感身体性に関わる意味発生分析の方法論は，我々の発生的運動学の実践可能性を拓く重大な身体発生基盤として改めて注目されることになる。このような身体発生(ピュシス)に関わる重大な問題圏はすべて自らの生ける身体を動かす〈自己運動〉の世界に回帰するのであり，外部視点から他者の動きを分析する科学的運動分析論とはその対極に位置していることを確認しておかなければならない。

(c) 私の身体が勝手に動く

　スポーツ領域の発生的運動学はややこしい現象学用語が多く使われるから，近寄りにくくて難解だと酷評されることが少なくない。それはおそらく競技スポーツの動感(キネステーゼ)志向性の原発生地平における奇妙な身体発生現象が簡潔に開示

---

[4] Hua. III. §19‐②～③ S.36f. 邦訳：イデーンⅠ‐Ⅰ, 第19節‐改行段落(以下略す)②～③, 104～105頁

されていないからかもしれない。ところが，競技スポーツで動く感じの〈生成消滅〉に一喜一憂してトレーニングに明け暮れている選手たちにとっては，キネステーゼ感覚の働く〈身体性〉[5]は，極めて身近な問題であり，自らの身体感覚それ自体で了解できる明証的な事態に他ならない。しかし，新しい〈動きかた〉の生成と消滅という奇妙な身体発生現象に苦しんだことのない人たちにとっては，そのややこしい現象学的表現のみならず，反論理的な奇妙な変換同時性という意識現象に辟易してしまうのが一般であろう。それは〈自我身体〉[6]という固有領域において必然可能的に即座に了解できる出来事でも，そのパラドックス的な言い方や用語にどうしても馴染めないのかもしれない。例えば，大相撲で勝った力士がそのインタビューで「身体（からだ）が勝手に動いたから勝った」という奇妙な表現に我々は戸惑ってしまう。ところが，そのような出来事自体が奇妙だと感じるかどうかがこの問題性を開示する分かれ道になる。例えば，空を舞い飛ぶ蝶の様子を目で追うとき，自分の身体がどのように動いているかに気づいた人にとっては，ヴァイツゼッカーの相即現象という知覚と運動の〈一元論〉(コヘレンツ)は即座に納得できる出来事となるからである。

現象学で〈自我身体〉と呼ばれる私の〈固有領域〉[7]のなかでは，アスリートが私の身体で感覚して，動きかたを工夫するのは当たり前のことである。むしろ〈私の身体〉は単なる物質身体ではなく，よい動き，まずい動きを敏感に感じとるフッサールの言う価値感覚が機能しているのだから，私の身体で〈動きかた〉を感じとって工夫する志向対象は，アスリートにとって，むしろ本質必然的な明証性そのものなのである。この身体感覚をロックの感覚与件として理解するアスリートはいるはずもないのだ。その古典的な感覚与件という概念は緊迫した競技領域では噴飯ものとなるからである。身体感覚でコツとカンの動きを工夫するのは当たり前であって，それを〈非科学的だ〉と断じるのはまさに正鵠を射ていることになる。つまり，ロボットの運動は自然科学的に分析できるが，コツとカンが一元化した〈形なきものの形〉の〈意味発生〉[8]は，いわば身体発生的分析ができないのだから，現象学的志向性分析はたしかに非科学的分析に属することにならざるをえない。周界の微妙な情況にカン投射化能力を働かせ，同時にコツを身体中心化しなければ，緊迫した競技場面で確信

5　Hua. VI. § 28 - ⑦ S.109　邦訳：ヨーロッパ諸学の危機と超越論的現象学，第28節 - ⑦　147頁
6　Hua. XVI. Ding und Raum, §47 S.161ff.
7　Hua. I. § 44 - ② S.124　邦訳：デカルト的省察，§44 - ②　168頁　岩波文庫
8　Hua. XVII. § 85 - ③ S.215　邦訳：形式論理学と超越論的論理学，§85 - ③　230頁

をもって動くことさえできないのだ。そのためには，キネステーゼ身体発生に関わる超越論的反省に依拠するしかないのである。こう考えれば，我々はそのややこしい現象学的用語はそのままわが身にしっかりと了解できることになる。つまり，動くときの意識に関心をもち，自らの身体感覚で会得することが勝負に直結すると考えるアスリートたちにとっては，その奇妙な現象学的用語も極めて明快な出来事として了解できるはずである。その選手にとっては，現象学的なキネステーゼ意識分析は極めて有効な感覚発生，つまり身体発生能力の道を開示してくれる手引きになっているからである。そこでは，あくまでキネステーゼ感覚という身体性の機能する感覚発生，つまり身体発生能力への実践可能性が追求されていて，それがスポーツ実践を主題化する発生的運動学の立場に直結してくるのである。

　スポーツの発生的運動現象学では，勝手に身体が動いたという出来事を外部視点から分析する道を放棄するところに超越論的構成分析の起点が置かれていることは繰り返し指摘されている。そう動いたのが私の身体それ自体であるが，その本人にも沈黙を守るコツとカンの一元化した身体発生を外部視点から観察できるわけはない。だから，無意識に動いた私の身体の動く感じそれ自体，いわば身体発生の生成や消滅という事態の〈動機づけ〉こそが，私の絶対ゼロ点という原発生の深層まで遡って分析する道をとらせることになるのだ。しかし，そのような原発生地平の身体発生現象をどのようにして動感志向性の反省分析に持ち込めるというのか。それは，これまでの科学的分析に慣れてきた我々にとっては，直ちにその正当性を納得し，了解するのに戸惑いを感じるかもしれない。これまでのスポーツ科学では，外部視点から客観的に身体運動を分析するのを当然と考えてきたからである。だから，競技スポーツでもすべて科学的運動分析が主流であり，動感身体性の意識分析などは〈科学的でない〉と一蹴されてしまう昨今なのである。この現象学的な志向性分析という表現は，これまでの二元論的運動認識では理解しにくく，結局ややこしくて難解だと批判されることになるのかもしれない。

　ところが，むしろ競技スポーツで〈わざ〉の習得に悩むアスリートたちやコツとカンに直に共感できるコーチにとって，その〈動く感じ〉に潜む奇妙な非直観的な身体発生現象は，決して難解な理論ではなく，直接に直観化される可能性をもっているのだ。その〈動く感じ〉というキネステーゼ感覚は，私の身体という固有領域のなかでありありと感じとれる出来事だからである。しかも

その身体発生現象は，生身にありありと感じとれる述定的判断対象であり，まさに自ら疑うことができない明証的な自我身体そのものの働きなのである。スポーツ実践の現場には，この不可疑的な身体発生の出来事に溢れているから，いわばそれを開示する志向性分析がいつも必ず求められているのはこの意味においてである。ところが，その動感志向性をもつ生動的な身体運動を自然科学として精密に発生分析しようとする人にとっては，現象学的分析は主観的な単なる感覚記述でしかないと批判したくなるのかもしれない。それは決して二者択一の問題ではなく，むしろさらに現象学的人間学というボイテンデイクの上位の協力こそ求められているのだ。そこで，フッサールの言う説明学と記述学の本質必然的な差異存在論[9] が見逃されてしまうと，どちらが妥当性をもつかという二者択一の認識問題に迷い込んでしまう羽目に追い込まれることになる。それは後段［§16参照］でもう一度問い直すことになるであろう。

§6. 動く感じを純粋記述する

(a) 私の身体感覚を記述する

ここに我々は，〈感覚論的形態学(モルフォロギー)〉[10] を基柢に据えた発生的運動学の〈運動記述〉[11] について，改めてその分析論に問いかけることになる。マイネルは生き生きとした動きを言語で記述することが多くのアポリア［難関］に阻まれるのを知悉していたのだ。私の身体という固有領域のなかで，微妙な動く感じの身体感覚をつぶさに自己観察し，わが身に直接に感知される志向対象の様相変動を言語化するのは，どんなに精確に記述しようとしても，やはりそこに多くの問題が残るからなのだ。しかしフッサールは，「私の身体とは，単なる物体ではなく，まさに身体という比類のない対象であり，私は経験を通してその身体に……諸感覚領域を帰属させるのだ」[12] と述べながら，身体感覚とキネステーゼ感覚との関わりを巧みに開示してくれる。それに引き続いて，そのキネステーゼ身体性を機能させて，突いたり，押したりして，それをわが身で行うことができるから，「私は知覚しながら自然のすべてを積極的に経験し（ないし

---

9 Hua. VI. § 64 - ④〜⑤ S.225f. 邦訳：ヨーロッパ諸学の危機と超越論的現象学，第64節 - ④〜⑤ 315頁以降
10 Kaneko, A.: Zur Bedeutung der ästhesiologischen Morphologie von Prof.Kurt Meinel, S.33~S.45 in: Praxisorientierte Bewegungslehre als angewandte Sportmotorik 1999 Accademia Verlag
11 Meinel, K.: Bewegungslehre 1960 S.143f. 邦訳：スポーツ運動学，150頁以降 1981 大修館書店
12 Hua. I. § 44 S.128 邦訳：デカルト的省察，第44節 174 175頁 岩波文庫

経験することができ)，そのなかで自分自身に反省的に関わる身体性を積極的に経験できるのだ」と付け加える。つまり，機能するキネステーゼ身体性を通じてはじめて，身体としての自然（ピュシス）と身体性それ自体とを根源的に扱う実践可能性が浮き彫りになってくるからである。こうしてフッサールは，自らの〈動く感じ〉をキネステーゼ感覚として機能する身体性のなかに直に純粋経験し，その志向対象を構成しつつ反省して純粋記述できると明快に開示してくれるのだ。

　ところがマイネルは，その独自な形態学（モルフォロギー）的な運動記述においても，外部観察の誘惑に抗しきれず，物的身体（モートスロカーリス）の位置移動を記述する手続きに移ってしまうことも珍しくない。そこではすでに，生理学的な筋力，スピード，持久力という体力の条件的要因と動きの本質的徴表とを区別することの重大さに気づいていたにもかかわらず，局面構造やリズムというカテゴリーの述定判断には，思わず外部視点からの観察分析に移ること再三なのだ。だから，当時のマイネルの運動記述論では，内在経験のキネステーゼ感覚を純粋記述する超越論的反省の態度は取られていない。それは現象学の志向性分析に一気に傾斜するには，残念ながらまだイデオロギー対立の社会事情が許さなかったのであろう。記述される志向対象性そのものが，物的身体の位置移動から抜け出すには，しばらく時間がかかり，それはマイネルの遺稿『動きの感性学』[13] の出版まで待たなければならないようである。

　しかし，キネステーゼ感覚として機能する身体性の純粋な記述分析は，フッサールの発生的現象学に本質必然的基礎づけをもつから，当然ながら我々の発生的運動学においても，そのキネステーゼ身体性の志向対象が超越論的に構成分析されることになる。その分析対象性に取り上げられるのは，フッサールが〈一切の原理の原理〉[14] と呼ぶ原的所与性（オリギネール）を含意した実的（レエール）な身体運動である。その〈実的（レエール）分析〉，つまりキネステーゼ感覚の内在する経験分析は，生理学的な物質身体や力学的な物理身体が位置移動する延長物（レス・エクステンサ）の運動では決してない。その実的（レエール）分析は，いわば科学的運動分析から明確に区別されなければならない。キネステーゼ経験分析における〈遂行自我〉[15] の原発生地平に潜む意味核という〈基体〉（ヒュポケイメノン）[先言指定的な担い手] は，自己運動する本人に内在する身体感覚の反省によってしか捉えられないのだ。そこでは，わが生身にありありと感知できるキネステーゼ感覚の反省がなければ，ピュシスとしての身体発生の直接経

13　Meinel, K.: Ästhetik der Bewegung 1998　邦訳：マイネル遺稿『動きの感性学』，1998 大修館書店
14　Hua. III. § 78‐⑫ S.169 (S.151)　邦訳：イデーン I‐II, 第 78 節‐⑫
15　Hua. IV. § 60‐a)‐⑧ S.261　邦訳：イデーン II‐II, 第 60 節‐a)‐⑧ 105 頁

§ 6. 動く感じを純粋記述する　61

験として純粋に反省し，記述していくことは不可能であることが確認されなければならないからである。

　そうは言ってもしかし，我々は一般的に他者の運動を見るときには，日常的に外部視点から物的な位置移動として対象化して観察するのに馴れ切っているのだ。そのことに何の違和感も生じない昨今だから，わが身の〈たった今〉の動く感じを反省するときでも，いつの間にか連続静止像（キネグラム）として対象化してしまうことも珍しくない。コツとカンという身体感覚は目に見えないはずなのに，その身体運動のビデオ映像を見ると，そこに何か隠れた秘密が暴かれて観察できるのではないかとつい期待してしまうのだ。そこに映し出されている映像シリーズは，物的身体の位置移動以外の何ものでもないから，身体発生のコツとカンはその動く感じを自ら反省して捉えるしかないのだ。しかし超高速ビデオなら，その映像からコツとカンの意味核も何か開示できるとついつい期待してしまう昨今である。ところが，一枚の静止映像を一目見ただけでも，その動きのコツとカンを見抜いてしまう人の存在もよく知られているのだ。その観察は目で見るのではなく〈身体で見る〉と巧みに表現されることが多い。いわば自らキネステーゼ身体感覚で観察する能力はその特殊な反省分析に裏づけられているのである。となると，どうしても自らの動く感じを即座に捉えることができない場合には，自分の動きに内在している身体感覚を感じとる反省能力が必然的に求められることになる。どんな超高速の映像機器にも映し出されないコツとカンを見抜ける観察能力は，発生的運動学の超越論的反省の態度に属していることをまずここで確認しておかなければならない。

　もちろん，フッサールが言うように，動く感じの身体感覚を自己観察する自我は〈自我分裂〉[16] して，いわば〈現象学する自我〉として厳密な意識分析を可能にすることはすでに繰り返し指摘されている。厳密な現象学的意識分析として，原発生地平の志向含蓄態を超越論的に構成分析するためには，日頃から科学的運動分析に慣れている我々の自然科学的反省の態度をまずもってエポケー［判断中止］しなければならないのだ。フッサールの言う超越論的反省の態度に引き戻されるには，そのための方法論的手続き，つまり〈現象学的還元〉を施さねばならないからである。我々は自らの〈動きかた〉の動感変様を思い浮かべるとき，どうしても，その物的身体のビデオ映像を観察する自然科学的態度に思わず知らずに移ってしまうことが多いのだ。この自我分裂による現象

16　Hua. I, § 15 - ②S,73　邦訳：デカルト的省察，第 15 節 - ② 72 頁

学的自我の観察分析と，延長物である〈物的身体〉の運動を対象化する科学的分析者の観察分析とは，そこに本質必然的な差異性が截然と区別されるのはこの意味においてである。この二つの観察分析は全く異質な分析法であり，二者択一的にその正統性を問題にすることは本質必然的にエポケー［判断中止］されなければならない。ここではとりあえず，科学的運動分析の〈実在対象〉と現象学的運動分析の〈志向対象〉が区別されないまま混乱している事実を確認しておけばよいであろう。

(b) 二つの今を超越論的に反省する

　一般に反省という概念は，自らの過去の行為を考察し，それの可否について一定の評価を与えることと理解される。とすると，未来に起こるであろう動きを反省するという言い方，つまり〈未来の動感反省〉という表現は何とも腑に落ちない非論理的言い方となる。それどころか，それを字義通りに解釈して論理に合わない〈背理〉と理解されてしまうことも決して珍しくはない。しかしスポーツの発生的運動学は，自然科学的態度をエポケー［判断中止］して超越論的反省[17]の態度に生きる発生的現象学に基礎づけをもつから，当然ながら「一切の反省分析は現象学的な本質分析に他ならない」[18]というフッサールの指摘が決定的な重みをもつのだ。その場合には，その反省は普遍的かつ論理的厳密さをもつ方法論（メトドロギー）に基礎づけられるのは言をまたない。だから，猿に真似をさせる演物（だしもの）［日光猿軍団］に見られる反省ポーズを嗤うような素朴な反省概念が意味されるはずもない。いわば，そのような反省の〈自然主義的態度〉[19]で，過ぎ去った出来事をどんなに反省的にうまく描写し言語化しても，分析方法論として正当化されるはずはないからである。さらにフッサールが言葉を継いで「学的方法論という表現に言い表される事態とは完全な明晰さをもつのだ」と断じるのを我々は見過ごすわけにはいかない。自分の動いた感じを端的に反省して，その感知した事柄を記述しても，ただそれだけで学的方法として本質分析になるはずもない。いわば，自ら動いたときの端的な感覚や感情を言語に置き換えたところで，そこに結果された端的な反省記録そのものが〈超越論的反省〉とは言えない。いわばそれはフッサールの言う日常的な自然主義的態度として，その端的な出来事の素朴な結果報告以外の何ものでもないのからである。

17　Hua. I. § 14 - ③ S.71　邦訳：デカルト的省察，第 14 節 - ③ 68 頁　岩波文庫
18　Hua. III. § 65 - ④ S.139 (S.123)　邦訳：イデーン I - II，§ 65 - ④ 13 頁
19　Hua. IV. § 62 - ①〜②　S.281　邦訳：イデーン II - II，§ 62 - ①〜② 128 頁

§6. 動く感じを純粋記述する　63

　こうして，そのような自然科学的態度がエポケー［判断中止］され，厳密な現象学的態度に還元されざるをえないのは自明の理となる。フッサールの意味する〈超越論的反省〉とは，一切の先入見から解放された〈現象学する自我〉による本質的反省であり，その観察者に含蓄されたいかなる考えからも，密かに潜む先入見からも，すべて解放されていなければならない。そこにおいて，はじめて〈純粋記述〉の可能性が生じてくるからだ。このような反省される〈今ここ〉におけるキネステーゼ感覚の志向対象に関わる普遍的記述こそが，その純粋性のなかではじめて「普遍的な意識批判の主題となりうる」[20] というフッサールの言を首肯させるのである。この超越論的な内在経験やその純粋記述的な普遍性こそが徹底的かつ普遍的な批判的吟味の基盤となる資格をもつからである。言うまでもなく，この純粋記述が，その絶対的な〈没先入見〉という純粋明証性の前提的原理が確認されていなければならないのは今さら論じるまでもない。
　さらに，フッサールは慎重に言葉を継いで，「このことが意味しているのは，超越論的反省が純粋に与えられたものに結合しているということである。それゆえに，その与えられたものは，端的な明証において純粋に直観的に与えられるがままに受け取られるのであり，また，純粋に見られたものを超えるような，あらゆる付加的な解釈からも解放されるのでなければならない」[21] と言う指摘に注目せざるをえなくなる。そこでは，意識時間流の中に沈黙する〈絶対今〉と〈絶対ここ〉が〈純粋直観〉として与えられ，感じとられるのである。そこにあるがままの過去把持と未来予持という〈二つの今〉として，今統握がどのように捉えられているかが前景に浮上してくる。さらに絶対ゼロ点を構成する〈二つの上〉，つまり地球空間の〈天頂の上〉と物体身体の〈頭頂の上〉という二つの原方位づけをもつ〈絶対ここ統握〉のなかで，どのように立ち止まっているのかが純粋経験として直に感じとられることになる。〈立ち止まりつつ流れる原現在〉を自ずと捉える身体発生は，アスリートにいつも統握されていなければならない志向対象性である。その志向対象は，密かに沈黙したままの受動的綜合の様態のなかで，さらにコツとカンの同時変換的に一元化する自ずと動く身体発生のなかに直に居合わせているのだ。アスリートの最大の関心事になるのは，そのような意識対象性なのである。このような超越論的反省の態度

20　Hua. I. §15 - ③ S.74　邦訳：デカルト的省察, 第15節 - ③　73頁
21　Hua. I. §15 - ③ S.74　邦訳：デカルト的省察, 第15節 - ③　74頁

のなかで，常に動感メロディーの流れる原発生の地平構造に潜んでいる過去把持志向性にノエシス契機を自ずと〈空虚形態〉で感じとるのである。さらにそれは，同時変換的に未来予持志向性に機能するキネステーゼ身体感覚をありありと直観的に予感する超越論的態度に貫かれていなければならない。

(c) 遂行自我は先存在地平をもつ

　ここにおいて私の身体という固有領域のなかで，わが身に直接に感じとられる内在経験の〈純粋反省〉そのものが我々に主題化されてくる。その遂行自我に直接に関わる純粋なキネステーゼ内在経験は，まずもって三重の〈体験地平〉[22] をもつことを確認しておかなければならない。その内在経験の地平志向性の中核となるのは絶対ゼロ点［深層：§50参照］における〈原現在の今ここ〉を統握することである。意識時間流の原発生における地平志向性については，拙著［深層：§13, §69など参照］に繰り返し取り上げられている。しかしフッサールはさらに「どんな体験の今でも，それなりの以前の地平を必然的にもっている」過去把持志向性の今統握に注目しなければならないと言う。たといそのとき，原現在が新たに現れた体験のはじめに位置する〈体験の今〉であるとしても，その〈たった今〉という体験地平性は，本質必然的に〈空虚な以前〉でもないし，決して〈無意味〉にもならないとフッサールは付け加えるのだ。だから反省する地平志向性としての〈体験の今〉は，過ぎ去った一つの体験を含蓄していて，体験の過去が持続的に充実しているのである。

　同時にまたどんな〈体験の今〉でも，〈その後の地平〉，いわば未来予持志向性という今統握の地平志向性をもっているのだ。だから，決してそれも空虚な地平ではないと断じるフッサールの〈変換同時性〉の指摘を見過ごしてはならない。それは必然的に新しい今，いわば〈未来予持の今〉のなかに必然的に充実していると断じるからである。すでに前節でも指摘したように，未来に起こるであろう〈動きかた〉を反省するという言い方，つまり〈未来の運動反省〉という表現は，何とも腑に落ちない非論理になってしまう。しかし，未来予持における今統握の地平志向性を捉えずに，我々は競技で勝負を打つことは不可能である。未来予持地平で自らどのように動くかという決断をしないでは，そこで勝負する自己運動は成立するはずもない。だから，ヴァイツゼッカーは〈結果の先取り〉という反論理の明証性を指摘するのだ。〈たった今〉という今統

22　Hua. III. §82・① S.184 (S.164f.)　邦訳：イデーンI-II, 第82節・①　79～80頁

握は，常に未来予持志向性の今統握と同時変換的に機能する反論理性を前提にしているのである。度々繰り返しているが，それは発生的運動学の普遍的な自(おの)ずと動く身体発生基盤上に成立しているのだ。だから，未来の動きの反省分析が〈たった今〉の過去把持と同時変換的に自(おの)ずと機能しているのである。言うまでもなく，この場合の反省分析は，一般に理解されている事後的反省の概念ではなく，語原的意味の〈反射〉[Reflexion<reflektieren = re-flectere = zurück-strahlen]，つまり〈たった今〉と同時に〈未来の動き〉を自(おの)ずと予描する働きに向けた〈光の投射〉が意味されている。因みに付言すれば，「この地平志向性というのは，反省する人がそれを捉えるよりも先に，いつも必ず存在している。この構成化しつつある〈地平志向性〉こそが偶然的判断の意味を本質的に規定するのであり，しかもそのつど，いつも言葉それ自体で明確に記述される」[23] というフッサールの正鵠を射た指摘を見逃してはならない。

このような意識時間流における原発生地平のなかに，同時変換的に自(おの)ずと動ける身体発生の地平志向性を捉えることによって，未来予持の今統握をありありと〈原的直観〉(オリギネール)として投射的に反省することができるのだ。それは，〈未来予持の今統握〉を反省するというパラドックス的な表現をもつ事態が，つまり述定化される志向対象が未来の地平志向性としてそこに浮上してくるからである。そこには猿の反省ポーズと嗤う素朴な自然主義的批判を一気に排除してくれるほど，本質必然的な地平志向性の含蓄潜在態がその未来予持の姿を露わにしてくれるのだ。この動感意識流に関する〈原発生地平分析〉の志向対象については，すでに前節でも取り上げられているように，原現在にある私の身体が絶対ゼロ点のなかに動く感じを〈二つの今〉と〈二つの上〉として捉えているのである。我々は絶対ゼロ点のなかに，志向含蓄態として潜んでいる地平志向性をどのように捉えるのかを主題化するのだ。その原発生の自我身体性に機能するキネステーゼ身体感覚に正面から向き合うこと，いわばそのような超越論的反省としての〈地平志向性分析〉こそが喫緊の課題として我々に迫ってくるのである。その限りにおいて，我々は〈流れつつ立ち止まる原現在〉の最中(さなか)に，自らの動感身体性に機能する超越論的反省を純粋に記述していく分析方法論として，それを主題的に取り上げることができる。自らのコツとカンだけを頼りに，多くの微妙な様相変動に価値感覚を先鋭化して反省するときに，その実践

---

23 Hua XVII § 80 - ④ S.207 邦訳：形式論理学と超越論的論理学，第 80 節 - ④ 221 頁

可能性のなかにはじめて生身にありありと感じとれる〈原的直観〉[24]［深層：§25参照］に直接に向き合うことができるのである。

§7. 遂行自我に先反省が機能する

(a) 自己運動は今統握を隠蔽する

　すでに前節で論じたように，超越論的反省とは一切の先入見から解放された〈現象学する自我〉による厳密な本質分析である。そこでやっと，その観察者に含蓄されたいかなる考えからも，密かに息づいている先入見からもすべて解放され，本質的な純粋記述が可能になる。となると，この超越論的反省をする主観身体の自己運動は，実的（レエール）に，つまり内在的にありありと経験される〈私の身体〉という固有領域に属しているかどうか，改めて問い質しておく必要に迫られる。我々は「自ら動いているから生きているのだ」[25] というヴァイツゼッカーの単刀直入な表現に倣って，〈自ら動く〉というこの自己運動は，自（おの）ずと動けるという可能態（デュナミス）の身体能力性をすでに含蓄していることになる。だからこそ，その自己運動を自（おの）ずと動ける〈身体発生〉として，わが身にありありと確信できるのだ。〈生命ある存在〉というものは単に〈動かされる存在〉ではない。その生命ある者の動きとは，〈自ずから動ける〉という実的（レエール）な身体的経験，いわばキネステーゼ身体発生の内在経験を伴う生命的な現象に他ならない。それは端的に外部視点から映像化できる実在的な出来事では決してないのだ。

　このことを「生命あるものは動かされるのを〈引き受けている存在〉である」と巧みに表現するラントグレーベは，さらに言を継いで「自ら動くことは動かされるなかにあっても，常に自分自身と一つの関係を保っている」[26] からだと正鵠を射た駄目押しをしてくれる。そこには，一つの〈自己関係〉がすでに意味されていて，いわば〈自ら動きつつある者〉は，その私の動きかたをわが身にありありと感じとれる〈原的な自己運動〉（オリギネール）として，しかも反省という方法をとらずに，いわば〈先反省的〉にそれを〈自ら知っている〉のだ。いわば〈自己運動〉は〈自己自身に留まっている〉という〈始原的自己意識〉[27] のなかに，先反省的な受動性という，いわば自分を名乗らない匿名的な意味内実を蔵（かく）した

---

[24] Hua. III. § 19 - ② ~ ③ S.36f. 邦訳：イデーン I - I, 第19節 - ② ~ ③ 104頁
[25] Weizsäcker, V.v.: Gestaltkreis, S.101, 1997, Suhrkamp Verlag　邦訳：ゲシュタルトクライス，31頁
[26] Landgrebe, L.: Phänomenologische Analyse und Dialektik, In Dialektik und Genesis in der Phänomenologie, S.78, 1980
[27] Landgrebe, L.: Phänomenologische Analyse und Dialektik, dito S.83, 1980

ままなのである。別言すれば，自己運動はその遂行のなかに自ら動きつつあることを〈自己隠蔽性〉のままに確信しているのだ。それはすでに述べたように，一般に理解されている反省概念のように，後から気づくという事態ではないことに，もはや言を重ねる必要がないであろう。

このようにして，そこに現れる始原的自己意識をもつ自己運動というのは，自己隠蔽性もっていても，それはいつも反省に先立っているから，動いている本人にはフッサールの言うパラドックス的な受動的志向性として機能していることは言うまでもない。そのことは，しかも自らが動いていても，今統握が意識されてないから，〈今ここでどうなっているのか〉は本人には分からないのだ。しかし，その自己意識そのものはすでに〈先構成〉されているから，自ずと動ける身体発生として，自らの自己運動そのものをいつも自ら承認しているのである。西田幾多郎が ambulo ergo sum ［我歩く故に我在り］とラテン語で表明するときには，自ら歩くことができる自己存在をすでに承認しているのはこの意味において首肯できるのだ。その歩いている本人が「それは君ではない」と非難されても，それは決して了解できるはずもない。だから，「今ここで成功したシュートは私のカンで打ったのだから，私に聞かれても答えられない」というサッカー選手の奇妙な発言は印象的に我々に迫ってくるのだ。まさにそこには，この先反省的な始原的自己意識の事態，つまり述定判断の先反省性という志向対象がすでに浮上しているのである。いわば，先反省的な受動志向性として機能している動感地平のなかに，密かに沈殿していた〈志向含蓄態〉が現象学的分析の志向対象として，やっと前景に浮かび上がってくるのだ。その超越論的反省を可能にするのは，私の身体の自我分裂における〈現象学する自我〉の厳密な反省能力に依存しているのは言うまでもない。

(b) 自己意識は匿名のままに働く

このような反省に先んじて機能する先反省という奇妙な受動志向性は，本質必然的に身体運動に潜む自己関係に決定的な意味づけをもつことになる。このことが超越論的反省を可能にする根拠を与えているからだ。だから，そのためにはキネステーゼ感覚に潜む先反省という本質的な志向対象を絶対ゼロ点の源泉に遡って追求せざるをえなくなる。とすれば，動感意識の働く時間流の原発生地平に向けて，厳密な超越論的構成分析を施すには，動感志向性に潜む〈先反省性〉を構成している身体発生基盤における，その〈先経験的な動感身体性〉

にまずもって向き合わなければならない。その詳細はすでに拙著［深層：§19 参照］に具体的に述べられている。いわば，私の身体性が生き生きと機能する自己運動については，本質可能的に自己自身に留まっている〈始原的自己意識〉が先反省的にすでに了解されていると断じるラントグレーベの言に再度注目することになる。むしろ，そのような先経験世界における動感意識(キネステーゼ)を原発生の地平志向性分析に向き合っていなかったところにこそ問題が潜んでいるのだ。考えてみれば，我々の先人たちがまだ自然科学の存在しなかった時代には，本能キネステーゼの原衝動を介して自我身体を駆使していたに違いない。それどころか，まだ言葉も話せない乳児期においても，原本能的に手で何かを掴んだり，腕を自由に動かしているのだ。たといそれが〈本能キネステーゼ〉の働きであっても，その前提として自我身体そのものが，自(おの)ずと動ける身体発生の事態に先んじて，いつもすでに先構成されているのである。そのような〈受動的先所与性〉(アボディクテッシュ)は，全く必当然的な〈原事実〉[28] に他ならないとフッサールが断じるのもこの意味においてである。

　私が歩いているときに，その私自身の〈動きそのもの〉を〈私が疑うこと〉は全く不可能である。その意味において「自ら動くことは，動かされるなかにあっても，常に自己自身と一つの関係をもつ」というラントグレーベによる〈遂行自我〉の正鵠を射た指摘に再度注目すれば，決定的な意味内実を我々に気づかせてくれることになる。そのときの〈遂行しつつある自我〉は一つの自己関係そのものに他ならないからである。自ら動きつつある者は，自らの動きを自己運動として，しかも反省という方法でなく，〈直(じか)にすでに知っている〉のであり，その遂行のなかで，その事態を〈いつも確信している〉のだ。だから自然主義的態度のように，決して〈後から気づく〉というのではない。こうして先反省という表現は，この自己関係にとって極めて重要な意味をもってくることになる。デカルトの〈我惟(おも)う，故に我在り〉よりも，フッサールが〈私はできる〉と確信するキネステーゼ身体に基体性(ヒュポケイメノン)［先言語的存在性ないし先所与的存在性］を認めるのは，まさに重大な意味づけをもつことになる。歩いている私に対して「今歩いているのは君ではない」と理不尽な非難を受けても，何らの動揺も起こらないのは，フッサールの言う〈始原的自己意識〉が先反省的にいつも必ず機能しているからである。そのような〈キネステーゼ感覚身体〉の働く生命的な自己運動領域に，フッサールによってはじめて〈絶対ゼロ点〉を源泉とす

28　Hua. XV. Text Nr.22‐(23) S.386　邦訳：間主観性の現象学Ⅲ，534 頁

§7. 遂行自我に先反省が機能する　69

る新しい〈身体学〉[ゾマトロギー][29]という領域論の道が切り拓かれているのは周知の通りである。

　ところが，スポーツ実践の現象野には，さらに奇妙な出来事が次々と起こってくる。動こうと意志する主観身体がそう動けるようになったとき，〈今ここで何がなされたのか〉という一連の手順を大凡[おおよそ]のところは覚えている。しかし，〈どのように動きつつあるか〉という原現在の〈たった今〉という過去把持志向性の発生様態を言葉で表すことは極めて困難である。いわば価値意識を伴ったキネステーゼ身体感覚の発生現象は，いつも自分を名乗らずに匿名のまま生き生きと機能しているのだ。ラントグレーベが指摘しているように，今ここに動きつつある主観身体の始原的自己意識は〈自己忘却性〉[30]のなかにその身を隠したままなのである。とは言っても，〈今ここ〉という原現在における〈絶対今〉と〈絶対ここ〉という時間流におけるその身体感覚は〈空虚形態〉のまま，いわば受動志向性として機能するのだ。それは後追いの反省のなかでは全く捉えられないのである。言うまでもなく「準現在化の原形態としての過去把持と未来予持は空虚形態である」[31]とフッサールは正鵠を射て断じるのはこの意味において首肯することができる。

　ここにおいて，フッサールが意味発生の〈空虚な枠組み〉だけの存在を漠とした予感の〈先構成〉として指摘する重大さを我々は見逃してはならない。しかし，その動感意識が受動的に機能していると断じているのに，自我意識が関与しない受動志向性という表現はいかにも腑に落ちないことになる。しかしフッサール自身も「適切な表現がないから，〈受動的〉という規定詞を付けて受動志向性とするしかない」[32]と断っているのはこの意味においてである。だから，この受動的という表現は，文法の受け身という受動態ではなく，独りでに自ず[おの]からという〈自発性〉の意味であることは言をまたない。このような動感意識[キネステーゼ]の生成消滅の発生現象をキネステーゼ身体能力における黙して語らない〈受動綜合化〉として，先反省的ヒュレーの〈空虚形態〉と始原的自己意識の〈空虚表象〉とが相互覚起する現象をフッサールが〈連合的綜合〉［本書：§49参照］と呼んでいるのは周知の通りである。このような受動綜合化における発生分析の志向対象は，原発生の深層地平性のなかに沈殿して，その本人にその存在を

29　Hua. V. §2‐(b) S.8ff.　邦訳：イデーンⅢ，11～14頁
30　Landgrebe, L.: op.cit 1980, S.83f.
31　Hua. XI. B-Abhandlungen <14> Retention und Wiedererinnerung S.326
32　Hua. XI. §18‐⑧ S.76　邦訳：受動的綜合の分析，第18節‐⑧ 115頁

何となく予感されることがあっても，依然として空虚形態のままに沈黙を続けているだけである。その原発生の微妙な身体感覚のキネステーゼ形態化にアスリートは果てしなく苦悩を余儀なくされていることは周知の通りである。この〈連合的綜合分析〉はこれまでの科学的運動分析の対象性から本質必然的に排除されていたのである。現象学的運動分析によるその受動綜合化分析の開示は，これまでの端的な科学的因果分析の思考基盤を爆破してしまう威力をもっているのだ。だから，これまでの因果決定論による科学的運動分析の手に負えるような分析対象性ではないことをしっかりと確認しておかなければならない。

(c) 原現在に意識欠損態が潜む

例えば，逆上がりに偶然成功した子どもに「今どんな動く感じだったか」と聞いても「分かんない」という答えしか返ってはこない。このような動感意識が一気にスキップしてしまう〈欠損態〉[33]の出来事を我々は〈動感スキップ現象〉と呼んでいる。しかしそれは，キネステーゼ身体感覚が欠損していると言っても，その動きが実現できないという意味ではない。そのキネステーゼ感覚が一気にスキップしていても，そのコツとカンの自ずと動ける身体発生現象が黙して自ら語らないだけである。そのキネステーゼ志向性そのものは沈黙したままに生き生きと機能しているのだ。その頑なに沈黙を守るキネステーゼ身体感覚をどのようにして口を割らせるかは，老練な指導者の腕の見せ所である。豊かな代行能力や観察・借問能力の〈引き出し〉をどれだけもっているかがその指導者の決め手となるのだ。その問題圏はいずれ後段［第Ⅱ章，§14～参照］で詳細に立ち入ることになろう。

このような先反省的な自己忘却性を潜ませた奇妙な動感スキップ現象は，スポーツの実践現場ではよく見られる，いわば日常的な出来事に他ならない。その原現在のキネステーゼ意識流の自己忘却性は，まだ未分化の感覚意識の言表能力に阻まれているだけなのではない。世界一流のアスリートでも，その微妙な動感情況のなかで，その今ここの一瞬の決断から打った〈シュートの感じ〉を聞かれても答えられないことがある。その動感意識の欠損性は，匿名な身体性の自己忘却性が無意識に働く受動層位に沈んだままになっているのだから，遂行自我の本人も無意識のままなのは自明の理である。その動感志向性の欠損態は，キネステーゼ身体能力が機能しないのではなく，匿名的に，いわば自我

---

[33] Hua. XV. Beilage XIX‐②S.329　邦訳：間主観性の現象学Ⅱ, 付論19‐② 145頁

の参画なしに〈自ずと動ける身体発生〉が直に機能しているのだ。だから，その本人も気づかずに動ける身体能力が呈示される動感志向的欠損態であることは喋々するまでもない。その奇妙なキネステーゼ意識の欠損性を蔵している機能しつつある身体性は，もちろん自我身体それ自身だから，無意識に打ったシュートでも，それは〈私が打ったシュートに違いない〉と断言できるのだ。西田幾多郎が〈行為的直観〉には実践があり，行為があるとして〈我歩く故に我在り〉[34] と指摘するのは，まさにこの意味において正鵠を射ていることになる。

　しかし，自分で直接に純粋経験した動きなのに，何一つ言葉にならないとしたら，そこに純粋な記述学的分析が成立するはずもない。その沈黙する身体性の深層地平に潜む奇妙な動感スキップの志向的欠損性という事態分析の志向対象については，その詳細を拙著［深層：§12, §19, §39, §54など参照］に譲らざるをえない。たしかに，乳幼児の動感受動発生の深層位における本能キネステーゼの働き，例えば声帯の高低音の調節，口笛を吹く唇の形態化，空を舞う蝶の相即的追ির(コヘレンツ)，視線と首の動きの連動や快不快の原感情の変様態は〈先反省分析〉の志向対象となるのだ。しかし，乳幼児本人からは何一つ借問できないのは自明の理である。ところが，その奇妙な動感志向的な欠損性に気づいて，その先反省分析の志向対象に対して，観察分析のできる〈見抜き能力〉，借問分析のできる〈聴き取り能力〉をもつ母親やベテラン保育士の存在を不問に付すわけにはいかない。学校体育や競技スポーツにおいて，自ずと動ける身体発生(ピュシス)の学習という動感受容層位ないし能動発生層位の匿名的身体性に潜む動感志向性の欠損態が何一つ解明できないとしたら，日常的な基本的動きの学習指導も，その驚異的な選手の〈わざ〉の伝承発生も成立しないことになってしまうからである。

　その動感志向性(キネステーゼ)の欠損態や動感スキップ現象の深層に潜む〈形なきものの形〉に気づかず，生理学的体力や心理学的メンタルトレーニングに原因を求めて，その体力トレーニングやメンタルトレーニングの強化を急ぐとしたら，たといその成果が得られても，依然として〈動感スキップ現象(キネステーゼ)〉そのものは何一つ開示されないままに放置されていることを知らなければならない。いわば，仮に動感スキップ現象の科学的原因を解明できたとしても，そのコツとカンの一元化した身体発生を形態化する動感感覚(キネステーゼ)の働く〈身体発生基盤〉が開示されないのでは，再び生徒や選手たちにその動感形態化(キネステーゼ)の意味発生を丸投げするしかなくなるのだ。そのせっかくの先反省的な欠損態分析の成果もそのキネ

34　西田幾多郎：「人間的存在」(1938),『論理と生命』354頁　岩波文庫

ステーゼ感覚深層に沈殿して，再び匿名的身体性に姿を変えてしまうからである。我々のスポーツ科学の運動分析方法論には，生命ある人間の動感(キネステーゼ)形態化を実現するための超越論的構成分析への道が本質必然的に遮断されていることを見逃してはならない。いわば，科学主義的な運動分析論はロボットの動作構築には客観的データを提供できるとしても，激しく競技するアスリートに潜むキネステーゼ感覚の志向対象を開示する道は本質必然的に遮断されているのである。このようなコツとカンという一元化身体発生現象に支えられた技芸(わざ)伝承の問題性は，マイネル教授が自らのスポーツ運動学の起点に取り上げた問題意識そのものなのであった。それはまた，いわば動感志向性の欠損態に関わるフッサール独自の身体学(ゾマトロギー)を基柢に据えた我々の発生的運動学の固有な役割でもあることを確認しておかなければならない。この動感志向性の欠損態が露呈される意識時間流の原発生地平における〈自己時間化の相互覚起〉による独自な身体発生の問題圏は次節の§8～§9で取り上げることになるが，さらにその具体的な分析方法論は後段の直観化綜合分析の道しるべ［§48～§50］からの実践的な超越論的構成分析論に送られることになろう。

§8. 先反省性が発生基盤となる

(a) 身体発生の先反省に向き合う

　我々のスポーツ実践における〈私の身体〉という固有領域［深層：§15‐②参照］の動感(キネステーゼ)受動発生は謎に満ちた〈反論理性〉を示す現象野である。ありありとわが身に感じとれる原的(オリギネール)なキネステーゼ意識の生成・消滅という出来事は，原発生地平の〈今ここ〉に機能する身体性として，反省に先だってキネステーゼ身体感覚に開示されるのだ。その〈今ここ〉に機能する動く感じの意識分析の志向対象は，たとい受動的な匿名性のなかにあっても，決して後から，つまり動き終わってから反省して，その事実を想起することではない。その自我身体が動感(キネステーゼ)形態化していく絶対ゼロ点の深層位のなかで，原発生として次々と生み出されていく〈流れつつある今〉は，〈いつも自己自身に留まっている〉[Bei-sich-selbst-bleiben] ことがすでに繰り返し注目されている。その場合には「その動感志向的な先反省性こそが超越論的反省を可能にする基盤となる」[35] とい

35　Landgrebe, L.: Phänomenologische Analyse und Dialektik, In Dialektik und Genesis in der Phänomenologie, S.78, 1980

うラントグレーベの指摘はまさに正鵠を射ている。コツとカンが一元化して同時変換作用として自ずと動ける自己運動の身体発生現象は、いつも原現在として、立ち止まりつつ流れて自己時間化されているのだ。だから、自ずと動ける自己運動の身体発生現象そのものを外部から映像化しても、それは単なる物的位置移動でしかなく、自ずと動ける身体発生の志向対象は呈示されるはずもない。その自己運動における先反省性という志向対象こそが超越論的反省を支える時間化分析の意味核であり、その自己運動の身体発生基盤上で捉えられなければならないのである。それはフッサールが〈生き生きした現在〉として言い当てようとした時間性の差異化現象でもある。その差異性という概念には、二つの差異項、つまり過去把持志向性と未来予持志向性との相互否定的な〈依存関係〉が意味されている。この差異化志向体験が自己運動の原発生の深層で、フッサールの意味する絶対ゼロ点から生じるとき、その時間意識に差異化現象が現れ出てくるのだ。この動感時間意識における〈立ち止まりつつ流れる〉[36]という原現在の〈差異的二重化〉の働きは、同時発生の本質必然性をもち、相互連係の機能のなかに相互隠蔽の変換同時性が志向含蓄態になっている。しかも、その現れと隠れの同時変換作用は、数学的可逆性の関係を必然的に排除することに注目しておかなくてはならない。つまり、現れる項と隠れる項の変換作用は、生き生きと変化する動感情況のなかで〈不可逆性〉を必然とする本質可能性をもっているからである。この二つの差異項が科学的因果決定論のように可逆可能であるとすると、まさに混乱が生じてしまうのだ。つまり、カンが働いて、コツが裏に居合わせるという情況のときに、コツが前面に出てカンが消えたら、情況に合わない間抜けな行動しかできないことになる。例えば、人混みのなかを急いで通り抜けようとするとき、カンを働かせて人にぶつからないように先読みしながら我々はうまく歩くことができる。情況を先読みするカンを支えているのはカンの背後に隠れているコツであり、それが調整的に同時に機能しているから、他人にぶつからずにうまく歩けるのだ。この同時変換作用がカンとコツの機能的変換として可逆性をもつと考えた途端にメルロ=ポンティの言う〈科学的思考の罠〉にかかって、この差異化構造をいつの間にか上空飛行的に見る態度をとることになってしまう。

　ところが、怪我に苦しみ、現役選手を諦めざるをえない身体経験に苦悩した人たちは、価値を感じとるという、いわゆるキネステーゼ価値感覚の働く身体

36　Hua. XV. Beilage XLIII.‐①　S.598　　邦訳：間主観性の現象学II, 付論43‐①　456頁

発生の経験財をもっていることが少なくない。その動感消滅の危機を体験した人は，否応なしに動感原発生の源泉に遡って，〈二つの今〉に出会っているのだ。いわば，過去把持志向性と未来予持志向性という二つの今統握に向き合って，何とか次に繰り返す動きかたを未来予持するために工夫せざるをえないのだ。そこでは，どうしても〈たった今〉動いたばかりの過去把持にストップを掛けて，その空虚形態，つまり中身の空虚な枠組みだけでも，何とか手許に掴まえておかなければならない。それに全く気づかないまま過去の闇に流れてしまったのでは，何回繰り返しても疲労が増すだけとなる。だから，次の〈動く感じ〉を先取りするためには，つまり未来予持の〈動く感じ〉をありありとわが身で予描できるためには，まずもって〈たった今〉という〈過去把持の今〉を手許に掴まえておかなければならない。ところが，すでに述べたように，その〈たった今〉はいつも秘密だから，せめて中身がなくても，いわば空虚形態でもいいから，その〈たった今〉を掴まえることが先決となるのだ。次の未来予持の動きかたをありありと予描できる身体発生基盤上にその今統握を据えておかなければ，次に繰り返す気力さえも，過去の闇に流してしまうことになる。我々の発生的運動学では，過去把持の今でノエシス契機によって〈空虚形態〉に出会うこと自体が大事にされるのはこの意味においてである。それによって，その空虚な枠組みを何とか充実化しようと工夫を重ねる身体発生基盤が生き生きと機能することになるのだ。そのような多襞的なキネステーゼ身体発生現象の内在的身体経験をもっている人たちはまさに貴重な存在である。その人たちは，その志向性分析の手続きや動感欠損態の克服法に関わる貴重なキネステーゼ身体性との〈出会い体験〉をもっているはずである。しかし，その貴重な身体発生能力をもっている指導者も少なくないのに，その〈可能態の身体能力〉は，超越論的反省の態度が取られないまま，その先反省性の貴重な志向対象は過去の闇のなかに沈められてしまうのだ。それだけに，教師養成機関のカリキュラムがこの貴重な先反省性のキネステーゼ志向対象の分析論を未だに取り上げていないのは遺憾としか言いようもない。先反省性に潜む志向対象の身体発生的分析論は改めて主題化され，その実習訓練の道が拓かれることを期待したい。

　こうして，教師養成のカリキュラム改善は喫緊の課題となり，それに着手する緊急性を改めて確認しておかなければならない。そこにおいては，実践例証をもった自ずと動ける〈身体発生能力〉における超越論的構成分析の方法論の不可欠さが改めて浮き彫りになってくる。例えば，一つの動きかたがいつの間

にか自ずと動ける〈身体発生〉に偶然に出会ったとき，その本人はその動感システムがいかに崩れやすいか，いかに儚いものかをわが身で感じとっているはずである。そのような先経験的世界における動感意識が原発生地平の志向性分析として取り上げられなかったところにこそ，身体発生基盤の基本的な問題が存在するのだ。これまでは，競技領域でも，体育領域でも，課題となっている動きかたや行動システムが端的にできるようになれば，課題達成学習の一応の完了と見なすことが多い。そこには成果主義一辺倒の事態が露わになってくるのだ。そこに偶然のマグレが出ても，いつの間にか身体発生に至る学習過程そのものは欠損態のままに放置されてしまうのだ。いわば，キネステーゼ身体発生における〈先反省性〉という肝心の志向対象の発生分析は無視されたままになっていたのである。我々は身体発生現象における先反省に潜む志向含蓄態を的確に捉えて，身体発生能力に関わる超越論的構成分析に改めて取りかかることを重く受け止めておかなければならない。とりわけ，その超越論的反省のなかの静態分析がほとんど取り上げられなかったのはどうしてなのか。そこでは，端的な成果主義一辺倒にのめり込んでいたからだろうか。

(b) 構成分析は静態分析を起点とする

ここにおいて，コツとカンが一元化した身体発生の分析法として，はじめて動感身体性の機能経験が潜む自ずと動ける自己運動の超越論的構成分析が浮上してくる。その構成分析はすでに序章［§1, §3など参照］でもおりに触れて言及しているが，発生分析と静態分析の両者が相互補完性の関係のなかに一元的統一態を形づくっているのだ。とりわけその静態分析の地平は「完了済みの統覚をもち，その統覚作用はすでに現出済みで，いわば出来上がったものとしてすでに気づかれている」[37]とフッサールは的確な解説をしてくれる。つまり，発生分析の前には，すでにマグレでも出来た動きではあるが，それは本来的に超越論的反省の立場から厳密にその身体発生の様相が確認されなければならないのだ。だから，我知らずと自ずと動いた身体発生現象は，厳密な静態分析でそのキネステーゼ感覚を確認しておかなければならないからである。言うまでもなく，主観身体は動感志向性の能力可能性に支えられて，はじめてその駆使性が保証される。つまりその〈身体駆使性〉は，例えば〈痺れた足〉のような反逆する物的身体に変貌してしまわない限り，自らの身体運動は，不可疑的原

37　Hua. XI. S.345 [B. Abhandlungen: statische und genetische phänomenologische Methode - ⑰]

事実として原的に感知できる実践可能性を蔵しているのだ。そのような動感自己運動に内在する身体性に役割を果たす経験こそが，一元化身体発生的分析の志向対象を構成できることになる。しかしながら，その人の能力に大きく左右される動感自己運動において，匿名的に内在している身体経験を志向対象に構成化することは，果たして可能なのであろうか。見たり，聞いたり，触ったりする知覚経験という端的な身体経験，いわば自分勝手に信じ込んだドクサ経験が厳密な発生的現象学の〈形なきものの形〉という深層分析の志向対象になるのか。そのような個人的な単なる思い込みのドクサ経験を反省して，そこから本質普遍性の明証性が見出されるというのか。このような様々な問い返しは，フッサール自身の苦悩に満ちた反問そのものでもあったことはよく知られている。その場合，述定判断の必当然的明証性こそが現象学的分析のねらいであるのに，客観的知識としての「エピステーメー領域から不信に満ちた仮象の曖昧なドクサ領域へ下降するとは一体どういうことか」[38] とフッサール自身が厳しく反問しているのは周知の通りである。

　ここにおいて，内在経験の意識時間流に潜むキネステーゼ感覚の〈欠損態〉，いわば奇妙な〈動感欠損態〉という抵抗経験をどのようにして捉えるのかが問題としてやっと浮上してくる。すでに指摘しているように，動感志向的欠損性とは痺れた足の〈動感欠損態〉そのものではない。欠損態とはその身体能力が機能しないのではなく，自我の参画なしに，いわば受動的に独りでに機能しているのだ。それは，その本人も気づかないという意味の動感志向的欠損性なのである。この奇妙な〈動感欠損態〉を蔵して機能する身体性は，もちろん自我身体それ自身だから，無意識に打った見事なシュートでも，それは私自身が打ったシュートには違いないのだ。フッサールは「現象学的方法は徹頭徹尾，反省という作用のなかで行われる」と念を押しながら「反省できる能力や現象学一般の可能性には，なお懐疑的な考えがまとい付いている」[39] から，その問題を何よりもまず根本的に排除しておきたいと意欲的に取り組んでいたのはよく知られている。フッサールの反省分析論が江湖に送り出されてから，すでに一世紀の歳月が流れているのに，内在経験の反省分析は学的方法論として十分に理解されているとは言えないのかもしれない。

　それはドイツのマイネル教授がスポーツ運動学に自己観察の意識分析論

38　Husserl, E.: Erfahrung und Urteil, §6‐③ S.22　邦訳：経験と判断，第6節‐③ 20頁
39　Hua. III. § 77‐① S.144ff.　邦訳：イデーンI‐II，第77節‐①，第78~79節

(1960)を導入したとき，洋の東西を問わずに，スポーツ科学者たちが侮蔑的な批判を浴びせたことはこの辺の事情をよく物語っている。現象学における「反省とは，意識一般を認識するための方法」を表し，そこでは時間流によって生じた〈自我分裂〉を原現在に架橋する可能性を生み出す反省の働きこそが意味されている。それがなければ，原発生地平への超越論的構成分析が成立するはずもない。そこに反省による同一性の確認が可能になるのも，その反省に先立って，反省を可能にする〈先反省的事態〉がいつも必ず生起していることを見逃してはならない。そこには〈立ち止まりつつ流れる原現在〉の深層位に立ち入る原発生地平分析を可能にしてくれる世界内存在の〈運動基盤〉[40]が，いわば我々の意味する身体発生基盤が基柢に据えられているからである。こうして，超越論的反省を可能にする微妙な〈形なきものの形〉の身体発生的分析は，本質直観分析の方法論を基柢に据えることができるのだ。すでに我々は超越論的反省によって，機能しつつある動感身体性を純粋に記述分析する必然可能性を確認している。さらにそこでも，新しいアポリアが我々の行く手を阻むことになるのだ。そのためには，まずもって先反省という受動志向性の働く超越論的構成分析への道をさらに確認しておかなければならない。

(c) 原発生の自己時間化に向き合う

これまで拙著［深層：§ 52参照］でも繰り返し述べているように，受動的ないし能動的な動感発生層位も，その中間に位置する受容的な動感発生層位も，究極的には〈原発生地平〉の志向性分析に回帰していくことになる。その地平における動感意識流の原発生とは，〈流れつつある原現在〉のなかに〈立ち止まる今〉を感じとる謎に満ちた〈絶対主観性〉の出来事である。いわば，この時間流の原発生地平に遡源する超越論的分析は，当然ながら，動感意識による〈自己時間化〉[41]の発生分析が前景に立てられるのだ。その自己時間化については，後段［§ 29参照］で詳しく立ち入ることになるが，時間意識における原印象は，時間流の原発生として，そこに〈空虚地平〉が先所与的に成立しているのだ。その空虚表象は知覚表象に先行して「現在が未来に向かって腕を広げて迎え入れている」[42]とフッサールは巧みな表現で正鵠を射て開示してくれる。つまり

40　Landgrebe, L.: Die Phänomenologie der Leiblichkeit und das Problem der Materie, 1965 In: Phänomenologie und Geschichte 1967 S.147 Gütersloher Verlagshaus, Gerd Mohn
41　Hua. VI. § 54‐(b)‐② S.189　邦訳：ヨーロッパ諸学の危機と超越論的現象学，第54節‐(b)‐②266頁
42　Hua. XI. § 18‐④ S.74　邦訳：受動的綜合の分析，第18節‐④ 112頁

「予期充実として立ち現れる現在的なるものは，いつも新しい今に向かっているだけでなく，その今を介して刻々と〈やって来る何か〉に向かっている」とフッサールは重ねて駄目押しをするのだ。そこに受動的な知覚そのものに内在する予め〈方向づけられる存在〉がはっきりと際立ってくることに注目しなければならない。これに対して，自我視線のない過去把持地平は〈方向づけ〉が欠損しているとはいえ，発生に関してはその空虚表象が本質的に先行しているという指摘も見過ごせないのだ。

さらに，機能する動感身体性に絡み合う身体感覚の今統握のなかには，未来に新たに働く流れ来る時間流をありありと原的に予感し，わが身で予描するキネステーゼ身体発生（オリギネール）が同時に判断の志向対象に取り上げられているのだ。そこには，動感身体性の源泉が絶対ゼロ点として見出されているのは周知の通りである。この原発生の地平構造には，絶対ゼロ点を構成する〈二つの上〉，つまり地球空間の〈天頂の上〉と，物体身体の〈頭頂の上〉という二つの原方位づけと，〈二つの今〉つまり〈流れつつある今〉と〈立ち止まる今〉とが同時に変換しながら機能するなかに，未来の生き生きとしたキネステーゼ予描が絶えず噴出し続けていることを見過ごしてはならない。そこには〈絶対ゼロ点〉という原発生の源泉が見出されるのにもはや多言を要さないであろう。

このようなキネステーゼ意識流の原発生地平には，〈原感情〉のみならず，衝動志向性を受動綜合化する〈原触発〉と〈原動感〉が絡み合う〈原連合化現象〉が際立っているのであり，後段［§ 49］でさらに具体的に立ち入って開示していくことになろう。このような〈絶対時間化〉の働く原発生の深層位のなかで，何らかの障碍が引き起こされると，キネステーゼ意識流の〈突発的消滅〉という競技者を破局に陥れる深淵が待ち構えているのだ。その破局的な動感消滅現象は，競技実践の現場ではよく知られていることである。その深淵に引きずり込まれた選手は，その奇妙な出来事に苦しめられ，八方塞がりのアポリアに選手生命の将来を消されてしまう羽目に追い込まれていくのだ。こうして我々は，キネステーゼ身体発生という深層世界に向き合って，まずもって，一回性原理に支配されている身体発生，つまりキネステーゼ価値感覚の生成消滅の働きに注目せざるをえなくなる。その受動発生の現象野では，自覚のないまま，いつの間にか自然に〈動ける〉ようになる，いわば〈没意識性〉が際立っている。しかしそれは，キネステーゼ意識が働いていないという意味ではない。キネステーゼ意識の空虚形態という枠組みだけは必ずいつも先所与されている

§8. 先反省性が発生基盤となる　79

のだ。そこで，独りでに動いてしまう動機づけは〈本能キネステーゼ〉という原衝動性に基づいている。その本能的に働くキネステーゼ感覚は，〈ゼロキネステーゼ〉[43] の志向性が充実する以前に，すでに息づいているとフッサールは指摘する。そこでは〈自己自身が居合わせている〉という〈安らぎ〉[44] のなかに原衝動が触発されるからである［深層：§23参照］。幼児が滑り台で滑り降りる快感を夢中で反復するのは，この原初的なキネステーゼ価値感覚による〈一回性の意味発生〉だと気づかなければならないのだ。それを全く同じ行動にしか見えない母親は「もういい加減に止めなさい」と言う。せっかくのわが子の貴重な価値感覚の身体発生(ビュシス)に気づいていないことになる。そこには，実践可能性に潜む価値感覚[45] を含蓄潜在態とする〈原感情〉や〈原動感〉という〈原ヒュレー〉が匿名のまま〈原構造〉[46] として働いているからだと，フッサールが正鵠を射て指摘するのはこの意味においてである。このような原発生の地平層位には，動きの価値感覚と快不快の原感情が同時変換的に働いているのだから，そのような〈キネステーゼ情況〉をいかにして誘い出すかがその指導者の正念場となる。こうして我々は，原発生に潜む謎を探るキネステーゼ感覚の形態化の道に気づき，やっとそれを辿り始めることになるのだ。

　そこでは，遂行自我の身体発生的分析の原対象には，その志向対象の構成を〈感覚図式〉[47] それ自体に求められていることに注目しなければならない。すなわち，発生現象学におけるその始原性として実践可能性をもつ原対象は，まさに〈感覚対象そのもの〉だとフッサールは断じるのだ。我々が実践可能性を求めて繰り返し習練を重ねるとき，自らの感覚対象をノエマとして捉えつつ，その身体発生のノエシス契機を捉えようとしているのだ。そこでは，一回ごとに変様するキネステーゼ感覚を受け止めて反省し，そのなかに自らの時間化を構成しようとしているのだ。例えば「さっきの捌きの感じはしっくりしてない」と匿名のままに内在反省しながら実践的な理論的態度をとっていることになる。さらに「たった今の動きは，前の感じより気持ちよく動けた」と漠然とした快感情をわが身で［身体感覚で］感じとりながら，価値感覚の微妙な変化を比較し，考量する態度を〈我知らずに〉(レエール)とり続けているのだ。すでにその実的

43　Hua. XV. Beilage 54, S.660f.　邦訳：間主観性の現象学Ⅱ，260頁以降
44　Landgrebe, L.: Phänomenologische Analyse und Dialektik, In Dialektik und Genesis in der Phänomenologie, S.79, 1980
45　Hua. IV. §4‐⑦ S.9　邦訳：イデーンⅡ‐Ⅰ，第4節‐⑦ 10頁
46　Hua. XV. Text Nr.22‐⑰ S.385　邦訳：間主観性の現象学Ⅲ，テキスト Nr.22‐⑰ 532頁
47　Hua. IV. §8‐① S.17　邦訳：イデーンⅡ‐Ⅰ，第8節　① 20頁

な内在成素の反省分析を通して、微妙な価値意識の〈形態化〉を充実していくときには、フッサールの言うように、いつも必ず時間流の原発生地平志向性のなかに超越論的構成分析が主題的に捉えられているのである。

§9. 超越論的記述学に向き合う

(a) 先反省から直観化に入る

　ここにおいて、自然科学的な説明学と超越論的現象学の記述学は、それぞれの分析対象性の違いを確認することによって、上位の〈相互協力〉[48] が可能であるというボイテンデイクの指摘は極めて重大な意味をもってくる。となると、科学的運動分析が過去データを基にしただけでは、選手たちが新しい動きかたを実現する身体発生を直に支えてくれないのを認めざるをえないことになる。いわば、実践現場で新しい動きや振る舞いの〈生成発生〉に苦悩する選手たちは、もっぱら自らの動感(キネステーゼ)意識の欠損性に気づいて、その〈努力志向性〉を奮い起こそうとしているのだ。そのキネステーゼ感覚形態化の道程で、原発生地平に潜む志向含蓄態を探りながら、自らの志向対象の〈動く感じ〉をどのように身体化するかに工夫を重ねるのが選手たちの身体発生の実践世界である。すでに考察してきたように、我々の〈モナド意味核〉の動感世界を開示してくれる超越論的構成分析にしか身体発生の道は拓けてこないのである。そのためには、現象学する自我の厳密な超越論的反省の道を自ら拓き、自らの動く感じそのものを直観化する道を辿り始めるしかない。とは言っても、この動感(キネステーゼ)意識の深層に潜む自ずと動ける身体発生能力が生き生きと機能しないのではどうしようもない。いわば、選手たちが自らのコツとカンの一元化身体発生の様態に向き合い、その動く感じの〈今ここ〉を生き生きと統握できなければ、新しい動きの〈二形統一態(ふたなり)〉[49] という自ずと動ける身体発生現象は姿を現すはずもない。つまりその本人が動きの意味核［動感身体感覚の担い手］の多様な身体発生の志向対象を純粋に構成分析できなければ、すべてその原現在地平に潜む志向含蓄態は直進的にまさに過去に流れ去ってしまうのである。その場合のノエシス契機の今統握は何一つわが身に捉えられることはない。その動く感じの直接経験を純粋に超越論的反省の態度で記述するには、そこには先言語

48　Buytendijk, F.J.J.: Allgemeine Theorie der menschlichen Haltung und Bewegung, S.30‐㊷ 1956 Springer Verlag

49　Husserl, E.: Erfahrung und Urteil, §87‐(d)‐⑧ S.417　邦訳：経験と判断、第87節‐(d), ⑧ 333頁

§9. 超越論的記述学に向き合う　81

的なコツとカンを捉え，その〈形なきものの形〉に借問を重ねて直観化していく可能態(デュナミス)の身体発生能力がなければ，超越論的構成分析は成立するはずもない。この原的な「反省分析こそ現象学的本質分析」だと指摘し「その方法論的言表のなかに表された事態は完全な明瞭さにおいて与えられる」[50] とフッサールが断じているのはこの意味において正鵠を射た重大な指摘となる。

　このようにして，現象学の記述学的発生分析がはじめて浮上してくることになる。そこでは身体運動の〈形なきものの形〉の動く感じを統握するために，つまり自己運動するその人が自らの〈現象学する自我〉ないし〈反省する自我〉を機能させながら，原発生の過去把持地平性，未来予持地平性における自己時間化の〈超越論的反省〉に入っていくのだ。従って，現象学としての記述分析は，内在的直接経験に固有なキネステーゼ解明能力が前提として求められ，そこには，流動的な動感意識の形態学的本質を記述する〈形なきものの形〉の超越論的志向性分析が前景に立てられてくる。身体運動の動感メロディーの〈形態学的本質〉を記述する分析方法論と，そこに求められる動感(キネステーゼ)形態化を開示できる〈身体能力〉の養成こそ我々の発生的運動学の固有の役割となる。そこに求められる身体発生能力という事態そのものは，科学的運動分析におけるプログラミング能力や精密機器を操作できる能力とは本質必然的に異質なのだ。そこでは，キネステーゼ身体感覚を駆使できる〈現象学する自我〉が機能しなければならないからである。その本質必然的な分析手続きの違いがしっかり確認されていなければならない。とすれば，科学的運動分析の知的な機器操作能力とは全く別種な実践可能性を志向したキネステーゼ感覚反省の能力可能性を訓練する手続きが改めて問題として浮上してくることになる。

　こうしてスポーツ領域における発生的運動学の超越論的反省の道は，直接に直観化される事態を純粋に記述する本質学の道を辿ることになる。そこには，後期フッサールの発生的現象学における記述学がその厳密な〈学的方法論(メトドロギー)〉[51] として本質直観化の道に開示されていく。それは当然ながら，我々のスポーツ領域の発生分析論も，その本質直観化を保証する超越論的構成分析に即して相互に補完し合う静態分析と発生分析が取り上げられるのは言うまでもない。これによって，スポーツ運動の動感志向性分析は厳密に記述分析される〈普遍的基盤〉[52] に立脚できることになる。周知のように〈本質直観化〉への道は，様々

50　Hua. III. §65‐④ S.124　邦訳：イデーンⅠ‐Ⅱ, 第65節‐④ 13頁
51　Husserl, E.: Erfahrung und Urteil, §87, S.410ff.　邦訳：経験と判断, 第87節 a), b), c) 187頁以降
52　Husserl, E.: Erfahrung und Urteil, §7, S.24 f.　邦訳：経験と判断, 第7節‐①～②

な例証を自由に変更しながら出発し，受動綜合化されて統一態が成立し，最後にその本質直観を厳密に確証できるという三階層［深層：§77参照］に分けられている。その道しるべに沿って，通時的，共時的な価値感覚の〈目的論的歴史性〉に連なる志向含蓄態を蔵（かく）したキネステーゼ意味核が分析対象に取り上げられることになる。とりわけ，深層位における意味核の〈確信成立〉を可能にする本質を直観するためには，動感システムの〈解体分析〉[53]を通して，モナド論的な伝承発生に新しい道が拓かれる必然可能性を見出すことができる［深層：§77参照］。このような本質直観の各階層における静態分析と発生分析[54]は，相互に補完し合って複雑な身体発生現象の様相変動を露呈していくことになる。その存在様相を純粋記述していくには，ノエシス・ノエマの表裏一体的な〈平行関係〉［深層：§68, §72, §74参照］がいつも必ず働いているから，その〈二形統一態（ふたなり）〉の相関的事態に関わる差異化現象には，常に厳密な志向性分析が施されることはもはや多言を要しないであろう。ここにおいて，自然科学的説明学と現象学的記述学はそれぞれの分析対象性を厳密に規定すれば，その本質必然的な違いは明確になり，二者択一の誤りに陥ることは避けられるのだ。ボイテンデイクの指摘する相互に上位の協力関係は，その自然科学が〈自己運動〉〈主観性〉〈身体性〉を取り込める限りにおいてのみ，つまり人間学的生理学という普遍基盤の上にのみ可能になるという意味をもつのは論じるまでもない。

(b) 記述分析が直観化の道を拓く

このようにして，現象学の記述学的分析が浮上してくるのであり，そこでは身体運動の今ここのキネステーゼ感覚図式を統握するために，自ら動く本人が自らの現象学する自我ないし反省する自我を機能させなければならない。それによって，流れつつある原発生のなかに，過去把持（レテンツィオーン）と未来予持（プロテンツィオーン）の地平志向性を分析して，自ら動けるための〈自己時間化〉が構成されていくことになる。従って現象学的記述分析では，内在的なキネステーゼ感覚経験に固有な〈超越論的反省〉が求められるのだ。そこには，流動的な動感メロディーに潜む〈形なきものの形〉の形態学的本質を記述する現象学的構成分析がはっきりとその姿を現してくる。身体運動の動感メロディーの形態（ゲシュタルト）本質を記述する〈超越論的構成分析〉こそ我々の発生的運動学の固有の役割を示していることを確認して

---

53 Hua. XIV. Nr. 6 - ⑯ S.116 邦訳：間主観性の現象学II，テキストNr. 6 - ⑯ 372頁
54 Hua. XXXV. Bl.XIV. S.407ff

おかなければならない。そのこと自体は，科学的運動分析における分析機器を操作できる能力と比較すると，そこに本質必然的に全く異なるキネステーゼ感覚の志向性分析が求められていることは明らかである。とすれば，科学的運動分析の知的な機器操作能力とは全く別種な実践可能性を目指した動感発生分析の〈方法論〉が改めて問題として浮上してくることになる。しかし，この動感発生分析を可能にする〈直観化能力〉は，競技の実践領域のなかで選手たちがいつも必ず向き合っている超越論的反省における〈志向対象〉そのものなのである。味方にパスするときには，今ここの周界情況に自ら〈身体投射化〉し，その味方選手の未来予持志向性を先読みしながら，いつも必ず有効なパスのノエシス契機を身体中心化しているはずである。そのような先読みカテゴリー分析の志向対象が一体どのようにして可能となるのか。その実践可能性は〈先読み事態〉の直観分析と反省分析なしには，パスの決断さえもできないはずである。どんな選手でも，キネステーゼ反省能力を身につけるために，志向対象に生きた実践可能性を探っているのであり，そこには貴重な直観化の〈道しるべ〉が捉えられているはずである。そのような発生的構成分析に不可欠な動感反省能力をどのように〈身体化〉するかは重大な関心事となるのだ。その志向性分析はいつも必ずそれぞれの競技領域ないし分析対象ごとに直に向き合っているのだから，そこには貴重な発生分析の道しるべが隠されているに違いない。それぞれの競技領域ごとに，あるいは分析対象ごとに，その発生的構成分析が求められていることを見過ごしてしまっては発生的運動学の充実化は望めないことになってしまう。

　こうして，発生的運動学としての超越論的構成分析の道は，直接に直観化される事態を純粋に記述する本質学の道を辿ることになる。そこには，後期フッサールの発生的現象学における記述学的分析が本質直観化の厳密な〈学的方法論〉[55] としてすでに開示されているのは周知の通りである。それゆえに我々の発生的運動学の分析論も，その本質直観化を保証できる超越論的構成分析に基づき，相互に補完し合う意味構造をもつ静態分析と発生分析を取り上げるのは論をまたないことである。これによって，スポーツ運動のキネステーゼ志向性が厳密に記述分析される〈普遍基盤〉[56] が確立されることになる。本質を直観化する現象学的方法論は，様々な例証を自由に変更しながら出発し，

55　Husserl, E.: Erfahrung und Urteil, §87. S.410ff.　邦訳：経験と判断，第87節 a), b), c) 187頁以降
56　Husserl, E.: Erfahrung und Urteil, §7. S.24 f.　邦訳：経験と判断，第7節・①～②

受動的綜合として統一化され，最後にその本質直観を確証するという三階層［深層：§77参照］に分けられている。その道しるべに沿って，〈目的論的歴史性〉に連なる志向含蓄態のキネステーゼ意味核が分析対象性として捉えられることになる。とりわけ，最終層位における動感意味核の確信成立を可能にする本質直観化のためには，動感システムの〈解体分析〉[57] を通して，モナド論的な伝承発生に新しい道［深層：§77参照］が拓かれているのを見過ごしてはならない。このような本質直観化の各階層における静態分析と発生分析の相関関係[58] は，相互に補完し合って複雑な意味発生の様相変動を開示してくれることになる。その存在様相を純粋に記述していくには，ノエシス・ノエマの表裏一体の〈平行関係〉［深層：§68, §72, §74参照］が機能しているから，その〈二形統一態〉の相関的事態に関わる差異化現象には，常に厳密な超越論的反省が進められる必要があるのは言うまでもない。

(c) 先反省の記述学に向き合う

　すでに繰り返し述べているように，我々の発生的運動学は，すでに拙著『わざの伝承』(2002) でも発生論的運動学としてその概念規定が取り上げられている［序章 - 8］。それは超越論的論理学における発生論を普遍基盤とした後期フッサールの発生的現象学に基礎づけが求められている［深層：§10参照］。従って，スポーツ領域における実践可能性［深層：§69参照］を志向する身体運動の意味発生現象を本質直観化する〈実践可能性〉［深層：§69参照］を志向する意味発生現象を本質直観するには，外部視点をすべて遮断して，その動きそれ自体に内在するキネステーゼ感覚質の深層に立ち入らなければならない。つまり，コツとカンが一元化されたキネステーゼ意味核［価値感覚の担い手］の本質必然性を直に〈観取する〉には，超越論的反省に基づいて，その動く感じが意味発生する絶対ゼロ点［深層：§50参照］の源泉にまで遡ることが求められる。ここにおいて我々の運動学的発生分析は，定量的に因果分析する精密科学的な説明学を〈括弧入れ〉して，〈現象学的記述学〉[59] の分析方法論にその普遍基盤を据えざるをえないのである。

　従って発生的運動学の分析対象に取り上げられるのは，価値意識を感じとる

57　Hua. XIV. Nr. 6 - ⑯ S.116　邦訳：間主観性の現象学 II, テキスト Nr. 6 - ⑯ 372 頁
58　Hua. XXXV. Bl.XIV. S.407ff.
59　Hua. VI, § 64 - ④ S.226　邦訳：ヨーロッパ諸学の危機と超越論的現象学, 第64節 - ④ 315 頁

§9. 超越論的記述学に向き合う　85

選手たちの〈実存的自己運動〉に他ならない。それが〈数学的時空系〉[60] ［形成（上巻）：講義9参照］の等質的運動を計測し、それをデータ化した物的身体の〈位置移動〉とは画然と区別されるのにもはや言を重ねる必要はないであろう。発生的運動学として分析対象になる身体運動は、そこに価値感覚が同時に機能するわが身にありありと感じとれる〈原的自己運動〉そのものなのだ。その意味（センス）発生を伴う身体運動の能力可能性が超越論的構成分析としての志向対象に構成されていくのである。つまり、生理学的な物質身体の筋力、スピードや持久力などの体力要素とは画然と区別され、キネステーゼ感覚の生成消滅が原発生地平に沈殿した志向含蓄態としての現象学的な〈身体発生能力〉こそが主題化されることになる。さらに端的に言えば、スポーツ実践の現場で取り沙汰されるコツとカンの一元化身体発生そのものの〈時間化能力〉［深層：§59参照］が、その発生論的分析の中核的な志向対象に取り上げられるのである。

　このようにして、キネステーゼ意味核の〈生成消滅現象〉が匿名的（アノニューム）に時間流の原発生地平に畳み込まれたキネステーゼ意識が〈分析対象性〉として主題化されることになる。しかもそこでは、単に消滅現象と関わりのない生成現象だけが発生分析の対象に取り上げられるのではない。むしろ、〈消滅発生現象〉こそコーチや教師を困惑させる謎に満ちた出来事だからだ。しかし生成的発生分析のなかにも、自我意識の機能しない乳幼児における受動発生の様相変動が呈示される。そこに偶発する生成現象も我々にアポリア［難関］を突きつけてくる。さらに、すでに自在洗練化した一流選手の身体発生能力が突然消滅してしまう事態は老練なコーチさえ呆然自失の態を余儀なくされるのだ。このような奇妙な諸々の事態は、自我身体の〈絶対ゼロ点〉に機能する価値感覚の始原的定位感という述定判断として志向対象になることは言うまでもない。そのような突然の動感メロディーの消滅的発生現象は、まさに奇妙な謎に包まれた〈偶発的事態〉としか言いようがない。それにもかかわらず、このキネステーゼ意味核の消滅現象は老練なコーチたちにも怖れられている奇妙な出来事であるのに、その謎解きの深層分析は手つかずのままに放置されているのはどうしてであろうか。生理学的な物質身体にも異常はなく、トレーニング意欲も、そのマネジメント的合理性も万全なのに、この〈悲惨な消滅現象〉は我々の志向性分析を拒否し、一向に埒が明きそうにない昨今なのである。それだけに注意

60　Bollnow, O.F. : Mensch und Raum　S.16f.　1963 Verlag Kohlhammer　邦訳：人間と空間, 15頁～ 1978 せりか書房

深く超越論的反省の記述学に関心をもって，その本質直観化を通して純粋記述する〈道しるべ〉が拓かれていかなければならない。とは言うものの戦後の長い間，もっぱら物的身体の運動分析という科学主義に慣れてきた我々は，この新しい現象学的な記述学的分析の手続きに戸惑ってしまい，何をどのように記述できるのか，なかなかその手続きがうまく進まない昨今である。競技スポーツの運動分析といえば，選手の見事な動きを映像分析(キネマトグラフィー)や力量分析(デュナモグラフィー)で外部視点から分析し，あるいは筋電図などでその物質身体の生理学的メカニズムを解明するのが一般だからである。ところが，その客観的な運動メカニズムが分かっても，それは動いた後の過去データ，つまり，物的身体の科学的データ以外の何ものでもない。競技する選手たちは〈未来予持(プロテンツィオーン)の動く感じ〉に向けて，これから〈どのように動くのか〉をわが身で予描し，それが確信できなければ，動こうにも動けないのだ。だから，どうしても過去把持(レテンツィオーン)の〈今ここ〉の動く感じをしっかり統握して，過去把持した〈動く感じ〉を未来の動きに生かす〈実践可能性〉として捉えなければならない。いわば，万人に妥当する運動メカニズムのデータは，苦悩する選手たちが求めている動く感じを未来に確信的に予描できる，いわゆるコツとカンの身体感覚発生に何一つ通底する普遍基盤ももっていないのだ。いうなれば，物理学的時空系の〈物的運動データ〉と現象学的時空系の〈未来予描〉の動感志向性はその意味内実が全く乖離しているのである。そこでは，科学的運動分析と現象学的運動分析とがどちらが正当性をもつかの二者択一的問題ではないことはこれまで何度も繰り返し指摘している。その問題の再確認に基づいて，我々はやっと具体的な静態分析と発生分析という手続きをもつ超越論的構成分析に直に向き合うことになるのである。

[Ⅱ] 自己運動分析の道しるべ

§ 10. 動く感じを記述する

(a) 自己運動の流れを読む

　我々はここで，科学的運動学(キネシオロジー)と一線を画した現象学的運動学の独自な役割を改めて確認しておかなければならない。その役割とは，そこで向き合っているキネステーゼ身体発生，つまりキネステーゼ身体発生能力の担い手を対象性に取り上げて，やろうとしてもできない〈動きかた〉の意味核という〈究極基体(ヒュポケイメノン)〉[61]を開示することである。因みに，ここで言う〈意味核〉とは，フッサールの名付けるキネステーゼ身体感覚の働く〈究極核〉，いわば謎解きの究極的述語ないし究極的一般性であり，それを開示しようとするのだ。そのような価値意識の究極の担い手は，モナドコツとモナドカンを一元化した〈モナド意味核〉と呼ばれ，それは後段のキネステーゼ感覚の伝承次元において改めて取り上げられることになる。いずれにしても，私のコツとカンを同時変換的にどのように一元化して捉えるのかということがすべての分析手続きの起点であり，そこでは一元化意味核を純粋に記述する発生分析がまず取り上げられることになる。

　このコツとカンの一元化意味核は，分析対象として往時の拙論[62]でもすでに論じられている。そこでは〈コツの言表怠るべからず〉や〈コツは自ら掴むほか道なし〉という自得の心構えが主題的に論じられ，五輪体操5連勝 (1960～1976) 当時の日本選手たちの動感エートス［気概］の一端をそこにうかがい知ることができる。しかしながら，ここで超越論的構成分析の道しるべに具体的に問いかけるに先だって，その静態分析や発生分析における対象一般の志向対象性の概念についての確認を怠るわけにはいかない。というのは，この分析対象の取り違いを巡っての批判が余りにも多過ぎるからである。その不毛な論争は，精密さを追求する科学的運動分析と不可疑的な厳密さを求める現象学的運動分析の本質必然的な違いの認識不足に起因している。我々の発生的運動学として

---

[61] Hua. XVII. § 82 - ③ S.210f.　邦訳：形式論理学と超越論的論理学，第 82 節 - ③ 224 頁～
[62] Kaneko, A.: Die Geisteshaltung beim Turntraining, In: Olympisches Feuer 1962, Nr.10 ; Zur Geiseshaltung des Wettkämpfers in: Olympisches Turnkunst 1966 Nr.1

の志向性分析の役割は、端的に言えば、キネステーゼ身体感覚の意味核を構成しているコツとカンという非直観志向性の地平に潜む〈形なきものの形〉［西田幾多郎］と呼ばれる〈基体〉、つまりその〈担い手〉の謎を開示して、身体発生現象の実践可能性に向かう道を切り拓いていくことにある。従って、キネステーゼ志向性の超越論的構成分析に入る前には、我々は精密科学における物理学、生理学、心理学による定量的客観分析の対象一般を我々の発生的運動学の一元化身体発生という志向対象から画然と区別しておかなければならない。ところが、すでに拙著［深層：§1‐②参照］でも指摘しているように、そこにはキネステーゼ感覚の概念的認識に違いが潜んでいる。つまりフッサールが独特な動きの感覚質として新しく取り上げた〈キネステーゼ感覚〉という奇妙な表現［キネステーゼ＝運動感覚＋感覚］の源流を尋ねていくと、まさに同時代の物理学者マッハ（1838~1916）が、とりわけ当時の感覚生理学を取り入れた『運動感覚論』[63]の論考と真っ向から対立していることに注目せざるをえなくなる。同様に19世紀後半にすでに、時間の〈純粋持続〉を唱えていた哲学者ベルクソンも『意識に直接与えられるものへの試論』[64]（1889）のなかで、イギリスの連合心理学者ベイン（1818~1903）の〈筋感覚論〉[65]にその心理学的な強度測定を巡って対決を意識していたことも見逃すわけにはいかないからである。

　フッサールにしても、ベルクソンにしても、運動感覚の概念を私の身体の〈内在意識流〉に求めているのに対して、マッハやベインは運動感覚を自然科学の外部視点からの分析対象に置き換えているのだ。いわば、フッサールの〈キネステーゼシステム〉[66]という志向対象性は、位置移動する身体運動を外部視点から対象化して分析する〈科学的運動感覚〉とは本質必然的に全く異質なのである。だから、私の内在意識流の本質を直観化する〈身体発生能力〉に外部視点からの〈動体視力〉の測定が通用するはずもない。発生的運動学では、主観身体の固有領域における私の身体感覚そのものが私によって厳密に〈超越論的記述学〉[67]として分析されることから始められる。そこでは、いわば自らの〈動く感じ〉を私の身体感覚で捉えて、そのキネステーゼ身体発生の様相変動が純粋記述されるのである。その純粋記述を可能にするには、まさに〈超越論

63　Mach, E.: Grundlinien der Lehre von den Bewegungsempfindungen, Verlag von Wilhelm Engelmann Leipzig 1875
64　Bergson, A.: Essai sur les données immediate de la conscience 1889：邦訳全集版 15~46 頁
65　Bain, A.: The Senses and the intellect, 1855 London
66　Hua. VI. §47‐② S.164　邦訳：ヨーロッパ諸学の危機と超越論的現象学、§47‐② 229 頁
67　Hua. VI. §64‐④ S.226　邦訳：ヨーロッパ諸学の危機と超越論的現象学、第64節‐④ 315 頁

的反省〉⁶⁸ に依拠するしかない。だから，フッサールはその超越論的反省を直進的作用の〈自然的反省〉から厳密に区別し，時間流の原発生地平に遡源する純粋な反省態度でなければならないと断じていることを見逃してはならない。

(b) マイネルの自己観察に回帰する

　超越論的反省がキネステーゼ感覚の受動発生の志向性分析に不可欠であるというフッサールの指摘は，生ける身体性を伴う実存運動さえも，日常的に外部視点から観察するのに慣れている我々は急には納得しにくいのだ。しかしそこでは，わが身の〈動く感じ〉をその身体感覚の内在経験のなかで反省する方法論をしっかりと確認しておかなければならない。我々は身体運動を位置移動として対象化し，それを物的身体の位置移動として外部視点から客観的に観察し，数学的時空間のなかで精密に計測するという科学的運動分析の手続きは，我々の生活のなかにすっかり日常化されているからである。それは〈実在的な出来事〉として，すでに誰も疑いを差し挟まない〈自然的態度〉⁶⁹ になっているとフッサールは指摘するのだ。だから，半世紀も前にマイネル教授が主張した身体運動の自己観察と他者観察という形態学的(モルフォロギー)運動分析がわが国にはじめて紹介されたときには，まさに賛否両論が拮抗した様相を呈していた。現場で実践的な指導をしているコーチや新しい動きの習得に苦しんでいる選手たちは，〈動く感じ〉を自己観察するというマイネル教授の新しい形態学的(モルフォロギー)分析を熱狂的に支持したのだ。ところが，科学的運動分析を研究してきた教授たちはその身体感覚の主観的反省記述に何らの客観妥当性も認められないと批判したことはまだ記憶に新しい。しかも，その二者択一的な議論対立は，現在に至るまで尾を引いているほどである。もちろん，戦後にアメリカから導入された運動学的(キネシオロジー)分析は，新しい横断科学的な方法論に基づいているから，その正当性の主張は論じるまでもない。その運動分析の精密さを保証するためには，選手たちの目にも止まらない素早い動きでも，その運動経過の様相変動を客観化するために物的身体の位置移動に限定せざるをえないのは喋々するまでもない。その場合，アスリート自身の身体感覚の微妙な変様態や意識時間流が分析射程から外されてしまうのも自明の理となる。仮に選手たちの感覚与件の変様プロセスを生理学的に分析しても，それはアスリートのコツとカンの生ける身体発生に何一つ

68　Hua. I. § 15 - ② S. 73　　邦訳：デカルト的省察，第15節 - ② 72 頁
69　Hua. III. § 39 - ① S. 79f.　邦訳：イデーンＩ-Ｉ，第39節 - ① 170 頁

通底するものはない。だから，マイネル教授の言う〈自己運動の自己観察〉という身体感覚の反省記述は，いわば客観的な科学的分析から外れた単なる主観的な感覚記述に過ぎないと批判されること頻りなのだ。しかし，マイネルが意図した形態学的分析(モルフォロギー)は内容的には現象学的形態学分析(モルフォロギー)であり，その〈形態学的漠然性〉[70] が何らの〈学問的汚点〉ではないと断じるフッサールの指摘が理解されていないだけである。マイネルの主張した〈自己観察〉という超越論的反省の記述分析は精密科学ではないのだから，その意味ではまさに非科学的なのである。このような論点の食い違いによる不毛な二者択一の議論が今でも続いているのは遺憾としか言いようがない。そこには，学問論としての厳密な本質分析が欠落しているのは論じるまでもない。

　たしかに，マイネル教授自身もその遺著 (1960) のなかで，運動自己観察の主観的な分析法がその学問的信頼性に一抹の不安のあることを述べてはいる。しかしマイネルは，体育や競技の実践において，自ら動く感じを反省する態度がいかなる場合でも不可欠であると断じながら，その一抹の不安にかかわらず，ゲーテの形態学分析の普遍基盤を頑強に主張し続けていたのは，発生的運動学の立場からはまさに特筆に値すると言わなければならない。しかも，「自らの動きを判断するのはその自己観察の基盤の上に行われるしかないのだ。そこでは，自らの動きからある〈隔たり〉を保つことが不可欠であり，自己運動を評価し判断するには，どうしてもそれを対象化せざるをえないからである」[71]とマイネル自身がフッサールの〈自我分裂〉[72] による現象学的自我に通底する指摘はまさに特筆に値する。すなわち，この自らの〈動く感じ〉の価値感覚を述定判断するのに「隔たりが不可欠だ」というマイネルの主張は，自らに内在する〈現象学する自我〉が自らの動く感じを価値感覚で快不快として反省し，それを〈純粋記述〉することをそこに求めているのだ。マイネルのモルフォロギー分析の基柢に据えられているこの主張は現象学的意識分析における身体感覚の純粋記述そのものに他ならない。マイネルはその遺著 (1960) で，精神医学のヴァイツゼッカーや人間学的運動学を唱道するボイテンデイクの著作を援用しているから，そのモルフォロギー分析が〈漠然性〉を本質とするゲーテの〈モルフォロギー〉，さらにはフッサールの〈形相的モルフォロギー〉[73] を言外

70　Hua. III. § 74 - ① S.155　邦訳：イデーンⅠ‐Ⅱ, 第 74 節‐① 35 頁
71　Meinel, K.: Bewegungslehre, S.123 Berlin 1960　邦訳：スポーツ運動学，125 頁　1981　大修館書店
72　Hua. I. § 15 - ② S. 73　邦訳：デカルト的省察，第 15 節‐② 72 頁
73　Hua. III. § 145 - ④～⑤ S.302f.　邦訳：イデーンⅠ‐Ⅱ, 第 145 節, ④～⑤

に射程に入れていたと考えられる。しかし，当時の東西イデオロギー的緊張の世界情勢のもとでは，その論証が困難であることは容易に察しられる。マイネルはいつも必ず〈実践運動学〉を標榜していたから，その実践可能性を追求する身体発生現象の指導現場では，それがもっとも効果的な分析方法であることを実感していたのであろう。しかも，このようなマイネルの自己観察分析は，わが国古来の技芸伝承の世界に受け継がれてきた芸道の方法論と通底し，軌を一にしていることは多言を要すまでもない。だから，戦後にアメリカから上陸してきたキネシオロジーという科学的運動分析とは全く異質なマイネル教授の形態学分析論が競技スポーツの現場から熱狂的に歓迎されたのはこの意味において首肯できるのである。

ところがわが国の戦後は，GHQ［連合軍総司令部］による軍国的精神主義の禁止令と科学的研究の推進という基本方針に沿って，自然科学に一気に傾斜せざるをえなかったのは周知の通りである。それを契機に，競技スポーツと学校体育もその領域にかかわらず，全面的にその科学化とマネジメント合理化へと舵を切ることになったのは自明のことと言える。その後，世界大戦で中止になった〈幻の東京五輪〉(1940)から四半世紀後に，やっと東京五輪(1964)を迎えることになったわが国の競技スポーツ界は，生理学や物理学の科学的運動分析が一気に行政的規模で急展開され，その勢いは次の東京五輪(2020)に向けてさらになお続いていく勢いである。その科学主義一辺倒の今になっては，コツとカンといった古くさい主観的意識分析は時代錯誤的な運動認識以外の何ものでもない。その厳密な身体学的運動現象学に基礎づけをもつ発生的運動学がいかにその学問的正統性を主張しても，その晦渋を極める専門用語の難しさが際立って，多くの不興を買っている昨今なのである。それは単に表現の難しさだけではないのだ。それはヴァイツゼッカーが意味する〈結果の先取り〉という反論理的表現も失笑を買ってしまうこと頻りの昨今である。さらに，科学的因果法則が全く通じない〈知覚と運動の一元論〉も一般の理解を超えてしまっているのだ。すでに繰り返し述べているように，新しい動きを身につける選手たちやそれを指導するコーチにとっては，それは当たり前にわが身で了解できる出来事なのである。とは言っても，科学主義にすっかり染まっている現代では，その非論理性ないし非科学性が批判されるだけだから，心ならずも沈黙を守るしかない。選手たちが自らの身体感覚で感じた通りに発言すれば，非科学的だと侮蔑され，その知能程度まで疑われる仕儀となってしまうからである。

ところが，フッサールは「この素朴な関心をもっている自我の上に，現象学的自我がある関係に偏しない[純粋な]観察者として立てられ，そこに一種の〈自我分裂〉が行われるのだ」[74] という重大な指摘に及んでいる。そのとき，実践現場で〈動きかた〉の工夫に苦悩する選手たちやコーチはその現象学的自我を〈自らの分身〉[75]だと純粋に受け容れているのだ。そこでは，自我分裂以前の自然的反省態度で動きを知覚する自己観察者から，〈超越論的反省〉[76] をする現象学的自我として，身体感覚で反省する態度に転換することが容易に了解できるからである。

しかしながら，そこで機能する現象学的自我は〈無関心な観察者〉とも換言できるから，ヴァイツゼッカーの言う常に外部視点に立つ自然科学者の〈野次馬的傍観者〉と誤解されてしまうのだ。そこでは，何にも汚染されずに〈原事実〉をそのままに純粋記述が可能になり，その〈脱先入見〉は絶対に保証されているのだとフッサールは駄目押ししても，その誤解はなかなか解けそうにない。いわば，まさに私の分身としての〈現象学する自我〉がいかなる先入見ももたずに，まさに自ずと動ける身体発生現象を純粋に記述することは本質必然的に可能なのである。その現象学するもう一人の自我が自ら動きつつある自我の身体感覚を何一つ統握できないとすれば，自我身体性に働くキネステーゼ感覚の反省分析はすべて不可能になってしまうのである。だから，その反省分析の成否は，自己運動する本人の身体発生を捉える能力可能性に懸かっていることになる。その超越論的反省への道しるべについては，後段でまとめて具体的な問題圏として詳しく取り上げられることになる。

(c) 身体発生の今統握を起点とする

マイネルがモルフォロギー分析の起点としたのは自らの〈動く感じ〉の自己観察である。その〈自己観察〉を純粋記述する志向対象は，自らのコツとカンが一元化して自ずと動ける身体発生現象に潜む意味核である。つまりそれは，自己運動に潜むキネステーゼ感覚図式の究極基体[先言語的担い手]だから，我々はまずもって，その〈一元化意味核〉の基本概念を確認しておかなければならない。それはすでに拙著[深層：§4～§5参照]に詳しく論じられているから，ここではその全体を端的に要約しておく。フッサール独特な〈キネステーゼ感覚〉

74　Hua. I. § 15‐②S. 73　邦訳：デカルト的省察，第 15 節‐② 72 頁
75　Hua. XV. Nr.22‐⑭S.383f.　邦訳：間主観性の現象学Ⅲ, テキスト Nr.22‐⑭ 531 頁以降
76　Hua. VI. § 52‐①S.178　邦訳：ヨーロッパ諸学の危機と超越論的現象学，第 52 節‐① 250 頁

という注目すべき表現は，1907年夏学期のフッサール講義『物と空間』ではじめて取り上げられるが，この概念成立の源流に潜んでいる対象認識の違いをまず確認しておかなければならない。そうしないと，連合心理学者ベインの意味する筋感覚的運動感覚や物理学者マッハの力学的運動感覚との区別がつかなくなってしまうからである。とりわけ，19世紀の生理学者ミュラー（1801~1858）以来の〈感覚生理学〉との関係を重視した運動感覚の概念は，フッサールのキネステーゼ感覚の意味内実を爆破してしまう勢いを今もなお持ち続けているから注意しなければならない。それは精密科学的な〈体性感覚〉の概念として，スポーツ科学の生理学や心理学の運動分析に介入しているからである。この錯綜した事態のもとでは，精神医ヴァイツゼッカーがその名著『ゲシュタルトクライス』（1940）で主題化した生成消滅の〈同時変換作用〉という〈反論理性〉
[相即＝飛ぶ蝶を目で追うときの動きの受動発生]の概念も，我々の発生的運動学におけるコツとカンが同時変換する一元性も通用しなくなってしまう。その果てには，現象学的分析はややこしい奇妙な意識分析だと敬遠される羽目となる。しかし，これらの混乱を引き起こしているのは，科学的運動分析と現象学的運動分析の対象性に関わる本質必然的な違いを見過ごしているからである。科学的分析では，外部視点から身体運動の成立条件[生理学的体力条件や力学的法則条件]を物的対象として精密分析するのに対して，発生的運動学の現象学的分析では，コツとカンの担い手である自己運動の自ずと動ける〈身体発生〉に潜む志向対象に超越論的反省を施すのである。その超越論的反省の志向対象を〈構成する〉という表現について，フッサールは「その場に自我が存在する場合にしか構成されない」[77]とわざわざ駄目押し的注意をしているのを見過ごしてはならない。その場合には〈意識対象性〉の構成という機能が主題化されているのだ。しかし，ここで言う〈自己運動〉の概念を精巧なロボットの自動運動に当てはめ，ロボットでもプログラムされたソフトから自分で判断して〈自ら動ける〉と拡大解釈する昨今である。この自己運動という概念は「そこに一つの主観の受け入れが前提にされている」のであり，いわば「自己自身によって，さらに自己自身との関係において動ける存在を我々は意味している」[78]と念を押すヴァイツゼッカーの一文を忘れるわけにはいかない。いわば，我々がスポーツ領域の運動分析として対象に取り上げるのは，〈生命あるものの運動〉で

77　Husserl, E.: Erfahrung und Urteil, §63 - ④ S.301　邦訳：経験と判断，第63節 - ④ 239頁
78　Weizsäcker, V.v.: Gestaltkreis, S, 101, 1997　邦訳：ゲシュタルトクライス，31頁

あって，「時空系における任意の物体ないし単に考えられた物体の運動」ではないからである。この二つの運動は「全く別種なものである」というヴァイツゼッカーの指摘が我々には決定的な重みをもつことになる。

　このようにして，コツとカンの一元化意味核の原発生地平に志向含蓄態として沈殿する謎に満ちた〈内在的超越〉[79]の超越論的主観性を開示するには「外部はまさに無意味だ」[80]と断じるフッサールに倣って，我々はスポーツ運動の〈志向対象〉そのものに改めて注目することになる。その自己運動の分析は，今ここ統握に機能するキネステーゼ身体発生の微妙な変様態を超越論的反省によって自ら純粋記述することが求められるのだ。そのためには，時間流の原発生地平分析における意味核の担い手が志向対象に取り上げられ，いわばその動感メロディー（キネステーゼ）がまさに純粋記述されるのだ。もちろんスポーツの身体発生現象には，この自己運動の実的ノエシス分析だけではなく，味方や敵方という他者の動感志向性も分析対象性に構成されることになる。さらに，ボールやラケットといった用具の動きの変様態も，その超越論反省分析の志向対象に取り上げられるが，それは後段の他者運動の分析論でも同じ問題圏として絡み合ってくることになる。例えば，ボールを打つバットは単なる物理時空間を位置移動する物的対象ではない。それは私の手の〈動感意識〉が伸長して志向対象に構成され，私のキネステーゼ身体性の一部にすでに変身しているのだ。だから，バットのスウィングのスピードの変様データが呈示されても，それがわが身に〈身体化〉されない限り，科学的運動分析の結果は一元化意味核の身体発生に〈合体化〉[81]［本書：§53 - (b) 参照］することはありえない。こうして，自らの身体性の動く感じを反省する自己意識分析は，単に自我身体そのものの〈動く感じ〉を反省分析するだけではない。いわば，バットや竹刀を手にしなくても，単に走って跳ぶという動きかたでもコツとカンの一元化意味核が同時変換的に機能するのだから，マイネルの言う自己観察分析が単に自我身体のキネステーゼ感覚の記述だけではなく，動感情況（キネステーゼ）への身体発生の広がりをもつことも確認しておかなければならない。

79　Hua. III. § 48 - ② S.136　邦訳：イデーンI - I，§48 - ② 190頁
80　Hua. III. § 41 - ① S.117　邦訳：イデーンI - I，§41 - ① 153頁
81　Merleau-Ponty, M.: Phnoménologie de la perception op.cit. p.161　邦訳：知覚の現象学1，233頁

§11. 身体発生に気づくのは誰か

(a) 自得は離見の見に学ぶ

　端的に〈運動分析〉と言えば，物理的な位置移動の時空系ないし力動系の精密測定に基づいたバイオメカニクス分析や生理学的な体力分析，あるいは心理学的な行動分析などのどれかと理解されるのが一般である．そこで，運動や行動という邦語表現の両義性が確認されないまま放置されていると，無用な混乱が惹き起こされてしまう．しかし，身体発生現象を基柢に据える運動現象学は，今ここに動きつつある主観身体に潜むコツとカンの生成消滅の現象を純粋に〈記述学〉[82]として本質直観を捉える役割を担っているのだ．たしかに〈動く感じ〉そのものの〈純粋経験〉に直に向き合う自我対向には，西田幾多郎が言うように「東洋文化の根柢には，形なきものの形を見，声なきものの声を聞く」[83]といった秘められた問題が潜んでいるから，それも同時に捉えるのは決して容易なことではない．その〈動く感じ〉という表現のなかにも，〈本能動感〉や原感情を含む〈原動感〉(キネステーゼ)の意味内実が潜んでいるから，その深層への道はさらに奥が深くなる．そこでは，直接経験される動感意識が「どのように変様していくのか」という事態の〈対象性〉[84]はまずもって確認されなければならない．つまり，そこで直接経験される事態分析には，ノエマ的意味存在［深層：§72参照］，さらに現在，過去ないし未来という〈時間様相〉，ならびに確信的，可能的あるいは疑わしく存在するという〈存在様相〉などの志向対象性が浮上してくるからである．このノエマ分析に基づいて，その事態の対象性を述定的に判断する意味存在は超越論的構成分析の〈静態分析〉として主題化される．と同時に，それと平行関係をもつ実(レエール)的なノエシス分析によって，その身体発生を統握するキネステーゼ身体感覚が相互補完的に働き，可能態(デュナミス)としての〈発生分析〉として充実化に向けて新しい道を切り拓いていくことになる．

　ところが我々の行く手には，さらに新しいアポリア［難問］が立ちはだかってくる．動く主体の生徒や選手自身は科学的なメカニズムをどんなに詳しく呈示されても，それが一体どのような〈動く感じ〉になるのか見当もつかないのだ．そのときには，学習しやすい客観的な手順の情報が呈示される．しかし，そこで主題化される動く感じを〈綜合化する〉肝心の身体発生学習は，すべて

82　Hua. VI. §64-④ S.226　邦訳：ヨーロッパ諸学の危機と超越論的現象学，第64節-④ 315頁
83　西田幾多郎全集 IV 序3頁　昭和24年　岩波書店
84　Hua. IV. §8-① S.17　邦訳：イデーン II-I, §8-① 20頁

生徒自らの努力志向性に丸投げされてしまう。いわば，教師はそのキネステーゼ感覚の〈身体発生能力〉を自得すべき学習内容として，生徒たちにその〈原努力〉[深層：§22参照]の重大さを説くだけとなる。それだけなら，何も専門の指導者に教えてもらう必要はない。ところが，わが国古来の技芸の伝承世界では，フッサールの言う〈価値感覚〉[85]の探求がいつも必ずその身体発生基盤に据えられている。その動きの価値感覚が技芸発生の起点をなすという〈原事実〉[深層：§3,§69参照]に直に向き合うことがいつも必ず求められているのだ。もちろん，かつての武芸や技芸の師匠と呼ばれる人たちは，コツとカンの意味核がすでに身体化されていて，その上で弟子たちに厳しく〈自得の構え〉を迫るのが本義なのである。

　とは言っても，コツとカンによる自ずと動ける〈身体発生能力〉の実習経験もない教師やコーチが少なくない昨今である。現代の情報社会では，指導すべき対象のメカニズム情報や合理的学習の手引きを入手することはそう難しいことではない。しかし，それをどんなに分かりやすく説明してやっても，選手や生徒たちは動感メロディーを即座に身体化して，コツとカンの〈一元化〉を統覚できるはずもないのだ。しかも，その統覚化様相プロセスの私秘性は「言わないのか」「言えないのか」を確認しないままに，その匿名性を暴き出すことがむしろタブー視されるのだ。そこに浮上してくるのは，わが国古来の技芸伝承における社会の複雑な仕組みであり，いわば流派や宗家の存続問題も絡み合ってくることになる。しかしその〈身体発生地平〉に潜む志向含蓄態の開示こそ，我々の発生的運動学に課せられた固有な役割に他ならない。学習者の身になって，コツとカンを生み出す工夫に立ち会える先生やコーチが激減している昨今では，キネステーゼ感覚発生はすべて生徒や選手たちの努力志向性に丸投げしているだけである。軍師気取りの競技監督やマネジメント志向の体育教師の多い昨今では，逆に選手同士，生徒同士の〈動感仲間化〉[深層：§80,§83参照]による，いわば戦前の自得世界に逆戻りし始めている感がある。そのこと自体は本義的な身体発生の問題性にとってむしろ歓迎されるべきことではあるが，指導者たちの現実態（エネルゲイア）の〈身体発生知能〉は退化の一途を辿るだけとなっているのだ。

　ここにおいて，すでに指摘[§3・(b)参照]されているように，我々は能楽者世阿弥の〈離見の見〉という古来の教えに立ち戻らなければならない。そこで

85　Hua. IV. §4・⑦ S.9f.　邦訳：イデーンⅡ・Ⅰ, §4・⑦ 10~11頁

は，わが国古来の自得精神が伝承次元の方法論としてすでに論じられているのだ。すなわち，超越論的反省のできる踊り手の現象学的自我が「今ここの自我から抜け出して客席に身を移し，そこから自我の動きを同時に観察する」という，いわばフッサールの意味する〈自我分裂〉[86] という自我と他我の分裂現象が純粋に記述分析されているのだ。現象学的自我という師匠格の他我がいつも同時に自分の動きを観察するという，世阿弥の奇妙な〈能楽理論〉は，すでに15世紀のわが国の芸道で自得の美意識を伝える方法論として主題化されているのである。このような世阿弥の〈離見の見〉の教えは，フッサールの言う〈現象学する自我〉が客席に移って，自らの今ここの〈踊る感じ〉の価値感覚を自ら超越論的反省をする現象学的意識分析に他ならないのだ。いわば，師匠格のもう一人の〈他我〉が客席から必ずいつもその踊り手の目標像に厳しく注文をつける〈自得の心構え〉がフッサールに先立ってすでに実践されていたのは，まさに一驚に値することと言えよう。ここにおいて，価値感覚による身体発生の志向対象を厳しく反省するという古来の芸道［能楽，歌舞伎］は，それのみならず武芸，技芸の修行にもその身体発生基盤は普遍化されているのは周知の通りである。その類い希な自得の美意識の伝承方法論に対して，それは非科学的な単なる主観的なドクサ経験でしかないと批判できるであろうか。この〈現象学する自我〉に導かれる〈自得方法論〉がコツとカンの身体発生現象への道を切り拓いていることを見逃してはならない。

　コーチは一般に，コツとカンを「教えて欲しい」と言われると，「それは動く本人［遂行自我］の問題である」とひたすら自得の重大さを説くこと頻りである。コツとカンが一元化された自ずと動ける身体発生現象は，常に〈私秘性〉を蔵しているからその本人にしか分からない。必然的にそれは誰にも代替不可能なのである。とすれば，運動主体の動く感じの価値意識は決して他者には伝わらないから，技芸伝承は本質必然的に成立しないことになる。それゆえにこそ，技芸伝承世界では昔から「コツは自ら把握するしかない」と言って「わざは教えてもらうのでなく，見て盗むのだ」と言い伝えられる。こうして，自得精神こそが技芸伝承の〈究極的基体〉として大事にされてきたとすれば，素朴な思い込みのコツとカンの謎を開示できると断じた科学分析者たちは，ヴァイツゼッカーの言うように野次馬に変身するしかないことになろう。このような昨今の事態のなかに我々のキネステーゼ身体発生論の道しるべは，改めて数世

86　Hua, I, § 15 - ② S, 73　邦訳：デカルト的省察，第15節 - ②72頁

紀以前から伝承されてきた〈古来の芸道〉[87]［わざの伝承：38~43 頁参照］にその道しるべを求めざるをえないようである。

　ところが、芸道の核心をなす自得精神を単に努力志向性の新しい〈触発的覚起〉[88] として生かしても、肝心の伝承すべき一元化身体発生の究極基体が開示されなければ、貴重な技芸(わざ)伝承が成立するはずもない。すでに述べているように、戦後の科学的運動分析におけるデジタルテクノロジーによる超高速映像化の進歩はすさまじく、どんな高速運動でも一兆分の一秒までそれを細分化できることはまさに隔世の感がある。しかし、そこでは同時に生ける時間流が〈消滅の危機〉に追い込まれていることでもあるのだ。戦前には、自我身体の動きつつある〈姿かたち〉は、自らの視知覚では捉えられないから、自らの身体感覚でその動く感じの流れを綜合化し、統握するしかなかった。自分が水溜まりを跳び越す〈動きかた〉は自分にも見えないのだ。どんな格好で、どのようにジャンプしたか全くその動きかたは分からない。だから、他人が水溜まりを跳び越すのを自らの身体感覚で〈なぞる〉ように見て、その動く感じを自ら身体化する［わが身で構成化する］しかないのだ。巷間に〈人の振り見て我が振り直せ〉という諺(ことわざ)は、武芸や技芸では〈見取り稽古〉として大事にされ、もう一人の自我身体と自問自答して究極の意味核を統握していく。こうして、自ずと(おの)動けるキネステーゼ身体発生の志向対象を生化させ、その快不快の価値感覚を統覚すれば、いわゆる身体感覚による動きの主観的統握が可能になる。その動きのリズムも力の入れ方も、西田幾多郎の言う〈形なきものの形〉もありありと感じとることができる。いわば、わが国古来の芸道の自得精神の道は、常にフッサールの言う価値感覚を働かせて他者の動きを自己観察し、自らの身体感覚を一元的に綜合化し、身体化して動けるようになる〈道しるべ〉を一つずつ見出していくのだ。このようなコツとカンの身体発生現象に直に向き合って、新しい動きかたを自得する道は拓かれていくのだ。さらに、志ある人がその道しるべを辿って、新しい芸(わざ)への道は次第に踏み固められ、キネステーゼ身体発生の世界が伝承されていくことになる。

　このようなわが国の〈芸道〉という伝承世界には、他に類を見ない貴重な発生的運動学の普遍基盤が幾世紀も伝承され、存続してきたのである。しかし戦後になると、競技領域でも、体育領域でも、コツとカンというドクサ経験は非

87　西山松之助　「近世芸道思想の特質とその展開」、『近世芸道論』所収、586 頁、1972　岩波書店
88　Hua. XI. § 35 - ⑧ S.168　邦訳：受動的綜合の分析、§35 - ⑧ 240 頁

§11. 身体発生に気づくのは誰か　99

科学的だとして排斥され，一気に科学的運動分析と合理的なマニュアル情報化が主流となっていったのは周知の通りである。それまでの類い希な貴重な芸道方法論はほとんど顧みられなくなってしまった。数世紀を超えて伝承されてきた〈身体発生能力〉に関わる経験分析は，終戦と共に軍国的精神主義の元凶として一気に排除されてしまった経緯はすでに冒頭に述べた通りである。ところが，戦前までの芸道的方法論の代わりに取り上げられた科学的運動分析では，選手や生徒たちが新しい動きができないと，直ちに映像分析（キネマトグラフィー）に入り，自分には直接見ることができない自らの運動経過を手軽に観察できるようになった。それは多くの効果をもたらした反面，選手や生徒たちが自らの身体感覚で自らの動きを綜合化し，統覚化する身体発生能力が消滅の危機に瀕してしまったのだ。その具体的な例証分析は後段で立ち入るとしても，我々の発生的運動学においては，その〈歴史身体〉を含意したキネステーゼ身体発生現象に普遍的基盤を据えているのをまずもって確認しておかなければならない。次からそのキネステーゼ身体発生の道しるべを具体的に追って，その発生的運動学の固有な分析対象性を展望していくことになろう。

(b) なじみ地平志向性を開示する

　ここにおいて，すでに前節で分析対象に取り上げた自己運動それ自体の志向対象は「自らの物的身体を射映しないし，投射的に呈示するわけでもない」[89]と指摘するフッサールに注目せざるをえなくなる。つまり，自分の歩いている〈姿かたち〉やその〈歩きかた〉，あるいは自分が水溜まりを跳び越すときの〈跳びかた〉の変様過程は私自身の視覚像に捉えることはできない。たしかに，発生的運動学の分析対象は〈自己運動そのもの〉が起点になるから，私自身の〈動きかた〉という対象全体は私自身に見えるはずもない。ところが，私の動く感じは〈形態化作用〉[形態化志向体験]として，今ここに生き生きと機能しつつあるから，本質可能的に〈感知できること〉は言をまたない。その〈動感形象〉は自我身体の〈動きそのもの〉であり，その〈絶対事実性〉[90]は必当然的明証性をもつ。因みに，ここで使われている〈歩きかた〉や〈跳びかた〉という表現はシュトラウスの定義する〈動きかた〉[91]が意味され，そこにはキネステーゼ感覚形態化の〈様相変動〉が生き生きと呈示されているのだ。それを図

89　Hua. XVI. §46－③ S.160
90　Hua. XV. Text Nr.22－㉓ S.386　邦訳：間主観性の現象学 III，テキスト Nr.22－㉓ 534頁
91　Staus, E.: Vom Sinn der Sinne, S.263ff. zweite vermehrte Aufl. 1956 (erste Aufl.1935) Sprnger Verlag

形的運動の〈変様過程〉と端的に取り違えてしまうと，VTRでも再現できると速断できることになる。近年に急速に普及してきたビデオ撮影が，競技スポーツないし学校体育で利用される場合には，動感意識流の〈今ここ統握〉の身体能力が不可欠な前提になっていることを見過ごしてはならない。映像分析の不在時代における動感志向性の反省能力に比べると，現代の映像分析への急速な傾斜は，その能力可能性を退化させている事態に注目しておく必要があろう。その動感メロディーに向き合う反省能力を踏まえた上で，はじめて動く感じの意味発生に向き合うことが可能となるからである。ここにおいて，動感メロディーという非直観的な時間意識流が分析対象に構成されるようになるときには，いつも必ず動感意識流に対する受動志向的な〈親和性〉の問題が姿を現してくるのだ。

　後段［§50参照］で詳しく立ち入ることになるが，自ずと動ける身体発生現象において，そのキネステーゼ身体発生がまとまった感覚図式として統覚化され，その直観化が充実していくときには，内在的な動感素材の類似性が受動的に自ずと対比され，その〈コントラスト化〉が進んで，その身体発生の本質的可能性に向けて次第に収斂されていくのだ。しかし，その心情領域における快感情をもつ動感ヒュレーが選び出されても，そのままで自我身体に中心化され，生き生きとした原的な身体発生に行き着くわけではない。それらの動感ヒュレーのなかには，新しいメロディーが流れて，そこにコツとカンが一元化して融合的な志向形態が浮かび上がってくるからである。動感メロディーとは，私が動きつつあるなかで，どんなリズム感でどのような価値感覚のメロディーを奏でながら動くのかという，いわば実的な内在的身体発生経験に統一的なキネステーゼ意識流が〈メロディー化〉されていくのだ。自ずと動ける達成能力をもつ自己運動がその〈自体所与性〉として捉えられている基柢には，始原的な今ここ統握という〈現前化能力〉と，そこに過去把持と未来予持の二つのキネステーゼ地平志向性をわが身に引き寄せる〈時間化能力〉［深層：§59参照］がその受動的地平構造のなかに〈原連合〉として息づき始めるのである。

　しかし，過ぎ去った動感意識と流れ来る未来の動感意識が今ここの身体意識に引き寄せられるとき，生き生きした現在に〈原印象〉として現れる動感素材には，強い〈触発化傾向〉が働いていることを見逃してはならない。その触発化傾向をフッサールは「触発は伝播の方向に関して，未来に向かっての統一的

傾向をもち，その志向性は未来に方向づけられている」[92] と巧みに指摘してくれる。ところが，フッサールはその過ぎ去った動感ヒュレーが次第に不明瞭になって，その触発化が弱まっていくのではないと駄目押し的に注意をしているのだ。そこでは，まさに〈動感親和性〉をもった感覚素材(ヒュレー)が呼び戻されるのだから，それぞれに「触発化される過去地平」をもっているのだ。同様にして，未来の動く感じを予描するときにも，その経験直下の感覚素材(ヒュレー)との〈動感親和性〉が働かなければ，それは単なる空虚な〈予測〉にしかならないことをここで確認しておかなければならない。言うまでもなく，キネステーゼ身体発生に関わる受容経験の世界は，主観的なドクサ経験のキネステーゼ感覚世界をさらに原動感深層の源泉にまで遡っていく必然可能性を含意しているのである。どんな人にも先所与されている受容経験に依拠している〈なじみ地平〉を蔵(かく)しているその動感世界には，確信様態の世界意識がいつも必ず蔵(かく)されているのである。その〈動ける〉という受動的確信が生まれなければ，我々は日常生活で一歩たりとも〈歩けない〉のである。そのキネステーゼ感覚世界には「一切の認識活動に先んじて，そのつどの世界の普遍基盤が存在している」とフッサールはいみじくも注意してくれる。「その基盤とはすべての認識行為の前提となる普遍的受動的な〈存在信念の基盤〉[93] に他ならない」とその根源性を巧みに指摘している。このようにして受容経験の現象野は，能動志向性の表層位に位置し，アノニューム[匿名的]な〈受動的先所与性〉に支えられることになる。こうして受容経験は，自我意識の働かない受動発生の世界と絡み合うのであり，乳幼児の受動綜合的な〈受容的身体発生〉と母親ないし保育士の〈促発的身体発生〉とが絡み合う能動経験世界が構成されることになる。

(c) 身体発生の連合覚起を問う

こうして我々は，自己運動そのものがその本人の視覚像に形態化されないという原事実をここで再確認しておく必要に迫られる。それを見逃してしまうと，我々の現象学的運動分析と科学的運動分析との間に無用な混乱が生じることになるからである。つまり，コツとカンを単なる思い込みの身体感覚で捉えるよりも，高速ビデオで映像化して確認すれば，自分自身の動きかたをもっと合理的に対象化できると考えてしまうのだ。しかも，動きかたを修正するとき

---

[92] Hua. XI. § 33 - ⑫ S.156　邦訳：受動的綜合の分析，§33 - ⑫ 225 頁
[93] Husserl, E.: Erfahrung und Urteil, § 7 - ① S.24f.　邦訳・経験と判断，第 7 節 - ① 22 頁

の客観的データもその映像から入手できると早合点してしまう。「コツとカンは目に見えない動く感じの意識流だ」などと考えるのは，科学的運動分析におけるテクノロジーの驚異的な進歩を知らないからだと批判する。高速映像機器による映像分析(キネマトグラフィー)をもってすれば，コツとカンのどんな微妙な違いも，即座に鮮明な映像データとして捉えることができると断じて憚らない。ところが，その映像分析(キネマトグラフィー)は一連の端的な瞬間静止像の連続である。その静止像と静止像の間には，肝心の動感メロディーが全く欠損していることをつい失念してしまうのだ。結局，自らの身体感覚に奏でられる動感(キネステーゼ)意識流が分からない者が一連のキネグラムを見ても，その静止した瞬間像を繋ぐ動感(キネステーゼ)メロディーが感じとれるはずもない。だから，そこに生き生きとした動感ヒュレーが〈感覚形態化〉していかないのだ。ベルクソンが「動きは分割できない」と繰り返し指摘するのはこの意味においてである。我々はどうしても身体性の働くコツとカンに向き合い，それが一元化して身体発生する究極基体の担い手を反省分析の志向対象として取り上げざるをえなくなるのだ。わが国古来の能楽［離見の見］や歌舞伎［鏡稽古の禁止］という芸道のみならず，武芸［先の先をとる，観見二様］においても，自らの微妙な〈動く感じ〉を捉えるために，その身体感覚の超越論的反省が厳しく求められてきたことは周知の通りである。この意味において，先述の〈形なきものの形〉をどのように捉えるのかという西田幾多郎の至言は，直接経験のキネステーゼ感覚分析に貴重な示唆を与えて余りあるのだ。

　しかし，この機能する動感身体性による身体発生の受動綜合化領野は，そう単純な現象ばかりではない。因みにこの〈受動的〉という表現も，文法の受け身という受動態ではなく，独りでに自ずから生じるという自発性の意味であることは言うまでもない。このような動感身体性の発生様相を受動綜合化する〈相互覚起〉[94]の現象を〈連合的綜合〉とフッサールは呼ぶ。そこでは自ずと動ける身体発生に向けて，自我意識の働かない受動的動感ヒュレーが相互覚起することになる。このような動感身体性の受動綜合化に関する身体発生的分析は，端的な科学的因果分析の手に負えるものではないことはもう多言を要しないであろう。そこでは，まずもって我々は〈連合動機づけ〉[95] という基本概念に注目せざるをえなくなる。この〈連合動機づけ〉に関わる領野において「我々は全く動機づけが未だ存在していない根源的共存と根源的結果へとまずもって

94　Hua. XIV. Nr. 35 - (a) S.531　邦訳：間主観性の現象学II，テキスト Nr. 35 - (a) 217頁
95　Hua. IV. § 56 - c) - ⑤ S.226　邦訳：イデーン II - II，§56 - c) - ⑤ 63頁

立ち帰ることになる」[96] とフッサールは慎重に語り始めてくれる。後段でさらに詳しく立ち入ることになるが、フッサールが新しく拓いた自我関与なしの〈連合動機づけ〉という純粋受動性の現象野は、スポーツの発生的運動学にも貴重な視座を数多く与えてくれる。これまでのスポーツ運動分析は、明治以来の生理学主義のもとに構築されてきたから、身体能力が不足して目標とする動きができない場合には、物質身体の生理学的体力を向上させ、さらに物的身体の物理学的合理性を探り、それでもうまくいかないと、心理学的なメンタルトレーニングで克服する道を辿るのを一般としてきた。さらには、行動科学的に外部視点から、その習練ないし試合運びのマネジメント合理性も重視されることになる。しかし、それはすべて動けるための条件成立を解明する分析である。そこで遂行する自我の主観身体がどのようにして動きの身体感覚に向き合うのかという〈身体発生〉そのものはいつも射程から外されてしまうのだ。さらに〈マグレ発生〉や独りでに勝手に身体が動いてしまう〈受動発生〉ないし〈受容発生〉の現象野も端的な成果主義によって無視されてしまうこと頻りである。乳幼児のキネステーゼ身体能力の受動発生、体育領域の受容的マグレ発生、あるいは競技領域の突発的な動感消滅の発生現象などは、これまではいつも数学的確率論に全面的に依存するしかなかったのである。しかし、その確率データは我々の求める動感身体発生のキネメロディーを開示してくれるはずもない。

こうして、フッサールによる一切の自我関与なしの〈連合動機づけ〉に関する超越論的反省の立場は、その運動認識と方法論がよく了解されないまま放置されてきたのだ。しかし、競技領域における意味核の生成消滅という身体発生現象にいつも苦悩しているアスリートたちは、むしろその非科学的で謎に満ちた奇妙な〈原連合〉[97] という生き生きした現在野のなかで、いわばフッサールの言う〈動感親和性〉［深層：§59参照］を感じとることができるのである。つまりコツとカンといった〈動く感じ〉を身につける工夫こそ勝利への道につながることは、現場の選手たちもコーチもそれを知悉しているのだ。高い確率のデータを過去の事実から確認したとしても、試合での究極の不安は消えるはずもない。だから選手たちは、自分のコツとカンを命綱として勝負を打つしか道がないことを、自らのキネステーゼ身体感覚で直に感じとっているのである。こうして、とっさにシュートを打ってゴールした情況をその選手に解説してもら

96　Hua. IV. dito
97　Hua. XI. § 33 - ⑱ S.158　邦訳：受動的綜合の分析，第33節 - ⑱227頁

おうと質問しても，それはとても無理なのだ．それに答える名選手は「私の身体感覚でシュートを打ったのだから，私に聞かれても分かるはずもない」と奇妙な言葉をよく口にする．こうして，この〈連合動機づけ〉を支える〈原動感〉の地平構造に潜むキネステーゼ身体発生の問題が浮き彫りになり，その超越論的反省に関する地平志向性分析がまさに主題化されてくることになる．

(d) 類比統覚化に直接向き合う

　スポーツにおける動感形態化の現象に触発化される志向対象は，その原発生の深層位のなかに見出されるのは言うまでもない．その触発化現象はありありと自我身体に中心化されているが，いつもはその地平構造の背景に沈んだままだから，何かの〈きっかけ〉がない限り浮上してこない．いわば，その触発化のノエシス契機はその〈なじみ地平〉のなかに，いつもは安らかに沈殿したままなのだ．ところが「こう動きたい」とか「そう動けないと困る」といったパトス的契機が働くと，その地平のなかで〈触発化〉が働き始める．この触発化という動機づけこそがノエシス契機という原的充実性を誘い出してくれるのだ．いつもは平穏無事ななじみ地平のなかで，その動機づけの〈きっかけ〉に偶然出会うと，動く感じがわが身にありありと浮上してくるから，老練な教師やコーチはその腕の見せ所として，その動機づけを誘い出す〈引き出し〉を沢山持っているのはよく知られている．いわゆるコツとカンの同時変換という貴重な指導経験を生かして即座に触発化に成功するのだ．しかし，その実践方法論は一般に教師やコーチのパテント的な個人財産として保持されてはいても，その普遍的な伝承方法論にまで高められることは極めて希である．それだけに，それは発生的運動学にとって喫緊の開示対象として脚光を浴びるのだが，この伝承方法論は古来の芸道と同様に，そのパテント権に関わるから，いろいろなアポリアに阻まれているのも周知の通りである．

　しかしこの〈触発化動機づけ〉というノエシス契機の充実化手続きには，いつも必ず一連の志向対象が〈先構成〉されているを見逃してはならない．その先構成の動機づけが生化して，自我身体への〈身体中心化〉ないし周界情況への〈身体投射化〉という同時変換する一元化志向対象がいつの間にか自ずとわが身に機能するからである．その様々な動感ヒュレーのなかには，漠然とした〈コントラスト現象〉が姿をすでに見せているのだ．その動く感じの様々な志向体験のなかには，まずもっていわゆる〈程度差〉という動感差異化現象が

§11. 身体発生に気づくのは誰か 105

現れているのに注目する必要がある。フッサールは「触発化［という現象］は際立ちを前提にする」述べながら「もっとも根源的な触発は［感覚］印象の現在のなかに生成されるから、コントラストは触発化［現象］のもっとも根源的な前提条件になる」といみじくも正鵠を射た指摘を示してくれる。こうして「この〈触発化程度差〉は〈コントラスト程度差〉に関わってくる」[98] という結論に至るのだ。このような一連のプロセスを経て、その以前の動感形態（ゲシュタルト）と次の動感形態（ゲシュタルト）との〈類比統覚化〉という〈動く感じ〉がわが身に経験され、遂にはキネステーゼ身体発生的分析に対照化された〈一元化志向対象〉が姿を見せることになる。そのコントラストの志向性分析では、動く感じの形態化作用の一回ごとに、わずかな価値感覚の微妙な違いも捉えられなければならない。いわゆる原発生地平分析における過去把持（レテンツィオーン）と未来予持（プロテンツィオーン）との〈絶対時間化〉[99] を厳密に志向性分析することが求められるのはこの意味においてである。その時間化志向性分析は、わが身に身体化される原的（オリギネール）充実性の〈動感対照化分析〉の前提になっているからである。そのつどに異なる動感ヒュレーに出会うとき、それらは全くの同一性を呈示しているわけでは決してないのだ。それは、いわば類化形態（ゲシュタルト）という枠のなかで、はじめて動感反復化の現象が機能し始めるからである。このようにして、新しい動きの反復のなかに、原的（オリギネール）な一元化作用の働いている身体発生現象に向き合うことができるのだ。そこには同時に、〈他者経験〉[100] の広大な現象野における伝承の身体発生基盤も形成されていくことにも注目しておかなければならない。それは後段の他者運動の分析対象性として立ち入ることになろう。

　ところが、このような〈なじみ性〉に始まる原発生地平分析における〈触発化動機づけ〉を通して、対照化現象が現れたとしても、そこに動感ヒュレーが雑然と寄せ集められただけでは、その〈感覚形態化〉の志向対象は空虚なままに過去に流れ去ってしまう。コントラスト程度差を類比統覚化する志向体験は、同時に動感価値感覚の働きを必然的に誘い出す必然可能性もっているからである。そこには、触発化された動感ヒュレーを相互に比較して、動感形態化（キネステーゼ）に持ち込める価値感覚素材（ヒュレー）を選択する〈探索化地平〉が必然可能的に浮上しているのだ。その場合の評価作用に必然的に求められるのが価値感覚の機能である。そこに価値感覚が働かなければ、求める形態化に有効な動感ヒュレーを取り出

98　Hua. XI. §32‐③ S.149　邦訳：受動的綜合の分析, §32‐③ 216頁
99　Hua. XV. Text Nr. 38 S. 670　邦訳：間主観性の現象学III, テキスト Nr. 38 506頁
100　Hua. I. §50 S.138ff　邦訳：デカルト的省察, 第50節, 195頁以降　岩波文庫

すことができるはずもないからだ。因みに，フッサールは表象や認識を目指しての努力を知覚と呼ぶのに対し，その相関項として，期待や楽しみを評価し査定する努力を〈価値感覚〉[101] と呼ぶのは繰り返し強調されている通りである。フッサールはこの両者の努力志向の相似性に着目して動感価値感覚（キネステーゼ）という〈新しい感覚発生〉に先鞭をつけているのを見逃してはならない。それにもかかわらず〈コツを身につける〉〈カンを働かせる〉という現象は，単なる〈感覚的直観〉として，最低階層の直観でしかないと批判する人が少なくない。ところが，価値感覚による統覚化現象では「一つの単なる事象がもっとも単純な仕方で理論的に把握されている」のであって「その価値対象は理論的な価値把握の相関者として，より高次な対象である」とフッサールは注意を喚起していることを見逃してはならない。このようにして，動感ヒュレーの〈探索化地平分析〉は，経験直下で受動的に構成される動感価値感覚の働きを前提にしてはじめて可能になることを我々はしっかりと確認しておかなければならないのである。

§ 12. 身体発生の志向性分析を問う

(a) 感覚世界の用語を問い直す

　教師が運動メカニズムを分かりやすく呈示しても，動こうとする学習者本人の動く感じの〈身体発生能力〉［自己時間化能力］に何一つ介入できないことを我々はすでに確認している。とは言っても，ベルクソンの「動きは分割できない」やフッサールの「キネステーゼ感覚は外から見えない」という正鵠を射た表現が謎めいて我々に聞こえてくるのはどうしてなのか。それほどに，科学的思考の呪縛は我々を強かに籠絡しているのかもしれない。だから，〈今ここ〉でとっさに動けなくなったとき，「上空飛行的思考を一切エポケー［判断停止］して，あるがままに私の身体の感覚世界に回帰しなければならない」[102] というメルロ＝ポンティの指摘［傍点引用者］に立ち戻らなければならない。こうしてスポーツの発生的運動学では，その分析対象に〈キネステーゼ身体発生〉やコツとカンが同時変換する〈一元化意味核〉という表現が随所で取り上げられ，そこに新しい身体発生的分析論が主題化されていくことになる。しかし，この意味核という表現には意味内実それ自体の重大さを表すこともあるが，それは文脈

101　Hua. IV. § 4‐⑦ S.9　邦訳：イデーン II‐I，§ 4‐⑦ 9頁以降
102　Hua. III. § 65‐④ S.124　邦訳：イデーン I‐II，第65節‐④ 13頁

§ 12. 身体発生の志向性分析を問う　107

から容易に理解されるから，フッサール現象学の意味核という用語と取り違えられるはずもない。とは言っても，その〈意味〉という表現が，フッサールの〈価値感覚〉[103]［価値覚］という術語として使われるときには，その表現は単なる感覚的直観でなく，価値論的直観という現象学的概念に注意する必要もある。フッサールがこの意味核という表現を使うときには，それは意味[Sinn＝感覚]に立ち現れる一つの中心核をもつ〈信じられる対象性〉そのものを表す新しい〈対象性〉[104] だと付け加えているからだ。だから，その場合の〈意味〉はむしろ感覚質という価値意識をすでに含意していて，単に「それは無意味だ」という〈ナンセンス〉の意味ではない。むしろ「センスが素晴らしい」とか「その服はセンスが悪い」などと言われる美意識つまり価値感覚を伴っているのだ。いわば，競技スポーツに例証を求めて「あの選手のシュートは抜群のセンスをもっている」と言うときのセンスは，ロックの感覚与件などで理解できるはずもない。それはむしろフッサールが言い当てた価値感覚そのものである。まして，ここで問題になるキネステーゼ意味核という簡略的表現は，フッサールのキネステーゼ感覚，いわばキネステーゼ感覚質そのものの意味核であり，換言すれば，キネステーゼ感覚に潜む価値感覚というノエマ的核，さらにキネステーゼ価値感覚の基柢に潜む〈基体的担い手〉と別言することもできよう。このようにして，動く感じの意味核ないしコツとカンの一元化意味核という表現は，キネステーゼ価値感覚の〈ノエマ的究極核〉と捉えられ，コツとカンの〈二重化一元性〉として，その価値感覚の基体的担い手と理解されることになる。

　ところがこの〈二重化一元性〉という意味核には，さらに〈変換同時性〉という奇妙な現象が同居している。それはすでに繰り返し指摘［深層：§35‐①, 117頁参照］されているが，ヴァイツゼッカーは生ける身体の感覚質発生に際して，この同時変換作用を記述する学問的手続きがこれまでなかったことに言及し，この「変換同時性は作用でないとか無時間的なものと見なす理由はどこにも存在しない」[105] と断じているのだ。我々が日常的に新しいコツを掴んだときに，同時に以前の意味核が即座に消滅するという必当然的な明証性をもつ原事実をすでに感じとっているのである。今までのコツが消滅しなければ，つまり古い動きかたが習慣的に無意識に働いているのでは，新しいコツの感覚質が機能できるわけはない。古典的な因果決定論に慣れている我々はこの変換同時性を信

103　Hua. IV. § 4‐⑦ S.9　　邦訳：イデーン II‐I, 第4節‐⑦ 10頁
104　Hua. III. § 93‐② S.193　邦訳：イデーン I‐II, §93‐② 127頁
105　Weizsäcker, V.v.: Gestaltkreis, op cit S.254　邦訳：ゲシュタルトクライス, 221頁

じられない奇妙な出来事だと批判し，そんな背理は非科学的だと一蹴したくなるのはこの意味においてであろう。我々の動感世界に内在するコツとカンという奇妙な意味核は〈私の身体〉[106]という固有領域のなかで，受動的にも能動的にも発生してくる。その奇妙な身体感覚による生成的発生を人は〈身体で覚える〉と言う。そこには，動くメカニズムを知っていても，その〈意識の奴隷〉［深層：§32-③参照］にはならない身体運動の本質必然性が隠されているからである。とすると，この一元化意味核を担う自我身体の動きかたが問題になる現象野は，改めて厳密にその本質必然性が分析され，確認され体系化されなければならない。つまり，このようなコツとカンの〈二重化一元性〉と〈同時変換性〉を基柢に据えた身体運動の存在論と発生論は改めて主題化される必要がある。動感意味核を潜在態とする動きかた，つまり〈身体的なるもの〉の機能する自己運動のノエマ的存在様相を体系化しておく必要に迫られるのはこの意味においてである。この問題圏は後段で立ち入って再び取り上げられることになる。

(b) 学習目標像を静態分析する

　ここにおいて，我々は改めてコツとカンという一元化意味核の志向性分析に直接に向き合うことができる。いわば，どんなに超高速の映像分析（キネマトグラフィー）から得られた精密な運動メカニズムを呈示しても，生徒たちは動く感じのコツとカンを掴むことはできないのだ。だからこそ，教師は生徒たち本人の動きの実践可能性を促してやる役割に迫られることになる。すでに何度も指摘［深層：§13参照］されているように，スポーツ領域における発生的運動現象学は，その自ら動く主観における〈身体発生〉という奇妙な様相変動を超越論的反省によって原発生地平にまで遡って，その実践可能性を開示する役割を担っている。因みに付言すれば，〈間モナド〉としての〈間動感志向性〉の確認［わざの伝承：275～280頁；深層：§82参照］は，その伝承方法論と相関関係をもつ問題圏にも属しているのだ。しかし，個人のコツとカンのノエシス的契機による自（おの）ずと動ける身体発生的分析なしに，クラス全体の生徒たちに共通する運動学習の間キネステーゼ的な〈感覚図式〉を呈示できるはずもない。ヴァイツゼッカーも指摘しているように，物的運動の因果決定論的な〈伝導原理〉はたしかに科学的運動分析の固有の役割である。これに対して，発生的運動学の分析論のねらいは動ける〈達成原理〉[107]

106　Weizsäcker, V.v.: Gestaltkreis, op.cit. S.254　邦訳：ゲシュタルトクライス，221頁
107　Weizsäcker, V.v.: Gestaltkreis, S.105f., 1997　邦訳：ゲシュタルトクライス，36頁

§ 12. 身体発生の志向性分析を問う　109

の実践可能性への道を拓くことにある。すでに繰り返し指摘されているように、科学的なメカニズムを理論的に理解できたからといっても、実的な、つまり内在的に経験される〈私の身体〉が即座に動けるようにはならないのだ。だからそこでは、わが身の〈反逆身体〉［スポーツ運動学：255頁；深層：§40-④］に向き合わざるをえないことになる。

　人間の身体運動は、その時々の周界の情況に応じて、〈パトス的感情〉と〈エートス的価値感覚〉との相互覚起やそれらの価値感覚の微妙な変様態に左右されて、やっと新しい身体発生に至るのだ。だから、そのつどに変化する動く感じの身体発生を因果論的に確率論で規定してしまうことはできるはずもない。改めて身体発生するまでの身体感覚の微妙な様相変動は、そんなに単純なロックの感覚与件的過程として呈示されるはずもない。そのキネステーゼ感覚の発生現象野は、迷いや拒否ないし逃避の渦中にあるパトス的なキネステーゼ感覚世界なのであり、さらに技の〈極め〉や〈冴え〉という極致に至る高次元の感覚世界でもあるのだ。前節で述べたメルロ＝ポンティの〈私の身体〉という感覚世界は、まさに真剣に〈反逆身体〉と取り組むパトス的世界内存在の運動基盤の上にのみ成立するのだ。コツとカンが一元化された身体発生の実践可能性として、その未来予持の動きかたを〈予測すること〉は、どんな精巧なロボットにも原理的に不可能なことは喋々するまでもない。それに対して、自己運動の〈動きかた〉は、何の予備情報もなしに3歳の子どもにも即興同時的に受動発生するのだ。因みに、そのシュトラウスの意味する〈動きかた〉という表現は、能動発生する〈行動手順の過程〉が意味されているのではない。すでに前段［§ 10-(c), § 11-(b)］でも立ち入って述べているように、その〈動きかた〉の実践可能性は、〈原発生〉における今ここ統握の〈地平分析〉によってしか充実化への起点が開示されないからである。これに対して、科学的運動分析は最初から、生理学的物質身体の要因確定とその条件合成に直進するから、そこで匿名的に受動発生するキネステーゼ感覚の現象野は、最初から無視され、排除されていることを見逃してはならない。そこで問題になる実在運動の科学的分析では、リアルな外的運動経過に潜む物理的な自然法則を求めて精密に測定され、それに要する物質身体の抽象的な体力要因を目的的に合成する諸条件に向けて直進することになる。だからそこでは、生ける身体の〈発生地平〉それ自体が分析対象になっていないのだ。その謎に満ちた身体発生的分析は学習者にすべて丸投げしているだけなのである。その自主的な〈身体発生学習〉を活

性化するために，外部視点から客観的にその学習活動の合理化を説いても，その道は生徒たちの身体発生学習に通じていないアポリア［難関］に阻まれていることを見過ごしてはならない。

　これに対して，発生的現象学を基柢に据えるスポーツ運動学では，動く主観身体の深層に潜んでいる〈動く感じ〉，つまりキネステーゼ感覚の機能する身体感覚の発生様相そのものが超越論的構成分析の対象として解明されていくのだ。その志向対象の構成分析は静態分析と発生分析という二つの志向性分析によって開示されるのは周知の通りである。だから，そこでは学習課題に取り上げられた課題の〈ノエマ的意味構造〉がまずもって確認されなければならない。つまり発生分析の志向対象を構成する前には，その学習課題の静態分析が先行的に取り上げられ，その学習目標像が前もって確認されていなければならないのである。その詳細はすでに拙著［深層：§66～§76 参照］に詳しい。しかし，わが国の学校体育における運動発生学習では，その目標像がすでに鋳型化された〈教材〉として固定されているから，少なくとも〈通時的淘汰化分析〉［スポーツ運動学：276～282頁参照］ないし〈共時的淘汰化分析〉［スポーツ運動学：282～288頁参照］によって，その学習目標像のノエマ的意味構造を確認しておく必要があるのだ。学校体育において，例えば〈歩きかた〉はすでに個人的に成立しているから，その生理学的規範に基づいた歩行形態の修正学習が主題化されるだけである。そこでは，わが国の古来の伝統的な〈ナンバ歩き〉は一方的に貶められて，学習目標像に取り上げられるはずもない。マット運動の前転は，ボール理論の力学的規範を起点としてきたから，〈伝動化〉［本書：§33参照］という事態分析の志向対象は最初から排除されているのだ。この意味において，学校体育においては発生的運動学の新しい教材研究が改めて取り上げられなければならない。その問題圏では，これまでの科学的因果分析とは全く別種の超越論的構成分析が主題化されるから，新しい静態分析と発生分析を通してそこに実践可能性の新しい道しるべが具体的に開示されることになるであろう。

(c) 原発生地平のゼロ点に立つ

　我々は動感志向性の〈身体化〉に関して，すでに拙著［深層：§6参照］において，コツとカンが働いて新しい動きかたが発生したときに，「その動きを自らの身体が了解し，自らの世界に身体化する」[108] というメルロ＝ポンティの重大な

108　Merleau-Ponty, M.: Phénoménologie de la perception, p.161　邦訳：知覚の現象学-1, 233頁

指摘に注目している。しかも同様に，ヴァルデンフェルスもその構造に関わる〈身体化〉[109]の現象に注目しているのを見過ごすわけにはいかない。さらに，この身体化の発生現象は，独りでに自ずと動ける受動発生層位と，努力して自由に動けるようになる能動発生層位との中間に，その両者の絡み合った受容発生の層位［深層：§52参照］にも幅広く関わっているのだ。その中間層位を占める受容志向性はその様相変動が極めて複雑である。とりわけキネステーゼ感覚の伝承発生現象野では，承け手が受動発生の様相を呈していても，伝え手の現象学的自我による〈触発化動機づけ〉をそれと知らずに受け容れることもあるからだ。それとは反対に，伝え手が積極的に身体化現象を触発しようとしても，そこに〈自我分裂〉が成立しなければ，承け手との動感交信は断ち切られて，何らの借問分析も成立しない。ここにおいて，我々はそれらのいずれの層位においても，その志向対象となるキネステーゼ身体発生の〈一回性現象〉を明るみに出そうとすれば，伝え手の〈現象学する自我〉はその身体感覚を意識時間流の原発生地平の源泉に遡らざるをえなくなる。そこで主題化される地平分析の身体発生現象の深層位は，あらゆる地平志向性の源泉となるのだ。その源泉には，生命的時空間の〈世界意識〉[110]をもつ〈絶対ゼロ点〉が存在する。そのゼロ点の〈今ここ統握〉への回帰が求められるのである。

　フッサールはその源泉層位における〈時間流の発生〉をまずもってその〈原発生〉と呼び，そこに二つの〈発生的原法則〉[111]を見出している。その第一の原発生法則は過去に向けられた把持地平であり，第二の原発生法則は未来に向けられた予持地平である。この時間流の原発生現象野に遡る超越論的分析は，当然ながら，〈キネステーゼ意識時間性〉の発生分析が前景に立てられることになる。時間流における〈原印象〉は，キネステーゼ意識流の原発生という空虚地平として構成され，それが先所与的に成立しているのは論をまたない。その空虚表象は知覚表象に先行して「現在が未来に向かって腕を広げて迎え入れている」[112]とフッサールは正鵠を射て巧みに表現する。つまり「予期充実として立ち現れる現在的なるものは，いつも新しい今に向かっているだけでなく，その今を介して刻々とやって来る何かに向かっている」と述べるのだ。そこに受動的知覚そのものに内在する〈予め方向づけられる存在〉がはっきりと際立

109　Walsdnfels, B.: Das leibliche Selbst　S.173　2000　Suhrkamp　邦訳：身体の現象学，185頁　知泉書館 2004
110　Claesges, U.: Edmund Husserls Theorie der Raumkonstitution　S.121, 1964　Martinus Nijhoff
111　Hua. XI.　§ 18 - ④ S.73　邦訳：受動的綜合の分析，第18節 - ④　111頁
112　Hua. XI.　§ 18 - ④ S.74　邦訳：受動的綜合の分析，第18節 - ④　112頁

つことに注目しておかなければならない。これに対して，自我視線のない過去把持地平は〈方向づけ〉が欠損しているとはいえ，発生に関してはこの空虚表象が本質的に先行するという指摘も見過ごしてはならない。

　こうして〈絶対今の原印象〉には，過去把持と未来予持の空虚志向性が必然的に結びついているから，それに相応する本質直観は相互覚起の動機づけによって発生する。そこでは，主観身体が〈流れつつある現在〉を感じながら〈立ち止まる今〉に気づき，その生き生きした身体感覚のなかに，同時に未来から流れ来る新たな時間流を受動的に予感し，予描しているのだ。それはいわば，確信に充ちた原的予期の〈原発生〉が受動志向的に〈先所与〉されているのである。この〈未来予持の予持〉という予描のキネステーゼ感覚の確信がなければ，人は何一つ動けないのであり，歩く時でも一歩も踏み出せないのだ。この受動的な〈動感確信〉(キネステーゼ)は，その欠損態によって遂行が拒絶されたとき，例えば，歩いていて突然に躓いたり，不意に穴に落ちたとき，はじめてこの確信の受動的存在に気づかされることになる。このような出来事はスポーツだけでなく，日常運動の感覚世界でも，その枚挙に暇がない。この例証に示される〈キネステーゼ確信〉とその〈欠損態〉との相互関係は，遂行時に受動志向性として機能する一回性の偶発的出来事のなかに，いわばコツのマグレ発生やカンのマグレ当たりのなかに〈今ここ統握〉として現れてくるのだ。つまり，その〈今ここ統握〉という一回性の出来事は，過去に流れ去る前の〈たった今掴んだまま〉という過去把持の今統握なのだから，そのことをすでに生起した〈過去事実〉として数えることはできるはずもない。それはまだ事実になっていない原現在の〈立ち止まりつつある今〉が問題になっているからである。しかも，それは当人の捉えた動感情況と私秘的な〈気分〉や〈全身感〉に左右されるから，とても生起した過去事実として統計学的な確率論で捉えることはできない。生命ある身体の発生的運動学に〈統計的標準化〉[113]の確率概念を拒否するボイテンデイクの正当性をここに見出すことができる。

　このような動感深層位には，反論理的な絡み合い構造が本質可能的にいつも蔵(かく)されている。つまり，今統握される流れる〈原現在〉[114]のなかには，奇妙な〈原構造〉が隠されていることに注目しなければならない。すなわち，〈絶対の今〉は〈二つの今〉を潜ませているからであり，さらに，生ける身体の定位感

113　Buytendijk, FJJ: Allgemeine Theorie der menschlichen Haltung und Bewegung S.349 1956
114　Hua. XV. Text Nr. 20 S.345　邦訳：間主観性の現象学Ⅲ，テキスト Nr. 20　415 頁

§12. 身体発生の志向性分析を問う 113

を支える原方位にも〈二つの上〉という奇妙な原構造が〈先所与的〉に前提されているのだ。その前提の上にはじめて，主観身体の上下・前後・左右という方位づけが感知されるのであり，さらに時空間地平志向性をもつ〈遠近感の隔たり〉という〈原現象〉もその原構造から生み出されるのだ。こうして，我々は動感世界内存在の普遍的なキネステーゼ身体発生基盤の深層位に潜んでいる奇妙な〈原構造〉という反論理性の解明に立ち向かわざるをえなくなる。スポーツの発生的運動学としては，重力が作用する地球空間の〈天頂の上〉と，物的身体の〈頭頂の上〉という二つの原方位づけを区別しておかなければならない。すなわち，人間の住む地球空間の身体運動は，上下の方位づけに天頂の上と頭頂の上を基準として，それに前後左右の移動ないし回転の方位づけが絡み合うことになる。日常の直立位においては，地球地盤の天頂の上と頭頂の上は合致した〈統一態〉として現れる。しかし非日常的な倒立位では，端的な統一態の方位づけで統覚すると，前に歩こうとすると後方に後ずさりしてしまうのだ。それを〈変だ〉と感知した途端に，倒立位の〈上〉は，足のほうだと気づき，天頂の上が覚知され，〈絶対ゼロ点〉が機能することになる。このような方位づけの絡み合い構造は，体力づくりの学校体育では見過ごされやすい。しかし，〈キネステーゼ身体発生〉を伴う時間性と空間性の貴重な〈身体経験〉は，スポーツ教育の基柢に据えられるべきものであり，そこではコツとカンの一元化身体発生における〈原構造〉の今ここ統握が決して見過ごされてはならないのだ。むしろその場合には，キネステーゼ意識時空間性の運動認識論とその指導実践の方法論は，まさに喫緊の問題として浮上してくることになる。

　しかし，地球上に住む我々の身体運動としては，人間の目方を前とし，天頂の上をいつも必ず上と捉えた方位づけの基準によって前後・左右が捉えられている。このような方位づけの機能する地球上の身体運動にとって，受動志向的な〈原方位づけ〉は，不可疑的な絶対ゼロ点の動感時空間性を起点としている。この二つの上は，原現在の二つの今と共に原動感志向性の本質必然性を構成しているのである。いわば，原感情や原本能と絡み合って動感源泉を構成する原構造をもつ原動感志向性は，もうすでに拙著［深層：§62参照］で考察済みなので，ここで繰り返し立ち入る必要はない。〈原動感ヒュレー〉の変転のなかに最終的に姿を現す〈原構造〉という究極核への原動感志向性こそが，多様な身体運動の遂行を可能にしているのである。その絶対ゼロ点に機能する原動感志向性の開示は，原努力を生き生きと機能させ，新しいキネステーゼ身体発生に導く

強力な原動力になっていることに特段の注意を払う必要があろう。

§13. 現象学する自我に向き合う

(a) 沈黙する身体発生を開示する

すでに前段の§6「動く感じを純粋記述する」においては，コツとカンという一元化意味核を一切の先入見もなく純粋に記述分析することが述べられている。つまりキネステーゼ意味核を正当に記述分析するには，超越論的反省という純粋な態度で原発生の地平分析に入ることが求められる。ところが，コツとカンという価値感覚の担い手である究極基体は，動きつつある主観身体のなかにその意味核を沈めてしまい，キネステーゼ形態化の様相変動をその本人になかなか見せてくれない。だから，その謎に満ちた〈形なきものの形〉を潜ませているキネステーゼ感覚世界をなんとか〈触発化〉しなければならなくなるのだ。しかし，私が動くときのキネステーゼ意識の流れは外部視点から映像化されるはずもない。〈動く感じ〉を潜めた意味核はリアルな形をもたないから，それはビデオにも映らない。そこに映っているのは物的身体の位置移動だけである。しかもそのコツとカンの一元化身体発生現象は即座に過去に流れて，動き終わったときには，本人の記憶にも残ってはいないのだ。〈動いた〉という事実は漠然とは覚えていても，どんなコツとカンがどのように機能したかはほとんど意識されていない。ところが反省分析はその動きの身体感覚を思い出して分析することだから，ラントグレーベは「動きつつある自己そのものは隠されたままで，反省のなかで捉えることはできない」と的確に指摘するのだ。それでは，その直観形態(ゲシュタルト)は掩蔽されているから反省することもできないことになる。そこでラントグレーベは，言を継いで「それは自ら動きつつある者の生ける現在の深層位のなかで，過去と未来が同時現在として結びつけられている」[115] からだという謎めいた一文を開示してくれる。それが我々の超越論的反省に道を拓いてくれるのだという。

このような奇妙な出来事は，〈動く感じ〉が生成され始める乳幼児の場合，その自己運動の初期局面に重大な意味をもつことになる。しかも，この動く感じの生成的発生における〈自己忘却性〉は，成人の動感意識の発生現象にも

---

115 Landgrebe, L.: Phänomenologische Analyse und Dialektik, in Dialektik und Genesis in der Phänomenologie, S.83ff., 1980

見られるとラントグレーベは同時に注意を喚起するのだ。自己運動する人とその動く目標像との〈隔たり〉を克服する努力志向性は本質必然的に不可欠であるのは論をまたない。しかし，その動く人がその隔たりを直(じか)に克服するときには，〈隔たり〉として全く現れてこないのだ。その遂行中における〈隔たり〉の克服は，自ら動く者自身の忘却性のなかにその姿を隠してしまうとラントグレーベは言う。例えば，口笛を吹くときの口の構えと音程のとり方はまさに〈相即性〉(コヘレンツ)[116] のなかにあり，それはこの奇妙な〈自己忘却性〉の正鵠を射た例証となるのだ。ラントグレーベの言う〈努力すること〉と〈努力されること〉との〈隔たり〉は，その動きが目標に達しないうちに現れるという。その隔たりの差異こそが再三の試みに〈苛立ち〉を引き起こすと巧みな解説をしてくれる。時間というものは，その消費のなかで［過去へと］〈流れ去るもの〉として経験される。その意味において「時間とは［未来から］〈流れ来るもの〉としても経験される。この反復のなかで，自ら動きつつある者はその人の能力可能性という動きかたを発見し，〈私が動く〉は〈私ができる〉に先行するのだ。［未来から］〈流れ来る〉と［過去へと〕〈流れ去る〉というこの一元性こそが，フッサールの意味する〈生き生きした現在〉に他ならない」[117] とラントグレーベは述べながら〈原現在の立ち止まりつつ流れる〉という〈絶対時間化〉の謎に正鵠を射た開示を披露してくれる。

　この意味において，［未来から］〈流れ来る〉と［過去へと］〈流れ去る〉という過去と未来が〈同時現在〉として結びつけられ，同時変換できる〈一元化身体発生〉を我々はわが身で了解し，その開示を時間流の原発生地平志向性に移すことが可能になる。しかも，フッサールがいみじくも指摘しているように，「それは〈沈黙の具体相〉として」しか与えられてないから「そのような具体相は世界現象から体系的に遡って問い返される志向性分析のなかで［純粋記述的に］捉えられ，言表されなければならない」[118] とその的確な〈道しるべ〉を呈示してくれる。こうして，我々はコツとカンという掴み所のない〈形なきものの形〉の原事実性をその究極の動感意味核として原発生の地平志向性のなかに求める拠点をもつことができる。それはすべての先入見を捨ててはじめて，このような純粋な記述分析が可能になるのだ。従って，フッサールの指摘通りに，

116　Weizsäcker, V.v.: Gestaltkreis, S.110f., 1997, Suhrkamp Verlag　邦訳：ゲシュタルトクライス，42頁以降
117　Landgrebe, L.: Phänomenologische Analyse und Dialektik, op.cit. S.83ff., 1980
118　Hua VI § 55 - ① S 191　邦訳：ヨーロッパ諸学の危機と超越論的現象学，第55節 - ① 269頁

コツとカンという一元化意味核は、その志向性分析に立ち向かうことによってしか、その開示の道は拓かれていないことを我々は確認することになる。その志向生分析を厳密に保証してくれるのは、自我分裂による〈現象学する自我〉であり、それこそが超越論反省を可能にしてくれるのだ。

(b) 現象学的自我に問いかける

しかしながら、我々の一元化意味核の究極基体を開示していく道は、多くの障碍によって阻まれていることも知らなければならない。その第一に挙げられるのは、科学的運動分析からの批判の声である。これまでも繰り返し述べているように、主観身体がその朧気なコツとカンの身体感覚をとっさに反省したところで、その本人も我知らずに自ずと動いてしまう身体発生現象を万人が承認してくれるはずもない。それが遂行自我として必然的可能性をもつと断じても、万人に通じる普遍性が認められるわけではないという批判は頻りなのだ。しかも、そのドクサ的［曖昧な］思い込みの確信的意味核を分かりやすく一般的な言い回しで記述することの難しさも、さらにその道を阻むアポリア［難関］になってくるのだ。微妙な感覚質の差異をどのように表記するのかは、たしかに数学的言語による記述分析に比べると、その普遍妥当性は大きく妨げられてしまうことになる。こうして、あらゆる先入見を排除して、純粋にコツとカンの一元化された直観化ゲシュタルトを純粋記述したとしても、そこに分析結果の普遍妥当性に疑義が残ってしまうのである。そこでは、まずもって数学的な形式化論理性と現象学的な超越論的論理性との本質必然的な差異性が潜んでいることを明快に開示しておかなければならないのである。

このような意味で、謎に満ちた身体発生の主観的記述分析が非科学的な単なる思い込みの感覚記録でしかないという疑念を払拭するには多くの障碍を克服しなければならない。単なる個人的なドクサ経験の感覚記述だけでは、たといどんなに純粋に究極的意味核を記述しても、そこに万人に妥当する一般性を保証する何ものもないと批判されてしまう。せめて統計学的な確率論のほうが動感伝承に有利な条件提示になるとするのが一般的な見解となりやすいのだ。しかし、本来的にコツとカンの一元化した可能態(デュナミス)の身体発生能力は、その個人の主観的なキネステーゼ意識のなかにしか存在しないから、外側から本人の身体運動を映像化しても写らないのだ。だから、遂行自我がその動く感じを純粋に記述するしかないと言えば、そんな非科学的なデータは何の客観的明証性もな

いと唾棄されてしまう。このような学問論的批判は，科学的な因果決定論に基づいた精密科学を基礎にして論理が展開されていることは明らかである。このような学問論は，本来的に〈真理論理学〉に属する問題圏に属するが，精密科学的明証性と厳密現象学的明証性とは二者択一の問題ではないことをまずもって確認しておかなければならない。その両者ともに，それぞれが固有な明証性をもっているのだから，そのような二者択一的な批判はナンセンス以外の何ものでもない。いわば，それは問題の対象性のとり違いから生じる誤解でしかないのだ。しかし，その究極的意味核の存在そのものは，フッサールの言うように〈沈黙の具体相〉つまり，沈黙する〈直観形態(ゲシュタルト)〉としてしか呈示されないのだから，動く感じの身体発生そのものの超越論的反省は，その志向性分析から始めなければならないのはこの意味においてである。さらにそこに，もう一つの障碍も立ちはだかってくるのだ。つまり，キネステーゼ身体発生のノエマ分析と実的なノエシス分析による記述可能性は，その道が多くのアポリアで阻まれてからである。究極の意味(センス)発生をどのように言表できるのか，そのドクサ経験の確信性はどのようにして成立するのかなどの学問論的アポリアの障碍の大きさは我々をたじろがせてしまうほどだ。このアポリアはコツとカンという奇妙な意味核の伝承発生に関しても，正面から取り組まざるをえない究極的問題圏に属しているのである。

　とは言っても，今ここの〈動く感じ〉を直に捉える純粋な〈身体経験〉それ自体が開示されないことには，我々のキネステーゼ身体発生で構成される自己運動の文化伝承という問題圏は雲散霧消してしまうしかない。考えてみれば，有史以来人間の〈動きかた〉の無限の様相変動とその差異化に支えられた身体運動の伝承財は多くの〈身体文化〉を生み出してきている。それは人から人へと伝承されて，その多岐多様さは急速に増幅していくのだ。その未来を先取りできる身体発生能力に支えられた動感身体性の文化伝承は，その技，業，態，芸としての〈わざ〉を産み出した人たちの苦悩に満ちた工夫に依存している。その技(わざ)芸発生の貴重な工夫はフッサールの意味する自我分裂の働きによって生み出されてきたのは喋々するまでもない。それはすでに述べたように，知覚する〈自然的反省〉の態度をとる〈直進的自我〉と〈超越論的反省〉の態度をとる〈現象学的自我〉との相互覚起のなかに新しい〈直観ゲシュタルト〉が生み出されているからである。それは有史以来，物づくりの職人の血のにじむような工夫に見られるように，その場合の現象学的自我を受動志向性として自我忘

却性のままに放置すれば，自我分裂は成立するはずもないのだ。要は，自我分裂における現象学的自我をどのように触発化して動感伝承に生かすことができるかが問題である。つまり〈現象学する自我〉の働きは，絶対ゼロ点における動感意識流の原発生地平のなかに機能するのだ。そこでは，過去把持志向性と未来予持志向性との地平分析における相互覚起のなかに，根源的なキネステーゼ感覚意識をどのように開示できるかが喫緊の課題になってくる。いわば，発生的運動学の究極の普遍的な身体発生基盤の上には，〈現象学する自我〉の存在論とその働きを生気づける原発生地平分析の方法論が構築されなければならない。そこから，我々の発生的運動学の身体発生的分析論の道が拓かれていくことになるのだ。わが国の世阿弥の意味する〈離見の見〉という〈現象学する自我〉を我々はどのようにして生き生きと機能させるかはまさに喫緊の課題として浮上してくるのである。

(c) 現象学的自我の充実に道を拓く

しかしながら，競技や体育の実践現場では，極めて日常的にコツとカンを掴んで動ける世界を開いていくのは何も珍しい出来事ではない。たしかに，誰もが動く感じを何とか掴もうと苦心することは，むしろ新しい動きを身体発生させるための当たり前の手続きである。そこでは，実践可能性を追い求める運動主体が，次々とカンを働かせ，同時にコツを掴んで究極の動感意味核に出会いながら，遂には絶対失敗しないという確信を掴もうとする。それはキネステーゼ意味核を身体化していく道程では当たり前のことである。たしかにその動く感じに究極のキネステーゼ感覚がしっかりと身体化されたからこそ，自ずと動ける身体発生に至るのだ。しかしその身体発生は，その意味核の担い手［基体］のすべてがわが身に了解できたということではない。その意味核の本質必然性を捉え，その未来の動きかたに絶対確信をもてるかどうか，いわば今ここ統握の地平志向性を十全に掴めているかどうかは別問題なのである。フッサールがいみじくも〈沈黙の具体相〉を，いわば黙して語らない〈直観ゲシュタルト〉と呼び，ラントグレーベが〈自己忘却性〉と言い表した究極の身体発生そのものは，その発生様相を自ら語ることは決してないのだ。即興的に〈動ける自己自身〉のキネステーゼ形態(ゲシュタルト)は受動志向性の世界にあって，自我意識は全く機能していないのだから，それを言葉で言い表し，その感じを純粋に記述することはできるはずもない。それにもかかわらず，匿名の受動志向性が働いて動け

事態［志向対象］が構成されるというのか。フッサールは「〈私が動くこと〉〈私が行うこと〉は〈私ができること〉に先行する」[119] と敢えて断言するのは極めて重大な示唆を蔵している。いわば，そこには一種の〈自我分裂〉が働いて，動きを自然的態度で知覚する〈価値感覚する自我〉のほかに，〈現象学する自我〉も同時に働いているのだ。少なくとも一つの動きかたを遂行している運動主体のなかには，動感意識を捉える素朴な自我のほかに，未来予持志向性も予描できる現象学的自我も同時変換的に機能しているのである。緊迫した試合のなかに即興的な動きの決断を強いられるアスリートにとって，それは決して見逃すわけにはいかないことである。いわば，我々の発生的運動学の現象野で，動く感じのままに匿名的に動く素朴な自我は，冷徹な動感分析者として未来を予描する現象学的自我と必ずいつも同居して，同時変換的に無意識のうちに相互覚起しているのだ。それなしには，とっさにコツとカンを同時変換して危機を脱する動きが成立するはずもない。そこでは，その運動主体が素朴に〈動きたい〉と思うときには，匿名的な現象学的自我も同時にその裏で同時変換的に機能しているのだ。私の身体が〈動ける〉ときには，この同時変換作用がいつもすでにスタンバイしているので，自我分裂とはいっても，自我のなかで自然的自我と現象学的自我が敵対しているのではない。だから，スポーツ領域における〈運動学する自我〉の分裂現象は分裂と統合が一元化された反論理性を蔵していることになる。それは日常的な動きのなかにも現れるのであって，スクランブル交差点を急いで渡るときのコツとカンの驚くべき身体能力に示される事態そのものなのだ。

　しかし，そのいつも沈黙している〈直観ゲシュタルト〉と主観身体のなかで対話し，借問し続けている〈現象学的自我〉という原事実の存在は，その明証性に何らの贅言を要さないであろう。そこには，フッサールの言う〈沈黙する具体相〉の担い手と対話し，借問できる〈現象学する自我〉，つまり身体発生を分析できる自我の存在を否定することはできない。しかも，どんなに素朴な対話でしかない動感交信のなかでも，いつも必ずフッサールの意味する〈他我〉としての現象学的自我が息づいている。とりわけ競技領域では，その現象学的自我が，厳密な現象学的意識分析を可能にし，未来予持（プロテンツィオーン）を確信的に捉えながら，素朴に価値感覚する自然的態度の自我と同時変換的に交信できる〈運動学する自我〉に変身する可能性をもっているのだ。

119　Hua. IV. § 60 - a) - ⑧ S.261　邦訳：イデーン II - II, 第60節 - a) - ⑧ 105頁

こうして，我々は自然的態度をとる〈直進する自我〉とその師匠格の〈現象学する自我〉が相互覚起を介して，現象学的自我による借問分析を遂行できる〈相即現象〉[120]の生気づけを支えることができるのだ。スポーツの実践現場において，自我分裂によるその運動学的自我を我々はさらなる伝承発生の生気づけのために，新たな道を拓いていかなければならない。コツとカンを素朴に，しかも純粋記述する〈運動現象学する自我〉を自我分裂のなかに呼び覚まして，体系的にその可能態(デュナミス)としての身体発生能力を育成する道を開示していかなければならない。この〈運動学的自我〉を沈黙のままに受動発生領野に放置しておくと，その選手がたしかに素晴らしい〈現実態(エネルゲイア)の身体技能〉を身につけることができたとしても，その本質必然的な運動学的自我の存在とその意味内実は，その選手と共に墓場に葬られてしまい，その貴重な身体知能の伝承は不成立になってしまうことになる。さらに，現象学的に〈運動学する自我〉の働きを開示して，その貴重な意味構造を指導者に習得させることが競技コーチや体育教師の養成機関に必修科目として体系化されれば，新しい指導者像が浮かび上がってくることになろう。フッサールが指摘した自我分裂における〈現象学的自我〉の働きを充実化する新しい方法論が確立されれば，伝承発生の身体発生基盤はさらに確固たるものになるであろう。

120　Weizsäcker, V.v.: Der Gestaltkreis, dargestellt als psychophysiologische Analyse des optischen Drehversuchs, Plügers Arch. Physiolo. S.231; S.630, 1933

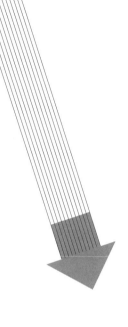

第Ⅱ章
他者運動の身体発生基盤

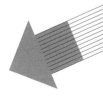

[I] 代行能力分析の道しるべ

§14. 他者の自己運動を模倣する

(a) 他者の動く感じを反省する

　ここで取り上げられる「他者の動く感じを反省する」という命題はいかにも非論理的な表現である。つまり，動きを反省するのは，自己運動のキネステーゼ感覚を後から想起して反省するのだから，直接に経験できない他者のキネステーゼ感覚を反省できるはずもない。一般に，他者運動を客観的に分析するのは，外部視点から他者の位置移動を分析するのが科学的運動分析の立場である。これに対して，発生的運動現象学では外部視点を放棄して，他者運動，つまり他者における自己運動の身体発生に超越論的反省の態度で発生分析をしようとするのだ。となると，他者の動く感じを類推することはできても，そのキネステーゼ感覚を直に体験することは不可能である。単に他者の動く感じを想像するだけで，どうして他者の身体発生の様相変動を厳密に志向性分析できると言えるのか。そのような現象学的運動分析の方法論は，科学主義一辺倒の昨今では，とても首肯されはしない。ところが競技実践の現場においては，他の選手の動きを一目見ただけで，その選手のキネステーゼ意識流やコツとカンの一元的意味核まで一気に見抜いてしまう選手やコーチのいることはそう珍しいことではない。それは決して珍しい特殊技能などではなく，他者の動感メロディーに乗り移って共鳴していくだけなのだ。それは幼い子どもが友だちの踊りを即興的に真似てしまうのと同じで，日常的に見られる〈共遂行能力〉［深層：§35-②参照］の現れなのである。

　このような日常生活にも現れる〈共遂行能力〉，別言すれば，実(レエール)的な〈共感能力〉に対して，精密機器の計測データによる競技の勝敗決定に慣れている我々はかえって違和感をもってしまうかもしれない。しかも，目にも止まらない素早い動きを物的な位置移動に置き換えて精密に測定する科学的分析に慣れ親しんでいる昨今だからなおさらである。ところが，生徒に新しい動きかたを指導するとき，その合理的な動きかたの運動法則を分かりやすく説明してやっても，生徒たちは現にどのように動けばよいのか見当もつかない。すでに前段［§11-(d)参照］で指摘しているように，そこでは，教師がその生徒の〈動く感じ〉

をわが身で感知できないと，何一つ具体的に触発化への〈動機づけ〉もできない。こうして，我々は後段で主題化される発生的運動学の〈超越論的反省〉¹ という問題圏に立ち入らざるをえなくなるのである。超越論的反省で分析するには，本質必然的に異他なる他者運動のキネステーゼ感覚に向き合って〈身体移入〉[深層：§35参照]，つまり自らの〈動く感じ〉を相手に移し入れて共感し，共遂行できるのでなければならない[深層：§42参照]。そうでなければ，生徒たちの身体発生現象を触発化する方法論が成立しないからである。その具体的な他者運動の分析道しるべは後段[§19~§22]で詳しく取り上げることになろう。

こうして，ライプツィヒのマイネル教授がすでに半世紀以上前に，他者運動の自己運動に共感するという本質的な観察分析を取り上げたのはまさに達見であり，〈他者運動の観察方法論〉² の不可欠さをいみじくも指摘していたのだ。そのマイネルの遺著に付された脚注には，ロシアのスポーツ心理学者ルビンシュテインの文献が挙げられているが，その分析方法論は明らかに超越論的発生分析に基づいていることに多言を弄する必要もない。すでにその拙訳書の脚注でも，〈他者観察の自己観察化〉という奇妙な命題を挙げてその問題性を指摘しておいたのはその意味からである。そこでは，この〈他者運動の共感観察〉の不可欠さがマイネル運動学の核心をなしていることが解説されているが，昨今のスポーツ科学における客観主義一辺倒は，マイネル教授の真意を理解できないまま，その〈共遂行分析〉を非科学的な素朴な方法論と批判して，はや半世紀の歳月が流れてしまった。フッサールがすでに早くからイデーンⅡにおいて，人々への〈感情移入〉³ の概念に注目し，「身体が担うべき感覚の統一性のなかで，身体をその感覚のなかで捉える統握」こそが共遂行による〈自己移入〉であり，それによって自我身体の感覚質を他者に移入できる実践可能性を指摘しているのだ。しかし，マイネルの真意はそんな〈感情移入〉や〈感覚的越境〉という荒唐無稽な主観的妄想として排除されたままであった。そのような出来事は競技実践では当たり前の共通感覚として，まさに常識になっていることは多言を要さないであろう。しかし今日では，どんな素早い動きでも，一兆分の一秒の超高速映像分析によって，その秘密を暴き出せると胸を張る運動分析者が少なくない。そこでは，マイネルの遺志は完全に抹殺されたままに

1　Hua. I. § 15 - Abs.Nr. ② S.73　　邦訳：デカルト的省察，第15節 - 改行番号 (以下略す) ② 69頁
2　Meinel, K.: Bewegungslehre 1960 S.124ff.　　邦訳：スポーツ運動学, 127頁以降；訳注68「運動共感」453頁
3　Hua. IV. § 56 - (h) - ⑯ S.244　　邦訳：イデーンⅡ-Ⅱ, 第56節 - (h) - ⑯ 84頁

なっているのである。それだけに，ここで主題化される他者運動分析の志向対象として，他者運動を超越論的反省の立場から身体発生能力の開示こそが，別言すれば，未来の動きを先取りできる身体発生を開示する〈時間化能力〉［深層：§59参照］の道を拓くことこそが我々の発生的運動学の喫緊の課題になっていることを見逃してはならない。しかし，それさえも次第に遠退いていく客観主義一辺倒のスポーツ科学の趨勢は遺憾としか言いようがない。

　ここに主題化される超越論的反省それ自体については，後段で具体的に立ち入って取り上げられるが，それは猿にでもとれる反省ポーズの〈結果の反省〉ではない。それは〈流れつつ立ち止まる原現在〉の超越論的反省に関する純粋記述分析であることを予めここで確認しておかなくてはならない。いわば，スポーツ運動学の超越論的反省においては，コツとカンの担い手である〈私が動く〉という自己運動の〈キネステーゼ身体発生能力〉こそが，すべての他者運動の志向対象を分析する普遍的な運動発生基盤をなしているからである。そのような超越論的反省の身体発生基盤を起点として，別言すれば，その自らの意識流を通して異他なるもののキネステーゼ志向対象性に，つまり他者運動一般に潜む志向対象の〈構成化作用〉に越境していくことこそ問題の核心を成しているのだ。従ってまずは，同じ競技をする他者プレーヤーの動き，つまり自己運動する自我以外の他者運動という対象一般を改めてここで確認せざるをえなくなる。というのは，現象学的分析の対象になる他者運動は，単に他者の物的身体の位置移動現象を分析するのではないからだ。物理的に位置移動する他者運動であれば，それはバイオメカニクスなどの科学的運動分析で十分であり，その精密データも的確に入手することができる。ところが，我々のスポーツ運動現象学の超越論的反省の志向対象は，ヴァイツゼッカーが指摘するように〈生命あるものの運動〉そのものであって「時空系における任意の物体ないし単に考えられた物体の運動」[4]ではないことをここに確認しておかなければならない。だから超越論的反省の分析対象になる他者運動は，自ら自発的に動くパトス的な〈自己運動する自我〉との相関関係のなかでこそ主題化されるのだ。言うまでもなく，ここで意味される〈他者〉とは，〈主観身体〉以外の味方選手も含めて他の競技者が意味されている。他人の自己運動に潜むキネステーゼ身体発生をどのように感知し，味方や敵方の未来の動感意識にどのように共遂行的に共感できるのかという問題圏は，競技世界ではまさに決定的な重要性をも

4　Weizsäcker, V.v.: Gestaltkreis, S.101f., 1997, Suhrkamp Verlag　邦訳：ゲシュタルトクライス，31頁以降

ってくることは喋々するまでもないであろう。
　しかし，味方にしろ，敵方にしろ，異他なる選手たちは，自ら固有の主観身体をもち，〈私の身体〉という〈固有領域〉[5]の感覚世界に住んでいるのだ。だから，その動感世界はその人の〈歴史身体〉を背負った固有な私秘性ですっかり掩蔽（えんぺい）され，そこに何人も直に立ち入ることはできない。長い歴史を背負ったその個人が育んできた動感地平志向性を端的な〈直進的知覚〉で読み切ることなどできるはずもない。そんな非科学的な妄想に取り付かれる前に，その他者の行動を科学的に分析し，その確率論に従って対応することこそ，現代の合理的なスポーツ科学の役割だと胸を張る人が少なくない昨今である。しかし，そこではいつも想定外の出来事が次々に発生し，そのつど新たなソフトを入力せざるをえなくなる。いわば，それは〈後の祭り〉の連続となる。〈サイバネティクス〉[6]の世界では，常にその膨大な過去データによって未来を予測するという本質必然性を前提にしていることをここで確認しておかなければならない。

(b) 他者の自己運動を模倣できるか

　しかし競技するスポーツの世界では，常に主観身体の未来の動きのみならず，周界情況も含めた他者運動の未来の様相変動を的確に把握できなくては，何一つうまく動くことはできない。いわば主観身体は，自らの動きかたに関わるすべての味方や敵方の動きの未来予持（プロテンツィオーン）に即座に応じる難しさに対して，否応なしにいつも必ず向き合わざるをえないのだ。そのことは臨機応変に動かざるをえない選手本人だけの問題ではなく，その指導者にとっても，未来の動きを保証できるキネステーゼ身体発生の開示こそ決定的な関心事となる。しかもその未来のなかで，どのように動くべきかは，過去のデータによる確率論で対応し切れるはずもない。いつもそこには想定外の突発的なことが出現するから，とっさに直ぐ対応できる現実態（エネルゲイア）の〈身体知能〉が必ず求められるのだ。しかし実践的な身体知能は，調整力という生理学的体力の物質身体的条件が意味されているのではない。それは後段〔§28～§41〕で取り上げられる事態カテゴリー分析の志向対象，例えば定位感や遠近感などの多様な実践的身体知能に依存するからである。敵方と味方が入り乱れてその攻防を仕掛け合うサッカーのような競技では，相手の未来の動きを先読みする事態が必ず先行しているのだ。そこで

5　Hua. I. § 44 S.124ff.　邦訳：デカルト的省察，第44節　167頁以降参照
6　Buytendijk, F.J.J./Christian, P.: Kybernetik und Gestaltkreis als Erklärungsprinzip des Verhaltens, S.100　In : "der Nervenarzt", 1963, H.3.

は，ヴァイツゼッカーの言う〈結果の先取り（プロレープシス）〉という科学的因果法則を否定する事態がいつもすでに問われているのである。そのような原的な身体知能をどのように捉え，どう身体化するかは繰り返し後段で具体的に考察されることになる。

競技では，このような偶発的な未来の動きかたをひたすら追い求めていくのだから，いわば過去のデータをどれほど積み重ねてもうまくいくはずもない。アスリートは予想外の未来予持の事態に即興的に自（おの）ずと動ける〈身体発生〉が機能するように，いつもすでに工夫しているのだから，そこでは数学的確率論は最初からエポケーされている。いわば，空に舞う蝶を目で追う動きかたの受動志向的な相即性（コヘレンツ）［深層：§9参照］を即興的に予描できる能力がいつもアスリートに求められるのだ。敵方も味方も，予想外の動きかたそのものに直に向き合って，苦悩に満ちたトレーニングを重ねているのが競技するアスリートの身体発生基盤なのである。そのような修練の目標像は，敵味方が入り乱れる球技のみならず，柔道などの対人競技でも，体操のような個人競技でも同じである。鉄棒の演技では，いつ予想外の〈技の狂い〉が襲いかかってくるか分からない。そのときはいつも生命の危険と背中合わせになっているのだ。だからと言って，いつも不安に駆られておどおどと動くのではとても緊迫した競技に生きることはできない。だから，他者の行動を外部視点から分析する確率論をエポケーせざるをえないのだ。そのためには，原発生の地平に立ち戻って，立ち止まる過去把持（レテンツィオーン）を同時変換して，流れ来る未来予持の先取り（プロテンツィオーン）に直に向き合うことになる。そこでは，生き生きと変様する他者の内在経験そのものに，直に出会う〈対化〉と〈連合化〉による〈志向越境性〉[7]が主題化されているのである。そのような他者の微妙な〈感覚質発生〉にまで越境する共感志向性の〈統覚化作用〉は「決して推論でもないし思考作用でもないのだ」と追加して断じるフッサールの言はまさに重大である。しかし，このような〈志向越境性〉という事態は，哲学者の単なる詭弁でしかないと考えたくなるほど，我々現代人は科学的思考に馴染んでいるのかもしれない。だからこそフッサールは，外界を構成する主観身体をもつ「他者たちは，物体と心情の統一体として統握されている限り，わが身にありありと与えられる」[8]と確信的な宣言に至るのだ。さらに言を継いで「外面的に私に向き合っている身体なら，他の事物と同じように原現前の

7　Hua. I. § 51 - ③ S.142　邦訳：デカルト的省察，第51節 - 段落③ 202頁
8　Hua. IV. § 45 - ① S. 163f.　邦訳：イデーン II - I，第45節 - 段落① 194頁

なかで経験される」とその必然可能性を指摘してくれる。今ここで動きつつある他者は，その人自身の方位づけ原点となる〈絶対ゼロ点〉の原発生地平のなかに存在し，その地平に潜む〈立ち止まりつつ流れる原現在〉の道を辿っているのだ。しかしそうは言っても，他者のコツとカンを自らの身体感覚と同様に，わが身にありありと共感できるというのか。そのためには，フッサールの超越論的反省の分析道しるべをさらに注意深く辿ってみなければならない。

　ここにおいて，我々はこの〈共遂行志向性〉の働きをその志向対象として超越論的反省の志向性分析に取り込むことによって，「以前は個別的に考えられていた自我がその〈自我の対象〉のなかにあるものを他者身体として統握し，さらにそれらの身体と一緒に〈他我〉をも把握できる」[9] というフッサールの言に注目せざるをえないことになる。しかしその他我は，それだけではまだ，現実の主観として構成されているわけではない。最初に構成されるのは対象となる〈物的事物〉であり，いわば間主観的に同定される事物に他ならない。それゆえに，間主観的に同定される統一体としての身体，いわば間主観身体の〈存在〉がまず捉えられるのでなければならない。その主観身体相互におけるそれらの事物の与えられ方が〈方位づけ変動〉によって異なって統覚されると，それぞれの主観身体は，その位置交換ができることになる。こうしてフッサールは「根源的に個別主観と相対する対象の同定可能性は，共感作用による交換可能性に基礎づけられている」[10] という重大な指摘に至るのである。とすれば，我々はまず他者の物的身体運動をそのまま純粋に模倣して，その他者運動のキネステーゼ感覚形態化をそのままそっくりに真似ることができれば，その他者がどんなキネステーゼ感覚を機能させてその感覚素材をどのように統覚化しているのかをわが身で〈なぞる〉ことができるのだ。〈真似る〉という言葉は本義的に〈学ぶ〉に通底するから，そのキネステーゼ身体の運動模倣が他者の意味形態化の機能に似てくればくるほど，他者自身のキネステーゼ感覚に共感できる〈キネステーゼ連帯化〉が進み，〈我汝連関〉［深層：§46参照］という「私と他者との間の特別な合致原形態」[11] が成立することになる。老練な教師やコーチがうまく出来ない生徒の真似をして促発指導に成功することは，スポーツ実践では決して珍しいことではない。その教師は，その生徒の自己運動のなか

9　Hua. IV. Beilage 1‐④ S.307　邦訳：イデーン II‐I, 付論1‐④ 208頁
10　Hua. IV. Beilage 1‐⑤ S.308　邦訳：イデーン II‐I, 付論1‐⑤ 209頁
11　Hua. XV. Text Nr. 29 : Ich-Du-Deckung ①~② S.476　邦訳：間主観現象学 II, 我汝の合致‐①~② 398頁

にわが身を置き移して，そのできない動きかたを〈なぞる〉ように真似をすることによって，生徒のコツとカンの一元化身体発生に入り込んでいくのだ。その教師には，当然ながら動感志向的な間身体性の能力がすでに身体化されているのは論じるまでもない。

(c) マイネルの他者観察に回帰する

このような間身体能力に潜んでいる共感可能な志向対象性は，もっぱら自発的自己運動という枠組みのなかでその意味内実が問われている。言うまでもなく，その自己運動は，他者の動感形態化(キネステーゼ)という内在経験のなかに自らの動く感じを移入していく〈運動共感能力〉[12] として取り上げられることになる。本節の (a) ですでに述べているが，この運動共感能力はマイネル教授の他者観察の基本概念の一つである。我々の発生的運動学はその他者観察能力による分析を現象学的な〈共遂行分析〉と捉えて，マイネルの形態学的(モルフォロギー)他者観察分析を踏襲しているのだ。もちろん，フッサールもイデーンⅡにおいて，すでに早くから人々への〈感情移入〉ないし〈自己移入〉の概念として注目し，それによって自我身体の感覚質を他者動感(キネステーゼ)世界に越境して〈身体移入〉[13] できる実践可能性を取り上げているのは周知の通りである。

それゆえに，超越論的反省の立場をとる〈共遂行分析〉は自発的に自ら動くときの「キネステーゼ感覚の働く身体性」[14] を他者の志向対象に移入して構成化することになる。すでに指摘しているように，その動感原発生の時間流を感じとるには，「いかなる空虚地平も存在しないところには，どんな充実も存在しない」[15] というフッサールの至言はここで重大な意味をもってくる。その前提の上にはじめて，原発生の時間意識流のなかに，〈共感志向性〉を蔵(かく)した空虚形態が取り上げられるからである。その共感志向性の潜む絶対ゼロ点に，その空虚形態が先構成されていなければ，どんな〈今ここ統握〉も〈隔たり統握〉も充実されるはずもないのだ。とは言っても，そこには多くの通り抜けられないアポリア[難関]が我々を阻んでくる。その原発生する時間流の地平志向性は，さらに過去把持の地平志向性分析と未来予持の地平志向性分析が同時変換的に絡み合って機能しているからである。それを即座に読み解いて動けるにはどう

12　Meinel, K.: Bewegungslehre 1960, S.126　邦訳：スポーツ運動学，128 頁以降，大修館書店，1981
13　Waldenfels, B.: Das leibliche Selbst, S. 272 1.Aufl. 2000 Suhrkamp　邦訳：講義・身体の現象学，293 頁　知泉書館　2004
14　Hua. Ⅵ. § 28・⑦ S.109　邦訳：ヨーロッパ諸学の危機と超越論的現象学，第 28 節・⑦ 147 頁
15　Hua. XI. § 16・④ S.67　邦訳：受動的綜合の分析，第 16 節・④ 103~104 頁

すればいいのか。そこに求められるのは，敏捷性や巧みさといった生理学的要素条件ではなく，具体的な実践可能性をもつ身体発生能力の〈変換同時性〉という〈志向対象〉なのである。現にサッカーのゴール前の混戦の最中（さなか）には，その度に微妙に変化するキネステーゼ感覚の働く身体発生能力が生き生きと働いているのだ。その知覚と運動が一元化された身体発生の同時変換作用はヴァイツゼッカーが1933年に〈相即〉（コヘレンツ）[16]と呼んだ現象に他ならない。つまり知覚と運動の出会いの一元的な絡み合いとしてよく知られ，空を飛ぶ蝶を追う目の動きとそれに同調する身体の動きに示される例証分析に多言を要さないであろう。

　我々の競技世界においては，このようなコヘレンツ的な〈二重化一元性〉の運動現象は至るところに出現してくる。そのような一元的に機能する身体発生の奇妙な現象は，スポーツ実践の現場では枚挙にいとまがない。にもかかわらず，その競技領域では具体的な志向対象が選手やコーチに〈パテント化〉されたまま，その超越論的反省とその構成分析が一向に開示されないで放置されるのは何故なのか。例えば，ゴール前の緊迫した混戦のなかで見事なシュートを極めた選手は，そのインタビューのときに「私の身体が勝手に動いたので，私には分からない」と他人事のように答える。さらにしつこく借問されると「私の身体が勝手に動いたのだから，それを私に聞かれても困る」と取り付く島もない。「では，そのシュートは誰が決めたのか」と皮肉な問いかけに「そのゴールは私のものだ」と言下に答える。それは，フッサールの意味する遂行自我［深層：§10-⑤参照］の必当然的明証性を呈示しなくても，一元的に機能する身体発生能力の具体例証を持ち出さなくても，それ自体の〈原事実〉[17]に基づいて堂々と主張できるからだ。しかし，科学主義一辺倒の我々は，眼前に現に展開されたその名選手の信じられない神業のシュートの現実を疑うことができないのに，その選手の奇妙なインタビューの言動の〈非論理性〉に正面から向き合うことをしない。その天才的な神業をそのアスリートの特殊技能に祭り上げてしまえば，それ以上に追求しなくてもよいからか。その因果決定論に反する非論理性を動物的カンに譬えながら貶めるだけで，一向に，ヴァイツゼッカーの意味する〈反論理性〉に向き合うことをせずに放置してしまう。もしも競技コーチが自らの動感身体性のなかに自我分裂をした現象学的自我を取り上げることができたとしたら，そこに〈運動学する自我〉を定立できるはずであ

16　Weizsäcker, V.v.：Der Gestaltkreis, dargestellt als psychophysiologische Analyse des optischen Drehversuchs, Plügers Arch. Physiolo. S.231；S.630, 1933
17　Hua. XV.：Text‐Nr. 22‐㉓ S.386　邦訳：間主観性の現象学Ⅲ，テキスト Nr. 22‐㉓ 534頁

る。このような，いわば〈現象学するコーチ〉が厳密に超越論的立場から，その選手の動感意識に借問できる能力があるとしたら，そこには貴重な超越論的反省の道しるべが見事に開示されていくことになろう。ここにおいて，「いかなる空虚地平も存在しないところには，どんな充実も存在しない」というフッサールの至言を我々は再び確認しておかなければならない。いわば，外部視点から選手たちの動きを見るという他者観察を排除し，共感的に同時遂行しながらの新しい他者観察を主唱したマイネルのモルフォロギー分析の真意をもっと早く我々が了解できていれば，発生的運動学は大きな発展を遂げていたに違いない。それが現代の科学主義一辺倒の競技領域の迷妄を打破できなかったのは遺憾としか言いようがない。それほどに競技スポーツの科学主義が競技実践の現場に生きる指導者や選手たちを呪縛してしまう決定的な権力を保っているのはどうしてなのか。しかしこのことは，身体運動の科学的分析それ自体に異論を差し挟むものでは決してない。それは動感身体性における時間流の原発生地平志向性という超越論的反省という立場からの分析とは全く別種の物的運動の分析対象性を確認できさえすれば，それで十分なのである。むしろ，生理学的，物理学的な物的身体を前提にしない〈身体発生能力〉は成立しないのだから，問題はその上位の協力にこそ未来を託すべき普遍基盤をどこに求めるのかが問題なのである。それには，現象学的形態学を基盤とする〈人間学的運動学〉(1948～1956)や遺著となった運動現象学としての〈人間学的生理学〉(1967)を唱道するボイテンデイクの重大な指摘を確認すれば十分に首肯できることである。

§ 15. 用具も周界も身体で感覚する

(a) 身体発生は物的知覚も一元化する

　スポーツ領域における身体運動の分析対象になるのは，味方や敵方として競技する選手たちの動きかたの様相変動だけではない。その競技者がいつも手にするラケットやバットのような手具も，ボールや槍のような用具それ自体も，その運動主体の動感意識の様相化と共に，その時々に移り変わって奇妙な身体発生の変様態を露わにする。つまり，用具の知覚経験はそれを操作するキネステーゼ身体発生の働きと共にすでに一元化されているのだ。だから，用具などの事物の知覚もノエマ的意味存在として，コツとカンが同時変換的に一元化された〈身体発生分析〉の志向対象として構成されることになる。それどころか，

§ 15. 用具も周界も身体で感覚する　131

　鉄棒や平均台などの器械との〈調整的適応〉[18] の働き［感触，弾力，周界の隔たり］のみならず，さらにはトラックや助走路の感触［足裏やスパイクの感じ］やプールの〈水の感じ〉，ゲレンデの〈雪の感じ〉に至るまで，身体発生的分析の志向対象に構成されるのだ。加えて，競技場の観衆の雰囲気や全身感覚の〈気配感〉も同時に身体発生的分析の志向対象に構成化されるのは論をまたない。これらの物的対象と動感志向体験との相互覚起による多様な変様態は，マイネル運動学の運動学習[19] においてもすでに取り上げられているのは周知の通りである。マイネルがボールの感じ，水の感じ，スキーの感じや雪の感じ，氷の感じなどという物的対象の感じ，つまりその感覚質の変様態をキネステーゼ感覚分析の志向対象に取り上げているのは特筆に値する指摘［S.366, 395 頁参照］と言えよう。我々のスポーツ運動学の分析対象に取り上げられるのは，運動主体に内在する〈動く感じ〉，いわばキネステーゼ身体発生に関わる志向対象であるが，バイオメカニクスの分析対象としてのボールや手具の物的運動そのものが科学的運動分析の対象として截然と区別されるのは言うまでもない。その科学的分析の固有な役割は，その位置移動という運動だけの合理的条件それ自体であり，遂行自我の主観的な身体発生(ピュシス)には関わらないのだ。だから，飛んでくるボールをヘディングシュートするときのボールの物的対象としてのメカニズムを知的に理解できても，その選手のキネステーゼ身体発生に直に使える意味内実(センス)はすでに排除されている。いわば，「どんな感じで動くのか」という肝心のキネステーゼ志向分析は遂行自我本人に丸投げされているだけである。その遂行しつつあるアスリートの主観的な動感(キネステーゼ)形態化に直に共感できるコーチこそ，発生的運動学を専門とする指導者の独自な役割となるのだ。このような超越論的感覚学による実(レエール)的な身体発生分析と科学的合理主義によるメカニズム分析との本質的な違いをまずもってしっかりと確認しておかなければならない。

　このような発生的運動学の固有な役割は，競技における動きのコツとカンが一元化されるその〈動機づけ〉に着目し，そのキネステーゼ身体発生の様相変動を分析し，開示することにある。ところが，大相撲の名横綱が「立ち会いのとき，掴むべき締め込みの位置が光っている」と言い，サッカーの名選手が「センターリングされたボールがヘディングシュートして欲しいと私目がけて飛んでくる」といった埒もない表現を耳にすると，そんな主観的な運動の意識分析

18　Weizsäcker, V.v.: Gestaltkreis, op.cit. S.244f.　邦訳：ゲシュタルトクライス，210 頁以降　みすず書房
19　Meinel, K.: Bewegungslehre 1960 S.364ff　邦訳；スポーツ運動学，393 頁以降

はまさにナンセンス［無意味］で，非科学的極まりないと批判されること頻りである。身体運動を外部視点から分析することこそ，事実を客観的に捉えうると信じる人にとってはこの名選手たちの言表は，まさに因果決定論に反する埒もない発言としか聞こえない。そこでは，フッサールの意味する〈動機づけ因果性〉［深層：§40参照］という基本概念も，哲学者の謎めいた埒もない戯れ言として一蹴されてしまうのが落ちである。たしかに，力士の締め込みも，センターリングされて飛んでくるボールも，それは物的対象だから布の前褌が光るはずはないし，飛んでくるボールが声を出して叫ぶはずもない。ところが，他者運動における物的対象には，その手具や道具を操作する遂行自我本人の〈身体中心化〉だけでなく，情況への〈身体投射化〉の志向対象も同時変換的に絡み合って機能するのだ。体操競技における鉄棒のバーや床そのものさえも，動く感じを生み出す隔たりの〈原現象〉［深層：§60‐④参照］として機能している。それが一元的志向対象として捉えられないと，突発する生命的危険に対して〈調整的適応〉の働きが同時変換的に機能するはずもない。この〈隔たり〉という志向対象は日常生活でも，例えば水溜まりを跳び越そうと，助走からジャンプに入るときに，その踏切り位置の遠近感の〈先読み〉はその場所を目で見てから踏切りに入るのではない。いわば踏切り位置はキネステーゼ身体感覚で感じとっているだけである。そこで目で見て確認すると，助走のスピードが落ちてジャンプがうまくいかないのは誰でも知っている。だから，遂行しつつある主観身体は，私の〈身体で見る〉のであって，目で踏切り位置を見るのではないのだ。そこにはすでに，原発生地平性に潜む〈潜勢伸長〉という志向対象が先構成されていて，それはさらに後段［§35～§38参照］で詳しく分析の道しるべとして開示されることになる。さらには，トラック競技の陸上選手にとっての走路の感触やサッカー選手のピッチの芝の感触も，同様に動く感じを生み出す物的対象として身体発生的分析に参画していることも見逃してはならない。それどころか，手にしたラケットやゴルフクラブなどの用具への〈求心的伸長〉はその超越論的な実的分析［深層：§27‐②参照］の志向対象になるのは言をまたない。投げたり，蹴ったりするボールそのものは，その未来を予描する〈遠心的伸長〉の志向対象として，選手の遂行自我の志向性分析に取り込まれることを見逃しては，他者運動の志向性分析が成立するはずもない。

体操競技の高度な宙返り技の後に，信じられない安定した着地を示す身体知能の身体発生的分析は，その選手に内在する〈隔たり〉の共感志向性という志

向対象の絡み合いを無視しては成立しないのである。また，風に流されたフライボールをフェンスに駆け上って捕球する驚異的な身体知能も，ボールへの共感志向性とその動きの感知志向性の可能態(デュナミス)としての身体発生能力にすべて依存しているのは論をまたない。こうして，その感知・共感志向性の一元化統一態が示す身体発生能力は，他者における遂行自我の身体経験のなかにも一元化身体発生現象として含蓄されているのだ。単なる物体の知覚経験と遂行する自我の動感経験は，決して並列的な過程ではないことを確認しておかなければならないのはこの意味においてである。両者は共働しながら，その空虚地平は，先(プリウス)も後(ポステリウス)もなく，ゲシュタルトクライスとして同時に充実化しながら感覚質発生に至るというヴァイツゼッカーの変換同時性の開示はまさに正鵠を射ているのだ。それは驚異的なアスリートの身体知能だけでなく，日常の何気ない動作や振る舞いにも，いつも必ず明証的に示されているからである。しかし，このような一元化されたキネステーゼ身体発生に関わる解明分析は，すべて原発生の超越論的な地平志向性分析の道に通じていることを見逃してはならない。

(b) 物的経験の志向対象に注目する

ここにおいて，物体を他者として知覚経験する働きに対して，フッサールの正鵠を射た指摘に注目せざるをえなくなる。「そのような物的経験は，キネステーゼ感覚として機能している身体性と共に，さらにその固有な能動性と習慣性のなかで機能している自我と一緒になった一つの統一態のなかでしか意識されない」[20]とフッサールは巧みに指摘している。その場合の生き生きとしたキネステーゼ身体経験には，その物的現出の単なる過程として直進的な〈自然的反省〉の知覚経験が展開されるだけではない。いわば，フッサールの意味する生けるキネステーゼ感覚経験のなかには，我々がその原発生地平に〈超越論的反省〉の態度をとると，その周囲世界のなかに自ら動きつつある〈今ここ統握〉や〈隔たり〉の感知・共感作用そのものがその超越論的反省の志向対象に構成されるからである。とすると，他者の遂行自我がその物的対象の動きそのものを「どのように感じ分けているのか」という求心的感知志向性の〈コツ能力〉と，さらに踏切り位置の先読みや安定した着地・着氷などを先読みする遠心的共感志向性の〈カン能力〉も，共々に超越論的反省の立場として，その奇妙に同時変換する身体発生的分析の実(レエール)的な志向対象に浮上してくるのだ。このことを

---
20 Hua. VI. § 28 - ⑦ S.109 邦訳：ヨーロッパ諸学の危機と超越論的現象学，第28節 - 段落⑦ 147頁

まずもって確認しておかなければならない。

　我々の競技スポーツの世界では，「ゴールを見ないでシュートを打て」といった奇妙な指示を出すコーチはそう珍しいことではない。しかし選手たちは決して奇妙な指示とは感じられずに唯々諾々とそれを受け入れているのだ。そのときに指示された動感情況そのものは，選手のキネステーゼ身体感覚にありありと受け止められ，身体化されてまさにわが身で実感できるからである。いわば私の身体(からだ)で自他未分の〈純粋経験〉として直に感じとれるからこそ，そこに何らの違和感もなく即座に自我身体が了解できるのだ。そんなコーチの理不尽極まる非科学的な埒もない指示は，一般の人から顰蹙(ひんしゅく)を買うのは当然かもしれない。しかし，背中で感じとる驚異的な先読み能力の存在を否定する選手は誰一人いないはずである。そのアスリートが自らのキネステーゼ身体感覚をその原発生地平の超越論的反省として，そのまま純粋記述として言葉にすると，いつも〈自然主義的態度〉で生活している我々には理解を超える奇妙な発言としか受け取れないことになる。ところが，現に経験される物体の「現実的ないし可能的な経験的形態(ゲシュタルト)は，さしあたり経験的な感覚直観のなかに，感覚的に充実した質料形式(マテーリエ)として与えられている」[21]とフッサールは謎めいた記述を残している。さらに言を継いで，そこに与えられた感覚形態(ゲシュタルト)の「その属性をその形態の内容的充実と呼ぶ場合，その形態を物それ自体の性質，しかもその物的感覚質として捉えている」[22]のだとフッサールは断じて憚らないのだ。それどころか，その感覚質がロックの呪縛によって感覚与件と取り違えられてきたことを「ロックの時代以来の心理学的伝統の悪しき遺産でしかない」とフッサールは手厳しく批判し，学問としての感覚認識論の危機を指摘する件(くだり)はとりわけ重大な意味をもつことになる。

　しかし奇妙なことに，競技スポーツで厳しい修練に明け暮れる選手たちは，すでに述べたようにキネステーゼ身体感覚によって新しい動きを〈身体化〉し，未来の動きを〈先読み〉する実践可能性に飽くなき追求を重ねて苦心しているのだ。そのキネステーゼ感覚世界そのものの存在が，こともあろうに，競技スポーツの科学的運動分析から批判される仕儀となるのは遺憾としか言いようがない。フッサール自身がその感覚形態を共通感覚として捉え，すでに個別の理念的感覚(アイステータ イデア)をロックの呪縛としてすでに排除していることを我々は重く受け止

---

[21] Hua. VI. §9 - b) - ④ S.27　邦訳：ヨーロッパ諸学の危機と超越論的現象学, 第9節 - b) - ④ 46頁
[22] Hua. VI. §9 - b) - ④ - Anm. 1 S.27　邦訳：ヨーロッパ諸学の危機と超越論的現象学, 第9節 - b) - ④ - 注(1), 83頁

めなければならない。ところが身体教育や競技スポーツでは，共通感覚としてのキネステーゼ身体感覚がその自ずと動ける身体発生として主題化されているにもかかわらず，未だにフッサールの忠告に気づかず，ロックの呪縛から解放されずにいるのはどうしてなのか。科学的運動分析する研究者たちが，技の極致を究めた名選手たちの奇妙な発言を幼稚だと嗤うとしたら，それは一体どこに問題が潜んでいるのか。むしろ，コツとカンだけに頼って技の極致を追求していくアスリートたちこそ，フッサールの言うロックの呪縛からすでに解放されていることになるのではないか。そこでは，フッサールの言う先述定的な経験世界に存在している遂行自我の〈絶対事実性〉[23]という本質必然性の問題があるいは見逃されているのかもしれない。

(c) 気配感から未来予持地平に迫る

このようにして，他者の遂行自我がその物的対象に向き合って，共通感覚としてのキネステーゼ身体感覚をその身体発生的分析に取り上げていくと，いわば，他者の遂行自我が自らの志向対象をその周界の情況変動に広がっていけば，当然ながら，全身感としての〈気配感〉もその分析の志向対象に取り上げられてくるのは論をまたない。そのことはすでに拙著［運動学：200~201頁；深層：§43参照］で繰り返し指摘されている。それを要約すれば，志向性分析として対象化される気配感は，絡み合い構造をもつ感知・共感志向性の統一態として，その遂行自我が自らどのように動き，振る舞うかという自己運動のなかに，その本質可能性の様相変動が開示されることになる。その全身感覚（セネステジー）の身体経験は，競技スポーツの世界では，背後にいる敵の気配を感じとり，ゴールを視ないでシュートを的確に打つオーバーヘッドキックの驚異的な美技として呈示されるのは周知の通りである。さらに，予定された演技をひたすら無心に遂行する体操競技においてさえも，まだ発生しない失敗の予感をわが身で鋭く感知する全身感覚（セネステジー）が働くことも決して珍しいことではない。そのセネステジーが働かなかったら，生命の危険に曝されてしまうから，選手にとってはわが身に関わる〈生命危機〉の重大事に向き合っていることになるのだ。だから，常日ごろのトレーニングのなかでも，この全身感分析の〈気配感〉は，いつも必ずキネステーゼ身体感覚の究極核として追求されていることは喋々するまでもない。このような〈危機的失敗〉を主客未分の〈純粋経験〉として危機を脱するという

---

[23] Hua. XV, Text - Nr.22 - ㉓ S.386　邦訳：間主観性の現象学Ⅲ，テキスト Nr.22 - ㉓ 534頁

高次元の身体発生分析に向き合うのは，生命的危険に関わる競技の厳しさから当然のことではある。しかし，それは端的に高次な競技レベルだけに限定されるのではなく，日常的な運動世界でも同じ問題圏にあることを見過ごしてはならない。それは競技世界で絶対失敗しない確信に至る工夫が求められるのと同様に，日常の運動世界でも原的な確信に繋がる〈原ドクサ〉[24]〔深層：§43,§69参照〕の自ずと動ける〈身体発生能力〉への工夫は，極めて貴重な人間形成の身体経験であることは論じるまでもない。そのような意識せずに安全に身を守る〈動く感じ〉が身体化されることは，学校体育の貴重な陶冶価値をもつ必修的教材である。にもかかわらず，その身体発生能力の体系論的分析が未だに進まないのは遺憾としか言いようがない。我々は原ドクサの確信を身体化することなしには，極言すれば，日常的に歩くことさえ一歩も踏み出せないはずである。それは，〈欠損態〉という身体経験にその不可欠性がすでに繰り返し指摘されていることに言を重ねるまでもないであろう。

　もちろんここで意味される全身感に潜む〈気配感〉は，すでに繰り返し述べているように，生理学的な体性感覚が意味されているのではない。計量化できない〈雰囲気〉とか〈気分〉といった心情領域の諸現象は，科学的な分析対象から排除されるのは論をまたないことである。しかし緊迫した競技のなかでわが身に機能する動感身体性しか頼りにならないアスリートたちにとって，そのキネステーゼ意識は「まさに世界意識である」[25] というクレスゲスの指摘は注目されるべきであろう。そこでは，そんな気配を何となく感じとる一元化された〈身体発生能力〉〔自己時間化能力〕こそが勝敗を決する重大事を直に感じとれるからである。この方向不定な〈全身感覚〉や〈身体状態感〉にこそ，場の雰囲気と主体の気分との間に醸し出される気配感の本質可能性が露呈されてくるのだ。この場合の気配感は，競技のキネステーゼ情況において，その雰囲気に気分づけられた〈身体状態感〉とも別言できるであろう。カオスとしての動感情況から迫ってくる方向不定な雰囲気をカン能力として，わが身にありありと感じとれる選手は決して珍しい存在ではない。ボイテンデイクは「何となくそんな気がした」という未規定的な〈生命的想像力〉[26] に注目して，それが生き生きした想像力に支えられていることを的確に開示してくれる。ボイテンデイクはさらに立ち入って「この生命的な想像力は必然的に働くのであり，動

24　Husserl, E.: Erfahrung und Urteil, §14‐② S.67　邦訳：経験と判断，第14節‐② 55頁
25　Claesges, U.: Edmund Husserls Theorie der Raumkostitution, S.121 1964 Martinus Nijhoff, Den Haag
26　Buytendijk, F.J.J.: Allgemeine Theorie, op.cit. S.154ff. 1956

きをありありと想像するなかに存在する」と言い，そのありありと感じとれる原的なカン能力は，未来の動きに不可欠な前提を与えるから「決して単なる心理的な働きなどではない」と断じて憚らない。何となく〈そんな気がする〉というときに「迫りくるものは直接の感覚印象に他ならず，それどころか習得可能な感覚印象でさえある」というボイテンデイクの指摘は微妙な感覚質の一元化意味核を示唆して余りあるものである。動く感じの身体性に関わる〈気分〉や〈雰囲気〉ないし〈気配感〉などという出来事は，単なる恣意的，心理的な空想的過程では決してないのであり，現実のキネステーゼ身体発生を保証する本質可能性をもっていることを見逃してはならない。数学的確率論でどんなに精密に分析しても，その過去の事実データから原発生の未来予持の地平志向性（プロテンツィオーン）に迫ることはできるはずもない。時間流の原発生に捉えられる未来予持志向性は，すでに繰り返し述べているように，過去把持志向性と対になっている絶対の〈今ここ統握〉に他ならないのだ。それは過去の事実として統計学的確率論のデータになるはずもない。だから，その〈気配感〉の本質分析は発生的運動現象学の超越論的反省に求めるしか道はない。むしろ喫緊の課題になってくるのは，そのような気配感を生み出す原発生の地平志向性分析によって，その身体発生能力の生成発生に道を拓く努力志向性そのものであると言えよう。言うまでもなく，その身体発生能力の概念は生理学的な物質身体の体力ではなく，発生的運動学の身体発生（ビュシス）に関わる自己時間化能力の開示が主題化されているのである。

§ 16. 他者運動の身体発生を探る

(a) 身体発生は同時変換的に働く

　我々の発生的運動学における分析対象となる身体運動は，すでに繰り返し述べているように，物理的時空系の物的身体の位置移動ではない。その〈実践可能性〉[深層：§ 69 参照]を蔵（かく）した身体運動とは，実存する身体物体の内在経験のなかに，「キネステーゼ感覚の機能する身体性」[27] が現れる自己運動そのものである。そこには，〈間身体性〉[深層：§ 83 参照]として同時共感できる始原的なキネステーゼ世界がいつも必ず先構成されている。競技スポーツにおける動感身体性の働く世界においては，動く主体の動感志向性がラケットや竹刀など

---

[27]　Hua. VI. § 28 - ⑦ S.109　　邦訳：ヨーロッパ諸学の危機と超越論的現象学，第 28 節 - 段落 ⑦, 147 頁

の手具それ自体に越境して移り住んでいくのだ。そのような伸長現象や隔たりの原現象などについてはすでに前節でも述べられている。そこに機能する動感身体性の伸長現象は，競技に生きるアスリートにとって純粋経験として直に了解できる志向対象である。そこで手にしたラケットは単なる物的対象ではなく，私の手の身体感覚の働きを代行できる〈私の分身としてのラケット〉であり，そこには触覚も視覚も動感システム(キネステーゼ)として共に身体化され，機能しているのである。そこで「キネステーゼ感覚は，一方では，他の物体の事物現出にも，[自我]身体の事物現出にも，〈構成するもの〉として働く」とフッサールは述べながら，「他方では，その[自我]身体のなかに局在化されたものとして機能する」[28] と追加している。その場合は，私の手に局在化して働く動感身体性がラケットに越境して構成的に働くと同時に，その自我身体そのものは駆使身体の自由自在さをも感知しているのである。フッサールはさらに畳み掛けて「このような二重統握のなかに一体何が潜んでいるというのか」と自問して，その志向対象性に注目していくことになる。そこには，この二重感覚的に身体化された身体感覚が自在に生き生きと機能しているのだ。我々のキネステーゼ身体発生に関わる〈究極核〉(プロテンツィオーン)として，その身体感覚が未来予持の動きを構成しつつあるときには，いつもすでに構成されている〈自我身体〉が受動的に機能し息づいているのである。そこでは，この二重感覚的に機能する身体感覚の志向対象について，自ずと動ける身体発生の〈触発化動機づけ〉にどのように生かせるかが，今後の発生的運動学の重要な課題になってくるであろう。

　我々がシュートするボールに自らの身体感覚を託してそのシュートチャンスをうかがうときには，すでにそのキネステーゼ感覚は働いているのだ。踏切り地点に向かって助走するときには，利き足を合わせる〈先読み〉の志向対象は，すでに同時変換的に機能する身体性に変身しているのである。ラケットや竹刀などに私の時間化された身体発生能力が乗り移っているときは，すでにその情況に身体投射化するカン能力が前面に躍り出て機能する。と同時にそのカンの裏では，コツ能力が自己中心化しつつ働いているのだ。そこで命綱となるコツとカンの一元化身体発生には，奇妙な同時変換作用が働いて，〈二重感覚的身体感覚〉が同時に息づいているのである。このようなキネステーゼ身体発生が二重感覚として機能しないとすれば，自我身体と一体化した動感(キネステーゼ)システムは成立するはずもない［深層：§48‐②～④参照］。しかしながら，すでに一元化した

28　Hua. XVI. Ding und Raum，§83‐⑤ S.282

<ruby>動感<rt>キネステーゼ</rt></ruby>身体発生現象では，その情況への身体投射化のカン意識と自我身体中心化するコツ意識とを同時に意識することは決してできないのだ。ところが，謎に満ちた同時変換する実践可能性の出現は競技する実践現場では決して珍しい出来事ではない。日常生活でも，例えばスクランブル交差点で急いで通り抜けようとすると，自らの周囲情況にカンを働かせて，他人にぶつからないように歩くコツを同時に裏で機能させることは，むしろ当たり前の〈歩きかた〉[29] なのだ。因みに，この〈歩きかた〉というボイテンデイクの専門用語は歩行形態の規範論的概念を表す表現ではない。つまり，ボイテンデイクは学校体育で取り上げられる生理学主義のいわゆる〈正常歩〉を批判し，その生理学的規範に基づく〈歩き方〉から区別された，高次の〈人間学的運動学〉(1948) としてその普遍的な身体発生基盤を新たに開示しているからである。ボイテンデイクはこの人間学的運動学を基礎づける上位のスポーツ生理学として，解剖学的生理学と区別された新たな『人間学的生理学序説』を上梓（1967）していることはすでに周知の通りである。生ける人間の〈歩きかた〉というのは，その歩く主観身体が本人の情況に応じて歩形態の様相変動に依存しているのであり，その〈歩きかた〉という運動学用語はシュトラウスの名著『感覚の意味』(1935:1. Aufl.) の〈動きかた〉[30] の下位概念として理解されなければならない。だから，人混みの中を急いで通過しようとするときの歩きかたは一定の鋳型に押し込められるのではなく，千変万化の様相変動が本質可能的に露わになってくるのだ。このようなカンとコツが同時変換的に働く身体発生現象においては，一方では動感身体性は〈構成するもの〉として機能すると同時に，他方では二重感覚的に〈構成されるもの〉が同時変換的に働いていることになる。この同時変換的なキネステーゼ身体発生の働きこそ，他者運動の分析対象性に向き合う普遍的な身体発生基盤を成していることをまずもってここで確認しておかなければならない。

(b) 超越論的反省の時間化を問う

　さらに，この同時変換的に動ける<ruby>心<rt>プシュケー</rt></ruby>を含意した身体の<ruby>発生能力<rt>ピュシス</rt></ruby>は，どんな競技の選手にとっても必須の身体能力である。それは繰り返し述べているように，生理学的な体力とは全く異質の身体能力であり，別言すればあらゆる選手

29　Buytendijk, F.J.J.: Allgemeine Theorie der menschlichen Haltung und Bewegung, S.127ff. 1956 Springer Verlag

30　Straus, E.: Vom Sinn der sinne 2.Aufl. 1956, S.263 Springer Verlag

の動感身体発生のために必修的な能力可能性として，トレーニング対象に取り上げられているはずである。万一にも，その一元化した身体発生に欠損態が生じると，「コツが同時に息づいていないカンは絵に描いた餅だ」と侮蔑され，「同時にカンの働かないコツは間抜けな動きだ」と批判されるのはこの意味からである。カンの身体発生が投射化されるときに，同時にコツも裏で受動的に働くという，このような同時変換可能性に現れる事態は，例外なしに誰にでも起こる本質可能的な志向対象である。それは神経生理学者ヴァイツゼッカーによっても取り上げられ，その生成と消滅の〈同時変換作用〉[31]が本質必然的な反論理性として人間学的精神病理学で重視されていることはよく知られている通りである。これまでは，因果決定論を基盤におく科学的運動分析を否定するような奇妙な〈変換同時性〉という現象を記述する学問的方法論は，「これまで存在しなかった」というヴァイツゼッカーの述懐はまさに示唆的である。

　このようにして，競技領域において動感身体発生（キネステーゼ）が機能する原発生地平のなかでは，空虚な動感表象が受動的に充実したり，阻害されたりする奇妙な〈様相変動〉が現れてくる。そこでは，自然科学の因果性とは明確に区別された，全く異質な〈動機づけ因果性〉[32]［深層：§40‐⑤参照］が主題化されている。うまく動けない選手の動感志向性が一体どのような動機づけをもっているのか，そこにどんな微妙な様相変動が隠されているのか，その超越論的反省は，このような問いかけを純粋に記述することから始められる。その場合に，原発生の地平に潜んでいる〈沈黙の欠損態〉を探し求めて，ひたすら本質直観化に向けて記述分析の道を辿っていくことになる。我々のスポーツ実践的指導の場面では，それが特殊な分析法というより，むしろ当たり前の手続きとして，いつもすでに拓かれているのだ。そこでは，学習者本人の動く感じがしつこく問い質され，微妙な感覚（センス）発生の動機づけが慎重に取り出されて，やっと本質直観化への道を辿り始めることができるからだ。そのノエシスとノエマの平行関係をもつ〈志向性分析〉［深層：§30，§71参照］は，外部視点からの科学的な定量的分析では捉えられない選手自身の原発生地平潜む様相変動を探り当てる超越論的反省が主題化されているのは言うまでもない。だから，その動感（キネステーゼ）地平性に沈んでいる志向含蓄態に関して，その微妙な〈動機づけ〉の志向対象に直に向き合うことになる。その志向対象に向けて，コーチの現象学的自我が自ら厳しく借

31　Weizsäcker, V.v.: Gestaltkreis, S.254, 1997, Suhrkamp Verlag　邦訳：ゲシュタルトクライス，221頁
32　Hua. IV §56‐f. S.119ff.　邦訳：イデーンII‐II，第56節‐f‐①〜③

問していく道こそ、それが純粋な記述分析の道となるのだ。この超越論的反省は選手の動感形態化(キネステーゼ)の深層に通底する間身体的に立ち入る〈執拗な借問〉によって取り出されていくことは言うまでもない。それゆえに、それを曖昧なドクサ経験の主観的感じを単に記述するだけに過ぎないという一般的な批判は的外れ以外の何ものでもない。その超越論的反省の志向対象はその遂行自我の〈自己時間化の様相変動〉であり、フッサールの意味する〈絶対主観性〉［深層：§46参照］に起点をもつ原発生地平性の超越論的反省を基柢に据えているのである。

その場合、まずもって過去把持(レテンツィオーン)の地平志向性分析として、その動機づけのノエマ分析が取り上げられる。その静態分析では、すでに〈完了したものとして〉、その志向対象の一元化された身体発生における変様過程が確認されることから始められる。それと同時に、ノエマと平行関係をもつノエシス契機の生成発生の様相変化は慎重な借問分析が行われなければならない。それは生々しい身体感覚の〈たった今〉という過去把持作用の記述分析であり、それはありありと感知される〈今ここ統握〉の純粋記述に他ならない。その身体発生の動機づけを本人が反省し記述するか、あるいはコーチの現象学的自我がその時間化する身体発生の機微をしつこく借問して記述するかはその促発指導の事態に依ることは言うまでもない。同時に、この〈たった今〉の超越論的反省は、〈それからどう動くか〉という未来予持地平(プロテンツィオーン)の〈予描分析〉に連動していなければならない。それなしに原発生地平志向性における身体発生の動機づけは開示されないからである。それは科学的運動分析の原因追求とは全く異質な現象学的運動分析の原発生地平分析の独自な方法論であることは喋々するまでもない。この原発生地平分析の超越論的反省を捉えるための実習訓練は、発生的運動学の演習内容として不可欠であることは言うまでもない。例えば、走って跳び越すという日常的な動きのなかで、そこでは、助走のスピードの〈調整的変化〉と踏切り地点の精確な〈先読み志向対象〉を純粋に記述する習練が取り上げられていることになるのだ。

しかも、それが単なる独我論に陥るのを避けるために、後期フッサールの発生現象学においては、〈モナドロギー〉として間身体性をもつ〈間モナド連関〉[33]に道が拓かれていることに注目しなければならない。蛇足ながら、科学的運動分析者から予想される批判のために一言付記しておけば、その時間流の原発生

33　Hua. I. § 55-§ 56 S.149ff.　邦訳：デカルト的省察、第55節 215頁～、第56節 230頁～

地平分析における生々しい身体発生の〈たった今〉という過去把持作用(レテンツィオーン)の記述分析は, ありありと感知される〈今ここ統握〉を自らの身体発生で直に捉える実習に支えられていなければならない。〈たった今〉の超越論的反省は,〈これからどう動くのか〉という未来予持(プロテンツィオーン)の予描分析に連動するからである。それなしに超越論的反省における自己時間化の〈動機づけ〉は成立しないのだ。しかしそれでもなお, それは主観的な身体感覚の曖昧な記述であり, 客観的な明証性は欠損したままだと科学者からの批判が必定となるのだ。しかしフッサールは「私にとって存在するものは, すべてその存在意味をもっぱら私自身から, 私の意識の場からのみ汲むことができるという命題が根本的な有効性を保持しながらも, 独我論の仮象はすでに解消されることになった。その観念論はモナド論であることが判明したからである」[34] と指摘して, 超越論的還元から開示された超越論的経験を現象学的に解明することの正当性を断じているのはまさに重大な意味をもってくることになる。

(c) 身体発生の分析能力に向き合う

このようにして, 機能しつつある他者運動の身体に潜む自己時間化の発生動機づけが超越論的反省によって純粋記述されていくと, その他者運動の動機づけ因果性の様相変動が少しずつ開示されてくる。そこに, 他者運動の一元化されている意味発生現象に越境する普遍的な身体発生基盤がやっと機能し始めるのである。まずもって, 他者運動の絶対ゼロ点に潜む時間化の身体発生への動機づけは静態分析によって開示されていなければならない。しかし, その個人の歴史身体性にまで及ぶ静態分析はそう単純な志向性分析では開示されないアポリアに阻まれているのだ。指導実践の世界で, 我々は長い間の経験知を通して原的な〈身体移入〉の発生基盤づくりを捉えてきてはいる。ところが, その他者運動に対する身体移入の貴重な経験知は, 純粋記述として発表されないままに, 指導者の胸三寸に収められてしまうのが一般である。従って発生的運動学として, 超越論的反省を介して他者運動の原発生地平分析に入るには, その他者運動の静態分析に基づいた身体発生の〈基盤づくり〉が欠かせないことを確認しておく必要がある。その前提的な記述分析の上に, はじめて他者運動の原発生地平のなかに身体発生分析に入ることができるからである。だから, 超越論的反省として動感身体移入の志向対象を確認するまでには周到な準備が必

---

[34] Hua. I. § 62・② S.176 邦訳: デカルト的省察, 第62節・② 267~268頁

要になるのは言うまでもない。

　ここにおいて，他者運動におけるキネステーゼ身体発生分析には，観察分析，交信分析，代行分析のそれぞれに，独自な可能態(デュナミス)の〈身体移入能力〉[深層：§35参照]が求められるのも言をまたない。他者の没意識的な身体発生を〈見抜ける〉身体移入能力，その地平に沈んでいる内在経験を〈聴きとれる〉身体移入能力，他者に潜んでいる動感ヒュレーを〈代行できる〉身体移入能力という身体発生基盤づくりが実践的な促発指導に欠かせないのだ。その身体移入の普遍的な身体発生基盤には，まずもって指導者自らの〈身体発生分析能力〉が本質必然的に要求されることは喋々するまでもない。それは指導者自身の自己運動の身体発生分析能力を他者の自己運動に身体移入して比較分析せざるをえないからである。これに対して，科学的運動分析ではその精密機器の使い方を理解し，それをマニュアル通りに操作できれば，その分析データは誰にでも，いわば万人に公平に保証される。ところが，スポーツの発生的運動学における超越論的反省の立場で分析するには，自らの自己運動に潜む身体発生の様相変動を純粋記述できる身体発生能力が統握されていなければ，身体移入分析は成立しないのだ。だから，生徒の内在的身体発生現象の過去把持(レテンツィオーン)地平のなかに潜んでいる時間化の欠損態を見抜けない教師には，動く感じの実的なノエシス分析(レエール)に何一つ関わることができないのである。そこで，生徒たちがどんな高速のビデオ映像を見せられても，その志向対象の本質を見抜ける人にしかコツとカンの身体発生を捉えることはできない。幼い子どもに「今の感じはどんなだった？」と聞いても返事が返ってこなければ，立ち入った借問分析に入れないのだ。泳ぎの苦手な金槌教師には，指導すべき〈水に浮く〉という〈パトス的浮遊状態〉[本書：§43‐(b)参照]の緊張感をわが身でその〈浮く感じ〉を代行するのは全く不可能なのだ。そうすると，その泳ぎを覚えたい子どもの内在経験と交信できない教師は学習内容の感覚素材(ヒュレー)を全く理解できない窮地に追い込まれてしまうことになる。ここにおいて，教師やコーチには，学習者の〈動く感じ〉に自らの〈動く感じ〉を身体移入して，はじめて可能となる〈代行分析能力〉が専門資格として必然的に求められることになるのだ。

　このような学習指導の実践可能性を支える〈身体発生能力〉は，客観的な運動メカニズムの分析能力とは全く別種である。つまり，自らの可能態(デュナミス)としての身体発生能力を生徒に移し入れるというのは，キネステーゼ感覚の機能する身体性に関わる分析能力なのだから，それは外部視点からの物的身体の運動分析

とは全く異質なのである。その両者は截然と区別されて，別種の固有な能力向上の実習訓練が求められるべきであり，二者択一の問題ではない。これまでは，科学的な運動メカニズムを知的に理解することができ，それを生徒に分かりやすく呈示できれば，さらに生徒たちの運動学習を外部視点から合理的かつ効果的にマネジメントできれば，専門的指導能力は十分としていたのだ。しかし，肝心の生徒たちの動感身体発生の学習そのものは，すべて生徒たち本人の自得学習に丸投げしたまま，教師は拱手傍観して声援するだけである。それでも出来なければ，生理学的身体の改善指導として，体力の向上を，あるいは効果的な意欲的学習へと誘導していくことになる。〈動ける〉ようになるかどうかは，すべて本人自らの学習活動であって，その一元化同時変換する内在的な身体発生の領野には教師の介入することではないという認識が支配的であった。これでは，ヴァツゼッカーから単なる傍観者的な野次馬と侮蔑されても仕方ないことになる。ところが，それは戦後の学校体育ないし競技スポーツの一般的傾向であって，戦前の体育教師は生徒たちの身体感覚に介入できない教師は専門教師として認められなかったのは周知の通りである。戦後の学校体育は，保健体育と教科名称も変更され，健康の維持増進と体力の向上が主要な教科目標に掲げられ，運動学習はコツとカンに頼る非科学的なトレーニングが排除され，すべてより合理的学習にマネジメントされることに急変してしまったことになる。しかし，体育教師のみならず，競技コーチもすっかりコツとカンという身体感覚の世界から撤退してしまったことは遺憾としか言いようもない。そのような自主的学習を管理し監督する，いわば似非軍師的役割だけが前景に浮上し，生き生きとした身体感覚で指導できる教師は激減してしまった昨今である。まして，うまく動けるようになりたいと憧れる子どもに対して，いつも外部視点に立った野次馬的指導ばかりが正当化されるのだ。出来なくて悩んでいる生徒のコツとカンを一緒になって工夫するような戦前の体育指導者はもう珍しくなってしまった。まして，価値意識をもつノエシス的身体発生を促してくれる若い先生たちの意気込みはどうして消えてしまったのか。こうして，我々は動感身体発生現象の超越論的反省を保証できる〈時間化能力〉[深層：§59参照]の実践可能性の開示に向けて，その方法論に改めて向き合わざるをえなくなるのはこの意味においてである。フッサールが「物理学的，生理学的理解は実践的な理解と全く別なものだ」[35]と断言するのは，この謎に満ちた身体発生の実

35　Hua. IV. § 60 - (a) - ⑥ S.260　邦訳：イデーン II - II, 第60節 - (a) - ⑥

践可能性への開示こそが決定的な重大さをもっていることを我々に指摘してくれているのである。

§ 17. 他者の身体発生を代行する

(a) 身体移入の代行能力を問う

　ここで主題化される動感代行領野における分析内容はすでに講義録［身体知の形成：講義 28 参照］に詳しい。〈代行〉という概念はフッサールが意味する〈代行的統握〉や〈代行的変更〉に由来している。フッサールは『物と空間』[36]［1907 夏学期講義録］において，自らのキネステーゼを変更して〈代行的変更〉を他者のなかに動感形態化して構成することに注目している。つまり「私は他者に私自身を自己移入できるし，他者の言表を私の言表に，あるいは私の言表を他者の言表に関係づけることもできる。他者の動きかたの現出に関わる言表と，しかも他者を私のように動き動かされると私が見出す言表とを関係づけることもできる」[37] のだとフッサールは指摘する。フッサールの代行による自己移入論に基づいて，わが身に機能しつつある動感身体性を他者に移し入れてはじめて，他者のキネステーゼ感覚は代行可能となる。従って，生徒の学習目標像も教師によって〈潜勢的〉に代行されるから，教師はその処方素材として統覚化した代行目標像を構成する本質可能性をもつことができる。さらにその代行目標像を最終的に学習者の形成位相に即した〈適合化目標像〉として，教師が潜勢的に構成化する必然可能性に至ることも可能になるのだ。このような〈潜勢自己運動〉[38] によるキネステーゼ感覚の〈身体移入能力〉［深層：§ 35 参照］こそが実践可能性を追求していくコーチに求められる不可欠な〈動感代行能力〉として浮上してくることになる。

　ここにおいて，身体移入を可能にする〈代行能力〉に向き合うには，それはすでに拙著［深層：§ 48, § 83 参照］に詳しいが，その身体移入の成立を保証する原理がまずもって確認されていなければならない。言うまでもなく，ここでいう〈身体〉という表現は〈動感身体〉[39] ないし〈現象身体〉[40] とも別言できるが，その自我身体に潜むコツとカンという身体能力は一般に〈モナド〉と呼ばれて

36　Hua. XVI. Ding und Raum, § 83　S.278ff. 1973
37　Hua. XVI. Ding und Raum, § 83‐⑧ S.284　1973
38　金子明友：運動観察のモルフォロギー，122〜123 頁，筑波大学体育科学系紀要，第 10 巻，1987
39　Claesges, U.: Edmund Husserls Theorie der Raumkonstitution, S.121f. Nijhoff, 1964
40　Merleau-Ponty, M.: la structure du comportement, 1942(1977), p.169　邦訳：行動の構造，233 頁

いる。ヴァイツゼッカーに言わせれば、そのモナドは反論理的主観性だから、「［物理］空間内にあるものではなく、［物理］時間内にあるものでもなく、数えられない、測れない、代理できない、分割できない」[41]など、否定を含んだ言表をたくさん並べることができるという。こうして、指導者自身の身体経験を学習者の動感世界に移し入れて観察し、交信し、代行していく現象野は、キネステーゼ身体の〈移入経験〉として主題化される。しかし自然主義態度に慣れている我々は、この〈キネステーゼ身体を移し入れる〉という奇妙な表現にかなり抵抗を感じてしまうのだ。モナド身体を他者に移し入れる〈移入経験〉はヴァイツゼッカーの〈医学的人間学〉[42]の用語としてもよく知られている。そこでは、新しい分析方法論が求められ「そのためには、生きもののなかへ身を移す必要がある」とヴァイツゼッカーは結論する。そこでは「私は自己をそのなかへ置き移し、つまり、移入するのでなければならない。自らをある一つのモナド［他者の動感身体］のなかへ置き移すために、私自身はモナドとして移入的に振る舞い、かつ、わが身で知ることになる」と言う。しかし、ヴァイツゼッカーの謎に満ちたこの表現は、言うまでもなく、フッサール現象学の間主観的モナドロギーに源流をもつことは言うまでもない。

ところが現在においても、学習者の動感身体発生に何一つ介入しないままに、生徒や選手の〈自得志向性〉に丸投げしたコーチングが社会的に受容され、むしろそれが主流化していると言っても過言ではない。このような事情の下では、指導者によるキネステーゼ身体の代行分析は背景に沈められたまま放置されるのは当然となる。教師やコーチは全面的にマネジメント科学だけに依存し、自らのキネステーゼ身体感覚がすっかり萎えても、あるいは消滅してしまっても、動きの学習指導ないし競技力を高める〈実的分析〉は可能だと胸を張れるのか。自得の美意識を本義とする古来の芸道においてさえも、踊れない師匠、芸(わざ)の未熟な師匠はその世界で生きて行けるはずもない。しかし、現代の体育や競技の指導では、未経験の教材指導にはレディーメイドのマニュアルが利用され、すでに身体感覚が枯渇したコーチはトレーニングの監視役や行司役にまわってもその世界に居座ることが許される昨今である。教師にもコーチにも職業上の責任として、学習者がどんな〈感じ〉で動いているのか、どんな身体感覚の生成を志向しているのか、その地平志向性が不問に付されたままでよいはずはない。

41　Weizsäcker, V.v.: Anonyma (1946)；S.52. Gesammelte Schriften Bd.7, 1987　邦訳：生命と主体, 100 頁
42　Weizsäcker, V.v.: ibid. S.61f.　邦訳：生命と主体, 127 頁

こうして，処方素材化領野から促発処方化領野への橋渡しとして，この動感代行に関わる〈分析能力〉はどのように高められるのかに問いかけざるをえないことになる。その代行領域の体系論的展望については，拙著［スポーツ運動学：326～333頁］に譲らざるをえない。因みにここでは，その道しるべの要点を通覧しておくだけにする。

(b) 代行模倣化から他者に潜入する

　ここで取り上げられる代行分析は，学習者の自己運動を指導者自らの身体発生基盤に取り込む超越論的反省から始められる。この領野では，指導者が学習者の〈動感模倣化〉を構成する営みがまず取り上げられるのだ。だから，必然的に共動感化原理の働く〈身体移入〉の現象野に向き合うことになる。この〈共動感化現象〉は，指導者が学習者の動きをわが身に同時に動感化して，そこに違和感のない〈共鳴的調和化〉の志向体験が生み出される構成化の役割を担っている。いわば，指導者と学習者がその動きかたの変様に関してキネステーゼ感覚世界を共有し，そのなかで〈共動感〉できることによって動感メロディーが調和して［ハモって］奏でられるかどうかに向き合うのだ。とは言っても，この両者が全く同じキネステーゼ身体感覚をもてるはずもない。指導者と学習者が全く同一の動感意識で〈ある〉なら，両者の区別はできず，そこには同一人の動感志向体験しかなく，自己と他者の区別は消えてしまうからである。共動感化現象においては，指導者と学習者の別人格の両者のなかに動感移入交信の本質可能性に基づいて，その〈借問的対話〉が重ねられ，相互に〈二声共鳴化〉によるキネステーゼ感覚の〈調和化〉の志向体験が生み出されるのでなければならない。

　しかし，この動感身体移入を伴う交信の本質可能性は，かつて選手だった頃の後光を意識した指導者には機能しにくいことがある。つまり，学習者の動感世界に〈自己移入〉して借問的対話を重ねようとしても，学習者の多褻的な素朴な原発生の動感地平が読み切れないことが少なくないからだ。しかし，学習者が失敗を重ねる動きかた，欠点だらけの動きかたを克明に〈模倣構成化〉するには，学習者の欠点だらけの〈動きかた〉を克明になぞりながら，それを指導者が自らの感覚素材を動員して〈真似る＝学ぶ〉ことができなければならない。そこでの指導者は苦渋に満ちた営みを引き受けざるをえないのだ。その拙い動きの真似が巧みに学ぶことができるようになれば，少なくとも学習者の

誤った感覚素材（ヒュレー）の様相変動をわが身でありありと感じとれるからである。もちろん学習者の動きかたを現勢的に模倣化できなくても，潜勢的にその動感意識流を共動感化できる実践可能性の存在は喋々するまでもない。すなわち，身体移入能力を働かせて，生徒と〈キネステーゼ連帯感〉［深層：§48‐③参照］を共有して身体化し，その動きかたを〈なぞる〉ように潜勢的に真似ることは，次の処方素材化に決定的な役割を果たすからである。この代行模倣化の本質可能性は少なくとも学習者のキネステーゼ感覚世界に共生し，共動感化する指導者の役割を保証する不可欠な前提となることは論をまたない。

　〈今ここ〉における学習者の動きかたを現勢的ないし潜勢的に〈模倣構成化〉することは，その指導者にとってキネステーゼ感覚の促発指導の起点となるのは言をまたない。その〈代行模倣化〉なしには，次に主題化される〈代行形態化〉の志向性分析に移ることができないからである。その場合には，指導のための〈代行統覚化〉を新たに構成できるかどうかが正念場となる。その代行統覚化を構成するには，その志向体験の〈なじみ地平分析〉に始まり，動きの真似を誘い出す〈触発化分析〉，価値意識をもつ身体感覚の〈探索分析〉，その〈二声共鳴化〉という身体発生的時間化による〈マグレ発生〉に至るまで，必要な内在的身体感覚素材（ヒュレー）が十分に収集されることが不可欠な前提になってくる。この統覚化の代行的なぞり分析は指導者に苦渋に満ちた志向性分析を求めてくることは言うまでもない。現場の老練な教師は，わが身に機能する動感身体性による〈代行模倣化〉から〈代行形態化〉へという苦しい修練を通り抜けてきていることを見逃してはならない。そこには，単に〈励ましの言葉かけ〉のうまい教師とは本質必然的に大きな〈隔たり〉が潜んでいる。その教師に必修的な〈代行模倣化能力〉は，欠点をもった生徒の〈動く感じ〉をなぞるように模倣して，生徒に機能している動感ヒュレーをわが身にありありと共感できる身体発生基盤を形成する重大な役割も果たしているのだ。それによって，その生徒の形成位相の位置づけをはじめて捉えることができるからである。それらの有効な動感ヒュレーに基づいて，指導者はわが身のすべての〈身体移入能力〉を動員して，生き生きとした〈潜勢自己運動〉として，生徒の〈代行形態化位相〉にやっと近づける可能性が生まれてくることになる。

(c) 代行形態化して他者に迫る

　しかしながら，教師自らのキネステーゼ感覚意識がすでに萎え始め，消滅の

§17. 他者の身体発生を代行する　149

危機を迎えているとき，あるいはそれが全く未経験の〈地平志向性〉[43] に関わっている場合には，その〈代行模倣化分析〉は大きなアポリア［難関］に阻まれることになる。その場合にこそ動感素材を〈借問分析〉(ヒュレー)によって，その〈動感的空虚〉をオリギネールにありありと充実化できることを確認しておかなければならない。ここで意味される動感素材の借問(ヒュレー)分析は，指導者が単に理念的な想像を介して，その動きや振る舞いに問い掛けるのではない。さらに，学習者の動きかたに呈示される位置移動のプロセスに，バイオメカニクス的目標像との差異を借問して確定することでもない。それらのメカニズム的目標像には，内在的体験流をもつ実的な代行形態化(レエール)，つまり〈自己身体移入〉によるありありとしたキネステーゼ感覚を形態化できる感覚素材(ヒュレー)が全く欠損していることを確認しておかなければならないからである。

　仮にその教師が，〈さか上がり〉のできない生徒の〈なぞり模倣〉の形態化を試みるとすれば，どこを修正するかというなぞり模倣する範囲を逸脱しないように投企して，その〈模倣遂行〉にまずもって成功しなければならない。その生徒の模倣形態化に関わりなしに，指導者の今ここ統握の身体能力を駆使して，現勢的にさか上がりを真似ても，それは生徒が位置している習熟位相の代行形態化に〈調整的適応〉[44] の働きが生じないのだ。生徒の動きかたの形成位相にわが身のキネステーゼ感覚を移入し，そのレベルで共動感化し，その動感ヒュレーの欠損態を〈解体分析〉[45] によって確認する営みが志向されるのでなければならない。因みに，ここで意味される〈動感身体移入〉とは，生徒のもつキネステーゼ感覚世界に教師自らに働いている機能する身体性の動感経験を移し入れることである。例えば，同一の対象を見ているときに，たしかにその対象が位置している〈そこ〉を〈ここ〉とするならば，その現出の仕方は，我々に共通になるのだ。つまり，〈そこ〉を私の〈絶対ここ〉とすれば，いわば私が自由に動いて，私の絶対ゼロ点を〈そこ〉に移せば，その人の動感世界に自らの身体感覚を移し入れることになる。つまり，それを約言した表現が〈身体移入〉であり，いわば私の動感身体経験の移入という必然可能性に行き着くのだ。しかし，このキネステーゼ感覚の身体移入の働きが保証されるには，その同じ共同体に生きる〈動感仲間化〉を前提条件として求められるのは論をまたない。その動感連帯感に内在している〈間身体〉が同時に機能することが前提

43　Hua. XVII. § 80・④ S.207　邦訳：形式論理学と超越論的論理学，第 80 節・④ 221 頁
44　Weizsäcker, V.v.: Gestaltkreis, op.cit. S.244f.　邦訳：ゲシュタルトクライス，210 頁以降　みすず書房
45　Hua. XIV. Nr.6　⑭ S.115　邦訳：間主観性の現象学　その方法，第 6 論稿・⑭ 360 頁

とならなければ，フッサールの言う身体性と感覚性の〈変換同時性〉が成立しないことは多言を要さない。その場合に，教師が共動感化を統握できなければ不可能である。生徒の動きに動感化して同調しつつも，その生徒の欠点を〈潜勢自己運動〉として修正化できなければ，代行形態化の身体発生，つまり生徒の自己時間化された動感身体発生を構成できるはずもないからである。その〈身体移入能力〉を教師が身体化してないとすれば，マニュアルのVTRないしキネグラムを呈示するのと何も変わらないのである。レディーメイドのキネグラムと，潜勢的模倣化を踏まえた代行形態化との決定的な差異はここにあるのだ。

その代行形態化を構成する過程で指導者は，その学習者のいろいろな局面構成化の乱れやリズムの崩れ，ないし力の入れ方などの多くのキネステーゼ感覚素材（ヒュレー）の意味構造をいつでも生徒との動感交信に生かせるのである。しかしながら，フッサールは「私の身体が〈ここ〉と〈そこ〉に同時に在ることは不可能だ」といみじくも注意しながら「そこにある現出を私が捉えるのは，立場交換によってこそ可能なのであり，つまり可能な未来においてしか〈そこ〉をもつことはできない」[46]と駄目押しをするのはこの意味において極めて重大である。それは，〈原動感システム〉の実的能力（レェール）が前提になっており，その奇妙な機能しつつある身体発生の働きによってこそ顕在化されるのだ。同様にして，このような動感意識の〈立場交換可能性〉は，同一のもの同士の交換はパラドックスとなるから，〈類的普遍化〉[深層：§35参照]をもつ等しいもの同士の交換とならざるをえない。こうして，主観身体に了解される動きの身体感覚のみならず，ボールやラケットなどの用具の感覚質も，今やその〈共遂行能力〉[47]に支えられて，我々は他者の私秘的な動感世界にわが身を移すこと，つまり動感身体移入が可能になるのだ。つまり，主観身体は，自らの原発生地平のなかに間主観身体を内在させていて，情況に応じて即興的に，先（プリウス）も後（ポステリウス）もなく同時変換作用の道を辿れることになるのである。

このような〈変換同時性〉は，動感身体性のなかに二重化構造として先所与的に沈潜しているのだ。しかし，それは間動感性の空虚地平が拓かれていなければ成立するはずもない。そこでは，動感源泉の深層位に遡源しながら「知覚作用には，自由な動きとしての身体運動の可能性が不可欠である」[48]というフ

46　Hua. IV. Beilage 1. - ⑧ S.309　　邦訳：イデーンⅡ-Ⅰ, 付論1 - ⑧ 210頁
47　Hua. I. § 44 - ③ S.125f.　邦訳：デカルト的省察，第44節 - ③
48　Hua. IV. Beilage 1. - ⑪ S.310　邦訳：イデーンⅡ-Ⅰ, 付論1 - ⑪ 210頁

ッサールの指摘が決定的な重みをもってくる。我々は日常的な知覚作用のなかで，見回す，撫でまわす，耳を傾ける，首を回して嗅ぐといったキネステーゼ感覚と動きの一元化した身体発生現象は無意識のうちに行われているのだ。こうし，指導者によって代行される形成化現象野は，当然ながら統覚化，修正的確定化，自在洗練化の各形成位相の地平構造をもっているから，生徒たちの動感形態化の位相に応じて，その代行形態化の道も多岐にわたることになる。しかし，勝れたコーチや経験豊かな教師たちは，これらの代行形態化の多様さに対応できる多様な身体発生能力は，すでにすっかり身体化され，日常的な習慣化のなかに沈潜しているのである。指導者たちはその学習グループやそのチームに適する代行類化形態という貴重な経験知をもっていることが多いのだ。生徒たちの個々人に適した代行形態化を構成できないままでは，多くの生徒に通底する類的代行形態を導き出せるはずはない。しかし，その生徒たちや選手の個々人に有効な目標像を構成する営みは，ほとんど学習者に丸投げされている昨今である。その目標像は学習者個人の自得美意識に委ねられ，一般の教師は本質可能的な代行適合化に関与しないことが一般化しているのだ。それを生徒たちの自得に任せるか，指導手続きに入れるかは指導実践の処方化領域の問題であり，いずれにしても，代行適合化の問題圏は，その身体発生分析の志向対象として次項に送られることになる。

(d) 代行適合化の実践知に向き合う

こうして，我々はやっと代行分析の最終段階に辿りつくことになる。そこでは次の促発処方化分析への架橋的役割をもつ代行適合化の本質可能性が主題化される。指導者によって構成される代行形態化分析は，たしかに学習者の〈今ここ統握〉に即したキネステーゼ感覚の形成位相を確定できる本質可能性をもってはいる。しかし，そこで構成された代行形態化をそのまま学習者の習練対象に取り上げるわけにはいかない。その場合における学習者のキネステーゼ感覚形態化には，わが身にありありと感じとる〈原的直観〉[49][深層：§48参照] としての重層的かつ多襞的な原的志向体験の変様態が見られるからである。その学習者の形成位相をよく見極める必要に迫られているのはこの意味においてである。その生徒に今ここで現に統覚化作用が働いているとはいっても，その場合になじみ地平からやっと探索への触手が動き出した位相にいるのか，価感

---

[49] Hua. III. § 19 - ②・③ S.36f. 邦訳：イデーン I-I, 第19節 - ②〜③ 104〜105頁

覚の取捨選択の地平にいるのかによってはキネステーゼ感覚の〈形態化目標像〉は個人によって区々であるから，その〈適合化目標像〉を慎重に見極めなければならない。

　統覚化作用の今ここ統握を無視したままに，代行形態化の処方素材を構成することは学習者の拒絶反応を誘う危険があることを知らなければならない。だから，統一的な意味付与に成功した〈代行形態化〉であっても，学習者という自ら動く主体の〈原発生地平分析〉を欠かすことはできないのである。このようにして，そこではさらに学習者の形成位相に即した〈代行適合化〉の本質可能性に基づいて，代行形態化がさらに個人的な原的適合化を充実する営みに移行しなければならなくなる。このような実践的な処方化領野に入る架橋的役割をもつ〈代行適合化能力〉は一般に〈実践知〉と呼ばれてよく知られている。老練な教師やコーチはこの実践知をその胸三寸に収めていても，それを普遍化する段になると，そこにいろいろなアポリアに立ち塞がれているのは周知の通りである。動感伝承世界では，そのパテント化の問題圏とその理論化の問題圏がいつも錯綜している。しかも，その理論化問題は科学主義がその行く手の道を阻んでくるから，その身体発生の実践知は容易に日の目を見ることはできないのだ。それを正面から取り上げている現象学的な身体発生分析論の道がすでに拓かれていても，それに立ち向かう実践指導者が沈黙を守って動かないのは遺憾としか言いようがない。とは言っても，その適合化能力の原発生地平への道が十分に拓かれていないところにも問題が潜んでいるようである。

　このような微妙な代行適合化の現象野においては，学習者自身のキネステーゼ感覚素材を生かした〈代行模倣化〉と学習者の位相に共動感化した〈代行形態化〉との擦り合わせが主題化されなければならない。いわば，学習者の形成位相に即した代行模倣化と形態化されるべき地平分析を踏まえた代行形態化との間の〈動感化隔たり〉を確認する役割がまずもって前景に立てられなければならない。この本質可能的な〈動感化隔たり〉を無視して，学習者にいきなり修正指示を出しても，それは学習者の原発生における動感世界になじむはずもない。強引に反復訓練を指示すれば，せっかくの有効な代行形態化も学習者のキネステーゼ感覚身体が拒絶反応を起こしてしまうだけである。いわば，それは医療における臓器移植に現れる拒絶反応の現象にも似ているのだ。それは指導者の〈処方化分析能力〉に懸かっていることは言うまでもない。従って学校体育の自ずと動ける身体発生学習では，オプティマム原理に基づき，アスリー

トたちのエートスの身体発生コーチングはマキシマム原理に基づいた代行目標像を構成することが肝要になる。その上で，それぞれの形成位相の地平構造における多層的な階層に適合できる〈代行適合化目標像〉が選び出されることになる。そこでは，指導者の形態形成化における図式化領野と高次元の自在洗練化領野の志向性分析は，適合構成化の〈的確性〉を保証する前提となることを見逃してはならない。つまり，伝承発生に関わる現象野においては，その普遍的な身体発生基盤を成す動感身体性の〈形態化現象野〉にその基柢を据えなければならないのだ。こうしてやっと，指導実践における代行適合化の目標像を構成する起点に立つことができるからである。

§ 18. 形なきものの形を問う

(a) 身体発生の欠損態を追う

我々はこれまで他者の自己運動の超越論的反省を起点として，敵方と味方の選手を問わずにそれらの自己運動に向き合い，さらに物的対象も含めてそこに身体発生する謎に満ちた様々な時間化の発生現象を取り上げてきた。そこで我々が超越論的反省の態度をとるとき，その時間化作用に志向含蓄的に潜んでいるキネステーゼ身体発生の志向対象性をもう一度改めて確認しておかなければならない。それは多かれ少なかれ，競技スポーツがその勝敗決定を数学化された時空間の定量データに依拠しているから，それだけにその運動分析も物理的な〈位置移動〉[50]をその普遍的運動基盤とした自然科学的手続きに傾斜してしまうのかもしれない。しかし，我々は動感意識（キネステーゼ）という時間流の原発生地平に隠れているコツとカンが一元化された身体発生現象に直に向き合うことがまずもって先決である。それぞれの競技領域に現れるコツとカンが同時変換する奇妙な身体発生現象は，すべて未来予持の動きを先取りする相即的な出会いを求めて探っていくのである（プロテンツィオーン/コヘレンツ）。言うまでもなく，従来の物的身体そのものの科学的運動分析でその謎を開示することは不可能だからである。いわば，我々は日常的に，競技スポーツにおける自己運動の場合に，その自我身体のキネステーゼ意識の突然の消滅現象に苦悩し，全く予期しない偶然のマグレ成立に狂喜する事態にいつも向き合っているのだ。それらの奇妙な先（プリウス）も後（ポステリウス）もなく，全

---

50 Landgrebe, L.: Prinzipien der Lehre vom Empfinden, 1954 In: Der Weg der Phänomenologie, S.117, 1963 Gütersloher Verlagshaus
邦訳：現象学の道，V．感覚論の諸原理・⑭ 188頁

く同時に変換する自ずと動く〈身体発生現象〉は，競技実践では当たり前の出来事であり，それはまさに反論理的現象そのものに他ならない。そのような因果決定論を否定する現象を科学的運動分析で本質必然的に開示できるはずはない。だから，競技する身体運動の科学的な〈因果決定的分析〉と現象学的な〈身体発生的分析〉の両者はそこに本質必然的に乖離した方法論をもっているのであり，それは決して二者択一的問題ではありえない。そこでは，それぞれに固有の本質的価値を保有しながら，さらに〈上位の協力〉こそ不可欠だというボイテンデイクの〈人間学的運動学〉[51]（1948~1956）は，その問題解決に改めて〈人間学的生理学序説〉（1967）を見事に体系化し，そこでこの奇妙な同時変換する反論理的現象が身体発生的分析論として開示されているのは周知の通りである。その貴重な示唆を我々に与えてくれてから，もう半世紀以上の歳月が流れているのに，依然として身体発生的分析を非科学的だと批判するのは，競技の勝敗決定が数学的時空間を普遍的基盤としているからであろうか。それはスポーツ競技論そのものの問題性に起因しているとしか考えられない。この根源的な競技文化論の開示を待つしかないのだ。それは遺憾としか言いようがないこと頻りである。

　ここにおいて，我々は「幾千年来我らの祖先を孕み来った東洋文化の根柢には，形なきものの形を見，声なきものの声を聞くといったようなものが潜んでいるのではなかろうか」[52] という西田幾多郎の言に注目せざるをえなくなる。我々は前段［§15‐(a)］においてもすでに，大相撲の横綱が「立ち会いのとき，掴むべき締め込みの位置が光っている」［若乃花］と言い，サッカーの名手が「センターリングされたボールがヘディングシュートして欲しいと私に近づいてくる」[Kohl, K.: Zum Problem der Sensumotorik, S.27ff. 1956] といった風変わりな表現を取り上げて問題を提起している。しかし，そんな主観的な単なる運動意識は分析に値する何の意味もないと唾棄され，その奇妙な発言を嗤い飛ばしてしまうほど昨今の科学主義はますます力を得ている。たしかに，力士の締め込みも，蹴られて飛んでくるボールも，それは物的対象だから布の前褌が〈光る〉はずもないし，飛んでくるボールが〈発言する〉はずもない。ところが，競技の動感世界に生きるアスリートたちはその奇妙な〈声なき声〉聞き，〈形なきものの形〉を見抜く実践的な〈身体発生能力〉に現に向き合っているのだ。だから，それ

51　Buytendijk, F.J.J.: Allgemeine Theorie der menschlichen Haltung und Bewegung, S.30　1956 Springer Verlag
52　西田幾多郎：「働くものから見るものへ」序，岩波文庫，西田幾多郎哲学論集 I, 36 頁

§ 18. 形なきものの形を問う　155

を嗤う競技者は誰一人としていない。自らの身体発生能力を信じ，そこに機能する自ずと動ける身体発生だけを頼りに動くアスリートたちにとって，コツとカンの同時変換する身体発生の現象は，まさに不可疑的な〈原事実〉[53]［深層：§35参照］に他ならない。自我の身体発生能力だけを頼りにするしかない選手たちは，未来の動きを先読みして同時に動ける動感身体性の様相変動に一喜一憂しているのだ。外野手がフライボールを追って走り回るときには，ボールとの息詰まるような〈対話〉をやり取りしながら，カンを働かせて捕ろうとしたら〈コツの欠損態〉に思わず悔しい思いをすること頻りなのである。その時にボールを追うカンとボールを捕るコツの〈相互覚起機能〉[54] は外部視点からは見えるはずもないし，どんな超高速の映像にも捉えられないのだ。

そのコツとカンが一元化した相即的な〈動きかた〉には，まさに西田幾多郎の言う〈形なきものの形〉に潜む〈キネステーゼ欠損態〉[55] が原本能の〈ゼロキネステーゼ〉を相互覚起してくれるのだ。その動感意識流の原発生地平に潜む含蓄潜在態の〈形なきものの形〉をアスリートたちはわが身に，いわば機能する動感身体性のなかに，ありありと〈直観化〉できるのである。ところが，それを高速の映像分析で科学的に捉えようとしても，そこにはその選手の瞬間静止像のシリーズしか呈示されていない。それは単なる物的対象である選手の一連の瞬間像だけであり，膨大な数における無意味［没価値感感覚的］な静止像の羅列しか存在してないのだ。しかしその選手はボールの〈声なき声〉をその動感メロディーのなかに聞きとり，形なき動きの〈かたち〉に即興的に，いわばわが身に思わず知らずに相即現象が生じるからこそ捕球に成功するのである。そのような相即現象は，どちらが先で，どちらが後かという順序は存在しないから，因果決定論の科学的運動分析では手に負える現象ではない。それをヴァイツゼッカーが〈ゲシュタルトクライス〉と呼んだことはよく知られている通りである。我々の競技世界でコツとカンが一元化された身体発生のとき，つまりキネステーゼ身体感覚が機能する〈今ここ〉の原発生に潜んでいる志向含蓄態は，いつも必ず沈黙したまま機能しているのだ。だからその動感欠損態に出会って動けないときに，はじめてその一元化身体発生現象の存在に気づかされることになる。この不可疑的な絶対事実性をしっかりと〈今ここ〉に統握し，開示することこそ原発生における地平分析の固有な役割の一つに他ならないの

53　Hua. XV. Text‐Nr.22‐㉓ S.386　邦訳：間主観性の現象学Ⅲ，テキスト Nr.22‐㉓ 534頁
54　Hua. XIV. Text‐Nr. 35‐⑰ S.531　邦訳：間主観性の現象学Ⅱ，テキスト Nr.35‐⑰ 217頁〜
55　Hua. XV. Beilage XIX‐② S.329　邦訳：間主観性の現象学Ⅱ，付論 XIX‐② 145頁

である。

(b) 他者の身体発生を見抜けるか

　人間の有意味な動きとしての〈実存運動〉を，いわばその実存的な〈自己運動〉[56] を，ボイテンデイクに倣って，〈自ら動ける〉というキネステーゼ感覚の機能する身体運動と捉えても，そこにも多くの生理的反射運動が働いているのは言をまたない。ところがその一方で，生理反射の神経回路を表すその反・射・弓に属さない〈連動原理〉[57] と言われる奇妙な〈動きかた〉も存在している。例えば，私が何かを見ようとすると，その方に顔が独りでに向き，その首の動きを意図的に抑制すれば，狡猾な表情が際立って異様な感じを人に与えてしまうのだ。それどころか，空を飛ぶ蝶を目で追うときの無意識な動きの様相変動は，主観身体と周界との相即的な一元性を示しているのだ。その場合，全く予期できない舞い飛ぶ蝶の動きかたを望遠鏡ではとても捉えられない。その見事な例証を通して，ヴァイツゼッカーはコヘレンツ現象を我々に分かりやすく開示してくれる。その具体的な例証分析はすでに貴重な意味発生のノエシス契機を触発することになるが，同様な出来事は競技世界ではその例証にこと欠かない。

　ところが，そのような〈直進的〉に知覚し，さらに想起し，価値感覚するなどの日常的生活世界の〈自然的反省〉ではなく，〈知覚そのもの〉に向き合って，原発生地平に潜んでいる原的直観の働く〈超越論的反省〉[58] が新たに浮上してくるのだ。その志向対象はいつも必ず存在していたのだから，静態分析によってそれまでにすでに完了した身体発生の様相変動も開示しておかなければならない。しかし，そのような構成的静態分析が取り上げられることは極めて珍しく，何故か放置されてしまうのだ。例えば，二の腕の力こぶを誇示しようとすれば，手首は自ずと曲がるが，その手首を反対方向に，いわば背・屈すると，弱々しいしぐさに姿を変えてしまうから，まさに〈演劇の知〉［中村雄二郎］の奥深さに一驚させられること頻りである。いわば，我々の生ける身体運動の世界には，生理学的反射ではない〈連動する動き〉，つまり同じ方向づけをもつ動きが受動発生する出来事にボイテンデイクが注目するのはこの意味においてなの

---

[56] Buytendijk, F.J.J.: Allgemeine Theorie der menschlichen Haltung und Bewegung, S.43 Springer Verlag 1956
[57] Buytendijk, F.J.J.: dito., S.102ff. 1956
[58] Hua. I. § 15 - ① S.72ff. 邦訳：デカルト的省察，第 15 節 - ① 69 頁以降

§ 18. 形なきものの形を問う　157

である。コツとカンが一元化された身体発生能力は，生理反射に従わずに驚異的な価値感覚を受動発生させるかと思えば［オーヴァーヘッドシュート］，意図的に生理反射を抑制する動き［鉄棒：三回宙返りの首竦め］も可能にしてしまう謎に満ちた身体発生能力を生み出すのだ。だから，生理学主義の古典的スウェーデン体操は窮地に追い込まれて久しいが，それなりに習慣化身体の世界も拓かれて，その醍醐味を楽しむファン［ラジオ体操の会］も少なくないのだ。

　動感伝承における身体発生現象の実践現場においては，このような連動現象のノエシス契機を捉える〈実的分析〉[59]は日常茶飯事として多様な様相変動を伴う〈動感親和性〉［深層：§ 59参照］を生み出している。例えば，逆上がりをやりたいとその心が逸ると，子どもは頭部の〈背屈反射〉［緊張性頸反射］が働いて身体が反ってしまい，腕が曲げにくくなってしまう。身体発生能力の機能しない経験不足の教師は，そのとき腹筋と腕の屈筋のトレーニングを処方するが，老練な先生になると，その長い実践経験から，逆上がりを成功させる〈動く感じ〉をよく心得ている。そこでは，その奇妙な反論理性を見抜いて，生理学的反射を遮断する方法，例えば〈閉眼法〉を処方化するのはよく知られている。つまり，腕を曲げて体を鉄棒に引き寄せるには，上目遣いに首を竦める〈頭部腹屈〉の連動原理に従う〈モナドコツ〉［我々のコツ］を即座に取り入れるのだ。さらに，ボイテンデイクの言う連動原理に基づく動きかたは，舞踊や演劇の表現世界のなかでは，理屈抜きの実践可能性として利用されていることに言を重ねるまでもないであろう。

　このようにして，因果決定論的な生理学的反射は，動感発生分析からエポケー［判断中止］されているが，さらに〈気分づけられた身体〉が生み出すパトス的な動きは，感覚質の身体発生的分析に主題化されていることも見逃すわけにはいかない。つまり，マグレの偶発現象に至るまでの統覚化領野を否定，疑念，可能性の層位に向き合って慎重に〈様相化分析〉[60]するときには，とくにボイテンデイクの〈連動現象〉に注目することが求められるからである。すなわち感覚素材が何となく疑わしく，動く感じに〈当て外れ〉が起こるときには，知らぬ間に連動現象が際立っていることが少なくないからだ。その必然可能性は〈統覚化〉のときだけでなく，〈修正化〉でも起こりうることは，現場の動感指導者はすでに知悉しているはずである。とりわけパトス的なカテゴリーが

59　Hua. III. § 97 - ①　S.201ff.　邦訳：イデーン I - II，第97節 - ①〜
60　Hua XI § 5 - ①　S.25ff　邦訳：受動的綜合の分析，第5節 - ①　45頁

絡み合うときには，いわば〈そうやりたいのにできない〉〈やろうとしてもできない〉といった深刻な〈パトス的葛藤〉に苦しむときには，独りでにこの運動現象が姿を現してくるからである。このように無意識に連動する動きは，独りでに身体発生する〈必然可能性〉[61] をもつだけに，その感覚質の様相変動に向き合うことが求められる。大相撲の力士たちが「私の身体(からだ)が勝手に動いたから勝てた」と他人事のような言い方をするのは欠損態の妙を示して余りある例証である。さらに，見事なシュートをしたサッカー選手も「感覚だけでシュートを打ったので何故かと聞かれても答えようがない」と言う。「私の身体(からだ)に覚え込ませてあるから，それが勝手にシュートを打ったのだから私に聞かれても困る」と答える選手たちは，借問を続ける分析者にとっては全く取り付く島もない。このようにして，コツとカンという目に見えない動感(キネステーゼ)意識分析の起点には，すでに「一つの矛盾が潜んでいる」というフッサールの指摘に注目せざるをえなくなる。というのは，「コツとカンの身体能力は目に見えない」と言うと，科学的運動分析の立場から直ちに反論が起きてくる。フッサールは感覚与件の呈示感覚と動感(キネステーゼ)感覚との関係に立ち入って「我々の論議のはじめには，すでに一つの矛盾が存在する」[62] と言って，何よりもまずその身体発生に注目させようとするのだ。つまり「我々はたしかに，視覚による事物や空間と位置の視覚構成を考察しようとするが，そのはじめには身体運動がすでに取り込まれている。だから，それによって運動感覚(キネステーゼ)はすでに射程に入っているのだ。ところが，その運動感覚それ自体は，視覚内容の枠組みに属してはいない」とフッサールは断じるのである。コツとカンによる身体発生の一元化現象を科学的に分析しようとして超高速の映像機器を持ち出す分析者が後を絶たないのは，100年以上前に講義したフッサールの「物と空間」［1907夏学期講義］のこの一文を未だに信じられないというのか。それを直観的に統握して発言するアスリートたちを非科学的な感覚的表現だと侮蔑する科学者はヴァイツゼッカーの言う野次馬(キービッツ)以外の何者でもない。その事態を説明するには，「何かを見ようとすれば，知らずに自然とそのほうに顔を向けてしまう」と言うボイテンデイクの〈連動原理〉[63] の例証を指摘するだけで十分であろう。そこでさらに，わざわざ視感覚や触感覚と身体運動の絡み合いの例証分析を呈示して言を重ねる必要はないからである。

61　Hua. III. § 145 - ④ S.302f.　邦訳：イデーン I - II，第 145 節 - ④ 310 頁
62　Hua. XVI. Ding und Raum , §46　S.159f. - ①〜
63　Buytendijk, F.J.J.: Allgemeine Theorie der menschlichen Haltung und Bewegung, S.102ff. 1956 Springer Verlag

(c) 他者の身体発生基盤を構成する

　昨今のスポーツ領域においては，未だに 17 世紀におけるロック感覚論の呪縛が解けない人も決して珍しくはない。その人たちにとっては，コツとカンが同時に変換できる奇妙な身体発生の働きでも，それを直接に映像化して目で見ることができると信じているのに驚かされること頻(しき)りである。しかし，身体発生現象は因果決定論に反しているから，その科学的分析が成立しないのは論じるまでもない。ところが，そこに可視的な身体運動が現に実在するのだから，それを高速映像機器で捉え，精密な映像分析によって〈解析〉[数学的解析学](キネマトグラフィー)すれば，コツとカンの奇妙な身体発生の謎を解くことができると考えるのだ。そのとき，映像化されたキネグラムはアニメーション映画の〈ファイ現象〉[パラパラ漫画] が働いて，現に動いて見えるのだから当然可能だと断じて憚らない。そこでは，〈形なきもの〉の〈かたち〉をわが身で感じとり，その原発生地平の志向含蓄態を身体化するわが国古来の技芸(わざ)の道は，古くさい非科学的素朴さ以外の何ものでもないと唾棄されるのだ。ベルクソンが「運動は絶対に分割できない」[64] と指摘 (1889) し，「キネステーゼ感覚は視覚で捉えられない」とフッサールが明快に講義 (1907 夏学期) しても，〈科学的思考〉に慣れ切った我々にとって，ロックの呪縛はなお強固なままである。メルロ＝ポンティはその〈科学的思考〉こそが私たちを籠絡すると嘆くのはこの意味においてまさに正鵠を射ている。現代の競技領域の運動分析論における運動計測問題に何の疑義も湧かないほど我々は科学的思考に馴染んでいるのかもしれない。今ここの〈遂行自我〉に居合わせるコツとカンの奇妙な身体発生現象を捉えるのには「上空飛行的思考を一切排除して，あるがままに私の身体の感覚世界に回帰しなければならない」[65] とその現象学的還元の不可欠さをメルロ＝ポンティが宣言せざるをえないほど，この問題は深刻さをもっているのだ。

　そもそも〈実存的身体〉の動きそのものは，その静止像と静止像の間にしか存在しないから分割できるはずはないと説いても，それは哲学者の単なる詭弁でしかないと耳を貸そうとはしない。こうして，超高速映像から取り出したキネグラムは，静止像間の時間流をどんどん消去していく事態に気づかなくなっているのだ。遂には，ゼノンのパラドックス[拙著：わざの伝承，「運動のパラドックス」125~129 頁参照] に陥ってしまうことになる。とは言っても，映像分析(キネマトグラフィー)が

64　Bergson, H.: Essai sur le données immédiales de la sonscience,1927 (1993) p.82~86, Quadrige　邦訳：ベルクソン全集 1, 22 頁, 1993　白水社
65　Merleau-Ponty, M・L'Œil et l'Esprit, op.cit, p.12　邦訳：眼と精神，255 頁

身体発生的分析に不要だというのでは決してない。一連のキネグラムから、それどころか、ホドラーの名画〈木樵(きこり)〉に見られるように、たった一枚の静止画像からでも動感(キネステーゼ)メロディーを感じとれる人は決して珍しくはないからである。その木樵が斧を振り上げた様子を見た途端に、思わず息を大きく吸い込んで、次の振り下ろしの勢いを体感できる人も少なくない。その人は、ホドラーの名画を〈目で見る〉のではなく、自らの身体で観ているのであり、いわば自らの身体感覚で原的(オリギネール)に〈形なき形〉を直観しているのだ。むしろ、その奇妙な身体発生能力の分析に関しては、すでに現象学に拓かれている超越論的反省という手続きが改めて問われなければならない。そのために、超越論的構成分析として、まずその静態分析に向き合うことから始めることになる。その静態分析によって取り出された完了済みの身体発生基盤の上に、改めて可能態(デュナミス)としての身体発生的分析を施して、本質観取能力、いわばフッサールの〈沈黙する具体相〉、西田の〈形なき形〉の直観形態(ゲシュタルト)能力と借問能力の統合化の道に入ることこそ、発生的運動学の喫緊の課題となっているのである。

　我々はこのようにして「運動感覚そのものは視覚内容の枠組みに属していない」というフッサールの指摘がいかに重大な意味をもっているかに気づかされることになる。フッサールの意味するキネステーゼ感覚とは、自我身体の動きに潜む〈動く感じ〉そのものである。その動く絶対主観性その人の〈動感意識〉が外部視点からビデオ映像に再現できるはずもない。そこで可視化された身体運動は、すでに生気を失った単なる物的身体の瞬間像の位置移動でしかないのだ。我々の身体発生的分析がその志向対象として取り上げるのは、私の〈身体物体〉の生ける固有領域の内在経験に潜んで、黙して語らない〈キネステーゼ意識〉そのものなのである。その自我身体のキネステーゼ意識は本質必然的にその本人にしか統覚化されないのは自明なことである。その身体発生現象を他人が類推することはできても、原的(オリギネール)にありありと身体化できるのは〈私の身体〉そのものである。精密科学としての心理学的行動分析は、コツとカンそれ自体の価値感覚に潜む動感(キネステーゼ)志向性を解明する〈意識分析〉ではない。それは物理時空系における物的身体の位置移動プロセスからその行動メカニズムを導き出す方法論に他ならないのだ。そこでは、運動主体に潜む動感(キネステーゼ)メロディーを開示する〈実的分析〉(レエール)、いわば運動意識の〈内在的経験分析〉はすべて排除されているのは喋々するまでもない。我々の発生的運動学では、動感身体に発生する〈動ける感じ〉、〈動けない感じ〉を秘かに蔵(かく)している他者運動に向き合っ

て，そこに自ら身体移入して，その他者の動感世界に越境していくのだ。そこから生ける動感ヒュレーを取り出し，その〈原構造〉[66][深層：§62‐④〜⑤参照]の身体発生現象に迫っていくのである。ここにおいて，我々の発生的運動現象学はキネステーゼ感覚に機能する身体発生現象に直に向き合って，超越論的反省の態度をとることをここで確認しておかなければならない。そのためには，まずもってその超越論的構成分析における志向性分析の役割について，その分析の道しるべを次節から順を追って確認していくことになる。

---

66 Hua XV Text Nr. 22, S.38　邦訳：間主観性の現象学Ⅲ，テキスト Nr. 22． 534 頁

［Ⅱ］ 他者運動分析の道しるべ

§19. 他者の身体発生に向き合う

(a) 芸道の自得精神を問い直す

　我々はこれまでに自己運動の反省のみならず，他者運動，つまり他者の自己運動の代行分析も含めて，運動意識の反省を記述分析する問題圏についてその大略はすでに見ている。しかしこの問題圏には，とりわけわが国古来の芸道との関わりが深いだけに，そこには技芸伝承に関わる家元制度や流派継承の仕来りなど，歴史身体に関わる〈通時的淘汰性〉の問題［拙著：スポーツ運動学，276~282頁参照］が絡み合って，我々の行く手を執拗に阻んでくる。結局のところ，ある難しい技芸を身体化するには，その自らの〈動く感じ〉を原発生地平にまで遡って，そこに潜む志向対象に自己時間化分析を施さざるをえなくなる。しかし，他者の自己運動に潜む動感意識の純粋記述に入ろうとすると，その超越論的反省の態度はさらに複雑さを増してくる。そこには，他者のパトス的判断の志向対象の関わりも加わるから，一層その道は厳しく阻まれることになる。その他者はそのキネステーゼ意識を「言えるけれど言いたくない」のか「分かっていないのに言える振りをする」のか分からないのだ。となると，我々はそのパトス的事態を巡る様相変動の微妙なニュアンスの違いにも苦しめられることになる。その身体発生現象のキネステーゼ意識の多様な様相変動は，伝承世界特有の在り方とも絡み合って，我々の志向性分析の道を執拗に阻んでくること頻りである。その具体的な問題は後段に送るとしても，動く感じの記述分析には，その〈創発〉と〈促発〉の絡み合いも含めて，〈動く感じ〉の言表問題とその〈伝承発生〉の手続き問題は多くのアポリア［難関］に阻まれることをまず確認しておかなければならない。

　ところが，戦後になって科学的運動分析が主流になってきたわが国の体育や競技の領域では，単なるコツとカンといった主観的な〈動く感じ〉を反省するだけでは客観的妥当性に欠けると批判されること頻りである。単なる主観的なコツとカンに依存した技芸伝承の方法論は一方的に排除されていった戦後の事情から当然の成り行きかもしれない。それに代わって，生理学や力学などの科学的運動分析に基づいた合理的な学習やトレーニング法が求められるようにな

§ 19. 他者の身体発生に向き合う　163

ってきたのだ。とりわけ、17世紀以来の感覚与件に基づいた〈ロックの呪縛〉がまかり通っている体育領域では、生理学主義の体力トレーニングが急浮上し、その学習展開はマネジメントの合理的方法論が真っ先に取り上げられている。ところが、競技に生きる選手たちは自らの動く感じを確信できなければ、緊迫した競技場面で勝負できないのだ。だから、自らのコツとカンに頼る身体発生分析の手続きを捨てるわけにはいかない。その手続きが科学的かどうか、私秘的な感覚的反省が学問的に妥当性をもつかどうかには全く無関心なのである。そこでは、自らの競技力の向上を保証してくれる手続きだけがその正否の基準になるからである。その科学的正統性は勝負の世界にとっては〈どうでもよい〉のであり、自らの〈動く感じ〉の厳しい超越論的反省なしでは、とても緊迫した勝負に立ち向かえないのだ。アスリートたちはひたすらコツとカンの同時変換できる身体発生能力に頼るしかないのである。しかし、自ら動くときの身体感覚をどのように身体化して、そこに〈絶対の確信〉をどのように掴むかに関しては、誰にも頼れずに自得する茨の道しかないことを選手たちはよく知っているのだ。その未来の動きを身体化する身体発生分析が甘かったら勝負の世界に生きることは全く不可能であり、競技によっては、生命の危険に曝される重大事になることも珍しくないのだ。わが国古来の技芸伝承の芸道では、師匠が自らそのコツとカンの掴み方を教えてくれるはずもない。師匠はそのコツとカンを知悉していても、何も言わずにひたすら自得するのを待つのが「技芸伝承の鉄則だ」と断じて憚らないのは周知の通りである。すべてのキネステーゼ身体発生の同時変換する一元化作用［志向体験］は、誰の助けもなく〈無師独悟〉で自得させるのが技芸伝承の芸道における固有の方法論ということになる。となると、師匠不要論をぼやきたくなることも頻りとなる。

　こうして、そこではコツとカンの一元的身体発生能力のすべてを自ら超越論的反省の態度に徹して、〈絶対確信〉の身体発生能力を目指して果てしない芸道を独りで歩いていくしかない。その果てしない道を辿るときの超越論的反省する自我には、もう一人の独りの〈現象学する自我〉が息づいていると発生的運動学は唱道する次第となる。だから競技する世界では、自得する自我に〈自我分裂〉が起こって、遂行自我を助けてくれる〈現象学する自我〉との相互覚起で勝負を打つことになるのだ。この超越論的反省の態度における自我分裂については、すでに序章［§3-(b)］と第Ⅰ章［§6以降］で考察済みである。自己運動の分析方法論について、その自らの超越論的反省の手続きを体得していな

い選手は，厳しい勝負の世界で生き延びていくことは到底できないのだ．とすれば，競技世界で勝利への道を辿る選手たちは，その動感意識分析の具体的な手続きの仕方もその身体発生能力の多様な様相化についても貴重な動感発生経験をもっているはずである．いわばボイテンデイクの言う〈身体知〉ないし〈感覚論理〉が曲がりなりにもそこに身体化されているからである．しかし，その身体発生現象に関する純粋な記述分析はついぞ開示されることはない．仮にそれを実践知の研究論文として発表しても，昨今の科学主義一辺倒のスポーツ領域では，その主観的な単なる感覚記述は客観的妥当性の欠落として批判され，唾棄されてしまう羽目となる．その貴重な未来志向的な身体発生能力は本質必然的に絶対主観性の世界に息づいているのだから，本義的に自然科学の〈実在分析〉とは異質な現象野に存在しているのは論をまたない．そこには，わが国古来の芸道における〈相伝〉というパテント問題や秘伝伝承世界の〈以心伝心〉という自得の構えがその原発生の深層意識における超越論的反省の態度を阻んできたのかもしれない．

　しかし，絶対ゼロ点における〈今ここ統握〉という原現在に遡源する超越論的反省そのものが否定されているのではない．フッサールが「曖昧なドクサ経験の領域に帰還せよ」[67] と唱道して，そこに〈間身体性〉の道を拓いていったのもこの意味においてである．それどころか，わが国の中世における技芸伝承の世界においても，そのことが秘伝書として遺されていることは周知の通りである．しかし，その秘伝書の意味内実が理解できない，奇妙な表現であることも事実である．例えば，世阿弥の〈離見の見〉や宮本武蔵〈観見二様のこと〉のような表現に終始しているので，その深層意識を〈身体で読む人〉にしか開示できないことになる．その動感意識の深層位に遡源しなければ，何一つその謎に満ちた身体発生能力に出会えないことを現代のアスリートたちも本質可能的に知悉しているのである．たしかに，コツとカンが一元化して微妙に同時変換するという反論理性をわが身で了解し，そこに機能する動感身体性の機微を言語化することはそう単純なことではない．我々は前段の§5と§6ですでにコツとカンと言う表現が一方的に貶められ，非科学的という烙印を押される理不尽さも指摘している．とは言っても，コツとカンの一元化意味核が先言語的な先反省を前提にしている深層位に位置しているから，その正当な認識が多くの先入見によって阻まれていることも否めない事実である．まして，他者が自

67　Husserl, E.: Erfaherung und Urteil, §6 - ③ S.22　邦訳：経験と判断，第6節 - ③ 20頁

ら動く〈原的直観〉の身体発生分析をどのように開示していくかは困難を極めることになるのは明らかである。しかし、もしそれが開示されなければ、その貴重な身体発生能力という〈伝承財〉はその本人の肉体と共に墓場に葬り去られて、運動文化伝承の道は絶たれてしまうことになる。このことはすでに拙論の随所で強調されてきたが、この事態はそう簡単には解決しそうにない。古代ギリシアにおけるポイエーシス［創作］の実践知としての〈テクネー〉概念や、古代中国の『荘子』に見られる手加減を表す〈数〉という概念［語義：続けて叩く、攻める］以来、物つくり職人のコツとカンは、神秘的な〈感覚論理〉や〈身体知〉[68] としてその秘伝性が繰り返し問題にされている。それが中世までは、宗教的な秘密儀式として世を動かしてきたことも、すでに拙著［わざの伝承：220~235頁参照］で立ち入って考察している。しかし、フッサールのキネステーゼ感覚論の講義に先立つこと数世紀も以前にわが国の技芸の方法論、いわば技芸の道においては、すでに芸道という身体発生論が成立していたことを我々は見過ごしてはならないようである。

(b) 身体発生は自然法則をエポケーする

ところが西欧においては、14世紀末葉に始まる〈ルネサンス〉[Renaissance]と呼ばれる文芸復興期の後は、一転してコペルニクスの地動説に始まる17世紀の科学革命期に入るので、様相がまるで一変してしまう。ガリレイの数学的運動学、デカルトの身体機械論、ニュートンの絶対運動論などを通じて、次第に合理的な因果決定論に基づく運動認識論が主流となってくる。それまで謎に満ちたコツとカンと呼ばれていた神秘性は、新しい自然科学によって問い直されることになる。その秘伝的な身体知能を秘儀化することは、単なる欺瞞的な見せかけでしかないと批判される羽目となる。デカルトは主観的で曖昧な身体感覚を排除して、新しい機械論的身体認識論を『方法序説』(1637)で世に問い、さらにニュートンはその『自然哲学の数学原理』(1687)のなかで、一様に流れる絶対時間と動かない絶対空間を座標軸にした〈絶対運動〉こそが客観的運動の〈不可疑的明証性〉をもつと断じたのは周知の通りである。このような17世紀のいわゆる〈科学革命〉の後では、コツとカンという端的な内在経験は合理的な因果決定論に基づく機械論的な物的身体現象に置き換えられることにな

---

[68] Buytendijk, F.J.J.: Das Menschliche der menschlichen Bewegung, S.186 In: Das Menschliche, 1958 Koehler Verlag

る。そこでは，ガリレイの慣性法則に始まり，加速度は力の作用に比例し，その力の方向に起こる運動方程式，あるいは作用・反作用原理や平行四辺形原理といった客観的運動法則に基づいた身体運動だけが分析対象に取り上げられる。その他の身体感覚から生み出される主観的な〈動く感じ〉の言表ないし記述はすべて貶められ排除されてしまう。たとい不世出の名選手の見事な動きや振る舞いでも，すべてニュートン運動学の数学的時空座標系のなかで，はじめて万人に説明可能な客観的位置移動として承認されることになる。いわば因果決定論として分析できない身体運動は，科学的分析に値しない単なる思い込み対象として，つまり〈ドクサ経験〉の単なる主観的記述として排除されてしまうのだ。このような科学主義的な運動認識は現代においても，とくにスポーツ科学で全面的に支持されているのは言をまたない。とりわけ，定量分析のデータだけを勝敗決定の資料に取り上げる測定競技は，勝敗決定の清冽な美意識とその公平な判断基準が多くの人たちに熱狂的に支持されている。しかもその客観主義はその他のサッカーなどのレフリーによる判定競技のみならず，フィギュアスケートや体操競技の評定競技さえも巻き込み始めている昨今である。

　ところが，その躍動する競技の身体運動を科学的に分析して，そこに客観法則を開示して，勝負を賭ける生身の選手にその法則を適用しようとしても，直ちにその動きが良くなるとは限らない。そこでは，今までの習慣化された〈動きかた〉がその修正にしつこく反逆するからだ。そのメカニズムを生身の動きかたに生かそうとしても，その新しいキネメロディーはその反逆身体に拒否されてしまうのだ。となると，その運動メカニズムを身体化するには，選手の生理学的体力条件を改善し，その物理学的不合理さを是正し，あるいは心理的抵抗を回避するメンタルトレーニングに入るのが一般となる。それもうまくいかないと，その学習マネジメントを改善し，そこに意欲的な学習を活性化しようとする。ところが，それらの身体発生の志向体験は科学的な自然法則それ自体とは直に通底してはいない。それらはすべてキネステーゼ感覚の身体発生問題に他ならないからだ。そこでは，その物的身体の条件不足を科学的トレーニングに託しても，結局「どのような感じで動けばいいのか」は，いつも不明のままに放置されたままである。だから，すべては遂行する本人の自己責任に丸投げされるしかない。それらの科学的コーチング論は，外部視点から選手の生理学的，物理学的ないし心理学的行動分析のデータに基づく粘土細工的なコーチング論でしかない。そこでは，心身二元論の科学的運動分析が主題化されてい

§ 19. 他者の身体発生に向き合う

るだけである。運動と知覚の一元論に基づく新しい人間学的運動現象学の分析対象となる身体発生現象は依然として気づかれないままである。ボイテンデイクの主張する現象学的人間学を基柢に据えた〈身体発生的分析〉は一向に取り上げられる気配もないのはどうしてなのか。現に「どう動くのか」という実践可能性はすべて選手たちの遂行自我の工夫に丸投げされているのだ。そこには，遂行自我の〈自己運動〉〈主観性〉と〈身体性〉という根源的な身体発生基盤は未だ拓かれてはいない。そこに潜むその選手たち自身の身体発生的分析が全く欠損態のままになっていることを見逃してはならない。それこそが発生的な〈運動現象学的分析〉の固有の役割であり，選手たちのキネステーゼ感覚の〈身体発生能力〉こそ競技コーチングの〈究極核〉[69]をなしているからである。それはすでにボイテンデイクによって，人間学的運動現象学としての道が拓かれてすでに久しい。もちろん，その道はすでに序章［§1‐(b)‐⑥］から強調されているように，フッサール現象学にその源流が求められているのは論をまたない。そこでは，動く感じを自ら工夫し，身体化できる自己運動が身体発生現象の普遍的基盤に据えられているのだ。となると，肝心の〈身体発生学習〉はすべて選手や生徒たちに丸投げして，指導者は外部視点から生徒や選手たちを管理し，監督するだけとなる。ヴァイツゼッカーから拱手傍観する野次馬と酷評されても仕方がないことになる。そのような外部視点からの科学的コーチングを唱道する指導者は，自らの身体感覚で工夫を強いられている〈遂行自我〉そのものの身体発生指導を自ら放棄していることになる。キネステーゼ身体発生は本人の自得以外に道はないからこそ，その自得学習は貴重な陶冶価値をもつことを教師が説くのは自明のことだ。もちろんその場合，その指導者自身が選手たちの身体発生現象のいかなる変様過程にも即座に対応できる共感可能な〈身体移入能力〉をしっかり身につけているのが前提になるのは喋々するまでもない。

しかし戦後における科学的コーチングの方法論では，外部視点からの客観的分析だけが優先され，主観的キネステーゼ感覚の身体発生学習が生徒自身に丸投げになっているから，肝心のキネステーゼ身体発生分析が取り上げられることは珍しい。その生徒の身体化がうまく機能するには，その生徒の身体発生世界にわが身を移し入れなければ，動きの修正は成立するはずもない。いわば，どんなに精密な運動メカニズムでも，それが生身の身体感覚に〈合体化〉する，

---

[69] Hua. XVII. § 82‐③ S.210 邦訳：形式論理学と超越論的論理学，第82節‐③ 224頁～

つまりその自然法則の身体化が成立しなければ，それは万人に通じる客観的普遍性も明証性も主張できるわけはない。となると，ある新しい動きを学習するのはすべて自得学習しかないし，それを指導する教師がその〈身体移入分析〉もできないのでは，身体発生学習が成立するはずもない。そこには，新しい動きの身体発生方法論が全く欠落しているのである。「どうすればうまく身体化できるか」の方法論は生徒たちに丸投げされているとしたら，何も専門的指導者養成は不要になってしまう。結局，どんなに客観的な運動メカニズムを発見しても，それに選手個人の身体感覚能力に適正に機能しなければ，その自然法則は生ける人間の身体発生に無関係になってしまうのだ。その科学的運動分析は，ロボットの運動発生だけに限定されざるをえないことになり，生きた人間に適用できないとしたら，その運動メカニズムは客観的で「万人に妥当する」と宣言できるはずもない。すでに繰り返し指摘しているように，ボイテンデイクが上位の協力を提唱するのはこの意味においてなのである。そこでは，生ける人間の身体発生分析論との相互関係こそ主題化されなければならない。その客観的な運動メカニズムを価値感覚の機能する実存のアスリートに適用するためには，ロボット運動の発生メカニズムでなく，生ける人間の身体発生現象に関わる〈身体学的発生論〉を欠くことができないのだ。我々の発生的運動学において，歴史身体に基づく身体発生分析論が基柢に据えられているのはこの意味においてである。そこでは，現代スポーツの競技論が新しい問題に直面していることも知らなければならない。昨今のデジタル工学の驚異的発展による競技判定の精密さは，生身の人間の競争システムに大きな問題を投げかけているのは周知の通りである。こうして，精密機器の急速な革新とグローバルな経済問題とが絡み合って，オリンピック大会やワールドカップ大会の開催も大きな社会問題に発展し，さらに競技判定の精密化が不幸なドーピング問題に関わってくる不幸な事態は，まさに今こそ直視されるべき重大事と言えるであろう。

(c) 他者身体発生に越境できるか

しかし一方では，19世紀末葉からの20世紀初頭にかけて，フランスのベルクソンやドイツのフッサールなどの哲学者たちが主題化した生ける身体運動の新しい〈運動認識論〉が脚光を浴び始めているのは周知の通りである。さらに後期フッサールの発生的現象学に影響を受けた精神医学領域でも，1920年以降になると，ヴァイツゼッカーの知覚と運動の一元論的運動学（1933~1940），

§19. 他者の身体発生に向き合う 169

シュトラウスの感覚論的運動学 (1935~1956) やボイテンデイクの人間学的運動現象学 (1948~1956) などが陸続と現れ始める。それらの新しい現象学的運動学が〈漠然性〉を本質必然性にもつ〈形相的形態学〉[70] を基柢に据えたフッサールの発生的現象学にその基礎づけを求めているのもよく知られている。それどころか，これまで支配的だった因果決定論では説明できない身体発生の現象学的分析が主題化され始めている事態はとりわけ注目されなければならない。すなわち，奇妙な身体運動の反論理的な生成消滅現象は，多くの厳密な〈例証分析〉[71] によって，その必当然的明証性がいつも必ず確認されるに至っているのだ。そのような西欧圏における画期的な身体発生分析論の新しい潮流は，当時の盧溝橋事件 (1938-7-7) に始まる第二次世界大戦下のわが国の体育や競技の運動分析論に取り入れられるはずもない。しかし戦後になって，アメリカから導入されたのは科学的運動分析であり，それにイデオロギー的対立を絡めてソ連邦からバイオメカニクス分析も人気を呼んだ。それらは，いずれも外部視点からの科学的運動分析であることには変わりがなかった。ところが，その一方で西欧圏のモルフォロギー的分析［マイネル運動学，フェッツ運動学 1950 後半］なども導入され，競技実践の現場は活気づいて，その超越論的反省を主題化する現象学的運動学は，指導実践の現場から干天の慈雨として歓迎され始めていた。しかし，戦後のアメリカ主導の科学主義的な運動分析に押し切られてしまった感がある。それからすでにもう半世紀以上の歳月が流れているが，それらの科学的分析論と現象学的分析論の本質的区別さえも十分な理解に至っていないのは遺憾としか言いようがない昨今の実情である。

とは言っても，このような長い道程の流れのなかに，フッサール現象学のキネステーゼ感覚の発生論(ゲネアロギー)がわが国古来の芸道伝承の世界［純粋経験の西田哲学］と通底しながら，新しい道が拓かれる実践可能性にやっと新しい方向づけが見え始めているようである。こうして，キネステーゼ感覚質を蔵(かく)した〈自我身体〉[72] が〈そう動いたこと〉に自己責任をとらざるをえない不可避的な〈原経験〉[73] に目覚めて，それこそがキネステーゼ感覚の源泉になることに気づき始

70　Hua. III. § 145 - ④ ~ ⑤ S.302f.　邦訳：イデーン I - II, 第 145 節 - ④ ~ ⑤
71　Derwort, A.: Untersuchungen über den Zeitablauf figurierter Bewegungen beim Menschen In: Pflügers Archiv, Bd.240(1938): S.661ff.
　　Christian, P.: Vom Wertbewußtsein im Tun. 1948 In: Über die menschliche Bewegung als Einheit von Natur und Geist S.19ff. 1963
72　Hua. XVI. Ding und Raum, § 47 - ② S.163
73　Husserl, E.: Erfahrung und Urteil, § 10 - ⑤ S.43　邦訳：経験と判断, 第 10 節 - ⑤ 36 頁

めたのかもしれない。それはわが国の室町時代 [15世紀] に始まる能楽や武芸，技芸の修行に源流をもつ技芸伝承の道こそが，コツとカンが一元化された身体感覚にその源泉をもつフッサールのキネステーゼ感覚論を我々日本人に目覚めさせてくれたのかもしれない。だから，現象学の本場であるドイツやフランスに先駆けて，フッサールの発生的運動現象学を競技スポーツ領域に再構成する可能性に恵まれたのかもしれない。その〈動く感じ〉の原経験への遡源，いわば意識流の原発生地平分析こそがフッサールに〈ドクサ経験〉[74] への還帰を主張させるのであろう。それこそがキネステーゼ身体発生分析の道を拓かせる起点になるからである。自らのコツとカンだけを頼りに，多くの微妙な様相変動に価値感覚を先鋭化して超越論的反省の態度をとるときに，はじめて〈原的直観〉[75] に直接に向き合うことができる。その原的直観に機能するキネステーゼ感覚素材こそが超越論的反省の志向対象として浮上してくることにさらに言を重ねる必要はないであろう。

　しかし，この新しい一元化身体発生現象をもたらすキネステーゼ感覚質の反省作用は誰にも頼ることはできない自得の道であることは言うまでもない。ひたすら自らの身体感覚を鋭く感じとって，試合進行の周界情況の様相変動やボールの未来の動きにカンを投射する身体発生能力以外に何一つ頼れるものはないからである。そこには，〈立ち止まりつつ流れる原現在〉のなかに，その感覚素材の〈ノエシス契機〉に自らの価値感覚を機能させて，同時変換する身体発生に〈自ら出会う〉しか道は残されてはいない。その遂行自我にしか今統握できない身体発生能力を蔵している他者運動から，指導者がどのようにしてその本人の身体発生の志向対象を引き出せるというのか。それにしても，その選手本人はその微妙な身体発生現象を「言えない」のか，「言いたくない」のか，あるいは「言えるけれど言わない」のかはまさにアポリアである。それは〈パトス的浮遊状態〉[本書：§43参照] だから，指導者はどのような手続きでそのパトスの志向対象に借問を続けて記述分析に持ち込むことができるのか。それはきわめて重大な，かつ喫緊な問題圏に属している。この他者の身体発生能力に隠れ潜んでいるその他者自身の超越論的反省の意味存在に越境する方法論はその道がまだ十分に開示されているとは言えない。しかしそれは，老練なコーチや教師たちの胸三寸に秘められて，秘伝としてパテント化しているだけなのか

74　Husserl, E.: Erfahrung und Urteil, §6 - ③ S.22　邦訳：経験と判断, 第6節 - ③ 20頁
75　Hua. III. §19 - ② ~ ③ S.36f.　邦訳：イデーン I - I, 第19節 - ② ~ ③ 104頁

もしれない。これでは，運動文化の伝承発生は危機に瀕していると言っても決して過言ではない。身体発生の指導実践現場には，指導者たちが本人も気づかないまま貴重な志向性分析の道がすでに拓かれているかもしれないのだ。この他者の身体発生能力の原発生地平の深層に秘められた生々しい動感身体性の様相変動の機微をどのようにして指導者はその志向性分析に入っていけばよいのか。その実践現場で生徒たちの動感意識にしつこく借問を続けている老練な教師は，そのパテント的な一家言をもっているに違いない。それを純粋に記述分析することは身体発生分析論の発展に大きく寄与する本質可能性をもっていることを見逃してはならない。その貴重な論考が科学的運動分析における端的な客観性の欠損として批判されるとしたら，フッサールの意味する〈現象学的記述学〉[76] と〈科学的説明学〉との区別もつかない素朴な批判に止まっていると言わざるをえない。このままでは，まさに東洋的技術観に潜む究極核の担い手の胸三寸に秘められ，貴重な運動文化の伝承は危機に瀕してしまうことになる。身体発生分析はすべてが自己責任の道に委ねられているのは当然としても，この技芸(わざ)伝承の道がわが国古来の技芸(わざ)修行の本道として，極めて固有な方法論がわが国の室町時代からすでに開示されていたことを決して見過ごしてはならない。この他者の身体発生能力に蔵(かく)れている超越論的反省の意味存在に向かっての超越論的構成分析への越境問題圏は，まさに我々の発生的運動学の喫緊の課題であることをここに確認しておかなければならない。ここで問題となる他者の身体発生能力に関する分析は外部視点からの科学的運動分析では不可能なのだ。マイネル運動学でいう〈他者観察〉[77] は現象学的モルフォロギー分析に属しているのであり，当時はまだそのマルクス主義が現象学との接点を排除していたから，その超越論的反省の立場は背景に沈められたままになっていたのだ。その身体発生能力を印象分析するにしても，共感的に他者の身体発生能力に越境することがすでに求められていて，あくまでも共感的な他者観察分析が前提になる。とすれば，そこでは他者の身体発生能力に潜むキネステーゼ感覚世界に越境できる〈身体発生分析能力〉がその印象分析に求められるのに言を重ねる必要はないであろう。

---

[76] Hua. VI. § 64‐④〜⑤ S.225f. 邦訳：ヨーロッパ諸学の危機と超越論的現象学，第64節‐④〜⑤ 315頁以降
[77] Meinel, K.; Bewegungslehre, 1960 S 124ff 邦訳：スポーツ運動学，127頁以降 1981 大修館書店

§20. 他者の時間化を代行する

(a) 他者の時間化に越境できるか

　ここにおいてやっと，我々は主題化された〈超越論的反省〉[78] という問題圏に向き合うことができる。しかし，我々がこの超越論的反省に立ち入る前には，これまでの〈自然的態度〉をエポケー［判断中止］してこそ〈超越論的態度〉[79] をとれるとフッサールが駄目押しして論を進めることに特段の注意を払わなければならない。つまり，超越論的反省の態度を具体的に身体発生的分析の実践現場に生かすためには，何故にフッサールが直進的に知覚する自然的態度をエポケーしてまで超越論反省に立ち入るのかを確認しておく必要がある。それは超越論的に反省する志向対象を直観化するには，いわば〈原的直観〉として，わが身でありありと直に感じとる前提が不可欠だからである。というのは，他者が超越論反省する時間意識流の原発生地平に向き合っても，コーチ自らがその身体発生基盤に立って，選手の原的直観のキネステーゼ身体発生現象に借問［しつこく問い質すこと］できなければ，選手が向き合っている志向対象が一向に開示されないからである。そこで，端的に超越論的反省という専門用語を使って借問に入っても，学習者のキネステーゼ感覚発生世界に〈身体移入〉［深層：§35参照］するには，指導者自身が，自らの身体発生世界の原発生地平で自己時間化できる〈身体発生能力〉がどうしても不可欠なのだ。そこで問い質す志向対象の意味構造が空虚形態のままでは，立て続けに借問できないからである。マイネル教授のスポーツ運動学では，単にスポーツ実技の実習だけでなく，そのような実践的な身体移入のゼミナールが不可欠だと言うのはこの意味においてである。つまり，指導者自身がその原発生地平に潜む超越論的反省の志向対象を原的に直観できる身体発生的経験をもたないのでは，指導すべき選手の自己運動に潜んでいるキネステーゼ感覚世界に越境できる身体移入能力をもてるはずもない。このように，指導者が学習指導の身体発生基盤を自ら身体化していないのでは，学習者のキネステーゼ感覚世界に共感できる〈ノエシス契機〉を捉えることもできないことになる。実践現場のキネステーゼ感覚指導において，選手の身体感覚を何一つ学習者に〈意味発生〉させる処方化もできないのでは，まさに〈ナンセンス〉［無意味＝没感覚質］のままに立ち往生してしまう羽

78　Hua. I. §15 - ① S.72ff.　邦訳：デカルト的省察，第15節 - ① 69頁以降
79　Hua. I. §14 - ③ S.71　邦訳：デカルト的省察，第14節 - ③ 68頁

目になること必定である。選手たちをコーチングする肝心の意味内実が空虚なままでは，合理的にマネジメントするコーチング対象も成立するはずもない。外部視点からコーチング対象を物的な位置移動として客観的に拱手傍観する指導者はまさにヴァイツゼッカーの言う自然研究の野次馬でしかないのだ。

因みにここで，蛇足ながら〈意味発生〉について少し付言しておかねばならない。スポーツ領野における発生的運動学は，コツとカンという動く感じの〈意味発生〉[80]［価値感覚の発生］を主題化するために，物理的自然と生命的自然とに絡み合う身体学領域に注目しなければならない。その場合，因果決定論を原理とする〈自然主義的態度〉[81] をエポケー［判断中止］することが指摘されるのはこの意味からである。わが国の科学的運動分析ないし科学的コーチング分析の分野では，この〈人格主義的態度〉に対峙する〈自然科学的態度〉[82] だけが無条件に主題化されているから，人格主義的態度におけるその〈意味発生〉あるいは〈身体発生〉という事態カテゴリーの追加説明は決して執拗な繰り返しとはならないであろう。さらに，このような人格主義的態度でキネステーゼ身体感覚を捉え，その個々人の生々しい身体経験や体験流を〈リアルな出来事〉[83] として〈自然的世界〉に絡み合わせて理解することをフッサールは繰り返し念を押しているからである。つまり，今までは「自然的態度の基盤を放棄しないできた」とフッサール自身述べていたのに，その自然的態度さえもエポケーして超越論的態度に徹しなければならないと何故に執拗に繰り返すのか。それはフッサールが厳密にその自然的態度を「〈直進的〉に行われる知覚，想起，述定判断，価値づけ，目的化などを［超越論的］反省から区別する必要がある」[84] と述べて，その二つの反省態度の差異化に気づかせようとしているのを見逃せないからである。

フッサールはさらに付け加えて，超越論的現象学の反省においては，世界存在そのものをすべてエポケーして，いわばその基盤を解体するのが先決だと指摘する。フッサールはその人格主義的態度と自然主義的態度の絡み合いから，超越論的身体に関する独立した学領域として〈身体学〉[85] いう固有領域［深層：§18参照］を捉えているのは周知の通りである。その身体学に主題化される自我身体は「私に直観化されるだけでなく，私を生気づけているのであり，私の

80　Hua. XVII. § 85 - ③ S.215　邦訳：形式論理学と超越論的論理学，§85 - ③ 230頁
81　Hua. IV. § 34 S.139ff.　邦訳：イデーン II - I，第 34 節 - 139 頁以降
82　Hua. IV. § 62 S.281ff.　邦訳：イデーン II - II，第 62 節 - 128 頁以降
83　Hua. III. § 39 - ① S.69/S.79　邦訳：イデーン I - I，第 39 節 - ① 170 頁
84　Hua. I. § 15 - ① S.72　邦訳：デカルト的省察，第 15 節 - ① 70 頁
85　Hua. V. § 2 - b S.8ff.　邦訳：イデーンⅢ，第 2 節 - b 8 頁以降

自由になる根源的運動の担い手」[86] として捉えられている。そこに，人格主義と自然主義の絡み合った固有な領野のなかに，フッサールは新しい身体運動の豊かな超越論的なキネステーゼ感覚世界を開示してみせるのである。因みに，スポーツ領域における我々の発生的運動学が学領域として現象学的に基礎づけられるのには，フッサールのこの身体学的領域論に基礎づけられていることは喋々するまでもないであろう。

(b) 代行分析は身体発生を開示する

　ここにおいて，我々が超越論的反省の分析道しるべを開示するに当たってまず確認しておくことは，その超越論反省が直進的に知覚する自然的態度をエポケーする立場をとることである。いわば，自らのキネステーゼ身体発生に直接に向き合う超越論的反省の立場に入るには，まずもってその分析の志向対象を確認することから始めなければならない。すでに繰り返し述べているように，その分析の志向対象に取り上げられるのは「一切の原理の原理」[87] と呼ばれる〈原的所与性〉が内在する実的な身体運動であるとフッサールはいみじくも断言するのだ。とすると，私の身体性が機能する〈遂行自我〉[88] に潜むキネステーゼ意味核の基体［担い手］は，運動主体そのものに内在するキネステーゼ身体の〈原的反省能力〉によってしか開示されないことになる。後段［§22 参照］でさらに具体的に立ち入るが，わが身にありありと感知し，共感できる身体発生の，いわばその分析能力がなければ，その動く感じを直接経験として直に反省し，それを純粋記述していくことは不可能なのである。

　ところが，一般に〈他者の身体運動〉を見るときには，日常的に外部視点から〈物的運動〉に対象化して観察する〈科学主義的態度〉に我々は慣れているのだ。わが身の動く感じを直に超越論的に反省するときでも，いつの間にか，キネグラム［映像シリーズ］のような〈静止像の連続〉として対象化して反省してしまうことも珍しくはない。コツとカンという動感意識そのものは目に見えるはずもないのに，それをビデオの静止映像に置き換えて見ているのだ。そればかりでなく，その自我身体の振る舞いそのものにも気づかないことも頻りである。撮影機器やVTRがなかった時代には，自分の動く姿かたちは自らの身体感覚で，いわばフッサールの言うように，様々な感覚をすべて機能させ

86　Hua. IV. § 62‐③ S.282. 邦訳：イデーンII‐II, 第62節‐③ 282頁
87　Hua. III. § 78‐⑫ S.169 (S.151) 邦訳：イデーンI‐II, 第78節‐⑫
88　Hua. IV. § 60‐a)‐⑧ S.261 邦訳：イデーンII‐II, 第60節‐a)‐⑧ 105頁

§ 20. 他者の時間化を代行する　175

る共通感覚(アイステータ コイナ)としての動感(キネステーゼ)身体感覚によって自らの動く感じを掴もうとしていたはずである。それはわが国古来の技芸(わざ)に生きた人々がその習得に苦心した〈技芸(わざ)の道〉であり，貴重な〈道(み)しるべ〉であった。わが国の平安時代以降の中世のなかで育まれた技芸の伝承発生に関わるこのような〈動く感じ〉の純粋な反省態度は，その姿を変えて，現に超越論的反省の学的方法論としてフッサールの発生現象学のなかに開示されているのだ。もちろんその場合，自らの動感意識を自己観察する自我が〈現象学する自我〉に〈自我分裂〉[89] している場合とはその理論的手続きが本質必然的に異なっているとしても，そこに通底する必然可能性が見出されるのは言をまたない。その現象学的自我は自らの動く感じを「どんな考えも予想したり付け加えたりせずに，観察者として全く純粋に記述できる」[90] とフッサールは指摘する。しかし，そのためには「（いわばありありと感知できる実的(レエール)な）原的直観こそがその認識の正当な源泉である」[91] というフッサールの重大な指摘を見過ごしてはならない。そこでは，その絶対ゼロ点という源泉に潜むキネステーゼ意識流の原発生地平を分析できる身体発生の反省能力を開示する具体的な手続きもすでに開示されているのだ。その具体的なノエシス契機の実的分析とその身体発生的分析の能力訓練はさらに後段で具体的に立ち入ることになろう。

　このような厳密な超越論的反省を進めるためには，日頃から慣れている直進的な自然的反省をもう一度それに〈形相的還元〉［スポーツ運動学：154~155 頁；深層：§ 28 - ⑦参照］を施して，厳密な本質分析に立ち入らなければならない。超越論的立場における静態論と発生論の志向性分析が相互補完的絡み合いを示していることは，すでに拙著［深層：§ 68 参照］で確認済みである。しかし，フッサール現象学の〈年代記分析〉に知られているように，フッサールが発生的現象学に焦点を絞っていくのは 1920 年代以降になるようだ。そこでは，フッサールの意味する超越論的分析がカントの超越論の道を超克して，それを批判的に捉え直した新しい超越論的発生論に入っているのは周知の通りである。そこでフッサールは「その超越論という表現は，あらゆる認識形成の究極の源泉へと遡って，厳密に問い直していく動機が意味され，認識する者が自己自身とその認識生活に向けて自己省察に動き出す基盤を成している」[92] と念を押してい

89　Hua. I. § 15 - ② S.73　邦訳：デカルト的省察，第 15 節 - ② 72 頁
90　Hua. I. § 15 - ③ S.74　邦訳：デカルト的省察，第 15 節 - ③ 73 頁
91　Hua. III. § 24 - ① S.43/S.51　邦訳：イデーンI - I，第 24 節 - ①
92　Hua. VI. § 26 - ① S.100　邦訳：ヨーロッパ諸学の危機と超越論的現象学，第 26 節 - ① 137 頁

るのだ。だから，フッサールの意味する超越論的反省は〈反省する自我〉，いわば〈現象学する自我〉を通して，謎に包まれた時間意識流の原発生地平に潜む志向含蓄態に向き合うところから始まるのである。いわば，その原発生地平におけるキネステーゼ身体発生の様相化をあらゆる先入見を排除して反省し，純粋に記述して志向含蓄態を開示することがそこに求められているのだ。となると，その学習者の自我分裂を触発し，超越論的反省に誘い込む役割をもつ指導者は，過酷な役割を担うことになる。いわば，学習者の身体経験を発生させるために，その自己運動の意味(センス)構造を取り込んで代行する指導者はまさに専門知能が求められることになろう。学習者の原発生地平に潜む志向含蓄態を露わにしながら，いわばその志向的な働きから地平世界の意味沈殿に借問していく役割はまさに喫緊の課題となる。我々指導者は学習者の今ここの動きに向き合って，いわば〈超越論的主観性〉[93] として代行分析を施すのであり，その学習者の自己運動に潜む志向対象をその〈現象学する自我〉の代行者として借問を続けていくアポリア［難関］に我々は立ち向かうことになるのだ。

(c) 代行分析は自己時間化に始まる

こうして，今ここで代行に入る指導者は，その学習者自身の方位づけ原点となる〈絶対ゼロ点〉の原発生地平に身体移入できなければならず，その地平に潜む〈立ち止まりつつ流れる原現在〉の道しるべに沿って，純粋に代行の役割を担って超越論的反省に入ることになる。このような超越論的構成分析は静態分析と発生分析という二つの志向性契機をもつことは，すでに拙著［深層：§68参照］で詳しく立ち入っている。その静態分析は，本来的にすでに統覚化され，今のところ完了している〈存在様相〉が分析の志向対象となるのを確認しておかなければならない。それに対して発生分析は，動く感じの意識流が今ここで生成しつつある意味統握の様相化を分析の志向対象に取り上げるのだ。しかし，その静態分析における志向対象のノエマ的意味構造(センス)が外部視点から映像的に分析できると早合点してはならない。価値感覚を内在的に捉える動感メロディー(キネステーゼ)は，あくまでも〈動く主観そのもの〉に内在するキネステーゼ意識の時間流に他ならないのだ。つまりそれは，西田幾多郎の言う〈形なきものの形〉だから，わが身にありありと〈原的直観〉で捉え，純粋代行的に自己観察していくしかない。いわば，それが〈他者観察の自己観察〉という奇妙な表現で意味される〈潜

93　Husserl, E.: Erfaherung und Urteil, §11‐③ S.48　邦訳：経験と判断，第 11 節‐③ 40 頁

勢自己運動〉[94] という〈代行能力〉に支えられているのは言うまでもない。このことはすでに前段［§17参照］でも立ち入っている。となると，学習者の動感世界に越境して，その身体発生を促発できる代行能力は，改めて指導者養成機関のカリキュラムに取り上げられざるをえないのは言をまたない。

　このような代行分析の志向対象となる〈代行能力〉は，キネステーゼ感覚の今ここの意識流だから，その潜勢的な時間流が外部から映像化できるはずもない。それだけに，学習者の動く感じが働く原発生地平に越境して，その学習者本人が様相変動を自己観察する〈現象学的自我〉の代理として借問に入るしか道はない。それは，謎に満ちた〈身体移入能力〉をもつ指導者にしかできない。その高次元の専門的身体知能が要求される指導者には，学習者の共動感世界に越境できる潜勢的な代行能力がいつも必ず身体化されていなければならないのだ。スポーツ実践の発生現場では，選手や生徒たちが奇妙な身体発生現象に悩みながら，コツとカンの価値感覚に気づこうとし，その生成消滅の一回ごとの様相化に一喜一憂しているのを我々はいつも目の当たりにしている。そこで，新しい動きかたを習得しようとする生徒たちは，自らの動く感じの良し悪しを何とか自分の身体感覚で掴もうと苦心しているのだ。にもかかわらず，この身体発生現象に潜む超越論的反省の重大さになぜ気づこうとしなかったのか。しかし我々は，長いあいだ外部視点に立って，客観的な運動分析のデータ収集だけにのめり込んできた。そこでは，その運動メカニズムが開示されれば，即座に新しい動きが発生すると素朴に信じられていたのだ。しかしそのような科学的分析は，本義的に物的対象の運動メカニズムを解明する役割しか担っていない。となると，物理的時空間における延長量を測定する役割を担う科学的な分析データから，コツとカンという主観的な運動意識を取り出せるはずもない。我々はコツとカンという内在的な〈動く感じ〉そのものをどうして分析対象に取り上げようとしなかったのか。競技実践のアスリートたちはすべて〈自己時間化能力〉［本書：§8‐(c)参照］で自らの動きのコツとカンを掴もうとしているその大略はすでに述べられている。ところが，その身体感覚こそがキネステーゼ身体発生の基盤であることをフッサールはいみじくも開示している。むしろ主観的で曖昧な〈ドクサ経験〉[95] は，いわば当てにならない〈単なる思い込み〉などでは決してないという。むしろ，そのドクサ的な身体発生現象こそが貴重

94　金子明友：運動観察のモルフォロギー，122~123 頁，筑波大学体育科学系紀要，第 10 巻，1987
95　Husserl, E.: Erfahrung und Urteil, §6‐③ S. 22　邦訳：経験と判断，第 6 節‐③ 20 頁

な普遍的基盤として，改めて超越論的反省の分析対象に取り上げるべきことを断言して憚らないのである。

　それにもかかわらず，我々はまずもって客観的な自然法則を得ようと科学的分析一辺倒にのめり込んできた。ここで取り上げられる他者の動感(キネステーゼ)意識に越境して，その奇妙な身体発生を共感的に代行しながら分析していく超越論的反省には，長い間にわたって誤解や曲解がまとわりついていたことは否めない。しかし，その科学的運動メカニズムが呈示されても，新しい動きかたができるようになるには，結局は自らの主観身体がその動く感じに，つまり〈私の身体感覚〉がわが身で了解されなければ，自ら動くことができるはずもない。ところが，ある動きの発生様相を外部視点から映像分析(キネマトグラフィー)で捉えて，その動きの生成過程を精密に記録し，因果決定論として説明するのを発生分析と誤解してしまうこと頻りの昨今である。そこでは，その他者の動感(キネステーゼ)意識の生成消滅をその本人に代わって代行分析する肝心の志向対象が全く埒外に放り出されていたことを見逃してはならない。そのことにも気づかないほど，我々に纏わり付いている科学主義の呪縛はしつこく絡みついて離れない。その生徒の動感(キネステーゼ)意識流に自ら身体移入して，その学習者の現象学的自我に代わって，その身体発生する自己を時間化し，純粋に記述してはじめて，やっと代行分析が成立するのである。ところが，他者の自我分裂を代行して，その現象学的自我になり代わって超越論的反省をしているのに，そんな主観的記述に何一つ客観妥当性が認められないという批判はまさに常套句となっている昨今である。それほどに，時間化能力に支えられた代行分析の理解は，未だに多くのアポリアに阻まれていることをまずもって確認しておかなければならない。

　しかしすでに繰り返し述べているように，超越論的反省による超越論的構成分析は，発生分析と静態分析との相関関係のなかでこそ正当に理解されることは論をまたない。発生分析の対象となる身体運動の多様な様相変動やそのカテゴリー事態の生成現象は，たしかに出来事としては，静態分析に先行していることは言うまでもない。しかし，その〈今ここ統握〉の発生分析の〈手引き〉になるのは，〈すでに完了したもの〉としての〈今ここ統握〉の静態分析そのものである。その静態分析として，完了した様態の生成現象を確認することが次の他者の身体発生現象を代行分析する起点になるのは論をまたない。その指導者の自己時間化を静態分析することによって，コツとカンの仮象の揺らぎが際立ってくる〈かつて生成が完了したもの〉こそ，次の発生分析の起点を構成

する前提になることを改めて確認しておかなければならない。かつての歴史身体としての静態分析の意味存在を再度原発生地平へと帰還してみるところに，はじめて未来予持地平に生きられる志向対象の〈目標像〉が浮かび上がってくるから［ボール理論の静態分析から伝動化の志向対象が発生したの］である。すなわち，ここで代行分析の身体発生基盤における静態分析とは，〈妥当基づけ〉を保証する〈存在論的分析〉の役割をもっていることを見逃してはならない。ここにおいて，超越論的構成分析としての発生分析と静態分析の両者は，ヴァイツゼッカーの表現を借りれば，〈相補的統一態〉[96] をなし，その相互補完関係のなかにこそ，運動文化としての動感伝承発生が保証されるのだ。そのような代行分析における静態論的地平は「完了済みの統覚をもち，その統覚化作用はすでに現出済みで，いわばすでに〈完了済み〉として覚起されている」[97] というフッサールの指摘はこの意味において重大な示唆を呈示していることになる。しかしその生き生きと覚起されている〈完了済み〉の身体発生基盤における代行分析の起点が，キネグラム化された客観的運動経過に呈示された静態分析データと誤解されては，学習者の生き生きした身体発生現象の代行分析の任に耐えられるはずもない。そこに潜む未解決の問題性は後段でさらに立ち入ることになるが，習慣身体の動きに浮上してくる鋳型化現象は，一回性の多様な動感形態化のプロセスに対して，端的なマニュアル化を誘いやすいことも同時に見逃してならない。そこでは，原発生地平に潜む生き生きした志向含蓄態が疲弊し，沈殿してしまう傾向をどうしても否定できないからである。

§ 21. 代行分析の三層位に向き合う

(a) 受動発生はアポリアに阻まれる

すでに前節［§ 20・(c) 参照］で述べてきた超越論的構成分析の前提となる身体発生基盤の認識に基づいてはじめて，静態分析と相関する発生分析という問題圏[98] に向き合うことができる。コツとカンが同時変換的に一元化する奇妙な身体発生現象においては，その地平志向性に〈受動発生〉と〈能動発生〉の層位が区別され，その中間に〈受容発生〉という幅広い層位が絡み合っている。

---

[96] Weizsäcker, V.v.: Gestaltkreis, S.319, 1997 邦訳：ゲシュタルトクライス，299 頁
[97] Hua. XI. B. Abhandlungen S.345: statische und genetische phänomenologische Methode 邦訳：受動的綜合の分析，論稿・⑰ 329 頁
[98] Hua. XXXV Beilage XIV S 407ff

そこでは，どの層位にどんな志向対象を構成するのかという問題がまずもって浮上してくる。最初の受容発生には，先述定的な身体経験の世界も開かれているから，その層位間相互の奇妙な流動性の複雑さに我々は苦慮させられること頻りである。しかしまずもって，それぞれの層位の固有な諸徴表を捉えた上で，身体発生的分析における対象領域の射程を特定するのだから，まず三層位の固有性の大略を通覧しておく。

　もっとも始原的な〈受動発生〉の層位には，一体どんなキネステーゼ身体発生の世界が開けているのであろうか。自然科学的な時空間認識論をエポケー[判断停止]してはじめて，内在的なキネステーゼ時空間意識が前景に浮上してくる。そこには，独りでに働く〈受動志向性〉[99]をもつキネステーゼ感覚の時空間世界がまず姿を現してくる。その世界は，自我意識の関与しない受動志向性という逆説的表現をもつ奇妙な〈二形統一態〉を秘めた含蓄的身体発生の世界である。そこには，わが身に先構成されている〈動機づけ〉という先所与性が際立っている。そのような謎に満ちた動感意識世界をもつ身体発生現象は，いわば受動綜合化によって，つまり独りでに〈連合的綜合〉[深層：§19参照]が働いて，自ずと動けるようになる必然可能性を蔵している。その受動志向的な動感世界では，志向対象の欠損態によってはじめてその存在に気づかされるという，謎に満ちた様態が呈示される。例えば，空を飛ぶ蝶を目で追うときに，注視する眼球の動きに即して，顔の向きやそれに伴う動きが思わず独りでに動いてしまうというヴァイツゼッカーの指摘する相即的な事態はその典型的な例証である。さらにそのような受動発生の事態[述定判断の志向対象]のとき，視線の向きに連れて動く首の動きを意図的に抑えると，狡猾な表情が浮き彫りになる。そこに表出される奇妙な連動原理は生理反射ではないというボイテンデイクの例証分析[深層：§27参照]が身体発生現象の本質必然性を示して余りある。このような科学的運動分析では捉えられない受動的発生の身体発生という現象では，独りでに動きが生成発生したり，突然に消滅発生の現象になったりするからといって，その受動発生という出来事が端的な素朴性をもつ日常的な動きだとして無視してしまうわけにはいかないのだ。そこには，その受動発生の謎を解く特殊な〈時間化能力〉[深層：§59参照]が要求されているからである。内在的身体発生を構成する時間化能力による主観身体の自己運動は，超越論的反省にとって決定的な役割を果たすことはよく知られている。つまり〈立ち止

99　Hua. XI. §18‐⑧ S.76　邦訳：受動的綜合の分析，第18節‐⑧ 115頁

まる今〉で反省作用が偶然に覚起され，〈流れ去る今〉を常に〈今ここ〉[深層：§ 63, § 64 参照] に引き寄せる〈時間化能力〉こそ生き生きした身体経験の努力志向性を目覚めさせてくれるからである。それは時間流の絶対ゼロ点に遡源する高次元の超越論的反省の態度をもつ〈身体発生分析〉であることは言うまでもない。

　他者運動，つまり〈他者の自己運動〉の身体発生に気づくには，他者のキネステーゼ感覚世界に越境して，その動感身体性にありありと内在的に共感できる〈代行能力〉が不可欠であるのは論をまたない。そこには専門的な高次の身体発生能力が求められているのだ。例えば，その受動的なキネステーゼ感覚世界では，乳児の〈かたまり運動〉という本能キネステーゼから，掴む，見るという空虚形態の出現可能性として，〈ゼロ動感〉[深層：§ 53 参照] が触発されるのだ。そこには多様な受動発生現象が様相化されていくことになる。さらに，幼児の微妙な感覚質に関わる受容発生の層位にも，驚くべき動きの模倣能力が出現するのはよく知られている。そこには，受動発生と受容発生が微妙に絡み合う匿名的な〈自己忘却性〉を潜ませる〈間身体性〉[深層：§ 83 参照] の働きが露呈されているのだ。そこではつまり，身体発生能力の伝承発生を支える貴重なノエシス意味統握の〈間身体性〉という事態が姿を現してくるのである。その場合の〈主観身体〉と〈間主観身体〉との〈変換同時性〉という本質必然性がいみじくもそこに開示されているのを見逃してはならない。

　このような匿名的な〈自己忘却性〉を潜ませている身体発生現象は，マグレが発生する統覚化位相の偶発的な受動綜合化の事態にも現れる。しかし，もっとも難しいのは乳幼児の受動発生における代行分析である。我々はすでに前段 [§ 14] で他者の自己運動に関わる代行分析において，そもそも超越論的反省は自己運動の動く感じを反省するのだから，直接に経験できない他者の動感意識を反省するとは全く論理に合わないことになる。こうして，教師が生徒の代行分析する論理矛盾を指摘し，コツとカンの同時変換する身体発生は自得世界の事態だとして教師の拱手傍観的な野次馬の事態を正当化するのだ。しかし，その超越論的反省による身体発生的分析は，猿 [日光猿軍団の出し物] にでもとれる反省ポーズという〈結果の反省〉ではないのだ。それは流れつつ立ち止まる原現在の超越論的反省という形相的還元の本質分析であることを我々はすでに予め確認している。その超越論的還元という分析では，まずその反省の志向対象を確認しなければならない。とすると，その志向性分析において，静態分析

か発生分析かの志向対象の構成に入るには，その代行分析の対象領域，つまり代行模倣化，代行形態化あるいは代行適合化の領野を前もって特定しておく必要が生じてくる。例えば，最初の模倣化領野では，生徒の動きを〈なぞる〉ように見抜きをしながら，その動感ヒュレーに共感しつつ，その機能する身体感覚を今統握することが求められる。それにしても，その模倣化の代行分析は困難を極め，子どもにその〈動く感じ〉を借問しても何も返ってくるはずもないからだ。しかし，老練な教師はその子どもの身体発生する動きの徴表を一目で掴んでしまう代行能力をすでに身につけていることも希ではないのだ。その優れた代行能力の意味存在を教師に聞いても，それは「私の身体で感じたのだから分からない」と言う。この問題圏は後段に取り上げられることになるから，ここでは，身体発生現象の代行分析に求められる志向対象の存在それ自体を確認しておくだけで十分である。

(b) 受容発生は受動綜合化する

次の〈受容発生〉の層位には，一体どんな絡み合い構造を示すのであろうか。この層位は，自ら意志して動こうとする能動発生に先行している受動発生を思わず知らずに受け容れているのである。つまり，動く感じを意識する前の，いわば，コギト以前の受動的な動感層位にあっても，その心情的な感覚質がいつの間にか自我身体に押し入ってくるのだ。それは自己忘却性との匿名的な絡み合いが現れてくる出来事である。その匿名的な絡み合いに，つい思わず誘い込まれて，それを受け容れて承認している傾向が〈受容発生〉[100] と呼ばれるのだ。この受容的な動感発生現象野には，受動発生と能動発生の微妙な絡み合い構造をもっているから，厳密な様相化分析によって，そこに〈動く感じ〉の身体発生学習という基盤領野が浮き彫りになってくる。そこで，受容発生の様相化分析が欠落したままになると，乳幼児の本能キネステーゼからゼロキネステーゼの絡み合い地平志向性が無視されてしまうことになる。母親との間身体的交流に基づくこの受動発生層位には，原動感ヒュレーと空虚形態の相互覚起作用が不可欠なことに注目しなければならない。その場合における相互覚起の欠損態は，〈カマラとアマラの狼っ子〉の動感身体発生に関する記録のなかにその事象を確かめることができる［わざの伝承：58～59頁参照］。人間社会の温床を前提にした受容的なキネステーゼ身体発生という現象にこそ，歴史的・社会的

---

[100] Husserl, E.: Erfaherung und Urteil, §17 - ③ S.81f.　邦訳：経験と判断，第17節 - ③ 66～67頁

な身体発生の淘汰化領野における人間の原動感ヒュレーという空虚形態が先構成されているからである。その空虚形態の存在を前提にしてはじめて，空虚表象の意味(センス)発生に向けて，自我意識の働かない受動的な動感ヒュレーが〈相互覚起〉[101] として機能するのだ。そこには，受動綜合化の反復化現象を触発する〈動機づけ因果性〉が露呈されていることを見逃してはならない。

　このようにして，乳幼児の受容的身体発生の現象野が前景に立てられてくる。そこには，〈事物モナド〉の感覚質も息づいていて，いつの間にか受動発生の間動感身体性が独りでに目覚めて機能し始めるのだ。この受動的志向性の間身体的交流を巡る幼児の指導実践は，アポリアのもっとも多い身体発生現象として注目されるのはこの意味においてである。しかも，その実践可能性は乳児や幼児のキネステーゼ世界に〈先所与性〉として必ずいつも潜んでいるからである。その動機づけ連関の身体発生的分析は，感覚質の生成消滅に関わる交信作用が働かないために，その志向性分析は困難を極め，その解明の道は開示に至るにはほど遠いのだ。〈幼児運動学〉の身体発生的分析は，スポーツ種目ごとの競技運動学とはかけ離れて全く異質であり，むしろその受容発生分析は高次な本質直観分析に依存するしかない。しかし，その乳幼児の身体発生を日頃から指導実践している現場には，多くの貴重な感覚質ヒュレーに気づいている保育士の人も少なくないのではないか。幼児運動学の研究者や実践現場の保育士たちの喫緊の課題として，その現象学的身体発生分析論の体系化に大きな期待が寄せられているのはこの意味においてである。

　この受容発生の現象野では，指導者の身体発生への触発化が動機づけになっているのだ。その代行分析における超越論的反省は，少なくとも代行形態化における動感ヒュレーの志向対象がすでに構成されているから，その指導者は動機づけ因果性をもつ志向対象を確認しているはずである。それだけに，代行模倣化にしても前段の受動発生位相よりは指導者による代行分析の道は拓かれているはずである。その場合の教師の志向性分析では，少なくともどんな反省の動機づけを志向対象に構成するかは，すでに方向づけられていることになる。しかし，この受容発生の領野でも，その志向対象が依然として非直観的志向性を示しているから，その受動綜合化の様相変動には注意を怠らないようにしなければならない。動感志向性の〈非直観的なるもの〉を開示するためには，その最下層位にある〈動感なじみ現象〉が代行分析の志向対象に取り上げられな

---

[101] Hua XIV Text Nr 35 - ⑰ S 531　邦訳；間主観性の現象学Ⅱ，テキスト Nr 35 - ⑰ 217頁

ければならない。それによって，はじめて受容発生の身体発生的分析の道が浮上してくるからだ。すなわち，〈原連合的綜合〉という非直観志向性に直に向き合ってこそ，そのなじみ地平における身体発生的分析は，まずもって触発化という最下層の志向分析に向き合えるからである。言うまでもなく，空を飛ぶ蝶を見るときの眼球の動きに同調して受動発生する相即的動きのように，非直観的なものへの志向性はなじみ地平に先構成される志向含蓄態の地平志向性が意味されている。子どもたちが遊ぶときの〈なじみ地平〉における様相変動には，保育園や幼稚園の先生たちはその地平志向性の非直観的な〈志向含蓄態〉[102]を捉える貴重な経験知をすでに見出しているのではないか。フッサールが自我への誘いの働きを〈触発〉[103] と呼んでいるのは周知の通りである。それは「対象に向けられた志向の目覚め」[104] なのであり，「対象をより詳しく考察して知ろうとする努力」がそこに先構成されていると指摘する。その志向性分析の詳細は後段［§48～§49参照］でさらに詳しく立ち入ることになろう。

(c) 能動発生に自己時間化が働く

最後に，〈能動発生〉の層位に示される身体発生的世界はどんな様相変動を示すのであろうか。周知のように，キネステーゼ感覚発生の身体経験は，〈端的確信〉［深層：§6, §20参照］の様相のもとに，先所与性として〈今ここ〉に与えられているのである。その感覚世界は，その世界内存在の「普遍基盤として存在する」とフッサールはいみじくも指摘する。その普遍基盤は「あらゆる認識行為の前提となる普遍的な受動的存在信念の基盤」[105] をなすと意味づけをしてくれる。このようなキネステーゼ身体発生の世界意識のなかには「確信という様態における意識」を前提としてはじめて，ここで主題化される能動発生への道が拓かれるのだ。その人の世界内存在における身体発生の普遍的な運動基盤は，感覚質ヒュレーを受容的に反復する身体経験を通して，その動感システムが受容的ないし能動的に形成されていくからである。それはキネステーゼ身体発生の現象野として，受動，受容発生の統覚化領野，受容・能動発生の確定化領野，さらに上位の自他未分の非人称的自在洗練化が浮上する自在洗練化領野に向けて重層構造を成していることは，拙著［スポーツ運動学：第Ⅴ章 形態発

102　Hua. XVII. FTL. §85‐⑦ S.216　邦訳：形式論理学と超越論的論理学，§85‐⑦ 231頁
103　Hua. XI. §32 S.148ff.　邦訳：受動的綜合の分析，§32‐①～⑥ 215頁以降
104　Hua. XI. §33‐① S.151.　邦訳：受動的綜合の分析，§33‐① 218頁
105　Husserl, E.: Erfaherung und Urteil, §7‐② S.25　邦訳：経験と判断，§7‐② 22~23頁

生論参照］にすでに詳述されている。その能動発生の究極層位は，非人称の〈それ〉が自在洗練化して勝手に働く主客未分の匿名的受動発生となり，いわば原理的に動感源泉の〈絶対ゼロ点〉における原発生地平に回帰していくことになる。

　ここにおいて，我々は未来予持に向き合う〈原努力志向性〉［深層：§22参照］の問題圏に注目せざるをえなくなる。動こうとする主観身体に働いている「原動力は一つの原努力に他ならない」[106] というラントグレーベの指摘は，我々の身体発生の運動学に決定的な意味を付与してくれる。その私の身体発生におけるキネステーゼ志向性は常に何かに触発されて働くとしても，我々はその儚さを原的に，いわばわが身にありありと感じとっているのだ。コツとカンという儚さを潜めた身体発生能力をわが身に確信的に捉えたいと願う〈原動力〉は，本質可能的に根源的な努力志向性つまり〈原努力〉に支えられているのだ。幼い子どもが滑り台の遊びに夢中になり，何かに取り付かれたように〈滑る感じ〉の反復を求めるのは，そのキネステーゼ感覚意識を受動的に志向する原努力が働いているからである。このような受動発生のキネステーゼ感覚質への原努力志向性は本質必然的に匿名的に沈殿しているのだ。その〈動く感じ〉に向けられた原努力の動感化時空間を感じとる身体経験，いわば立ち止まりつつ流れる〈絶対時間化〉を原的に統握する〈身体発生能力〉こそが，学校における身体教育の基柢に据えられなければならないのである。しかし我々はその身体発生に関わる沈黙する〈ノエシス契機〉を保証しているのは当然ながら〈自己時間化〉[107] の働きに他ならないことを見逃してはならない。その匿名的なノエシス契機の自己時間化の働きに関して，過去把持地平と未来予持地平を志向含蓄態とする時間流を〈原発生〉とフッサールが呼ぶのはよく知られている。しかし，ここで主題化される代行分析に関わるキネステーゼ身体発生の志向性分析に入るには，何故に内在時間の動感意識流が発生に関わってくるのか，さらにその身体能力の原発生は，何故に根源的な〈自己時間化〉という能力可能性に関わりをもつのかを確認しておかなければならない。このことは後段［§29参照］でさらに立ち入って論じることになろう。

　明治以来のわが国では，健康の維持増進や体力向上が学校体育の教科目標と

106　Landgrebe, L.: Phänomenologische Analyse und Dialektik, S.78 In: Dialektik und Genesis in der Phänomenologie 1980, Verlag Karl Alber

107　Hua. VI. § 54 - (b) - ② S.189　邦訳：ヨーロッパ諸学の危機と超越論的現象学，第54節 - (b) - ② 226頁

して取り上げられてきたのは周知の通りである。そのような体育目標それ自体は，ややもすれば狭い目的論的理解に陥りやすいが，現象学的な〈開かれた目的論〉に基づけられれば，より高次の身体発生的経験世界に身体教育の陶冶目標が姿を現すことになる。そこでは，原努力性を潜ませた身体発生能力のなかにこそ，人間教育の貴重な究極核を見出すことができるからである。その原努力志向性は，アスリートたちの過酷な身体経験をも支え，その高次の人間形成にも資するところに，競技そのものの陶冶的意義も見出しうるのだ。スポーツや舞踊という我々に身近な身体運動は，単に将来に開かれた健康な運動生活の設計に資するという端的な目的だけではなく，自ずと動ける〈一元的身体発生〉への高次元の運動認識論とその実践可能性への〈目的論的充実化〉は，学校教育における人間の原努力志向性という本質必然性のなかに，代替不可能な独自な人間形成の原本性を見出すことができるからである。

　ここにおいて，受容経験野ないし能動経験野における〈心を含蓄した身体発生〉への営みは，学校体育，競技スポーツを問わず，まさに運動文化伝承の中核的な現象領野を形成することになる。その価値感覚の働く身体発生の現象野では，動く感じの意識時間流のなかに〈立ち止まりつつ流れる原現在〉と内在的な時空間意識に関わる〈隔たり原現象〉が原的に触発され，形態化されていくのである。しかし，この先定定的ないし述定的な動感身体性の身体発生現象野では，その身体感覚における生成ないし消滅のノエシス契機は，いつも必ず〈自己忘却性〉［深層：§14-③；§19-①参照］を潜めて，密かに沈黙を守り続けているのだ。その動く感じそのものの身体発生的分析は，一方ではキネステーゼ意識流の沈殿化によって厄介な鋳型化現象も引き起こされる仕儀となる。その習慣的な動感志向性を消去する修正化作用はまさにアポリアとして教師やコーチを苦しめずにはおかない。さらに他方では，自在洗練化し習慣化した動感流が突然に消えてしまうこともある。その競技世界では，選手生命が奪われるような破局的消滅現象も決して珍しいことではない。これらの行く手の道を阻むアポリア［通過を阻む難関］に立ち向かうには，キネステーゼ感覚時間流の原発生地平に遡源せざるをえないことが確認されているのだ。それは，原初的な受動発生現象のアポリアと同様に，この能動志向的な身体発生の究極に生じるアポリアも，原発生の地平分析に帰還せざるをえないことになろう。いわば，動感志向的感覚質の受動発生にせよ，その受容ないし能動発生にせよ，この身体発生的分析の手続きは，いずれも原発生の地平志向性分析に還元されて，立

ち止まりつつ流れる〈絶対時間化〉の志向含蓄態に過去把持志向性をもつノエシス契機を捉え、同時に未来予持の地平分析に挑まなければならないことになるのだ。それは身体発生的分析論にとって決定的な意味をもつ重大事であることをここに確認しておかなければならない。

§ 22. 他者の身体発生を代行する

(a) 身体発生能力を問い直す

　我々はここにおいて、代行分析の対象となるコツとカンの一元化された身体発生能力の志向対象を構成するのに、どのような手続きをとるのかをしっかり確認しておかなければならない。すでに前段の§ 19において、我々の身体発生的分析論は物的運動の自然主義的立場をとる分析論から訣別せざるをえないことを明確にしている。だから、絶対静止を前提にした空間と等質的に流れる絶対時間を座標軸にした〈絶対運動〉というニュートンの運動概念はエポケー［判断中止］され、すでにその述定判断は一切停止されることになる。いわば、物理的時空系におけるニュートンの〈絶対運動〉［深層：§10参照］は、実存する人間が動くときに機能するキネステーゼ感覚の〈身体発生能力〉から全く絶縁された数学的な純粋概念に他ならないからである。スポーツ領域における我々の人間学的運動現象学は、コツとカンの同時変換作用をもつ身体発生(ピュシス)の志向対象に向き合い、そこに機能するキネステーゼ身体発生の謎を開示しようとするのだ。そこに現れる自我身体のキネステーゼ感覚を形態化する現象は、わが身にありありと直接に感知される〈感覚的直観〉のなかに現出してくるのは言うまでもない。しかもそこには、述定化される志向対象のコツとカンも絡み合って一元化され、しかもその奇妙な〈二形統一態〉(ふたなり)として同時変換的に機能するのだ。その述定によって判断される志向対象には「いずれにせよ、単なる感覚知覚が感覚素材の意味要素に行うのと同じ働きを、カテゴリー(ヒュレー)的意味要素にも行う作用［志向体験］がそこに必然的に介在することになる」[108]　とフッサールは駄目押し的に注意を喚起してくれる。

　因みにここで言う〈カテゴリー〉という概念は、述定判断する最高類をアリストテレスがカテゴリーと表現したことに端を発しているとはいえ、ここではフッサールの超越論的論理学に基づくカテゴリー概念が基柢に据えられている

108　Hua XIX II - II § 45, S.142　邦訳：論理学研究, 4　第45節 - ② 167頁

ことに注意する必要がある。フッサールのカテゴリーは，論理学領域の対象一般という「公理のなかに現れてくる純粋に論理的な根本概念」[109] である。それは対象一般という論理的本質を規定する概念に他ならない。フッサールはそこで，固有性，相対的事情，事態，関係，同一性，同等性，集合（集合体），基数，全体と部分，類と種などを例示している。このなかで，コツとカンが一元化された身体発生の担い手になる基体対象性のカテゴリーを取り出すのはそう単純ではない。たしかに，自己運動の今ここ統握をわが身にありありと原的に捉えることは，競技スポーツの勝敗決定を基礎づける自然科学的態度に慣れている我々には，かなりの混乱を引き起こす可能性がある。競技領域において，私の動く感じを直に捉える〈直観〉という概念には，端的な〈感覚的知覚〉だけでなく，想像する作用や予期する働きも同時に絡み合ってくるからだ。となると，直接知覚される直観作用の対象性が実在的対象であるか，理念的対象であるかによって，そのつど意味と性格を異にすることになる。その感覚的に実在（レアール）する対象は，可能な直観の最低段階であり，カテゴリー的，理念的な対象は高次の対象と言えるとフッサールはいみじくも指摘するのはこの意味においてである。ところがそこで同時に「カテゴリー的なるものも究極的にはすべて感覚的直観に依拠する」と慎重な駄目押しに注目しておかなければならない。さもないと「基づける感覚性を伴わないようなカテゴリー直観，いわば悟性判断や究極的な意味思考も，それは背理になってしまう。それはまさに事象本性に基柢を据えている」[110] という正鵠を射た指摘をフッサールは追加するのである。このようにして，フッサールは〈感覚的直観〉こそがエピステーメー領域への起点として，〈ドクサ領域〉[111] というその曖昧な感覚的直観の経験領域へと還元が主張されるのは，まさにこの意味においてである。

(b) 他者の自己時間化に向き合う

ここにおいて，自我身体の自らの〈動きかた〉がその動く姿かたちの変化を外部視点から知覚できないのは喋々するまでもない。もちろん，動きつつある私の背中の丸を帯びた〈力の入れかた〉の変様態を自分の目で確かめることはできないし，その動く感じも一回ごとに，そのつど変様するから，全くの同一性を呈示することは決してない。だから，自らの過去把持志向性の〈たった今

---
109 Hua. III. § 10 - ④〜⑤ S.22 / S.27　邦訳：イデーン I - I, 第 10 節 - ④〜⑤ 83 頁
110 Hua. XIX.II - II § 60 - ② S.183　邦訳：論理学研究 4, 第 60 節 - ② 210 頁
111 Husserl, E.: Erfaherung und Urteil, § 6 - ③ S.22　邦訳：経験と判断, 第 6 節 - ③ 20 頁

把持されたまま〉[112] というわが身の〈動きかた〉を〈自己時間化〉[後段 §29 参照] によって捉えるしかないことになる。そのような今統握の自己時間化能力がその本人に備わっていなければ、目にも止まらぬ素早い動きを高速ビデオで映像化しても、そこから何一つ身体発生のキネステーゼ意識流を開示することはできないのだ。だからすでに前段[§16～§17]で指摘したように、代行分析においては、他者のコツとカンの一元化された身体発生の〈二形統一態〉のなかにわが身を移し入れて、動きつつある〈今ここ〉を統握する働きが代行するコーチに求められることになる。つまり、指導者が自らの〈現象学する自我〉ないし〈反省する自我〉を生気づけて、今ここ統握の原発生地平に回帰し、その過去把持、未来予持の地平志向性の自己時間化による超越論的反省に依拠せざるをえないのだ。そのためには、〈原身体性〉に関わる身体学的領域における〈動感発生〉に関わる身体感覚の志向対象に注目せざるをえなくなる。序章の冒頭において、身体感覚の概念には触れているが、すでにフッサールは身体に局在化される〈感覚状態〉を〈身体感覚〉[113] と呼んでいるのは繰り返し述べている。

しかし、その感覚の局在性を巡って、さらにその〈原身体感覚〉における多様な感受状態が開示されてくる。フッサールは「我々が身体と呼んでいるものはすでに物質的事物以上のものであって、すでに〈心情的なもの〉に属している層位をもち、その層位は我々によって単なる考量によって身体に関係づけられるのではなく、初めから―いわば直観的に―身体そのものの全体に属する統覚的な層位としてそこに存在しているのだ。だから、単に物質的に過ぎない身体だけを保持するためには、我々はまずもってこの層位を捨象しなければならない」[114] という身体感覚の概念について、アウァスペルクやボイテンデイクの〈身体発生〉の概念に通底した明確な開示をしてくれる。その身体的状態の感覚としての多様な身体感覚の様相について、その〈根源的な身体発生〉の記述分析は精力的に深められていくことになる。因みに、このような〈原身体性〉に関わる感覚一般は、その身体に関係づけられて経験されるから、このEmpfindnisという原語の邦訳には〈身体感覚〉〈感覚態〉〈再帰感覚〉〈感受態〉など区々な訳語が当てられている。しかし、フッサールは「直接的な経験直観のなかで、経験しつつある身体そのものに在ったり、その表層位に在ったり、その上に拡がったり、そこに存在するものとして、いわば、局在化された感

112　Husserl, E.: Erfaherung und Urteil, §23 - a) - ③ S.118　邦訳：経験と判断，第 23 節 - a) - ③ 93 頁
113　Hua. IV. §36 S.144ff.　邦訳：イデーン II - I, 171 頁以降
114　Hua. V. Beilage I - §4 - (a) - ① S.118　邦訳：イデーン III, 付論 I - §4 - (a) - ① 152 頁

覚として与えられる」[115] と述べて，総じて〈身体感覚 = Leibesempfindungen〉という表現も取り上げうることを追記している。それに従って，本書ではEmpfindnisを統一的に身体感覚の訳語を取り上げている。もちろん，この現象学的な身体感覚の用語は，生理学的ないし客観的心理学的な〈体性感覚〉[somatische Empfindung ; somatic sense] とは全く異質であることは喋々するまでもないであろう。

　フッサールも言うように，対象という言葉は，全体と部分，類と種，関係，事態などのカテゴリーが「様々な，しかも一つの全体に属する形態化」として取り上げられる。「それらは相互に対等な位置を占めるのではなく，原対象性という上位の対象性に関係づけられている」と注意しながら，それらのカテゴリー対象性は，いわばその原対象性の「単なる変動態に過ぎない」[116] とフッサールは断じるのだ。我々はすでに半世紀以上前に，マイネルの形態学的運動学に倣って〈先取り〉などの事態カテゴリーの形態学的分析に注目してきた。しかし当時のマイネル教授の引用文献によれば，フッサール現象学の超越論的論理学は取り上げられていない。マイネルによる運動記述のカテゴリー論には，自然科学的な空時的認識論が混在しているために，現象学的本質分析に至っていないのは，当時のイデオロギー的な東西緊張の社会事情からやむをえないことであろう。しかし，マイネルがそのカテゴリー分析によって形態学的現象学に架橋していった功績はまさに特筆に値するものである。マイネルはカテゴリー論を命題論的な事態カテゴリーだけに特化し，類と種の関係カテゴリーや全体と部分の基づけ関係に関する一般者のカテゴリー対象性にその述定判断を拡大できなかった憾みがある。マイネルがフッサール現象学の発生論（ゲネアロギー）に入るには，時代的ないし社会的なイデオロギー的障碍が余りにも大きかったのかもしれない。

(c) 時間化能力が代行分析の起点となる

　我々の人間学的運動現象学においては，マイネルのカテゴリー論を批判的に継承して，フッサールの超越論的論理学の〈発生論〉（ゲネアロギー）という基礎づけをもつことになる。従って，その類的普遍化や種的特殊化という志向対象性の分析手続きにおいては，フッサールの現象学の発生論に基礎づけを求めなければならない。すなわち，フッサールは「個別態こそが純粋論理的に要求される原対象性

115　Hua. V. Beilage I‐§4‐(a)‐②S.118　邦訳：イデーンⅢ，付論 I‐§4‐(a)‐②　152頁
116　Hua. III. §10‐①S.21　邦訳：イデーン I‐I，第10節‐①　80~81頁

であり，論理的絶対者である」[117]と断じながら，この「個別態とは一つの形相単一性である」と別言して，古典的な命題論理学から超越論的論理学への超克を主張しているからである。そこでフッサールは，「非ドクサ的な作用の諸分野も形式的に考察されうる」ことから「形式論理学の理念を形式的な価値論と実践論にまで拡張する可能性が開かれる」[118]と述べるに至っている。この価値論と実践論への拡大にこそ，スポーツ領域の人間学的な発生的運動学がフッサールの超越論的論理学に基礎づけをもつことができる。

　ここにおいて，はじめて従来の自然科学的な運動分析論から一線を画して，厳密学としての現象学的運動分析論は学問論的な厳密な普遍基盤をもつことになる。さらに，フッサールは形式論理学そのものが個別的対象とカテゴリー的対象との区別ができなくなることにも言及しているのはその意味で理解できることになろう。つまり「個々の対象から抽出された類と種という一般者とそれ以外の一般者との区別ができない」[119]と指摘して，フッサールが伝統的な命題論理学の概念閉鎖性を明確に指摘していることを我々は見過ごすことができないからである。例えば，小学校体育として親しまれている鉄棒の〈足かけ上がり〉と呼ばれている〈膝かけ上がり〉は，〈中かけ〉〈外かけ〉〈大外かけ〉の〈種化〉を含めた〈足裏かけ上がり〉の種的特殊化を下降し，他方では〈股かけ上がり〉の〈類的普遍化〉を経て，さらに上位の〈け上がり〉に類化されるまでに膨大な数の個別ゲシュタルトの存在様相をもつことになる。しかしそこでは，そのすべてに通じる〈振れ戻り上がり〉という一般者が欠損したまま放置されてしまう。その非実在的（イレアール）な〈振れ戻り上がり〉という一般者の基体対象性には，事態カテゴリーである〈伝動化〉に潜む〈反動的切り返し〉が新たに後方系の反動的切り返しとの関係述定判断への道を拓く必然可能性もすでに含蓄されていることになる。これらの問題の詳細は次章のカテゴリー分析に送られることになろう。

　従って，フッサールの伝統的論理学における閉鎖性の指摘は，さらに日常的な〈歩く〉や〈走る〉などの単一的動感ゲシュタルトの身体発生的分析にも貴重な示唆を与えてくれることになる。この意味において，フッサールによる超越論的論理学の発生論（ゲネアロギー）に示される〈原対象性〉への指摘はまさに正鵠を射て，さらに大きな広がりへの必然可能性をもつことになる。しかし，機能する動感

117　Hua. III. § 15・④～⑤ S.29f.　邦訳：イデーンI-I, 第15節・④～⑤ 94頁
118　Hua. XVII. § 50 S.140ff.　邦訳：形式論理学と超越論的論理学, 第50節 149～150頁
119　Hua. XVII. § 23・a) S.76ff.　邦訳：形式論理学と超越論的論理学, 第23節・a) 80～81頁

身体性に潜む志向対象を新しい超越論的構成分析として，静態分析と発生分析の相互補完関係のなかに明らかにしていくことを我々はすでに確認［深層：§68参照］している。それは，機能する動感身体性に関する発生的運動学として，類的普遍化と種的特殊化という多様な存在様相や，全体と部分という基づけ関係の分析対象をノエマ的存在様相の超越論的静態分析に託すことができるからである。さらに，ノエシス的意味統握の原対象性を時間流の原発生地平の志向性分析として超越論的な身体発生的分析に展開する必然可能性を開示することもできる。当然ながら，これらのカテゴリー分析は次章でさらに詳しく考察されることになる。こうして，スポーツ領域における現象学的運動分析の志向対象性について，新しい分析手続きに関わる普遍的な身体発生基盤を確認しておかなければならない。その超越論的構成分析における普遍的な身体発生基盤のなかには，相互補完性をもつ静態分析と発生分析として多くの志向対象がその分析対象に取り上げられるのは言をまたない。しかし，それらの分析対象になる身体運動は，すべて私の身体という〈固有領域〉における，いわば主観的な自己運動であることを確認しておかなければならない。我々の人間学的スポーツ運動学が，物的身体の物理的時空間の座標系における自然法則を求めていく科学的運動学との厳然たる区別は繰り返し論じられている。その発生的運動学の分析対象になるすべてのスポーツ運動は遂行自我による自ずと動ける身体発生現象を伴う〈自己運動〉に他ならない。その場合の他者分析の対象は，他者の自己運動に潜む志向対象であるのは論をまたない。だからこそ，ボイテンデイクの言う自己運動，主観性，身体性の三基本概念を基柢に据えた人間学的運動現象学に普遍的な身体発生基盤を確認することができるのだ。次章からの分析対象性の体系化として具体的に展開されていくカテゴリー分析の対象になるのは，スポーツ競技領域の生命ある〈自己運動〉そのものである。他者の身体運動は他者の自己運動における身体発生現象がその分析の志向対象として構成されるのはこの意味からである。走り，跳び，投げるなどの基本的運動形態のみならず，泳ぎ，滑り，転がり，ボールをシュートするなどの動きのすべては，主観身体の〈自己運動〉として超越論的反省の立場からその〈自己時間化分析〉が主題化されるのだ。それは単なる物体的な身体の位置移動に関する精密な計測手続きをとる科学的運動分析から区別されるのは論をまたない。その両者は二者択一の対象ではなく，それぞれの独自な役割をもっていることを再度しっかりと確認して，不毛な批判の応酬に終止符を打たなければならない。

第Ⅲ章
カテゴリー分析の道

［I］ 類化分析の道しるべ

§ 23. 超越論的反省の原対象に向き合う

（a）直進知覚から超越論的反省に入る

　我々はこれまで超越論的反省に関わる立場の意味存在(センス)を確認して，やっと自己運動一般という原対象性に直に向き合うところまで辿り着いた。そこには，日常的な自然的態度が科学主義的な呪縛から解放され，キネステーゼ感覚分析の対象となる〈身体運動〉は，私自らの身体が遂行する〈自己運動そのもの〉であり，それが原的な動感志向性そのものに構成される〈原対象〉(オリギネール)[1]として姿を現してくることになる。しかし，その自己運動はセンサーによって独りでに動く自動装置のロボットによる運動ではない。それはロボット自体が判断して自分から動いても，その自己運動はアスリートの〈生ける自己運動〉ではない。いわばそこで勝負を賭ける自己運動とは，その自我身体のパトス的情動から自らの価値感覚が働いた〈原的身体運動〉(オリギネール)が意味されている。とは言っても，その選手の自己運動が科学的運動分析として，外部視点から客観的にその物的身体の位置移動が計測されると，それはすでに身体発生的分析の志向対象ではなくなってしまう。この区別，つまり科学的分析の物的身体運動と現象学的分析の原的な身体運動(オリギネール)との区別は，いくら強調してもし過ぎにはならない決定的な重大さを示している。我々の発生的運動学の分析対象となるのは，フッサールの言う〈原対象性〉としての感覚対象そのものなのである。

　すでに前節§ 22で指摘しているように，〈直進的〉に行われる知覚作用や想起作用，さらに価値感覚に気づき，その判断を述定化し，目的設定をするなど，純粋に記述する〈自然的反省〉という立場は，原発生地平の〈超越論的反省〉の態度から区別されると駄目押し的に指摘するフッサールの言を見過ごしてはならない。そこに指摘している自然的反省の態度は，いわば我々の発生的運動学の基柢に据えられている〈自己時間化〉の身体発生基盤をすでに確認しているからである。そのような価値意識的な反省態度をフッサールはなおも〈直進的作用〉[2]と呼んで「存在するものとしてすでに与えられた世界基盤」に立

---

[1] Hua. IV. § 8・Abs.Nr. ①S.17　邦訳：イデーンII - I, 第8節・改行番号（以下略す）① 20頁
[2] Hua. I. § 15・① S.72　邦訳：デカルト的省察，第15節・① 69頁

脚していると指摘するのだ。それどころか、さらにフッサールは、日常的なその自然的反省に形相的還元を施して解放し、「知覚そのものに向けられた一存在そのもの」[3] に直に向き合い、その〈知覚すること〉そのものの意味統握を純粋記述する超越論的反省の立場に立つのを要求するのである。しかし、その自然的態度の役割を解放しても、その価値感覚を伴うキネステーゼ感覚の普遍的身体発生基盤そのものが否定されてしまうのではない。その「問題の対象性を真に原的に与えてくれる自発的作用」こそが志向対象になるのであり、それは感覚的綜合の原対象という〈基づけ対象性〉[4] に立ち戻っているだけである。

　こうして、このような〈知覚そのもの〉に基づけられる対象性を、つまり「その〈原対象〉こそがいわば〈感覚対象〉そのものなのだ」とフッサールは断言することになる。しかも、我々が行う事物統握は「同時にキネステーゼを展開させて、より明快な直観化に至らしめる」[5] と追加して、錯綜した同時統握という理論を了解させる身体発生の〈原対象性〉をフッサールは巧みに浮き彫りにしてくれる。このようにして、その動感志向性に直に向き合っている〈自己運動〉そのものが、つまり価値意識を含むコツとカンの一元化身体発生の担い手が、そのありありと与えられる〈原的直観〉[6] として、超越論的に反省され、そこに記述分析の根源的な対象性として構成されることになる。

(b) 単一形態は原対象の内在成素をもつ

　ここにおいて、我々はスポーツ領域における超越論的反省の原対象となる究極基体として、自我身体に原的に捉えられる〈動きかた〉オリギネールに直に向き合うことができる。その動きかたの物的運動の一面はいつもすでにエポケー［判断中止］されているのは言うまでもない。その上で、わが身にありありと感知できる自己運動こそが、その論理学的な類的普遍化としての類化、つまり類と種という類化カテゴリーの分析原対象として取り上げられる。そのような自我身体の動きそれ自体というのは、日常生活における〈歩く〉や〈跳ぶ〉などのような基本形態だけでなく、多くの競技スポーツにおいて限りなく多様化するシュトラウスの言う〈動きかた〉[7] として取り上げられる。因みに、ここで意味される〈動きかた〉と言うシュトラウスの基本概念［深層：§32 - ④, §94 - ②参照］は、自ら

3　Hua. I. § 15 - ① S.72　邦訳：デカルト的省察、第15節 - ① 70頁
4　Hua. IV. § 8 - ① S.17　邦訳：イデーン II - I, 第8節 - ① 20頁
5　Hua. IV. § 9 - ⑦ S.21　邦訳：イデーン II - I, 第9節 - ⑦ 24頁
6　Hua. III. § 19 - ②〜③ S.36f.　邦訳：イデーン I - I, 第19節 - 段落②〜③ 104頁
7　Straus, E・Vom Sinn der sinne 2.Aufl. 1956, S.263 Springer Verlag

動くときの〈キネステーゼ感覚形態化〉という志向体験が意味されている。だから，外部視点から対象化して観察できる動きや振る舞いの位置移動の運動過程とは明確に区別されるのである。このことは繰り返し注意しているように，我々は身体運動を外部視点から客観化［＝対象化］することに慣れているから，その科学的分析の運動プロセスと混同してしまうことが少なくないのだ。スポーツ運動学の身体発生的分析の志向対象は主観的な自己運動が原対象であることは多言を要さない。だから，分析されるのは自己運動する感覚対象そのものであり，それを自らの動きとして〈感じとる〉には，改めてキネステーゼ感覚の身体発生現象を自ら分析しなければならないから，その分析能力を身体化しなければならなくなる。さらに，この〈動きかた〉という表現には，フッサールの言う生き生きとした共通感覚［本書：§1-(b)-段落⑥参照］が含意された身体感覚が機能しているから，そのキネステーゼ身体感覚が形態化される〈感覚的綜合〉という志向対象に「基づけをもつ対象性」[8] が構成されなければならないと言うフッサールの指摘はとりわけ見逃せない。というのは，フッサールの意味における身体感覚（エムプフィンドニス）としてのキネステーゼ感覚対象が形態化されていくところに〈原対象〉が構成されるからである。その意味において，フッサールの言う〈身体感覚〉は，決して〈ロックの呪縛〉［わざの伝承：162～165頁参照］に取り付かれた単独に働く理念感覚（アイステータ イデア）などではないことをしっかり確認しておかなければならない。つまり，視覚が働くときには，同時に触覚やキネステーゼ感覚も絡み合って働くからこそ，身体に関わる諸感覚の〈綜合化〉が可能になり，自らの〈動く感じ〉を捉えることができるのである。

　ところが，17世紀に始まる〈ロックの呪縛〉は凄まじい威力をもっていて，競技する我々を呪縛して容易に解放してくれない。例えば，敵方の素早いボール捌きにどう対応するか苦心するアスリートたちが新しい動きかたを生み出そうとするとき，そのコーチは「目で見ないで身体で見るのだ」と注意すること頻りである。しかし，そんな非科学的な言いかたをするコーチは，早速に顰蹙（ひんしゅく）を買ってしまう昨今である。ところが，切迫した競技スポーツ領域に生きる選手たちやそのコーチは，身体で感覚せざるをえない奇妙な〈身体発生〉というキネステーゼ感覚世界に住んでいるから，そこでは外部視点からの客観観察，つまり対象化して〈目で見る運動観察〉は全く通用しないのだ。それにもかかわらず，とくに学校体育や幼児体育の運動発生学習では，まだ17世紀のロッ

8　Hua. IV. §8-①S.17　邦訳：イデーンII-I，第8節-①20頁

クの呪縛の虜になったままのことが少なくない。新しい〈動きかた〉の発生学習に，ビデオ映像を見ればすぐに〈動きかた〉が分かり，動けるようになると誤解してしまうほど未だに素朴なままである。自分のビデオ映像を見るには，自らのキネステーゼ感覚を自らの身体感覚で捉える〈身体発生能力〉とそれをビデオ映像に共遂行して移し入れる能力，いわば〈身体移入能力〉［深層：§48参照］がその前提として不可欠なのだ。このことはすでに第Ⅱ章の代行分析［とくに§16～§17参照］で確認済みである。その〈動く感じ〉が形態化された志向対象性は，単なる物的身体の位置移動そのものではなく，キネステーゼ感覚形態化されて生成される〈動く感じ〉という〈意識対象性〉[9]であることを見逃してはならない。この問題圏はさらに後段［§51～§53］で詳しく立ち入って論じることになろう。

　フッサールはさらに，その多様に変化する身体運動のどんな本質形態(ゲシュタルト)も，論理学的カテゴリーの「類的一般性と種的特殊性という一連の段階系列に組み入れられる」[10]と指摘してとくに注意を促している。その段階系列のなかで〈類的一般化＝類化〉[11]ないし〈種的特殊化＝種化〉によって，それぞれ類的普遍化を進めていくと，その〈動感感覚形態化〉(キネステーゼ)は多様な変様態を呈示しながらも，究極的には，最上位ないし最下位の〈形相単一形態〉に到達すると言うフッサールの指摘は重大な意味をもってくる。そのような〈動く感じ〉の類的な形相単一形態が〈動きかた〉として単一形態(ゲシュタルト)を呈示するのは言うまでもない。しかし，そのなかには，例えば日本古来の〈ナンバ歩き〉の変な感じに内在する〈感覚質〉や視線のほうに顔が独りでに向いてしまう非反射的な〈連動現象〉［ボイテンデイク］の空間形態(ゲシュタルト)の生成現象，絶対ゼロ点の定位感に潜む〈二つの上〉という志向体験一般など，その〈形相単一形態〉には本質成素が蔵されていることを見過ごしてはならない。だから，日常生活で水溜まりを跳び越すという何気ない〈動きかた〉のなかにも，いくつかの本質成素が受動的に，つまりキネステーゼ感覚の機能する身体発生現象がそこで匿名のまま勝手に働いているのだ。水溜まりを一目見たとき，跳べないと〈先読み〉できれば回り道するし，跳べそうだと判断すれば，助走して跳び越そうとする。このときには単一形態の〈跳ぶ〉から走形態と跳形態の〈複合形態〉(ゲシュタルト)に変様しているのは言をまたない。しかもその組合せられた一連の動感形態(ゲシュタルト)のなかには，必然可能

9　Hua. III. § 86 - ① S.196　邦訳：イデーンⅠ-Ⅱ，§86 - ① 98頁
10　Hua. III. § 12 - ① S.25 / S.30　邦訳：イデーンⅠ-Ⅰ，第12節 - ① 87頁
11　Hua. III. § 13 - ① S.26 / S.31　邦訳：イデーンⅠ-Ⅰ，第13節 - ① 88頁

的に先読み，局面化，優勢化，伝動化などの事態カテゴリーの本質的成素が絡み合って潜んでいるのだ。まして，競技スポーツの難しい高度な技には，開示されないコツとカンがまだ気づかれずに感覚素材が受動綜合化(ヒュレー)しているかもしれない。そこでキネステーゼ感覚綜合化の働きがまだ開示されない類的普遍化の志向対象は，新しい超越論的反省における自己時間化の本質直観の開示を待ち望んでいるのだ。そのための具体的な〈直観化綜合〉［§47〜§50］と〈本質直観〉［§51〜§54］への分析道しるべは，後段にまとめて立ち入ることになろう。

(c) 受動発生はアポリアに阻まれる

このような類的一般化や種的特殊化という〈類的単一形態〉におけるカテゴリー分析の志向対象は，個別の競技領域のみならず，幼児あるいは高齢者の運動発生学習の領域においても，そのノエマ的意味存在に独特な様相変動が呈示(センス)されているのを見過ごしてはならない。むしろ，本能キネステーゼや原感情に左右される乳幼児の自ずと動ける身体発生現象の構成分析は困難を極めることになる。その〈原衝動〉の働きのまま，受動的にキネステーゼ感覚素材(ヒュレー)が発生する動きかたは，そこに微妙な感覚的違いを潜ませたまま，その深層に沈殿しているからだ。だから，その開示はまさにアポリア［難関］の連続となって我々の分析の道を阻むことになる。例えば，3歳の童子が一目見た動きをとっさにまねしてしまうとか，その〈たった今の動き〉を全く覚えていないから，どう動いたのかを言ってくれないそのアポリアに我々指導者は苦しめられるのだ。それらの受動的な動きかたの生成・消滅を繰り返す乳幼児のキネステーゼ身体発生現象には余りにも障碍が多すぎる。にもかかわらず，これまでの運動学習では，その奇妙な身体発生現象が成立しても〈できればよい〉とする成果主義的な素朴さのなかに，全く無関心のまま放置されてしまうことが多い。

こうして，乳幼児や高齢者の指導者養成の在り方，例えば保育士の資格取得条件などは余りにも素朴な運動認識論を前提にしていることを知らなければならない。そこには「動けるようになればそれでよい」という〈成果主義〉の考え方がいつも支配的なのである。それは明治維新以来の生理学主義的な運動認識論が未だにそのまま温存されているのだ。西欧圏における新しい人間学的運動学の身体発生基盤には，発生的現象学の超越論的反省の立場がまずもってその基柢に据えられ，とりわけ精神医学における人間学的生理学の高次の協力がその運動分析論に急速な展開をもたらしていることを見逃してはならない。そ

の受動発生の運動認識論の立ち後れが幼児運動学や高齢者運動学における〈動きかた〉の身体発生的分析に大きな影を落としてきたからである。そこでは，動きそのものが〈歩く〉や〈投げる〉などの日常的な単一形態のため，それが自然的反省の立場に安住してしまう傾向が一般的である。むしろ，乳幼児のキネステーゼ感覚形態化においては，そのゼロキネステーゼの受動志向性分析など，意識時間流の原発生における〈二つの今〉の地平志向性分析が求められるべきなのだ。そこでは超越論的反省の〈原対象そのもの〉がすでに見落とされていたことになる。この問題性はその開示が新たなアポリアに阻まれるとしても，避けて通れる問題圏ではない。それは後段の非直観志向性に関わる〈直観化綜合分析〉の道しるべとして，その実践可能性が具体的に問われることになろう。

　これらの受動発生層位にある身体発生現象のノエマ的な意味存在分析が困難を極めることは周知の通りである。その受動発生のキネステーゼ感覚変様が端的に〈一般化〉しにくいというだけではない。その発生学習の指導実践に当たる教師のキネステーゼ感覚の借問能力への無関心も大きな障碍になっているのが見過ごせないからである。しかし，受動的に，いわば無自覚のまま生成消滅するこれらの単一形態における類化カテゴリーの対象性一般，いわば究極基体という担い手は，それ以上分割できない〈モナド個別態〉[12]そのものである。その個人的モナドとしての個別態は〈ここのこれ〉[tode ti = ein Dies-da] であり，「しかもその事象内容を含んだ本質が具体的なものであり，それは〈個別態〉と呼ばれる」[13]のだと指摘するフッサールは，その駄目押しをする慎重さを忘れない。その究極基体，つまり対象性一般と呼ばれる具体的な〈モナド的個別態〉こそが，一つの動感システムのなかに類的普遍化ないし種的特殊化の微妙な段階系列として潜んでいるのだ。しかし，その動感意識の深層に内在的に潜んでいる〈モナド意味核〉［深層：§ 74参照］を，選手たちは当たり前のように即座に統覚化することができる。それにもかかわらず，そのキネステーゼ意味核が身体発生的分析の志向対象に取り上げられなかったのは何故なのか。それらは，すべてコツとカンの一元的意味核と呼ばれて，そのようなドクサ的身体経験，いわば非科学的な単なる思い込みの身体経験として，科学的運動分析から除外されてきた経緯を見逃してはならない。今後の新しい同時変換的な身体発生的

12　Hua. III. § 11 - ② S.24　邦訳：イデーン I - I，第11節 - ② 86頁
13　Hua. III. § 15 - ③ S.29　邦訳：イデーン I - I，第15節 - ③ 94頁

分析によって，その奇妙な身体発生現象の謎が開示されるとすれば，幼児ないし高齢者の発生的運動学は大きな転機(クリーシス)を迎えうることになろう。

　もう一方の競技領域でも，本質必然的に映像化できないコツとカンの一元的意味核の秘伝的な〈感覚論理〉が公に開示されることは極めて珍しいことである。その意味発生(センス)の述定化対象(カテゴリー)はその動きかたを身体化した選手たちやそれに関わったコーチの胸三寸に収められ，何故か黙して語られないままである。とりわけその驚異的な〈身体知能〉を示した名選手に借問しても，何の応答もないし，その身体発生現象の静態分析は放置されたままである。その奇妙な身体発生がその未経験者にも分かるような，いわば〈原的直観〉への道が全く閉ざされたままになっているのはどうしてなのか。その意味核のノエマ的意味存在は，そのアスリートの動感意識流(キネステーゼ)における原発生の地平志向性に潜んだままであり，本人がその身体発生の意味内実を開示してくれない限り，その道しるべを立てることはできるはずもない。しかも，その道は余人の追従を許さない高次元の〈わざ〉の具現者が沈殿化を余儀なくされた密かな歴史的経緯も読み解かれるのでなければならない。その名選手たちの〈先言語的奥義〉における奇妙な表現は，本質直観化の道を阻み，借問する分析者たちを戸惑わせること頻りである。その貴重なキネステーゼ身体発生の意味核はその超越論的反省も開示されないまま名選手の動感意識から消滅してしまうことも珍しくないのだ。マイネル運動学に強調されている運動文化伝承はそこが起点になっているのはこの意味においてである。その不世出の名選手の貴重な現実態(エネルゲイア)の〈身体知能〉は，その選手たちの亡骸と共にこの世からすべて消滅してしまうしかないのか。その動感伝承に危機感をもつことが一体何に阻まれてきたのか，これまでどうしてその〈道しるべの構成〉が阻まれてきたのかを探ることも喫緊の課題となろう。その貴重な一元化身体発生現象を開示する〈静態分析〉でも，そのキネステーゼ身体発生のノエシス的な〈実的分析〉でも，その身体発生の深層に借問し続けて，その意味核を読み解く動感(キネステーゼ)分析者もいないのでは，その運動文化財はこの世から消滅せざるをえないのは喋々するまでもない。超越論的現象学の意識分析に付託される必然可能性がすでに多くの現象学者たちによって開示されていても，それを我々の運動伝承世界に引き留めることができないのでは何とも遺憾としか言いようがない。

§24. 動きかたの類型化に向き合う

(a) 運動類型学に問いかける

　我々はこれまでに，身体運動の単一形態における〈究極基体〉[最終の担い手]がすべて個人としての〈モナド的個別態〉であるというフッサールの指摘を重視してきた。従って，類化し，種化する動感形態化のなかに潜むその存在様相が類的カテゴリー対象として取り上げられてきた。しかし，キネステーゼ感覚の身体発生指導や競技実践の現場では，新しい動きかたの発見やとっさの動きの受動発生が次々と目白押しに現れてくる。例えば，サッカーのゴール前の混戦において，顔が確認できなくても，その人のボール捌きを一目見れば，どの選手の〈動きかた〉かを即座に区別できるはずである。日常の生活のなかでも，遠くて顔が判別できなくても，誰が歩いてくるのか察しがつくのも珍しいことではない。〈歩きかた〉，つまり歩行形態一般というものは，長い間の反復的習慣化によって，一つの個性的な〈動きかた〉がいつの間にか受動綜合化に至るのだ。その習慣身体の意味発生における究極基体の担い手は，その人なりの〈動きかた〉を色濃く反映させているから，その顔を確かめなくても誰の〈歩きかた〉なのか容易に判別できる。こうしてマイネルは，その〈歩きかた一般〉[14] を弾むような，上品な，威厳ある，のろまな，ぶらぶら歩きなど，その〈歩く感じ〉の形態質を純粋記述して，そこに一つの必然可能性を指摘するのである。

　このような習慣的に機能する身体性に露呈されてくるキネステーゼ感覚形態化の受動的綜合現象に対して，同一体系に共存価値をもつ〈類型形態化〉として，その存在様相が注目されることになる。オランダのボイテンデイクはこのような動きかたの〈規範的概念〉に言及しながら「規範的という表現は適合的ないし目的的な類似的意味をもち，その概念がどんなに曖昧であっても，それが一つの評価作用を伴うのは確かである」[15] と指摘する。その独自な〈運動類型学〉に有意味な道しるべを立てたことはよく知られている。我々は先に挙げた論理学的な類的カテゴリーの他に，類型学的な視点からもう一つの現出形態をカテゴリー対象に取り上げるのはこの意味においてである。そこに生み出されるキネステーゼ感覚形態化の価値判断は極めて大きな実践可能性を拓

14　Meinel, K.: Bewegungslehre, 1960 S.143　邦訳：スポーツ運動学, 149頁 1981
15　Buytendijk, F.J.J.: op.cit. 1956 S.346.

く意味をもつからである。そのことをボイテンデイクは，価値感覚による判断を介しての身体教育の方向づけとその体系化，ならびに価値感覚を志向する普遍的な身体発生基盤を呈示できると指摘するのだ。こうしてボイテンデイクは「それ故にこそ，身体運動の規範論的類型学を論じうる」必然可能性を取り上げ，「その規範論的類型学は個々人の運動形象を同時に規定する」[16] と結論することになる。このような個性的な一元化身体発生による〈類型形態化〉の現象野は，とりわけ学校体育における動感身体の習練には欠くことのできない重要さをもつことを確認しておかなければならない。このようにして，ボイテンデイクは〈人間学的生理学〉(1967) の不可欠さに言及し，19世紀以降に，端的に有機体を最良の状態に保ち，すべてを有機体に還元してしまう生物学的規範にのめり込んでいった〈身体教育思想〉[17] に厳しい批判を投げかけることになる。とりわけボイテンデイクのこの新しい〈人間学的運動学〉(1948~1956) の思想に倣って，わが国の学校体育が生理学的規範主義に傾斜した〈統計的標準概念〉一辺倒の運動認識論から脱却できる可能性をもつことができる。これによって長い間，体育や競技の世界に主座を占めてきた運動学習の形式化や鋳型化を終わらせる新しい実践可能性の道が拓けてくることになる。ボイテンデイクのこの新しい類型学的運動認識に基づいて，本来的に主観身体の生ける身体運動に対して，その明治以来の鋳型化や標準化の呪縛から解放される可能性も見えてくるのである。しかし学校体育の指導実践では，未だに〈歩きかた〉の習練形態は〈正常歩〉と称する生理学主義的な規範的類型化の呪縛から解放されてはいない。さらに，散歩する歩きかたに走形態の腕振りを取り上げた新しい生理学的な〈歩きかた〉は，今や鋳型化現象に変様して市民権をもち始めている昨今である。わが国の生理学主義の呪縛はロックの呪縛の様相を呈し始めているのかもしれない。それだけに，わが国古来の〈ナンバ歩き〉にフッサールの意味する超越論的構成分析が施されて，その意味存在のノエマ的静態分析とさらにノエシス的発生分析が厳密に行われることが喫緊の課題になって浮上してきている。しかし，ボイテンデイクの現象学的な新しい運動類型学が我々の発生的運動学に根づくには，まだ多くの難関を突破していかなければならないようである。

---

16   Buytendijk, F.J.J.: op.cit. 1956 S.345
17   Buytendijk, F.J.J.: op.cit. 1956 S.349

(b) ナンバ歩きを問い直す

　マイネル教授もその遺著 (1960) で指摘しているが，現代の生理学的な正常歩の端緒を開いたドイツのヴェバー兄弟の〈振り子理論〉[18] が関心を呼んでいる頃 (1833~1836)，フランスの文豪バルザックがその『歩きかたの理論』(1833) で類型学的な歩行理論をパロディーとして発表したのは周知の通りである。その〈歩きかた〉[la démarche = 歩き振り = Gehweise] の類型学的分析をやっと終えてから，慨嘆して次のような皮肉を飛ばすのだ。「人の数ほど歩き方あり！　一つ残らず描くとなれば，悪徳のありとあらゆる形態を一つひとつ探り出し，世の愚かしさを悉く見きわめ，世の中の全階層を上，中，下，隈なく見て行かねばならないだろう。そんなことをしては切りがない。こうして，歩きかたを観察した 254.5 人のなかで（というのも一人だけ，片脚のない人がいたのを少数に数えている），美しく自然な歩きかたをしていた人は一人もいなかった。私は絶望して家へ帰った。文明は一切を堕落させる！　一切を歪める，運動さえも！　いっそ世界一周の旅に出て，野蛮人の歩きかたでも調べてみるか」[19]　[表記引用者変更] というその慨嘆ぶりは余りにも有名なパロディーの一節である。バルザックはバイオメカニクスの鼻祖といわれるイタリアのボレリによる『動物の運動』(1680~1681) の科学主義に絶望したあげくに，類型学的な歩きかたの研究に入ったようだ。その鋭い観察眼に捉えられた〈歩きかた〉のなかに，手足を振り子のように交互に動かす歩きかたとは全く異質な類(たぐい)の歩きを記述している。「はて，今やってきた男，あれはどういう手合だろう。〈右脚を動かす〉と〈左肩が動き〉，〈左脚を動かす〉と〈右肩が動く〉。満ちたり干たり，何と規則的なこと。まるで交叉した二本の長い棒が服を着て歩いているようではないか。きっとこれは労働者から成り上がった男に違いない」[20]（強調括弧は引用者）という。ドイツのヴェバーの主張する〈振り子理論〉によれば，右脚を前に出すと，左手が前に振られて，左肩は前に出ないから，いわば，生理学者の言う合理的な〈正常歩〉として標準化され，規範類型に措定されることになる。ところが，バルザックはその歩きかたの観察のなかで，公理 8 として，「我々が身体を動かすときには，次々と滑らかに伝わっていく目に見えぬ微細な動きの一つひとつに知性が輝いているはずだ」と駄目押しをする。だから，自然の潮の満ち干

18　Meinel, K.: Bewegungslehre, S.67ff. 1960　邦訳：スポーツ運動学，62 頁以降　1981
19　Balzac, H.d.: Théorie de la démarche, 1933, Œuvres complètes,1962, club de l'honnête homme p.626
　　邦訳：「歩きかたの理論」135 頁『風俗のパトロジー』山田登世子訳，1982　新評論
20　Balzac, H.d.: ibid. P.622　邦訳：前掲書，128 頁

に示されるサイクルのなかに、〈今ここ〉で感じながら動き、動きながら〈今ここ〉を感じるという動感身体性が機能していることになる。とすると、我々は振り子類型のほかに、もう一つの自然な〈歩きかた〉として、バルザックの言う〈ねじれ類型〉を定立できることになる。

　それは言うまでもなくわが国古来の〈ナンバ歩き〉に他ならない。その詳細は拙著［身体知の構造：211~214頁］に譲らざるをえない。因みに付言すれば、手足を交互に前に出して振り子のように動かして歩くヴェバーの言う〈振り子型〉が正統な良い歩きかたであり、脚を出すときに反対の肩が前に出して歩くバルザックの言う〈ねじれ型〉は協調能力の欠損した悪い〈歩きかた〉と決めつけた科学的運動分析の結論は一体どこから導き出されたのか。ゲーテがその『イタリア紀行』(1786年9月17日, ヴェローナにて) のなかで気づいたこととして「歩くときには、みな両腕を振る」と述べ、さらに「何かという折には剣を帯びる上流階級の人たちは、左腕だけはじっと動かさない習慣がついているので片腕だけ振っている」と指摘する。とすると、全く腕の振りが意識に上らない歩きかた、つまり、ねじれ型の歩きかたもあったことをうかがわせるに十分であろう。こうなると、世界中で手足を交互に前に出す〈振り子型〉だけが正統だと主張できなくなる。バルザックが「労働者から成り上がった男に違いない」と言った歩きかたは、両手で何かしながら歩かなければならない手合いの歩きかたを認めているのだ。こうなると、ラクダや熊が〈側対歩〉[Paßgang] で歩くのは今に始まったことではないし、人間もこのような動物の側対歩と同じ類(たぐい)の歩きかたをしていても何の不思議もない。子どものころに竹馬乗りの経験をもつ人は、この〈側対歩〉という同じ側の手足から動き出す〈歩きかた〉の感覚を直ちに甦らせることができるであろう。そのとき、反対側の竹馬は下に押さえるように倒される。となると、私たち日本人が昔から〈ナンバ〉と呼ばれる変な歩きかたをしていて、日本人は「歩きかたが下手だ」とか「背を丸めて、膝を曲げたまま靴を引きずって歩く」とか、とにかく悪い評価ばかりなのは、明治以来の生理学的合理主義一辺倒になってからのことであろう。この奇妙な〈ねじれ型の歩きかた〉が、ボイテンデイクの新しい運動類型学の立場からも、西洋の〈振り子型〉の歩行形態からも、一見だらしない〈歩きかた〉と酷評されるのは何としたことであろうか。舞台や映画の〈忠臣蔵〉における浅野内匠頭の松の廊下を長袴で歩く威厳に満ちた堂々たる〈歩きかた〉は、古来のナンバ歩きに他ならないのだ。

そこでは，自然科学的正当性からのみ主張された歩きかたの運動認識論に対して，ボイテンデイクやバルザックらの規範論的運動類型学の欠損態を指摘する新しい〈人間学的運動学〉の立場はさらに大きな理論的広がりをもっていることを見逃してはならない。しかも，ボイテンデイクによって画期的な〈人間学的運動学〉としての『人間の姿勢と運動の一般理論』(1948~1956) が江湖に問われ，さらに引き続いて，その学問的基礎づけをなす〈人間学的生理学〉の〈序説〉[21]（プロレゴーメナ）が上梓 (1967) されて，因果決定論を超克した新しい現象学的人間学に基づく〈スポーツ運動学〉にその新しい道が拓かれたのはすでに半世紀も前のことである。わが国スポーツ領域でも，新しい運動学［「序説運動学」1968　大修館］の芽生えが生じて，競技実践の現場が勢いづいたのは，ボイテンデイクの人間学的運動学に取り上げられた〈自己運動〉〈主観性〉〈身体性〉の三基本概念が競技指導者や選手たちに熱狂的に支持されたからである。競技スポーツの現場では，選手たちが絶対主観性の自我身体によって臨機に自己運動して勝負を打つ動感身体発生（キネステーゼ）の働きが正当化されなければ，とても競技できないことをわが身で知悉しているのだ。しかし，それから半世紀以上の歳月が流れているのに，せっかくのわが国の現象学的人間学に基づくスポーツ運動学の理解が進まず，未だに外部視点からの科学的コーチング学が主張される素朴さはどうしてなのか，それはまさに遺憾としか言いようもない。

(c) 規範化と動感化の角逐に向き合う

　我々はすでに本節［§ 24 - (a)］の冒頭で，オランダのボイテンデイクが日常生活における多様な〈動きかた〉のなかに，〈規範的なるもの〉の概念に注目していることを指摘している。いつの間にか習慣化されて，その〈機能する身体性〉に露呈されてくる〈キネステーゼ感覚形態化〉の受動綜合的な〈動感化現象〉に我々は向き合うことになる。そこには，同一体系に共存価値をもつ〈類型形態化〉として，その存在様相が注目されてくるのはすでに述べた通りである。もちろん，基本的な歩形態だけにその〈歩きかた〉の類型形態化が浮き彫りになってくるわけではない。例えば，走形態の〈走りかた〉にも，その類型形態化がカテゴリー分析の志向対象に構成されることは多言を要さないであろう。着物姿の婦人に見られる小走りの〈歩きかた〉と生理学的効果をねらう高齢者向けのスローランニングの〈走りかた〉は，その〈動感形態化〉（キネステーゼ），いわば

21　Buytendijk, F.J.J.: Prolegomena einer anthropologischen Physiologie, Otto Müller Verlags Salzburg 1967

そのようなキネステーゼ感覚質が受動発生的に習慣化され，形態化されるのだ。その類型形態化されてきた両者のあいだに，どのような差異化現象が呈示されるのかは興味ある意味存在のノエマ的静態分析を誘うことなる。さらにそれどころか，自ずと動けるようになる身体発生の実的分析〔深層：§27参照〕として指導実践の問題圏が浮き彫りになってくるのだ。そこには，ボイテンデイクの運動類型学における〈規範化〉，いわば規範論的な類型形態化の〈形相形態学分析〉と内在超越論的な〈動感身体学分析〉との厳密な比較論的分析が待たれることになるであろう。

さらに競技領域においても，その競技性の成立に関わる重大な問題性が潜んでいることも見逃してはならない。例えば，競歩における独特な〈歩行形態〉のルール違反問題は，原発生における動感形態化の地平志向性分析に関わってくるからである。歩形態と走形態が端的に両足接地の位置移動という図形変化が基準にされるところでは，その局面の差異化出現は我々の視知覚の作用を超えてしまうからである。それを超高速の映像分析によって競技規則違反とするかどうかは，その競技スポーツの成立問題に発展することになろう。それらの競技成立を左右する問題性は，精密科学的にデータ化するのか，現象学的類型学におけるキネステーゼ感覚形態化の〈価値感覚作用〉に委ねるのかは，さらにドーピング問題も抱き込んでスポーツ文化の存立に関わる悩ましい重大問題に発展する可能性をもっている。同じような問題圏は外部視点からの位置移動の測定結果と競技者の感覚形態化における原発生地平分析の結果との相関関係をどのように勝敗基準に取り上げるかという本質問題が問われていることになる。その問題圏は大相撲の土俵際のVTR判定と〈生き体〉〈死に体〉の価値感覚的査定の両者の絡み合い問題に拡がっていくのだ。それはさらに，短距離走スタートのフライング問題圏，水泳の泳法違反問題など，いわば精密科学的な〈データ分析〉と現象学的な〈地平性分析〉との絡み合い問題がその競技スポーツの成否に関わってくることになる。現代の映像テクノロジーは〈百万分の一秒〉どころか，最近では〈一兆分の一秒〉まで時間分割可能になっているのだから，測定競技成立の全般に関わるのは不可避的な問題となる。ベルクソンが〈運動は分割できない〉といった名言〔深層：§1‐③，§68‐⑧参照〕は世紀を超えて，今なお問題圏を構成していることになる。サッカーやテニスなどの試合におけるペナルティーの判定基準や，大相撲などにおけるVTRによる判定基準と〈生き体〉〈死に体〉の超越論的分析結果と関わりで，これまでの視

知覚による判定競技に大きな変革をもたらすかもしれない。

　さらには，価値意識が主題化される体操競技やフィギュアスケートなどの評定競技における数学化傾斜性，例えば時間測定値やポーズの角度判定の計測値の精密化と視覚化を巡る基準決定問題は，このキネステーゼ感覚形態化の発生現象学的な超越論的反省に依存せざるをえないところまで追い込まれていることが明らかになってきている。いずれにしても，このキネステーゼ形態化を巡る規範形態化の〈類型成立現象〉と，生成消滅を含めた感覚形態化の〈身体発生現象〉の問題圏は大きく変革を迫られていることはもはや論をまたないのだ。さらに，謎に満ちた身体発生的分析は，動感志向性の価値感覚作用に深く絡み合った時間流の原発生地平に還元され，その〈流れつつ立ち止まる原現在〉の志向性分析に依拠せざるをえないのであれば，その超越論的時間化分析の方法論が喫緊の課題として我々に迫ってくることになる。そこでは，不幸なドーピング問題も含めて，スポーツの勝敗決定の〈競技規則それ自体〉の〈現象学的競技論〉に関する研究の立ち後れが目立っているのは論をまたないであろう。

[II] 基づけ分析の道しるべ

§ 25. 単一形態の基づけ分析を問う

(a) 全体と部分の基づけ関係に問いかける

　これまでは、動感意味核の究極基体を蔵(かく)している身体発生基盤のなかで、諸々の〈モナド個別態〉に関する類化ないし種化形態やその形態の述定判断における志向対象が取り上げられてきた。それに対してここでは、そのようなモナド個別態に分割できない絡み合った身体運動に対して、それらの身体運動の形態(ゲシュタルト)成立を全体と部分の〈基づけ関係〉[22]という本質法則に基づいて、その多様なカテゴリー対象に向き合い、その存在様相にスポットが当てられていくことになる。因みに、フッサールの超越論的論理学における〈基づけ関係〉とは、ある特定の志向性が他の志向性の前提的基礎となる関係が成り立つときに、一般に〈基づける〉と呼ばれる。スポーツの発生的運動学でも、コツとカンの一元化身体発生現象が原発生の地平性分析の志向対象に取り上げられるから、科学的運動分析のように外部視点から物的身体の位置移動を測定する手続きから区別されるのは言をまたない。その本質的区別を確認した上で、このキネステーゼ感覚形態(ゲシュタルト)のなかに全体と部分の感覚図式の〈基づけ関係〉をもつ自己運動がその基づけカテゴリー分析の志向対象として主題化されることになる。前段の類化・種化という類的普遍化の多様な形態発生はすべて個別態の自らの〈動きかた〉の存在様相が主題的に分析されている。それに対してここでは、その個別態それ自体がさらにより普遍的な身体発生基盤という全体のなかで、その部分との基づけ関係の存在様相が前景に取り出されてくることになる。

　例えば、私が走るときの走形態(ゲシュタルト)という〈全体的感覚図式〉は、両足が同時に接地しない空中局面をもつという〈部分的感覚図式〉による〈基づけ〉を前提としていることになる。その場合、全体的感覚図式は部分的感覚図式に〈基づけられる〉と呼ばれる。ところが、この基づけ分析の志向対象となる〈感覚図式の概念〉がロックの意味の〈感覚与件〉として、いわば感覚によって〈直接与えられたもの〉として、さらに別言すれば、物理的時空間における位置移動として〈映像化できる〉と理解されると、問題の所在が混乱し、その分析対

---

[22] Hua. XIX.II‐1 § 14 S.261　邦訳：論理学研究3, 第14節　49頁‐

§ 25. 単一形態の基づけ分析を問う　209

象に取り違いが現れて紛糾してしまうのだ。例えばすでに述べたように，競歩における特徴的な歩形態は，空中局面という〈部分的感覚図式〉が物理学的空中局面として規定されているから，それに違反すれば，そこに〈基づけ関係〉が消滅してしまうことになる。それはいわば〈ルール違反〉として，競技資格を失う事態になる。その場合，その基づけ関係における部分的感覚図式の空中局面が物理学的位置移動の判定基準として取り上げられていることに問題が生じるのだ。その場合，物体運動の一兆分の一秒を区別できる超高速の映像分析（キネマトグラフィー）が可能な現代においては，それを百分の一秒までに限ったとしても，短距離スタートのフライング判定問題と同様に，その限界面の違反問題は深刻な様相を呈してくるのは周知のことであろう。それは一般に物理学的な位置移動という運動概念に基礎づけをもっている測定競技自体の深刻な本質必然的問題である。ところが，生理学的なスローランニングは〈走リズム〉が顕在化すれば，物理的な空中局面という走形態がなくても，十分な生理学的効果が得られることになる。となると，このスローランニングと呼ばれる走形態は，端的な物理的空間局面でなく，固有な走形態（ゲシュタルト）のなかに〈リズム化〉［本書：§31参照］という事態カテゴリーが成立し，そのリズム化を判断する志向対象に基づけられた〈走りかた〉に変様していることになる。

　〈ゆっくり走る〉という述定判断の志向対象には，そこに独特な〈走リズム〉という部分的感覚図式に基づけ関係がすでに成立している。それはボイテンデイクが意味する運動類型学としての〈走りかた〉なのであり，それが〈スローランニング〉と呼ばれているのだ。そこには，物理学的な判定基準の空中局面という基づけ関係と類型学的判定基準の走リズムという基づけ関係が区別されているのである。そのとき，走形態と歩形態の個別態の〈基づけ分析〉には別種の判断基準が成立していることを見逃してはならない。すでに前段でも指摘しているように，スローランニングの走形態（ゲシュタルト）の成立は，科学的運動分析による判断基準とは全く別種の〈走リズム〉という身体発生的分析の判断基準が志向対象に取り上げられているのだ。同様にして，〈小走り〉に急ぐ和服姿の婦人の〈走りかた〉は，形態発生（ゲシュタルト）という全く別種な身体発生的分析の志向対象が浮上するから，その志向含蓄態の構成問題が新たな問題として我々の〈基づけ分析〉に参入してくることになる。その小走りに急ぐ婦人に「あなたは走っていない」と物理学的基準からそれを批判しても，それはナンセンスである。この問題圏はさらに，同種ないし別種の複数の単一形態が直接ないし間接的に

複合化されるときに,新しいキネステーゼ身体発生現象の存在様相として関わってくることになる。そこでも〈複合化感覚図式〉が基づけ関係に絡み合ってくることを発生的運動学は無視することができない。日常生活における我々の実存的身体運動は,単に外部視点から客観的に計測して,その基づけ関係を論理学的カテゴリーに述定化するには,余りにも複雑な様相変動が潜んでいることを知らなければならない。

(b) 単一形態は循環と非循環に区別される

我々はまずもって,これまで考察してきた動感形態の〈個別態〉について,さらに立ち入って確認しておかなければならない。それは動感形態というときの形態は,実在的な物的身体の位置移動が意味されていないからである。実的な,つまり内在的な動く感じをありありと感じとる身体感覚の感覚図式には,その内在的な動感経験の成素をもつ自己運動の,いわば西田幾多郎の言う〈形なきものの形〉という志向対象が主題的に取り上げられているのだ。そのような志向対象性一般という領域は「究極基体と命題構成の対象性に区分される」とフッサールは慎重に注意を促している。その後者の命題的に述定判断する対象性を,つまりカテゴリー対象性を導き出す基になっているのが〈基体〉と呼ばれ,その基体の源泉こそは「すべて個別態に他ならない」[23]とフッサールは断じるのである。それ以上に分割できないモナドという個別態の概念を確認した上で,その個別態の起点から終点までの流れのなかに,映像化できない動感メロディーの志向性分析に立ち向かうことになる。その時間意識流の原発生地平が単一的な感覚図式を形態化する意味統握のなかにこそ,その動感メロディー分析の志向対象が構成されることを見逃してはならない。

それらの単一的な動感形態,つまり一元化されたキネステーゼ感覚図式は,マイネル教授の言う〈非循環運動〉[24]の様相変動を呈示する。それは〈跳ぶ〉〈投げる〉〈蹴る〉などのキネステーゼ感覚図式に特徴的に呈示される。そこには,その〈非循環的な動き〉のなかに起点と終点が明確に存在していて,そのなかに固有な身体感覚が絡み合って機能しているのだ。ところが〈歩く〉という〈循環運動〉の微表をもつ感覚図式の場合には,その個別態の単一的な感覚図式を起点と終点を左右一対のステップに限定するわけにはいかない。すなわち,左

---

23 Hua. III. § 11・② S.24f. 邦訳:イデーン I・I,第11節・② 86頁
24 Meinel, K.: Bewegungslehre 1960 S.149 邦訳:スポーツ運動学,156頁以降,1981 大修館書店

足前のステップと右足前のステップを直接結び付けても、そこには〈歩きかた〉という固有な運動リズムが発生するはずもないからである。まして〈走る〉という感覚図式になると、左右一対の片足ジャンプを繋ぎ合わせても、そこに〈走りかた〉というキネステーゼ感覚図式は決して成立しない。その左右一対の片足ジャンプには、いわゆる〈走る〉という感覚図式に流れている動感メロディー（キネステーゼ）がその遂行自我の身体感覚のなかに感じとられていないからだ。だから、我々はその〈左右一対の片足ジャンプ〉を走形態（ゲシュタルト）と呼ぶわけにはいかないことになる。いわば、その〈走りかた〉の感覚図式を分析するとき、その志向対象を構成している映像化できない動感意識流を含む〈意味核〉が存在しているかどうか、いわば目に見えないキネメロディーという〈究極基体〉（ヒュポケイメノン）の担い手がそこに欠損していないかどうかがその身体発生現象の決定的な判断基準になるからである。

　それどころか、一輪車での〈走りかた〉で、〈ペダル漕ぎ〉で走るときの〈漕ぎかた〉になると、とても左右一対の〈ペダル漕ぎ〉をどんなに素早く繋ぎ合わせても、〈一輪車乗り〉という〈動きかた〉は成立しない。そこには、端的なペダル踏みの動作の他に、前後左右のバランスをとる独特な〈動きかた〉の意味存在（センス）が開示されているわけではない。その他にも、いわゆる身体中心化されるコツ能力や情況を先読みするカン能力を即座に生かせなければ、とても一輪車で走ることはできるはずもない。とすると、それらの微妙なコツとカンの同時変換的な〈身体発生能力〉に潜んでいる一輪車乗りの志向対象が何も分からないのに、幼い子どもたちは〈見様見まね〉でどんどん乗れるようになってしまう。その一輪車乗りの身体発生能力をどんな超高速の映像分析（キネマトグラフィー）で解析しようとしても、その〈一輪車乗り〉のコツとカンの同時変換する〈一元化身体発生〉の謎は何一つ確認できないのだ。仮に、そのバランスをとるメカニズムが分かったとしても、その遂行自我本人がわが身で自ら確かめるしかないのだ。それは、いわゆる遂行自我の原発生地平における自（おの）ずと動ける身体発生世界に現に居るのだから、誰にも代わってもらえない自得世界で身体化するしかない。だから、これまではすべて本人次第だとして、教師はすべて生徒に丸投げしてきたことになる。しかも、教師自身は一輪車に乗れないとしたら、その身体発生現象は全く未経験ということになる。だから、そのコツとカンの身体発生の学習指導はできないことになる。しかしその上に、漕ぎかたのコツとカンが同時変換しながら機能する〈一元化身体発生〉が学習指導の志向対象となると、そ

の先生は全く見当もつかない感覚論理の身体発生に関わらざるをえなくなるのだ。それなのに子どもたちは，身体発生能力の未来予持志向性を強(したた)かに見抜きながら，見様見まねでその謎に満ちた身体発生能力を身につけてしまう。いわば，内在的に〈機能しつつある身体性〉の遂行自我に流れている動感メロディーという肝心の身体発生能力の志向対象は，学習指導の対象外であり，子どもたちの自得学習を教師は拱手傍観するしかない。しかも外部視点からの科学的運動分析やマネジメント的手続き分析では到底開示できないことに，はもはや言を重ねる必要はないであろう。

　いずれにしても，〈走る〉というキネステーゼ感覚の身体発生現象は，〈モナド的個別態〉という単一形態でありながら，そこには複雑に絡み合った謎に満ちた志向対象が〈受動綜合化〉されているのである。幼い子どもの遂行自我が自ら独りでに動いて身体発生現象を経験してしまい，その奇妙な身体発生の出来事が目の当たりに解決されていく事態に我々は改めて注目するのでなければならない。そのなかにこそスポーツ領域における発生的運動学の固有な分析対象が浮き彫りになってくるからである。その日常的な〈走りかた〉の発生に潜む謎に満ちた志向対象を開示するのは，外部視点からの客観的な科学的運動分析の役割でないことはもはや喋々するまでもない。それは遂行自我に内在するキネステーゼ感覚の〈実的(レエール)分析〉に依拠せざるをえない事態，つまり述定判断の志向対象こそが発生的運動学分析の固有な役割の一つとして浮き彫りになってくるのだ。それにしても，乳幼児の発生的運動学の分析領域は，本格的な超越論的地平分析の立場がフッサールの発生現象学によって開示されていても，すべては〈できればそれでよい〉という成果主義のもとに，この重大な〈動機づけ因果性〉［深層：§40‐⑤参照］も放置されている昨今に改めて注目しなければならない。

(c) 全体は部分に基づけられる

　すでに述べているように，〈個別態〉という表現には，〈それ以上に分割できない〉という語原的意味が蔵(かく)されているが，フッサールはこの用語の採用を断念せざるをえないのかどうかに苦慮しているのだ。その結果「アリストテレス的な〈トデ・ティ〉という表現，つまり〈ここにあるこのもの〉を取り上げる」と決断し，「少なくともこの表現には語義上，分解不可能という意味を同

時に含意していない」[25] と断り書きを入れる慎重さを示しているのだ。たしかに実的(レエール)に, つまり内在的素と共に自ら動くときの〈感覚形態化〉は, 外部視点から端的に観察しても, 高速ビデオで映像分析(キネマトグラフィー)を施しても, そのキネステーゼ感覚図式の志向対象はその〈姿かたち〉を見せはしない。そこに見えてくるのは, 物的身体の位置変化それだけだから, そこに身体発生が呈示されるはずもない。しかも, その科学的映像分析それ自体のデータには, それらの瞬間像の〈間(あいだ)〉に潜んでいる身体感覚の意味内実は開示されていない。だから, どうしても現に〈今ここ〉で生き生きと感じとっている遂行自我本人に機能する〈動感身体性〉の意味内実(センス)を自ら語ってもらうしか道はないのだ。そのためにこそ, 我々はその遂行自我の超越論的構成分析, いわば静態分析と発生分析を取り上げざるをえなくなるのである。ここにおいて, バイオメカニクスやサイバネティクスの科学的運動分析と, ここで主題化されている発生的現象学による超越論的構成分析との本質必然的な違いが明確に示されることになる。競技スポーツの現象野においても, 近年になってやっとフッサールの超越論的反省の態度が実践的なトレーニング場面に活用されるようになってきたとはいえ, マイネルも指摘しているように, どうしてもシュピースの意味する〈運動幾何学〉[26] の思想が首をもたげ, ロックの呪縛も同時に息を吹き返してしまう始末である。とりわけ, 我々の発生的運動学の超越論的機械分析に対して, 科学的運動分析の立場からその客観性の欠損を批判されると, 現場の実践的明証性は脆くも消滅してしまうこと頻りである。自己運動の分析は〈絶対主観性〉に基づいて, その生々しい身体発生の超越論的反省の態度に徹しない限り, キネステーゼ感覚世界の実的なノエシス分析には入れないという〈確信〉が脆くも崩壊してしまうこと再三なのだ。その二つの分析対象が全く別種だといっても, どうして二者択一を迫る自然科学研究者に与してしまうのはどうしてなのか。それは競技スポーツの勝敗決定の手続きが我々を洗脳しているからかもしれない。

　このような実践現場における科学的客観分析と現象学的間身体分析との二者択一的な混乱は, とりわけ学校体育や幼児体育に顕著に現れている。そこには, 動きの感覚図式を恣意的に分割することに何の疑念も感じない素朴性が残っているのだ。その実的(レエール)な生き生きした〈動きかた〉を目的に応じて勝手に変形してもよいという鋳型化思想は, むしろ指導規範としてまかり通ってきたことは

25　Hua. III. § 14・② S.28　　邦訳：イデーン I・I, 第14節・② 92頁
26　Meinel, K.: Bewegungslehre, 1960, op.cit. S.36　　邦訳：スポーツ運動学, 26頁　大修館書店

周知の通りである．わが国の鉄棒指導における懸垂の基本姿勢は，肩帯を緊張させた〈短懸垂〉を規範としていたのはそんなに遠い昔のことではない．スウェーデン体操の肋木における姿勢訓練としての〈短懸垂〉が，いつの間にかドイツ体操の逆上がりなどの技を覚えるときの基本姿勢にすり替わってしまったのだ．しかしながら，単一形態のキネステーゼ感覚図式には，他のものに置き換えられない固有な動感メロディーが流れているのだ．だから，その統一的な内在成素をもつ形態(ゲシュタルト)を分割してしまうと，その動く感じそれ自体も破壊されてしまう．例えば，球技におけるシュートという単一形態は，ペナルティーゴール［ラグビー］やフリースロー［バスケットボール］以外はほとんど敵方の妨害を前提とした相即的(コヘレンツ)な〈身体発生能力〉が求められている．鉄棒の着地の〈極め〉は，それを妨害する他者の介入はないとしても，それは自らの下り技の確信と不安との苦悩に満ちた戦いとなるのだ．体操競技で〈着地のない下り技〉は存在するはずはないのに，勝敗は「着地の成否だけで決まる」などの無邪気な発言も少なくない昨今である．単一形態に図式化されない着地という〈形なきものの形〉という事態は，いわばその述定判断の志向対象は，カテゴリー分析の遠近感に取り上げられる〈変換同時性〉や〈先読み〉の事態分析であることは言をまたない．この絡み合った感覚図式に基づけられている単一形態の認識論的素朴性は，ヴァイツゼッカーの批判する外部視点からの野次馬(キービッツ)的な無関心さとしか言いようがない．その単一形態の認識論では，全体と部分の基づけ関係という本質必然性が決定的な役割を担っていることを見逃してならないのはこの意味においてである．

　しかし，この単一形態をもつ生ける個別態は，その本質必然性を無視して，それ以上に細分化しようとすると，一連の動感メロディーが自ずと消滅してしまうのだ．だから学校体育が古典的スウェーデン体操に倣って人体の部分的筋力トレーニング方式を鋭く批判したボイテンデイクは，その形態学的(モルフォロギー)な人間学的〈機能運動学〉[27] を基柢に据えた〈身体発生論〉の立場からの主張であり，その指摘が多くの貴重な示唆を与えたのはよく知られている通りである．同様にして，スポーツ運動学を提唱したマイネルも，〈脚の振り子運動〉として分析したヴェーバー兄弟の歩行研究を〈モルフォロギー分析論〉[28] の立場から鋭く批判したのも同断と言うことができる．端的に〈歩く〉というキネステーゼ

---

[27] Buytendijk, F.J.J.: op.cit. 1956 S.59 f.
[28] Meinel, K.: 1960 S.68　邦訳：スポーツ運動学，63頁

感覚図式の〈単一形態〉を単に部分的な足の動きだけの科学的運動分析で説明しようとしても，その全体と部分の基づけ関係が排除されているから，〈歩行形態〉というシュトラウスの言う〈歩きかた〉の志向対象は消滅してしまうのである。つまり，身体発生における〈転移可能性〉は，いわば文字を書く手指の動きを即座に肘の動きに転移させ，さらにそれを床の上に歩いて描くことに転移できるのだ。いわば，シュトラウスの意味する〈動きかた〉の自らの身体発生学習は，その動きかたに潜んでいる本質可能な〈志向対象〉に基づけられているのである。このような意味発生学習の本質可能性は，単一形態の〈キネステーゼ身体感覚〉に潜む原志向対象に向き合った超越論的構成分析によって解明できることはもはや論をまたないことになる。

(d) 絶対確信の身体発生に向き合う

ところが，単一形態のキネステーゼ感覚図式において，その個別態を全体としたとき，その一元化意味核の形成位相との関わりにおける〈部分的志向対象〉がどのような基づけ関係を構成しているかという問題は，さらに我々に様々な難題を突きつけてくる。言うまでもなく，生徒たちにしても，アスリートたちにしても，その習練対象に取り上げられる動感意味核は区々である。しかし，いずれにしてもその形成位相は体系的に一連の層位をなしていることは言うまでもない。その詳細については，とりわけ拙著『スポーツ運動学』にすでに体系化されている。因みにその形成位相の層位だけを概観すれば，非直観的な受動志向性から本質直観に至る動感図式化領野［スポーツ運動学：248～263頁参照］としての〈統覚化層位〉と修正化を含む〈確定化層位〉の現象野と，さらに〈自在洗練化層位〉［スポーツ運動学：263～272頁参照］としての安定化，負担軽減化の層位を経て，高次元の反転自在洗練化，さらにその非人称化という究極の現象野に至る道はすでに拓かれている通りである。しかし，ここで主題化される動感単一形態も，次節§26で取り上げられる動感複合形態にしても，それぞれの〈一元化身体発生〉[29] の形成位相ごとに，その全体となる究極意味核の意味構造に違いがあっても，その全体と部分との〈基づけ分析〉が求められるから，その部分となる志向対象はさらに厳密な検討が求められることになる。

もっとも，そのようなモナド的な個別態の動感志向性分析というのは，選手

---

29 Auersperg, Alfred P.: Vorläufige und rückläufige Bestimmung in der Physiogenese; Jahrbuch für Psychologie, Psychotherapie und medizinische Anthropologie, 8, 1961, S.226f

たちが個別態の〈身体発生能力〉を確信的に身体化するために、不可疑的な前提になることも言を重ねる必要はないであろう。その個別態に内在している若干の動感意味核を図式化領野で統覚化に成功しても、確定化現象として〈身体化〉できていなければ、息詰まるような試合に選手として勝負を賭ける位相に達しているとは言えない。そのレベルでは、動感情況の急変に対して、とっさの動きに相即的に、いわばヴァイツゼッカーの言う〈結果の先取り〉[30] によって切り抜けることは不可能だからである。ゴール前の混戦のなかに、シュート を打てる絶対確信の身体発生現象を身体化していない選手は、その動感形態化における〈一元化身体発生能力〉の不足と言われても仕方がないはずである。その動感身体化を疎かにしては、競技力の決め手となる身体発生能力を含む必修的意味核が身体化できていないのだから、選手としてノミネートされるはずもない。鉄棒の最高難度の宙返り下りを演技に構成する場合、その一元化意味核に〈絶対確信〉をもてない選手は一気に生命の危険に曝される羽目に追い込まれるからだ。それにもかかわらず、その意味核の原基体、いわばその一元化された〈身体発生能力〉について、その必修的な確定化領域における〈身体化分析〉の開示が意図的に阻まれるのはどうしてであろうか。それは先言語的な究極意味核だから、その動く感じに超越論反省を施す〈原現在の時間化分析〉は多くのアポリアに阻まれている。そこで志向対象となる一元化された身体発生の地平志向性分析は胸三寸に収められてしまうのが一般である。あるいは、あらゆる先入見を排して純粋記述する手続きの道しるべをもっていても、〈パテント化〉されやすいのは周知の通りである。

しかし、その究極的な一元化身体発生それ自体は、その本人には不可疑的な動感確信として本質必然的にキネステーゼ身体発生が成立しているはずである。それが超ウルトラの難度でも、現に非凡な選手によってすでに身体化され、現実態としてその究極的意味核を目の当たりにすることができるのだ。その一元化身体発生のなかで、どれが〈中核的な原基体〉の志向対象なのか、どれが〈準意味核の志向対象〉として構成されているのかがまだ身体発生の超越論的構成分析にも入っていないままに放置されていることが少なくない。そこに内在する複数の〈要素核〉[31] からなる一元化身体発生に機能する原的身体性は、その〈遂行自我〉である本人にとっては「究極的な核素材の感覚要素という意味」

---

30 Weizsäcker, V.v.: Gestaltkreis, op.cit. S.258　邦訳：ゲシュタルトクライス、226頁
31 Hua. XVII § 82 - ③ S.210　邦訳：形式論理学と超越論的論理学、第82節 - ③ 225頁

の〈必当然的動感確信〉でなければならないとフッサールはいみじくも開示してくれる。そのためには、「その〈究極核〉を直観可能にしなければならない」[32]と指摘するフッサールの貴重な示唆を我々は重く受け止めなければならない。この単一的動感形態における究極意味核の身体発生というノエマ的志向対象の静態的構成分析とそれと相関する実的な動態的構成分析は、超越論的構成分析の立場から後段[§ 53以降]で詳しく主題的に取り上げられていくことになろう。それはコツとカンを一元化した身体発生の身体化分析という問題圏は、非直観的な受動発生層位を超えて、動感エートスの高次元な自在洗練化層位にまで通底していることを見逃してはならない。自我分裂によって〈現象学する自我〉の厳密な批判に曝される身体化現象の非直観的志向性の層位を越えて、いわば動感エートスによる動感形態化する問題圏から、究極的にはその現象学的自我さえも消し去って、〈それが動く〉という無我のキネステーゼ感覚世界、いわば無我述定化の動感エートスに立ち向かう問題圏に立ち入らざるをえなくなるであろう。それは究極の意味核の本質直観分析の最終段階に位置づけられる問題圏であり、後段[§ 55〜§ 59]で究極的動感エートス分析の志向対象性として、さらに体系的に論じられることになろう。

§ 26. 複合形態に四層位を区別する

(a) 複合形態の意味発生に向き合う

　複数の単一形態が繋ぎ合わされて、そこに統一的な〈意味発生〉が成立してくる一連の動感システムを複合的キネステーゼ感覚図式と呼び、それは端的に〈複合形態〉と別言することもできる。しかし、このような複合形態を元の単一形態に分割してしまえば、この複合形態の意味ゲシュタルトつまりフッサールの意味する共通感覚的な身体感覚に一元化されるキネステーゼ感覚図式も同時に破壊されてしまうのだ。だから、ここでキネステーゼ意味発生と言うときの〈意味〉はすでに感覚も含意されているから、価値意識を伴うキネステーゼ感覚が機能する身体性の成立は、いわば前段で指摘された一元化身体発生の現象に対応することになる。いわば、その複合的動感形態は、あくまでも統一的な動感メロディーが流れている一連の動感システムに他ならない。この複数の単一形態が一つに綜合化される個別態には、さらに新しい意味ゲシュタルト

32　Hua XVII § 82・⑤ S 211　邦訳：形式論理学と超越論的論理学、第82節・⑤ 226頁

が発生することになる。それは〈トデ・ティ〉，つまり〈ここにあるこれ〉という現に直観可能な述定化対象性（カテゴリー）として呈示されるからである。しかも，その〈トデ・ティ〉として綜合化された動感システムは，フッサールが駄目押し的に追加していたように，少なくともこの〈個別態〉という表現が語義として分解不可能という意味が〈含意されていない〉ことを確認しておかなければならない。だから，その絡み合った複合形態そのものが述定判断の志向対象として構成され，厳密な超越論的志向分析に付される必然性はこの意味においてである。つまり，元の単一形態に分解して端的にバラバラにして分析し，それを合成することはできない。そこでは，身体感覚のメロディーも消えて，まさに無意味（ナンセンス）になってしまうからだ。あくまでも，現に〈今ここ統握〉として，直観化対象になる一つの複合形態（ゲシュタルト）として，実的（レエール）に，つまり内在的経験成素が分析の志向対象に取り上げられなければならない。

　ここに改めて，その複合化による意味（センス）存在の様相化を区別する立場から，少なくとも以下に述べる四つの〈綜合化個別態〉を区別することができる。

　①融合化動感形態
　②接合化動感形態
　③組合せ動感形態
　④シリーズ動感図式

　以下順を追って，そのすべての複合形態を通覧して，その本質的徴表の要点だけをまとめておく。

(b) 融合化は変換同時性を示す

　〈融合化形態〉とは，ジャンプシュートやスパイクなどの動感形態に見られるように，二つの単一形態が複合的に絡み合って，その中間にある〈融合化局面〉には，〈変換同時性〉という固有な志向対象が意味（センス）発生を支えている。その同時変換する志向対象性は，実的（レエール）な内在的経験の成素として，キネステーゼ感覚で捉えられる形態（ゲシュタルト）と理解することができる。そのような統一的に綜合化される形態の意味（センス）存在が動感分析の志向対象性体系論として固有の意味（センス）内実が認められれば，指導現場でもその習練目標像に取り上げるのに，それほどの混乱は見られないであろう。ジャンプシュートは〈跳ぶ形態〉と〈投げる形態〉の融合化局面に特有な新しいキネステーゼ身体発生が成立する複合形態だから，その融合化した身体感覚の志向対象が新しい〈感覚図式発生〉を保証する

習練目標像に取り上げられる。並外れた跳躍力に恵まれていても、〈投げ〉に入る融合化局面の〈動きかた〉が十分に身体化されないままでは、シュートに成功できるはずもない。そこには、ジャンプからシュートに移る情況判断の〈カン身体能力〉とゴールを的確にねらえる〈コツ身体能力〉の働きが同時変換的に〈一元化〉されなければならない。そこでは、コツとカンが〈同時変換できる一元化身体能力〉が不可欠だから、その身体発生の志向性分析が不可欠になるのはこの意味においてである。同様に、バレーボールのスパイクも、跳ぶ形態とボールを打つ形態の融合化局面には独立した身体発生能力が求められるから、その一元化感覚図式の志向対象に〈超越論的反省〉を欠くことが出来ないことになる。ところが、その融合化局面の特有な感覚図式の〈志向対象それ自体〉に気づいていても、その一元化して身体発生する志向対象の超越論的反省が敬遠されるのはどうしてか。それはパテント的個人財産として、その意味内実は選手やコーチの胸三寸に密かに蔵されたままになっているからか。とすれば、その志向対象の超越論的反省における〈時間化分析〉が開示されないままになってしまうのだ。一般的なコーチング実践では、もっぱらジャンプ力とスパイクのパワートレーニングに終始するだけで、その謎に満ちた融合化志向対象のノエマ的静態分析と時間化能力の身体発生的分析は欠損態のまま地平構造に沈殿したままになってしまうのだ。何故に現象学的な時間化能力の純粋記述が敬遠されてしまうのかは、その手続きの道しるべ開発が遅れているのかもしれない。それは現にその貴重な志向対象性が意味存在として確認されているだけに、遺憾としか言いようがない。

　例えば、スパイクという融合化局面の現象は外部視点からどんなに精密に映像分析をしても、スパイカーの実的分析、つまりその選手本人に内在している〈経験成素の反省分析〉なしには、そのキネグラムからスパイクの究極的意味核を本質観取することは不可能である。そのスパイカーの超越論的反省そのものをコーチの見事な借問能力によって、この志向対象が領越論的構成分析として、つまりその静態分析と発生分析の意味内実が開示されれば、その選手たちの身体化能力の充実化は格段に促進されるのは喋々するまでもない。さらに、スパイクの融合化形態はセッターとの連係プレーとして、厳密な志向性分析が求められるのも見逃すわけにはいかない。それは、つまり連係プレーにおける原発生地平の〈志向含蓄態〉という志向対象の〈ノエマ分析〉と実的な身体感覚の志向対象の〈ノエシス分析〉という志向性分析によって開示されるの

は周知の通りである。そこには，敵方のブロックとの先読みとセッターとの先読みという事態カテゴリー分析なしには，この一連の動感システムの生きた志向性分析を開示することはできないからである。

　現場の競技コーチはこの現実の微妙に絡み合った志向対象の今統握を直感できる〈本質直観化能力〉を十分にもっているはずである。しかし，その意味(センス)発生の志向含蓄態を純粋記述する原発生の地平志向性分析を忌避してしまうのは，まさに宝の持ち腐れであり，それは遺憾としか言いようがない。それは競技の実践指導に直接関わっている老練な指導者にしかその本質可能性を拓くことはできないからである。そのようなキネステーゼ感覚発生のいわゆる〈解体分析〉をする手続きは，現場のコーチは当たり前の方法として，現にその〈受動的綜合〉としていつも成功しているはずである。にもかかわらず，何故にそれを現象学的な〈純粋記述分析〉として開示しようとしないのか。それは，コーチのパテント保全のために極秘にしておきたいからなのか，それとも先言語的な究極基体の動感深層分析が非科学的で客観性に欠けると侮蔑されるからなのか。それを批判する科学主義的態度が全くの的外れであることは，我々はすでに繰り返し指摘している。それは，科学的な説明学と現象学的な記述学との本質必然的な違いからきているのであり，二者択一の問題ではない。貴重な身体知をもつ実践指導者が，その区別もつかない素朴な科学主義的批判に屈してしまい，それを胸三寸に収めてしまうのでは，競技実践の指導者にしかできない貴重な〈伝承財〉を墓場まで持って行くことになる。いずれにせよ，このような身体発生の経験知を伝承発生基盤に持ち込む努力志向性を忌避するとしたら，この動感伝承の道しるべをその遺著に唱道したマイネル教授の願いはまさに報われないままになってしまう。競技実践の指導者たちは，その貴重な身体発生知能によって本質観取した〈身体知〉を後世に伝承財として残す原努力を放棄しないで欲しいものである。

(c) 接合化にも形なき形が潜む

　ここで取り上げられる〈接合化形態〉とは，二つの単一形態が直接に結合された事態が意味されている。そこには，接合する中間局面に何らの付帯的動作，いわば他の別種な動きが介在してはいないのだ。ところが，直(じか)に繋ぎ合わされるその接点の局面には，西田幾多郎の言う〈形なきものの形〉という志向対象，つまり映像化できない感覚図式がいつも必ず成立していることを見逃してはな

らない。その直に接合されている自らの〈動きかた〉の中間局面には，何らの物的身体の具体的な動きは介入されていないが，そこには現に述定化される志向対象の本質可能性がすでに意味(センス)存在しているのだ。つまり，そこには動感志向性という共存している価値感覚がいつも必ず意味(センス)発生しているからである。例えば，〈走って跳ぶ〉という〈接合化形態〉の場合には，走ると跳ぶという二つの単一形態が直接結合されていて，その接合局面に他の動きは何も介入していない。だから，二つの単一形態の動きかたそれ自体ができれば，この接合化形態の意味核は発生するはずである。ところが，その接合局面には，助走スピードを生かした〈踏切りの先読み〉という事態カテゴリーの志向対象がすでに潜んでいるのだ。さらに，ジャンプする踏切り足を左右どちらにするかという事態に側性の志向対象もある。その側性の選択は〈遂行自我の身体発生〉という問題，いわば私の動感(キネステーゼ)身体能力がからんでいるのだ。片足で踏み切る映像の瞬間像それ自体はその遂行自我の志向対象に関わる絶対主観性という固有領域の問題である。その述定判断する志向対象は外部視点からの映像化することができない。このようにして，その一元化された〈心(プシュケー)の働く身体発生(ピュシス)〉という現象は，ノエマ的静態分析もノエシス的発生分析も同時並行的に取り上げられざるをえなくなるのだ。

　さらに具体的な例証分析によって，その〈現象学的自我〉にしか見抜けない〈形なきものの形〉の身体発生に潜む志向対象の理解も付言しておかなければならない。飛んできたボールを直接に蹴るという動きかたはこの接合化形態を典型的に示している。サッカーのワンタッチのパス回しがその分かりやすい例証となろう。つまり，トラッピングの働き［Akt＝志向体験］は先読みという志向対象のなかに姿を潜め，直に蹴りの動きに移ることになるから，それは一見して単に方向を変える働き［Leistung＝能作］にしか見えないのだ。しかし，その志向性分析によれば，前の形態と後の形態はぴったりと継ぎ合わされて，そこに可視的な余分な動きは挿入されていない。しかしそのボールを捕る形態に潜む〈伸長作用〉と蹴る形態に潜む〈先読み作用〉の志向対象の同時変換的な機能なしには，この接合化形態は成立するはずもないのだ。いわば，動感(キネステーゼ)身体性の生き生きと機能しつつある志向対象がその接合化局面に同時変換的に一元化して，その意味(センス)発生を保証しているのだ。その感覚図式は〈形なきものの形〉なのであり，それを見抜ける現象学的自我にしか見えてこない。例えば，体操競技の床運動で後方宙返りから直に前方宙返りに入る接合技が示される

と，その接合局面に潜む驚異的な目に見えない身体感覚に気づかされる。そこには，この〈形なきものの形〉の感覚図式に潜む〈今ここ統握〉という志向対象が生き生きと機能しているからである。

　しかし，我々がこの謎に満ちたキネステーゼ身体能力という志向対象性に気づくのはそう容易いことではないかもしれない。それは19世紀のドイツにおけるシュピースによる〈運動幾何学〉の思想が現代でもなお生き続けているからであるが，その詳細は拙著［わざの伝承：「運動認識の混乱」23~27頁］に譲るしかない。いわば，〈捕る〉と〈投げる〉の接合化形態は，端的に貼り合わせればよいと考えてしまいやすいからだ。しかし，そこには〈伸長〉と〈先読み〉という動感身体性の志向対象に潜んでいる〈接合化機能〉は欠損態のままである。前後する二つの単一形態を別々に習練して，後から原子論的に繋ぎ合わせるという運動幾何学的な思考態度は，一般的には理解しやすいのかもしれない。しかしながら，動感身体発生の存在様相を知悉している現場のコーチたちが実戦的トレーニングを重視するのは，それなりに正鵠を射ている処方といえるのだ。それはこの動感身体発生の志向対象の本質可能性をそのコーチはすでに見抜いているからである。このような接合化形態は，とりわけ競技体操などの評点競技に高度な接合技として体系論的に共存価値を保っているのはこの意味においてである。この接合技の体系論的基礎づけは，厳密な〈解体分析〉によらなければならないのは喋々するまでもない。鉄棒の車輪や鞍馬の旋回のような循環形態の技がそれ自体としての体系論上の共存価値を失いつつあるのは注目に値することである。高度な技を立て続けに，すべての中間局面を消し去って演技するトップレベルの競技体操の演技には，この接合技が高度な必修技としてトレーニング対象に体系化される必然可能性をもっているからである。前項で述べた融合局面に現れる同時変換的作用には，そこに動きかたの変様態が現れるのに対し，この接合局面には西田幾多郎の指摘する〈形なきものの形〉という事態カテゴリーの志向対象が潜んでいることを見逃すわけにはいかない。それはさらに，次節§27における〈身体化現象〉における非直観的な目に見えない志向対象が前景に立てられることになる。その問題圏は次節に送って再び詳しく立ち入って論じることになろう。

(d) 組合せ局面は意味発生する

　ここで取り上げられる〈組合せ形態〉は，例えば〈走って投げる〉という複

合形態の動感システムに典型的に現れ，その二つの単一形態の中間局面に何らかの〈付帯的な動き〉が介入してくるのだ。因みに，前述の〈接合化形態〉では，その中間局面には何ら追加された動きは介入せずに，水溜まりを走って跳び越すという走形態と跳形態の間には，〈形なき形〉しか認められない。最初に述べた〈融合化形態〉では，その中間局面はその前後の単一形態のなかに融合してしまって独自な動きは認められない。それらの比較分析によってはじめて，この〈組合せ形態〉の独自性が浮き彫りになって，その例証の理解を促してくれる。例えばその中間局面の動きは，槍投げ競技に見られるホップステップやクロスステップなどであり，それは走と投の〈繋ぎの役割〉ももっている。つまり，助走という走形態を生かした投動作の〈充実綜合化〉に資するその付帯的局面に〈形態化〉が起こるからこそ，その志向対象が〈身体化目標像〉として浮上してくるのだ。鉄棒の演技では，端的な振れ戻りがその演技構成上から忌避される。だから，順手け上がりの次には，逆手ないし大逆手への付帯的な技，例えば握り換え，倒立跳びひねりなどが組み合わされるのはこの意味においてである。

　このような付帯的動きをもつ組合せ技は，習練対象として単一形態の意味存在が別様に認められ，すでに述べられた〈種化〉つまり種的特殊化として一般化されることになる。そのような単一形態が組合せ技の中間局面に介入されるときに成立する付帯的中間局面は固有な習練対象になってくるから，その身体発生的分析を無視するわけにはいかなくなる。その中間局面の単一形態における身体発生現象の意味存在を統握し確認するには，その中間局面を意図的に欠損させてキネステーゼ意識流の乱れを意図的に誘う，いわゆる〈解体分析〉[33]［深層：§77・⑦参照］が必要となる。つまり，その付帯的な動きを欠損させた発生分析を施してみれば，その付帯的動きの価値感覚の意味存在が容易に確認できるからである。実践現場でそれは，当然の手続きとしてよく知られていることである。別言すれば，巷間に好んで使われる〈縁どり分析〉を施して，その分析対象の体系論上の共存価値を確認するのだ。それによって，その組合せ形態の体系論上の位置づけが確認されることになる。

　ところが，その中間に介在する付帯的局面の〈単一形態そのもの〉としての〈志向性分析〉がつい見過ごされてしまうことも珍しくない。現場の指導実践においては，当然ながらその介在的な動きかたそのものが習練対象に取り上げ

---

[33] Hua. XIV. Nr.6・⑭ S.115　邦訳：「間主観性の現象学」その方法，370頁，ちくま学芸文庫

られている。しかし，その中間局面の動きかたは，その一連の組合せ複合形態に介在する単一形態として習練対象化されるのにかかわらず，その意味存在がノエマ分析によって価値意識を伴う目標像として確認されないことが多々あるのだ。単一形態の組合せに介入される付帯的中間局面それ自体にも新しい価値感覚の身体発生現象が生じているのに，その意味統握の分析対象から外されてしまうのだ。だから，その歴史的な通時的淘汰化現象を含めた〈静態分析〉として，いわばそのノエマ的志向対象の完了的な動きかたの意味(センス)構造が分析対象性をもつことを見過ごしてはならない。それはさらに後段において，事態カテゴリー分析との関連のなかにおいて，改めてこの問題圏に立ち入ることになろう。

(e) シリーズ図式にメロディーが流れる

　ここで分析対象に取り上げられる〈シリーズ動感図式〉とは，起点と終点の枠組みをもつ部分的な単一ないし複合形態からなるシリーズ全体に，一連のキネメロディーが感じとられる感覚図式が意味されている。そこでは，他では置き換えられない〈固有なメロディー〉が奏でられて，そこには独立した意味(センス)発生が示される。だから，シュトラウスに倣って〈シリーズ的準個別態〉と別言することもできるであろう。つまりシリーズ的な意味連関をもつ一連の感覚図式という〈準個別態〉が意味されている。因みに，〈準個別態〉というややこしい表現は，起点と終点とを含意した枠組みをもっている一連の動きかたを〈準個別運動〉[34]と呼ぶシュトラウスの問題圏に属しているからである。例えば，助走から行われる三段跳びや跳馬の〈支持跳躍〉の一連のシリーズ的感覚図式，あるいは床運動の一連のタンブリングシリーズ，球技における戦術的な一連の〈連係プレー〉などにその代表的な例証を見出すことができる。すでに指摘しているように，ここで言われる〈個別態〉という表現が語義として〈分解不可能〉という意味を含意していないとフッサールがわざわざ駄目押ししているのだ。だから，ここで意味されるシリーズ的な一連の個別態も分解不可能の意味ではない。単一形態や複合形態よりさらに緩やかな意味連関をもつので，〈準 Quasi〉という付加語で個別態の分解不可能性を消そうとしたシュトラウスの厳しい概念規定に倣っているのである。しかしスポーツ領域の発生的運動学では，シリーズ動感図式ないしシリーズ図式と呼ぶこともできる。それはフ

34　Straus, E.: Vom Sinn der Sinne, 1956 S.264

ッサールの意味するキネステーゼは，本質必然的にキネステーゼ感覚質であり，その感覚質は価値感覚を常に含意しているから，それはスポーツ領域の発生的運動学としては必当然的な起点的認識だからである。

　このようなシリーズ的なキネステーゼ図式という一連の〈キネメロディー化〉された感覚図式は，対人的関係をもつ球技や格技などには，〈戦術的フェイント〉を含めて，極めて多彩な意味発生，つまり価値感覚の動感メロディーを奏でる変様態が存在することであろう。それは，個別の競技運動学における研究者たちにとっては，枚挙に暇がないほど多くの例証を即座に挙げることができることであろう。それだけに，この問題圏の身体発生分析の志向対象に関わる体系論的分析は，各競技領域の個別運動学としても同時に喫緊の課題として急がれなければならないのはもはや論をまたないであろう。とすれば，それぞれの競技領域における身体発生的分析はその競技独特な〈身体発生体系論〉が構成されるべきなのであり，その分析方法論の充実は一般理論としての身体発生的運動学に相互補完的な共属関係をもって，その学問体系をさらに厳密に発展させていくことになるであろう。

　このような動感メロディーをもつ一連のシリーズ図式は，実践現場では競技のトレーニング対象として，集中的にその充実化が図られているはずである。しかし，このトレーニング目標となるシリーズ的動感図式の超越論的構成分析は，まだ十分に開示されているとは言いがたい。このシリーズ的感覚図式は，シュトラウスの言うその〈準個別態〉という枠組みの外縁層位に，厳密な本質直観に関わる〈解体分析〉を施していないことが多いからである。そのために，その解体分析への無関心こそが多くの可能性を秘めた身体発生的分析の道を阻む要因になっているのを見逃してはならない。そこに一連の構造化された究極基体の超越論的構成分析が展開されて，それまでの〈完了済みとして〉の志向対象が改めて厳密な静態分析によって確認されることが不可欠である。このすでに完了済みの静態分析は，その通時的な淘汰化現象の厳密な解体分析の役割をもっているのだ。これまでは，超越論的構成分析としての静態分析論がほとんど取り上げられないままに，その学問的明証性は自然科学的明証性だけに依拠していたこと頻りであった。科学的運動メカニズム的分析と現象学的身体発生的分析との決定的な異質性が見過ごされてきたことがとくに注目されなければならない。それなしに，次の超越論的反省の立場からの身体発生的分析は正統な起点をもつことができないからである。となれば，そのコツとカンが同時

変換的に成立する謎に満ちた身体発生現象が超越論的反省の立場でその時間化分析に取り上げられれば，さらに新しい発見に至ることになるであろう。加えて，その未来予持の動きを先取りできる具体的なトレーニング手続きも，その方法論は多様化し，未来予持の〈動きかた〉をありありと原的に先取りできる道が大きく拓かれていくことになろう。それに伴って，実践現場のシリーズ動感図式の身体発生的分析も，その身体化への方法論的な合理的な手続きも活性化していくことになるであろう。しかしここでは，シリーズ的な一連のキネステーゼ図式として，その問題圏の体系論的分析の未開拓を端的に示唆するだけにして，その個々の問題圏の詳細は後段に送ることになろう。

§ 27. 競技の基づけ分析に注目する

(a) 競技固有の身体能力を問う

　競技スポーツは，その競技における勝敗決定の手続きによって，そこに遂行された身体能力の結果から勝負を争うことになる。その勝敗決定の手続きの違いによって，測定競技，判定競技，評定競技に類別されることは周知の通りである。そこでは，それぞれに特有な競技規則の下で勝敗が争われるが，その勝敗の分かれ目となる〈究極身体能力〉という述定判断の対象性が厳密に確定されていなければならない。ところが，その勝敗決定の基準を巡って，その競技の成立の可否に関わる重大な問題が潜んでいる可能性がある。測定競技においては，時間計測の精密化がデジタルテクノロジーの長足の進歩によって，選手たちに内在する感覚能力では捉えられないほどになっている。さらに，ボールゲームや柔道などの判定競技のみならず，体操競技のような採点による評定競技でも，超高速の映像分析の利用によって，判定基準や評価基準を巡って競技成立の可否が問われる事態も生じてきているのは周知の通りである。となると，そこには競技規則それ自体に厳密な本質分析が求められてくるだけでなく，その競技の勝敗を決定する競技者の身体能力そのもののトレーニング手続きにも本質的な改革が求められてくる。しかしここでは，その競技に固有な身体能力そのものの本質問題だけに焦点を絞って考察が進められることになる。

　近年になって，テレビのスポーツ中継や新聞の報道に体力や精神力のような二元論的表現よりも，例えば「ヘディングシュートの驚異的な身体能力」といった一元論的表現を耳にすることが多くなっている。その場合の〈身体能力〉は，

物質身体の生理学的な筋力や持久力といった体力や調整力が意味されているのではない。さらに物理身体の位置移動に呈示される時間や距離の数量的結果［9秒台の走力；9ｍ台の跳躍力］が意味されているのでもない。つまりフッサールの言う〈キネステーゼの働く身体感覚〉による〈共通感覚的達成能力〉が端的に〈身体能力〉と呼ばれているのだ。それは従来の生理学的体力でなく，超越論的現象学における身体学としての〈原的身体性〉(オリギネール)の能力可能性に関心が向けられているのだ。それはわが身にありありと感じとられる〈原的所与性〉ないし〈身体的所与性〉を含意した〈身体能力可能性〉が意味されている。そのような〈原的身体能力〉は，〈生き生きした原現在〉の主観身体のなかに，「知覚のなかに，それ自体が独特な〈身体的なるもの〉として特徴づけられている」[35]とフッサールは的確に開示してくれる。我々の競技する世界においても，〈とっさの動き〉に感じとられる〈今ここ統握〉の身体的な意味存在(センス)や，〈胸騒ぎ的感じ〉そのものの身体的意味発生(センス)がすでに指摘されているのは周知の通りである。そのような〈原的身体性〉という奇妙な表現は我々アスリートにとっては自らの身体で直に感じとれる〈動く感じ〉であり，空中に〈跳び上がり〉ながら，〈宙返り〉しながら，〈内股を掛け〉ながら，動きの身体感覚そのものとして，ありありと今ここで統握できるのにさらに言を重ねるまでもないであろう。

　そのような原的身体性として予感的にありありと統覚できる〈身体能力〉は，たしかにそれぞれの競技ごとにその存在様相が区々であるのは言うまでもない。その場合，勝敗を決定する判断対象となる身体能力を〈全体〉としたときに，それに基づけられる諸部分の志向対象を構成する〈基づけ分析〉はどのように取り上げられているのか。そのためには，競技の勝敗決定を判断する志向対象そのものが，その競技自体の勝敗決定に関わる普遍的な〈身体発生基盤〉にまで拡げられるのでなければならない。例えばその競技のなかで，どのような構想で戦うかという戦略的投企は言うに及ばず，実戦における戦術的対象のそれぞれの意味存在(センス)を確定しておかないと，その競技全体と部分成素の基づけ関係も，その正当な述定判断が妨げられてしまうからである。さらに価値意識に関わるフィギュアスケートや体操競技といった評定競技(ひょうてい)においても，表出ないし再現の感覚素材(ヒュレー)を含む演技構成的な基づけ関係が競技の優劣を左右するのは言をまたない［体操競技：演技構成の欠損］。その全体的な意味存在(センス)の〈構造化基体〉(ヒュポケイメノン)という志向対象が明確に規定されていないと，そこに演技それ自体

---

35 Hua. III. § 43 ④ S.79/90　邦訳：イデーンⅠⅠ, 第43節　④ 186頁

の表出力に陰りが出てしまうのは論をまたない。いわば，競技ごとの勝敗を決定する競技の全体構成の志向対象とその部分構成の志向対象との〈基づけ関係〉に向けて，新しいカテゴリー分析が取り上げられる必要があるのだ。そうしないと，選手たちの競技力を向上させる具体的なトレーニング目標像も捉えられないからである。全体と部分の〈基づけ分析〉が競技種目ごとに体系化されるのが喫緊の課題になるのはこの意味においてである。

　とは言っても，この全体と部分の〈基づけ分析〉を施して，それぞれの競技種目ごとにその勝敗決定のあらゆるカテゴリー対象を体系化することは容易なことではない。しかしその〈原的身体能力〉に基づけ分析が欠損していると，そこに統一的な体系論的分析を取り上げることができないからである。いわば，幅跳びや砲丸投げ，ないし鉄棒や平均台のような単一種目別の競技形式もあれば，体操の個人総合競技や水泳競技の個人メドレーのように，別種の身体能力を一連の勝敗決定手続きによって勝負する場合もあるからだ。それらの競技ごとの基づけ分析的体系論としての基礎づけは，すでに完了した〈身体発生能力〉の静態分析として前提的に確認しておくことが不可欠である。その静態分析がなければ，この競技全体と構成部分の基づけカテゴリー分析は成立するはずもないからだ。その前提の上でのみ，全体と部分の基づけ分析から動感発生の志向性分析に持ち込めることになる。とは言っても，それぞれの競技スポーツや舞踊領域は，それぞれに優劣決定の基準は区々であり，単純な定量的な比較分析のみに限定することはできない。これまでは，それぞれの競技ごとに，その選手たちのもっている競技力は一応問題意識には取り上げられていても，その漠然とした競技力は体力と精神力の〈二元論的分析〉に留まり，競技ごとの具体的な〈基づけ分析〉を体系的に取り上げるところまで至っている競技種目はそう多くない。そこでは，各競技種目の〈原的身体能力〉に関する〈超越論的本質分析〉はどうして敬遠されたのか，競技ごとの厳密な基づけ分析がいつも欠損したままに何故放置されてきたのか。むしろそこでは，生理学的物質身体の能力，つまり筋力，持久力，調整力という〈体力要素〉と心理学的な〈メンタル能力〉という二元論的運動認識のもとにトレーニング計画が立てられ，その諸要素の合成作業はすべて選手任せになっていたことを見過ごしてはならないようである。

　しかしながら，マラソン選手と卓球選手に通底する〈原的身体能力〉に〈基づけ分析〉を求めても，競技実践の意味発生に至るには余りにもその隔たりは

大きすぎるし，むしろそれはナンセンスでしかない。いわばそれを抽象的な〈基礎体力〉と〈精神力〉に収斂されるとしても，競技実践に生きる監督やコーチは，そこからアスリートを訓練する具体的な方法論を構築するわけにはいかないのだ。しかし，たしかにその動きかたは異質であっても，その一元化身体発生能力の究極基体を保証するフッサールの言う機能的な動感身体性は，その普遍的な身体発生基盤に依拠しているのは周知の通りである。だから，各競技種目独自の原的身体能力をまずもって規定しておかないと，この基づけ分析はその実践に持ち込むための普遍的な身体発生基盤が成立していないことになる。その全体としての原的身体能力の普遍的身体発生基盤を起点にしてはじめて，それに〈基づけられる〉構成化部分との基づけ分析それ自体が浮上してくるからである。そこにやっと，その競技ごとの固有な志向対象の意味構造とその体系論が姿を現してくることになる。それは，従来の生理学的体力と心理学的メンタル能力とは一線を画したヴァイツゼッカーやボイテンデイクの〈身体発生論〉としての新しい〈一元化身体発生能力〉であり，その新しい〈可能態の身体能力〉のトレーニング方法論も，そこに有効な実践的な道が拓かれることになるであろう。

(b) 身体発生能力の身体化に向き合う

このような競技トレーニングや学校体育の運動発生学習の〈全体〉に基づけられる〈部分〉の志向対象性を確認していく問題圏と，その志向性分析や一連の意味発生に関わる身体化分析を体系化する問題圏は，これまで積極的に取り上げられていないし，その道しるべが意欲的に体系化するまでに十分に拓かれているとはいえない。具体的な競技実践を志向した道しるべを端的な単複原理や難易原理あるいは形式的類似に基づいて単に寄せ集めても，競技実践の指導現場からは何の役にも立たないと厳しい批判が寄せられる仕儀となる。因みに，ここで〈身体化分析〉という表現について付言しておかねばならない。その意味するところは，機能する動感身体性に関わる〈感覚構造化〉を含意した類縁性や系統性に基づいて，そのキネステーゼ感覚形態化に関わる〈身体発生分析の道しるべ〉が積極的に開示されなければならないのである。だから，外見上の位置移動的な〈運動類似性〉や見かけの〈構造的複雑さ〉などによって形式的に基づけ分析を進めても，一連のキネステーゼ身体化分析が満足に充実して遂行可能になるはずもない。そこでは，あくまでも〈遍時間性〉を基柢に

据えた〈間動感的〉な感覚図式の〈ノエマ的静態分析〉を欠くことができないのだ。その静態分析における完了済みの意味発生の普遍的な身体発生基盤を確認してから，その原発生の地平志向性に潜む身体化現象に対して，超越論的反省の道しるべを辿ることが目指されるのでなければならない。このような一連の〈基づけ分析〉を介した〈動感身体能力〉の理念に基づいて，新しいトレーニング体系に向き合うのでなければならない。それは，その前提となる静態分析のなかで，本質直観化の〈解体分析〉が必然的に求められることは論をまたない。それによって，他の類似の基づけ関係の習練体系との共存価値がはっきりと体系論的に確認されるからである。

　その個々の競技種目の〈全体と部分の志向対象〉に関する基づけ分析を基柢に据えることによって，注目すべき発生運動学的な〈身体発生能力〉の開示とその分析対象性の新しい体系論が浮上してくるのだ。それは，指導実践の現場でその明証性が確かめられ，競技ごとの多くの指導者によって踏み固められた〈技芸への道〉が拓かれことになる。そこには，いつも必ず実践的なトレーニング方法論として体系化され，充実し続ける必然可能性と共に，いみじくも開示されていくことになる。それらは単に理論的仮説によって構築される机上の戦術プログラムとは本質必然的に区別されている。競技ごとのこれらの一連の基づけカテゴリー分析によって，競技種目ごとのカテゴリー化される対象性が確認されるのであり，その新しいトレーニング体系論は，そのつどに静態現象学的な厳密な解体分析を経てはじめて，その本質可能性を高めていくことができるのだ。しかし，そのトレーニング体系がいつでも誰にでも通用するには，単にその体系の成功を確認した事実の統計学的確率に依存しているのではない。別言すれば，ボイテンデイクが警戒して止まない〈統計的標準概念〉に依存するのではないのだ。動感志向性の解体分析という本質直観分析の厳密な手続きによってこそ，その決定的な〈身体発生能力〉に至る道しるべが確証できることになる。このような事態のもとで，その多くの障碍を取り除いて，新しい道しるべを建てていくためには，それまでに一応完了した本質直観化の志向分析を確認する役割を担う静態分析の意味存在論にスポットを当てなければならない。本質直観化の道しるべは，いつも必ず厳密な静態分析に基づけられて，はじめて〈可能態の身体発生〉への道を拓く本質可能性を捉えることができるからである。

(c) 学校体育の教材研究に道を拓く

　明治維新以来，これまでわが国の学校体育も幼児体育も，もっぱら健康と体力の維持増進が一義的に求められてきたから，この〈純粋論理学〉としての〈基づけ関係〉が主題化されると，容易ならぬ問題性が浮かび上がってくることになる。そこでは，学校体育と幼児体育とにかかわらず，全体と部分の基づけ関係に依拠した運動学習の問題圏にも新たなスポットが当てられて，その問題の波紋は予想外に大きく拡がっていく可能性があるからだ。ここではまずもって，運動学習という用語の問題から始めなければならない。ここで意味される〈運動学習 = Bewegungslernen〉という表現は，学校体育として健康の保持と体力の向上を第一義とする〈運動の身体運動〉(エクササイズ)[Leibesübungen: physical exercises] の習練学習が意味されているのではない。我々の動感発生的運動学として主題化される〈身体運動〉[Leibesbewegungen; physical movements] は一般に〈主観身体の自己運動〉が意味されているのだ。さらにそのときの運動 [Bewegung; movement] は，物的身体の位置移動ではなく，〈原的身体性〉の働く生ける実的(レエール)な，つまり内在的な経験成素をもった自己運動が普遍的な身体発生基盤をなしているのだ。このことは拙著 [深層：§6〜§17参照] で繰り返し強調されている。そこでは，明治以来の〈運動〉という多義的な概念の曖昧さが，学校体育のみならず競技スポーツ領域でも混乱を引き起こしている事例は枚挙に暇がないのだ。ここで主題化される〈運動学習〉という表現も，健康と体力向上の体育活動の学習ではない。すでに前節 [§26] でも述べているように，その運動学習は，生き生きと機能する〈原的身体性〉の意味発生を私の身体感覚で捉えて統覚化する学習，つまりフッサールの名付ける〈身体感覚〉(センス)[36] における〈時間化能力〉の発生学習が意味されているのである。

　そのようなありありと直観できる〈動きかた〉の身体発生の学習は，これまでは遂行自我の努力志向性によって自得するものと理解されるのが一般的であったのだ。その内在的な身体発生経験の〈気づき学習〉は，すべて学習者本人の動きの意識体験として受動的に受け止められているだけである。とすると，ここで主題化される身体発生の学習は学校体育における健康・体力の学習指導内容としては前景に浮上してこないことになる。それは学習者自身が努力して習得すべき課題として位置づけられ，生徒自らの身体感覚で〈自得すべきこと〉なのである。だから，教師がその生徒自身のコツとカンに介入するのは古来の

36　Hua, V, Beilage I §4 - (a) S.118f. 　邦訳：イデーンIII, 付論　第4節 - (a) 151 頁以降

自得の美意識に反してしまうのだ。教師は生徒の学習活動のマネジメント合理性と努力する学習者に道しるべを示して，その学習を励ます立場に終始することになる。その意味において，ここで主題化される〈動感身体発生〉(キネステーゼ)という新しい学習内容は，全く別種の新しい指導内容だから，教師はどうしても生徒自身の〈動感身体発生現象〉(キネステーゼ)に立ち会わなければならなくなるのだ。もちろん，この身体発生現象は生成の発生現象と消滅の発生現象の両面が絡み合っているから，どうしても生徒の発生現象に立ち会うときには，むしろ〈やろうとしてもできない〉生徒たちの身体感覚のパトス的な消滅現象にも教師は向き合わなければならなくなる。そうなると，外部視点から体力トレーニングを学習させ，その合理的な遂行を励ましたり，道しるべを守らせたりしてきた教師は，その消滅現象にいつも居合わせることになると，火事場の野次馬的態度に終始するわけにはいかないのだ。ここで主題となる身体発生能力の学習では，新しい原的身体経験の〈パトス的気づき学習〉の道が拓かれているのだ。因みに〈原的〉[37]という表現には，あくまでわが身にありありと感じられる〈原的身体性〉と〈絶対主観的自己性〉が含意されていることは言うまでもない。このキネステーゼ感覚身体性への貴重な気づき学習は，これまでの学校体育の授業における学習教材の指導方法ないし学習手順の開拓的な教材研究では副次的にしか取り上げられていないことは周知の通りである。

　ここにおいて，保育園や学校における身体発生の学習も教育も，すべて〈基づけ〉という全体と部分の関係分析の下で，その〈カテゴリー対象性〉について，我々は改めて確認する必要に迫られることになってくる。例えば，幼児のボール遊びにしても，あるいは各種の初歩的なボールゲームにしても，膨大な種的特殊化の静態分析が必然的に求められてくる。その全体と部分の基づけ分析によって，その〈カテゴリー対象性〉が明確に開示されていないと，そのボール遊びそれ自体のねらいが曖昧になり，〈楽しく遊べればそれでよい〉という教育学的ないし生理学的意味づけだけが主題化されることになる。もちろん，それらの従来からの陶冶目標は正当性をもっているし，そこに何の異議を挟む余地もない。しかし，その〈運動教材そのもの〉の全体と部分の〈基づけ分析〉が不問に付されたままでよいはずはない。何故にこのボール遊びという運動教材でなければならないかという〈基づけ分析〉が欠損したままになっていると，その運動教材そのものの目標が的確に捉えられなくなってしまうのだ。学校体

---

[37] Hua. III. §1-② S.11, §3-⑥ S.15　邦訳：イデーン I-I, §1-② 60頁, §3-⑥ 66頁

育で〈逆上がり〉という教材は〈筋力養成の手段〉だったから，反動をとったりするのは邪道視されたことはそう遠い昔ではない。筋力養成のためなら，他のより合理的な筋力トレーニング法があるはずである。健康や体力の向上のために，楽しい鉄棒遊びやボール遊びを教材にする必然性はないことになる。運動教材の運動は体力養成の運動(エクササイズ)だけではなく，わが身にありありと感じとれる動きかたの〈身体発生〉に関わる気づき学習の〈意味(センス)存在論〉が主題化されてくるのである。

　この運動教材の新しい教育学的認識は，戦前のスウェーデン体操の生理学主義からの脱却を目指して現象学的人間学［ボイテンデイク，ボルノー，グルーペ］として脚光を浴びていることは周知の通りである。その新しい教材認識に基づいてこそ，運動教材の全体とそれに基づけられる部分の志向対象性の〈関係分析〉が意味をもつことになる。その運動教材が他と置き換えられない固有性が明確になってこそ，その貴重な身体経験の気づき学習が浮上してくるのだ。その本質必然的な運動教材全体の志向対象とその部分の志向対象との基づけ分析は，これまでの教材研究には欠落していたことになる。そこには，肝心な運動概念の本質分析が欠損していたからに他ならない。従って，幼児体育の運動教材が身体発生的運動学として，その独自な基づけ関係が確認されるためには，予めその静態分析に基づいた新しい基づけ分析が活性化されていなければならない。その〈原的身体性〉という身体発生基盤の上にこそ，子どもたちの身体感覚の発生分析が取り上げられることになる。

　このような分析体系論に基づく運動教材の志向対象性が主題化されてきてはじめて，そこに自らのコツとカンを掴んで動けるようになる新しい〈動感(キネステーゼ)身体発生経験〉は，そのボール遊びという運動教材とどのような基づけ関係をもっているかという問題圏がスポットを浴びてくるのだ。とすれば，ボール遊びでも，縄跳び遊びでも何でもよいのではなく，それぞれの運動教材の基づけ関係が開示されてくれば，教師の指導実践の道しるべもより明確に浮かび上がってくることになる。この流れのなかで，その基づけ関係の起点となる静態分析の立ち後れが目立っていると，可能態(デュナミス)としての身体発生的分析における〈動く感じ〉の志向対象はその場限りの成果主義に流されてしまうことを見逃してならない。そこでは，せっかくの発生的ノエシス契機が直ぐに過去に流れ去って，二度と原発生地平の生き生きした〈原現在〉に回帰することはなくなってしまうからだ。運動学習の具体的教材に関するノエマ的意味存在を確認する静態分

析が欠損するということは，生成消滅の様相変動を捉える身体発生的分析の拠点となる身体発生基盤さえも同時に背景に沈められてしまうことをここに確認しておかなければならない。例えば，跳び箱の〈開脚跳び〉の発生分析に入るには，その開脚跳びの反転支持跳躍のノエマ的な意味存在論が予め静態分析として，その目標像の動感システムが開示され，確認されていなければならない。それなしに，〈切り返し跳び越し〉の発生分析が依って立つ静態論的普遍基盤が成立するはずもないからである。そこでは単に〈跳び越せればよい〉という古典的な〈障碍体操〉に逆戻りしてしまうからである。それはよく知られた〈自然体育の運動基盤〉であり，スウェーデン的な跳び箱指導に抵抗した画期的な成果をあげたが，それがさらに競技体操以前の運動認識論に留まっていることも見逃してはならない。

　静態論的ノエマ分析の教材研究がいつも欠損しているわが国［文科省の教材指定問題］では，跳び箱における〈突き手の弾力化〉という事態カテゴリーの本質直観分析はいつも不問に付されたままに放置されている。それどころか，昨今の体操選手は反転支持跳躍のトレーニングをしないまま選手生活を送ることになっている。そこには，規定演技廃止というルール上の変革があったために，難度価値の低い反転系の支持跳躍を好んで習練する選手は皆無に近いのだ。こうして，開脚跳びの〈動感欠損〉という奇妙な事態になっているのにかかわらず，〈切り返し現象〉における〈突き手〉の発生分析は全く欠落してしまうことは必定である。学校体育の跳び箱指導は現役の体操選手でも未経験の切り返し跳びの着手技術に対してわが身にありありと感じる，いわば原的身体の直観化さえも欠損しているからである。それはテレビ番組で高い跳び箱の〈跳び越し競争〉に如実に現れていることは周知の通りである。従って，指導現場の教師がその学習対象の原的身体の直観化できる身体発生的分析を進めるためには，それらの〈ノエマ的意味発生〉を確認する静態分析という新しい〈教材分析研究〉が不可欠になってくる。その静態分析の裏づけのない発生分析は，指導現場の実践可能性を生気づけることができないからである。その〈ノエシス的意味統握〉の成果は，いつも必ずそれに平行関係をもつ〈ノエマ的意味統握〉の静態分析に還元されるという超越論的構成分析の普遍的身体発生基盤を見逃してはならないのは，まさにこの意味においてなのである。学校体育においては，このような奇妙な問題が表面化してくるのは，その運動教材の基づけ分析の欠損という問題性に回帰する必要があることを物語っているのだ。

[III] 事態分析の道しるべ

[A] 原発生地平分析の道しるべ

§ 28. 原発生の身体発生現象に遡る

(a) 身体の意味発生に向き合う

　我々はまずもって，表題にある〈身体〉という表現，いわば発生的運動学の主題となる〈キネステーゼ身体〉という表現を確認することから始めなければならない。言うまでもなく，その身体は生理学的，物理学的分析の対象になる物的身体ではない。しかも，その物質身体や物理身体の位置移動が基柢に据えられている動く身体が意味されているのでもない。その身体発生は，フッサールの言うキネステーゼ感覚の働く身体性，いわばわが身にありありと感じられる〈身体的なるもの〉の意味(センス)発生が主題化される。だから，我々が自らの〈動きかた〉のコツを感じとり，その周界の動感情況にカンを働かせるとき，その動く感じに価値意識を伴う自我身体のなかに，新しい感覚質の生じる〈事態〉こそが我々の決定的な関心を呼ぶことになる。その場合の〈事態〉という表現は，そこで記述される判断の〈志向対象〉そのものが意味されているのは言うまでもない。このような微妙な感覚質をもつキネステーゼ感覚が独りでに，つまり自我意識の働かないままに〈綜合化〉されるとき，そのような受動発生の現象は超越論的論理学において〈意味発生〉[38] という概念で表されることになる。もちろんこの場合の〈意味〉という表現は，ボイテンデイクによる関係構造という視点からの〈情況〉[39] の〈意味〉(センス)［周界から迫る雰囲気的事態］だけでなく，感覚素材(ヒュレー)が統覚化されるときの価値感覚の働く〈感覚〉(センス)という，いわば両義性が含意されている。さらに，この意味存在という出来事は，例えば走り幅跳びで5mを越したとき，その成果達成の価値判断が含まれる〈意義〉とも区別される。こうして，この〈意味発生〉という専門用語は，その動きに内在する動感意識に新しい感覚質の形態(ゲシュタルト)発生が成立する場合に取り上げられることになる。つまり，〈そう動けた〉という遂行達成の価値意識ではなく，いわばコツ

38　Hua. XVII. § 85 - ③ S.215　邦訳：形式論理学と超越論的論理学，第85節 - ③ 230頁
39　Buytendijk, F.J.J.: Mensch und Tier, S.14, 1958　邦訳：人間と動物，浜中淑彦訳，30頁，1970，みすず書房

の中身やカンの働きという価値意識がありありとわが身に〈身体化〉される場合に，この〈意味発生＝感覚発生〉という用語が取り上げられる。そこでは，キネステーゼ感覚質というフッサールの言う価値感覚の発生として理解されなければならない。

スポーツ領域の発生的運動学で主題化される原的な〈意味発生論〉は，すでに拙著［深層：§66参照］に詳しい。それを端的に約言すれば，原現在の地平志向性を露呈する身体発生という主題的な問題圏に属してくる。だから，ここで言う〈身体〉は，生理学的な〈物質身体〉が意味されてないし，バイオメカニクスの〈物体身体〉でもない。ここで〈身体発生〉と呼ばれる用語は，オーストリーのアウァスペルクやオランダのボイテンデイクがキネステーゼ身体性について論じた〈身体発生論〉の問題圏に属す基本概念に他ならない。つまり，精神神経学者でもあるアウァスペルクは，内在目的論に基づいて身体発生論を論じ，そこで意味される身体は「その心情も排除されずに露わに示される生き生きと体験しつつある身体」[40] と定義されている。それはメルロ＝ポンティが指摘する〈現象身体〉[41] と同一であり，わが身にありありと感じとられる〈原的身体性〉である。それは，ボイテンデイクの言う〈身体知〉ないし〈感覚論理〉と呼ばれている謎に満ちた〈感覚運動知能〉でもある。さらにそれは，フッサールの言う〈動感の働く身体性〉[42] に遡ることに言を重ねるまでもない。

このようにして，我々が日常的に動くときにいつもすでに機能している動感身体は，原的な内在経験の志向対象として構成され，そのキネステーゼ感覚発生のなかに〈身体的なるもの〉の変様態として純粋に記述され，その本質法則の存在分析として主題化される。だから，この身体発生という現象学的な概念は，解剖学的な〈形態発生〉という専門用語と取り違えられるはずもないと生理学者ボイテンデイクが断じるのはこの意味においてである。その詳細な用語上の区別については，ボイテンデイクの遺著 (1967) のなかで「心身対決問題における形態発生と身体発生」[43] と題して論究されているのは周知の通りである。そこでは，生物学的〈形態発生〉が現象学的に機能する動感身体の〈形態

40　Auersperg, Alfred P.: Vorläufige und rückläufige Bestimmung in der Physiogenese; Jahrbuch für Psychologie, Psychotherapie und medizinische Anthroplogie, 8, 1961, S.226

41　Merleau-Ponty, M.: Le philosophe et son ombre, "Éloge de la philosophie et autres essais", p.214, Gallimard, 1960
　　邦訳：「哲学者とその影」『シーニュ』2所収，竹内芳郎監訳，17~18頁，みすず書房，1970

42　Hua. VI. §28‐⑦ S.109　邦訳：ヨーロッパ諸学の危機と超越論的現象学，§28‐⑦ 147頁

43　Buytendijk, F.J.J.: Prolegomena einer anthropologischen Physiologie, S.76ff. 1967 Otto Müller Verlag

発生〉と截然と区別されているのに，もはや言を重ねるまでもないであろう。それらのアウァスペルクやボイテンデイクの現象学的運動分析における卓越した仕事は，1907年における夏学期のフッサールのいわゆる〈物講義〉，つまり「物と空間」に端を発し，その発生的現象学のなかに見事に展開されている動感発生論(キネステーゼ)であることも論をまたない。その原的身体性の発生論に関わる仕事は，さらにケルン大学のラントグレーベ教授からクレスゲス教授へと受け継がれていることも周知の通りである。

(b) 事態カテゴリーの志向対象を問う

我々はすでに，類的普遍化の類・種カテゴリーの〈類化分析〉と，全体・部分の〈基づけ分析〉というカテゴリー判断の志向対象を取り上げている。これに対して，ここで取り上げられる原的な動感身体性の意味発生に関わる事態カテゴリーの志向対象は，すでにマイネル教授のスポーツ運動学 (1960) のなかでも，その一部がカテゴリー論［局面構造，運動リズム，運動伝導，流動，運動弾性，運動先取り，運動正確さ，運動調和］として取り上げられている。しかし〈カテゴリー直観〉[44] としての事態分析における志向対象は，決して単なる抽象概念として構成されるのではない。その志向対象は，わが身にありありと感じられる身体発生(ピュシス)の〈動きかた〉に潜む動感志向性であり，その過去把持と未来予持の両地平志向性の今統握に現出される直接知覚に他ならない。だから，この事態カテゴリーの分析対象には，判断を述定化する〈志向対象〉が取り上げられることになる。いわば，それはある〈出来事の様態〉が述語として，指示代名詞的に表される〈理念化〉の対象一般と理解される。フッサールはその事態というカテゴリー対象性を Sachverhalt と表し，さらにその固有な関係基盤を表す先構成的な〈事態的基体(ヒュポケイメノン)〉［先言的定立：発言に先立って指定されている］には Sachlage ［有様ないし事況］が区別して取り上げられている。

しかし，この事態という邦訳は，事柄の成り行き［広辞苑：新事態の発生など］と一般的に理解されるので，ここではスポーツ運動現象学における超越論的論理学の概念として厳密に規定しておかざるをえない。フッサールはこの〈事態〉を述定判断の相関概念として捉え，その意味内実を「その判断に志向性として捉えられる対象を事態と呼ぶ」[45] と規定する。もちろんこの事態は，必ずしも

---

44 Hua. XIX‐II-2 § 45‐② S.670f.　邦訳：論理学研究‐4巻，第45節‐② 167頁~
45 Hua. XIX‐II-1 § 28 S.461f.　邦訳：論理学研究，3 第28節 245頁~

端的な知覚対象と直接に合致しているというわけではない。その知覚に基づいて，ある対象が〈原的に〉，つまりありありとわが身に感じられ，いわばその存在が〈身体的なるもの〉として意味統握（センシス）されるとき，我々はそれを志向対象として述定し判断する。その知覚が判断のなかで思い違いとして消えてしまっても，例えば，それが幽霊でなく枯れ薄と分かっても，その対象はそのまま存続するのだ。その幽霊として見たという事実そのものは〈志向された対象〉として現に存在しているのである。このような事態概念は一つの〈妥当統一態〉そのものを形づくっている。それは我々のとった態度にかかわらず，その有効性を保持していることを見過ごしてはならない。その同一な判断作用それ自体は，その作用の相関概念に対して一つの事態の真実さをもつからである。

しかし，このような判断作用，いわば幽霊と判断した志向体験は，単に判断一般にとっての相関概念でしかない。すなわち「完全な，かつすべての対象として，そのすべての判断に対応しているのは判断された事態である。その同一的な事態が単なる一つの表象のなかで表象され，一つの願望のなかで乞われ，一つの問題として問われ，一つの疑念のなかで疑われる」[46] のだとフッサールは駄目押しをする。もちろん，そこに一つの区別が存在している。そこでは，事物そのものが懇望され，問われなくても，事態はそれ自体として〈現に存在している〉のだ。だから「ナイフはテーブルの上に在るはずだ」という願いは，たしかにナイフに関する願望ではあるが，私の願いは〈ナイフそのもの〉ではなく，ナイフが机の上に〈そのように在ること〉，つまり「その出来事がそのような様態に在ること」が望まれている。『イデーンⅠ』でも詳述されているように，その事態とは形式存在論に属し，〈対象一般〉[47] という論理学領域のカテゴリーに属すのに言を重ねる必要はないであろう。

(c) 動感身体性を直観化する

このような〈事態〉というカテゴリー対象は，外在的な運動経過のなかに直接に視覚で捉えられない〈非直観的な出来事〉であることは言うまでもない。しかし，このことはしばしば見過ごされやすいので注意が肝要である。その非直観的な事態は，カテゴリー化された〈理念性〉という知的対象ではあっても，それが〈感覚的直観〉では捉えられないという意味ではない。いわば，その事

---

46 Hua. XIX‐2 ebd. § 17 S.402 邦訳：論理学研究，3 第17節 200頁
47 Hua. III. § 10‐② S.26 邦訳：イデーンⅠ‐I，第10節‐② 81頁

態とは，キネステーゼ的に機能する身体性の〈内在経験〉として，その遂行自我に原的に，いわばその身にありありと直に〈直観化〉される〈カテゴリー対象〉なのである。それは理念的に判断される対象一般であり，〈悟性対象性〉[48] とも呼ばれる述語形式をもつ論理学的判断対象であることは言をまたない。例えば，助走してから水溜まりを跳び越すという組合せ形態に潜んでいる〈先読み〉(プロレープシス)という事態の志向対象そのものは，外部視点から映像化して捉えることはできない。それは跳ぶ本人がキネステーゼ感覚による〈反省〉のなかでしか捉えられないからである。その先読みという事態では，この事態の述定判断の〈先読み〉という志向対象が分析対象になるのだ。とは言っても，そのカテゴリー化される〈先読み事態〉には，明証的な原的な〈原事実〉として不可疑的な明証性がすでにいつも先構成されていることは論をまたないことである。

さらに，同じような具体的な例証を挙げれば，後段［本書：§33］で〈伝動化〉と呼ばれている事態カテゴリーの志向対象も同様に，その原発生に地平志向性を潜ませている非直観的な志向性である。〈動きが伝わっていく〉という〈現象それ自体〉は，たしかに抽象理念ではあるが，それは物理学的運動伝導，いわば〈エネルギー伝導〉が意味されているのではない。マイネルはその遺著で，それを物理学的概念として説明してはいる。しかし，わざわざ脚注［邦訳：スポーツ運動学, 194頁参照］を付して，その力学的な〈ヴェクトル運動量の伝導そのもの〉の計測が問題になっているのではないと念を押している。その駄目押し的な脚注の指摘に隠された真意を見逃してはならない。だからスポーツ領域の発生的運動学では，マイネルの運動伝導という紛らわしい表記を避けて，〈動きを伝えること〉(アイステータコイナ)，つまり共通感覚としての身体感覚を機能させた〈動きの勢い〉を伝える，いわば〈伝動化〉という表記を取り上げているのはこの意味においてである。その意味発生における〈勢いを伝える〉(センス)という内在的な身体経験は映像分析(キネマトグラフィー)の対象になるはずもないのだ。そこに潜んでいるコツとカンという一元化された〈身体発生現象〉は，外部視点から端的に視知覚で捉えることはできない。たといその一連の動きを映像化しても，そこに視覚化されているのは〈物体身体〉の瞬間像の位置移動だけである。その運動する主観身体の〈動く勢いを伝える〉という身体発生に潜む志向対象の〈様相変動そのもの〉は何一つ映像化されてはいない。

例えば，ジャンプするときの腕の振り上げとそのブレーキという直進的に知

48　Husserl, E.; Erfahrung und Urteil, §58‐③ S.284f.　邦訳：経験と判断，第58節‐③ 226頁

覚される〈外的な運動経過〉が映像分析で捉えられるのは論をまたない。しかし，その場合の遂行自我は，その志向対象を〈どんな感じで動くか〉という身体発生現象に潜む様相変動を言語化するのは容易ではない。だから外部視点からの科学的運動分析だけでは，この〈伝動化志向対象〉の〈意味発生〉を何一つ捉えることはできない。とは言っても，この伝動化の現象は子どもの縄跳び遊びにおける鋭い手首操作に見られるのもよく知られている例証である。その伝動化は二重跳びをはじめてやろうとするときに，つまり縄のスピード加速を志向するときにその例証がはっきりと感じられるのだ。しかし，その運動現象そのものを映像化しても，そこには〈手首を鋭く動かす感じ〉という〈身体発生〉はそのシリーズ的瞬間像には映し出されるわけはない。その事態カテゴリーは，自ら身体性を機能させて直観化できる者には，その微妙な志向対象の様相変動を一瞬にして見事に見抜くことができるのだ。そのことは動感身体性の可能態の〈身体能力〉としていつも強調されていることである。

　こうして，我々は事態の〈非直観的志向対象〉を確認できるが，それはすでに前段［§22］でも〈基体対象性〉として詳しく考察されている。因みに，〈カテゴリー直観〉との相関関係にある〈感覚的直観〉［深層：§76‐①～②参照］は，一般に〈感性的直観〉とも訳されるが，それは〈知性〉と対になる〈感性〉の意味ではない。そこでは，リアルな価値意識をもつ身体感覚による〈観取作用〉が機能し，価値感覚の見抜き能力によって述定判断がなされているのである。つまりフッサールの言う〈端的知覚〉[49]と別言されている内在的身体経験がそこに浮上してきていることを見過ごしてはならない。その〈感覚的直観〉の対象は，さらにその自然的反省を形相的に還元して，厳密な〈超越論的反省〉の立場からも取り上げられることになる。そこでは，原発生の地平志向性のなかに，厳密な〈時間化分析〉が施されるのである。

　このようなカテゴリー直観分析は，すでにマイネル運動学の8カテゴリー論［局面構造，運動リズム，運動伝導，流動，運動弾性，運動先取り，運動正確さ，運動調和］としてよく知られている。その意味内容はすでに拙著［スポーツ運動学：197～232頁参照］でもその大略が論じられているから，ここで再度立ち入る必要はない。もちろんそこでは，動感志向性における本質法則の体系化という視座の下に記述分析が行われているから，その志向対象それ自体の意味存在論には立ち入ってはいない。しかし，フッサールはその事態というカテゴリー対象が未来に向

49　Hua. XIX.LU.II.‐§40～§52　　邦訳：論理学研究4，第40節～第52節

かつて開かれて〈発見されるもの〉[50] であるから，事態カテゴリーの体系論を安易に固定化できないと注意を促している。この動感感覚に機能する身体発生という事態カテゴリーの対象領域において，はじめて〈感覚直観形式〉と〈カテゴリー直観形式〉との相関関係に〈絡み合い構造〉が浮上してくるのを見過ごしてはならない。そこでは，述定判断の理念的対象となる〈カテゴリー対象〉は，〈超感覚的知覚〉という理念性が意味されて，その事態は〈知的対象ないし悟性対象〉と理解されることになる。もちろん，ここで言う〈超感覚的〉という表現は，〈内在的超越〉に機能する価値感覚の意味であり，〈遍時間性〉[51]，つまり〈どこにもあり，どこにもない〉という〈普遍時間性〉が示されているのは言をまたない。こうして，カテゴリー直観分析の対象性は，事態と呼ばれる述定判断の理念的志向対象と理解されることになる。しかし，この事態というカテゴリー対象は未来に向かって開かれて〈発見される〉のだから，そのフッサールの指摘に基づいて体系を固定化するわけにはいかない。ここでは，事態の志向対象を動感身体性の身体発生の三領域にまとめて呈示し，〈今のところ〉という限定付きで，その概要を呈示しておくことにする。我々の競技スポーツだけでも，この事態分析の志向対象を構成する身体発生基盤は大きな広がりをもっている。だから，今後の競技種目ごとの意欲的な事態分析を通して，その新しい志向対象が次々と発見されて，その事態カテゴリーのさらなる体系論的進展が期待されるのを待ちたい。

§ 29. 原発生の自己時間化を問う

(a) 眠れるゼロ動感に問いかける

すでにこれまで拙著［深層：§ 52 参照］に述べられているが，受動的ないし能動的な動感発生層位も，その中間に位置する受容的な絡み合い層位も，究極的には原発生の地平志向性分析に回帰せざるをえなくなる。動感意識流の原発生は，流れる原現在のなかに〈立ち止まる今〉を感じとる謎に満ちた私秘的な〈絶対主観性〉の出来事だからである。さらに〈今ここ統握〉のなかに，自ずから機能する身体発生能力が新たに〈流れ来る未来の今〉を同時変換的に予感し，予描できる謎に満ちた〈出会い現象〉がその地平分析の志向対象に取り上げら

---

[50] Husserl, E.: Erfaherung und Urteil, § 64 - c) - ④　邦訳：経験と判断，第 64 節 - c) - ④
[51] Husserl, E.: Erfaherung und Urteil, § 64 - c) - ⑤　邦訳：経験と判断，第 64 節 - c) - ⑤

れることになる。そこには，機能する動感身体性の源泉が〈絶対ゼロ点〉として見出されるのは周知の通りである。その原発生の地平構造には，絶対ゼロ点を構成する地球空間の〈天頂の上〉と身体物体の〈頭頂の上〉という〈二つの上〉の原方位づけと〈二つの今〉という原現在が同時変換しながら機能しているのだ。生ける未来を直に感知できる動感意識をたえず噴出し続けるその源泉には，原発生の〈絶対ゼロ点〉という〈理念的関係点〉が存在するとフッサールは断じる。このことはすでに拙著［深層：§50,§62~§65 参照］に詳しい。このキネステーゼ意識流の原発生地平には，原感情や衝動志向性を受動綜合化する原触発と原動感との絡み合う〈原連合化〉［深層：§22 参照］の現象が際立っている。この〈立ち止まりつつ流れる〉という〈絶対時間化〉の働く原発生地平に，何かの障碍が引き起こされると，突発的な〈動感消滅〉という競技者を破局に陥れる深淵が待ち構えているのだ。その深淵に引きずり込まれた選手たちは苦悩を余儀なくされ，自らの選手生命を破局にまで追い詰められてしまうことも珍しくない。いずれにしても，この原発生地平は，これから主題化される事態カテゴリーという述定判断の志向対象の源泉になっていることをまずもって確認しておかなければならない。

　我々の競技領域における身体発生の実践現場では，その身体発生能力の生成と消滅を巡って，多くの謎めいた出来事が立ち現れてくるのは周知の通りである。そこで「生成と消滅の変換は同時だ」といった奇妙な表現を耳にすると，普段から因果的思考に慣れている我々は一驚させられること頻りである。しかも，マグレで動けた瞬間には，枠組みだけの空虚形態しか発生せず，動く感じは〈自己忘却性〉[52] のなかに沈んで本人は何一つ意識していない。フッサールが，この受動綜合化の出来事を〈無意識の志向性〉[53] という逆説的用語にせざるをえないと断わるのは，この意味においてである。その遂行自我にはすでに先所与されている眠れる〈ゼロキネステーゼ〉[54] が働いて，そこには奇妙なことに，わが身に直に感じとれる不可疑的明証性が息づいているとフッサールは断じて憚らない。しかしそれは決して因果法則に反した非論理的な表現などではないのだ。遂行自我にしか感じとれない原的な身体感覚の現象［西田幾多郎：ambulo ergo sum］に他ならないからである。さらにまた，一流の名選手をも襲う

52　Landgrebe, L.: 1980, op.cit. S.83f.
53　Hua. VI. § 69 - ④ S.240　邦訳：ヨーロッパ諸学の危機と超越論的現象学，第69節 - ④　336頁
54　Hua. XV. Beilage 45 - ⑩ S. 606　邦訳：間主観性の現象学その方法，付論45 - ⑩　501頁~

キネステーゼ感覚の破局的消滅現象も，フッサールは地平に潜む〈空虚志向〉[55]だと明快に断じてくれる。ところが，いわゆる〈狂った技〉に苦悩する選手たちは，そのキネメロディーの消滅に直面し，新しい感覚質を生み出すのに筆舌に尽くし難い苦悩に向き合わざるをえない。その場合に，時間流の原発生の地平分析が要求されても，空虚志向のままに価値感覚の機能する〈動感身体性〉を無視してきた選手たちはどうにも為す術もなく立ち往生してしまう。その絶対ゼロ点の原発生地平のなかで，未規定の動感ヒュレーにノエシス契機を捉えようとしても，それはまさに雲を掴むような儚さでしかない。そのメロディーの流れる原発生地平では，動く感じの感覚素材(ヒュレー)にノエシス契機を過去把持する能力，つまり機能する〈動感身体性〉[56]の能力可能性が改めて問われてくるのだ。

　ここにおいて，我々は〈原発生〉という深層世界に向き合って，まず一回性の〈出会い現象〉に支配されている身体発生，いわば感覚質の生成消滅が同時変換する身体発生現象に注目せざるをえなくなる。その受動発生領野では，自覚しないまま自然に〈動ける〉ようになる，いわば〈没意識性〉が際立っているのは言うまでもない。しかしそれは，そこに動感意識が働いていないという意味ではない。動感意識の空虚形態という枠組みだけはいつもすでに〈先所与〉されているのだ。そこで，独りでに動いてしまう動機づけは〈本能動感〉という原衝動性に基づいているのは喋々するまでもない。その本能的に働くキネステーゼ感覚には〈ゼロキネステーゼ〉[57]の志向性が充実以前の世界にすでに息づいているとフッサールは指摘してくれる。そこではそこに〈自ら居合わせている〉[das Bei-sich-selbst-sein]という〈安らぎ〉[58]のなかに〈原衝動〉[深層：§23参照]が触発されているからである。幼児が滑り台で，滑り降りる快感を夢中で反復するのは，このゼロ動感の身体発生に動機づけられているのだ。そこには，実践可能性に潜む〈価値感覚〉[59]を志向含蓄態とする〈原感情〉や〈原動感〉という原ヒュレーが匿名のまま，その〈原構造〉[60]に働いているからだとフッサールが正鵠を射た指摘をしてくれる。その原発生の身体発生現象には，キネ

55　Hua. XI. § 22 - ⑮ S.99　邦訳：受動的綜合の分析，第22節 - ⑮ 147頁
56　Hua. VI. § 28 - ⑦ S.109　邦訳：ヨーロッパ諸学の危機と超越論的現象学，第28節 - ⑦ 147頁
57　Hua. XV.　Beilage 54 S.660f.　邦訳：間主観性の現象学II，260頁～
58　Landgrebe, L.: Phänomenologische Analyse und Dialektik, In Dialektik und Genesis in der Phänomenologie, S.79, 1980
59　Hua. IV. § 4 - ⑦ S.9　邦訳：イデーンII - I，第4節 - ⑦
60　Hua. XV Text - Nr.22 - ⑰ S.385　邦訳：間主観性の現象学III，532頁

ステーゼ感覚質と快不快の原感情が同時変換的に働いているから，その動感情況をどのように誘い出すかがその指導者の正念場となる。このようして，我々は原発生の身体発生現象に向き合って，その謎を探る道をやっと辿り始めることになる。

(b) 絶対ゼロ点の原現在に回帰する

ここにおいて，自我意識が働いていない動感システムなのに，いつもすでにそこに受動志向性が働くというフッサールの逆説的表現には，すでに先所与されている〈何か〉が存在していることが意味されている。だから，この原発生の深層位も当然ながら〈受動的先所与性〉[61]の働きに支配されているのは言をまたない。そこでは，私の身体がいつの間にか勝手に動いてしまうのだから，私に内在する時間意識も空間意識も自覚されていないのは当然である。このように受動発生するキネステーゼ感覚質はいつの間にか自ら何も知らないのに機能してしまうから，〈どうして動けるのか〉が謎になってくる。しかしそこには，先所与されているマグレの空虚形態のなかに，その〈空虚表象〉の充実化を予期する働きが潜んでいるのを見逃すわけにはいかない。だから，偶然のマグレ発生で〈今はこうなっている〉という様態は常に秘密のままに沈黙を守っているのだ。その時間流のなかに流れつつある〈今統握〉も〈ここ統握〉も，すっかり自己忘却性に被われてしまって，そこには〈本能キネステーゼ〉が〈原衝動〉として働いているだけとなる。そのような複雑な様相変動のなかで，未来の動きを先取りする必然可能性を捉えようとするのには，受動発生するキネステーゼ感覚質の内在経験の源泉に立ち入って，つまり，意識時間流の原発生における地平志向性の発生様相に注目せざるをえなくなってくるのだ。

すでに指摘しているように，フッサールはこの純粋な受動発生の現象がもっとも顕在化する〈本能キネステーゼ〉ないし〈野性キネステーゼ〉［深層：§23 §53参照］の働きに注目しているのは周知の通りである。例えば，乳児がいつの間にか腹這いになり，独りでに〈頭を起こす〉という奇妙な身体発生現象は，まさに純粋な受動発生の出来事といえよう。そこでは，地球地盤[62]の〈上〉という動感空間性が本能動感の動機づけによって受動的に現れるからである。その受動的本能キネステーゼが独りでに機能して，頭を起こす因果性を生理学的

---

61 Husserl, E.: Erfaherung und Urteil, §16 - ① - ⑤ S.74ff. 邦訳：経験と判断，第16節 - ① ~ ⑤ 61頁以降
62 Husserl, E.: Umsturz der kopernikanischen Lehre 1934

に説明することは可能であろう。しかし，その頭を起こす動きの身体発生現象そのものの志向対象の開示は，科学的運動分析の埒外に外されてしまうのだ。この新しい動きかたが発生する事態カテゴリー分析のなかに，空間方位づけの〈空虚表象〉が〈ゼロキネステーゼ〉[63]として目覚めるころに，動感空間性の身体発生現象が主題化されるのである。同時にそのゼロ動感は，時間流の原発生における二つの今統握として目覚めて，立ち止まりつつ流れる〈原現在地平分析〉の志向対象として浮上してくるのだ。このような受動的な自ずと動ける身体発生の動機づけに注目するところにこそ，乳幼児の身体感覚の受動発生に直に向き合う必然可能性が覚起されるのであり，そこにこそ新しい価値感覚の身体発生分析が主題的に浮上してくることになる。

　さらにフッサールは，乳児の授乳時の有意味な自発的な〈動きかた〉の発生例証を取り上げている。それだけでなく，フッサールは乳児の喃語を口まねして，そこに先所与されている〈眠れる喃語〉を触発する母親に注目しているのを見過ごしてはならない。そこには，まさに動感発生を誘う様相の貴重な例証分析が呈示されているからである。身体発生現象の起点をなすゼロキネステーゼに対して，母親が動感受動発生の触発化現象に直接に関わっていることは，動感能力の促発分析者の役割を本来的にもっていることが意味されるといえよう。そこに，女性のもつ固有領域に働く〈動感身体発生〉に関わる実践可能性を見逃してはならない。この事実は，女性の体育教師や競技コーチのもつ役割，いわば動感促発の〈原触発〉の衝動志向性に女性指導者が特筆すべき固有性に恵まれていることを示唆しているからである。しかし，このように自我意識が関与しないままに，本能キネステーゼの綜合化がいつの間にか成立する受動発生領域には，まだ多くの謎に包まれている奇妙な現象に満ちているはずである。だから我々は，その動感身体性の意味発生に匿名的に沈黙する〈ノエシス契機〉を保証している原発生の地平志向性分析に注目するのでなければならない。そこには，当然ながら〈自己時間化〉[64]の働きが前景に浮上してくるのだ。だからこそ我々は，その自己時間化分析についてその立ち入った考察を見過ごしてしまうわけにはいかない。その地平志向性のなかに，沈黙するノエシス契機の絶対時間化の働きに関して，過去把持地平と未来予持地平を志向含蓄態とする時間流をフッサールが〈原発生〉［深層：§62参照］と呼んでいるのはよく知られ

63　Hua. XV. Beilage 45‐⑩ S. 606　　邦訳：間主観性の現象学その方法, 付論45‐⑩　501頁~
64　Hua. VI. § 54‐(b)‐② S.189　　邦訳：ヨーロッパ諸学の危機と超越論的現象学, 第54節‐(b)‐②　226頁

ている。しかし，ここで主題化される感覚質の身体発生的分析に入るには，何故に内在時間の動感意識流，いわばキネステーゼ感覚の〈原的身体性〉の時間流が身体発生に関わってくるのか，さらにその動感能力の〈原発生〉は，なぜ根源的な〈自己時間化〉の能力可能性と関わりをもつのかを確認しておかなければならない。この問題性は，とりわけロックの呪縛から解放されていない現代の我々の前に立ちはだかるアポリアの一つであることは否めないようである。

(c) 原発生の自己時間化に向き合う

すでに拙著［深層：§72参照］で考察済みであるが，フッサールはデカルト［方法序説1637］の〈われ惟う，故にわれ在り〉という古典的存在論を超克して，その新しい〈身体学〉という鍵概念に〈私はできる〉〈私は動ける〉という実践可能性を取り上げている。そこでは，遂行自我の身体発生的分析における〈原対象〉の構成はまさに〈感覚図式〉[65] そのものに求められるのだ。いわば発生的現象学の独自性として，実践可能性に志向性分析をする対象は〈感覚対象〉そのものなのであり，「それが原対象を構成している」とフッサールは指摘するのだ。我々が実践可能性を求めて習練を重ねるとき，自らの身体感覚対象をノエマ的意味として，そのなかにノエシス契機を捉えようと，一回ごとに変様する動感意識を受動的に，いわば思わず知らずに反省し，その身体感覚の時間様相の流れに直接に向き合っているのだ。例えば「さっきの捌きはしっくり行かない感じだ」と密かに〈内在反省〉（アノニューム）をしながら，実践理論的な立場をとるのである。さらに「たった今の動きは，前の感じより気持ちよく動けた」と漠然とした〈快感情〉（ピュシス）を身体で感じながら，その感覚質の微妙な変化を比較反省する態度を我知らずにとり続けている。すでにその實的な反省（レエール），つまり内在成素の〈そのつど〉を反省しながら，微妙な動く感じを形態化し，充実化していくときには，フッサールの言うように，いつもすでに時間流のなかに原発生の地平志向性を統握しているのである。

ここにおいて，フッサールによる「感覚対象こそ原対象だ」という指摘は，身体発生的分析に決定的な重みをもってくる。ひたすら〈私は動ける〉という実践可能性を前景に立てるフッサールの身体学領域においては，いわばコツとカンを志向含蓄態とする〈動感システム〉[66] が際立ってくることになる。しか

65　Hua. IV. §8・① S.17　邦訳：イデーンII・I, 第8節・① 20頁
66　Hua. VI. §47・② S.164　邦訳：ヨーロッパ諸学の危機と超越論的現象学, 第47節・② 229頁

§ 29. 原発生の自己時間化を問う

も，その動感システムの感覚図式，とりわけ，極めて微妙な身体発生の様相変動を示す〈キネステーゼ感覚〉こそが分析の志向対象として構成されるのだ。だから，そのコツとカンが一元化された身体発生現象の原発生地平のなかに潜んでいる〈志向含蓄態〉に敏感に気配りしていなければならない。このような身体発生現象の志向性分析では，当然ながら受動的に流れるノエマ的空虚形態とノエシス契機との相互覚起が主題化されてくるのは言うまでもない。ここに主題化される動感志向的な原発生の深層位は，あらゆる動感志向性の源泉であり，それは時空間地平の〈世界意識〉[67]をもつ絶対ゼロ点の根源的領域が意味されているのだ。フッサールはその源泉層位における感覚質の身体発生現象をまずもって時間流の〈原発生〉[68]と呼び，そこに二つの発生的な原法則性を指摘している。その〈第一原発生法則〉は過去把持地平であり，〈第二原発生法則〉は未来予持地平である。

　この時間流の原発生領野に遡源する超越論的反省は，当然ながら動く感じの時間化構成分析が前景に立てられる。時間意識における原印象は，時間流の原発生としてそこに空虚地平が先所与的に成立している。その空虚表象は知覚表象に先行して「現在が未来に向かって腕を広げて迎え入れている」[69]とフッサールは正鵠を射た巧みな表現をしてくれる。つまり「予期充実として立ち現れる現在的なるものは，いつも〈新しい今〉に向かっているだけでなく，その今を介して刻々と〈やって来る何か〉に向かっている」と駄目押しをしてくれるのだ。そこに受動的な知覚そのものに内在する〈予め方向づけられる存在〉がはっきりと際立っているのに注目しなければならない。これに対して，自我視線のない過去把持地平は〈方向づけ〉が欠損しているとはいえ，発生に関しては空虚表象が本質的に先行しているという指摘も見過ごせないからである。

　ここにおいて〈立ち止まりつつ生き生きとした流れ〉のなかに，もっとも〈根源的な現在〉が問われるとき，時間に先行する，いわば〈先時間的現在〉をフッサールは〈原現在〉[70]呼ぶ。そこでは〈流れつつある今〉と〈立ち止まりつつある今〉という〈二つの今〉が，〈原現在〉と呼ばれる〈生き生きした現在〉のなかに構成されているのだ。いわば，絶対主観性を蔵す機能する動感身体が〈自己時間化〉するときに，深層位の先時間のなかには，没自我的な受動

67　Claesges, U.: Edmund Husserls Theorie der Raumkonstitution S.121, 1964 Martinus Nijhoff
68　Hua. XI. § 18 - ④ S.73　邦訳：受動的綜合の分析，第 18 節・④ 111 頁
69　Hua. XI. § 18 - ④ S.74　邦訳：受動的綜合の分析，第 18 節・④ 112 頁
70　Hua. XV. Beilage XLIII [43] S.598　邦訳：間主観性の現象学 II，456 頁

性，つまり原受動性がいつも必ず潜んでいるのである［ヘリゲルの es schießt の究極的自在層位］。我々はすでに拙著［身体知の形成（下）：講義 22; 身体知の構造：講義 14 参照］でこの〈時間化能力〉の重大さを繰り返し指摘している。因みにフッサールは「時間は私から構成される。自我の超越論的な自己時間化は、立ち止まる―原初的先現在のなかに在る」[71]といみじくも〈自己時間化の意味内実〉を的確に駄目押しをしているのを見過ごすわけにはいかない。

　ここにおいて、このような動感身体性に基づく〈自己時間化〉という述定判断の志向対象が私の身体という固有領域に属するのかどうかに重ねて問いかけておく必要に迫られる。「自ら動いているから生きている」[72] というヴァイツゼッカーの単刀直入な名言に倣って、〈自ら動く〉という自己運動は〈自ら動ける〉[Sich-bewegen-können] という能力可能性をすでに含意している。生命あるものは単に動かされる存在だけでない。〈自ら動ける〉という生ける身体運動は、生命あるものの外側に実在する外部視点から観察できる単なる出来事ではないのだ。ラントグレーベは「生命あるものは、〈動かされる〉のを〈自ら引き受けている存在〉だから」と述べながら、それは「自ら動くことは動かされるなかにあっても常に自分自身と一つの関係を保っている」[73] という正鵠を射た指摘に至る。そこには一つの自己関係が意味されているのだ。いわば、自ら動きつつある者は、その私の動きをわが身にありありと感じとれる原的自己運動として、しかも反省という方法をとらずに、つまり先反省的にそれをいつもすでに知っているのである。すなわち、自己運動とは、〈自己自身に留まっている〉[Bei-sich-selbst-bleiben] という〈原自覚〉のなかに、先反省的な〈受動統一態〉という意味をもつのだ。別言すれば、自己運動はその遂行のなかに〈自ら動きつつあること〉を直に〈確信している〉ことになる。それは、一般に理解される反省のように、〈後から気づく〉のではないのだ。

　このようにして、フッサールの意味する超越論的な〈自己時間化〉とは、自我が立ち止まりつつ生き生きと流れる原現在のなかに〈絶対時間化〉として時間を自ら構成することが意味されることになる。そのような自我の〈時間化〉が行われるためには、前もって〈立ち止まる―原初的先存在〉が〈先所与〉されていなければならない。〈立ち止まり〉がないと、流れつつあるなかに〈た

71　Hua. XV. Nr.38‐⑥ S.667　邦訳：間主観性の現象学 III、502 頁　ちくま学芸文庫
72　Weizsäcker, V.v.: Gestaltkreis, S.101, 1997, Suhrkamp Verlag　邦訳：ゲシュタルトクライス、31 頁
73　Landgrebe, L.: Phänomenologische Analyse und Dialektik, In Dialektik und Genesis in der Phänomenologie, S.78, 1980

った今〉のノエシス契機が未来に向き合うことができないのだ。立ち止まりつつ流れる原現在という自我の〈絶対時間化〉が働く深層位では，〈立ち止まる〉と〈流れる〉が同時的変換という反論理的表現がそこに浮き彫りになっているのである。しかし，技芸（わざ）の世界，とりわけ競技スポーツの〈キネステーゼ感覚世界〉に生きる人たちにとっては，フッサールの言う〈自己時間化〉という〈事態カテゴリー〉は，わが身にありありと感じとれる〈身体経験〉になっていることは喋々するまでもない。それは，不可疑的な出来事として受け容れられ，原的に機能する動感身体性のなかに〈純粋経験〉として了解されるからである。むしろ，メルロ＝ポンティも言うように，〈科学的思考〉にいつも馴染んでいる人々にとっては，かえって不可解な謎になるのかもしれない。ところが緊迫した競技世界では，コツとカンが一元化された身体発生現象に露呈される〈変換同時性〉は，むしろ当たり前の〈一回性の出会い現象〉なのだ。むしろ，立ち止まりつつ流れ，流れつつ立ち止まるという〈絶対時間化〉という事態のもつ反論理性こそ〈技芸（わざ）の極致〉に示される〈反転化自在層位〉の境地に通底すると言えるからである。競技する人たちにとって，その境地は開かれた目的論をもつ隔たりの〈原現象〉として，わが身で了解できることになろう。

ところがしかし，そのような絶対時間化の動感身体発生現象は，日常生活のハビトス的な動きにも現れているのを見過ごしてはならない。例えば，携帯電話やスマホの日常的な操作のなかに，あるいはパソコンのブラインドタッチなどの巧みさのなかにその例証を挙げることができるからである。因みにここでは，そのことを先時間的原受動性という鍵概念に関連づけて要約しておこう。この〈立ち止まりつつある今〉と〈流れつつある今〉という二つの今の奇妙な身体発生現象は，自我身体の深層位で，つまりフッサールの言う〈絶対ゼロ点〉から動感意識が機能するときに〈没自我的受動性〉として立ち現れているのだ。動感メロディーとして立ち止まりつつ流れるという〈原現在の二重化の働き〉は，さらに〈自在に変換可能な同時発生〉という本質必然性も蔵（かく）しているのだ。この相互隠蔽性をもつ奇妙な身体発生現象を〈生きものの根拠関係〉[74]とヴァイツゼッカーは呼ぶ。「その根拠関係とは，実は客観化不可能な根拠への関わり合いであって，因果論に見られる原因と結果のような認識可能な事物の〈あいだ〉の関係ではない」とヴァイツゼッカーはその区別を断じているのだ。さらに「その根拠関係は実は〈主観性のこと〉であって，具体的な直観的な仕方のなかで

---

74 Weizsäcker, V v · Gestaltkreis, S.318, 1997, Suhrkamp Verlag　邦訳：ゲシュタルトクライス，298 頁

経験される」と付け加える。フッサールの指摘する絶対ゼロ点の深層位で，主観身体に没自我的に感じとられる同時変換の相互隠蔽現象をヴァイツゼッカーが〈回転ドアの原理〉[75] として明快に説明しているのは周知の通りである。

(d) 自己時間化に苛立ちを感じる

　今，今，今と〈流れつつある今〉と，受動的に把持された〈たった今〉の〈立ち止まる今〉は，ともに〈原現在の中庭〉に位置している。それは〈生き生きした現在〉として，わが身に無記名のまま受動的に感知される。そのことをラントグレーベは「過去と未来が同時現在として結び付けられている」と巧みに開示してくれる。さらに，その運動主体の自己意識は〈自己忘却性〉のなかに隠れたままなのであり，〈事後的反省〉のなかでは捉えられないと付け加える。しかし，動感身体性に経験されるこの〈生ける時間流〉は，その消えていくなかに〈流れ去るもの〉として自我身体に受動的に経験され，それと同時に，〈流れ来るもの〉として，常に新たな原動力となる〈自己時間化〉の機能する身体性のなかに〈受容的に迎え入れられつつ〉身体化されていくのだ。こうしてラントグレーベは「この繰り返しのなかに〈自ら動きつつある者〉が自らの能力可能性のなかにその動きかたを発見していくのであり，そのときに〈私が動く〉は〈私ができる〉に先行する」[76] と結論するのだ。さらに，〈未来から流れ来る〉と〈過去へ流れ去る〉との統一態こそ，フッサールが意味する〈生き生きした現在〉と断じながら，時間流の原発生地平に決定的な意味づけをし，〈自己時間化の能力可能性の発見〉に言及するラントグレーベの指摘はまさに注目に値する重大さをもつことになる。

　このようにして，〈立ち止まる今〉を直に感じながら同時に，自らの身体感覚の〈今統握〉のなかに未来に働く〈流れ来る時間流〉がわが身にありありと予感されるのだ。このような自己時間化の事態は，いわばその体験時間流における価値感覚の成否を判断する〈志向対象〉そのものとして，超越論的反省の志向対象に取り上げられるのである。それは同時に，学習者の自己時間化能力を評価し，その身体発生学習を〈生化していく〉ために，この自己時間化の働きを超越論的反省の志向対象に取り上げる手続きが実践可能性として拓かれていくことになる。それ故に，この自己時間化分析は〈定位感〉のみならず，先

75　Weizsäcker, V.v.: Gestaltkreis, dito, S.125　邦訳：ゲシュタルトクライス，59頁
76　Landgrebe, L.: 1980, op.cit. S.83f. [(29)]

§ 29. 原発生の自己時間化を問う　251

　読みや伸長などの〈遠近感〉，気配や情況を捉える〈全身感〉の事態カテゴリー分析に，つまり〈動感身体発生〉(キネステーゼ)の手続きに決定的な方向づけを与えることになろう。とは言っても，原発生地平における自己時間化分析は多くの問題を抱えていることも見過ごしてはならない。その未来予持の予持(プロテンツィオーン)が働く〈動く感じの予期〉には，受動的な〈自己忘却性〉(かく)が蔵されているからである。いわば，その受動志向性という〈没自我性〉のアポリアに耐え切れずに〈苛立ち〉が生じるのだ。その〈没自我的受動性〉はいつもその〈隔たり〉を未来に向けているのに，自らの動きの〈直進的知覚〉に向き合ってしまうのである。つまり，未来の動きを志向する〈遠さの隔たり〉が近さの〈立ち止まる今〉に直進知覚的に戻ってしまうと，動感意識流の生動性は消滅する危機に曝されることを見逃してはならない。この原発生地平の源泉から発する定位感に潜む〈局面化〉や〈リズム化〉がアスリートから怖れられる破局的消滅現象という気味悪い〈危機〉(クリーシス)[77] を動機づけていることが超越論的構成分析によって次々に明るみに開示されつつあるのだ。この自己時間化という原発生の深層位に潜んでいる究極の動感身体性を開示する記述分析の道しるべが実践現場に取り上げられていけば，コーチや教師を苦しめる奇妙な〈動感消滅〉(キネステーゼ)の謎を開示していくことになろう。

　このような自己時間化を巡る純粋記述分析の志向対象は，端的に競技に打ち込むアスリートの実践世界にのみ存在する現象ではない。例えば，日常生活で水溜まりを跳び越そうとするときにも，このキネステーゼ感覚消滅の奇妙な現象は身近に直接経験できるからである。その場合，踏切りに入るときに，その踏切りそれ自体にフッサールの言う〈直進的志向体験〉[78] が働いて，そのノエシス契機に動感意識(キネステーゼ)が膠着してしまうと，その踏み切る力動性は破綻を来すことになる。沢庵禅師がその『東海夜話』[79] の冒頭に〈決断〉と題して「溝をばずんと跳べ。危うしと思えば，はまるぞ」と教えるのは，この意味において重みをもってくる。例えば，踏切り局面や離手局面ないしボールを蹴る瞬間局面に〈原現在〉の〈立ち止まる今〉が機能すると，生き生きと流れる動感メロディーの〈突発的消滅〉が生じるのは多くの例証分析から明らかになっている。この原受動性に潜む自己忘却性を失念して，能動志向へと直進的に知覚が働くと，そこに〈苛立ち〉という非直観現象が発生し，その時間化作用は混乱の態

77　金子一秀：伝承15号　41頁以降，伝承16号，76頁以降　運動伝承研究会機関誌「伝承」
78　Hua. I. § 15・① S.72　　邦訳：デカルト的省察，第15節・① 69頁
79　宮裡祖泰：東海夜話『沢庵禅師法語集』，1頁，昭和17年，木村書店

となる。この苛立ちが機能しやすい分離局面や接触局面に，いわば主観身体と事物や周界との接触面に動感意識流が滞るとき，この奇妙な破局的な動感消滅現象に誘い込まれるのだ。それは多くの実践場面の経験知に基づく純粋記述分析の具体的な多くの例証が呈示している通りである。このような動感身体発生の一回性現象は多彩的な動機づけをもつので，単に二元論的なメンタルトレーニングだけで氷解できるほど単純な問題ではない。この動感消滅現象は，原発生地平に潜む〈原構造〉が原動感，原感情，原本能の原ヒュレーの変転のなかに絡み合いながら，一つの統一態に至る動感身体発生に関わっているからである。だから，単に心身二元論による合成可能な問題圏に属するものではなく，絶対ゼロ点の深層位に遡って，その原発生の厳密な超越論的地平分析が求められるのはこの意味においてである。

　すでに繰り返し考察しているように，動感世界の深層における〈原構造〉は，原動感，原感情，原本能がその原ヒュレーのなかに〈絡み合い統一態〉を示すというフッサールの指摘に我々は再び注目することになる。そこでは，この〈絡み合い統一態〉の静態分析を見過ごしてしまうわけにはいかないからだ。いわば，原方位づけの地球地盤における〈天頂の上〉と動感身体の〈頭頂の上〉の絡み合い構造は，まず地球地盤上の原動感が原本能と絡みあった〈本能キネステーゼ〉の先存在を探らざるをえなくなる。その前提の上にこそ，身体発生現象の起点となるゼロ動感の〈原触発化の道しるべ〉を立てる可能性が生まれてくるからである。さらに，動感世界の〈頭頂の上〉という原動感の志向対象も，原本能と絡み合った受動動感ないし受容動感の経験世界への道しるべを辿ることができるのだ。乳児がいつの間にか寝返りを打って腹這いになり，原方位の〈天頂の上〉が〈ゼロキネステーゼ〉として受動発生し，その空虚表象が充実して新しい動感発生世界が開けてくることになる。そのような人間のキネステーゼ感覚世界が拓かれていく過程においては，〈原感情〉こそが原動感の基柢に据えられていることに注目する必要がある。フッサールの意味する〈原感情〉は，ベルクソンの意味する快不快や苦痛，嫌悪，羞恥などの感情の広がりもつ〈感情感覚〉[80]のパトス的普遍基盤上に通底するからである。因みに，ベルクソンは『意識に直接与えられたものの試論』(1889)において，すでにこのような〈感情感覚〉の心理状態の強さに貴重な洞察を加えていることは注目に値することである。

80　Bergson: Matiére et mémoire 1896-1990, p.60-61　邦訳：「物質と記憶」ベルクソン全集2, 69頁

一方の〈流れる今〉と〈立ち止まる今〉という原現在における〈原動感性〉もその〈原感情との絡み合い〉を見過ごすわけにはいかない。ベルクソンが〈感情感覚〉というときには，ロック以来の〈理念感覚的な感覚与件〉(アイステータ・イデア)が意味されてはいない。だから，感覚の意味をフッサールの指摘する〈共通知覚的感覚質〉(アイステータ・コイナ)[81]と理解すれば，その〈感情感覚〉の働きと〈動く感じ〉の感覚質との受動綜合分析も注目されることになろう。こうして，この原感情と絡み合った価値意識を伴う感覚質の感覚素材は，〈原構造〉の深層位にあろうが，受動発生ないし受容発生の層位にあろうが，〈原動感感覚〉と〈原感情感覚〉とのヒュレー変転のなかに絡み合う様相変動を無視できなくなる。〈流れつつある今〉のなかに，リズミカルな快い流動感が〈立ち止まる今〉に感じとれず，〈共遂行的共感〉もできないとしたら，見事な〈即興舞踊〉や〈即興演奏〉も決して成立するはずもない。その場合には，豊かな身体経験を保証する幼児の〈運動遊び〉においては，それが生理学的体力向上の陶冶目標を超克して，さらに新しい身体経験に向き合う身体発生学習の〈体系論〉が浮上してくることになろう。それをさらに発展させて，フッサールの〈価値感覚〉という新しい陶冶目標への実践可能性の道しるべを立てることができれば，その発生的運動学はさらに幼児教育や学校教育における新しい〈身体教育〉の道を拓くことになろう。

[B] 定位感分析の道しるべ

§ 30. 定位感が局面化を構成する

(a) 定位感はゼロ点から生まれる

　自我身体における身体発生現象の非直観的な〈理念的関係点〉をフッサールは〈絶対ゼロ点〉と呼ぶ [深層：§ 50 参照]。その動感志向性の始原的現象野のなかに，私が〈今ここに在る〉という〈定位感現象〉が主題化される。自我身体としての私が自らの動きかたを自由に選び出し，その情況に即して行動するとき，我々は〈今ここ〉という絶対ゼロ点で，わが身の動きの方位性を直に感じとるのを〈定位感〉と呼ぶ。だから，私が動こうとするとき，その動感志向性を求心的に，あるいは遠心的に投射する原点は，わが身に観取される絶対ゼロ

---

[81] Hua. VI. § 9‐b‐④ S.27 f. 邦訳：ヨーロッパ諸学の危機と超越論的現象学, 第 9 節, b‐④‐註 1 83 頁

点である。それは数学的な座標原点と本質必然的に区別されるのは言うまでもない。その動感意識のゼロ点はわが身に即してありありと、つまり原的に捉えられる〈身体物体〉に内在しているからだ。そのことをフッサールは「どんな知覚のなかにも、一つの時間現在が存在し、そのなかには、一つの〈絶対今〉が構成されている」[82] と巧みに語り始める。「すべての過去も未来も、想起対象の現在さえも、このような〈流れつつある今〉に方位づけられている。この時間的な方位づけのゼロ点という〈絶対今〉に対応しているのが、すべての空間的方位づけのゼロ点という〈絶対ここ〉に他ならない。どんな外的知覚でも、その目の前にある空間現在のなかに〈ここ〉という絶対ゼロ点を伴っている。この絶対ゼロ点は、知覚しつつある者の自らの身体のなかに現出として存在する」と指摘しながら絶対今と絶対ここが奇妙な〈変換同時性〉という働きをもっていることに言及する。

さらにフッサールは、絶対ゼロ点の〈現れかた〉にも言及して「しかし、現出とは言っても、それは非実在的な様相である。その〈ゼロそのもの〉は決して目に見えるものではない。それは一つの極限に他ならない。だからこれは、まさに驚くべきことである。自らの身体という知覚対象は、他の対象を知覚するどんな時でも、いつも一緒に居合わせていて、いつも一緒に構成されているのだ。だから、まさに〈これは凄い！〉としか言いようがない。この知覚対象［自我身体］は、いつも〈絶対ここ〉を自らのなかに蔵していて、その〈絶対ここ〉に関わる他のどんな対象も、〈そこ〉になることによって［自我身体という］知覚対象は〈全く唯一のもの〉に姿を変えてしまう」と言う。この目に見えない〈極限〉という表現には、さらに注記を加えて、「左右のゼロ点領域、上下のゼロ点領域、前後のゼロ点領域。頭は上にあり、足は下に、一方の手は右に、他方の手は左にあり、胸はより少し上にある。ゼロ点とは、左右などの理念的関係点に他ならない」とフッサールは巧みな解説を付け加えてくれる。とは言うものの、この奇妙な〈絶対ゼロ点〉に機能する〈定位感〉が目に見えない〈極限〉だなどと形而上学的な理屈を並べ立てられても、それが自由に動けるための〈始原的運動基盤〉になることが直に了解できるのだろうか。因果思考に慣れている我々はその疑念をそう簡単には払拭できないようである。

ここにおいて、我々はまずフッサールの言う発生的現象学のキネステーゼ感覚世界、つまり原的な自らの身体性の働く動感時空間世界を生理学的体力学

---

[82] Hua. XI. B. Abhandlungen : 2. Zeitliche und räumliche Perspektivität‐② S.297f.

や脳科学の時空系とは截然と区別することから始めなければならない。この絶対ゼロ点の認識論に基づいた動感時空間世界のなかにこそ，我々の原的な身体知ないし感覚論理という感覚運動知能が技芸(わざ)を生み出す〈身体発生基盤〉の源泉が，いわば〈動く感じ〉の身体発生の源泉が存在しているのだ。この視座に立ってはじめて，動感志向的な身体発生的分析を体系的に展望することできるのである。だから，まずもってキネステーゼ感覚能力の源泉に遡るには，この奇妙な身体発生現象が露呈される動感時空間世界(キネステーゼ)に注目せざるをえなくなる。その〈動感世界〉には，他の生きものに類を見ない私の身体という〈固有領域〉[83]が存在するのはこれまでも繰り返し指摘している。その主観身体には，絶対ゼロ点という目に見えない奇妙な時空間の極限が潜んでいて，動きの身体発生現象に深く関わってくるのだ。となると，動感発生の深層位に潜む自我身体の固有領域における〈絶対主観性〉の存在論をまずもって確認しておかなければならなくなる。

　動感志向的経験世界の時空系は，繰り返し述べられているように，キネステーゼ感覚時間性とキネステーゼ感覚空間性から構成されている。動感意識で構成される時間性は，等質的な数学的，物理学的時間［時計時間］から截然と区別されなければならない。同様に，動感化された空間性も等質的で測定可能な数学的，物理学的空間から区別されて，遠近感をわが身に直に感じとれる身体的な〈現象学的空間〉[84]が意味されている。しかし，〈時間流〉や〈隔たり〉という超越論的な現象まで精密に計測できると信じる〈科学的思考〉[85]から解放されるのも決して容易(たやす)いことではない。とりわけ科学的運動学の研究者や測定競技に関わる指導者は混乱を余儀なくされること頻りである。しかし，測定された記録を伸ばそうと工夫するアスリートにとっては，その主観身体における経験直下の純粋な出来事をわが身にありありと感知・共感できるのが前提となるのだ。そこには，それがトレーニングに不可欠な身体化への〈道しるべ〉であるのを疑う人は誰一人いない。そこでは，私の身体の〈今ここ〉から〈たった今〉や〈そこへ〉の変化がありありとわが身に感じとられて，そこにはじめてわが身に生きた身体発生経験が成立するからである。そこには，〈絶対主観〉が機能する動感時空間世界(キネステーゼ)が生き生きと構成されている。その時空間世界を端的に〈動感世界〉とも約言できるが，そこに潜む内的時間意識には，過去把持，原印象，未来予持という〈中庭〉をもつ〈流れつつ立ち止まる原現在〉

---

[83] Hua. I. § 44 S.124ff.　邦訳：デカルト的省察，第44節・①・③
[84] Hua. IV. § 13 - § 14 S.29ff.　邦訳：イデーン II - I，第13節・第14節
[85] Merleau-Ponty, M・L'Œil et l'Esprit, op.cit. p.12 p.12 Gallimard 1964　邦訳：眼と精神，255頁，みすず書房

が内在しているのだ。その今統握は過去に流れ去る原現在を引き留め、同時に未来から流れ来る原現在に対して両手を拡げて待ち受ける働きをもっている。即座に動こうとするアスリートにとって、それらの今ここの〈動く感じ〉を直観化する世界は、身をもって直に感じとれる原的身体性の生ける感覚世界そのものである。とすれば、形而上学的な絶対ゼロ点という奇妙な定位感を肌で理解できるのは、自らの身体感覚で動く選手たちやそこに機能する身体発生現象を直に指導するコーチ本人なのだ。その人たちは、難解と敬遠される絶対ゼロ点の動感世界にいつもすでに住み慣れていて、わが身でその謎に満ちた直観化分析の実践可能性にいつも直に向き合っているのである。

(b) 絶対ゼロ点は反省に先立つ

このようにして構成されるキネステーゼ感覚の時空間意識は、〈私は動ける〉という〈身体能力〉として、自我身体のゼロ点から求心的ないし遠心的に投射されていくのだ。そのとき、周界の情況に投射しながら動きつつある〈私が現にいる〉というとき、その〈現〉は一つの〈絶対規定〉[86]をもつとラントグレーベは指摘する。しかも、その絶対規定とは自我身体の〈ゼロ点〉に共在しているから、そのゼロ点から私は〈逃げ出せない〉とラントグレーベはいみじくも駄目押しをしてみせる。なぜなら、私自身はこのゼロ点そのものだから、ゼロ点から逃げ出したら、私は存在しなくなってしまうのだ。私の身体はその絶対ゼロ点を自我と一緒に必ずいつも担っているのだ。西田幾多郎がその『人間的存在』(1938) で「我々の生命というものは行為的、直観的に物を作るという所にある」として「そこに我というものがある」[87]という自我存在論 [ambulo ergo sum 我歩く故に我在り] はよく知られている。その指摘はフッサールの〈絶対事実性〉という意味においてこそよく理解できるのだ。つまり、このような〈始原的事実性〉というのは反省によって捉えることはできないし、何かに媒介されて現れるのでもない。そのときの「自我はこの段階において原事実なのだ」[88]とフッサールが断じるのはこの意味においてである。

フッサールがそのように呼ばざるをえなかった〈絶対事実性〉という表現は、動きつつある〈自我そのもの〉を反省によって捉えることが原理上不可能であ

---

86 Landgrebe, L.: Phänomenologische Analyse und Dialektik, In: Dialektik und Genesis in der Phänomenologie, S.71, 1980
87 西田幾多郎:「人間的存在」1938『論理と生命 他四編』西田幾多郎哲学論集 II, 354 頁 岩波文庫
88 Hua. XV., Nr.22- S.386　邦訳:間主観性の現象学III、テキスト Nr.22 - ㉓ 534 頁

ることを示している。それは，あらゆる反省に先立つ〈原事実〉だからこそ，自我身体のゼロ点はその動く感じを求心的ないし遠心的に，あらゆる方向に投射化する〈定位感〉の本質必然的な拠点になりうるのだ。このような〈自己忘却性〉を蔵した動感志向性の絶対ゼロ点の認識なしには，恣意的に動ける自我身体の定位感が保証されるはずもない。しかし，因果決定論に慣れている我々は，この奇妙な論理に思わず違和感をもってしまうのだ。たしかに〈そう動こう〉と意志する主観身体が〈そう動ける〉ようになったとき，今ここで〈何がなされたのか〉という〈一連の手続き〉だけはよく覚えている。ところが〈どのように動いているか〉という原現在の〈たった今〉は全く感知されていない。いわば，キネステーゼ意識を伴った身体発生現象の〈動く感じ〉そのものはいつも匿名のままで自覚されてはいない。ラントグレーベが指摘するように，〈今ここ〉に動きつつある主観身体の自己意識そのものは〈自己忘却性〉[89]のなかに沈んだままであり，後追いの反省には捉えられない。つまり〈今ここ〉という原現在のキネステーゼ意識流は，受動志向性のままに，その感覚質が〈空虚形態〉として機能しているだけである。言うまでもなく，フッサールは「準現在化の原形態としての過去把持(レテンツィオーン)と未来予持(プロテンツィオーン)は空虚形態である」[90] と断じている。フッサールが漠とした予感の〈先構成〉として，意味(センス)発生する空虚枠組みだけの存在を指摘するのはこの意味においてである。しかし，そこでキネステーゼ意識が受動的に働いているのに，自我意識が関与しないという〈受動志向性〉の表現は，科学主義に染まっている我々にとっていかにも腑に落ちない論理となる。フッサール自身も「適切な言葉がないから，〈受動的〉という規定詞を付けて受動志向性とするしかない」[91] と断っているほどである。すでに指摘しているように，この受動的という表現は，文法の受け身という受動態ではない。そこには，自ずから独りでにという〈自発性〉の意味が込められているのだ。この受動発生するキネステーゼ現象のなかで，その原的な身体能力が受動的に綜合化される様態をフッサールは〈連合的綜合〉と呼んでいるのはこの意味においてである。このような受動綜合化の身体発生現象は，端的な因果分析の手に負えるものではない。例えば，突然に逆上がりに成功した子どもに「今どう動いたの」と聞いても「分かんない」という答えしか返ってこないのだ。

この定位感の自我存在に関わるカテゴリー分析の志向対象として，我々はこ

---

89 Landgrebe, L.: 1980, S.83f
90 Hua. XI.: B-Abhandlungen <14> Retention und Wiedererinnerung S.326
91 Hua XI. § 18 -⑧ S,76　邦訳：受動的綜合の分析，第 18 節 -⑧

こで局面化，リズム化，優勢化，伝動化，弾力化の五つのカテゴリーを定位感分析の志向対象として取り上げることになる。もちろん，それらのカテゴリー対象に示されるキネステーゼ身体発生現象には，コツという自我身体に中心化される働きとその周界情況にカンという予描的身体能力を投射する働きが同時に存在しているのだ。しかし，このコツの身体中心化作用とカンの身体投射化作用は二重化された一元性として同時変換的な〈反論理性〉に支配される本質必然性をもっている。だから，その場の様相変動に応じて，どちらが前面に出るのかは，そのときの動く感じに〈相即〉[92] するのである。それはコツとカンとが一元的に同時変換的に表と裏で機能するというヴァイツゼッカーの言う〈反論理的現象〉なのである。それらの様相変動に現れる個々の志向対象が定位感の〈分析道しるべ〉と題して，以下に考察されていくことになろう。

(c) 局面構造との違いを問う

フッサールが絶対ゼロ点と呼ぶ〈定位感〉の志向対象は，動感身体性に機能する今統握による〈原現在〉の意味発生に向けられている。その志向対象は非直観的な〈理念的関係点〉だから，その〈ゼロ点〉は目に見えるはずもない。そのことは前段でその要点が要約されているが，それは拙著［形成（下）：講義22；深層：§50］にもすでに詳しく取り上げられている。だからここでは，その定位感の志向対象として，最初の道しるべになる〈局面化〉，別言すれば〈局面構成化〉［スポーツ運動学：223~224頁参照］がまずもって主題化される。ところがその現象学的分析の志向対象となる局面化は，マイネル運動学における局面構造のカテゴリー分析との違いをまず確認することから始めなければならない。とりわけ，動感身体発生のスポーツ運動現象学においては，単に直進的な価値感覚を含む〈自然的反省〉とさらに原現在の〈超越論的反省〉という高次元の現象学的分析の立場をとるから，外部視点から科学的に分析する態度をまずエポケー［スイッチを切る］しておかなければならない。超越論的反省の志向対象は，わが身でありありと，つまり原的にその動感身体発生現象に直に向き合う態度に立ち帰ることが不可欠な前提となるのだ。だから，分析される志向対象は，自己運動の局面化現象であり，いわば私の動く感じの局面構成化の様相変動が局面化分析の志向対象となるのである。

まずもって，我々のスポーツ運動学の身体発生的分析，いわばキネステーゼ

---

[92] Weizsäcker, V.v.: Gestaltkreis, S.336, 1997, Suhrkamp Verlag　邦訳：ゲシュタルトクライス，307頁

§ 30. 定位感が局面化を構成する　259

　感覚分析の〈志向対象〉の問題圏においては，そこに取り上げられる志向対象が遂行自我における私の身体発生のなかに，その様相変動が取り上げられることはすでに指摘してある。それを確認することがこの局面化分析に入る前提なのである。それはあくまでも客観的に対象化された他者の身体運動ではなく，私の身体という遂行自我のキネステーゼ志向対象が分析されるのだ。主観身体が動くときのありありとわが身に感じられる身体発生に機能する〈局面構成化〉の意味発生こそが分析対象となるのである。となると，ここで取り上げられる〈局面構成化〉，それを約言した〈局面化〉という概念は，言うまでもなくマイネル運動学の〈局面構造〉[93] とは明確に区別されざるをえない。マイネルが局面構造の分析対象とした運動は，数学的な等質的空時分節を前提とした物的身体の位置移動（モートスロカーリス）の運動概念であることは論をまたない。それに対して，主観身体［私の身体］の動く感じに潜む身体発生現象の志向対象を現象学的運動分析の対象に取り上げるのである。となると，その局面化の概念はどうしてもマイネルの局面構造の概念から一線を画さざるをえなくなる。我々が意味する〈局面構成化〉とは，主観身体のなかに私の〈動く感じ〉を幾つかの分節として〈形態化〉し，そこに局面という述語を構成する志向体験を事態カテゴリー分析の志向対象に取り上げるのだ。だから，そこに主題化される局面化という事態カテゴリーは，マイネルのように，スポーツ運動を客観的に，いわば対象化して，外部視点から捉えた客観的な身体運動を幾つかの局面に区切るのではない。その個々の局面構造を外部視点から分析し，それによって運動構造の全体を開示しようとするのは科学的運動分析の役割であり，現象学的形態学という〈発生的運動学〉の分析対象とは截然と区別されることをまず確認しておかなければならない。

　マイネルがスポーツ運動の空時的分節として主題化した局面構造における運動概念は，パヴロフの言う運動分析器の働きに注目しているとはいえ，厳密な運動認識論としては，基本的に数学的等質時空系の位置移動としての数学的運動学（フォロノミー）における運動を前提にしている。そこでは，映像的に捉えたキネグラムの運動経過のなかに，外部視点から三局面ないし二局面という枠組みを対象化して区別することになる。運動方向の切り返しや融合局面のなかに，位置移動するときの〈動く感じ〉にもわずかに言及してはいるが，その局面構造は自ら動きつつ感じとる内在的な〈動感地平性〉に立ち入ることはしていない。しかし，

---
[93] Meinel, K・Bewegungslehre, op cit. S.149ff, 1960　邦訳：スポーツ運動学，156 頁以降

マイネル教授のために一言弁護すれば,その局面の移り変わりには,〈感じの呼び込み〉や〈感じとる〉などの〈動感志向的表現〉[94] がすでに取り上げられていることを見逃してはならない。それらの動感意識の純粋な記述分析は,フッサールの超越論的反省の立場なしには成立しないのであり,動感志向性を分析対象として構成化することによってのみ可能になるのだ。ところが,マイネル教授の唯一の遺著 (1960) には,フッサールの発生的現象学の文献を見出すことはできない。ボイテンデイクやヴァイツゼッカーの現象学的形態学や人間学的類型学の新しい運動学的認識をマイネルが積極的に取り上げていることから考えても,その遺著の記述のなかには,腑に落ちない論理矛盾が散見されるのに奇異の感を禁じえない。それは,1950年代の東西ドイツの置かれていた社会情勢は極めて複雑であり,西欧の自由圏と東欧の共産圏の間における政治的イデオロギー対立の激化が東西ドイツの激しい角逐に反映していたことは周知の通りである。当時の共産社会における制限のもとに置かれていたライプツィヒに住んでいたマイネル教授の苦悩も見過ごしてはならないようである。やがて,ベルリンの壁も崩壊し,東西ドイツの統一後にマイネル教授の生誕百年記念 (1989) として,ライプツィヒ大学でスポーツ運動学の国際シンポジウムが開催された。その国際学会の基調講演に招かれた筆者は,マイネル教授の遺族との話し合いの場をもつ機会に恵まれた。そのときに,マイネル教授の『運動学』[カントの数学的な運動学 (Phoronomie) ではない] 執筆当時のイデオロギーの激しい対立や原稿の検閲などの一端をうかがうことができた。そこではじめて,遺著のマイネル教授の文章に散見できる奇妙な論理矛盾の謎が解けたような気がした。それだけに,この不毛なイデオロギー対立がなければ,マイネル運動学はその現象学的形態学をさらに発展させて,新しい感覚論的運動現象学に素晴らしい道を切り拓いていたかもしれないと思うと,何とも表現のしようのない無念の思いが込み上げてくるのを禁じえない。

(d) 身体能力が局面化を構成する

前段 (c) の冒頭から強調されているように,ここで主題化されている局面化とは,いわば自我身体の一連の〈動きかた〉に幾つかの局面を構成化する可能態(デュナミス)の〈身体能力〉の様相変動が主題化されている。この局面化分析の志向対象は,わが身にありありと,つまり原的(オリギネール)に機能する分節的な局面を形態化す

---

[94] Meinel, K.: Bewegungslehre, S.152　邦訳:スポーツ運動学, 160 頁

る働きそのものである。だから，一連のキネグラムのなかに幾つかの分節を枠づけするだけの客観的な運動過程の分節化，いわばマイネルの局面構造と区別されるのはその意味においてである。ここではまず身体発生的分析の起点を確認しておくことが肝要である。つまり機能する動感身体性の志向対象を構成化する原的な身体性の働きこそが注目されなければならない。その様相変動のなかには，幾つかの分節的な動感メロディーが隠れているからである。そのようなキネステーゼ感覚の働く遂行自我のなかには，直に超越論的反省が働いて，そこに思わず知らず〈自我分裂〉が生じるのだ。そのもう一人の〈現象学する自我〉がその志向対象に分節的メロディーを見つけて，そこに新たな局面構成化の様相変動が記述されることになる。そこでは，現象学的自我の〈キネステーゼ体験流〉のなかに，いくつかの分節的局面を統覚化するために，キネステーゼ感覚能力の生き生きと働く身体性が，いわば〈身体発生能力〉が機能しているのを見逃してはならない。つまり動きの身体発生的経験のなかで局面構成化を遂行するには，このキネステーゼとして〈機能する身体性〉[95] の能力可能性が，つまりキネステーゼ身体発生能力が前提として求められているのだ。となると，このわが身にありありと感じとる〈身体発生能力〉が機能しない場合には，この局面化という事態分析の志向対象も現れてこないことになる。しかもその機能する動感身体性は，いつの間にか自らの原的身体性を機能させないまま沈殿してしまうのだ。そこでは，以前の対象化された客観的なキネグラム映像，いわば静止映像の連続シリーズしか見出せないことになる。

　このような〈身体発生能力〉が単なる空虚形態のままで機能しないと，一連の動く感じの意識流のなかに分節的局面を構成化する志向対象に〈出会う〉こともできないのだ。だから，高次元の現象学的自我の働く新しい超越論的反省に入ることもできない。このような身体発生能力の機能しない空虚形態の位相にある生徒たちに対して，高速のビデオ映像を見せても，そこにありありとわが身で感じられる分節的メロディーに気づけるはずはない。いわば，その生徒には，キネメロディーに身体発生のノエシス契機を感じとる身体発生基盤がまだ存在していないからである。そこでは，まずもって自らの動感メロディーの統覚化と〈動く感じ〉の原的経験を身体発生能力に生化するために，動感身体発生基盤への道が拓かれなければならない。いわば，すでに前段で取り上げた〈自己忘却性〉という分析対象性の問題圏が再びここでも浮上してくること

---

[95] Hua VI § 28 - ⑦ S.109　邦訳：ヨーロッパ諸学の危機と超越論的現象学，§28 - ⑦ 147頁

になる。

　このような局面を構成化する動感身体のなかには，私の運動時空間に流れているキネステーゼ意識流のなかに，三局面ないし二局面を構成する動機づけが本来的に存在していなければならない。その場合にはじめて，どのような枠組みで構成化するかという身体発生能力そのものの志向対象が問われることになるからである。そこには，局面構成化を可能にする身体発生能力が〈どのように身体化されているのか〉という身体発生の基盤形成化が新しい問題として浮上してくるのを見逃してはならない。しかしそのような身体発生基盤に基づく身体能力はいつもすでに求められているのだ。それはビデオ映像化のキネグラム［運動映像の連続図］を見せる前提だったはずである。いわば，マイネルの局面構造論の地平には，その背景に沈んでいるキネステーゼ身体性という志向含蓄態に気づかせる前提が欠落していたことになる。だから，ビデオ映像の瞬間像の位置変化だけを見ても局面の区切りに気づくキネメロディーが欠損していては，局面を構成化する〈動機づけ〉も欠落していることになる。そこには，動感身体発生論を読み解く普遍的な運動基盤が欠損のまま放置されていたのだ。その身体化の道を拓くのは喫緊の課題になることを見過ごしてはならない。

　ここにおいて，フッサールが〈感覚的直観〉の変様態に言及し「その感覚的直観それ自体がそこに自己を現前しているような変様態をそれ自身のなかに意識的にもっている」[96] のだという指摘を見逃してはならない。いわば，そこに感覚質を直に見抜く前提はすでに開示されているのだ。そこでは，過去に〈そこに在った〉とか，〈未来にそうなるだろう〉という〈時間化様相〉によって，準現前化する直観をさらに生気づける必要がいみじくも強調されている。そこに，いわゆる〈再認的直観〉における〈準現前化作用〉の重要性が強調されているのを見過ごしてはならない。そこでは，いつも必ずキネステーゼ感覚として機能する〈身体性〉が「固有の活動性と習慣性のなかに機能している自我と一緒になっている」[97] としてすでに注目されているからだ。そこに，いつも必ず同居しているキネステーゼ身体性が関与し，自らの動く感じが機能するキネステーゼ身体発生能力に決定的役割をもつことがいみじくも指摘されているのである。こうして，自らの動く感じを三局面ないし二局面に分節化するときには，機能する動感身体性の変様態を時間化する〈準現在化直観〉［深層：§78 参照］

96　Hua. VI.: § 28 · ⑤ S.107　邦訳：ヨーロッパ諸学の危機と超越論的現象学，第 28 節 · ⑤ 146 頁
97　Hua. VI.: § 28 · ⑦ S.109　邦訳：ヨーロッパ諸学の危機と超越論的現象学，第 28 節 · ⑦ 147 頁

に基づいて統握することが本質必然的に求められてくるのだ。従って，いつも必ずわが身にありありと感じとれる身体発生能力が前提になっていることを我々は決して見過ごしてはならない。

　こうして，局面化という志向対象の存在論が浮き彫りになって，マイネルの局面構造との区別を我々ははっきりと確認できることになる。つまり，マイネルにおける数学的時空間的分節を区分した運動過程はすでに万人に了解されても，その運動過程を外部視点から局面的分節を区分しているから，そこに生き生きと共感できる動感メロディー（キネステーゼ）が奏でられることはない。そこには，自ら動くときの原的なメロディー（オリギネール）が流れていないから，〈局面を構成化する〉ときの身体発生基盤が欠落しているのだ。ところが，ここで主題化される局面構成化という志向対象は遂行自我のなかに自らの身体発生能力をもっている人にしか現れない。そこでは，端的に対象化された〈局面構造〉と，ありありとメロディーが流れる〈局面化〉という二つの分析対象の本質的差異に気づかなければならない。ここにおいて，我々の関心事に浮上してくるのは，その絶対ゼロ点に機能するキネステーゼ身体発生能力である。この定位感に潜む局面化という志向対象こそが，映像化されない動きの身体発生能力であり，その可能態（デュナミス）の身体能力をどのようにして，身につけ，身体化していくのかが我々の喫緊の課題に浮上してくるのである。

　しかしながら，マイネルと同じ準備局面という表現を用いても，発生的運動学の準備局面化は，遂行自我の動感意識流のなかにわが身にありありと原的に構成化されるのでなければならない。それは外部から見た客観的運動過程の単なる〈枠づけ〉による分節構造化では決してないのだ。その局面化現象を支配する本質法則には，自我中心化される〈原的身体性〉（ライプハフティヒカイト）が基柢に据えられているからである。例えば，準備局面を動感構成化するときには，自らの継起的な動感メロディーが同時に居合わせていなければ，その局面化に機能する原的な〈身体発生能力〉が機能するはずもない。動く感じの意識流を自らに〈身体中心化〉できなければ，空虚形態の枠づけを充実化することもできないからだ。従って，他者の身体運動を等質的な数学的時空系のなかで分割するマイネルの対象化された局面構造と，ここで主題化されている発生的運動学としての時間化能力を秘めた局面化志向対象が本質必然的に区別されるのはこの意味においてである。だから，他者の局面化を分析するのには，他者の自己運動のキネステーゼ感覚世界に自ら〈身体移入〉して，他者自身の局面化を原的に統握しなけ

ればならないのだ。それはすでに〈他者分析の道しるべ〉［§19～§22参照］で考察済みである。例えば，一輪車に乗る子どもの動きかたを分析しようとして，この循環運動の動きかたを左右一対の二局面構造と捉えた科学的分析のデータを示しても，乗りかたの動く感じの〈一元化身体発生現象〉がそこに開示されるはずもない。自らの動きかたを覚えようとしている学習者自身が自らの動く感じの局面をどのように構成化するのかがこの身体発生的分析の核心を成しているからである。そのような局面構成化の〈地平志向性分析〉こそ新しい動感局面化の身体発生能力の担い手を明るみに出してくれることになろう。その志向性分析の道はすでに前段で詳しく論述されているから，ここに言を重ねる必要はないであろう。

§31. リズム化の伝染に注目する

(a) リズム化の地平志向性を問う

ここで取り上げられる定位感に潜む自己運動の〈リズム化〉という事態は，わが身に感知される時間意識流として，つまりキネステーゼ感覚の〈リズム構成化〉，略して〈リズム化〉という判断の志向対象である。そのリズム化という志向対象は，自らの動きに潜んでいる動感メロディーの〈意味発生〉に関わる現象なのだ。この場合の意味発生とは，〈動感リズム〉の機能する身体発生の現象だから，それは遂行自我の動感メロディーを超越論的反省のなかにおいて，その時間意識流の志向対象が開示されることになる。従って，外部視点から物的な対象身体の運動リズムを筋電図ないし映像分析による定量的な科学的分析データは，我々の身体発生的分析の志向対象とは区別されるのは言をまたない。わが身に感知される動感リズムの内在経験を開示するには，フッサールに倣って，「日常生活一般の周界を経験世界へと構成化する地平志向性」[98] が注目されることになる。そこでフッサールは言葉を継いで「この地平志向性は反省する人がそれを解明するよりも先に，いつも予め存在しているのだ。その先構成されている地平志向性こそが偶然的判断の意味を本質的に規定し，しかもそのつど，いつも言葉そのものによって明確に記述される」と巧みに指摘してくれる。それなしには，わが身に発生した動感リズム化の一元化身体発生現象を開示することはできはしない。この動感リズム化の志向対象は，反省分

98　Hua. XVII. § 80 - ④ S.207　邦訳：形式論理学と超越論的論理学, 第80節 - ④ 221 頁

§31. リズム化の伝染に注目する　265

析に先立って先構成されている地平志向性に志向含蓄態として潜んでいるから，そのリズム化現象の原発生地平分析に遡らざるをえなくなる。我々はこうして，改めて自己運動の動感メロディーの原発生地平分析に回帰することになる。我々はさらに，動感メロディーの過去把持地平（レテンツィオーン）においてノエシス契機の今統握に直に向き合い，沈んでいる動感メロディーに聞き耳を立て，それと同時に未来予持地平（プロテンツィオーン）のなかに，次に動くメロディーをわが身に奏でる努力志向性に向き合うのである。

　マイネルはいみじくも，リズム化の力動的固有性に着目し，動きかたの基柢に潜む緊張と解緊の周期的交替を重視し，その緊張と解緊の〈流れるような移り変わり〉[99] にリズム化の本質法則を捉えている。そこでは，自我身体に感知される動感リズム化に潜む時間流の〈原発生地平〉が当然ながら主題化されることになる。従って，外部視点から筋電図によって物質身体の緊張と解緊の周期をデータ化しても，リズム化を行う本人の身体感覚に流れるリズム発生の本質法則が生き生きと姿を見せるはずもない。筋電図に呈示されたグラフから，その動感（キネステーゼ）メロディーがわが身に出会った〈身体発生現象〉として感じとれなければ，その精密科学的なデータは〈絵に描いた餅〉でしかない。さらに高速ビデオの連続図（キネグラム）のなかに，静止映像のリズム変化を図式化しても，それは静止像による位置移動でしかないのだ。その〈科学的思考〉が選手たちを苦しめる〈技の狂い〉を引き起こすのは経験知として現場では知悉されている。そのときの力動的なリズム化の欠損こそ静止図形への〈膠着現象〉を引き起こしてしまうのだ。そのリズム化消滅現象の具体的な例証は，女子体操選手の指導実践に際して運動現象学的立場から〈純粋記述分析〉[100] が施されたなかに正鵠を射て開示されているが，その超越論的反省の記述学的例証分析の詳細については専門文献に譲るしかない。しかし，〈動きのリズム化〉というときのリズムの語原[rhein] は本義的に〈流れつつあること〉だから，動感リズムの静止映像への意識膠着が〈技の狂い〉を動機づけるのは論をまつまでもないであろう。だからこそ我々は，原的（オリギネール）な〈リズム構成化〉におけるフッサールの言う地平志向性に関する超越論的反省を主題化しないわけにはいかないのだ。その自らの動感（キネステーゼ）意識流のリズム化現象に潜む地平志向性を分析することによってのみ，はじめてリズムを形態化する〈形態発生（ゲシュタルト）〉とその歴史身体に関わる伝承の〈原発生〉

99　Meinel, K.: Bewegungslehre, 1960 S.160　邦訳：スポーツ運動学，168 頁
100　金子一秀：「破局的消滅における転機の純粋記述分析」，79~88 頁，『伝承』第 16 号，2016　運動伝承研究会

という深層位に直接に向き合うことができるのである。

(b) 自我身体の中心化が起点となる

　こうして，我々はまずもって自我身体に機能する動感身体性のリズム発生，つまり自らの動感リズム化の〈身体発生そのもの〉を志向対象として主題化することになる。とすると，その身体発生現象野には，統覚化現象野から確定化現象野に向けて一つの〈連合的綜合〉される動感メロディーが前景に浮上してくる。そのリズム形態化領野において，私のリズム化が新たに〈身体化〉[101]していく過程には，〈現在化〉という過去把持(レテンツィオーン)と未来予持(プロテンツィオーン)の原現象だけでなく，さらに動感想起や動感予描という〈準現在化〉の現象も絡み合ってくるのは言をまたない。そこに緊張と解緊のリズムの流れを基にした生き生きしたメロディーが自我身体に〈綜合化〉されていくのだ。いわば，複数音からなるメロディーはその〈時間の長さ〉のみならず，途中の〈音の休止〉[102] もその意味(センス)発生に関わるから，今，今，今と流れる〈絶対時間化〉の働きが時間流として身体中心化〔深層：§58参照〕されるのである。その主観身体のリズム化作用は有意味な動感メロディーとして，いわばわが身にありありと価値感覚の機能する身体発生現象として顕在化されるのである。この過去把持－原印象－未来予持という〈流れつつある原現在〉の今統握は，そこで主観身体によって〈一つの幅〉をもって感じられ，そのときの〈絶対今〉と同時変換する〈絶対ここ〉は，〈そこ〉と区別されて，わが身にありありと原的に同時経験される。つまり，流れ去る〈過去把持のそこ〉と先読みされる〈未来予持のそこ〉を私の感じのなかで，いわば〈絶対ここ〉の〈身体中心化〉[103] として原的に経験される必然可能性をもつのである。この身体中心化，つまり動感身体性への〈自己中心化〉は「まずもって，過去把持は持続的な変様態であり，そのなかで身体と身体中心化が絶えざる変化のなかに合致するのだ」とフッサールは巧みに開示してくれる。

　この動感身体性における〈自己中心化〉は受動的に，いわば自覚なしに綜合化しつつその働きが成立するのだ。この受動綜合化の現象は，自我意識の統覚化作用なしに，独りでに自然と機能することになる。さらに，自らの絶対ゼロ点を起点として，その今統握が過去へ沈み込んでいく沈殿化現象を過去把持(レテンツィオーン)の

---

[101] Merleau-Ponty, M.: Phénoménologie de la perception, p.161　邦訳：知覚の現象学 I, 233頁
[102] Hua. XI. §30-① S.142　邦訳：受動的綜合の分析，§30-① 206頁
[103] Hua. XV. Beilage 50-⑤ S.642 f.　邦訳：間主観性の現象学III, 付論50-⑤ 495頁

把持として捉える能力可能性が働くから，直に感知し共感することができる。さらに未来への予期現象を未来予持（プロテンツィオーン）の予持としてありありと身体感覚で統握していく能力可能性も同時にそこに蔵（かく）されている。このような動感メロディーの身体中心化作用こそがリズム化の志向対象として，超越論的反省に直に取り上げられなければならない。だから，謎に満ちた奇妙な〈動感消滅現象〉を開示するには，原発生の地平志向性分析が真っ先に主題化されることになる。そこでは，機能する自我身体性に流れる自らの動感意識流は，どのように身体中心化されて，わが身にありありと了解されるのかに関して，〈超越論的反省〉[104]として純粋記述され，それが〈すでに完了したもの〉として〈静態分析〉に開示されるのである。その静態分析によるノエマ的対象が確認されて，はじめて超越論的発生分析が可能となる。そこには，原現在の未来予持地平における志向対象が構成され，その身体中心化作用が空虚表象から充実化されていく様相変動の事態カテゴリーが開示されていく。私の身体の自己運動におけるリズム化の原発生地平志向性が開示されないままにして，どうして〈他者の自己運動〉における動感リズム構成化の代行分析［前段§14〜§18参照］に入ることができるのであろうか。もちろん，すでに述べているように，その動感身体性における自己中心化は受動綜合化するなかでその働きが成立するのであり，自我意識の統覚化作用なしに独りでに自然と機能してしまうのである。

　こうして，ボイテンデイクが発生的現象学に基づく人間学的運動学の〈基本概念〉[105]として指摘した〈自己運動〉〈主観性〉〈身体性〉という身体発生基盤（ビュシス）こそが，自らの動感発生学習にしても，動感促発の学習指導にしても決定的な役割を担っていることを見逃してはならない。自我身体における自己運動の動くリズムを動感化できずに，他人の動く感じがリズミカルかどうかを〈代行分析〉できるはずもないし，その他者の価値意識の感覚質に〈身体移入〉できる論理が働くはずもない。このようにして，リズム化能力をわが身に自己中心化する道は，他者の動感リズム化に同時に〈共遂行〉できる実践可能性の道に通底しているのだ。だからこそ，その自らの動感身体性の意味（センス）発生の全体構造をまず開示しておかなければならなくなる。そのためには，まずもって自我身体のリズム化する能力可能性のキネステーゼ感覚形態化の道が探られるのが不可欠な前提となる。発生的運動学としてのリズム構成化という志向対象は，

104　Hua. I. §15・① S. 72　邦訳：デカルト的省察，第15節・① 69頁〜

105　Buytendijk, F.J.J.: Allgemeine Theorie der menschlichen Haltung und Bewegung, S.30, 1956 Springer Verlag

いつも必ず自らの動感身体性のリズム化生成現象のみならず，その消滅現象にも深く関わっていて，アスリートのみならず，その指導者たちをも苦しめる〈技の狂い〉の道を呈示する本質可能性をもっていることをここで確認しておく必要がある。

(c) 他者リズムに身体移入する

　このような動感リズム化の身体発生に関しては，まずその述定判断の志向対象の構成を確認するだけでなく，その〈伝染可能性〉という本質必然性にも注目しておかなければならない。この運動リズムの伝染性の問題圏はマイネル教授の卓越した仕事の一つであり，動感リズムに「伝染していく強い働き」[106]が蔵されていることをいみじくも指摘しているからである。この伝染可能性をもつ動感リズム化現象には，他者の動感リズム化の働きが同時変換的に自我身体性に合体化し，わが身にありありと共遂行できる実践可能性がその原発生地平に志向含蓄態として蔵されているのだ。マイネルがリズム構成化の伝染性に着目して，〈グループリズム〉の生成現象を巧みな例証によって開示し，それを動感身体移入として，共遂行する他者観察分析に発展させていった功績はまさに特筆するに値する仕事といえよう。リズム化分析の志向対象を確認するときに，このマイネルによるリズム化という志向対象のカテゴリー分析が我々の発生的運動学に基づく実践的指導に大きく寄与したことを忘れるわけにはいかない。

　例えば，飛んでくるボールを捕るにしても，そのボールの動きに私の動感リズム化の働きが乗り移っていかなければ，うまくいくはずもない。同様に，イレギュラーバウンドするボールを捕るときには，遂行自我のなかに身体中心化する動感リズム化のコツと一元化した先読みのカンが絡み合って，同時変換的に機能しているのだ。それは，常に新しい〈出会い〉を求める身体発生能力に支えられているのは繰り返し強調されている通りである。その奇妙な同時変換をする身体発生現象をスポーツの実践現場ではどのようにして身体化させていくのかを開示するために，その静態分析と発生分析による超越論的構成分析が身体発生的分析に独自な役割を果たしているのを見過ごしてはならない。幼児の運動遊びとして親しまれている長縄跳びには，跳びに入るときの〈間合い〉のリズム構成化をわが身の動感リズム化に共感的に身体中心化しなければなら

106　Meinel, K.: Bewegungslehre, op.cit. 1960 S.165f.　邦訳：スポーツ運動学，175頁以降　1981

§ 31. リズム化の伝染に注目する　269

ないのは, 幼い子どもでさえも自ずと動ける身体発生の機能に気づくのだ。いわば, 自らの身体で感じとること, つまり動く感じをわが身でありありと捉える奇妙な仕草はよく知られているであろう。とは言っても, 志向対象になるロープという物的対象に私の動感リズム化を〈共動感化〉させるという奇妙な身体発生能力の存在は, すでに幼児でも知っている自ずと動く〈経験知〉である。にもかかわらず, その貴重な身体発生現象(ピュシス)が喫緊の分析対象にも取り上げられずに見過ごされているのはどうしてなのか。幼児体育の専門家でも, その謎めいた身体発生現象に厳密な超越論的反省の態度をとることは珍しい。いわば, この内在的なリズム化能力なしには, 他者の動きを観察し, 交信するときの〈動感身体移入〉という志向対象が機能するはずもないし, 子どもたちにその〈動感処方化〉するときの〈共動感化原理〉［スポーツ運動学：334~339頁参照］も成立しないことに注目しておかなければならない。

　ましてや, ボールゲームや対人競技においては, 他者の動感リズム化の現象を即座に読み切って, 自らの行動を同時変換的に遂行するのは, 決して珍しい〈動きかた〉ではない。そのような絡み合った高次元の動感情況の下では, この動感メロディーの〈伝染可能性〉が決定的な役割を担っていることは論をまたない。それにもかかわらず, この奇妙なリズム化現象を超越論的反省の志向対象に取り上げられないまま放置されてしまうのはどうしてなのか。それは単なる幼児の運動遊びでしかないから,〈できればそれでよい〉という成果主義が我々の現象学的運動分析を阻んでしまうのか。それとも, リズム化現象の原発生地平分析という超越論的反省の態度に無関心で, その地平性分析に馴染めないまま敬遠しているのか。競技スポーツにおいても, とりわけ柔道や剣道などの対人競技において, 技を仕掛けるときに, 相手の動くリズムの流れを〈先読みする〉ことや, さらに複雑な敵方と味方とボールとの三者が絡み合う球技の〈ボール奪取〉の攻防分析はいつも必ず関心をもって問題に取り上げられないはずはない。そのような実践現場では, 当たり前のようにその複雑な攻防のあり方が議論され, そこで勝負するための貴重な経験知はすでに身体化されているはずである。敵方の動感リズム化をわが身に同時変換して感じとり, そのリズムを外して技を仕掛ける高度なフェイント戦術は老練なコーチにとっては, すでに解決済みの問題であろう。そこではすでに, リズム化現象の伝染性が超越論的反省の志向対象として, すでに貴重な身体発生的分析が完了しているはずである。動感リズム化の分析対象性に潜んでいるこのような数多の謎に

満ちた貴重な志向対象は，それぞれの競技領域ごとに改めて確認されることこそ喫緊の課題であろう。いわば実践指導現場では，すでに前項(b)で述べたように，フッサールの言う超越論的反省は当たり前の志向性分析として取り上げられているのだ。だから，その攻防志向性分析の志向対象を主題化して，その問題が超越論的静態分析として現象学的に純粋記述できることをまずもって確認しておかなければならない。それを指導者の胸三寸に収めてしまうとしたら，運動文化の貴重な伝承は消滅の危機に曝されてしまうことになる。それをマイネル教授はすでに半世紀前に遺著［スポーツ運動学］に託したことはすでに周知のことであろう。我々は超越論的反省の志向対象をもう一度洗い直して，それぞれの競技領域ごとにそのリズム化現象を固有な身体発生分析の方法論にまとめることが求められているのだ。その超越論的構成分析はすでに完了済みの静態分析として，現象学的記述分析として純粋記述されることに何の障碍もないはずである。それが明証性に欠ける論文として批判されるとしたら，それは現象学的運動分析と科学的運動分析の明証性の区別もつかない素朴さと言うしかないであろう。むしろ，科学的分析のメカニズムが分かっても，それを実現するのは選手やコーチであり，その超越論的時間化分析の純粋記述なしには，何一つ解決できないのである。それを意図的に開示しないとしたら，そのパテントの開示が勝負に不利になるからかもしれない。そこにすでに動感リズム化能力の合理的なトレーニングを開発する手続きのみならず，その効果的な〈道しるべ〉も，さらに具体的なプログラミングの方法論も拓かれているのにひたすら秘密主義に固執するとしたら，わざの伝承への道を拓いて，運動文化を継承していこうとする立場からは遺憾としか言いようもないのである。

§ 32. 優勢化の身体発生に向き合う

(a) 側性の受動発生に注目する

　我々に内在するキネステーゼ感覚の日常的な時空間世界においては，利き手や利き足として片側だけが何となく優勢に働いている事態，つまりその述定判断の志向対象に気づくことは決して珍しいことではない。我々が習慣的に自ら好む身体状態や動きかたの一方的な偏りを感じとっている事態は経験的にもよく知られている。しかしこの事態における直進的知覚それ自体のなかでは，その〈片側優勢化〉という志向対象を判断しにくい。その片側の価値感覚や快不

§ 32. 優勢化の身体発生に向き合う　271

快の原感情は本人に直に聞いてみるか，あるいはそう動いた後の成否によってしか片側の優勢化は判断できない。だから，その動きかたの優勢化現象をビデオで映像化しても，その志向対象は分からない。その志向対象の価値意識は非直観志向性を蔵(かく)しているから，どちらの側性が優勢に構成されるかは不明のままである。子どもの動きかたでは，一般にこのキネステーゼ感覚の片側優勢化という志向対象が無視されるのは周知の通りである。

　しかし発生的運動学においては，そのような身体経験における動く感じの非対称性に支配される本質可能性は，一般に〈片側優勢化〉ないし〈動感側性(キネステーゼ)〉と呼ばれて，その本質法則の開示が超越論的反省によって開示される。このような非対称性をもつキネステーゼ身体発生基盤は，形態発生領野と伝承発生領野を問わずに，重大な問題性が潜んでいる事態として主題化され，我々にとって謎に満ちた分析対象になってくる。ところが，この動感側性の問題圏は，我々の指導実践の現場で大きな関心事になるのに，そのキネステーゼ感覚の機能する身体発生に関わる側性分析が厳密な超越論的反省に主題化されることは極めて希である。たしかに，これまで利き手や利き足などの問題圏は生理学や心理学の因果決定論的な分析対象に取り上げられ，その自然法則の存在が執拗に追求されてはいる。しかし，その優勢化メカニズムの因果分析として，その科学的なメカニズムが開示されても，競技スポーツの多様な動きかたに潜む動感側性の生成消滅現象の謎は一向に開示されないままである。というのは，そのような片側優勢化の〈動く感じ〉，いわばフッサールの言うキネステーゼ感覚の働く〈身体性〉[107] は，その人の生活世界の習慣身体と歴史身体とが絡み合って構成されるから，端的な事実成立の因果論で決定に持ち込むわけにはいかない。例えば競技世界において，その身体発生現象が原発生地平の志向含蓄態として微妙な差異化が生じる次元に入ると，その優勢化現象も微妙に分化してきて，とても一筋縄では解明できないアポリア［難関］に阻まれてしまうのだ。そこに発生する動感意識の無限の優勢化変様態に即応できるような本質可能性をどのように身体化できるかはまさに身体発生的分析の最大の難関［本書：§59参照］と言えるかもしれない。

　その側性分析の志向対象が我々の日常生活の動きかたに向けられても，その絡み合いの複雑さは同じように無限の広がりを見せるのである。例えば，走って水溜まりを跳び越すときの踏切り足の決定が意味(センス)発生に至らない事態もあ

107　Hua VI § 28 - ⑦ S.109　邦訳：ヨーロッパ諸学の危機と超越論的現象学，§28 - ⑦ 147頁以降

る。利き足を間違えれば跳び越せないと気になれば、その事態はパトス的葛藤に巻き込まれ、跳び越しを断念することさえある。しかも、習慣的に左足が優勢化するのに、支え足として踏ん張る時には右足のほうが〈しっくりする〉など、その優勢化の様相変動は、その人の歴史身体と習慣身体が絡み合い、さらにその動きを遂行する周界情況と本人の価値感覚の働きかたによって限りなく多様化していくのだ。我々の実存身体の生き生きした動きに関わる側性という超越論的反省の志向対象は、ロボットの動きをプログラミングする運動分析とは本質必然的に全く異質なのである。それはむしろ当然なのかもしれない。このような現象学的運動分析と科学的運動分析という二つの分析論の本質的な違いは、この動感側性のカテゴリー分析においていっそう顕在化されていることを見逃してはならない。

　これに対して、この動感側性の超越論的反省では、非対称的な意識に優勢を感じとる身体中心化の志向対象そのもの、いわば苦手な側性のコツそのものの身体発生を主題化することもあるのだ。となると、このような生ける動感身体の優勢化能力は、すでに前段［§31‐(a)参照］で述べているように、その原発生地平の背景に〈先構成〉されている〈地平志向性〉に注目せざるをえなくなる。水溜まりを跳び越すときに、どちらの足で踏み切っても何の不都合を感じない統覚化位相では、その優勢化法則がまだ匿名的な受動地平性に沈んでいて、その先構成の空虚形態のままで充実化されてないから、片側優勢化の志向対象はまだ地平に沈んだままである。ボールを蹴る足はどちらがやりやすいかに気づき、あるいは左打ちのバッティングのほうが振りやすいなどと気づくこと、つまり、優勢化の原発生に地平志向性が浮上してくるところに、はじめて片側優勢化の本質可能性が胎動を始めることになる。それだけに、その原発生地平に潜む志向含蓄態に気づかざるをえないような側性に関わる身体発生現象の〈動機づけ分析〉こそが志向対象の意味存在を開示してくれることになる。

　このようにして、この非直観的な優勢化カテゴリーの志向対象のなかに、片側優勢化に潜む志向含蓄態に気づく〈道しるべ〉が探られていく。つまり、やりにくい側の意識流に気づかせる〈ノエシス契機〉を触発することによって、その優勢化作用に潜んでいる志向含蓄態に出会うことができるからである。実践現場の老練な指導者はこのノエシス契機を生徒に気づかせる具体的な〈道しるべ〉を知悉しているはずである。普段から慣れ親しんでいる自転車に乗る側を反対から乗ろうとするとき、そこにこれまで気づかなかった新しい動く感じ

の地平志向性が浮上してくるのは周知のことであろう。この優勢化を巡る非直観的志向対象の多様な様相変動の〈原触発〉が気になるとはじめて，やっと〈直観化〉に至る道を辿り始めることになる。そこにこそ，優勢化カテゴリーに向き合う学習者の志向対象に身体発生能力への微妙な兆候が浮上してくるのである。従って，この動感側性に潜んでいる本質可能性を非直観的な動きかたの修正方法論に生かすことは，古くから経験知としてよく知られているのはこの意味で了解できるであろう。いずれにしても優勢化の非直観志向性には，全く新しい動感創発の地平志向性が蔵（かく）されていることに注目しなければならない。その動感側性の発生現象は，機械の故障における部品の取り替えとは本質的に異なる事態であり，それは新しい身体発生能力に向き合う〈動機づけ〉の志向対象を改めて確認させてくれる貴重な役割を担っているからである。

(b) 優勢化は物的身体に成立しない

　ここにおいて，片側優勢化現象に貴重な身体発生能力の動機づけが潜んでいるという本質可能性は，学校体育では意外にも無視されているのを見逃してはならない。そこでは，運動教材［Übungsgut＝習練財］の体系論において，対称性をもつ動きかたはいずれか一方の優勢化能力だけを習得すれば足りると考えるのが一般的だからである。その場合には，学習対象となる運動経過が単なる物的身体の位置移動と理解されるからだ。そこに対象化された運動過程は左右同一だから，いずれか一方だけを習練すればよいことになる。ボールを投げる手は一方だけでよく，ボールを蹴る足も片方でうまく蹴れれば十分である。とすれば，わざわざ反対の手でシュートする必要はないし，利き足でない足で蹴らなくてもよい。だから，そこに優勢化現象は成立してこないことになる。

　ところが，客観的な物的運動でなく，思うように動ける私の身体運動，つまりヴァイツゼッカーの言う〈自発的自己運動〉と考えると，そこに学習対象としての側性問題が浮上し，超越論的構成分析における〈意味発生〉という新しい身体経験が姿を現してくる。この動感側性の現象野は，競技選手の経験をもつ人には何も特別な出来事ではない。サッカー選手は左右どちらの足でもうまく蹴ることができるように訓練するし，ハンドボール選手が利き手だけでなく反対の手でパスするのは当然なことだ。日常生活でも，反対側から自転車に乗ることができると便利なことに気づくのは珍しいことでもない。だから，そうしたいのにできない〈パトス的動機づけ〉がむしろ意図的に取り上げられるの

であり、そこにこそ新しい〈身体発生学習〉が主題化されてくるのだ。いわば、身体発生学習と呼ばれる表現がスポーツ運動学の専門用語として取り上げられていても、それがキネステーゼ感覚の身体発生学習という本義的視座がつい見過ごされてしまうのは、それはまさにナンセンスなことである。

　我々のスポーツ領域の〈純粋運動学〉として意味されている〈運動〉とは、本義的に自発的運動［自由意志をもつ動きかた］いわば自己運動なのである。そのような自己運動にキネステーゼ感覚が機能した身体発生能力には、どうしても側性の優勢化問題が絡み合い、その動きかたの生成的発生に側性現象が注目されてくるのは多言を要しない。こうして、フッサールの発生的現象学を基柢に据えるスポーツ運動学は、主観身体によるパトス的な自己運動を始原的基本概念に据えるから、この動感側性の問題圏を排除するわけにはいかない。それはそのキネステーゼ感覚の機能する身体知能で勝敗を争う競技領域では、少しでも動感側性が有利に働くのを優先させるのは自明のことである。とりわけ、測定競技のように公平な勝敗決定基準が精密に数量化されるところでは、少しでも動きやすい動感側性の志向対象を選ぶのは決定的な意味をもつからである。砲丸をどちらの手で投げるのか、高跳びでどちらの足で踏み切るのか、ひねりかたで左右どちらを選ぶのかは、勝負を打つアスリートにとって何よりの先決問題である。だから、競技運動学の身体発生トレーニングでは、学習する動きかたの身体発生能力の生成的発生がいつもすでに主題化され、勝てる身体知能の確信的な身体化こそが最大の関心事となるのだ。とすれば、動感側性の発生現象を自らの実存身体で経験し、コツとカンを一元的に働かせて新しい側性的な身体能力の発生トレーニングが求められるのは喋々するまでもない。そこでは動感側性のあらゆる学習が普遍的な身体発生基盤上に成り立っているからである。

　ところが、学校体育における運動学習では、例えば、足かけ上がりは、左足と右足はどちらでも〈同一の運動構造〉をもつと考えるのが一般である。いずれか一方ができれば、それで十分と考えるのに何の違和感をもたない昨今である。その身体運動は外部視点から単なる物的身体の図形的な位置移動と考えられているからである。とくに明治の教育改革期以降から、健康と体力の維持向上を教科目標とするわが国の学校体育では、そのような生理学的な物的身体の運動認識が支配的になっているのは周知の通りである。もちろんそれ自体に何の異論のあるはずもない。しかし、生理学的な物質身体と現象学的な動感身

体とは当然区別されるが，それは当然ながら二者択一の問題ではないのだ。にもかかわらず，新しいキネステーゼ感覚の身体発生能力による優勢化志向対象は，当初から学校体育の学習教材として問題にされていなかった。そこでは，戦前の学校体育で古来の自得精神を中核とした貴重な身体経験学習を教科の中核に据えてきた本質必然性は終戦と共に排除されてしまったのかもしれない。その自得する身体発生の思想は，戦前の体育が軍人精神を支える体錬主義の反省問題とは全く関わり合はずもないのだ。しかも，人間のもつ本質可能性を追う〈身体知〉の発生学習が，学校体育の本質必然的な普遍基盤をなしているのは，これまた論を重ねるまでもない。人間の自己運動には，キネステーゼ感覚の非対称性という本質必然性が〈原事実〉として〈先存在〉しているのだから，いずれか一方で他方の動きかたを欠損態のまま放置することができるはずもない。そこには，後段［本書：§59参照］で取り上げる〈優勢化自在無碍〉という高次元の必然可能性が依然として動感側性の本質法則として明証性をもつからである。近年の競技スポーツの一般的普及によって，生涯スポーツへの展望を加えたとしても，そこに機能する身体発生能力に潜む優勢化学習という身体性陶冶の不可欠性に変わりはない。しかし，自我中心化される新しい身体発生論の教育学的意義が主題化されるには，まだもう少し時間が掛かりそうな気配である。

　このような優勢化能力の身体発生的分析は，これまで生理学的，心理学的な〈過程分析〉が主流であっただけに，現象学的な機能分析[108]によるキネステーゼ身体知の超越論的構成分析が取り上げられることはまた極めて珍しい。そのことの不当性をボイテンデイクは次のように指摘している。すなわち「周界に対する〈生きもの〉の関わり合いというのは，決して一連の［物理的］過程としてだけ呈示されるものではない。その関係は，その意味内実の何か他のものに関係する現れのなかにしか姿を現さないからだ。このような現象を私たちは機能ないし振る舞いかたと呼ぶ」のだと正鵠を射た解説をしてくれる。さらに言を継いで「それは何故かというと，この概念の下では目的に志向された行為のみならず，［意図的ではない］表出的な動きさえも，つまり全体として意味が充実化される生命的な運動と姿勢［身体感覚：*Empfindnis*］が分析の前提と捉えられてはじめて，〈掴む〉〈探る〉〈防ぐ〉〈バランスをとる〉〈歩く〉〈走る〉など，

108　Buytendijk, F.J.J.: Allgemeine Theorie der menschlichen Haltung und Bewegung, S.12 1956 Springer Verlag

いわば動物や人間のすべての動きかたを論じることができる。我々は生き生きとした運動や姿勢の概念をさらに発展させ、それをしっかりと維持していくと、そこには〈達成〉という意味内実を度外視できなくなる。そこでは研究方法論として、常に〈機能〉という［分析］視点が選ばれざるをえなくなるからである」と指摘して、現象学的人間学に基づいた発生的運動学の〈機能分析〉の不可欠さを開示してくれる。だから、動こうとする主体の地平志向性とは全く無関係に、いわば、生体機能そのものが〈即自存在〉として科学的運動分析の対象に取り上げられると、そこには私の身体発生能力に潜む片側優勢化という本質分析の志向対象は、超越論的地平分析の圏外に弾き出されてしまうことを知らなければならない。単純に利き足、利き手といって、その情況への〈身体投射化〉や自我への〈身体中心化〉との関わりを抜きにして、もっぱら生理学的な自然法則を探っても、その自然法則が実存する身体能力の発生分析に関する純粋記述に直接関わることはできないのである。

(c) 側性現象は静態分析を動機づける

この片側優勢化という非直観的なカテゴリー分析の志向対象性は、すでに述べたように、学校体育ではこれまで本格的に分析対象に取り上げられていない。ところが、その勝敗を賭けた競技スポーツ領域では、その究極意味核に示される〈エートス的極致〉として、左右どちらでもひねり回転［長体軸回転ないし上下体軸回転］ができる体操選手もいるし、左打ちでも、右打ちでも自在にバッティングできる、いわゆるスイッチヒッターの野球選手の存在もすでに知られている。そこでは、謎に満ちた優勢化する身体発生能力における動感形態化の現象が開示されるべきであろう。そのためには、すでに完了した現実態（エネルゲイア）の身体知能の志向対象が超越論的構成分析における静態分析によって的確に開示されることが期待されているのだ。いわば、その選手のもつ実的（レエール）な内在経験に関わる身体発生能力の開示こそが喫緊の課題として浮上してくるのだ。ところが、その希有な現実態（エネルゲイア）の身体知能をもつ選手に内在する身体能力の志向対象は、未だに現象学的分析に取り上げられず、もっぱら外部視点からその選手の生理学的体力や物的身体の物理学的合理性という科学的運動分析に直進するのが一般である。その希有な身体知能のコツとカンの一元化意味核は本人もその奥義を披瀝したがらないし、言っても理解されないといつもすでに諦めているのだ。ところが、厳密な超越論的反省の立場から、自我分裂した現象学的自我が純粋

記述的な志向性分析によって，その原発生地平の貴重な身体経験は述定化されるのだ。ところが，優勢化身体能力の意味発生(センス)，つまりその貴重な身体能力の機能分析が可能になっているのに，その身体発生的分析はまだ極めて珍しい昨今である。

しかしこのカテゴリー分析における優勢化という志向対象は，生き生きとした生動的な身体経験を蔵(かく)している現存在の遂行自我に，しかも私秘的かつ匿名的にしか実存していない。とすれば，その優勢化カテゴリー分析において，その遂行自我の志向性分析の道を拓くことこそ，発生的運動学にとって喫緊の課題となってくる。言うまでもなく，その貴重な現実態(エネルゲイア)の身体知能をもっている遂行自我がフッサールの言う自我分裂を通して，謎に満ちた優勢化身体能力の発生分析をしてくれる〈現象学する自我〉に依存するしかないのだ。しかし，その身体知能をもった遂行自我に潜む現象学的自我が，この貴重な動感側性の身体発生能力を即座に開示してくれるとは限らない。そこには，技芸伝承の動感世界を開示する実(レエール)的な内在経験の発生分析を可能にする〈道しるべ〉が早急に拓かれていかなければならない。ところが，競技実践の現場には，現にその実践可能性を追求してくれる〈現象学する自我〉をわが身に潜ませている希有な選手やコーチも決して珍しくはないのだ。しかし，その場合の発生分析の道しるべは区々であり，すべてが有効な成果を保証するとは限らない。さらにそこにはパテント問題や伝承制度［流派，家元］などのアポリア［難関］が多々あることも否定できないからである。

それどころか，この動感側性の問題圏には，さらにアポリアが行く手を阻んでくるのだ。たしかに，左右の片側優勢化のカテゴリー分析対象だけではなく，人間学的概念としての〈明るい前〉や〈暗い後ろ〉，あるいは〈二つの上〉と〈二つの今〉といった奇妙な現象学的時空間の地平志向性にも，この動感側性の非直観的な志向含蓄態が潜んでいるからである。さらに言えば，手や足の優勢化に始まって，ひねり方向，前後の水平軸回転方向，特殊な転向方向の優勢化を純粋に記述する志向対象性は無限の広がりを見せていくことになる。競技スポーツにおけるその動感側性の全体的な体系論は，その競技種目ごとに側性の膨大な変様態を抱え込んでいるはずである。それどころか，掴む手，投げる手，支える手，あるいは支え足，踏切り足，蹴り足などの優勢化カテゴリーの志向対象は，ボイテンデイクの言う有意味な〈機能分析〉[109]［意味発生分析］という

---

109 Buytendijk, F.J.J.: Allgemeine Theorie der menschlichen Haltung und Bewegung, S.12 1956 Springer Verl

手続きなしには，その運動主体の価値意識を伴う感覚質の身体発生現象，いわば一元化意味核の生成消滅の発生現象を開示できなくなってしまうのだ。この動感側性というカテゴリー分析の志向対象性に関わる実践可能性は，それぞれ各競技領域において，その一元化意味核の〈意味発生〉との関係系のなかで，その機能性に独特な動感差異化現象を生み出していることに注目しなければならなくなる。例えば，ボールを蹴るときの軸足とひねり回転の軸足とは必ずしも一致しないし，さらにそのキネステーゼ身体知の統覚化位相の層位によっても，この優勢化現象は単一な法則性では律しきれない錯綜したキネステーゼ意識が潜んでいることは論をまたないからである。

　むしろ，この問題圏は事態カテゴリー分析の一般理論的考察に先立って，個別競技ごとの類化・種化の〈基づけ分析〉の領野のなかで，動感側性に関するより活発な〈機能分析〉が行われることがまずもって求められるべきであろう。その各競技領域には，すでに述べたように，優れたアスリートによる実的な動感ヒュレーの〈内在経験財〉に恵まれているからである。こうして，それぞれの競技種目ごとの事態カテゴリー分析が活性化していけば，その原発生の地平志向性のなかに潜んでいる志向含蓄性を探り出す〈優勢化志向性分析〉は，各競技領域におけるカテゴリー分析の志向対象性［動感側性］の機能分析［各競技独自なノエシス・ノエマ分析］の成果に懸かってくることになろう。そのためには，発生的運動学の一般理論的分析と個別競技運動学の実践理論的分析との〈相互補完性〉が確認されなければならないのは多言を要しない。その膨大なカテゴリー分析の現象野は未だに未開拓の原野のままである。そこに杣道［木樵＝開拓者の道］として，そのカテゴリー対象性への道がまずもって拓かれるべきであることを確認しておかなければならない。そのためには，各競技別の発生的運動学の道を拓く開拓者がそれぞれの杣道を踏み固めるカテゴリー分析の志向対象を確認し，それを体系化することから始めなければならない。その道は険しく，しかも多くのアポリアがその行く手を阻んでくることであろう。

§ 33. 伝動化の直観化分析を問う

(a) 伝動化の身体能力に問いかける

　〈伝動化〉というカテゴリー分析の志向対象は，自我身体に流れる動感メロディーのなかに，力点化と制動化という鋭い交替が志向されている事態が意味

§ 33. 伝動化の直観化分析を問う　279

されている。その自らの〈動く勢い〉を先へ移し、伝えていくという、いわば自己運動の伝動化という志向対象は、マイネルの意味する対象化された〈運動伝導〉のカテゴリーから区別されているのをまずもって確認しておく必要がある。それは〈勢いを伝える〉という自ら構成する動く感じが〈伝動化〉と呼ばれるからである。そのときの〈動き〉は客観的に位置移動する運動ではない。動感意識に〈内在成素〉として感じとられる〈勢い〉とそのブレーキが鋭く交替する〈動きかた〉が意味されている。その制動の様相変動は自らの内在体験のなかに実的に、いわば現に自らの身体感覚で感知される。しかし、それは非直観的な志向対象である。だからそれは、物理学的な〈運動量の転移〉とは截然と区別されるのは言うまでもない。すでにマイネル運動学の〈運動伝導〉と我々の発生的運動学の〈伝動化〉との本質必然的な違いについてはおりに触れて指摘されているが、その問題は後段［次項(b)］で具体的に立ち入ることになる。とは言っても、この自己運動における動く感じの様相変動をわが身にありありと感じとっていても、この伝動化という目に見えない志向対象を外部視点から見ることに我々は慣れきっているのだ。だから、それを物理学的な運動量の転移現象に置き換えると、端的な〈直進的知覚〉と捉えて、肝心な自らの動く感じを純粋に記述しようとはしない。もちろん、この伝動化現象を科学的に記述することそれ自体に何の異存があろうはずもない。それはバイオメカニクス的運動分析としてその運動量の転移現象だけを捉えているからである。

　ところが、〈私が動く〉ときに働く〈自己時間化〉を含む身体発生能力という様相変動は私の身体でその感じを統握するしか道はない。だから、自ら統握した肝心な身体感覚を単なる主観的記述に過ぎないと批判したところで、それは何の意味もなく、いわばナンセンスそのものである。その伝動化する〈動く感じ〉を科学的に客観化しようとしても、その本人の〈動く感じ〉の意味内容を外から把握できるはずもない。むしろその科学主義的正当性を強調する余り、それとは全く別種の現象学的分析を一方的に排除するところにこそ問題が潜んでいる。スポーツ実践の発生的運動学では、加速と制動の鋭い交替がわが身にありありと感知される意味発生そのものが伝動化の志向対象として取り上げられているのだ。つまり自己運動として、自ら動く感じの〈身体能力〉の生成発生に本質必然的な分析対象を見出そうとしているのである。その伝動化という意識対象の〈本質分析〉は物理学的分析では必然的に排除されているのは論をまたない。そこには発生的運動学固有なカテゴリー分析の役割が前景に立てら

れ，その動く感じの伝動化する様相変動そのものを純粋記述し，厳密に開示して，実践に役立てようとするのである。

　ところが，この伝動化という志向対象は日常生活に頻繁に現れているのに，その事態は地平のなかに沈んでいて気づかれないことが多い。だから，その伝動化という現象が必然可能的な本質法則に支配される非直観的な目に見えない志向対象であることをつい見過ごしてしまうのだ。例えば，仰向けに寝ている状態から，片足または両足で反動をとって上体を起こすことは誰もがやる当たり前の動作である。そのときには，この伝動化の本質法則が明確に機能しているとは思わない。それは誰かに教えてもらった動きのコツではない。それがわれ知らず無意識に発生するから気づかないだけである。そのような受動発生の事態は，伝動化作用の〈志向含蓄態〉[110]［前段§6参照］が地平志向性としてその背景に沈んだままになる。それを開示するには，フッサールの言う〈自己時間化〉の働く〈原発生地平分析〉に依拠するしかない。それはすでに前段［§8参照］の先反省分析としてその不可欠さは考察済みである。

　しかし，マット運動の前転という教材が学習されるときには，この伝動化の身体能力，いわばそのキネステーゼ身体能力の発生こそが主題的に学習対象に取り上げられているのだ。生徒たちの空虚形態のままになっている伝動化の志向対象を充実させ，その本質法則の存在に対して，自らの内在経験を通して実的(レエール)に気づかせるのが身体発生学習の本来的役割である。その伝動化の非直観志向性に気づかないのは，物理運動の自然法則との区別が截然と理解されていないからに他ならない。この伝動化というカテゴリー分析の志向対象にも気づかず，その本質法則を理解できない体育教師は，いわばボールのように丸くなって転がるという素朴な〈ボール理論〉を持ち出すことになる。こうして，マット運動の前転教材が肝心の身体発生学習に入らずに，「前転ができればいい」という単なる成果主義に流されてしまうのだ。そこでは，前転という教材の運動学的本質分析が無視されて，古典的な単なる指導手続きの〈発見〉に固執しているだけとなる。前転そのものの身体発生分析に入らずに，単なる物的な位置移動の指導に終始していると，生徒たちのその後の身体能力の向上［伸膝前転への発展］が保証されないことになる。その物理学的ボール理論の道には，雄大な跳び込み前転に発展する本質分析がすべて欠損したままになっているからだ。にもかかわらず，その教材の運動学的体系論も無視されたまま，むしろ

110　Hua. XVII. § 85・③～⑦ S.215f.　邦訳：形式論理学と超越論的論理学，第85節・③～⑦　230頁～

§ 33. 伝動化の直観化分析を問う　281

その物理学的説明こそ体育学習の本来の在り方だと胸を張る教師も少なくない昨今である。その科学的説明そのものが誤っているのでは決してない。しかしそこでは，身体発生学習というわが身で感じとる可能態(デュナミス)の〈身体能力〉という体育教育に固有な本質必然性が欠損態のままなのだ。いわば，機能する動感身体性の貴重な発生学習が欠損しているから，身体教育，つまりキネステーゼ感覚の身体発生現象という本質問題を排除してしまうこととなる。すでに繰り返し述べているように，いわばキネステーゼ感覚の身体発生(ピュシス)という固有な〈経験学習〉こそが，スポーツ領域における発生的運動学の中核的役割そのものなのである。この問題圏は，かつての日露戦争後の学校体育が生理学や解剖学を重視したスウェーデン体操の影響を強く受けて，端的に科学的合理性に傾斜していった事情と決して無関係ではないようである。さらに第二次世界大戦後に，それは科学的主義的体育学習と合理的マネジメント学習に方向転換した戦後事情と似た傾向をもっているとしたら，それは単なる偶然な出来事なのであろうか。人工知能が我々に驚きを与えている昨今だけに，改めて生ける人間のもつ身体知能に現象学的な本質分析が求められるべきではないのか。

(b) 伝動化を運動伝導から区別する

　すでに前段でも指摘しているが，マット運動における前転の指導実践には，ボールのように丸くなって転がるという，いわば〈ボール理論〉による学習指導は戦前からよく知られている。この場合，スムーズな回転を意識させるのにボールの転がる様子を見せながら物理的なボール回転を説明することは効果的かもしれない。しかし，ボールが回転するには何らかの外力が必要である。先生が手でボールを押し出す外力が前転開始の足の蹴り動作に当たることを生徒に理解させることになる。その結果はボールのように「丸くなればよい」という物理的合理性は矛盾してしまうことになる。だから，斜面にマットを敷いてボール理論を正当化する先生も現れるのは周知の通りである。そこでは最初の蹴り出しの外力なしには，ボールが回転しない物理的理解は生徒に受け容れられるが，そこで〈自ら動いて転がる〉という〈身体能力〉の感覚発生(センス)を体験する身体化学習内容が除外されてしまうのだ。この本質的な論理矛盾は長い間不問に付されたままであった。生徒たちはいつの間にか，丸くならない時と丸くなる時とのリズム変化が身体化されてやっとコツを掴むことになる。だから，そこにおける教師の指導内容はまさに反面教師的であり，それは古来の無師独

悟という自得学習に回帰しているだけとなる。

　この例証分析によって、我々は物理学的な〈運動伝導〉という現象のメカニズム分析と、感覚発生という現象学的本質分析における〈伝動化〉との区別が明確に確認されることになる。自然科学的運動分析と現象学的運動分析との取り違いがこの伝動化という事態カテゴリーの理解を阻んでいるのである。いわば、伝動化という述定判断の志向対象はわが身に直に感じとれる生き生きした〈勢い〉という非直観的志向性に他ならないのだ。しかし、伝動化現象がそのまま空虚形態に放置されると、「動きの勢いを伝える」という貴重な身体発生能力が欠損し、その意味発生、つまりキネステーゼ身体感覚の発生学習における〈身体化〉が大幅に遅れることになる。ところが世界大戦前の西欧諸国では、オーストリーの〈自然体育〉の思想に端を発した新しい発生的運動学がすでに大きく広がっていたのである。しかしわが国の戦後には、一気にアメリカから科学的運動学が上陸して、科学的メカニズム分析だけになってしまった。だから、その科学的運動学に一線を画した新しいマイネルの実践的運動学が紹介されると、その現象学的な純粋運動学がスポーツ実践現場から干天の慈雨のように受け容れられる事態が起こったのはこの意味から首肯できるのだ。その詳細は拙著［身体知の形成（上）：講義6、講義7］に譲るが、その新しい形態学的運動学を唱道したマイネル教授のスポーツ運動学でも、その現象学的運動分析と科学的運動分析の間に明確な差異的開示は、なお多くの問題を残していたのである。それはマイネル教授がその遺著［1960；邦訳：スポーツ運動学(1981)］で取り上げたカテゴリー分析の運動伝導の問題圏に代表されていると言えよう。現象学的形態学的としての発生的運動学を唱道し、牽引していったマイネル教授のスポーツ運動学もフェッツ教授の体育運動学も、この運動伝導の分析のなかで両者共に物理学的な〈運動量伝導〉のメカニズム説明を付記して、それを一応容認しているのである。しかし、マイネル教授はその遺著の脚注［S.183 邦訳194頁］で物理的なエネルギー転移の説明を単なる理解の容易さとして認めつつも、その力学的なヴェクトル運動量の伝導そのものの計測がそこで問題の核心をなしているのではないと注意している。しかし、その著作で新しい形態学的な〈カテゴリー分析〉に言及していながら、マイネルは何故に運動伝導を物理学的な運動量の転移から截然と区別しなかったのか、さらにその現象に対して、生理学的反射理論による〈科学的説明〉[111] をなぜ首肯できるのかは依然として理

111　Meinel, K.: Bewegungslehre, 1960 S.184　邦訳：スポーツ運動学，195頁

§ 33. 伝動化の直観化分析を問う　283

解に苦しむところである。さらに，フェッツ教授の体育運動学においては，積極的に運動伝導という意味内容を単なる〈学習転移〉から区別すべきだとして「物理学の〈運動量伝導〉と正しく表現されなければならない」[112]と断じるほどの科学主義に徹しているのは，なお理解に苦しむことになる。

　さらに，マイネル教授の運動学講座を継いだシュナーベル教授は，この運動伝導カテゴリーを〈運動連係〉のカテゴリーに移してしまい，ロシアのドンスコイ教授によるバイオメカニクス的説明を取り入れている。いわば，外部視点から客観的な位置移動の科学的運動分析に回帰する決断をしているのだ。さらに加えて，マイネル教授の意図した新しい〈形態学的運動認識〉(モルフォロギー)[113]をも排除してしまうほど科学主義に傾斜してしまうのだ。大学の講座継承に関わる難しさは，洋の東西を問わないようである。シュナーベル教授がマイネルの形態学的運動学に訣別して，〈横断科学〉のサイバネティクス運動学に傾斜していくのもその意味では首肯できる。この伝動化というカテゴリー分析におけるその非直観的な志向対象は，フッサールの発生的現象学としてすでに繰り返し述べられているように，その伝動化志向対象の構成そのものが主題化されているのだ。だから，マイネル自身も物理量の運動伝導よりも運動量ないし角運動量の伝導とすべきだと脚注を立てているのはなんとも腑に落ちない論理矛盾になってしまう。しかしそこでは，この物理学的説明のほうが大方の読者に理解しやすいからと歯切れの悪い言い訳をして，その後の具体的な運動記述でも木に竹を接いだような科学主義の注釈が入ってくる。ゲーテの形態学認識に基づく運動モルフォロギー分析を新しく唱道していながら，何か釈然としない論理展開は，すでに前段でも述べたように，共産社会のイデオロギー問題の難しさが潜んでいたとしか言いようがない。我々の発生的運動学の伝動化というカテゴリー分析は，マイネル運動学の運動伝導を批判的に継承し，一切の科学的説明を排除し，現象学的な純粋記述分析に回帰しているのはこのような時代背景のもとに置かれていたのである。自らの体肢の勢いを先へ移すのに，その実的な(レエール)内在経験のなかに，どのようなノエシス契機を動感身体性の発生として述定化し，カテゴリー化するかが発生的運動学の本質分析に取り上げられるのはこの意味においてである。フェッツ教授が指摘するように「物理学の運動量伝導と正しく表現しなければならない」と主張し，そのメカニズムの精密さを高めて開示

112　Fetz, F.: Bewegungslehre op.cit. S.348ff., 1989
113　Meinel, K / Schnabel, G: Bewegungslehre-Sportmotorik, S.107ff. 1998

しても，そのメカニズムを身体能力に身体化できるには，どうしても動感身体性の発生学習が主題化されなければならないのだ。それはもはや論をまつまでもない。我々のスポーツ領域における伝動化のカテゴリー分析は，その志向対象の構成化に潜む様相変動を開示することによって，はじめて身体能力に新しい伝動化発生への道しるべを立てる実践可能性に取りかかることができるからである。

(c) 伝動化の日常的例証に注目する

しかし，この伝動化のカテゴリー分析による新しい身体発生能力への道を拓くのには，その地平に潜む原現在に〈超越論的反省〉を施す前に，我々はまず〈自然的反省〉という立場から，自己運動の勢いを伝える日常的な出来事に注目することから始めなければならない。それは自らの〈動く感じ〉について，その身近な身体経験のなかに伝動化の志向対象を捉えておく必要があるからだ。このことはすでに，第Ⅰ章の自己運動の身体発生基盤［§5～§13参照］として立ち入って述べられている。その自我身体の〈自然的反省〉という身体発生基盤上で，いわばその日常的な動きかたに潜んでいる伝動化発生地平の志向含蓄態に注目することになる。つまり，伝動化現象の地平志向性をわが身でいつも感じとる自然的反省の態度こそがすでに先行していなければならないのだ。その自己運動のキネステーゼ身体感覚を開示する自然的反省の身体発生基盤がしっかり確認できていないと，どうしても外部視点から運動過程［ボイテンデイク］を客観的に観察してしまうからである。とりわけ幼児体育の指導者たちは，いろいろな運動遊びのなかに，この奇妙な伝動化現象を直進的に知覚し，価値感覚を働かせるとき，その〈動きかた〉の微妙な差異化現象を具体的にわが身で感じとること，いわばその子どもの〈動く感じ〉を自らの身体発生能力でありありと統握できなければならないからである。

例えば，その場で踏み切ってジャンプするときに，両手を下に振り下ろしてジャンプする子どもを直進的に知覚しても，何も不快な感じをもたない教師は，フッサールの言う自然的反省の態度をとっていても，肝心の〈価値感覚〉の働かない指導者なのだ。これでは，その自然的反省の態度における手の振り上げに伴う伝動化の動く感じに気づくはずもない。それが〈連合動機づけ〉[114] としてよく知られている幼児運動学の基本概念であることは言をまたない。そこ

114　Hua. IV. § 56 - c) - ⑤ S.226　　邦訳：イデーン II - II, § 56 - c) - ⑤ 63 頁

§ 33. 伝動化の直観化分析を問う　285

では，微妙なコントラスト程度差を通して感じとられる〈類比的統覚化〉(アナロゴン)［本書：§ 11 参照］に潜んでいる差異化現象をわが身でありありと感知できてはじめて，伝動化分析の志向対象が構成されるのだ。その類比的統覚化の働きは伝動化という非直観的な志向対象が開示される動機づけの役割を果たしているのは喋々するまでもない。伝動化の動きかたを端的にまねさせるだけでは，その空虚表象は充実化に向かってはいかない。そこには肝心の非直観的な志向対象を構成する身体発生経験が浮上してこないからである。幼児体育の指導者が自ら時間化する身体発生能力でその志向対象をしっかり感じとれなければ，子どもたちはそのとき感じた伝動化の〈ノエシス契機〉を知らずに過去の時間流に流してしまうからである。そのとき，もっと高く跳び上がりたいという気概(エートス)をもつと，そこに振り上げの〈勢い〉(センス)のアクセントを強め，その勢いに急ブレーキをかける身体感覚の意味存在(レエール)に気づくことになるのだ。つまり動感意識の実的な〈内在経験〉にそのノエシス契機を身体化する［自分の身体に取り込む］こと，いわば〈連合動機づけ〉をどのように誘い出すかが指導者側の問題意識となるのだ。それこそがキネステーゼ感覚の触発化を誘う指導者の専門的役割になるのである。

　このような伝動化における志向対象の〈純粋経験〉こそが機能する身体性の感覚素材(ヒュレー)を純粋記述するのを支えてくれるのだ。そのノエシス契機を支えている感覚素材(ヒュレー)に繰り返し借問を重ねて，純粋な記述分析に持ち込めるかどうかは，指導者が生徒のキネステーゼ感覚を触発できる身体発生能力をもっているかどうかに依存しているのは言うまでもない。伝動化を〈カテゴリー化〉［述定化］するその志向対象の身体発生基盤は自らの主観身体に潜んでいる遂行自我の〈始原的所産〉に支えられているのは論をまたない。フッサールはそれを〈必当然的な原事実〉［深層：§ 6, § 20 参照］に他ならないと断じるのだ。このような遂行自我における内在的なキネステーゼ身体発生能力の超越論的反省を可能にする前提が伝動化の志向対象を構成する働きであり，それによってはじめてその志向対象を純粋に記述する実践可能性に向き合うことになる。その伝動化の身体発生現象そのものは，物理学的な運動量転移の科学的説明も，その計量的データも何一つ必要としない。それは純粋運動学の超越論的反省の立場からしか開示できないのだ。このような奇妙な伝動化現象に気づくためには，その絶対主観性に潜む身体感覚を単なるドクサ経験として排除してはならないとフッサールはいつも注意を促している［深層：§ 6, § 10, § 11 参照］のはこの意味

においてである。普遍的な身体発生基盤上に働く伝動化分析の必当然的な志向対象性は，その普遍妥当性が本質必然的に絶対事実性としてすでに保証されているのだ。このことに言を重ねて喋々するまでもないであろう。

　このようにして，その身体発生現象に向けての〈直観化分析〉が浮上してくることになる。そこでは，今まで空虚表象として非直観的でしかなかった伝動化現象が本質直観に向けて，そこに固有な身体発生が成立する諸階層に向き合っていくことができる。その本質直観分析の方法論［深層：§77～§82参照］はすでに開示されている通りである。それだけに，この伝動化カテゴリー分析は指導実践現場の積極的な協力を得て，それぞれの競技領域の分析体系論に大きく貢献することになろう。さらにそれは幼児運動学の領域では，とりわけその貴重な原的な身体発生能力が〈始原的発生〉として顕在化し始めてくるから，伝動化分析の志向対象を主題化する重要さは特筆されることになろう。いわば，乳幼児期の這い這い移動現象には，この伝動化現象が顕著に出現してくることは言うまでもない。さらに幼児期の縄とび遊びのなかでも，自ら振り下ろす縄を跳び越せずに戸惑いを感じている子どもは少なくない。この謎に満ちた身体能力の〈原発生地平志向性〉の世界に，指導者が同時変換的に〈間身体〉で共感できる世界に共生できるのでなければ，その子どもの身体能力の感覚発生に関わることはできない。しかも，腕の振り下ろしの勢いが縄に伝わる伝動化の本質法則は，その子どもにとっては伝動化カテゴリーの身体発生学習の中核的内容となるのだ。そこに科学的なメカニズムを解説しても，その伝動化の身体化現象には何の関わりも生じてくるはずもない。そこでは，現象学的分析と科学的分析の本質的差異性が確認されていなければならない。そこでまさに伝動化現象の〈本質直観化〉が求められているのに，幼児体育の教師たちも，その伝動化分析の目に見えない志向対象に無関心なままなのはどうしてであろうか。日常生活で，子どもが物を投げるときの手首の操作，さらに水に濡れた手の水滴を落とす動作のなかには，伝動化そのものの本質的な志向対象が自我身体にありありと感じとられ，息づいていることを知らねばならない。そのような身体発生現象の本質法則に関わる〈例証分析〉を挙げるのに何の苦労も要らないのに，フェッツ教授のように，何故にわざわざ物理学的運動量転移という自然法則に置き換えて説明しなければならないのか。そのような日常的な動きにも物理学的角運動量やエネルギー伝導を論じ，生理学的反射の科学的明証性だけを求めるとすれば，〈星の王子さま〉から「大人はどうして数字が好きな

のか」[115] と嘲われてしまうことになろう。それはまさにお門違いのお話でしかない。

§ 34. 弾力化の変様態に注目する

(a) 弾力化は同時変換で一元化する

　我々が日常生活のなかで自らの身体を〈弾むよう〉に動かすとき，そこにはいつも力動的弾性という内在意識が受動発生している。このように弾むような〈動く感じ〉が潜んでいる自分の動きかたは非直観的だから，それを分析しようとするときに，外部からは見えないその志向対象をまず捉えておかなければならない。いわば，そこで分析対象となる弾力的な志向対象を構成化することを我々は〈弾力化〉と呼んで，それをカテゴリー分析に取り上げるのである。そのことは拙著［身体知の構造：講義 13, 398~400 頁；スポーツ運動学：226~227 頁］でもすでに導入的な解説がなされている。ところが，この弾力化分析の対象となる身体感覚の志向対象は極めて多岐にわたる様相変動が呈示される。しかも，自我中心化のコツと，情況投射化のカンが同時変換的に働いて一元的な身体能力として現れてくるから，その全体を体系的に捉えるには多くの困難が生じてくる。

　それらの行く手を阻む障碍として，一体何が問題になるのか。それは主観身体のなかに自我中心化されてコツが表で働くときに，同時に周界情況にカンが働いていないと，つまりコツとカンが同時変換的に働かないと，この弾力化の志向対象は姿を現さないからだ。例えば，人混みのなかを急いで通り抜けようとすると，カンを働かせて人にぶつからないように〈先読みのカン〉を働かせながら歩くのだ。そのときの動感情況を先読みするカンを支えているのはカンの背後に隠れている〈身体中心化のコツ〉である。その非直観的なカンとコツが同時に入れ替わって，一元的に機能しているからうまく人混みを通り抜けることができる。そのときにとっさにわが身をしなやかに弾むように，いわば無意識にわが身を弾力的に動かしている。この弾力化の志向対象をカテゴリー分析として我々は開示しようとするのだ。ところが，この同時変換的にカンとコツの機能が入れ替わると考えたときには，ついぞ〈科学的思考〉の罠にかかって，その差異化構造をいつの間にかメルロ＝ポンティの言う上空飛行的に見

115　サン＝テグジュペリ：星の王子さま，内藤濯訳，岩波少年文庫 53

る態度,つまり客観的に科学的分析の態度をとってしまうことが多い。同様にして,ここで述定化される弾力化の志向対象を水溜まりの跳び越しに例証をとってみると,その踏切り動作と跳んだ後の着地動作にこのコツとカンの同時変換の現象が複雑に絡み合った地平志向性が浮上しているのに気づかされる。走って踏み切るときには,助走を生かすために踏切り位置の〈先読みのカン〉が働くと同時に,その踏み切るときの弾力化の志向対象には〈身体中心化のコツ〉も機能している。そこでは,両者が同時変換的に生成発生として機能するのだ。同様にして,着地の先読みカンなしには,着地緩衝に働く弾力化のコツもうまく機能しない。このようなコツとカンの一元的な身体発生現象は,時間流の原発生に潜んでいる非直観的なキネステーゼ身体の働きであるのは言うまでもない。だからこそ,この〈原発生地平分析〉における超越論的反省として,定位感の弾力化現象が志向対象として取り上げられるのだ。

　ここで,力動的な弾性の本質可能性を分析対象にするのは,科学的運動分析ではなく,あくまでも現象学的運動分析として,つまりコツとカンが一元化された身体発生現象の奇妙な弾力化の志向対象であり,その開示こそが主題となる。だから,冒頭に使われた力動的な弾性という表現から,決して等質的な数学的時空系で力量分析や筋電図分析によって数量化するデータ分析を連想してはならない。我々のスポーツ運動学の分析対象は,動きつつある自我身体に時間化される力の〈入れ方〉と〈抜き方〉の同時変換という純粋経験そのものである。つまり,そのときのコツとカンの担い手である動感身体発生の志向対象そのものが取り上げられているのだ。その自己運動の身体発生能力という志向対象は非直観的で映像化されないから,自然的反省の直進的知覚だけでは十分に捉えられない。そこでは,どうしても超越論的反省として原発生の〈地平志向性〉に向き合わざるをえないのだ。現代の科学主義に慣れている我々は,この地平志向性のような現象学的運動分析との区別に気づかずに見過ごすことが少なくない。しかし,たとい力の入れかたが客観的時空系で筋電図や力量計によって科学的な精密なデータとして確認されても,そのデータそのものは〈弾力的な動く感じ〉をありありと呈示してくれるわけでは決してないのだ。いわば,科学的分析では,弾力化の身体発生そのものの〈究極基体〉[形相的担い手]を明るみに出すことは本質必然的に不可能なのである。その人の踏切りの強さが力量計でデータ化されても,それを自らの身体能力として意味発生さ

§ 34. 弾力化の変様態に注目する　289

せるには，その力の入れかたが〈身体中心化〉[116]［深層：§8参照］されなければならないからだ。それらの弾力化現象の地平志向性の解明は，これまで選手や生徒たち自身にすべて丸投げされていたことになる。となると，コーチや教師はその弾力化という非直観的な志向対象を自らの〈身体感覚〉で直接に体験し，その動く感じを統握できなくても，つまりその弾力化の志向対象の意味発生（センス）を〈身体中心化〉しなくても指導できることになる。その運動教材の身体発生学習そのものは，生徒の自得精神の陶冶育成という美名の下に，すべて丸投げすることこそ真の教育的学習指導だと考えてよいのであろうか。

　ここにおいて，芸道の師匠は自らの身体発生の機微を知り尽くして，その上で弟子に自得を迫るという，わが国古来の技芸（わざ）伝承の鉄則を我々は直視しなければならない。その伝統的な技芸（わざ）伝承の世界を生徒と共有できる〈運動学する教師〉の場合と，その科学的データを解説するだけの教師とは，そこに天地の開きがあるのを知らなければならない。そこでは，新しい力動的な動感感覚（キネステーゼ）図式をもつ弾力化という身体発生の実践可能性の道が教師の一方的な科学的思考によって遮断してよいはずはない。古来の技芸伝承の世界を大事にしてきた戦前の体育教師像は，終戦と共に大きく変容させられる仕儀となったようだ。欧米化した合理的な科学的情報の呈示と，その学習過程のマネジメントを管理する体育教師像にコペルニクス的に転換してしまってよいのか。それは二者択一の問題ではなくて，その一元化を求めるところにこそ古来の技芸（わざ）伝承の道が新たに拓かれるのではないか。そのためには，これまでも前段［§20, §23参照］ですでに指摘しているように，フッサールの指摘する〈直進的〉に行われる知覚，想起，記述，価値感覚などの〈自然的反省〉と現象学する自我による志向対象そのものへの〈超越論的反省〉という厳密な地平志向性分析の立場の違いをしっかりと確認しながら，さらなる身体発生的分析の新しい道を開示していくべきであろう。

(b) 弾力化の様相変動に向き合う

　こうして，自らの動きかたを〈弾力化〉する実践可能性は，自我身体における形態生成と形態消滅に至る様相変動のなかに必然可能的に呈示されていく。例えば，ヒトの代表的な移動手段である歩行において，乳幼児の独り歩きに示される非弾性的な〈歩きかた〉は，その意識に上らない受動発生に関わる

116　Hua. XV. Beilage L (50) S.642f.　邦訳：間主観性の現象学 III，付論 50 - ⑤ 495 頁～

事態であり，いわば自発的な歩きかたの志向対象だから非直観的であることは言うまでもない。その謎に満ちた奇妙な身体発生現象をフッサールが〈ゼロ動感キネステーゼ〉[117][深層：§53-⑩参照]として見事に開示しているのは周知の通りである。さらにこの弾力化の非直観的な志向対象は，ボイテンデイクによって高齢者における弾力構成化の消滅に至る様相変動の記述分析として開示され，歩行の〈類型学的分析〉[118]としてさらに弾力化現象に新しい意味付与を構成したことはよく知られている。このような弾力化の事態，つまりその述定判断の志向対象に潜む〈非直観的なるもの〉を我々は〈弾力化〉[弾力構成化]と呼んでいるのだ。つまりその目に見えない志向対象は，自己運動のなかで自らのキネステーゼ身体発生能力に統握された〈力動的弾性〉として構成されるのであり，その様相変動が我々の関心を呼ぶのである。それはバイオメカニクスの力量分析や映像分析とは全く別種な超越論的な本質分析が意味されているのだ。

そこでは，言うまでもなくスポーツ運動学独自な〈志向対象そのもの〉にスポットが当てられていく。〈弾むような動き〉という弾力化のカテゴリー分析は古く，ドイツのボーデによる〈リズム体操〉の基柢をなす〈はずみ原理〉としてもよく知られている。マイネル運動学においても，そのカテゴリー分析の志向対象が運動弾性として取り上げられている。ところが，マイネル運動学講座の後継者になったシュナーベル教授は，この運動弾性を〈運動流動〉[119]のカテゴリーに位置づけて，マイネルの運動弾性に独立したカテゴリーの志向対象を認めてはいない。しかし我々の発生的運動学では，マイネルの言う運動弾性の非直観的志向性が批判的に継承され，そのキネステーゼ意識流のなかに身体中心化される弾力化の志向対象として取り上げられている。その志向対象は超越論的反省の立場から多様な様相変動として純粋に記述分析されることになる。

弾力化という現象野においては，少なくともその中核をなす身体中心化現象が顕在的に働く〈受け止め作用〉，遠心志向性が表に出る〈跳ね返し作用〉，緊張と解緊がリズミカルに交替する〈はずみ反動作用〉の三つの弾力化志向対象がそれぞれ特徴的に顕在化されてくる。それは拙著[スポーツ運動学：226~227頁]でもすでに指摘した通りである。受け止めが顕在化する弾力化志向対象は，少なくとも膝関節を中心とした〈脚の弾力化〉と肘関節を中心とする〈腕の弾力

---

117 Hua. XV. Beilage 45 - ⑩ S. 606 邦訳：間主観性の現象学その方法，付論45 - ⑩ 501頁
118 Buytendijk, F.J.J.: Allgemeine Theorie der menschlichen Haltung und Bewegung, S.294ff./ S.325ff. Springer Verlag 1956
119 Meinel, K./ Schnabel, G.: Bewegungslehre - Sportmotorik, S.126 Sportverlag, Berlin, 1998

化〉に示され，さらに胴体もそれに同調する〈綜合化〉された身体発生能力としてその述定化されることになろう。因みに，肘関節の腕による受け止め作用は，体操競技などの逆位体勢に関わることは言うまでもない。しかしわが国の学校体育では，この両脚での受け止め作用の教材が戦前には重視されていたが，戦後の学校体育では固有な身体発生学習として体系的に教材化されていない。とは言っても，跳躍系の動きかたに付随的に出現する〈跳び下り〉の感覚図式には，この弾力化現象の受け止め作用が典型的に求められているのは言をまたない。しかしそこでは，弾力化カテゴリーの身体発生学習として，主題的にその身体化現象が教材に取り上げられているわけではない。

次の〈跳ね返し作用〉の弾力化は，足によるジャンプのほか，マット運動や跳び箱の手によるジャンプ［突き手］のような特殊な弾力化現象にその典型的な例証を認めることができる。しかしこれまでは，この腕による素早い跳ね返しに潜んでいる志向対象が非直観的な志向対象のために気づかれないまま，カテゴリー分析への取り組みは十分でなかったようである。それは学校体育の領域でも，競技スポーツにおいても，事態分析における非直観的な志向対象への認識が欠損態のまま放置され，弾力化の跳ね返し志向対象はいつも背景に沈められたままだったことは否めないようである。これまでは端的に足による跳躍力の筋力向上を目指して，もっぱら生理学的パワートレーニングに直行するのが一般である。その跳躍の起点を成す〈跳ね返し作用〉の非直観的な志向対象は，手で行う特殊なジャンプだけでなく，足でジャンプする場合でも，その直観化分析の道を辿らずに，もっぱらパワートレーニング一辺倒になっているのだ。そこでは，脚であれ，腕であっても，跳ね返し作用というキネステーゼ身体発生基盤の構成的一般認識が欠損していたことは否めない事実である。そこには，足でジャンプする動きに固有な身体発生現象，手でジャンプする身体発生現象という非直観的な志向対象が機能する普遍的な身体発生基盤は，一体どのような地平構造をもっているのかを問い直さなくてはならないのだ。そのような基本的認識そのものが明らかに欠損していたことを見過ごしてはならないようである。それは後段［第V章§47～§54参照］で具体的な例証で開示されることになろう。

最後のリズミカルに反復される〈はずみ反動〉を主題化する弾力化現象は，すでに述べたように，20世紀初頭にボーデのリズム体操の基本原理に取り上げられ，まさにこの弾力化の志向対象に着目した習練体系が確立されることに

なる。これによって，19世紀のシュピースの鋳型化傾向やリングのスウェーデン体操からの脱却を早めたことはまさに特筆されるに値するのだ。これらの弾力化志向対象は多岐にわたっており，乳児の独り歩きの頃から高齢者に至るまでの縦断的な弾力化現象の〈類型学的分析〉やその〈地平志向性分析〉はますます重要視されることになろう。それにしても，わが国の学校体育の運動教材も競技トレーニングも明治維新以来，余りに生理学主義にのめり込んで，このリズミカルな弾力化志向対象の超越論的本質分析を敬遠してきた道程は随分と長かったようである。学校体育の教科目標に健康と体力向上を掲げるのは当然としても，その生ける身体運動の原点となるキネステーゼ感覚の身体発生能力の開発こそ，新しい身体教育の独自な普遍的運動基盤として，改めて注目する必要に迫られているのだ。おりしも，わが国の学校体育において，パトス的な身体発生基盤上に統握される〈感情感覚〉[120] を主題化するダンスの必修化は，少なくともこの超越論的構成分析の実践可能性への道がまさに拓かれようとしているのだ。それは特筆に値する傾向と言えるであろう。

(c) 弾力化の実践可能性を問う

これらの弾力化という事態カテゴリー分析においては，少なくともその身体中心化が顕在化して働く受け止め作用，遠心的志向性が前景に立つ跳ね返し作用，リズミカルに反復されるはずみ反動作用という弾力化分析の特徴的な三つの志向対象の枠組みを確認してきた。しかし，そこに一応の枠組みが区別されるとはいえ，その弾力化の志向対象は，当然ながらコツとカンの一元化作用がそこに機能する動感身体性の身体発生現象に関わってくるから，それぞれの志向対象の例証分析だけに端的に限定してしまうわけにはいかない。例えば，受け止めという弾力化の志向対象は，跳び下りたときの衝撃を緩衝する動感身体発生能力の機能例証によって，その志向対象の固有性を記述することはできる。しかし，ただそれだけに志向対象を特化するわけにはいかないのだ。例えば，その代表的な例証として挙げられる鉄棒演技の終末局面に現れる〈着地の極め〉である。その〈極め〉の身体発生能力は単に着地の衝撃緩和の働きだけにその身体能力が呈示されてよいはずもない。その場合の判断の志向対象は〈着地の極め〉という価値感覚を伴う高次の志向対象に関わってくるからである。しかも，その着地それ自体の志向対象はその前の宙返りという難しい技の出来映えと絡

---

[120] Bergson: Matiére et mémoire 1896-1990, p.60-61　邦訳：「物質と記憶」ベルクソン全集2, 69頁

み合っていて，着地だけで〈受け止め〉の志向対象は意味発生しないのだ。例えば，伸身二回宙返り二回ひねりという高度な下り技の終末局面としての着地だとしたら，そこにはその下り技の出来映えに深く関わり，しかも安定した着地を〈先読み〉できる〈隔たり感〉という原現象にも関わるし，さらに全身感の〈情況感〉を捉えるために，さらに高次元な志向対象が潜んでいるはずである。体操競技のテレビ解説でよく耳にする「着地が決まれば金メダルが決定する」という表現は素人の視聴者向けに見分けられる〈直進的知覚対象〉の特徴を簡潔に表しているだけである。それはその選手の絶対ゼロ点に潜む超越論的反省の非直観的志向対象ではない。そこに機能する身体発生能力に潜んでいる志向対象はさらにその深淵に多くの謎を潜ませているのだ。

　同様のことは，サッカーのトラッピングにおける〈受け止め作用〉の事態カテゴリー分析にも当てはまることになろう。飛んできたボールの〈受け止め〉の志向性分析も，その次にシュートを打つのか，味方にパスするのかなどによって，その受け止めかたの志向対象は，絡み合った一元化作用をもつ意味核との〈関係分析〉が取り上げられなければ，その志向対象の身体発生能力は成立しない。となると，〈受け止め〉の記述分析としては，その種目ごとの競技運動学が弾力化カテゴリーの志向対象というすでに承認されている意味存在に対して，その静態分析を欠くことができないのは論をまたない。それに基づいて超越論的反省が厳密に進められ，改めてノエシス契機の意味発生における志向対象が分析されなければならない。つまり，一般理論の発生的運動学と競技種目ごとの発生的運動学との〈相互補完性〉［本書：§4-(c)］こそ決定的な意味をもつことになるのはこの意味においてである。

　さらに，弾力化という〈跳ね返し〉の分析対象性にしても，単に足のジャンプや手のジャンプという物的身体部分の生理学的パワートレーニングに限定されるはずもない。その実践可能性に向けて述定判断の志向対象に超越論的反省を進めようとすれば，それぞれの〈競技運動学〉がその競技独自性に即して，この〈跳ね返し〉の弾力化志向対象の本質分析に立ち入らなければならない。そこに超越論的反省をする現象学的自我による純粋な記述分析が求められるのは論をまたない。例えば，トランポリンや体操のゆか競技のジャンプの〈跳ね返し現象〉に潜む志向対象は，全く別種の身体知能の機能が求められ，他の床面や地面における跳躍動作とは全く異質であることは喋々するまでもない。さらに，テニスや卓球におけるボールとラケットの〈跳ね返し作用〉［志向体験］

という志向対象は，それぞれ固有に機能する身体発生能力がどのような様相変動を示すのかが純粋に記述分析されていなければならないのは多言を要しないであろう。そこでは，ラケットを持つ手に遠近感の伸長や先読みという別種な志向対象との絡み合い構造を排除できるはずもないからである。さらに，その志向対象の跳ね返しがその身体発生基盤をなす一元化意味核の静態分析の開示なしには，この弾力化のカテゴリー化はその志向対象の構成化もできないことになってしまうのである。

　その点では，リズミカルに反復される弾み反動作用の弾力化現象は，類型学的分析研究と相まって早くから一般理論として取り上げられているのはすでに指摘されている通りである。しかし，それは一般体操的な普遍的基盤に機能する身体能力であるから，その基本的な弾み反動の身体発生能力として，その志向対象が取り上げられなければならないのは言をまたない。しかし，競歩やマラソンを含む走形態の競技などにおける循環運動系統の弾み反動の動感身体性の機能化には，さらに特殊な様相変動の超越論的反省の純粋記述が求められるに違いない。そのような志向対象の分析体系論はどのように展開されているのか，それぞれ種目ごとの競技運動学は，そのカテゴリー分析を進めていく実践可能性に正面から向き合わざるをえないことになろう。そこには，他競技領域ではとても想像できないような特殊な走ゲシュタルトを支えるような固有な弾み反動の本質法則が明るみに出されていくことになろう。

　このように個別種目ごとの固有な競技運動学の弾力化作用は，それぞれの競技特性に基づいて区々であっても，コツとカンが同時変換的に身体発生する一元的機能志向性が基柢に据えられているのだ。だから，その身体運動の原発生に潜んで機能する身体性に弾力化という志向対象を共有することができるのは言をまたない。その普遍的な身体発生基盤をなす述定判断の志向対象性は，さらに厳密な〈相互補完性〉が確認されていくことが見過ごされてはならない。要すれば，それぞれの種目領域の身体発生論的な競技運動学が共通の弾力化志向対象の問題圏として，相互補完性の原理のもとにより高次元の協力が成立すれば，それは一般理論の発生の運動学に大きな役割を果たすことになろう。そのためには，各競技領域における弾力構成化分析の志向対象が非直観的な身体能力に共通に関わる普遍的な身体発生基盤を確認しておくのは一般理論の任となるであろう。

[C] 隔たり感分析の道しるべ

§ 35. 隔たり感の原対象に向き合う

(a) 隔たり感の実践可能性を問う

　生ける身体物体［深層：§24参照］の〈絶対ゼロ点〉［深層：§50参照］という動く感じの〈始原点〉に〈隔たり感〉の身体発生基盤が据えられるのは論をまたないことであろう。言うまでもなく，その隔たり感カテゴリー［遠近感能力，同時変換能力，身体移入能力，先読み能力，伸長能力］の真っ先に，まず〈遠近感〉という志向対象が取り上げられるのも，これまで繰り返し指摘されているのでもはや付け加えて解説するまでもない。動く感じの始原原点となる〈隔たり〉という身体発生現象の世界は，外部視点からの自然科学主義から本質必然的に導き出すことはできない。それは一つの〈原現象〉[121] だからだとシュトラウスが断じるのはこの意味においてである。つまり〈隔たり〉とは，〈感覚与件〉という現象ではなく，「その隔たりのなかで自ら感じとって展開する」のだとシュトラウスは言う。だから，原現象の隔たりは，自ら感じながら動ける身体発生現象が生じなければ決して存在しないのだ。「隔たりは感じられるのではなく，感覚することをその隔たりのなかに自ら発生させていく」のだとシュトラウスは奇妙な言い回しをする。例えば，隔たり現象は，感覚を働かせて世界に向き合っている人にしか存在しないから，隔たりの〈遠さ〉も〈近さ〉も，どこかに形を変えて移すことはできない。それどころか，この隔たり現象は，その遠近感を反省しようとすると，突然私から消えてしまうのだ。「私が自らの世界を志向し，その世界のなかで統一と分裂の最中(さなか)に，感じながら動き，動きながら感じる限りにおいてしか〈隔たり〉は私に開示されない。遠近感という隔たりは私にしか構成されない」[122] とシュトラウスは結論づける。このような原現象としての〈隔たり感〉は，私に未だないことを求めて努力し，他者に要求しつつ私が自らを変えて，その世界を私自ら志向していく場合にしか存在しないのである。「第三の次元としての空間的奥行きは，決して純粋な視覚現象ではなく，観る人は動ける人なのだ」[123] と言うシュトラウスの正鵠を射た指摘は，教師やコーチにとって決定的な意味をもつことになる。

121　Straus,1956 S.408f. M. Die Raum- und Zeitform des Empfindens, a. die Ferne - ⑯
122　Straus,1956 S.408f. M. Die Raum- und Zeitform des Empfindens, a. die Ferne - ⑰
123　Straus,1956 S.408f. M. Die Raum- und Zeitform des Empfindens, a. die Ferne - ⑲

そのような遠近感能力という述定判断の志向対象は，自我中心化しつつ機能する動感身体性のなかでしか述定化できない。つまり遠近感という志向対象は，遂行自我の意識対象性として構成されているから，ビデオによる映像分析(キネマトグラフィー)で開示できるはずもない。そのような遂行自我のなかに非直観的に潜んでいる遠近感を捉える可能態(デュナミス)としての〈身体発生能力〉には，単に自我身体からの隔たりとして，その空間性だけが意味されるのではない。その原発生の地平に同時に内在する時間意識の遠近感も一元化されて同時変換的に居合わせているのだ。その一元化身体発生能力は，私自身がその隔たりの絶対ゼロ点から動こうとすると，メルロ＝ポンティの言うように「運動志向性の投射機能」[124] が自ずと働いて，その主観身体からの遠近感が〈射映的対象〉として現れてくるのだ。その射映的対象の隔たりを反省に先だって自らの身体感覚で直(じか)に捉えるのが〈遠近感〉と呼ばれる志向対象に他ならない。わが身からの〈遠い－近い〉という〈感じ〉を判断する志向対象は，キネステーゼ感覚の働く原的な身体性として主観身体にいつもすでに内在しているのだ。ところが，わが身の動感世界にいつも同居している遠近感は，たとい受動的に〈先存在〉していても，それはアノニューム［匿名的］な志向含蓄態として，いわばわが身の地平志向性に沈んだまま沈黙を守って自ら何一つ語らないのだ。とは言っても，その沈黙する遠近感の志向対象は，わが身の手足が自由にならないと，途端にその時間化する身体発生能力が受動発生的に働き出す。それはありありと感知できる〈差異化能力〉に支えられている。だから，その対象物の物理的距離がわずかしか離れていなくても，それをどうしても手にしたいと思うと，私にとって〈遠い存在〉に急変し，その隔たりはもどかしさの感情さえ生み出すことになる。

　そのような主観的な〈遠近感〉，いわば思い込み的な〈隔たり感〉という志向対象を単なる素朴な〈所与感覚〉として一笑に付してしまうわけにはいかないのだ。勝敗を賭けた緊迫した試合の場面では，「そう動きたいのに動けない」というパトス的迷いを見切って，決断と承認のなかに一気に動かざるをえない。だから，このような遠近感の〈身体発生能力〉が機能しないのでは，とても際どい勝負に挑むことなどできるはずもない。こうして，〈非直観的〉でしかも自らを語らない匿名的な〈遠近感〉という身体発生能力を思うままに働かせることは選手にとって必修的な可能態(デュナミス)の身体能力となるのは必定である。さらにコーチにとっても，その時間化を秘めた身体発生能力は選手たちの感覚発生(センス)に

124　Merleau-Ponty, M.: Phénoménologie de la perception, op.cit. p.128　邦訳：知覚の現象学 1, 191 頁

不可欠な習練対象になることは言うまでもない。いつでも，思うように直ぐ動けるときには，その遠近感は私に身体化された〈現実態の身体知能(エネルゲイア)〉としていつでも機能しなければならないのだ。動きたくても動けない場合の遠近感は，私に共感できない〈隔たり〉と〈苛立ち〉を生み出すのである。しかし，このような日常的に何の変哲もない遠近感の志向対象であるのに，その時間化を秘めた身体発生能力への実践可能性の〈道しるべ〉は何故か拓かれないまま放置されているのだ。このような非直観的な単なる志向対象を構成するよりも，実在する物的身体の生理学的なパワーそのものの機能を高めることに直行する道を選ぶのが一般である。しかしいずれにしても，その後でもう一度自ら原的な〈感覚論理〉を身体化する羽目に追い込まれてしまうのは言うまでもない。しかし単なる漠然とした遠近感を鍛えようとしても，それは本質必然的に非直観的なものだから，何となく雲を掴むような〈苛立ち〉さえ感じてしまうこと頻りなのだ。ところが，わが国古来の技芸(わざ)伝承の世界には，カンを働かせ，コツを何とか掴もうと反復修練するのを本義とする長い芸道の歴史が存在している。ところが戦後になると，この考え方が一変して，そんな非科学的なトレーニング方式は時代遅れとして貶められ，侮蔑の対象になってしまったようである。そんな古典的な精神主義に拘(こだわ)るよりも，数学的時空間で位置変化する身体運動を精密に計測し，その等質的データを感覚与件として物的身体に習慣化させるのがより合理的だと考える。ところが，動きの感覚与件をデータ化してそのメカニズムが分かっても，その科学的な抽象的理論を私のコツとカンという身体感覚で動こうとすると，私の身体は途端に反逆してその身体化を阻んでくるのだ。それが私自身の思い通りに動いてくれる主観身体なのに，わが身のコツとカンが一向に機能しないのに呆然とすること頻りとなる。競技試合で頼りになるのは自らの〈現実態の身体知能(エネルゲイア)〉しかないことを老練なコーチは知悉して，それを厳しく指導しようとするが，その非科学性が批判の的にされ，貶められてしまう戦後の急変振りである。これまでも繰り返し指摘しているように，この身体知能の非直観的な志向対象を開示するには，精密な科学的分析ではなく，自らの身体感覚を超越論的に反省するしかないというフッサールの指摘に回帰せざるをえない。それは，この予想もしていない〈反逆身体〉に向き合ったときである。いわば，映像化できない身体感覚の志向対象という奇妙な遠近感をわが身に身体化するには，古来の技芸(わざ)伝承の自得精神に回帰するしかないのだ。我々がこの遠近感それ自体を直観化に持ち込むのには，超越論的反省に

必然的に回帰せざるをえないのに言を重ねる必要はない。その問題性は，科学的に精密な客観分析か現象学的な絶対主観分析かという，いわば二者択一の問題ではない。本質必然的に原現在の超越論的反省の立場でしかできない志向対象性の構成化に関わる問題だからである。果たして遠近感能力の実践可能性を高める道は我々に拓かれるのかどうか，改めて問い直さなければならないのはこの意味においてである。

(b) 遠近感は科学的に分析できない

　ここにおいて，動感ゼロ点(キネステーゼ)から発する〈遠近感〉という身体発生能力に改めて注目せざるをえなくなる。しかし遠近感という志向対象は謎めいていて掴みどころがなく，その方位性と層位性が無限の広がりを見せること頻りなのだ。しかし，その遠近感に機能する非直観的な身体発生能力も必然的に知覚の〈射映原理〉［深層：§67‐⑤参照］に支配されるから，常に未規定の地平志向性に取り囲まれているのは言うまでもない。そこでは，自らのゼロ点から生じる時間性と空間性が一元化された奇妙な〈遠近感〉という志向対象性に気づかされることになる。このような無限の方位性と層位性を秘めている遠近感という志向対象は，サルトルによって「事物の世界には，何か溢れ出るものが限りなく存在する」ことが注目され，「そこには，その瞬間ごとに我々が実際に見るものよりも限りなく多くのものが常に存在する」[125] と断じられる。この一文こそコツとカンの一元化身体発生現象に潜む地平志向性に貴重な〈ノエシス契機〉を触発してくれるのだ。

　ところが現代の我々は，時空間の隔たりを物差しや時計によって計測できるという科学主義に与(み)するのに慣れ切っている。だから，その遠近感はわが身に機能する時間化する身体発生能力に支えられているのに気づきにくいのだ。シュトラウスの勝れた表現を借りれば「遠近という現象世界は，決して対象化された世界から導き出すことはできない。それは一つの原現象だからだ」と正鵠を射てその謎を見事に開示してくれる。「感じつつある自我，動きつつある自我の身体感覚が生化してないと，〈遠近感能力〉は決してその姿を見せないのだ。そればかりか，その感覚性さえも遠近感がなければ決して存在しない」[126] と断じるシュトラウスの指摘は，競技に生きる選手たちやコーチに特段の重み

125　Sartre, P.: L'imaginaire, 1940, p.24　邦訳：想像力の問題，15頁，1983，人文書院
126　Straus, E.: Vom Sinn der Sinne, S.408, 1956, Springer Verlag

をもって迫ってくる。空を飛ぶ蝶を目で追うときのような奇妙な相即現象に迫られながら競技する選手たちは，周界における情況の絶え間ない様相変動に即して，身体投射化するカンを働かせて，同時にコツも身体中心化しているのだ。しかも，それをまさに同時変換的に統覚化しながら動くのである。そこでは，どちらが先でどちらが後かという因果性は全く存在するはずもない。その時にすでに科学的分析の手続きは放棄されているのを知らなければならない。その意味発生に即応して動ける身体発生能力を機能させる現象は，自我身体という〈固有領域〉においてしか捉えることはできないのだ。そのような非直観的な志向対象を外部視点から直進的に統覚化することは不可能なのだ。その射映的な身体運動を仮に等質的時空間のなかでその物的身体の位置移動を対象化し，そこに因果論的な自然法則が開示されても，そのメカニズムそのものは絶えず変化する周界に即して動く主観身体の身体感覚を触発してはくれない。このようなスポーツ運動現象学の普遍的な身体発生基盤については，すでに前段で触れているし，いずれの拙著［とくに深層：§72～§76参照］のなかでも詳述されているのでここで反復するまでもないであろう。

しかしこの身体発生基盤の世界に身を置いていても，とりわけキネステーゼ感覚形態化という指導実践の絡みあった現象には，腑に落ちない〈反論理性〉が潜んでいて我々の理解を阻んでしまうことが少なくない。念のために，その主要な点だけでもここで確認しておこう。我々は一般に，うまくいかない動きかたに出会うと，まずもって精密に定量化するために外部視点から映像分析や力量分析を施して，そこに科学的な明証性を確認しようとする。ところが，その身体運動のメカニズムが開示されても，そこには遂行自我に内在するキネステーゼ感覚形態化の身体発生現象はすっぽり抜け落ちているのだ。いわば，コツとカンという私秘的な現実態の身体知能の意味発生が独りでに開示されてくるはずはないからである。とすれば，遂行自我が超越論的反省の態度にあるときの意識対象性は，一体どこに見出せるというのか。物理的自然領域における対象という表現では，事物，特性，関係などの多様で共属的な形態化が意味されるが，結局のところ，それは上位の〈原対象性〉[127]に収斂されるとフッサールは注意する。しかし，それぞれの対象がその〈原対象性〉の単なる変様態に過ぎないというフッサールの指摘は一体どのように理解されるべきなのか。そこに優位性をもつ原対象性とは，物質的自然では〈事物そのもの〉が意味さ

---

[127] Hua. III. §10 - ① S.25　邦訳：イデーン I - I，第10節 - ① 80〜81頁

れ，諸々の事物特性や関係の上位に位置するとフッサールは言う。とすれば，スポーツ領域における可能態(デュナミス)の〈身体能力〉の原対象性は〈感覚的対象〉[128]そのものだとフッサールは断じる。だから，生徒や選手の示す動きの価値意識をもつキネステーゼ身体感覚そのものが分析対象に取り上げられなければ，現場の実践的指導は一切進まないことになる。ところが，この身体運動を物質的自然領域の〈原対象性〉として，〈事物そのもの〉に引き寄せる科学的運動分析の立場に立てば，フッサール身体学の鍵概念である〈実践可能性〉は必然的に背景に沈められてしまう。そこでは，生き生きとした身体運動のもつ〈動ける実践可能性〉の基本概念が排除され，生理学や物理学の分析対象となる物質ないし物理的な身体運動の原対象性にすり替わってしまうのだ。そこで明らかになった自然法則のメカニズムは，わが身に身体感覚を触発させるキネステーゼ身体発生の〈本質必然性〉を何一つ開示してはいない。それは自然科学的明証性を開示する役割をもっていても，生ける身体発生による感覚形態化の必当然的(アポディクテッシュ)な明証性は，いわば現象学的明証性とは截然と一線が画されていることを改めて，ここに確認しておかなければならない。

(c) 遠近感は主観身体にしか開示されない

シュトラウスの意味する原現象としての〈隔たり感〉においては，その志向対象にまず取り上げられるのが〈遠近感〉である。その〈遠近感〉という身体能力は〈遠い〉や〈近い〉を感じながら動き，動きながら感じる〈今ここ〉を統握している〈主観身体〉だけに開示される。その場合，この生命的時空間が一元化された〈遠近感〉という志向対象を述定化するには，ありありとした動感身体性の働きがわが身に感知できる〈志向体験〉[129]が成立していなければならない。そのような遠近感に機能する動感(キネステーゼ)身体能力が生理学的体力のような物質身体の要素的能力から画然と区別されているのは喋々するまでもない。さらにそれは，物理学の運動法則に示される科学的合理性とも本質必然的に区別される。そこでは，超越論的形態学に取り上げられる隔たりの原現象として，遠近感の志向対象が分析対象になるのである。私の生ける身体に〈近さ〉という動感志向性が生じなければ，未規定な未来の〈遠さ〉も存在するはずもない。この本質法則に即した動感(キネステーゼ)意識としての遠近感を〈自我中心化〉して身体化

---

128 Hua. III. § 10・① S.25 邦訳：イデーン I・I，第10節・① 80-81頁
129 Hua. III. § 36・① S.73ff. 邦訳：イデーン I・I，§36・① 159頁〜

できる身体発生能力によってのみ，前後・左右・上下といった実存的方向づけをもつ差異化現象も生き生きと機能してくるのだ。そこにこそ〈原現象〉と呼ばれる遠近感が私の身体感覚に生き生きと形態化されることになる。〈私がそう動けない〉ときにパスをする味方の選手は，私に遠い感じを投射してくるのだ。さらに〈私がそう動ける〉ときのゴールが私の間近にあって「シュートして欲しい」とボールが私に叫んでくるのはこの遠近感の原現象が生き生きと機能しているからだ。そのような意味発生は自我中心化してくる身体能力を介してのみ，わが身で了解できるのである。野球におけるフライボールを的確に捕るには，私の身体感覚をボールに伸長して，遠近感の方位と層位を私の動感身体のなかで見極めながら走るしかないのだ。ボールをシュートするにしても，その動感情況に見合った方位や層位を見極める伸長能力には，その前提となる遠近感という志向対象がいつも必ず先構成されているのでなければならない。

　ところが競技スポーツでも，シュトラウスの言う原現象を基柢に据えた遠近感能力の志向性分析やそのトレーニングの実践的手続きは，一体どこまでその実践可能性が開示されているであろうか。その遠近感のカテゴリー分析を生かす身体発生能力の実践的方法論は，実際のゲーム展開や体育の運動発生学習で，場当たり的にそのつど指摘するだけに止まっていることが少なくない。ところが競技領域では，試合形式の実戦的トレーニングを重視する監督やコーチが多いのは周知のことである。それは，この遠近感の実践可能的な志向対象性はその実戦場面ではじめて明確な姿を現すからである。ところが，この遠近感という謎に満ちた志向対象性を実践可能的な方法論として体系化するには，まだまだ多くのアポリアに阻まれたままなのだ。この遠近感を実戦に生かす身体発生能力のトレーニング道しるべはまだ開示されずに，その〈遠近感能力〉の促発トレーニングも主題化されないのは一体どこに問題が潜んでいるというのか。それぞれの競技種目には，この遠近感というドクサ的内在経験を身につけた選手も現にいるし，その天賦の才能を見分ける観察眼をもつコーチや監督も決して希ではない。にもかかわらず，その希有な身体知能の現実態は超越論的構成分析の志向対象に取り上げられないままなのである。その卓抜した身体知能の現実態に借問できる道しるべも拓かれているのに，一向に観察と借問を繰り返してフッサールの言う代行分析に取りかかる指導者もまた希有なのだ。その身体発生能力の可能態を開示しようと借問をしつこく繰り返すコーチに対し

て，それを「非科学的な方法だ」と嗤うとしたら，その人はスポーツの動感(キネステーゼ)身体発生現象に共感できない全くの素人であるか，あるいは外部視点から精密分析のみに傾斜する自然科学者，つまりヴァイツゼッカーが批判する野次馬[Kiebitz]でしかないことになる。その自然科学者たちは，選手に機能しつつある動感(キネステーゼ)身体に生き生きと機能する遠近感の志向的原対象性と精密科学的な自然法則の物的原対象性との間に，まだ画然たる区別がつけられていないからである。それはシュトラウスの言う原現象に潜む遠近感の本質分析が不問に付されているからに他ならない。

そこでは，まずもって遠近感の実践的な〈身体知能〉それ自体の完了的な静態分析と，実践可能性への可能態(デュナミス)を探る〈身体能力〉の動感発生分析が欠損していることを見逃してはならない。実践的な身体知能というのは，その語原的意味[intelligere < inter = dazwischen + regere = auswählen]から，その間に一つの決断を選べる〈現実態(エネルゲイア)の達成能力〉が含意されているのだ。実践可能性として身体能力では，可能態(デュナミス)としてのキネステーゼ身体発生の能力可能性(ビュシス)が意味されているから，それぞれの目標像の意味(センス)存在構造を開示しておかなければならない。従って，希有な身体知能の所有者からはまずもって，その意味(センス)内実をその静態分析で取り出さなくてはならない。さらに，可能態(デュナミス)としての身体能力の実践可能性についても，そのキネステーゼ身体発生能力という意味(センス)発生を開示しておかないと，コーチや教師はどんな志向対象を身体化していくのかも定かではないことになる。ここにおいて，現実態(エネルゲイア)の身体知能と可能態(デュナミス)の身体能力との具体的な身体化目標像に向けての志向対象を構成することが喫緊の課題として我々に迫ってくることになる。こうして我々はこの〈遠近感能力〉のほかに，〈同時変換能力〉〈身体移入能力〉〈先読み能力〉〈伸長能力〉の志向対象構成化の問題を〈今のところ〉として取り上げることになる。この普遍基盤をなす隔たり感それ自体のさらなる判断の志向対象性が今後も精力的に〈発見〉され，厳密にカテゴリー化されていくことになるからだ。それらの隔たり感のさらなる超越論的構成分析の方法論開発と，その現実態(エネルゲイア)としての身体知能と可能態(デュナミス)という身体能力との充実化トレーニングの道は，現場の指導者と選手たちがその過酷なトレーニングから得た貴重なキネステーゼ身体発生の実践知をいみじくも開示してくれるかどうかに懸かっているといえよう。

§36. 同時変換の身体能力に注目する

(a) 変換同時性は映像化できない

　科学主義が主流となっている現代の運動分析論の領域においては，身体能力ないし身体知能における〈内在的超越〉[130]の現象を日常の卑近な例証のなかでコツやカンという表現を使うと途端に，それは単なる主観的な思い込みに過ぎないと批判される昨今である。一般的に理解されているコツやカンは主観的なドクサ領域の単なる思い込み的経験でしかないから，客観的なエピステーメー領域の科学的分析によって実証されるべきだと考えるのが一般である。しかし，その人の内在経験の感覚素材として，そのコツとカンが一元化した〈身体発生能力〉は，その人の生身にありありと感じとられる価値感覚が機能した現実態(エネルゲイア)の高次な身体知能ないし可能態(デュナミス)としての身体能力である。ただし，そのコツとカンが同時変換するという奇妙な〈一元化属性〉をもっているため，科学的思考に慣れた我々にはややこしく感じられてしまう。しかし，この貴重な身体能力，つまり〈身体発生(ピュシス)〉の能力可能性は目に見えない非直観的な反論理的なややこしい現象であることも事実である。これまで度々繰り返し指摘しているが，それはフッサールの言う必当然的な〈原事実〉［本質必然性をもつ命題の絶対的事実性］に他ならない。それを外部視点から科学的に分析しようとしても，究極的に身体発生するその志向対象がその姿を見せるはずもない。コツとカンの一元化身体発生現象が「自らを時間化し，自らの力動性にふさわしい枠組みで展開される時間形式を生み出す」[131]とすれば，その主観身体の〈今ここ〉の〈絶対時間化〉という志向対象は，数学的時空系における位置移動の相関関係のなかに顕在化される自然法則に支配されるはずもない。

　そのようなキネステーゼ身体能力の生成消滅現象は，〈内在的超越〉という超越論的反省の志向対象だから，それをビデオで映像化しようとしても，そこには物的身体が位置移動する瞬間像の連続しか映らない。それどころか，コツとカンは表裏一体の一元化現象であり，機に応じてその動感意識を同時変換する〈反論理性〉を秘めているのだ。それはコツとカンを〈同時変換〉するという表現さえも，この事態の志向対象を正確に表してはいない。その場合，表裏両面を使えるリバーシブル反転という表現でも，〈反転する動き〉が連想され

---

[130] Hua. I. § 47 - § 48 S.134 - S.136　邦訳：デカルト的省察，第 47 節 - 第 48 節 186-192 頁
[131] Rombach, H.: Strukturontologie, S.221 Verlag Alber 1971　邦訳：存在論の根本問題，219 頁，晃洋書房 1983

るから適切ではない。カンからコツへの意識変換はまさに同時に行われ，可視的な動作は何一つ現れないから，〈触る触られる〉という〈二重感覚〉[本書:§16-(a)参照]と同じなのだ。カンを働かせて盗塁のチャンスを見極めた瞬間には，同時にコツの動きがすでに機能していなければ，盗塁に成功するはずもない。それは科学的な因果決定論を本質必然的に拒否している出来事に他ならない。盗塁を志向する野球選手も，それをコーチする監督もこのコツとカンの変換同時性の原理を自らの身体で共遂行的に共感できなければ，とても盗塁のコーチングは成立しない。しかし，このような奇妙な動機づけの同時性は，むしろ競技スポーツでは当たり前の自然的反省の態度で理解できる志向対象である。ところが「そんな非科学的な奇妙な論理は信じられない」と正面からその非論理性を批判されると，ヴァイツゼッカーの言う〈反論理性〉の意味にも疑念が湧いてしまい，つい科学主義的な因果的思考に戻ってしまうことも珍しくない。

　こうして，コツとカンの〈変換同時性〉という反論理性に支配されるキネステーゼの〈感覚形態化〉の問題にやっと向き合うことができる。さらに同時に，そこには〈漠然性〉という本質必然性がいつも必ず含蓄されていることも見過ごしてはならない。そこでは「形態のもつ漠然性は決して学問の汚点などではない」[132] と断じるフッサールの指摘は，またしても重大な示唆を呈示してくれる。とは言っても，身体運動を物質身体ないし物体身体の位置移動として考えるのが正統だという科学主義的な運動分析者たちは，そんな客観性のない形態概念など信用できないと断じて憚らないからますます混乱はひどくなる。ところが，今まで一度もやったことのない新しい動きかたを身につけるときには，反復してコツとカンを一元的に習得することに異論を唱える人はまずいないであろう。反復化現象は生理学的肉体の体力向上のためにだけあるのではない。新しい動きかたの感覚発生を促す貴重な〈身体経験〉には，不可欠な動機づけが現に存在しているのだ。その一回ごとの〈動く感じ〉は，全く同一の感覚質の反復では決してない。すでにマイネルは，無反省な反復訓練が形態修正化にマイナスになることを指摘し，ひたすら機械的に行われる「反復回数は動きの質的改善にとって決定的ではない」[133] と断じるのはこの意味においてである。

　さらに，キネステーゼ感覚形態を統覚化する地平志向性のなかには，その機械的反復によって生じる欠点もまた定着する可能性が潜んでいるのだ。そこに

132　Hua. III. § 74 S.155　　邦訳：イデーンI・II, 35頁
133　Meinel, K.: Bewegungslehre 1960 S.368　　邦訳：スポーツ運動学，397頁　大修館書店

は，抜き差しならない固癖を形づくってしまうことはよく知られている。動きかたに意味核の〈生成的発生〉を成立させるには，動感差異化の超越論的反省を基柢に据えて反復するのでなければ，そこに新しいコツやカンの動く感じが触発されてくるはずもない。まして，価値感覚による取捨選択を経て，やがて偶然のマグレに出会い，やっと目標像に至るという形態化現象の統覚位相さえも成立しないことになるからだ。そこには，動感化された隔たり感の一元化という志向対象が必然的に絡み合って働いている。だから，その習練は無限のテロス［目標］を追う目的論に従わざるをえない。こうして，重層的な位相を経巡って，究極的な〈深層形成〉[134] という地平志向性分析に入れることになる。その動感地平性分析では，多くの反論理的な出来事が頻発しているから，因果決定論に基づく科学的運動分析では当然ながら手に負えるものではない。そこには，フッサールの意味における空虚から充実化に向けての〈共時的〉な内在的目的論ないし〈通時的〉に変容する歴史的目的論による厳密な〈超越論的反省〉の態度が必然的に求められてくるのはこの意味においてである。

(b) 同時変換の一元化能力を問う

　ここにおいて，我々は改めてコツとカンの同時変換を可能にする事態，つまりその判断の志向対象に問いかけ，一元化身体発生現象における〈同時変換能力〉を示す事態分析に直に向き合うことになる。我々はここで理解を容易にするために，スクランブル交差点の人混みのなかを急いで通り抜けるという馴染みの例証分析を援用する。我々は周界おける情況の絶え間ない様相変動に即応して身体発生能力の未来予持の志向対象を投射し，その予描的動きを捉えるのをカンの〈身体投射化能力〉と呼ぶ。その身体投射化が〈たった今〉同時に働くコツの〈身体中心化能力〉と同時変換する身体発生能力を端的に〈一元化同時変換能力〉と呼ぶことができる。それは，いわばカンとコツという運動とキネーシス感覚アイステーシスの一元化に基づく表裏一体的に同時変換する身体発生能力である。その場合には，情況に身体投射化するカンと，どう動くかを自ら身体中心化するコツとが，フッサールの言う〈二重感覚〉のように，つまり〈触る－触られる〉が同時に表と裏で機能している奇妙な一元化現象を呈示することを見逃してはならない。このような身体発生現象の一元的統一態は，カンとコツの二つの身

---

134 Landgrebe, L.: Phänomenologische Analyse und Dialektik, In Dialektik und Genesis in der Phänomenologie, S.75, 1980

体能力がその〈志向対象変換〉によって，表と裏を同時に変換し，しかも表裏両面で共にそれぞれの身体能力が同時に機能しているのだ。いわば，同時変換的に統覚しつつ一元化して，コツもカンも同時に生き生きと機能している，いわばヴァイツゼッカーの言う反論理的属性が呈示されていることになる。そこでは，因果決定論の形式的論理がすでに排除されているのであり，それを原的な身体経験としてわが身でありありと匿名的に承認しているのである。

その場合の自らを取り巻く周界情況に動感志向性を投射すると，同時にどのように歩くかという自らのコツ意識はその身を隠してしまう。何かの動機づけで突然自らの歩きかたが気になると，まさに周りの動感情況は突然に背景に沈むが，コツは受動的にいつも生き生きと働き続けているのだ。スクランブル交差点を急いで渡るとき，他人にぶつからないで素早く歩けるのはカンとコツの一元化身体知能という謎に満ちた身体感覚の可能態（デュナミス）が機能しているからである。このような動感志向性の必然的な変換同時性は，日常の生活でも至る所に現れている。ところが，その動感情況への投射化志向性と自我身体への中心化志向性を〈今ここで同時に〉体験することは絶対にありえないのだ。そこでは，動感志向性の変換作用という本質必然性を必当然的明証性として認めざるをえない。誰にでも起こっている動感意識の同時変換能力を支配している原理は，いかなる動感作用においても否定できない絶対的明証性をもつのだ。この不可疑的な変換同時性には原的充実への〈原努力〉が含意されているから，その努力志向性は同時変換能力の目的論的構図を支える重要な意味をもつことになる。フッサールは「その折々の全感覚素材（ヒュレー）は，それ自身として経験されるのではなく〈何かの呈示〉として，つまり（最初の最下層のパースペクティヴな現出として）根源的に最初の最適な近接の事物の現出として機能する」[135] と指摘する。このようなキネステーゼ綜合化のもつ〈最適化傾向〉こそがこの目的論的な原理を特徴づけているのだ。さらに，この動感志向性の同時変換という本質可能性は，自我の関与しない受動的動感世界でも，習練努力を伴う受容的ないし能動的な動感世界でも，一元化する身体発生能力として現出するのである。この感覚発生（センス）の同時変換作用は，身体能力発生の現象野にも複雑な絡み合い構造を呈示することは多言を要さない。

このような一元化能力という変換同時性の奇妙な身体発生現象はフッサールの言う二重感覚に由来することは言うまでもない。動感身体性はそもそも時空

135　Hua. XV. Beilage 18 - ㊱ S.306　　邦訳：間主観性の現象学II, 127頁

的な〈地平意識〉[136] だから，それは自我身体に動感時空性の地平構造をもっている。その動感地平性における差異化現象が〈現れと隠れ〉の二重構造を示す。身体発生現象の二重所与性は，とりわけ触感覚に生じる二重感覚を原型としているのだ。この差異化志向性は，いわゆる右手で左手を触る場合とか，指先で額を触る場合に，〈触るものと触られるもの〉の志向体験に目的論的な変換可能性が含蓄潜在態として生じるのである。右手で左手に触れるとき，左手は触れられているのを感じるが，同時に右手は左手によって触れられているのを感じる。その二重感覚としての触覚における反転可能性をフッサールは〈触れられて触れつつある〉と巧みに表現する。ところが，右手も左手も同時に他の手に対して〈触れるもの〉であり〈触れられるもの〉であることは決してできない。触れる手と触れられる手という機能のなかに，この両方の手が意識を変換し合うことができるという〈両義的構造〉，すなわち触覚の同時変換可能性が理解されなければならない。ここにおいて，自ら動く身体に動感志向性が働き，そこにある動感像が現れると，「それは静止していようが運動していようが，変化しようが不変化であろうがすべてに当てはまる」[137] というフッサールの指摘は重みをもち，同時変換の本質法則を捉える現象野を基礎づけている。この同時変換化原理は身体発生の現象野の至る所で機能しているが，それは同時変換化現象を原的に把握できる機能するキネステーゼ身体性がなければ機能しないこともなお確認しておかなければならない。この変換同時性の働く現象が身体発生基盤にその源泉をもち，形態発生領野のみならず，動感能力の伝承発生領野にも現れ，いわば身体発生の全現象野に及ぶ原理として普遍化されていることは，もはや贅言を要しないであろう。ところが，この〈内在的超越〉を基柢に据えた現象野の存在そのものは，多くの誤解や因果決定論の科学的思考に阻まれて，正当な運動認識に至らない憾みがあるのはどうしてであろうか。

(c) 身体移入現象に道を拓く

　ここにおいて，我々は同時変換する身体発生能力でスクランブル交差点を通り抜けるときには，相手との間合いを〈先読み〉(ピュシス)し，他人の動きに自らの身体を移し入れながら，迫り来る多くの他人に触れずに，自らの動きを即座に身を躱(かわ)すという，奇妙な一元化身体発生能力が機能しているのだ。となると，同

136　Claesges, U.: Edmund Husserls Theorie der Raumkonstitution, S.121, Den Haag, 1964
137　Husserl, E.: Erfahrung und Urteil, §19‐⑤　S.90　邦訳：経験と判断，第19節‐⑤　72頁

時変換する一元化能力が機能する前提には，自己身体を他者の〈そこ〉に移し入れる，いわば〈身体移入能力〉が〈基づけ関係〉として機能していなければならない。この身体移入現象という志向対象については，すでに拙著［スポーツ運動学：314~321 頁参照；深層：§35，§48 参照］に詳しい。しかしながら，フッサールは「私の身体が〈ここ〉と〈そこ〉に同時にいることは不可能」だと駄目押しの注意をしてくれる。「そこにある現出を私が捉えるのは，立場交換によってこそ可能なのであり，つまり可能な未来においてしか〈そこ〉をもつことはできない」[138] と念を押して自己時間化の存在層を前景に立てることを指摘する。そこでは，原動感システムの達成能力が前提になっており，その奇妙な可能態(デュナミス)の身体能力の働きこそ不可欠となる。同様にして，動感意識の立場交換の可能性は，同一のもの同士の交換は背理となるから，類的普遍化をもつ〈等しいもの同士〉の交換とならざるをえないのは言うまでもない。こうして，自己身体に了解されている〈動く感じ〉のみならず，ボールやラケットなどの用具の感覚質も，今やその〈共遂行能力〉[139] に支えられて，我々は他者の私秘的なキネステーゼ感覚世界にわが身を置き移すこと，つまり〈身体移入〉が可能となってくるのだ。つまり，自己身体は，自らの動感地平性のなかに〈間身体〉を内在させ，情況に応じて即興的に，先(プリウス)も後(ポステリウス)もなく同時変換の道を辿ることになる。このような交換作用の同時性は，動感身体(キネステーゼ)のなかに二重化構造として先所与的に蔵(かく)されている。しかし，それは間動感性の空虚地平が拓かれていなければ成立するはずもない。そこでは，動感源泉の深層位に遡源しながら「その知覚作用には，自由な動きとしての身体運動の可能性が不可欠である」[140] というフッサールの指摘が決定的な意味をもってくることになる［見回す，撫でまわす，耳を傾ける，舌で転がす，首を回して嗅ぐ］。

　こうして，〈どうすれば動けるか〉という実践可能性に直面すると，その身体発生能力を身につけるためには，〈原動感〉の源泉，つまり〈絶対ゼロ点〉に遡って，その感覚質の時間化する身体発生に向き合わなくてはならなくなる。だから，動感システムにおける身体性の超越論的構成分析を抜きにしてはその道は拓かれるはずもない。科学的な筋トレーニングの成果が実践する遂行自我に息づくには，可能態(デュナミス)の身体能力に直に向き合うしかないのだ。生理学的な筋肥大のトレーニング効果を実存の動きかたに受動総合化させるには，選手

138　Hua. IV. Beilage 1. S.309　　邦訳：イデーン II-I，付論 1.-⑧ 210 頁
139　Hua. I. §44-③ S.125f.　　邦訳：デカルト的省察，第 44 節-③
140　Hua. IV. Beilage 1.-⑪ S.310　　邦訳：イデーン II-I，付論 1.-⑪ 212 頁

§ 36. 同時変換の身体能力に注目する

自身の生ける動感身体における謎に満ちた身体発生分析(ピュシス)が不可欠となる。私秘的な動感身体経験(キネステーゼ)の伝承が成立するかどうかは、〈間主観身体〉[141] の〈同時共感能力〉が生き生きと働くキネステーゼ時空間世界に委ねられているのだ。そこには、教師と生徒、コーチと選手の間に共感志向性の〈変換同時性〉が発生するという間身体的問題圏が浮上してくることになる。ここではその存在の本質必然性を指摘するだけで十分であろう。こうして、身体発生能力の同時変換現象の存在論は、超越論的反省の立場から次々とその実践可能性が確認されていくことになる。そこにこそ、その同時変換できる一元化能力の身体発生基盤に回帰してトレーニング対象が体系化されるのでなければならない。背後に迫る敵方の選手の動きをわが身の背中でありありと感じとって、いわばその迫り来る気配感を身体発生能力で捉えて、ゴールを背にしたままシュートを決めるサッカーの名選手も現にいるのだ。さらに言えば、宙返りしながらその乱れを予感すると同時にそれを補正する体操選手の驚くべき時間化の身体発生能力は決してまやかしの幻覚などではない。そのような驚異的な身体知能に示される一元化現象を外部視点から客観的に映像分析(キネマトグラフィー)し、その身体発生(ピュシス)の因果法則を開示しようとしても、奇妙な反論理的な現象に阻まれて、その一元化能力の開示には何の役にも立たない。それはコツとカンの同時変換する深層分析の超越論的反省に基づいてはじめて、形態発生ないし伝承発生のトレーニング実践可能性に新しい道が拓かれる。二つのキネステーゼ意識を同時変換する一元化能力を可能にするのは、身体発生現象に機能する可能態としての能力可能性(デュナミス)に基づいているのだ。だから、カンとコツの表裏一体の両義的二重性をその身体能力で〈原的〉に、つまり自我中心化してわが身にありありと確認できてはじめて、それが機に応じていつでもすでに同時変換できる現実態(エネルゲイア)の身体知能に至ることになる。

ここにおいて、コツとカンが臨機に同時変換できるのには、その表裏一体の二重性を単に〈知っている〉だけでなく、〈そう動ける〉実践可能性が不可欠な前提になるのは自明なことである。そこでは、カンが顕在化されて機能するときに、コツはその地平に沈んだまま機能し、コツが前面に躍り出るときにはカンはいつもその裏で支えている必要があるのだ。このような奇妙な〈身体知〉ないし〈感覚論理〉をわが身でありありと了解し、身体化する道を拓くことこそが発生的運動学の役割である。そのとき、交替して背景に回ったコツとカン

---

[141] Hua IV § 63 - ⑲ S.295ff 邦訳：第63節 - ⑲ 145頁 -

が消滅してしまうのではない。そこでは，何時どこでも〈動ける〉ように，生き生きと息づいて〈居合わせる〉[142] [Dabei-sein] のでなければならない。しかもそのカン能力とコツ能力の交代は，〈先反省〉として反論理的に同時発生しているのであり，先も後もなく，ヴァイツゼッカーの言うゲシュタルトクライスという〈循環形態的なるもの〉の現実を呈示するのだ。とは言ってもその身体発生現象のなかでは，一方で知覚しながら同時に動き，動きながら同時に知覚することはできない。いわば，動きながらその条件となっている知覚を機能させることはできないのだ。ヴァイツゼッカーは生きものにおける自己運動の本質必然的な〈根拠関係〉を〈相互隠蔽原理〉として取り上げているのはこの意味においてである。この自己運動の本質必然性は「因果論に見られるように，原因と結果という認識可能な事物の〈間の関係〉ではない」[143]とヴァイツゼッカーがいみじくも断じるのだ。この二重感覚の同時変換作用こそは，とりわけ触覚における反転可能性が〈撫でる〉や〈擦る〉という動きのキネステーゼ感覚と一緒になるときにより鮮明な姿を露わにするから，動感意識が微妙に絡み合う身体能力との関わりのなかでこそ，この同時変換作用が特徴的に相互隠蔽原理として露呈されてくる。しかしこのような身体発生能力は，例えば，平坦な道を歩いても，でこぼこ道を歩いても，スロープを上っても，同一の歩形態をわが身にありありと原的に直観できる同一化作用を前提にしているのだ。それは単に能動的な動感能力だけでなく，受動的な動感能力にも働くことにフッサールは注意を怠らない。そのときの動感志向性は「一方では受容的であり，他方では生産的である」[144] と含蓄ある指摘を追加してくれる。このような受動的ないし能動的な動感身体能力における受容性と自発性の絡み合う実践例証は，日常生活場面でも決して珍しいことではない。幼い子どもたちがいつの間にかスキップができるようになり，自転車乗りにマグレで成功するという例証ではその本人はどのように動いたのかは全く意識してはいないのだ。いわば，受動的志向性というパラドックス表現そのものが露わになってくる。とりわけ，競技スポーツの場面では，身体接触を伴う柔道における微妙な駆け引きやサッカーやラグビーなどのボールの奪い合いなど，その例証は枚挙に暇がない。それにもかかわらず，この同時変換現象や身体移入現象という動感意識の〈超越

---

142 Landgrebe, L.: Phänomenologische Analyse und Dialektik, In: Dialektik und Genesis in der Phänomenologie, 1980 S.76
143 Weizsäcker, V.v.:Gestaltkreis, op.cit. S.318　邦訳：ゲシュタルトクライス，298 頁
144 Husserl, E.: Erfahrung und Urteil, §19-⑤ S.89 6.Aufl. 1985 Meiner Verlag　邦訳：経験と判断，§19-⑤ 72 頁

論的発生分析〉や実践可能性を追求する希有な〈例証的静態分析〉がどうして敬遠されてしまうのか。

　スポーツの発生的運動学では，こうした微妙な動感意識の絡み合う身体能力の様相変動に関わる超越論的反省の〈純粋記述分析〉こそが喫緊の課題として求められている。その動感身体発生の基盤領野における膨大なカテゴリー分析が現場の指導実践にどれほど待たれていることであろうか。その超越論的分析の志向対象の問題圏のみならず，形態発生領野における身体発生のパトス的分析やエートス的分析としても，この同時変換現象や身体移入現象が絡み合い構造を示しながら問題が投げかけられているのだ。当然ながら，伝承発生領野においても，キネステーゼ感覚の身体発生を巡る具体的な記述分析が渇望されていることは周知の通りである。しかも天賦の才能に恵まれた名選手たちや老練なコーチはそのキネステーゼ感覚の身体発生分析に貴重な経験知を沢山もっているはずである。それなのに，謎に満ちた同時変換化能力や身体移入能力の純粋経験は，卓越した選手やコーチの胸三寸に蔵されて，門外不出になってしまうことが少なくないのだ。これでは，運動文化の伝承発生にとってまさに遺憾としか言いようがない。とりわけ，ここで主題化されている微妙な身体発生能力の純粋記述分析は，多くの貴重な伝承財を秘めているのに一向に開示が拒まれてしまうのはどうしてであろうか。まさか純粋現象学的な記述分析が単なる主観的な思い込みの記録でしかないという批判を怖れるとすれば，それはまさに噴飯ものである。それは精密科学的な〈説明学〉と厳密な現象学の〈記述学〉との区別もつかない牧歌的な素朴性以外の何ものでもないからである。

§ 37. 結果の先読みに向き合う

(a) 先読みは先取りと区別される

　我々はまずもって〈先読み能力〉という述定判断の志向対象の概念を明らかにしておかなければならない。それは，マイネル運動学における〈運動先取り〉[145] との概念上の本質必然的な差異性を明らかにしておかなければならないからである。すでに指摘しているように，マイネル教授が遺著を執筆している当時は，東西ドイツ統一以前の政治的イデオロギー問題が絡んでいた時代である。そこには，引用文献の制限問題も絡んで一概に断じうることではないが，

145　Meinel, K.: Bewegungslehre 1960 S.214ff.　邦訳：スポーツ運動学，228-236 頁

マイネルの運動先取りの概念には，物的身体の運動経過を外部視点から記述する立場をとっていることが否定できないからだ。マイネルはモルフォロギー的分析に言及してはいても，その分析対象は本義的なキネステーゼ感覚の志向対象ではなく，物的身体の位置移動としての運動経過にすり替わっているのである。マイネルが取り上げた Antizipation という表現は，未来予持の先読みというキネステーゼ意識でありながら，その分析対象性をキネグラムにおける変移過程に置き換えてしまったのは遺憾としか言いようがない。ゲーテのモルフォロギー思想から新しい運動形態学分析を取り上げていながら，現象学的形態学の立場を排除してしまったのは何としても惜しまれてならない。マイネル教授はそのモルフォロギー的運動分析に自己運動のキネステーゼ感覚の反省分析を〈自己観察〉と呼び，他者の自己運動それ自体に共遂行的身体移入をするのを〈他者観察〉と呼んで共感作用の不可欠さを重視している。にもかかわらず，その論理展開に矛盾が見られるのは，やはりイデオロギー問題が絡んでいたとしか考えられない。さらにフッサールの現象学的形態学の本質必然的な〈漠然性〉を忌避する科学主義的記述が散見されるのも同様に腑に落ちない論理矛盾となっている。もちろんマイネルは運動投企を論じ，運動共感を取り上げて，我々の発生的運動学と軌を一にしているのに，その超越論的な絶対時間化の問題圏を避けて，ソ連の客観心理学から引用して科学主義的態度を守ろうとするのも，なんとも腑に落ちない論理展開である。すでに前段［§8 参照］でも指摘しているように，本来ならばそのマイネル運動学は〈自己時間化〉の主観的な身体発生基盤から間主観身体性に至るモナド論の道を取るはずなのに，突然その論調は急変してしまうのは何としても理解に苦しむところである。

　ここにおいて，我々はマイネルの運動先取りにおける内在的身体経験に基盤を置くモルフォロギー的分析を批判的に継承して，その〈自己時間化〉を基柢に据えた〈先読み〉という述定判断の志向対象を超越論的反省の純粋記述分析として取り上げざるをえないことになる。我々は外部視点から先取りするキネグラム的な位置移動の記述分析に訣別して，まずもって動感身体性の機能する〈先読み能力〉を身体発生的分析の〈志向対象〉そのものとして取り上げることになる。いわば〈先読み〉では，パトス的実存の動感世界における未来の自己運動を今ここに原的に直観化できるキネステーゼ身体能力が意味されることになる。それはスローガン的には，未来の動感情況に〈身体投射化〉できるカン能力と，それを支えるコツ能力とを同時変換できる〈一元化能力〉とも別

§ 37. 結果の先読みに向き合う　313

言できる。〈先読み〉（プロレープシス）という表現は，ヴァイツゼッカーが〈ここから－そこへ〉と言うそれ以後の〈未来志向の方向性〉を〈プロレープシス〉と名付けた問題圏に属している。このプロレープシスと言うギリシア語は一般的には〈先取り〉とも訳されるが，我々の言う〈先読み能力〉は自己時間化によって未来予持志向性として「自らどのように動くか」を原的にありありと予描できる身体発生能力と換言することもできる。となると，マイネルがその遺著で意味した運動先取りとは必ずしも一致しないのはすでに述べた通りである。我々の身体発生的分析の〈先読み〉（プロレープシス）の志向対象は自ら位置移動をしなくても，未来の動きかたをわが身でありありと原的に直観化できる先読みの時間化能力が生き生きと機能しているのである。

　それはもちろん，フッサールの自己時間化における原現在の内在的な意識流に遡源することは論をまたない。そこには，未来への予期現象を〈未来予持の予持〉として時間化する身体発生として統握する能力可能性がそこに同時に蔵（かく）されているのだ。因みに，このフッサールの未来予持志向性とは，未来の実践可能性を現実的に生き生きと遂行できる〈原的直観化〉の働きが意味されるのは言うまでもない。それは〈流れ去る今〉を感知できる人にだけ可能であり，その人にしか〈流れ来る今〉を感知する実践可能性は与えられないからである［深層：§ 59・④ 参照］。それにしても，マイネル教授が癌に斃れずに，ベルリンの壁が崩壊した今のような統一ドイツになっていたら，そのスポーツ運動学は本来の現象学的モルフォロギーによるキネステーゼ身体発生の道は大きく拓けていったことであろう。

(b) 予描と即興の先読みに注目する

　しかしこのキネステーゼ感覚の予描現象においては，すでに指摘されているように，時間性と空間性がいつもすでに同時変換できる志向対象が必然可能的に生気づけられているのだ。だから，例えば助走からジャンプする地点に踏切り足を伸長化する場合に，その〈予描先読み〉の志向対象にまず動感化する空間性が前景に立てられるから，その絡み合い様相変動に注目せざるをえなくなる。いわば，踏切り地点そのものに〈予描先読み〉が貼りついてしまうと，助走のスピードを上げられずに力強いジャンプにはつながらない。とは言っても，踏切り地点を確認できないと，競技ではファウルになってしまう。水溜まりを跳び越すときには，その踏切りのパワーが出せなくなるのは言うまでもない。

この踏切り地点を目で見ないで〈身体で感じとる〉という先読み志向対象の奇妙な身体発生能力はよく知られていることである。このようなキネステーゼ身体能力の〈空間性〉は，同時変換的に〈自己時間化能力〉が機能しないと，ここで主題化されている予描先読みの身体発生的分析は成立しない。このような先読みカテゴリー分析の志向対象の本質必然性を確認した上で，その未来予持の志向対象のなかに，この時間性の〈予描先読み〉[プロテンツィオーン]を動機づけ，触発化し充実していくことが不可欠となる。だから，走るスピードを落とさないで，いつ踏み切るのかという時間化能力の働きは，必ず空間性との絡み合いのなかに動感先読みの志向対象と共にいつも機能することを身体化しておかなければならないのである。

　このような予描先読みの出現様態は，遂行自我の周界に多様に変化するキネステーゼ情況に大きく依存していることも論をまたない。予描先読みがその情況の突発的変化に出会うと，〈予描先読み〉と〈即興先読み〉との同時変換作用が浮上してくるのだ。いわばこの予描先読み作用は，未来の動感身体発生を志向対象として予描できる，いわば予描志向性というものによって，来るべき未来の動きかたを身体感覚として予期する身体能力に支えられている。これに対して，〈即興先読み〉の志向対象は，突発的なキネステーゼ情況の変化にまさに即興的に，いわば同時変換的に発生する先読み能力が突発的に求められるのだ。因みに付言すれば，予描先読みは偶発的で移ろいやすい周界情況のなかで，未来の来たるべき動きかたの選択の決断と承認のなかに示される。そこではキネステーゼ情況のなかで，未来の自己運動が選択されるが，その決断の本質可能性はいつもすでに承認されているのだ。自らの動きかたの未来の下図を描くという予描現象というのは，行動の単なる〈予定プログラム〉ではないし，端的にその〈行動予定〉を思い描くだけの空虚表象でもない。それはいつもすでにわが身にありありと感じとれる〈原的身体性〉に貫かれていなければならないのである。

　しかしその予描先読みの身体発生能力はいつも的確に先読みできるとは限らない。そこにはその空虚形態から原的充実化に向けての無限の努力志向性が常に働いていなければならないからである。その空虚から充実への本質可能性こそが先読み能力性の，いわば究極核［究極の担い手］となっているのだ。それは決して数学的確率論に置き替えることはできない。さらに予描先読みの現象は，過去把持と未来予持の原現在のなかに機能しているから，〈流れつつ立ち止ま

る〉という〈自己時間化能力〉に支えられてはじめて，未来の〈動く感じ〉を読み切れる身体能力の発生に関わることができるのだ。例えば，剣道において竹刀の先に自らの動く感じを伸長し，敵との間合いを見極める〈伸長化作用〉のなかに，敵の一瞬の隙を見抜いて，間髪を入れず攻撃に転じる同時変換する〈即興先読み〉の身体発生能力は，まさに同時変換の自己時間化に生気づけられる高次のキネステーゼ感覚世界に〈生きつつある〉事態に他ならない。そこには，非直観的な動感メロディーがいつも必ず途切れることなく流れつつあるのだ。しかし，何といっても予描先読みは，偶発的で移ろいやすい周界情況のなかで，即座に選択し，決断したことに自ら責任をもたざるをえない。そのキネステーゼ感覚予描がどんなに自信に満ちて決断したとしても，結果的に〈的はずれ〉の可能性は絶対に否定できないのだ。そこでは，単なる表象的な予描や行動手順の合理性を因果分析した確率論は，まさに〈絵に画いた餅〉のように何のキネステーゼ意識にも通底しないし，その内在経験の実的(レエール)分析に何の役にも立たない。この即興先読み能力の発生始原は，未来の動感形態の実践可能性という予描志向性に遡源せざるをえないのだ。しかし，その「予期は外れることも本質必然性に属する」[146]というフッサールの指摘は正鵠を射て重大である。その予描志向性を空虚形態から充実化して最適なものに行き着く〈原努力志向性〉[147]が求められるところにこそ目的論的構図が浮上してくるからである。それはすでに拙著［深層：§22 - ③］に詳しい。従って，ここでも目的論的な本質法則と因果論的な自然法則との本質必然的な差異性が決して見過ごされてはならないことを確認しておかなければならない。

(c) 結果の先取りに道を拓く

さらに即興先読みという志向対象に潜む謎に満ちた身体発生能力では，その先読み能力に同時変換作用を即座に可能にする反論理的な本質必然性の意味(センス)存在を見過ごしてはならない。即興性という表現は，ヴァイツゼッカーの意味においても，字義通りに〈同時発生〉と解される。つまり，そこには先(プリウス)と後(ポステリウス)の時間的ズレが存在しないのだ。先読みの一つの志向対象がまず感知され，それに即座に反応するという因果法則はそこでは成立しない。先(プリウス)と後(ポステリウス)の時間間隔を無限にゼロに近づけても，因果連関そのものを消すことはできないからで

146　Hua. XI. § 46　邦訳：受動的綜合の分析，299- 307 頁
147　Landgrebe, L.: Phänomenologische Analyse und Dialektik, op.cit, S.78

ある。それどころか，先読みの志向対象に向き合う前に〈結果の先取り〉^(プロレープシス)[148]をまさに決断し，承認できるという反論理的な〈身体能力〉こそが奇妙な〈即興先読み〉を可能にするのだ。従って，先読み現象をヴァイツゼッカーのようにプロレープシスと外来語［ギリシャ語］で表しても，その奇妙な変換同時性を身体発生として自らの時間化能力と共に独りでに機能するのでなければならない。そうしないと，先^(プリウス)と後^(ポステリウス)の対立がしつこく絡みついて，いつも因果連関に引き戻されてしまうことになる。ヴァイツゼッカーの言うように，即興先読みを先^(プリウス)も後^(ポステリウス)もない即興性，つまり同時発生と理解し，フッサールの相互外在同時性［深層：§51参照］と頭で理解しても，その同時性が原的に，私の身体でありありと感じとられなければ，どのように表現しても全くその一元化身体発生には至らない。こうして先読み志向対象の発生源は，主観身体の原発生地平における絶対ゼロ点の源泉にまで遡ることになる。だから，即興先読みに関わるときには，動感情況の突発的変化と全く同時に動ける奇妙な身体発生能力の〈原現象〉に注目せざるをえなくなるのだ。

　このような反論理的な身体発生能力の原現象は，むしろ競技スポーツでは全く日常的な出来事であり，決して珍しい現象などではない。とりわけ，サッカーなどで，迫り来る敵を外しての見事なボール捌きは，目で見てそれに素早く対応するのではない。それは身体全体で感覚するのだ。敵の動きを捕らえる前にいつも〈すでに動ける〉という反論理性にこそ，〈現実態の身体知能〉^(エネルゲイア)の本質必然性を捉えることができる。マイネルも指摘しているように，〈フェイント〉[149]の志向対象の超越論的構成分析は球技や柔道などの敵との出会いに出現する即興先読みの身体発生能力の開示に不可欠となるのだ。さらに測定競技領域でも，この先読みの問題圏は多くのキネステーゼ身体発生の本質分析が待たれているはずである。とりわけ体操競技で突発的にバランスが崩れたとき，単なる即興先読みでなく，その危機脱出の〈究極的確信〉［深層：§57参照］に満ちた身体知能には，この〈結果の先取り〉^(プロレープシス)の超越論的反省を欠くことができない。その〈絶対確信〉できる現実態^(エネルゲイア)の身体知能が働かない選手は生命の危険に曝されることは周知のことである。その未だ現れない生命の危険を未然にわが身で感知できなければ，体操選手としては生きられないのだ。そこでは〈刺激－反応〉という生理学的因果決定論は成立するはずもない。それどころか，自

148　Weizsäcker, V.v.: Gestaltkreis, op.cit. S.258　邦訳：ゲシュタルトクライス，226頁
149　Meinel, K.: Bewegungslehre 1960 op.cit. S.218ff.　邦訳：スポーツ運動学，234頁以降

§ 37. 結果の先読みに向き合う

らの即興先読みのなかに感じられる奇妙な〈気配感〉に同時変換的に未来の動きを〈原的直観化〉できる確信的な〈結果の先取り(プロレープシス)〉をもつ選手をどうして育てるかがコーチの喫緊の問題になってくるのだ。敵との身体的接触を伴う競技では，フッサールの言う身体感覚が即興的に働いて，相手の動きの〈先の先を読む〉ことは決して珍しい意識現象ではない。「組み手の巻き換えにくる気配を自分の身体(からだ)で掴め」と言う大相撲の教えは，まさに一元化身体発生(ピュシス)の稽古として，究極の身体発生能力を保証してくれるからであろう。それは決して非科学的な指導などではない。そこでは，フッサールの発生的現象学に説かれる高次元の身体発生現象における〈超越論的反省〉の態度がいつも必ず求められていることを見過ごしてはならないからである。

　ところが，この即興先読みの奇妙な現象を現実に目の当たりにすると，その信じられない驚異的な〈わざ〉に刮目して「そのカンの凄さは先天的だ」とか「動物的な反射神経だ」とか評すること頻りである。そこに働いている即興先読みという謎に満ちた志向対象性には憧憬と侮蔑がいつも交錯しているのだ。それがフッサールの発生的現象学のキネステーゼ身体発生という超越論的反省に開示される究極核であることをついつい失念してしまうのである。そこでは身体感覚の究極基体に潜む可能態(デュナミス)としての〈身体能力〉の開示とその実的(レエール)トレーニングを看過して，その天賦の才能発掘こそ先決だと断じるのでは，それはまさに競技コーチ不要論につながってしまう。それだけに，我々は謎に満ちた〈結果の先取り(プロレープシス)〉を保証する身体知能に潜む志向対象の開示を急がなくてはならない。それは競技スポーツ領域だけに求められているのではないのだ。それは例えば，幼児体育に日常的に取り上げられる〈鬼ごっこ〉遊びは，まさにこの奇妙な即興先読み能力の発生源をなしていることに改めて注目する必要がある。そこでは，即興先読みの原発生地平性に潜む志向含蓄態の超越論的構成分析こそが決定的な喫緊の重要性をもってくることにもはや言を重ねる必要はない。むしろ，その鬼ごっこ遊びのノエマ的意味存在論に関する静態分析とノエシス的意味発生(センス)に関する超越論的発生分析こそが喫緊の課題として急がれるべきであろう。そこには，幼児体育が健康と体力の向上という体育の陶冶目標に加えて，さらにこれからの長い人生に不可欠な身体発生基盤を形成できる基本的な〈原的身体性〉に関わる身体発生能力の教材研究を改めて取り上げる必要がある。このような新しい幼児運動学の構想は後段［終章・§62参照］で改めて論考を展開することになろう。

§ 38. 身体能力を他者に伸長する

(a) 伸長する非直観性に注目する

　ここで主題化される〈伸長〉という表現は，いわばキネステーゼ感覚が機能する私の〈身体知能〉ないし〈身体能力〉のなかに非直観的に潜んでいる伸長する志向対象の働きによって現れる現象が意味される。その目に見えない伸長現象を述定判断する志向対象は，私の〈生命的時空間〉のなかで自らの動感意識がある対象に向かって潜勢的に伸びていくという奇妙な働きをもつ。その謎めいた現象を可能にするのは，わが身に潜む伸長する〈身体能力〉の働きである。それは前節［§37参照］で主題化した動感時空間における遠近感や先読みと同様に，わが身の絶対ゼロ点から多様な事物や周界情況に遠心的に投射していく始原的な身体発生基盤にその基柢が据えられている。その始原的基盤には，キネステーゼ意識時空間の事物や周界情況における他者に向けられる〈投射化能力〉が前提として機能していることをまず確認しておかなければならない。その多様な周界情況への〈投射化能力〉は，原発生の絶対ゼロ点から周界に向けて投射される一つの〈遠心的身体能力〉である。そのような情況への遠心的な投射化現象を生み出す身体発生能力は，生理学的な物質身体に与えられた体力や調整力といった要素分析的な生理学的概念ではない。それは，キネステーゼ価値感覚の働く可能態(デュナミス)としての〈身体発生能力〉であり，何かを為しうる能力可能性が意味される発生的運動現象学の用語である。従って，このキネステーゼ意識に構成される能力可能性という表現は，数学的確率論による因果決定論的な事実発生の予測可能性に属さないことを確認しておかなければならない。

　ここにおいて，〈身体発生能力〉という可能態(デュナミス)的概念は，空虚形態から充実化への努力志向性に貫かれた目的論的な構図のもとに位置づけられている。動感志向性として構成された身体能力が潜んでいるフッサールの身体物体という特徴的概念には，絶対ゼロ点からキネステーゼ周界情況に向けて投射化する原発生地平のなかに非直観的な志向対象が蔵(かく)されている。そのときに，主観身体の動感志向性が投射される周界情況の地平構造にまず向き合わなければならない。その場合にキネステーゼ感覚の機能する〈情況〉とは，「場のヴェクトル構造の合力では決してない」[150] とボイテンデイクは注意する。というのは，生

---

[150] Buytendijk, F.J.J.: Das Menschliche der menschlichen Bewegung, In: Das Menschliche, S.179, 1958, Koehler Verlag

§ 38. 身体能力を他者に伸長する　319

き生きした実存的身体運動の身体発生現象は，その関係構造という視点の下でしかその姿を露わにしないからである。ボイテンデイクの巧みな表現を借りれば，「世界に構造化された部分の意味内容との関わりのなかに現れてくる」[151] その関わり合いこそが〈情況〉と呼ばれるという。タックルしようと追いすがるラグビー選手の姿を映像に捉え，その背景をすべて消し去ってしまったら，二個の物的身体の同一方向への単なる位置移動である。それはキネステーゼ身体感覚の機能する有意味な周界情況ではない。獲物をねらって忍び寄るライオンの動きや，追いすがる選手の移動運動を物理学的な位置移動として測定分析しようとすると，その途端に時間化によって身体発生するキネステーゼ情況から絶縁されてしまうのだ。ライオンが何をしつつあるのか，選手が何をしようと走っているのかを「推測することはできても，見ることはできない」というボイテンデイクの指摘はこの意味において決定的な重みをもってくる。

　ここにおいて，我々は身体発生的分析の基本的運動認識を確認した上で，はじめてこの伸長現象におけるキネステーゼ意識が私の皮膚表面を超え出て，周界の物的対象に向かって〈潜勢的投射化〉するのを原的に直観することができる。そこにこそ，私の身体能力，いわばキネステーゼ身体発生能力の可能態（デュナミス）が同時にそこに居合わせているのだ。とは言いながらも，そんな単なる意識現象は，何も実体のないドクサ的な思い込み経験であり，いわば勝手に信じ込んだ身体経験でしかないと唾棄されてしまうのが一般である。まして，ここで主題化されるキネステーゼ意識が私の手にしたラケットや投げる槍に乗り移り，あるいは緊迫した〈動感情況〉（キネステーゼ）に遠心的に投射される伸長志向対象を分析対象にするなど，とてもそんな非科学的なことは考えられないのだ。それが奇妙な伸長現象を解明するのに不可欠だと言っても，そんな主観的な想像や思い込みや感覚印象を記述しても客観的な運動分析として何の役に立つのかと言下に拒否されてしまう昨今である。そんな主観的な思い込みの運動意識分析は，何の明証性もない非科学的な運動分析でしかないと批判されてから，早すでに半世紀の歳月が流れている。このような手厳しい批判に及ぶ識者は，超越論的分析がいつも必ず「ドクサ領域へ帰還すべきだ」[152] というフッサール発生現象学のスローガンをどのように受け止めて反論できるのか。自然科学的な〈精密運動分析〉と現象学的な〈厳密運動分析〉の区別は二者択一の問題ではないとフ

151　Buytendijk, F.J.J.: Mensch und Tier, S.14, 1958　邦訳：人間と動物，30頁，1970，みすず書房
152　Husserl, E.: Erfahrung und Urteil, §6, - ③ S.22　邦訳：経験と判断，第6節 - ③

ッサールが断じて,超越論的反省に基づいて形相的に還元する本質分析は,競技スポーツには無用の長物でしかないのか。ここにおいて,我々は改めて,この遠心的に投射化する伸長能力の具体的な例証に目を転じることから論を起こさなければならない。

(b) 物的対象に身体感覚を伸長する

我々が日常生活のなかで,手にした箸の先で食べ物の滑らかさや硬さを感じとり,あるいは狭いところを通り抜けるときに,私の身体感覚が無意識に働いていることは,その欠損態に出会うと気づくのだ。もちろん,その場合の〈身体感覚〉は,全身の骨格筋や感覚器官を支配する脳脊髄神経系で働く生理学的な〈体性感覚〉が意味されているのではない。その身体感覚はフッサールの発生的現象学の用語として自我身体の感受状態を表す〈身体学〉の基本概念である。食事のときに何気なく使っている箸の動きは,私が指で摘まむときの動きかたと同じように,血の通っていない箸の先には鋭い触覚と価値感覚が一元化されて統一的に居合わせているのだ。しかし単なる物的対象である箸の先に私の皮膚表面の触知覚が働くはずはない。それなのに,わが身の動感身体性に働く伸長能力は私の皮膚表面を超え出てその箸に移り住むことができるのだ。視線が届かなくても,手にした棒の先で対象物の滑らかさや硬さを感じとり,あるいは狭い所を通り抜けるとき私の帽子や衣服を自らの〈身体図式〉[153]と同じに感じとる私のキネステーゼ感覚の働きは誰もが例外なく承認できることである。そこには,現に必然的な本質可能性が生き生きと私の〈身体発生能力〉として機能しているからである。ここにおいて,この能動発生的な伸長能力は〈付帯伸長〉と〈潜勢伸長〉という両現象野に分けて考察することができる。それはすでに拙著[スポーツ運動学:218~222頁参照]に詳しいが,その要点だけを参考までに略述しておく。

まず最初の〈付帯伸長〉という志向対象は,わが身に付帯する衣服や手にする用具にまで自我身体のキネステーゼ感覚質が遠心的に伸長していくのだ。その付帯伸長能力は,その付帯物の外縁層に潜む触知覚や視知覚や聴知覚と絡み合うキネステーゼ身体感覚のみならず,種々のパトス的な知覚判断や価値感覚の鋭い評価作用までを支配する働きをもつことになる。しかしこの付帯伸長と呼ばれる志向対象は,その出来事の出現に関わる数学的確率論の法則とは本質

153　Merleau-Ponty, M.: Phénoménologie de la perception, op.cit. p.114　邦訳:知覚の現象学1, 172頁

的に区別されるのは論じるまでもない。野球における投手の見事なピッチングにしても，新体操における投げ上げた手具の背面キャッチにしても，それらの驚異的な身体知能として〈わざ〉は，その伸長能力の奇妙な身体発生能力に潜む志向含蓄態の地平意識まで開示してくれるのだ。しかし，それは立ち止まりつつ流れる原現在の超越論的反省にしか捉えられないから，物理時空間における合致の〈確率論的予測〉は通じるはずもない。バスケットボールにおけるロングシュートの見事な〈的確さ〉は，手から放れたボールに動感身体の伸長能力が乗り移って，ゴールを目指して飛んでいくことになる。そんな荒唐無稽な言い分は現代の科学主義ではまさに噴飯物である。そんな非科学的な奇妙な寓話的な記述分析を開示しても，シュートの確率が上がるわけはないと侮蔑されること頻りである。いわば，その選手の身体的状態にキネステーゼ身体感覚と潜勢的な伸長能力とが一元化された〈原的身体性〉の乗り移った〈伸長したボール〉が自らゴールに入っていくなどという記述分析はまさに戯れ言でしかないと断じられてしまう昨今の競技界である。

　ところが，競技そのものに生きる選手たちやその伸長能力に共感して実践指導するコーチは，この志向対象の身体発生的分析を誰もが当たり前のように了解することができるのだ。しかし，すでに前段[§16参照]でも触れているように，それが他者との〈間モナド連関〉[154]に関わる他者経験[深層：§82参照]という普遍的身体発生基盤に通底していることは周知の通りである。この奇妙な伸長分析なしには，謎に満ちた原的な動感身体性のもつ原発生の深層は開示されるはずもない。そのような分析の志向対象は付帯伸長能力に機能する現実態（エネルゲイア）としての原的な身体知能の働き以外の何ものでもない。それが新しい超越論的反省によってしか開示されないことは周知の通りである。その抜群のシュートの業（わざ）を身につけた名プレーヤーの伸長能力は，自らのシュートの的確さをサイコロの確率問題と同じ次元であると考えるはずもない。ボールが手から放たれても，そのボールには確信に満ちた伸長能力がいつも必ず息づいているのだ。その伸長能力という動感身体性の機能が原発生の始原的発生基盤に〈自己時間化〉として働いているからこそ，伸長能力が分析対象として構成されるのである。この伸長能力の志向対象の意味（センス）存在こそが過酷な反復トレーニングに耐える努力志向性を生化させ，その充実化を保証するのである。シュートの的確さが機械的反復化による確率論だけに支配されているとしたら，千変万化する緊迫した

154　Hua, I, § 55 - § 56 S.149ff　邦訳：デカルト的省察，第55節215頁～，第56節230頁～

動感(キネステーゼ)情況の価値判断も，シュート行動の選びかたも，シュートを打つ〈動きかた〉も，その確率論的トレーニングでは何一つ開示できないのだ。単なる機械的反復化とは截然と区別された〈原努力的反復化〉には，〈目的論的原理〉が働いているのである。因果論的な数的トレーニングにかまけて，生ける時間化能力による身体発生の反復化トレーニングの本質可能性を見過ごしてしまうと，それは単なる機械的反復化による〈しごき〉以外の何ものでもなくなる。サイコロの確率論には〈原的身体性〉という〈原現象〉が本質必然的に成立するはずもないのだ。そこには，マネジメント科学による競技コーチング論もその正当性を失う本質可能性が潜んでいることを見過ごしてはならない。

(c) 動感情況に感覚論理を投射する

　伸長現象野におけるもう一つの〈潜勢伸長〉の現象とは，動感情況に投射化していく志向対象と運動主体の定位感との間に，自由な空間性以外に何もない本質可能性が意味されている。その伸長現象の〈潜勢〉という表現は，手にバットや竹刀などの用具を持たない，いわゆる〈徒手空拳〉の場合が意味されている。しかし，持っていたボールや槍を投げた場合に，そのボールや槍には運動主体の原的身体性が移入されているから，それは最初から徒手空拳の動感意識を投射化する場合とは区別されるのは言うまでもない。ここで主題化される潜勢伸長の働く現象野では，主観身体の皮膚から離れた動感的〈隔たり感〉という原的身体性が私の身体から投射されて生き生きと機能するのだ。その〈伸長する志向対象〉が密度濃く漂う自我身体の外縁層に始まって，果ては，はるかに遠く離れた物的対象にまで及ぶことになる。その自由な潜勢伸長現象の例証を身近に求めれば，物的対象との接触トラブルに露呈される。未だ自らの身体能力の空虚形態しか働かない幼児や，かつて受動的に機能していた身体図式が衰え始めた高齢者は，わずかな段差につまずいたりする。その場合，我々は筋力の衰えに原因を求め，脛骨筋の筋力トレーニングに入るのが一般である。高齢者がそのわずかな段差をクリアする筋力不足というより，その〈非直観志向性〉を蔵(かく)している伸長能力の〈志向対象そのもの〉が機能していないのだ。最初から段差をクリアできる筋力がないと分かっていれば，つまずくという突発現象は起こるはずもない。段差の存在に気づいていても，その老人の伸長現象はその地平志向性の底に沈んだままで一向に働かないのだ。だから，その志向対象の動機づけを〈直観化〉に持ち込むのが先決である。そこでは，その原

§38. 身体能力を他者に伸長する   323

的に所与されている今ここ統握も，段差という志向対象性も自らの伸長地平の背景に沈んだままであることを見逃してならないのはこの意味においてである。

　小さな水溜まりを何気なく，いわば受動的に跳び越せるのは，この伸長能力の受動志向性が生き生きと働いているからである。その水溜まりを走ってから跳び越せるのは，自らが踏切り位置に自分の利き足を即座に伸長できるからだ。水溜まりを跳び越せる自我身体を自ら受け入れ，その伸長能力の受動発生をわが身がいつもすでに承認しているのである。この受動発生する原的身体性に対する無関心さが何故に引き起こされるのかに注目しなければならない。メルロ＝ポンティが意味する〈意識の奴隷〉のように，わが身は何でも思い通りに動いてくれると信じて疑わないのだ。しかし，段差につまずいたり，水溜まりを跳び越せなかったりすると，直ちに因果論的思考が働き，老化原因として体力低下が指摘され，その筋力トレーニングに入るべきだと考える。しかし，周界情況の変化に対して不可欠な〈伸長〉という志向対象は目に見えないものだから，空虚形態のまま働かないのに気づかない。その非直観的な志向対象に向き合う貴重な身体感覚の志向体験は，いつ，どこで，どのようにその意識対象性の構成と向き合い，学習されていくのであろうか。そのためにこそ学校体育は，不慣れな〈動きかた〉の教材を通して，原的身体性の身体発生に関わる貴重な〈身体経験〉を学習する重要な役割をもっていることを見過ごしてはならない。しかし，明治以来の健康維持と体力向上の生理学的陶冶目標に特化してきたわが国の身体教育は，この貴重なキネステーゼ感覚の能力発生に関わる学習対象を欠損態のままにしていたことになる。近年において〈楽しい体育〉を標榜し，メルロ＝ポンティが意味する意識の奴隷になった〈沈黙身体〉に埋没し，慣れた動きかただけを反復するとすれば，仲間のキネステーゼ〈感覚論理〉との出会いや共感的交流による〈間身体教育〉が発生地平の背景に沈められるから，他の教科との本質必然的な違いを主張しにくくなる。学校体育がキネステーゼ感覚能力という原的身体性の対話から生じる〈動感身体発生〉という固有な役割を放棄し，原努力志向性を触発する〈反逆身体〉の現象野を排除するとすれば，学校体育の本質的固有性を改めて問い直さざるをえなくなるであろう。例えば，目で直接確かめられない車体の外縁に自らの鋭い動感意識を伸長し，わずか1センチの距離にまで幅寄せできるドライバーの伸長能力は，日常的にそんなに珍しい出来事ではない。しかし，コツとカンという単なる身体感覚に頼るのは非科学的だとして，数学的確率論にその因果を求めたくなるので

ある。その可能態(デュナミス)としての身体能力性の本質必然性を取り上げようとしないのは，端的な科学主義による合理化の傾向だけの問題なのであろうか。

ここに開示された〈付帯伸長〉と〈潜勢伸長〉という二つの非直観的な志向対象は，その主観身体の〈動感感覚論理(キネステーゼ)〉が生き生きした投射機能を帯びながら，単なる物的対象や複雑な周界情況にまで拡がっていく貴重な身体経験を媒介していることに注目するのでなければならない。しかし昨今の競技領域も体育領域も，その運動分析の関心事は，例えばボールとゴール，ボールとバットという二つの物的対象の〈物理学的同時性〉や達成事実の〈数学的確率論〉の問題だけに傾斜し，いわば成果主義一辺倒に流れているのが現状のようである。しかし，その科学的な精密測定に基づく運動分析が目に見えない非直観的なキネステーゼ感覚意識をその運動分析の射程に入れるはずもないし，入れられるはずもない。だから，運動する主体の深層に潜む非直観的な〈伸長現象〉が排除されているということにも気づかなくなってしまうのだ。この謎に満ちた伸長能力の原発生地平に志向含蓄態として潜んでいる内在的な意識経験の本質直観分析は，外部視点から科学的に計測して分析する物的運動の自然法則［慣性の法則，運動の力と方向の法則，作用反作用の法則］の〈客観的運動分析〉とは全く異質な現象領野に属しているのをまずもって確認しておくことが先決である。その物的運動の科学的分析と運動感覚の現象学的分析という二つの分析対象は全く別種であり，その分析方法論も決して二者択一の問題ではないことがここで確認されるのでなければならない。

それにもかかわらず，現象学的本質分析と科学的客観分析との時間認識論が区別されないまま，さらに超越論的蓋然論も数学的確率論の区別も確認されないまま，その取り違いは後を絶たない昨今である。このような科学主義のままで他の現象野の正当性を一方的に批判するのは何としても遺憾としか言いようもない。すでに序章の冒頭［§1-(b)，§2-(c)参照］から述べているように，運動する主体の〈内在経験〉に機能するキネステーゼ原的身体性こそがその〈究極核〉なのである。この伸長能力の地平構造における必然的な本質可能性が解明されずに放置されるのでは，この運動と感覚の一元論的本質をトレーニング目標像とする現実態(エネルゲイア)としての〈身体知能〉を見出すこともできないことになる。メルロ＝ポンティの巧みな表現を借りれば，内在的な知覚に関する古典的な生理学，心理学の諸理論を「爆破させてしまった後で」[155]，はじめて動感身体性に機能

---

155 Merleau-Ponty, M.: Phénoménologie de la perception, op.cit. p.116　邦訳：知覚の現象学1，173頁

する伸長現象を「私の身体が世界存在であることを表現する一つの仕方」[156]として理解できる道がそこに開示されると指摘する。メルロ゠ポンティの余りにも刺激的な発言はたしかに意図的ではあろう。しかしそれにしても，物質的身体と精神的身体の両者に共通な生き生きとした〈身体知能〉の働く実存的な競技スポーツ世界の動きかたや振る舞いは，フッサール現象学の身体学領域の問題圏として，厳密な超越論的反省に我々を誘うことになろう。

[D] 全身感分析の道しるべ

§ 39. 漠然とした気配感に向き合う

(a) 漠然性は述定化を阻む

　ここでは，動感(キネステーゼ)空間における方向不定な漠然性を本質必然性とする〈全身感〉という事態カテゴリー，つまり全身体で感じとられる漠然とした述定判断の志向対象［気配感能力，情況感能力，シンボル化能力］が主題化されることになる。いわば，この全身で受け止めるという全身感という問題圏では，全体的に方向が不定なまま，ぼんやりとしか機能しない身体性に感じられるパトス的な〈感覚的感情〉や，キネステーゼ価値感覚が働く〈感情的高揚〉というような漠然とした述定判断の志向対象が取り上げられてくる。そこには，わが身で何となく〈そんな気がする〉というときの〈気配感〉，周囲世界の動感意識に映る情況をわが身で感覚化する〈情況感〉，ないしその周界情況に隠れているメタ構造［抽象的な内在的構造］を捉える〈シンボル化〉された志向対象が分析対象に取り上げられることになる。このような方向不定で漠然とした全身感は，すでにフランスのサルトルによる〈全身感覚(セネステジー)〉[157]やドイツのシュミッツによる〈全身感覚〉[158]などとしてよく知られている。それらは一挙にありありと直観化できる原的身体性の〈今ここの感じ〉が意味されている。この全身感は，後段で順次に立ち入ることになるが，いわば，わが身にありありと感じられる〈原的所与性〉ないし〈身体的所与性〉として，生ける主観身体の「知覚のなかにそれ自体が固有な身体的なるものとして特徴づけられる」[159]ような〈予感的な感

156　Merleau-Ponty, M.: ibid. p.117　邦訳：知覚の現象学 1, 176 頁
157　Sartre, J.P.: l'être et le néant, essai d'ontologie phénolménologique, p.377-387, 1943, Gallimard　邦訳：存在と無，松浪信三郎訳，654-670 頁，1999，人文書院
158　Schmitz, H.: op.cit. S.79f.　邦訳：身体と感情の現象学，48-50 頁
159　Hua. III. § 43 - ④ S.79/90　邦訳：イデーン I-1, 第 43 節 - ④ 186 頁

じそのもの〉だとすでに以前からフッサールは指摘しているのだ。

　それにしても，この全身感における事態カテゴリーは，ぼんやりした〈予感的な感じ〉を純粋に記述し，〈カテゴリー化〉していくことになるが，それは決して容易なことではない。とは言ってもそれは，決してまやかしの幻想的な感じや単に勝手に空想した感じなどではないのだ。それはあくまでも，主観身体に原的[originär]かつ身体的[leibhaftig]な〈自体所与性〉として明証的に感じとられる述定判断の志向対象に他ならない。競技スポーツの領域では，その緊迫したキネステーゼ身体感覚で予感的に感じとられるこのような反論理的な出来事は枚挙に暇がないほど現れてくる。ここでいう〈感じ〉という微妙な邦語表現は，漠然とした原感情［感じのいい人］や全く受動的な本能キネステーゼ感覚［眼と首の連動や声帯の受動的機能］，あるいは動きの快不快の感情［気持ちいい動き，しっくりいかない動き］や周界からの何となく迫ってくる方向不定な気配感［深層：§43参照］など，キネステーゼ身体感覚に関わる〈動く感じ〉が意味されているのは言うまでもない。

　このような価値意識を伴う感覚質を統覚化する場合には，いわゆる〈ロックの呪縛〉はすでに我々の身体発生的分析からエポケーされているのは喋々するまでもない。とは言っても，身体全体（からだ）で動く感じを統握する事態は，つまりそのような全身感という述定判断の志向対象というものは，なかなか主題化しにくい問題圏である。すでにフッサールは，自我身体に局在化される感受状態を〈身体感覚〉[160]［Empfindnis＝感覚感；再帰感覚；感覚態；身体感覚］として取り上げていることは周知の通りである。しかし，その身体感覚の局在性を巡って，それはさらに〈原的身体性〉の多様な感受状態のなかに開示されていくことになる。フッサールは「我々が名付けている身体とは，すでに物質的事物以上のものであって，すでにいつも心情的なものに属する層位をもつ」と述べながら「その層位は我々がそれに言及して関係づけをしたのではなく，最初から，いわば直観的に身体そのもの全体に属している層位として現に存在している」[161]と指摘して，その身体的状態の感覚質として，多様な身体感覚の様相変動として，その根源的な身体感覚の記述分析が精力的に取り上げられている。このような身体感覚一般は，その〈身体的なるもの〉に関係づけられて体験されていくが，この現象学的な身体感覚は生理学的な〈体性感覚〉とは全く異質であることは

160　Hua. IV. § 36 S.144ff.　邦訳：イデーン II - I，§36　171頁以降
161　Hua. V. Beilage I. §4 - a) - ① S.118　邦訳：イデーン III，付論§4 - a) - ①　152頁

論をまたない。我々の意味する〈身体的なるもの〉が「単なる物質的事物とは本質的に異なったかたちで現に存在するということは、この身体感覚に負うのでなければならない」[162] とフッサールはいみじくも指摘し、感覚与件という〈ロックの呪縛〉を解除し、価値感覚作用を蔵(かく)したキネステーゼとしての身体感覚の意味存在(センス)を浮き彫りにしてくれる。ここではさらに、この全身感は方向不定な〈気配感〉だけに限定せずに、動感志向性の投射化を伴う〈情況感〉やその〈メタ構造〉としての〈シンボル化現象〉がカテゴリー分析の志向対象として取り上げられることになる。

(b) 気分と雰囲気の絡み合いに注目する

このようにして、方向不定な気配感においては、これまでの動感時空間のなかに捉えてきた情況に向けて投射化する〈遠心的方向性〉と自我身体に中心化される〈求心的方向性〉がその地平において絡み合いながら、漠然とした〈雰囲気〉をもつ全身的な価値感覚の機能する動感身体性が〈述定化〉されていくのだ。この〈気配感〉を巡る事態カテゴリーの奇妙な諸現象は、競技スポーツの実践現場で叫ばれる実戦的切迫性を蔵(かく)して余りある可能態(デュナミス)としての〈身体能力〉である。それにもかかわらず、わが国の運動分析の対象にこの気配感がいつも取り上げられないままなのはどうしてなのか。たしかに、この気配感の〈雰囲気〉という志向対象は、まずもって実存の動感情況のなかに自らの身体を埋没させた〈方向不定性〉が浮上していることに注目しなければならない。もちろん動感志向性の方向が不定性をもつということは、動感志向性それ自体が欠落していることが意味されているのではない。方向不定の志向性という場合、その不定性とは「不定な〈何か〉を表象することがその確定性という志向的本質を必要としている」[163] からだとフッサールも注意を喚起しているのはこの意味においてである。ここにおいて、我々はまずもってフランスのサルトルが名付ける〈全身感覚〉(セネステジー)[164] という志向対象は、その身体性の全体から生じる〈気分〉(アフェクティヴィテー)が意味されているのを見過ごしてはならない。疲れてしまった〈だるい感じ〉、何となく〈気が進まない感じ〉、あるいは〈生気漲る感じ〉〈吐き気の不快な感じ〉などが意味されているからなのだ。それらは言うまでもなく、

162　Hua. V., Beilage, I. §4‐a)‐② S.118f.　邦訳：イデーン III, 付論 §4‐a)‐① 153 頁
163　Hua. XIX. Bd.II‐I. §15‐b)‐⑦ S.396　邦訳：論理学研究 3, §15‐b)‐⑦ 194 頁
164　Sartre, J.P.: l'être et le néant, essai d'ontologie phénolménologique, p.377-387, 1943, Gallimard
　　邦訳：存在と無, 松浪信三郎訳, 654-670 頁, 1999, 人文書院

筋疲労や嘔吐という生理学的現象の単なる比喩的表現などでは決してないことに言を重ねる必要はないであろう。

このようなぼんやりとキネステーゼ感覚に捉えられる〈雰囲気〉という現象に関して、さらにドイツのシュミッツによる〈全身感覚〉にも注目しておく必要があろう。シュミッツが〈全身感覚〉[165] と呼ぶこの身体感覚は「自我身体に感じとれる雰囲気の重大な要因になる」のだから「自らの爽快感や疲労感を感じる場所は空間的方位づけの体系のなかでは、ただ漠然としか表現のしようがない」のだと述べている。さらに「この全身感覚は身体を一挙に占領するから、その場所が知覚される身体図式の局在化から逃れてしまう」と巧みな解説を加えて理解を誘ってくれる。それは方向不定という〈漠然さ〉の本質可能性を見事に言い当てていることになる。さらに同じように、シュミッツが自らの身体現象学の構想にその核心を位置づけた〈身体状態感〉[166] という事態カテゴリーは、〈狭さと広さ〉の基本的カテゴリーのなかで一対をなして生気づけられていると指摘し、それは私の生身に即した原的な身体能力発生と理解されるのだと、さらに論を展開していく。それは言うまでもなく、決して生理学的身体の出来事ではないし、視覚印象からくる心理学的事実でもないからである。私の身体は狭く感じたり、広く感じたりするが、〈全身としての状態感〉はそれに応じて変化し、「広さと狭さとの間を行ったり来たりする振り子の動きをする」のだとシュミッツは巧みに純粋記述的に分析をしてみせる。とりわけ、シュミッツが〈全身感覚〉[167] と名付けた事態、つまり述定判断の志向対象は「自我身体が感じとれる雰囲気の重大な要因になる」と的確に指摘しているのを見逃すわけにはいかない。「自らの爽快感や疲労感を感じる場所は、空間的方位づけの体系のなかでは、ただ漠然としか言いようがない。……この全身感覚はその身体を一挙に占領するから、その場所は知覚される身体図式の局在化から逃れてしまうのだ」という正鵠を射た指摘は方向不定性の〈漠然さ〉をいみじくも純粋に記述してみせるのである。

(c) 気配感の習得に道を拓く

このような捉えどころのない方向不定な全身感覚の現象や身体状態感におけ

165　Schmitz, H.: Phänomenologie der Leiblichkeit, op.cit. S.79f.　邦訳：身体と感情の現象学, 48-50 頁
166　Schmitz, H.: Phänomenologie der Leiblichkeit, In: Petzold, H.(Hrsg.), Leiblichkeit, S.82ff.,1986, Junfermann Verlag　邦訳：身体と感情の現象学, 小川侃編, 53 頁以降, 1986 産業図書
167　Schmitz, H.: op.cit. S.79f.　邦訳：48-50 頁

§ 39. 漠然とした気配感に向き合う

る〈気配感〉という志向対象は,科学的運動分析ではその客観性を確保するために,いつもその分析対象の射程から外されてしまうのは論をまたない。しかし,高度な職人的な技芸(わざ)のみならず,演劇や舞踊,競技スポーツや武道などの実践可能性を追求する高次の〈キネステーゼ感覚世界〉においては,その漠然性をもつ〈気配感〉の志向体験こそ,原的な身体能力のもっとも普遍的な身体発生基盤として注目されているのは周知の通りである。それらの全身感におけるキネステーゼ感覚の働く身体発生を生み出す肥沃な大地となる気配感の現象野こそ,身体発生的分析の貴重な志向対象性を構成しているのだ。たしかに競技スポーツの実践現場では,背後に忍び寄る敵の気配をその全身感の身体状態感で捉えるプレーヤーは決して珍しい存在ではない。その選手は,そのような謎めいた気配感を自らの微妙な快不快の感情に映し出して,〈何となく嫌な気分〉とか,〈気分が乗らない〉とか言って,自らの動きかたや行動を即座に決断しているのだ。その気配感の承認と即座の決断は,同時変換作用として,いつもすでに自我意識なしに,いわば勝手に,自発的に機能してしまうのである。その選手の受動志向的なパラドックス的振る舞いは,むしろ素晴らしいカンを身につけた名選手として絶賛され,そのようなとっさの対応は〈天賦の才能〉に恵まれた鋭い〈気配感の身体知能〉として賞賛の的にさえなる。

しかし,その謎に満ちた希有な現実態の身体知能ないし可能態(デュナミス)の身体能力について,それを誰も〈体力〉とは表現しないし,すごい〈精神力〉だとも決して言わない。いわば,心身二元論の枠組みを超えた奇妙な現象をそこに見出しているからである。ヴァイツゼッカーはその現象を知覚と運動の一元論として生物学における〈根拠関係〉[168]と呼ぶ[深層:§63‐②参照]。その根拠関係のなかに呈示される身体知能ないし身体能力はフッサール現象学における身体学領域の原的身体性を呈示する〈動感原発生地平(キネステーゼ)〉に遡源することは,すでに繰り返し指摘されており,さらに言を重ねるまでもないであろう。その身体学領域における身体知能ないし身体能力の身体発生現象に対して,スポーツ運動学が重大な関心を寄せているのは,まさにこの意味においてである。ここで主題化される場の雰囲気と主体の気分との間に醸し出される〈気配感〉という身体能力も,同じようにその原発生地平に潜む志向対象性に他ならないのだ。しかし,全く計量化できない雰囲気とか個人的な気分といったパトス的心情の絡む微妙な気配感能力の非直観的な志向対象は,精密科学が求める物的対象の客観

---

168 Weizsäcker, V.v.; Gestaltkreis, S.318, 1997, Suhrkamp Verlag 邦訳:ゲシュタルトクライス,298頁

性が欠損しているから，科学的運動分析から除外されるのはむしろ当然のこととなる。

ところが，現に勝負を賭ける選手たちやコーチの競技領域では，何となくそんな〈気配を感じる〉といった可能態(デュナミス)としての身体発生基盤上に現れるキネステーゼ感覚の漠然とした〈感じ〉を頼りにしていることが決して少なくないのだ。しかし，そのような曖昧な経験的な気配感能力を声高に主張すれば，そんな「非科学的なこと」と侮蔑されるから公言を憚るだけなのだ。緊迫する現実の試合のなかで，背後から迫る敵のプレーヤーの気配感に全く反応しない選手に対して，何も注意しないコーチはまずいない。それに対して「後ろに目がないのだからそれは無理だ」とぼやく選手がいれば，それに対して「目で見ないで身体で見るのだ。その気配こそ大事なのだ」と一喝する。そこに潜む非直観的な，いわば目に見えない動きを時間化で感じとる〈身体発生能力〉，つまり〈気配感〉を要求して憚らないのが現場の指導実践に他ならない。とは言っても，その気配感という事態カテゴリーに本質必然性を認めていても，その漠然とした〈気配感能力〉を選手のトレーニング対象としてプログラムに取り上げるコーチはそう多くはない。ここにおいて，この漠然とした雰囲気と気分の動機づけをもつ〈気配感能力〉という志向対象を，シュミッツに倣って〈身体状態感〉におけるキネステーゼ感覚の雰囲気に気分づけられた気配の〈感情感覚〉[169]とまとめることができるであろう。

さらにメルロ＝ポンティは，わが身のかゆい所を自らの〈現象の手〉との共存のなかで即座に捉える〈場所の知〉[170]を認めているのも周知の通りである。同じように競技実践においても，動感(キネステーゼ)として感覚化している〈カオス的情況〉のなかで，迫ってくる方向不定な〈雰囲気〉を〈気配〉として感じとることは決して珍しいことはない。ところが，現にそのような謎めいた気配感能力を現実態(エネルゲイア)としていつもすでに身体化しているプレーヤーは，その貴重な一元化意味核をわが身の胸三寸に秘めて，あとは〈沈黙身体〉に還元してしまうのだ。しかし，ボイテンデイクはそのような方向不定な判断の志向対象を「何となくそんな気がした」という未規定的な〈生命的想像力〉[171]に支えられていると巧みに開示してくれる。「生命的な想像力は必然的に働くのであり，潜勢運動が行われるなかにこそ存在する」と指摘して「その潜勢運動は目指される運動

169　Bergson: Matiére et mémoire 1896-1990, p.60-61　邦訳：「物質と記憶」ベルクソン全集2，69頁
170　Merleau-Ponty, M.: Phénoménologie de la perception, op.cit. p.122　邦訳：知覚の現象学1，183頁
171　Buytendijk, F.J.J.: Allgemeine Theorie der menschlichen Haltung und Bewegung, op.cit. S.154ff. 1956

に不可欠な前提だから，決して単なる心理的な働きなどではない」と断じることになる。〈何となくそんな気がする〉というときの「〈迫りくるもの〉は一つの〈直接の感覚印象〉なのであり，それどころか習得可能な感覚印象でさえある」というボイテンデイクの指摘は，我々の競技コーチングの理論的基礎づけに貴重な示唆を与えくれる。キネステーゼとして感覚化する志向対象に関わる〈気分〉や〈雰囲気〉あるいは〈生命的想像力〉などと表現される〈気配感〉の志向対象は，決して恣意的かつ心理的な単なる〈空想的過程〉ではない。それは現実のキネステーゼ感覚の身体発生能力を保証する本質可能性を蔵しているのだ。このような気配感の本質可能性は，どんなに数学的確率論によって精密に科学的分析をしようとしても，その核心に迫ることは本質必然的に不可能なのは論じるまでもない。そのような〈気配感能力〉という本質必然性の開示こそは，厳密な超越論的な原発生の地平性分析に求めるしか道はないことを知らなければならない。このような気配感という非直観的な志向対象こそ発生的運動学の固有な分析対象性として主題化されるのでなければならない。さらに，それが我々の競技スポーツ領域の分析論のみならず，高次の技芸伝承領域におけるさらに高次元の方向不定のカオス的全身感に対しても，新しい道を拓く実践可能性を放棄してはならない。競技スポーツの身体運動は全身的な動きかたや行動的振る舞いが分析の対象になるが，そこにも微妙な差異化現象をもつ志向対象の原発生地平において，新しい全身感領域の厳密な超越論的反省の立場が浮上してきた。そこでは，部分的な身体運動の高次元の超越論的反省の態度のなかで，その様相化は固有な動感発生世界として開示されることになろう。美術工芸の世界における手などの微妙なキネステーゼ感覚世界は我々の全身運動とは比較にならない超越論的反省に厳しい態度が求められるに違いない。その技芸世界の超越論的反省は我々の競技世界に多くの示唆を与えてくれることになろう。そこにもフッサールの言う感覚素材と志向モルフェー（ヒュレー）の相補的一元性［深層：§74参照］に徹すれば，我々の〈身体運動文化〉の新たな高次元の動感発生世界への道が拓かれることに新しい期待が膨らむのではないか。

§ 40. 情況感は身体能力で捉える

(a) 情況の動感意識を一元化する

ここに主題化されるキネステーゼを感覚化する〈情況感〉と呼ばれる現象は，

方向不定な気配感という全身感に比べれば、その動感志向性が周界情況に向けて遠心的に投射化されていくことになる。しかし、その方向不定な漠然性そのものに変わりはないから、依然として周囲世界の動感化する情況を捉えようとするノエシス的、ないし実的な志向性分析はますます我々に難問を突きつけてくる。まず我々が自ら動くときには、自らどのような運動投企のもとに動こうとするのかに注目するのは自明なことである。因みに、ここで意味される〈運動投企〉[172] とは、ボイテンデイクの指摘を待つまでもなく、ヴァイツゼッカーの言う自ら動こうとする意図がすでに含まれているから、客観的心理学で取り上げられる意識内容としての〈企図〉とは区別される。例えば〈頭を掻く〉という事態、つまりその振る舞いの志向対象は、自らそうする意図をもった未来の一連の動く感じを自ら予描し構成すること、つまり〈運動投企〉そのものであり、その予描される動きかたを未来に向けて構成する事態が志向対象になる。その動きを投企する場合に、我々は自我身体を取りまく周囲世界の〈動感情況〉をどのような価値感覚の下に統握しているのかも、そこで同時に一元的に取り上げられることになる。そうしないと、ロックに呪縛された単なる感覚与件との差異が曖昧になり、混乱させられてしまうからだ。いわば、「自らどう動けばいいのか」という価値感覚によるコツ能力を含んだ〈運動投企〉と、周囲世界にどのようなカンを働かせて、「どんな意味発生をそこに構成するのか」という〈動感化情況〉とを両々相まって〈一元的統一態〉として統握することになる。それは、述定判断する志向対象としての事態そのものが、これからの未来の動きかたや振る舞いを決定的に左右するからである。この意味において、ここに主題化された情況感という事態カテゴリーは、そこに求められる重要な身体発生現象のノエシス契機を呈示してくれるから、我々の発生的運動学では不可欠な意味存在をもつ志向対象として構成されることになる。

　ここにおいて、微妙な動く感じを含蓄している〈情況〉としての〈身体発生現象〉を自らの身体能力で感じとろうとすると、そこにどんな本質可能性が潜んでいるかに予め問いかけておく必要がある。すなわち、その絡み合ったキネステーゼ情況に潜んでいる〈今ここ〉の身体発生の志向対象を開示するには、まずその分析対象のノエマ的意味構造を統握しておかなければならない。そのためには、ノエマ的地平構造に潜んでいる二重化された〈志向含蓄態〉に直接に向き合わざるをえない。そこには、志向含蓄態という謎に満ちた二重性が潜

172　Buytendijk, F.J.J.: Allgemeine Theorie der menschlichen Haltung und Bewegung, op.cit. S.13.

§ 40. 情況感は身体能力で捉える　333

んでいて，その〈情況の意味〉と〈情況の感じ〉という両義性が一元化されて畳み込まれているからだ。さらにそこには，〈同時変換〉という奇妙な作用が働いている。いわば，その情況の地平に含蓄されている意味にカンを飛ばして掴むとき，その情況の感じが快い感情としてわが身のコツにしっくりと馴染むかどうかという，そのようなカンとコツが同時に表と裏で機能するという奇妙な〈反論理性〉が秘められている。この事態の志向対象，つまり述定する判断の志向対象は，自ら時間化する身体発生能力にどのように受け止められているかが純粋に記述されなければならないからである。しかし，このような奇妙なコツとカンの一元化統一態でも，表でコツもカンも同時に機能することは決してない。このことはアスリートなら誰でも，競技スポーツの実践可能性として，その必当然的な明証性をわが身で感知できるはずである。この奇妙な事態そのものを非科学的な論理矛盾としてしか理解できない人は，ヴァイツゼッカーがいみじくも〈岡目八目〉と喝破しているように，燃えさかる火事場を他人事のように眺める野次馬的な冷徹な自然科学者である。しかし外部視点からどんなに精密に分析しても，この生命的な身体発生現象を開示できないことは，フッサールがまさに正鵠を射た指摘を繰り返しているから論じるまでもないであろう。

　この身体発生能力は決してアスリートだけの特権ではない。日常運動の生活世界でも，誰にも発生する〈明証的な事態〉であることがいつもすでに受容されているのだ。つまり，動感化しつつある情況にカンを投射する意味統握と遂行自我のコツによる価値感知は，いつも必ず一元的に〈身体化〉されているのである。この機能する動感身体性という現象学的な運動認識の上にのみ，漠然とした〈情況感〉というこの身体能力の事態カテゴリー分析が可能になるのだ。しかも，因果決定論の枠組みを超えた超越論的論理学のなかで理解される〈同時変換作用〉という内在経験なしには，この情況感を判断する志向対象の本質必然性に迫ることはできないのである。このような謎に満ちた動感化する〈情況感能力〉という事態に対して，その超越論的構成分析が取り上げられてはじめて，情況感の実践可能性の道を辿り始めることができる。さらにその〈情況感〉という身体能力に関わるトレーニング方法論の実践的な体系化を見出せる可能性が生じてくるのであろう。

(b) 自得の美意識に回帰する

　このような方向不定の漠然性を示す〈情況感〉に向き合う事態において，今

ここの情況感をもつ遂行自我は、現に向き合っている周囲世界がどのようなカンの意味統握とコツの価値感覚を求めているかを、いわば間髪を入れずに即座に読み切れる〈情況感能力〉を前提にしていることになる。しかしその場合、外部視点から客観的に情況判断をして、その意味と価値を比較考量してから決断するという、いわば因果決定論的思考をまずもってエポケー［判断中止］しておかなければならない。つまり〈情況感〉という自己時間化する身体発生能力は、因果法則に関わりなく同時発生する反論理性をその基柢に据えているからである。となると、その周囲世界における情況の意味発生を捉える志向対象と遂行自我の価値感覚により情況判断する志向対象とは、いわば周囲世界の情況判断と遂行自我の価値感覚的機能とは、ヴァイツゼッカーの指摘するように、まさに同時性をもって先も後もない形態円環として構成されることになる。しかも、そのときの価値感覚の機能には、何をしたいのか、何ができるのか、どうすべきなのか、というパトス的〈身体能力〉も志向含蓄態としていつも息づいているのだ。このような情況感能力の本質可能性を捉える志向性分析には、その分析対象にパトスカテゴリーとの絡み合いも取り上げられる必然可能性も生じてくる。そのパトス的本質可能性の身体発生的分析なしには、実践的な情況感能力のトレーニング方法論は、その構図すらも描くことができないことになってしまうのだ。そのパトス分析の道しるべは後段［§42〜§46参照］で改めて立ち入ることになろう。

　そのように絡み合って機能する情況感能力の〈志向対象〉そのものの構成分析は、奇妙な〈形態漠然性〉を身体化していく道程に現れる大きな障碍に妨げられることに注目しておかなければならない。それは動感身体性に潜むカンの身体発生投企とコツの身体発生投企が奇妙な〈二重的一元性〉として我々の超越論的反省の行く手を阻んでくるからである。とりわけ戦後になって、西欧諸国からスポーツ領域に生理学的な体力の要素分析論や二元論的な心理学的客観分析論が次々と参入してきた。さらにそれは測定競技における勝敗判定の機器的精密化と相まって、科学主義的傾向に拍車が掛けられた時代に入ってきているのだ。そのために人工知能の数量的な進出によって、さらなる混乱が引き起こされつつあるのは周知の通りである。そのこと自体は〈物的身体〉と〈身体物体〉とからなる身体発生基盤をもつ人間の身体運動にとって、不可避的な運動認識論として受容せざるをえないということになるのか。しかし、勝つか負けるかの緊迫した競技に生きるアスリートたちやコーチは、その勝敗決定が一

§ 40. 情況感は身体能力で捉える

方的に機械化の一途を辿っているだけに，どうしても因果決定論の思考態度にのめり込んでしまう傾向を否定できない。そこに見え隠れする成果主義と絡み合って，我々の競技論はますます混迷を深めるばかりの昨今である。

　しかし，単に勝敗判定の基準を巡る競技論のみならず，その身体発生論に潜む本質可能性は，因果決定論やヴェクトルの合力だけではその正否が割り切れない多くの謎に満ちていて，多くの奇妙な諸現象に覆われているのも事実である。その反論理的な奇妙な動感身体性の働きに苦悩してきた技芸（わざ）の伝承世界においても「それは自らの身体（からだ）で覚えるしかない」と割り切って，それを自得の美意識という古来の教えがわが国の芸道に古くから伝承されてきているのだ。この自得の意味発生に潜む〈情況感〉（センス）という謎に満ちた志向対象の意味内実も，まさに前景に立てられる必要に迫られているのである。絡み合った情況の意味を一瞬にして捉える〈身体知能〉の存在は実践現場で周知のことである。その謎に満ちた情況感能力の〈自得の美意識〉の源流は遠く，〈不立文字〉に代表される禅の思想や荘子の道教に深く切り結んで発展し続けてきたこともよく知られている。わが国の芸道における技芸（わざ）伝承の世界では，現代まで温存されている〈無師独悟〉としての貴重な芸道思想が幾世紀の歳月を超えて，現代にまさに生き残っているのだ。しかし，〈漠然性〉という形態学的本質をもつこの〈情況感能力〉が「実戦からしか学べない」としか言えないとなると，それはまさに指導者不要論に連動してしまうことになる。ところが，一方では卓越した老練な技芸の師匠も現に存在しているし，貴重な究極の意味核を胸三寸に収めている名コーチも決して珍しい存在ではない。そのような情況感経験の豊かな指導者はその貴重な奥義を秘伝化して滅多に口にすることはない。それは先言語的で説明しにくいのは疑いを入れないとしても，それを敢えて自得の価値意識に託して，それの意味発生をじっと待つ心構えが奥義伝承の常道になっているのだ。この事態がわが国古来の芸道の奥義伝承の〈相伝思想〉を形成しているのであり，それが流派や宗家の秘伝的奥義の温床になってきたことはこれまた周知の通りである。この事態の地平には，すでにその奥義の意味（センス）存在は確認されているのであり，それを疑う余地は全くないのだ。芸道の師匠とは，その奥義を意味核として身体化できた達人なのであり，いつでもその奥義を呈示できる身体能力を保有していることが師匠の絶対条件だからである。

　しかし，競技スポーツの世界においては，芸道の流派や宗家の相伝形式はないにしても，アマチュアリズムの崩壊後は，その卓抜の名監督や名コーチのパ

テント的な生活権と絡んで，その情況感能力の奥義の開示は同じようにそう簡単にはいかない。しかし，その奥義といわれる秘伝的内容は，一般の人にはとても理解できないような反論理性を蔵(かく)しているから，どうしても敬遠されてしまう。たしかに，室町時代の世阿弥の能における〈離見の見〉にしても，戦国時代の宮本武蔵の〈観見二様〉などは，まさにその因果法則に反する非科学的な表現そのものであり，現代では唾棄されてしまいそうな事態である。しかし，それが分かる人には，いわばモナド的〈身体能力〉が通じ合う人なら誰にでも，つまりその限りでの万人に了解されるが，その身体能力の意味存在(センス)が身体化してない一般の人には見当もつかないのだ。いずれにしても，その卓越した奥義保持者にとっては，〈自らの身体運動〉のなかに，キネステーゼ感覚化された身体能力をどのように身体発生させ，身体化させたかはいつもすでに胸三寸に了解され，受容されているはずである。ここで主題化されている奇妙な情況感能力にしても，その本質可能性がキネステーゼ感覚化を経てどんな〈身体知〉に支えられているかに一家言をもたない奥義保持者はいないはずである。しかし，それが万人に理解できるほど単純な意味存在(センス)ではないことは確かである。しかし，その名コーチの手にかかると，今までの障碍が一気に消えてしまう事態が現に発生するのだ。このような謎に満ちた身体能力を秘めた〈情況感〉という志向対象に無関心のままでは，一般の指導者は選手ないしそのチームの具体的なトレーニング計画の構想さえ浮かばないことになる。

　ところが，その情況感を一気に捉えたかつての名選手でも，引退後では現実態(エネルゲイア)の〈身体知能〉はすでに消滅して，その奥義をやって見せることはもはや出来ない。しかし，そのコーチはかつて奥義を極めた現実態(エネルゲイア)の身体知能の意味存在(センス)そのものを的確に〈身体化〉しているのだ。そのために，選手やチームの勝敗責任を一任されたこの名コーチ自身が指導実践の特殊な可能態(デュナミス)の〈身体能力〉を身につけるのに，どれほどの苦悩に満ちた道を歩いてきたかは誰も知らないし，本人も語ろうとはしない。それは古来の芸道の自得の美意識をわが身で了解して踏襲してきただけである。しかし，その現にコーチする実践的な可能態(デュナミス)の身体能力は，他者の原発生世界に〈身体移入〉できる動感代行の能力可能性そのものに他ならない。その動感身体知は単なる知識などではなく，他者の動感世界にわが身を移入して，見抜き，借問し，代行できる貴重な身体能力を蔵(かく)しているのだ。伝承発生を保証するその身体能力性は，筋力や持久力ないし協調力など生理学的身体能力を高めても，心理学的な指導能力を身につ

けても，一向にこの奇妙な情況感の志向対象を開示し，その統覚化を充実させることにはならないのだ。とは言っても，情況感能力性の存在論が問題になるだけで，その動感能力発生の〈ノエシス転機〉に関わる超越論的な身体発生的分析の道しるべが開示されなければ，伝承発生領野における具体的な指導実践に入ることもできない。こうして，我々は肝心の動感促発の〈処方化道しるべ〉を辿ることもできない事態に追い込まれていることをここに確認しておかなければならない。

(c) 情況感を純粋記述する

ところが我々の競技領域の実践現場では，この謎に満ちた〈情況感〉という現実態の身体知能がアスリートにとって究極基体［最後の担い手］となり，その志向対象が決定的な重要さをもっていることに気づいているのだ。しかし，この未規定的でぼんやりした情況感は，競技する緊迫の実践現場に生きる選手たちやコーチによって端的に〈ゲーム感〉ないし〈試合感〉などと漠然と呼ばれているだけで，その意味存在のノエマ分析やその実的な内在経験に関する純粋記述分析が取り上げられることは極めて希である。その情況感能力の本質必然的な実践可能性は理解していても，その充実化に向けての超越論的構成分析に未だに入ってはいないのだ。しかも，その超越論的構成分析の静態分析さえも取り上げられていないのでは，情況感能力のこれまでの意味構造も依然として謎の深層に沈んだままに放置されているだけである。せめてこの貴重な完了済みの〈情況感能力〉の静態分析の一端でも開示されれば，次に待ち受ける未来予持志向性の意味発生分析が一気に生化するはずなのだ。静態論的志向性分析がすでに完了した情況感能力としてその純粋記述が開示されれば，動感発生分析のノエシス契機に気づくアスリートが次々に現れてくるのは言をまたない。

たしかに競技の実戦場面では，その緊迫した動感情況のなかに独りでに〈情況感〉のキネステーゼ感覚化が機能して，いわばその周界情況に最適な動きかたが受動発生しているのだ。だから，その臨場感あふれる動感情況に直接わが身を投入することに勝る情況感トレーニングはないことになる。そこでは，すでにこの奇妙な情況感という事態，つまりその情況に即して判断された志向対象がそれまでは非直観的でしかなかったのに，たといそれがマグレ発生でも，やっとその姿かたちを露わにし始めるのだ。老練なコーチは，選手たちを緊迫した実戦場面に追い込んで，そのなかで受動発生する奇妙な情況感の究極的身

体能力を触発しようとしている。多くの選手たちのなかには，その緊迫した情況感を無意識のうちに捉えて，見事に動ける現実態(エネルゲイア)の身体知能に出会う選手もいる。コーチはそれを巧みに触発化するために，選手を緊迫の実戦場面に意図的に追い込んでいくのだ。その身体知能の偶然の意味発生(センス)は，ヴァイツゼッカーの言うように，その遂行自我にとっても，それはいつも秘密なのであり，マグレの身体感覚それ自体は沈黙を守って何一つ語ってくれない。しかし，その選手にその業(わざ)が生成発生し始めているのは不可疑的な原事実である。とは言っても，コーチ自身がその情況感能力の私秘性を選手から聞き出そうとしても，「感じたまま動いただけだから言いようがない」という生返事しか返ってこない。それをあらゆる先入見を排して，その現実態(エネルゲイア)の情況感に〈身体移入〉する手続きの実践可能性はすでに開示されているのだ。だから，それを選手自身ないしコーチ自身の〈現象学する自我〉が純粋に記述分析できるはずである。ところが，この貴重な志向対象が見過ごされてしまってはどうしようもない。その謎に満ちた情況感という全身感をカテゴリー化［述定化］できないのでは，情況感能力のノエマ的意味存在それ自体もその明証性さえ疑われてしまうのである。

　ここにおいて，その曖昧なまま沈黙を守る謎の〈情況感〉という非直観志向性が超越論的構成分析の志向対象に取り上げられなければならない。サッカーの国際的選手たちは抜群の情況感の身体知能を現実態(エネルゲイア)として露呈しているのはよく知られている。敵や味方をそのつどいちいち目で確認しなくても，正確なパスを送り，シュートを打てる業(わざ)を現に身体知能として自ら身体化しているのだ。コーチはその見事な身体知能に感嘆するだけで，その原発生地平分析からその現実態(エネルゲイア)の志向対象を開示できるのに拱手傍観していてよいのか。しかもその意味発生(センス)を開示する志向対象の具体的な手続きまで開示されているのに，何故にこの代行分析が敬遠されてしまうのか。それはまさに遺憾としか言いようがない。このままでは，タレント発掘の問題意識も単に生理学的，心理学的な客観的条件をチェックする以外に道はないことになってしまう。そのような科学的思考が漠然性を本質とする〈情況感身体知〉の神秘性と秘伝性をますます増幅させてきたことは多言を要しないことだ。このままでは，その貴重な情況感を身体化した選手たち自身に潜む原現在の超越論的反省，その選手を育てたコーチの代行分析の超越論的反省は，すべて廃棄され，原意識のままの深層地平に沈み，過去に流れ去ってしまう仕儀となる。その貴重な情況感の身体知能

を現実態(エネルゲイア)として自在に使える選手たちは，それだけで競技力のパテントは保障され，その世界に十分に生きていける。とすれば，その現場の実践的指導者や運動分析者たちが自らその謎に満ちた情況感能力に代行分析を施して，その空虚表象を観察ないし借問分析を通して充実化していく道しるべは，前段［§14～§22参照］ですでにいつも開示されているのだ。それなしには，この貴重な情況感能力はその選手たちと共に墓場に葬られてしまうことになる。マイネル教授が形態学的(モルフォロギー)運動分析を当時の指導者たちに真剣に要求してきたのはまさに正鵠を射た達見である。現場の指導者の共感的代行分析こそ運動文化伝承の〈究極基体〉と断じたマイネルの指摘をその意味においてまさに首肯することができるからである。そこでは，この貴重な現実態(エネルゲイア)の身体知能に超越論的な地平志向性分析が行われ，その微妙な身体能力発生の様相変動が解明されなければ，我々のスポーツ運動学がいかに実践的な発生的運動学を標榜しても，それは〈絵に描いた餅〉でしかないことになる。漠然性を解明する形相学的モルフォロギー分析の独自性が厳密な超越論的反省として開示される時代になっているのだから，今後の発生的運動学のキネステーゼ感覚素材化の現象野における活発な〈身体移入分析(ヒュレー)〉の成果に大いなる期待をしておきたい。

§41. シンボル化能力に向き合う

(a) 自己運動をシンボル化する

〈シンボル〉という表現はギリシア語に語原をもち，割り符が意味されているのは周知の通りである。それは一般に〈象徴〉と邦訳されるが，その意味は多義的で学領域によって区々である。ここでは，ボイテンデイクやメルロ＝ポンティの意味における実存の自己運動という視座の下に，〈全身感に関わる象徴的現象〉が志向対象として取り上げられる。とりわけ，自ら動くときの身体発生に関わる〈全身感〉がその動く感じを統握する情況のなかに，その意味に合った記号(サイン)で表すこと，つまり〈シンボル化〉する現象が注目される。そこに〈シンボル化〉された感覚図式，いわば〈シンボル化図式〉とは，その述定判断の地平に潜む一つのメタモルフォーゼ［変様態］がわが身に生き生きと類比的に表された感覚図式に他ならない。そこで，シンボル化された感覚図式こそが超越論的反省の志向対象として問われるのだ。それは，方向不定な全身感で捉えた情況の〈動く感じ〉が簡潔に表された感覚図式としてカテゴリー化される対

象性である。その志向対象のシンボル化図式は，周界の動感情況のなかにありありと感じとれる原的身体性に潜む知恵としての身体能力のなかから類似的(アナローギッシュ)に代表される〈記号(サイン)〉として取り出される。だから，それは自己運動の原発生地平分析における超越論的反省を通してその本質可能性が開示されることになる。

　ここにおいて，このような全身感分析の志向対象になる〈シンボル化感覚図式〉はキネステーゼ感覚の働く〈自己運動〉であることは言をまたない。そのシンボル化能力を未来予持に投射して捉えられる情況感の意味発生(センス)(プロテンツィオーン)と，その動く感じの情況感を今ここ統握の〈たった今〉にわが身にありありと捉える意味(センス)発生とは，〈同時変換作用〉のなかで自らの身体能力として一元的に統握されている。このシンボル化の意味存在は，メルロ＝ポンティの表現を借りれば，ある行動の〈シンボル形態〉[173]　と呼ばれ，その二つの意味(センス)発生はある差異化現象のなかで表裏一元的な関係にあり，それらは謎に満ちた〈変換同時性〉のなかで捉えられるのだ。このように周囲世界の動感情況との関わりをもつ振る舞いとして顕在化すると，その生ける身体の自己運動というものは，動物に見られるような「場のヴェクトル構造の合力」[174]　を示すわけはない。となると，それは生理学的な刺激・反応の因果法則に支配されることもあるはずもない。再びメルロ＝ポンティの表現を借りれば，それは「ある行動がシンボル形態と共に現れる」のであり，「単に一つの意味をもつのではなく，その行動そのものが意味なのである」[175]　と結論される。そのことを再びボイテンデイクに言わせれば，人間の行動というのは〈意味系〉と〈価値系〉に深く関わり，それがある〈緊張関係の解消〉として内在的に体験されると巧みな解説を追加してくれる。それはさらに，正否の価値判断を含意する体験を伴う〈シンボル的行動〉[176]　であるとも正鵠を射て指摘するのだ。

　我々の競技領域の身体運動は，その緊迫した実践可能性のなかにキネステーゼ感覚の身体能力に貫かれている。それはまさにパトス的自己運動として機能するから，「そう動きたいのにどうしても動けない」様相変動に驚き，その自らの動く感じを今ここでどのようになっているのか本人にも秘密のままになるのだ。その現実態(エネルゲイア)の身体知能は，わが国中世の戦国時代において，その実戦の

---

[173]　Merleau-Ponty, M.: La structure du comportement 1977 op.cit. p.130　邦訳：行動の構造，181 頁
[174]　Buytendijk, F.J.J.: Das Menschliche, 1958, op. cit., S.179
[175]　Merleau-Ponty, M.: La structure du comportement 1977 op.cit. p.130　邦訳：行動の構造，184 頁
[176]　Buytendijk, F.J.J.: Mensch und Tier 1970 S.112ff. Rowohlt Taschenbuch Verlag　邦訳：人間と動物，浜中淑彦訳，207 頁以降，1970，みすず書房

なかに命を賭けた宮本武蔵が目付の〈観見二様〉[177] としてわが身に捉えたのは，まさにその〈シンボル化図式〉に他ならない。そのようなキネステーゼ感覚の働く自己運動にこそ，自らの全身感がシンボル化される可能態（デュナミス）の〈身体能力〉が潜んでいるのだ。それはその原発生地平に潜む一つのメタモルフォーゼ［変様態］のシンボル化図式として，わが身に生き生きと〈シンボル化〉され，〈感覚図式化〉されるのだ。つまり自らの全身感に投射されてくる方向不定な〈ぼんやりした雰囲気〉や〈そんな気がする〉という奇妙な〈気配感〉ばかりでなく，自我身体を取りまく周囲世界の動感情況における価値感覚に働く〈情況感〉にも，〈シンボル化感覚図式〉として超越論的反省の志向対象に取り上げられるのだ。その生き生きした情況感地平に潜むシンボル化図式が超越論的反省の態度で純粋に記述学的に本質分析されるのだ。しかし，そこに浮上してくるぼんやりした気配感のシンボル化図式や迫ってくる情況感のシンボル化図式も，当然ながら現に実戦的な競技場面のなかで，現実の実践的可能性を踏まえて，その絡み合い構造に潜むシンボル化分析の志向対象が取り上げられるのだ。それは，競技運動学，体育運動学ないし幼児運動学などの実践領域のなかで，そのシンボル化能力の問題が厳密にその本質必然性が純粋にカテゴリー化されていくのである。

(b) シンボル化能力を開示する

ところがスポーツの科学的運動分析では，このようなシンボル化図式のカテゴリー分析は取り上げられるはずもない。自らの動きかたや振る舞いに潜んでいる自己運動のシンボル化現象は，シンボル化された目に見えない〈非直観的志向対象〉だから，それは科学的分析の客観的対象にならないのは論じるまでもない。いわば，とても測定できないような主観的な〈気配感〉や方向不定な〈情況感〉のシンボル化図式が本質必然的に精密科学の枠組みに入ってくるはずもない。ところが，ここで主題化されるシンボル化される身体発生的分析がボールゲームや柔道などの対人競技においても非科学的な分析対象として排除されてしまっては，とても勝負を打つことは不可能である。そのような貴重なシンボル化分析が背景に沈殿して，その〈原現在地平志向性〉（プロテンツィオーン）が分析されなかったら，敵方の未来予持の動きが皆目見当もつかないことになってしまう。さらに，体操競技でそのような非日常的な素早い動きを分析する映像分析（キネマトグラフィー）を取り上

177　宮本武蔵．五輪書，水の巻 366頁『近世芸道論』，日本思想大系，岩波書店　1972

げるとしても，それは科学的運動分析として定量的に位置移動を計測するわけではない。それは現象学的運動分析としてその一連の映像に自らの〈シンボル化能力〉を機能させて，そこにシンボル化図式を直にありありと〈原的直観化〉(オリギネール)していくのだ。だから，どんな超高速の映像分析(キネマトグラフィー)を用意しても，〈シンボル化身体知能〉をもたない分析者には，その本質直観に入ることもできない。その映像を一コマごとに注意して見ても，そこから何も新しいシンボル化図式を統覚化することができないのだ。だから，現象学的に映像分析(キネマトグラフィー)するには，〈シンボル化身体知能〉をもった観察者でなければ，何一つそこに隠されたシンボル化図式を〈見抜くこと〉もできない。そのためにはキネステーゼ感覚の身体能力をまず身体化していかなければならない。そこには，その〈シンボル化能力〉を生み出す〈身体発生基盤〉が形成されていなければならないのは言うまでもない。その映像シリーズから動感意味核の本質を直観化できるのはその普遍的な身体発生基盤が成立している場合だけなのである。

　たとい高度な数学的ゲーム分析として，それに〈定性的要因〉も考慮し，記号化して取り上げたとしても，それは科学的分析の射程内のことに限られてしまうのは論をまたない。その非直観的なシンボル化図式は実在する身体運動ではないから，その超高速の科学的映像分析(キネマトグラフィー)でも，そこに〈生き生きした意識対象〉(センス)が映像化されるはずがない。そこに，シンボル化図式の意味発生を注意深く読み解き，ボールを扱う選手自身の身体能力に発生する貴重な〈シンボル化能力〉が機能しなければ，その貴重なシンボル化図式は弊履[ちびた草履]のように何の役にも立たない。生き生きとしたゲームの意味構造の全体を読み解く超越論的反省の態度に生きるのには，シンボル化能力の身体発生基盤に支えられていなければならない。この謎に満ちたシンボル化図式の意味発生(センス)を開示する身体能力の養成は，我々の発生的運動学に固有な〈キネステーゼ分析〉の役割であり，客観的対象しか取り上げない科学的分析と截然と区別されるのはこの意味においてである。精密な科学的運動分析というのは，常に実在した身体運動に結果された定量的数値から客観的データに自然法則を発見するのがその任である。だから，現象学的意識分析と二者択一の問題ではないのはもはや言を重ねるまでもないであろう。

　競技実践の現場に生きる監督やコーチは，おそらくゲームの〈シンボル化図式〉の〈身体発生分析〉を当然の前提として来たるべき試合の作戦(シュトラテギー)や戦術(タクティーク)を構想しているはずである。その超越論的構成分析は，現場の監督ないしコーチ

§ 41. シンボル化能力に向き合う　343

にとって，それを開示し，公開する必要は何もないのだ。だから，その超越論的反省の志向対象に潜んでいる貴重な身体発生的分析の意味存在(センス)は密かに自らの胸三寸に収めておけば，それで十分である。その秘伝的な本質分析の結果は当然ながら自ずから〈パテント性〉をもつから，わざわざそれを一般に公開する必要はどこにもない。それどころか，その本質直観の諸階層を辿ってやっと捉えた現象学的本質分析の成果をわざわざ論文として公開する必要などない。仮にそれを論文として開示しても，スポーツ科学としては承認されるはずもない。そのような主観的な反省記述分析は客観性のない非科学的論文として排除されるのが落ちである。批判され，主観的な反省記述として侮蔑されるだけなら，わざわざその超越論的反省の貴重な〈伝承財〉を開示する必要などあるはずもない。昨今の競技スポーツ領域では，科学主義一辺倒の分析論が依然として根強く生き続けているから，苦労してやっと掴んだ純粋記述の分析結果を好んで公開する必要はどこにもない。緊迫するゲームを見て，そこに微妙にシンボル化する様相変動を見抜くことができるかどうかは，そのゲームに潜んでいる非直観的な〈シンボル化図式〉を見抜く監督やコーチないし選手たちの沈黙する〈身体知能〉だけなのだ。しかも，ゲームの流れを一目見ただけで，その情況に潜むシンボル化図式の意味(センス)発生を一瞬で見抜く勝れたコーチや選手たちの存在は決して珍しいことではない。そのゲームの現象学的観察分析は，ゲーム分析のデータとは全く異質であり，それは非直観的なシンボル化現象を読み解く身体知能をもつ人だけであるのはすでに指摘した通りである。そのような〈シンボル化能力〉をもった監督やコーチは，科学的なゲーム分析の記号データを見ても，その数的データをフッサールの言う〈直進的知覚そのもの〉としてだけ見ているのではない。それは，すでに繰り返し述べているように，そのゲーム分析の数的データに対して，全く別種な志向対象をそこに構成して，新たなシンボル化図式を読み解くことが可能になっているのだ。いわば，それはフッサールの言う超越論的反省の態度でその〈シンボル化図式〉を見抜いていく手続きなのである。そこでは，超越論的反省と自然的反省の区別もない純粋な一元的統握作用がそこに生き生きと機能していることを見逃してはならない。

　しかし，その謎に満ちた卓抜な〈観察分析能力〉の〈身体発生能力〉を綜合化し体系化する方法論について，それを具体的にまとめ上げている研究者はそう多くはないようである。すでに本質直観分析のできるコーチや選手たちでも，

それが〈超越論的構成分析〉と気づかないことさえあるのだ。ゲーム分析のデータとしての数的記号から共現前化する〈プレーの意味発生(センス)〉を読み解き，わが身にありありと〈原的直観化〉できる〈身体発生分析能力〉はいつも必ず現に存在しているのだ。しかしそこでは，その難解な現象学的意識分析を当然のようにできるコーチや選手たちは，その類い希な貴重な分析能力を保証する身体知能そのものの開示に意欲を示さないのはどうしてなのか。その卓越した身体感覚による分析能力それ自体が放置されたままでは，それが〈動感伝承発生〉の次元に入ってくるはずもないのは明らかである。しかし，現場の勝れた監督やコーチは，今そこで進行しつつあるゲームのなかで，意味発生(センス)のシンボル化現象を即座に〈シンボル化分析〉しているのに自ら気づかないこともあるかもしれない。それなしには，どんなゲーム展開における即座の指示も不可能なはずである。このような生き生きした現前化領野の意味発生分析を新しい現象学的ゲーム分析論として主題化していないだけである。メルロ＝ポンティがそのような「行動そのものが〈意味〉なので〈ある〉」[178]というとき，その〈ある(est)〉を〈延長〉と考えることに何の抵抗も感じなくなっているのがスポーツ科学の運動分析論の現状であろう。いつも必ず，経験知豊かな監督やコーチに密かに含蓄されているシンボル化現象のカテゴリー分析能力は，今やそれを開示するための〈純粋記述分析〉として実践指導する現場の多くの指導者たちに渇望されていることは疑いを入れないことであろう。そのための本質直観分析の三階層にわたる〈道しるべ〉は，すでにフッサールによって正鵠を射て明快に開示されているのは周知の通りである。

(c) シンボル化に確率は成立しない

シンボル化された感覚図式の分析対象は，その差異化された意味(センス)存在の捉え方によっては，いろいろな部分と全体の〈基づけ分析〉と関わってくることは言うまでもない。競技スポーツの志向性分析で，競技の一連のシリーズ的図式をカテゴリー化するのか，その部分ないし種化の単一形態の志向対象にするのかによって事情は異なってくるからだ。例えば走り幅跳びの場合，そのシンボル化分析の志向対象が助走から着地までの全体の流れの意味(センス)発生をカテゴリー化するのか，踏切りだけのシンボル化現象を分析するのかによって，その差異化現象の様相変動は異なるのだ。さらに加えて「行動には，多かれ少なかれ分

---

[178] Merleau-Ponty, M.: comportment, 1942 op.cit. p.133　邦訳：行動の構造，184頁

節をもった〈構造〉があり，多少とも豊かな〈意味〉がある」[179] というメルロ＝ポンティの指摘も考慮に入れておく必要がある。つまり我々はまず，動感情況にシンボル化しているノエマ的意味存在の志向対象を主題化するのか，あるいは実的なノエシス的意味統握の志向対象を前景に立てるのかを明確にしておかなければならない。しかし，本来的に表裏一元性を本質とするシンボル化図式は，その一方の分析が他の立場を決して放棄できないものであることは言うまでもない。例えば，ゴール前の多彩な連係プレーから生み出されるシュートに至る一連の行動のなかに，オフェンスとディフェンスの織りなす有意味なシンボル化図式を志向性分析に取り上げないわけにはいかないのだ。そのシンボル化図式の有意味な行動を支えているのは，味方同士の〈キネステーゼ共鳴〉による息の合った連係プレーであると同時に，敵方のキネステーゼ意味を先読みする能力も遮断できはしないからだ。その情況に投射するシンボル化図式と自我中心化するシンボル化図式との一元的差異化現象の分析なしには，生命ある身体運動のシンボル化分析の志向対象は意味発生が成立しないからである。しかし，シンボル化図式のモナドコツの意味成立を浮き彫りにするときには，とりあえず情況的シンボル化図式をもつ意味発生の分析を背景に沈めるしかない。とは言っても，それは常に同時変換的差異化現象に支配されている関係分析を同時に捉えておかなければ，その志向対象を開示することにはならない。競技スポーツにおいては，刻々に変化する絡み合った動感情況のなかからシンボル化された真の意味，つまりメルロ＝ポンティの言う〈構造の構造〉[180]を読みとる動感志向性こそがいつも必ず決定的な重要さを示しているからである。その場その場の情況に与えられる感覚情報の数を増やし，そこに一つのパターンを数学的確率として形式化しても，千変万化する動感情況の〈今ここ〉における無限な行動に即座に対応できるシンボル化図式を捉えうるはずもないのだ。そこには，とても相似とはいえない行動の間に，一つの内的関係，つまり〈メタ構造〉が隠されていることに注目せざるをえないからである。こうして，そのシンボル化の志向対象を自我身体に原的に感じとる本物の〈動感能力〉，いわばシンボル化図式を一気に捉える〈シンボル化身体能力〉が前景に浮上してくる。鋳型化されたパターン反復の数を増やしたところで，その場の動感情況の〈メタ構造〉を把握する本質可能性がわが身に発生するはずもない。〈場

---

179 Merleau-Ponty, M.: op.cit. p.119　邦訳：行動の構造，168 頁
180 Merleau Ponty, M.: ibid. p.133　邦訳：行動の構造，184 頁

のヴェクトル構造〉[181] に従った行動しか取れないのではチンパンジーの次元に留まるというボイテンデイクの指摘は，ここにおいて決定的な意味を示唆していることになる。

　このようにして，シンボル化分析の志向対象の本質必然性は，いわゆる定量的なゲーム分析〉の数学的な確率論とは必然的に区別されることを確認しておかなければならない。そのゲーム分析は，完了した感覚データから得られる情報を未来の行動予測に抽象するために等質的な数学的時空系を〈統計的標準化〉として前提にせざるをえない。そこにたとい定性分析を取り入れても，出来事の意味それ自体に〈数学的形式化〉をせざるをえないのは論をまたない。そこでは，〈情況感〉の意味成立も感覚発生も，すべて〈場のヴェクトル構造の合力〉として記号化されるのを確認しておかなくてはならない。その数学的に予測される行動は，因果的に反応できることが意図的に目指されている。その行動は物質的な出来事と同じく〈先行条件の関数〉[182] でしかないというメルロ＝ポンティの指摘がこの意味において重みをもってくる。メルロ＝ポンティによれば，過去の様々な模索を要約し，原現在の今を未来の行動に巻き込んで先取りしながら，経験の特殊な情況を〈類型的情況〉に変換するのだ。それは，現実の有効な反応を生ける一つの能力として身体化するのが〈シンボル化能力〉と呼ばれるのだ。この意味において，シンボル化された「行動はもはや単に一つの意味を〈もつ〉のではなく，その行動そのものが意味で〈ある〉」というメルロ＝ポンティの一文は決定的な重みをもつことになる。周界における〈今ここ〉の情況感に潜むシンボル化の志向対象を読み切るということは，単にあちこち見回して多様な感覚情報を手に入れ，あれこれと確率論的に予測することではない。そのときのシンボル化の始原（アルケー）を読み切るということは，原的に動感化しつつある予描を含蓄した身体能力，つまり機能する〈動感身体性〉の能力可能性を充実させるしかないのである。周界情況のなかに〈流れつつある動感志向性の意味（センス）発生〉を原的に〈私の身体発生能力〉で感じとり，判断し，同時にそのように動ける〈身体である〉ことがその選手たちに直に求められているのだ。シンボル化の事態カテゴリーが，全身感の現象領野のなかで，そのもっとも高次の綜合性をもつとされるのはこの意味においてである。しかし，この現実態（エネルゲイア）のシンボル化身体知能をもった不世出の名選手や老練なコーチは現に

181　Buytendijk, F.J.J.: Mensch und Tier, S.112ff. Rowohlt　邦訳：人間と動物，207頁以降（浜中淑彦訳，みすず書房）
182　Merleau-Ponty, M.: La structure du comportement. p.136　1977 puf.　邦訳：行動の構造，188頁

存在しているのに，その全身感という可能態(デュナミス)の〈シンボル化身体能力〉がその超越論的反省として純粋に記述分析される気配もないのは遺憾としか言いようがない。その貴重な志向対象性の意味(センス)発生が純粋記述されて，その原発生地平に潜んでいる含蓄的志向対象がシンボル化図式として見事に開示されることを密かに期待するしかない。

第IV章
パトス分析の道

［Ｉ］ パトス分析の身体発生基盤

§ 42. 動感パトスは身体発生を触発する

(a) 身体発生はパトス分析から始まる

　前章までに我々は動感志向性の働く身体発生問題をすでに超越論的論理学の立場から取り上げてきている。いわば，わが身に感じとられる〈現象身体〉[1]の身体感覚の発生事態がカテゴリー分析の志向対象として取り上げられるのだ。そのメルロ＝ポンティの言う〈現象身体〉は，言うまでもなくフッサールのキネステーゼ感覚の機能する〈身体感覚〉[2]の生成的発生に遡ることは周知の通りである。そのことはすでに繰り返し述べているが，ボイテンデイクの言う〈身体知〉や〈感覚論理〉の働く謎に満ちた現実態の身体知能でもある。ボイテンデイクは結局のところ，その遺著『人間学的生理学』(1967)で精神医学の人間学派のヴァイツゼッカーたちと軌を一にして，知覚と運動の〈一元論的身体発生論〉に帰結することになる。そこでは，原的な内在経験に構成される〈キネステーゼ身体発生〉の謎に満ちた様相変動が純粋に記述され，その身体発生分析の志向対象として，動感身体発生に〈自己時間化〉するその本質必然性が明確に開示されることになる。と同時に，そこに自己時間化される身体発生現象は，必当然的にパトス的情念が微妙に絡み合うから，まずもってその志向性分析が取り上げられなければならないことになる。その〈パトス的なるもの〉という動きの〈感覚的感情〉には，新しい動きの発生学習のなかで，ありありと感じとられる原的な〈身体所与性〉の感じ［感覚的感情］が浮上してくるから，それを無視するわけにはいかない。そこでは，その動く感じが「できそうだ」と直感されることもあり，反対に動きたくても動けなくて，〈もどかし〉さに襲われることも頻りなのだ。それは単なる〈感覚的感情〉の移り変わりでしかないと見逃すわけにはいかない。そのパトス的情念の様相変動のなかで，コツとカンが同時変換する奇妙な時間化能力によって身体発生学習が支えられているからである。だから，スポーツの運動発生学習はその学習者たち

1　Merleau-Ponty, M.: Le philosophe et son ombre, ” Éloge de la philosophie et autres essais”, p.214, Gallimard, 1960
　　邦訳：「哲学者とその影」『シーニュ』2 所収，竹内芳郎監訳，17-18 頁，みすず書房，1970
2　Hua. V. Beilage I § 4‐(a) S.118f.　邦訳：イデーンⅢ，付論　第 4 節‐(a)　151 頁以降

§ 42. 動感パトスは身体発生を触発する　351

が自己時間化する身体発生基盤上で行われていることを見逃してはならないことになる。その詳細は後段で具体的に立ち入るが，それに先だって，パトス的情念性が新しい動きかたを身につけるときに，その絶対ゼロ点の〈原発生〉[本書：§8‐(c)参照] に自己時間化する身体発生現象の具体的な例証を取り上げて，〈パトス的情念性〉と〈キネステーゼ感覚形態化〉との関わりについて，その〈動感形態化〉[本書：序章§2参照] を統握するための運動現象学的な認識論を予め触発しておくことにしたい。

　それは朝日新聞の夕刊（2010年1月9日）に「プールを爆破したい女子中学生」と題した記事についてである。その14歳の少女は，「私はまったく泳ぐことができません。高知県に生まれ育ちましたが，海や川が多い土地柄，小学校に入るころには，みんな自然と泳げるようになっています。しかし水泳の授業でも，どうすれば泳ぐことができるかを教えてくれませんでした。クラスで一人だけ泳げない私は，プールの隅の方で手すりにつかまって，ぷかぷか浮いていることしかできませんでした。そして私は泳げないまま中学生になりました。水中でバタバタもがいている私の姿を同級の女の子たちは刺すような目で私を見るのです。あまりの悔しさに夜中に進入して，プールを爆破したいと思いました…」と述べている。「体育の時間が辛すぎます。私はどうすればいいのでしょうか」という投稿の質問に対して，有名な哲学者の方が次のような回答を寄せている。「人間にはデコボコがあっていい。水泳ができなくても，逆上がりが上らなくてもいいじゃないか。それ以上に自分の得意なところをしっかり伸ばせば，そんなコンプレックスはなくなる」のだと。しかしその回答は，〈泳ぎたいのに泳げない〉というパトス的な〈感覚的感情〉[3]，つまりフッサールの言う感情を含む価値感覚の働くパトスの様相変動には触れていない。それは泳ぐという〈動く感じ〉の身体発生に関わらない相談の記事だから当然であろう。それにしても，動きの身体発生に不可欠な〈パトス分析〉が学校体育では全く取り上げられていないことに注目しておきたい。というのは，体育における運動学習は，その動くメカニズムを身につけてできるようになることが学習目標になるのが一般だからである。しかし，その時の運動は客観的に位置移動する物理的な運動ではない。いわば，自らの動きに伴う快不快の〈価値感覚〉を働かして自ずと動けるようになることが身体の発生学習である。それを発生的運動学では時間化の発生と呼ぶのであり，そこにはその時間化能力の生成消滅と

---

[3] Hua, XXXVII, Beilage III. S.326f.

絡み合う動感パトス分析が浮上してくることになる。しかし，明治維新以来，わが国の学校体育は，スウェーデン体操の生理学主義を基柢に据えているから，極めて効率的に，多くの人に平等な健康維持と体力向上の成果が保証されるべきだという理念が当然のように理解されている。そのこと自体に何の問題もない。しかし，一人ひとりの運動発生に関わっていては，とても全体の学習指導のマネジメントがうまくいかないのも言うまでもない。その結果，いわゆる〈落ちこぼれ現象〉が起こるが，それに対応するのに，個々人の学習のパトス分析までも取り上げるわけにはいかない。そこでは「これはやっぱり筋力が足りない」とか，「これはやる気がない」とか，あるいは「段取りがまずいから，もっと合理的なマネジメント学習を展開すべきだ」という実在的な処方が先行するのが一般である。しかしその時に，できない女の子の気持ちになって，この子の〈パトス的苦悩〉に向き合うという態度は特別指導ということにならざるをえない。

　〈パトス〉というギリシア語に潜む〈苦悩を受け止める〉という〈感覚的感情〉そのものがキネステーゼ身体感覚の〈生成と消滅〉に深く絡み合っていることは実践現場でもよく知られてはいる。それなのに，その生成と消滅という発生現象が〈時間化能力〉に絡み合う〈身体発生現象〉そのものの分析が見逃されてしまうのはどうしてなのか。このように，〈泳ぎたいのに泳げない〉〈跳び越せるはずなのにできない〉〈シュートすべきなのにできない〉〈滑ればいいのに転んでしまう〉などの動きの身体感覚の多様な様相変動は，運動分析の志向対象に取り上げようともしない成果主義一辺倒の傾向は戦後になってからであろうか。これらのパトス的な情念性に潜む深刻な〈時間化能力〉の様相変動は，すべて生理学的な体力トレーニングや心理学的なメンタルリハーサル，ないしは学習マネジメントの改善努力にその解決を託してしまう昨今である。そこでは，肝心な〈キネステーゼ感覚形態化〉のパトス分析は全く取り上げられていない。だから，熟練した技の感じが突然に消えてしまって，狼狽する世界的な一流選手に対して，そのパトス的な身体発生分析を真っ先に取り上げるコーチも極めて希有である。そのキネステーゼ感覚の破局的消滅に苦悩する選手に寄り添えるコーチがいたら，その選手は涙するに違いない。そこに渇望されているパトス分析の道は全く拓かれていないまま放置されているのが現状である。ところが，そのような破局的な動感消滅のパトス的現象に対して，その事実を知っているコーチの存在はそう珍しいことではない。しかし，その〈キネ

ステーゼ感覚消滅〉のパトス分析を開示できる本格的な発生コーチは珍しい昨今である。キネステーゼ身体発生の分析道しるべは、因果決定論を拒絶する〈反論理性〉に充ち満ちているから、科学的心理学の射程にも入ってはこない。このような科学的明証性を拒否するパトス的な情念問題は、競技スポーツの現象野のみならず、学校体育ないし幼児体育の現象野でも決して珍しい出来事ではない。このパトスカテゴリーの意味存在(センス)をここではっきりと確認しておく必要があるのはこの意味においてである。いわば、キネステーゼ感覚という〈動く感じ〉の身体能力を発生させるという競技や体育の肝心な役割がどうして欠損態のまま放置されているのか。主観身体に潜むパトス的情念に充ち溢れた身体発生の〈現存在分析〉がどうして欠損したままに放置されてきたのかを改めてここで問い質していくことになろう。

(b) 動感パトスの世界に向き合う

我々はすでに前段において、事態カテゴリー分析の〈始原的志向対象〉として、定位感 [§30～§34]、遠近感 [§35～§38]、全身感 [§39～§41] の三つの現象野を取り上げて、そこに若干の問題を提起している。とりわけ、〈定位感〉の局面化やリズム化などの志向対象では、絶対ゼロ点に回帰する自我身体への中心化作用に関わる動感(キネステーゼ)パトス世界が取り上げられ、それと対照的な〈遠近感〉の先読みや伸長などの志向対象では、絶対ゼロ点からキネステーゼ感覚を遠心的に投射化していくときの情念的パトス世界が前景に立てられている。最後の動感(キネステーゼ)時空間における方向不定で漠然とした動く感じを受け止める気配感や情況感という〈全身感〉のパトス的志向対象では、まさにぼんやりした〈感覚的感情〉そのものが機能しているのだ。このようなキネステーゼ意識の働くパトス的情念世界の微妙な志向対象をカテゴリー分析することは決して容易なことではない。とは言っても、これらのキネステーゼ感覚の機能するパトス世界は、決してまやかしの単なる幻想的な動く感じや端的に想像した動く感じなどではない。それはアスリートにとって、その生身にありありと感知され共感されるキネステーゼ感覚の快不快を秘めた〈感情そのもの〉なのだ。だから、それらの動感(キネステーゼ)パトス世界の意味存在(センス)は、競技領域でも、体育領域でも不可欠なパトス分析の志向対象であることに言を重ねる必要はないであろう。

こうしてその競技と体育の両領域ともに、その動きの〈感覚的感情〉に潜むパトス的情念性は、パトス分析の志向対象として純粋に記述分析されることに

なる。そのパトス的カテゴリー分析を主題化したヴァイツゼッカーは「生命とは一つの事象であるだけでなく，苦悩を引き受けるものである」と述べながら「生命は〈存在的なるもの〉だけに関わるのではなく，〈パトス的なるもの〉にも関わるのだ」[4] といみじくも指摘し，そのパトスの意味内実(センス)を我々に巧みに開示してくれる。人間が動くときにはいつもすでに〈そう動けるのか〉〈動けないのか〉〈動かざるをえないのか〉〈動くべきなのか〉などの〈パトスカテゴリー〉[5] に関わっているとヴァイツゼッカーはさらに駄目を押すのだ。そのような豊かな情念に満ちた自己運動に内在する〈パトス的なるもの〉は，やがてヴァイツゼッカーの遺著『パトゾフィー』[6]（1956）のなかに体系化され，見事に結実していくのは周知の通りである。

　言うまでもなくギリシア語の〈パトス〉[páthos < paschein] は〈蒙る〉や〈受ける〉が意味されて，一般に情念，情動，受苦などと邦訳される。もちろんその訳語は，そのコンテクストから適訳が選ばれるから，コインの裏返しの訳語になるはずもない。それにしても，パトスの意味内実はきわめて多様である。それは，もともとアリストテレスのカテゴリーのなかの受動(パートス)[páthos] と能動(ポイエーシス)[poiēsis] という対語に由来しているが，ヴァイツゼッカーはそのパトスカテゴリーを主題化した『ゲシュタルトクライス』(1940) のなかで，知覚と運動の一元論を掲げて，パトスの不可欠性を江湖に問うたことはよく知られている。その後に，ヴァイツゼッカーの医学的人間学の構想はさらに大きく発展して『パトゾフィー』[パトスの知] と題した大著として，パトスカテゴリーの存在論と認識論を体系化した仕事は，我々のスポーツ運動学にとっても重大な意味をもつことになる。こうして，情念の受動志向性を巡るパトス現象には，〈身体的状態感〉のパトスや〈内在知覚〉のパトスなどとして，多くの現象学者の関心を呼んでいった。競技や体育の領域におけるスポーツ運動学においても，〈コツのまぐれ〉や〈コツの狂い〉，〈カンの先読み〉や〈カンの消失〉などに苦悩させられる時間化能力の発生現象世界では，それは選手たちにとって重大問題として提起されることになる。それのみならず，日常生活の基本的な動きや振る舞いでも，この〈パトス的なるもの〉を転機(クリーシス)とする動感感覚(キネステーゼ)のパトス発生例証［水溜まりの跳び越しにおけるパトス転機(クリーシス)現象や情況投射化と自我中心化の決断と承認のパトス転機(クリーシス)体験など］

4　Weizsäcker, V.v.: Gestaltkreis, S.313　1997　邦訳：ゲシュタルトクライス，291 頁
5　Weizsäcker, V.v.: Gestaltkreis, S.310ff. 1997　邦訳：ゲシュタルトクライス，288 頁以降
6　Weizsäcker, V.v.: Pathosophie, 1956　Vandenhoeck & Ruprecht Göttingen　邦訳：パトゾフィー，木村敏訳，みすず書房　2010

§ 42. 動感パトスは身体発生を触発する 355

はまさに枚挙に暇がないほどである。

しかし，このような〈動感身体発生〉における〈転機現象〉のパトス分析は，それに全く関わらない〈体力づくり運動〉の科学的運動分析とは截然と区別しておかなければならない。いわば，ヴァイツゼッカーの人間学的な〈パトスの知〉は，その学問論として精密な科学知とは対極に位置するからである。水上を走るバシリスクの動きかたを百万分の一秒で記録できる超高速の映像分析において，その奇妙な走りかたを静止像の連続として解析しても，さらにフィギュアスケートの四回転ジャンプの運動メカニズムを一コマごとに明確に確認しても，それはそのように〈動こうとする人の動感メロディー〉を生み出すのには直接に何の関わりもない。それはパトスカテゴリーの転機分析とは全く別種な科学的分析だからである。それは定量的に〈結果から予言する〉という因果決定論に基づいた科学方法論である。科学知はメカニズムの法則化を可能にし，ロボットの物体運動の成立に関わることができるのは多言を要しない。しかし，人間における実存としての身体運動は，私の価値感覚の働く〈動きかた〉や〈振る舞い〉なのであり，快不快の微妙な感覚的感情が秘められたパトス的自己運動なのである。そこには，多様な様相変動のパトス的発生現象に絡み合って，いつも未規定な未来予持の動感身体の時間化能力に関わってくるのだ。だから，〈結果から予測する〉という科学的運動分析に基づいて，その未来予持の〈動きかた〉や〈振る舞い〉を構成するわけにはいかないのである。それは因果決定論に即して動くロボットの位置移動という運動経過との間には，本質必然的な差異性が存在することを改めて確認しておかなければならない。このことはいくら強調してもし過ぎることはない決定的な〈意味内実〉をもっているのだ。しかし，科学主義に一方的に傾斜している競技領域も，それどころか人間形成を主題化する体育領域でも，ロボット工学の物的身体運動が驚異的な人工知能のデータを駆使して，未来に発生する身体運動を予測できると断じること頻りの昨今ではある。

(c) パトス分析で未来地平を拓く

スポーツにおける身体運動の目的論的無限性という本質必然性は，グルーペによって本来的に自己運動それ自体の〈脱目的性〉[7] として正鵠を射た指摘がすでになされているのは周知の通りである。そこで意味される自己運動それ自

---

7 Grupe, O.: Grundlagen der Sportpädagogik, S.86ff 2. unveränderte Aufl.1975

体の動感身体性(キネステーゼ)に畳み込まれた〈志向含蓄態〉は，そのパトス的な内在経験がスポーツ運動学の普遍的な〈身体発生基盤〉をなしていることに贅言を要しないであろう。その発生的運動学で意味される〈身体発生〉を保証する〈自己時間化能力〉は，その動感発生の開かれた目的論にとっていくら強調してもし過ぎにはならないほど決定的な重要さをもっている。ところがわが国古来の芸道や武道の教えは数世紀にわたって伝統的な技芸(わざ)伝承の発生世界に〈自得の美意識〉を掲げている。しかし，戦後になると，それはむしろ古典的なトレーニング方法論としてあまり顧みられなくなってしまった。そこでは，コツとカンに頼った芸道や武道の苔むした非科学的な〈稽古論〉よりも，新しく西欧から導入された科学的運動分析，つまりスポーツのバイオメカニクスやサイバネティクスの分析論が脚光を浴び，現在に至ってもその主座を独占している。それは戦後の競技スポーツや学校体育の領域でも同様である。その限りにおいては，スポーツ科学として客観的な精密分析を可能にする〈横断科学〉としての運動分析論に関心が集まるのは当然であろう。その科学的な運動認識そのものは貴重な客観的データであり，身体運動の科学的認識を支えてくれることに何の異論もあるはずもない。

　ところが，我々のスポーツ領域における発生的運動学は，この科学的運動分析の立場を意図的にエポケー［判断中止］することを起点とするフッサールの発生的現象学を基柢に据えている。それはいわば，自然科学的分析の対極に位置する意識時間流の〈流れつつ立ち止まる原現在〉を超越論的反省の立場からその本質分析を取り上げようとしているのだ。つまり，これまでも繰り返し指摘しているが，結果から未来を予測する科学分析をエポケーして，〈たった今〉という原現在から未来を先取りする〈身体発生〉の時間化分析に普遍的身体発生基盤を置いているのだ。このことは前段［§8参照］ですでに立ち入っている。その未来の動きかたを先取りする実践可能性の道は，ドイツ精神医学のヴァイツゼッカーによる形態円環(ゲシュタルトクライス)という〈知覚と運動の一元論〉と軌を一にしているのは言をまたない。そこには，空を舞う蝶を追う目の動きにつれて同時に，無意識に首が動き，身体全体も知らずに動いてしまう，いわば知覚と運動の〈一元的相即性(コヘレンツ)理論〉が浮上するのだ。それは，コツとカンが同時変換して意味(センス)発生する競技領域と同じキネステーゼ感覚世界でも同様であり，いつも必ず〈一元化同時変換〉して動くのだ。従来の知覚と運動の因果決定論的な二元論はそこではすでに超克されている。そのことは，競技の緊迫した試合場面で「身体

§ 42. 動感パトスは身体発生を触発する 357

が勝手に動いてシュートが成功した」という選手たちの奇妙な〈感覚論理〉がいみじくも言い当てている。それはフッサールの超越論的反省における原発生の地平分析に源流をもっていることに言を重ねる要はない。この新しい運動認識論に基づいて，キネステーゼ身体感覚による一元的意味発生(センス)がすでに開示されているから，ヴァイツゼッカーの〈結果の先取り〉[8]という謎めいた表現も何の違和感もなく必然的にわが身でありありと撞握できるのだ。それらの科学的な因果決定論を拒否する〈結果の先取り〉ということは，まさに奇妙な〈非論理的表現〉に思えるが，それは思わず知らずに受動的に現れてしまう〈反論理性〉という不可疑的な明証性に基礎づけをもつのに言を重ねる要はない。このことに対して，ヴァイツゼッカーは正鵠を射た〈例証分析〉[9]を示してくれているから喋々するまでもない。いわば，そのような〈反論理現象〉はキネステーゼ身体発生の〈生成消滅現象〉に深く絡み合う明証性をもっているのだ。つまり，遂行自我が〈どうしてもそう動きたいのに動けない〉というときに，身体能力の感覚発生に苦悩するパトス的情念の世界はこの奇妙な〈結果の先取り〉の源泉に端を発しているのだ。それは競技実践の世界に生きる誰でも知悉していることである。原因を知ってから結果を決定するのでは，その前に勝負はついてしまうのだ。それではいつも想定外の敵の動きに翻弄されるだけである。競技では，必勝の結果を先取りできない限り勝負には入れない。もちろん，このときの〈結果〉(エフェクト)という意味は〈場のヴェクトル構造の合力〉(レズルタンテ)[10]というときの〈結果〉(レズルタンテ)ではないのに言を重ねるまでもない。だから，アスリートはいつも結果を先取りできるカンとコツで勝負を打つしかないのだ。そんな反論理的な〈結果の先取り〉が可能になる〈身体知能〉(プロレープシス)の現実態(エネルゲイア)をどうして生み出すかこそがコーチに課せられた最大の役割なのである。

　こうして我々は，因果決定論として原因から結果を予側できる科学的分析の道をエポケーして，ヴァイツゼッカーの指摘する〈結果からの予言者〉[11]たらんとする科学的運動分析にきっぱりと訣別することになる。つまり，我々の競技実践におけるコツとカンというキネステーゼ感覚(センス)の意味発生は，その変換同時性の反論理を普遍的な身体発生基盤に求めているから，絶対ゼロ点における時間流の原発生地平分析に依拠せざるをえないのだ。だから，その因果決定

8　Weizsäcker, V.v.: Gestaltkreis, S.258, 1997, Suhrkamp Verlag　邦訳：ゲシュタルトクライス，226頁
9　Weizsäcker, V.v.: Gestaltkreis, ibid., S.255　邦訳：ゲシュタルトクライス，222頁
10　Buytendijk, F.J.J.: Das Menschliche der menschlichen Bewegung, In: Das Menschliche, S.179 1958
11　Weizsäcker, V.v.: Gestaltkreis, ibid., S.314　邦訳：ゲシュタルトクライス，293頁

論的な科学的分析を放棄しなければ，キネステーゼ身体能力の〈原発生地平分析〉は成立しないのである。となると，競技指導の実践現場で，科学的運動分析しか取り上げない指導者の場合には，そのコツとカンという身体発生能力に関わる時間化分析は一体誰がやるのか。いつもその感覚発生(センス)の分析対象は，本質必然的に科学的分析では取り上げられないから，選手自身がその身体能力の発生分析をせざるをえないのだ。〈結果の先取り(プロレープシス)〉に成功できなければ試合にならないから，コツとカンの一元化意味核の発生はひたすら自得するしかないのか。選手がその苦悩するパトス世界に呻吟しているのに，野次馬的に外野に立つ指導者はお為ごかしの励ましの言葉かけしかしないのか。感覚発生(センス)でマグレが生じると，それは指導者の指導実績にすり替わってしまうこと頻りなのだ。その運動主体に身体発生(ピュシス)をもたらす促発指導そのものは皆無のまま，いつも必ず本人の自得作用に丸投げしているだけである。こうして，キネステーゼ感覚の原発生地平に潜んでいる身体発生への志向体験は開示されないまま秘伝化され，コツとカンに秘められた貴重な究極の〈意味核〉はいつも伝承次元から外されてしまうことになる。これでは，動感の〈究極核〉(キネステーゼ)[12] をなすコツとカンの現実態(エネルゲイア)の身体知能は，その本人の物質身体と共に墓場に葬られてしまうのは明らかである。それらの諸問題は本来的に科学的運動学の領域に属さないのだから，それは必然的に運動現象学におけるキネステーゼ身体発生の生成消滅を含意する本質分析として，厳密な超越論的反省の立場に依存せざるをえないのである。

　〈私が動く〉ということには，実存の自己性に貫かれた身体世界のなかに可能態(デュナミス)の〈身体能力〉が原的(オリギネール)に内在しているのだ。それは他者には絶対に代理してもらえない〈原的な自己運動〉だから，明証的な〈絶対事実性〉がすでに存在していることになる。そこには，今ここで〈そう動ける〉という自らのパトス世界の発生地平がすでに開かれている。その自己運動は，時間化する身体発生を求めるパトス的な苦悩と決断のなかにいつも必ず先構成されているのだ。その感覚発生(センス)を明らかにするには，どうしても時間化された自己運動それ自体の原的内在経験を分析の志向対象に取り上げざるをえない。その内在的身体経験は非直観的な事態だから，外部視点から映像分析(キネマトグラフィー)に開示されることはない。自己時間化する原発生地平に潜んでいる〈形なきものの形〉というその絶

12　Hua. XVII. § 82-Abs.Nr.③ S.210　邦訳：形式論理学と超越論的論理学, 第82節-改行番号(以下略す)
　　③　224 頁~

対時間化の志向含蓄態は，科学的分析の延長的対象として統握できるはずもないのだ。従って，身体感覚という非直観的志向性を分析する我々の超越論的分析と物的身体の位置変化を機械論的に因果分析する科学的運動分析とは，その分析射程を全く別にしていることをここでも確認せざるをえないことになる。

　このような運動分析論の一般認識を確認した上で，はじめて身体感覚の形態(ゲシュタルト)発生は，意図的な能動志向性に支えられていようが，何の自覚もなく受動的に動いていようが，〈動きたい〉けれど〈動けない〉という情念の交錯や苦悩といつも必ず向き合う〈パトス世界〉が浮上してくるのだ。つまり，コツとカンというキネステーゼ感覚の生成や消滅の発生現象は，いつも必ず情念的な〈パトス的なるもの〉に絡み合っているから，どんな〈動く感じ〉を取り上げるのか，その決断にいつも迫られていることになる。そのような〈苦悩と決断〉に耐えることを余儀なくされるから，時間化される身体発生現象にまずもってパトス的分析を取り上げざるをえないのだ。そこでは，いつもその決断に悩み苦しみながら，自らの身体発生を時間化する能力を支えてくれる〈パトスの知〉[Pathosophie]に向き合う仕儀となる。つまり，その〈パトスの知〉を身体化する絶対ゼロ点の源泉に遡るのはこの意味においてである。だから，脱目的的なスポーツ運動を遂行する時でも，その源泉で自己時間化する発生現象に向き合い，その原発生地平分析に回帰することになる。私が自ら動くときには，誰に頼ることもできず，ひたすら自らの身体感覚の〈時間化〉に孤独な努力を続けていく以外に身体発生の道はないのだ。いわば，どんな日常の動作でも，アスリートの驚異的な技でも，そのコツとカンを支える動感身体感覚の能力発生が主題化されるところでは，いつも〈自得の美意識〉が息づいているのはこの意味においてである。だから，そこで頼れるのは自らの動くときの美意識[価値感覚の意識]，いわばフッサールの言う〈キネステーゼ身体能力〉，ボイテンデイクの言う〈身体知〉ないし〈感覚論理〉だけなのである。とすれば，〈そう動けない〉から〈動ける〉ようになるのには，まず〈自得の心構え〉が前景に立てられるのは自明なことになる。このような日本人の自得の美意識を支えてきた身体発生能力をその〈歴史身体〉のなかに育んできたわが国古来の芸道思想は，一体どのような成立過程を辿ってきたのであろうか。改めて我々の〈身体発生論〉の立場から，この問題をいずれ確認しておく必要に迫られることになろう。

§ 43. 動感パトスのペンタグラムに向き合う

(a) パトスのペンタグラムとは何か

　言うまでもなく，〈カテゴリー〉とは〈Sはpである〉ときの述定化される〈判断対象〉が意味されているから，ヴァイツゼッカーの意味するパトスカテゴリーとは，〈パトス的なるもの〉を述語としてカテゴリー化される〈志向対象〉そのものと捉えることができる。ヴァイツゼッカーが人間のパトス的な情念世界をペンタグラムとして取り上げたのは周知の通りである。ペンタグラムという表現は，ギリシア語を語源とする星印〈☆〉のことであり，端的に五芒星形[光の五つの先端]と呼ばれる五線からなる記号である。ドイツ語の動詞［七つのうち Mögen と Lassen は除外されている］における Dürfen［してよい＝許可］，Wollen［しようとする＝意志］，Müssen［せねばならぬ＝必然］，Sollen［すべき＝義務］，Können［できる＝可能］の五つのカテゴリーをヴァイツゼッカーがペンタグラムの星印で表したのだ。因みに，Mögen［してもいい］は元来 vermögen［できる］の意味であったが，現在では Können［できる］が一般的になっているところから，ペンタグラムには Mögen ではなく Können［できる］が取り上げられている。しかも，Mögen は話者の無関心な許可を意味するとき，"Du magst ins Kino gehen !"［映画に行きたけりゃ行ってもいいよ］と言い，あるいは "Das mag sein !"［それもありかな］と言う。それに対し Können は，客観的な条件を満たした可能性の許可を意味して "Sie können ins Kino gehen"［映画に行ってもいいよ］あるいは "Das kann sein !"［そうしていいですよ］と言うのに対し，Dürfen［してもいい］も話者の意識のなかでの許可を意味して "Sie dürfen ins Kino gehen"［映画に行ってもいいよ］と表現できるから，ヴァイツゼッカーは Mögen を取り上げる必要はないという。同様にして，使役動詞の Lassen も〈〜させる〉という許可を "Laß das !"［そのままにしていいよ］と言えるし，端的な放任を "Laß mich !"［構わないでくれ］と表現できるから，Mögen も Lassen も Können や Dürfen でその意味が代用される。こうして，ヴァイツゼッカーは五つのペンタグラムの動詞だけによって，動感パトス分析における志向対象性の微妙なニュアンスも表すことができるとしている。

　この五つの動詞を我々の発生的運動学に引き寄せて言えば，〈動こうとする意志〉〈動かねばならぬ必然〉〈動ける可能性〉〈動くべき規範〉〈動いてよい許可〉の五つの動感志向的カテゴリーが身体運動の〈人間的なるもの〉の本

質徴表として取り上げられる。ボイテンデイクも精神病理学会 (1957) の基調講演[13] で指摘しているように，動物の運動は生得的に動かざるをえない〈本能的必然〉と〈動ける可能性〉との緊張のなかで実現するだけだという。いわば動物の運動選択は端的な仮象の選択でしかない。それは周界状況におけるその場の〈ヴェクトル構造の合力〉[14] としてしか現れない。つまり動物の行動は常に必然的状況に規定されているのだ。そのときのヴェクトルの強いほう，例えば，空腹を満たすのに敵を襲い，生命の危険を感じる敵から逃げるという動作が必然的に現れる。そこには自ら取捨選択する自由さは全く存在せず，しかもそのように見えるだけの仮象としての選択しか存在しない。しかし，人間の自己運動は〈動きたい〉[Sich-bewegen-wollen] と〈動かねばならぬ〉[Sich-bewegen-müssen] だけでなく，〈動ける〉[Sich-bewegen-können] さらに，〈動いてもよい〉[Sich-bewegen-dürfen]，〈動くべきだ〉[Sich-bewegen-sollen] というパトスカテゴリーが複雑に絡み合ってくるのだ。そのペンタグラムという五つのパトスカテゴリーは，人間の身体運動における〈パトス現存在〉[15] にのみ潜んでいるとヴァイツゼッカーは指摘する。

　そのパトス的な現存在は，反論理に悩みつつも〈自らの原努力〉が呼び起こされ，よりよい〈動きかた〉に向けて形態化が促されるのだ。そこに新しい身体感覚の意味発生が成立することになる。その場合には，情況を読むカンの働く価値系と，身体中心化されるコツ（センス）の意味系とが絡み合いながら，そのパトス現存在に決断と承認の〈二重化現象〉[16] が浮上してくる。いわば，自らのキネステーゼ世界のなかで，そのパトス的な現存在は〈自我分裂〉による〈現象学する自我〉の働きによって，機能する〈動感身体性〉をまずもって述定判断の志向対象として措定することになる。さらに，その人は自らの志向対象を統握しながら，同時にそれを自らの〈生きられる身体経験〉として受動綜合的に自ら承認することになる。そこには，単に動きの〈感覚的感情〉というパトス的情念のみならず，その動感志向性に潜む〈身体発生〉という謎に満ちた時間化現象には，〈動かざるをえない〉苦悩の〈パトス世界〉と，そう〈動きたい〉気概溢れる〈エートス世界〉が微妙に絡み合ってくるのだ。しかしまずもっ

13　Buytendijk, F.: das Menschliche der menschlichen Bewegung, In: Das menschliche, 1958
14　Buytendijk, F.: Mensch und Tier, S.112ff. Rowohlt　邦訳：人間と動物, 207 頁以降（浜中淑彦訳，みすず書房）
15　Weizsäcker, V.v.: Pathosophie, S.84f. 17.Kap. - ③～④ 1956 Vandenhoeck & Ruprecht　邦訳：パトゾフィー, 119~120 頁
16　Buytendijk, F.: das Menschliche der menschlichen Bewegung, S.179　In: Das menschliche, 1958

て、その〈動くべき〉カテゴリーと〈動ける〉カテゴリーとが〈動いてもよい〉カテゴリーに先だって身体発生基盤に据えられていることを見逃してはならない。こうして我々は、ヴァイツゼッカーが〈動いてもよい〉という許可のパトス的カテゴリーをペンタグラムの最初に位置づけていることに注目し、そこに決定的な問題性が潜んでいることから論を進めていくことになる。

(b) 許可のパトスは浮遊する

ヴァイツゼッカーがその遺著『パトゾフィー』において、まずもって指摘しているのは「それ[許可(デュルフェン)]がたしかに必要なものではあるとしても、この必要さが〈してよい[許可]そのもの〉を前提にして、それを正当化することはない」[17] というのだ。このようなパトス的現存在の〈浮遊状態〉、いわば〈宙に浮いた状態〉は人間学という学領域に随伴的に出現してくるのである。それはこの人間学の〈流れつつ通り過ぎる本質〉を物語って余りある。と同時に、それが人間学を実証科学に組み込む大きな障碍になることも見過ごしてはならないとヴァイツゼッカーは注意する。ヴァイツゼッカーがこの〈動いてよい〉という許可(デュルフェン)カテゴリーをペンダグラムの筆頭に位置づけたのは、人間学として時間化する身体発生基盤に基柢に据えたパトス分析が重大な意味づけをもつからである。

パトス的な現存在の許可(デュルフェン)カテゴリーにおける身体運動は、〈動いてよい〉という浮遊状態の自由さをもつ。ということは、〈動いてもよい〉し、〈動かなくてもよい〉ということになる。ヴァイツゼッカーが敢えてペンタグラムに入れなかった〈してもよい mögen(メーゲン)〉は、動きたければ動いてもよいし、嫌なら動かなくてもよいという無関心な許可(デュルフェン)のニュアンスに近づいてしまうからである。となると、パトスカテゴリーは他のカテゴリー同士との分かちがたい結合が浮き彫りになってくる。つまり〈動いてもよい〉ことは〈動くべき〉ことと関わりなしには済まされなくなってくる。そこでは〈動くべき〉という規範的な性格が〈動いてもよい〉の現象野を限界づけ、〈何をしてもよいわけでない〉という条件づけになってくる。「価値づけの行われるところでは、必然的に価値あるものが無価値なものより優先される」[18] とヴァイツゼッカーが駄目を押すのはこの意味においてである。しかしその〈動きの規範〉に関しては、複雑な

17　Weizsäcker, V.v.: Pathosophie, S.63, 13.Kap. · ①〜② 1956　邦訳：パトゾフィー, 90頁
18　Weizsäcker, V.v.: Pathosophie, op.cit. S.65, 13.Kap. · ⑤ 1956　邦訳：パトゾフィー, 92頁

§ 43. 動感パトスのペンタグラムに向き合う 363

絡み合い構造の多い競技場面において，そう単純な述定判断の志向対象ばかりではない。競技ルールで禁止条項が規定されていても，その意味(センス)発生の複雑さにレフリーはいつも必ず苦しめられるのだ。しかもその判断は即座に求められるから，その意味(センス)発生のあらゆる具体的な明証事例を知悉していなければならない。そこには，多様な微妙な様相変動が頻発するだけでなく，測定競技における感覚(センス)発生のようなその競技本質に関わってくる重大事のあることも見逃してはならない。このパトスカテゴリーのアポリア［難関］に対して，我々の超越論的な身体発生分析は極めて重大な役割をもつ。例えば，百メートル走のゴールでは，その時間測定が空間測定に変換され，千分の一秒を空間判定に持ち込む一方で，スタートのフライング判定には決定的なアポリアの存在に戸惑いを隠せない。選手たちの動感身体性に機能する価値感覚の意味(センス)発生に決定的なアポリアは，パトス的な浮遊状態のままになっていることだ。すでにヴァイツゼッカーが駄目押し的に述べているように，「価値あるものが無価値なものより優先される」という指摘を浮遊状態のままに放置していることになる。それに対する無関心さが動きの価値感覚の限界に挑戦する選手たちを戸惑わせている測定競技の問題圏[19]はよく知られている通りである。

とりわけ，サッカーや柔道，相撲などのような〈身体接触〉を伴う対人関係が前景に立つ競技においては，〈そうしてよい許可(デュルフェン)〉の動きがその意味発生を〈浮遊状態においている〉というヴァイツゼッカーの指摘を見過ごしてはならない。それは意味(センス)発生の述定判断における志向対象そのものに多くの問題性が潜んでいるからである。例えば，サッカーにおけるファウル判定の志向対象には，〈虚構の仕草〉や大げさな〈トリック動作〉が付きものであり，そのレフリー判定を巡ってトラブルが絶えないのは，〈動くべき〉規範と〈動いてよい(ゾレン)〉許可(デュルフェン)という条件性と，さらに〈そう動ける(ケネン)〉可能性の価値感覚の身体能力との絡み合い構造がそこに潜んでいるからである。そこには，謎に満ちたキネステーゼ身体感覚がその意味(センス)発生の微妙な生成現象に関わるから，キネステーゼ感覚の発生史的な〈静態分析〉が求められることになる。外部視点からの科学的分析では，それはどんなに超高速の映像分析を駆使しても，その原発生の地平に潜んでいる動感身体性の志向含蓄態は開示不可能であることに言を重ねる必要はないであろう。

ここにおいて，このペンタグラムをもつパトスカテゴリーがそれぞれの競技

---
[19] 川口鉄二・「時計計測と動感地平のあいだを問う」，伝承7号，2007　運動伝承研究会誌

領域に重大な問題提起をしていることを我々は見逃してはならない。それは，単にレフリーの判断能力の問題圏のみならず，その述定判断の基柢を支える競技規則や採点規則の問題圏，さらには選手たちのトレーニング方法論の問題圏にも決定的な重大さをもたらすからである。相撲の勝負判定にしても，〈生き体〉〈死に体〉の問題と高速映像分析の物理的な位置移動による判定問題など，競技成立の根幹に関わる難問が目白押しであることは以前からよく知られている。ここにおいて，パトスカテゴリーの筆頭に位置づけられた〈動いてもいい〉という許可カテゴリー（デュルフェン）は，その他の四つのカテゴリー，つまり〈動こうとする意志〉（ヴォレン）〈動かざるをえない必然〉（ミュッセン）〈動くべき規範〉（ゾレン）〈動ける可能性〉（ケネン）に密接に絡み合ってくるのだ。そこには決定的な競技存立の基本的問題が関わっていることも見逃してはならない。

(c) 浮遊状態の超越論的反省に向き合う

　ここにおいて，すでに前項 [(b)] で引用しているヴァイツゼッカーの指摘，つまり「許可（デュルフェン）はたしかに必要なものではあるとしても，この必要がしてよい許可そのものを前提にして，それを正当化することはない」という一文をもう一度確かめておかねばならない。というのは，この重大な指摘をスポーツ領域の発生的運動学に引き寄せて検討することを忘れるわけにはいかないからである。この〈動いてよい〉 [Sich-bewegen-dürfen] というパトス的カテゴリーをヴァイツゼッカーがペンダグラムの筆頭にわざわざ位置づけたのは，人間学的な普遍基盤を前提としたカテゴリー分析に重大な意味づけをしているからに他ならない。このことは，競技領域だけでなく体育領域においても，そこで行われる身体運動は例外なく外部視点からの物的身体の位置移動を普遍的基盤にしているのが一般的である。だから，フッサールの言う身体運動に価値感覚の働く身体性という志向対象は，欠損態のままに放置されていることが少なくない。そこに身体運動の感覚発生問題，つまりキネステーゼ身体発生分析における価値意識を巡る運動問題が競技の〈勝敗決定〉や学校教育の人間学的身体性という〈陶冶目標〉に決定的な問題を投げかけるからである。そこで前景に浮上してくる人間学的運動分析は，ヴァイツゼッカーの言うパトス的カテゴリーの現存在分析であり，そこには，生身にありありと感覚化される〈身体性の欠損態〉が発生分析の志向対象として厳しく問われることになるのだ。

　パトス的な現存在の〈してよい許可（デュルフェン）〉カテゴリーにおける身体運動が〈動い

てよい〉という浮遊状態の自由さをもつということは，〈動いてもよい〉し，〈動かなくてもよい〉ことになる。とすると，〈してもよい〉という無関心の〈許可〉をペンタグラムに敢えて入れなかったのは，その〈許可〉のニュアンスが〈許可〉の〈動いてもよい〉に近づいてしまうからなのだ。こうして我々は，機能する動感身体性における意味発生の様相変動に注目せざるをえなくなってくる。しかし，それはまずもって〈浮遊状態〉と訳された Schwebelage という意味内実に対して，身体発生という時間化現象に関わるスポーツ運動学の立場から確認しておく必要があるからだ。というのは，発生的運動学の実践場面における Schwebe［宙に浮いた］という状態は，平均台 [Schwebebalken] の演技での不安定な体勢でバランスをとる努力志向性にも見られるのは周知の通りである。同様に，平行棒や吊り輪などで行われる〈脚前挙支持〉というポーズは，伝統的な術語 [Schwebestütz] として，Schwebe［宙に浮いた］と表記されるが，そのポーズをとるには常に両腕や腹筋の筋緊張が求められるから，単に宙ぶらりんの〈解緊状態〉だけが意味されると解してはならない。スポーツの有意味な動きでは，筋の緊張と解緊の〈同時変換的作用〉のなかに巧みな交替が求められるから，ヴァイツゼッカーの意味する〈浮遊状態：Schwebelage〉は，一概に宙に浮いた無気力な脱力状態だけではないことに注意しておかなければならない。

　こうして，ヴァイツゼッカーの言う宙に浮いた〈浮遊状態 =Schwebelage〉の表現を身体発生の時間化分析に直進的に引き寄せて理解しないように注意した上で，超越論的反省の立場においてヴァイツゼッカーの言う浮遊状態に向き合うことができるのだ。ここでヴァイツゼッカーが，この〈動いてよい〉許可というパトス的カテゴリーをペンタグラムの筆頭にわざわざ位置づけたのは，生き生きした動きや振る舞いの普遍的な身体発生基盤を起点とした人間学的な〈カテゴリー分析〉に重大な〈意味づけ〉をもっているからである。それは，決して〈無関心な許可〉，つまり〈動きたければ動いてもよい〉し〈嫌なら動かなくてもよい〉というニュアンスに傾斜するのではなく，後段で取り上げられる動感エートスの分析対象性の起点的な身体発生基盤をなしていることを見逃してはならない。このようなパトス的現存在としての〈浮遊状態〉，いわば宙に浮いた状態という表現は，すでにヴァイツゼッカーも指摘しているように，そこには〈人間学〉という学領域に即して現れてくる動きや振る舞いの価値感覚作用そのものに関わってくることに注目せざるをえない。それはこの人間学

という学領域が〈通り過ぎてゆく本質〉を開示しているからだとヴァイツゼッカーが駄目押し的に追加するのだ。しかしそこには，この人間学的な本質必然性が開示されている。とは言っても，それと同時に，この人間学を〈実証科学〉に組み込むときの大きな障碍になっていることも見過ごしてはならないとヴァイツゼッカーは注意する。競技スポーツがその勝敗決定の公平さを確保するために，過ぎ去った計測データに求めていく科学主義的な立場がいろいろな深刻な競技論問題を引き起こしているのは周知の通りである。そのことは，人間のもつ運動文化としての競技スポーツを〈現象学的人間学〉に還元せざるをえない本質可能性が潜んでいるからである。ヴァイツゼッカーがこの〈動いてもよい〉許可(デュルフェン)というパトス的カテゴリーをペンダグラムの筆頭にわざわざ位置づけたのは，人間学的な普遍的身体発生基盤を前提とした競技スポーツの在り方とそのパトスカテゴリー分析に重大な問題提起を託してしていることになる。このようなパトス的カテゴリー分析が多くの競技スポーツの勝敗決定基準の在り方やさらに高次の身体発生現象に自己時間化分析を介して，スポーツ運動文化の望ましい伝承発生に喫緊の問題性を投げかけている本質必然性を見過ごしてしまうわけにはいかないのである。

[II] パトス分析の道しるべ

§44. 動く意志と動ける必然はせめぎ合う

(a) パトス分析は身体発生を誘う

ヴァイツゼッカーが正鵠を射て主唱する〈パトスカテゴリー〉の身体発生分析は，キネステーゼ身体の自己時間化による感覚発生に潜む転機現象に決定的な意味づけを与えることになる。身体運動の〈人間的なるもの〉を純粋に記述する世界内存在の〈運動発生基盤〉[20] の上にのみパトス分析が成立するからである。いわば，人間学的なパトス現象に機能する動感身体を時間化する発生基盤の上に，はじめてフッサールの言う超越論的反省の態度をとる〈現象学的自我〉の役割が姿を現してくるのである。因みに，ここで言う〈発生論〉は超越論的論理学における述定判断の〈発生論〉[21] に基礎づけをもつ。我々の発生的運動学の〈発生〉とは動く形態（ゲシュタルト）の実在（レアール）成立という意味の〈発生〉ではないのだ。それは絶対ゼロ点における原発生地平の自己時間化による実的（レエール）な身体発生現象である。いわば，〈身体中心化〉するコツ能力と情況へ〈身体投射化〉するカン能力が同時変換的に一元化された〈意味（センス）発生〉そのものなのである。だから，この現象学的な発生的運動学は，戦後にアメリカから導入された科学的運動学（キネシオロジー）という説明学の領域とは全く別種の純粋記述学という学領域に属しているのはこれまでも繰り返し述べられている。そこでは，自らのコツとカンを捉えて新しい動きかたや振る舞いを開示しようとする実践的なスポーツ運動学そのものである。当然のことながらスポーツ領域の発生的運動学には，その基柢に〈現象学的人間学〉を据えて，はじめて指導実践に直結する〈身体発生〉に関わるという自己時間化分析論の構図が浮かび上がってくるのだ。そこにこそ，他のバイオメカニクス運動学や運動生理学の体力学（エクササイズ）との本質必然的な差異性が明確になってくる。とりわけ，動感感覚（キネステーゼ）の発生論に特徴的な突発的な危機現象は，〈動こうとする自由な意志（ヴォレン）〉と〈動かねばならぬ必然（ミュッセン）〉との激しいせめぎ合いのなかに姿を現してくるとヴァイツゼッカーは巧みな指摘をしてくれる。そのパトス的情念の働くヴァイツゼッカーの正鵠を射たこの〈パトス的抗

---

20 Landgrebe, L.: Die Phänomenologie der Leiblichkeit und das Problem der Materie, 1965 In: Phänomenologie und Geschichte 1967 S.147 Gütersloher Verlagshaus, Gerd Mohn
21 Husserl, E.: Erfahrung und Urteil, §1~§2 S.1ff. 邦訳：経験と判断，第1~2節　3頁以降

争〉[22] という現象は，生徒たちが新しい運動を覚えるときの〈自己時間化〉する身体発生の生成消滅に重大かつ不可欠な転機を提供していることを見逃してはならない。それ故にこそ，パトス分析はスポーツ運動学分析の起点に位置づけられているのだ。

　我々は日常的な例証をあげてさらなる開示を促すことにしたい。例えば，我々が水溜まりを前にして，それを跳び越すか，回り道をするか，ふと迷うことがよくある。そこには，跳んでみたいと意志（ヴォレン）する〈自由さ〉と跳べるはずだと思う〈必然さ（ミュッセン）〉とのせめぎ合いが生じているのだ。そのときの決断は，動物に見られる〈場のヴェクトル構造の合力〉ではないとボイテンデイクは即座に断じてみせる。人間のパトス的志向体験に〈決断と承認〉が決定的な重要さを示すのは，まさにこの意味においてである。幼い子どもが高い台の上から跳び下りようとして躊躇している姿は，まさにこの〈自由〉と〈必然〉のせめぎ合いのまっただ中で，跳び下りたい〈意志（ヴォレン）〉と跳び下りねばならぬ〈必然（ミュッセン）〉との狭間で，今ここでまさにパトス的苦悩に苛まれている様相変動そのままが浮き彫りになっている。このようなパトス的な価値感覚の働く感情は，客観主義的な心理学分析の対象でなく，人間学的パトス分析の〈志向対象〉そのものなのだ。このような動く感じを捉えようとする〈情況〉に向き合ったとき，その教師は自らの〈現象学する自我〉と共に，そこに厳密な〈パトス分析〉を主題化することができるのである。そのような現象学的自我をもつ教師がその跳び下り教材の具体的な処方箋に向き合う時に，はじめてその子に跳び下りの〈動感形態化〉に関する志向性分析に入ることができるのだ。その子どものコツとカンという身体感覚のパトス的原現在の志向対象に向き合って指導できるのは，まさに実践的なスポーツ運動学の独壇場である。そこには全く新しい〈身体教育〉の構図が浮上しているのである。

　ところが，昨今の運動学習では「できればそれでいい」という成果主義が蔓延している。だから，そんなややこしい志向性分析をしなくても，もっと手っ取り早く指導する方が合理的な学習指導だと考えるのだ。しかし，それは〈意味発生〉というフッサールの用語を単に〈生成発生〉だけに限定して，その対極にある〈消滅発生〉というパトス分析が全く無視されているのである。それは，とりわけ競技スポーツ領域に特徴的に現れてくる。例えば，世界的な有名選手が突然に破局的な消滅発生に見舞われ，窮地に追い込まれて苦悩する

22　Weizsäcker, V.v.: Gestaltkreis, op.cit. S.315　邦訳：ゲシュタルトクライス，293頁

報道に接することは珍しいことではない。そのときに，パトス分析によってその〈消滅発生の志向対象〉を突き止め，見事にその泥沼から脱出させる経験豊かなコーチの存在は限られている。そのままでは，その名コーチのもつパトス分析の貴重な意味内実(センス)が見過ごされてしまうことになる。その選手自身が超越論的に反省できなくても，その老練なコーチが自らのキネステーゼ身体を移入して感覚触発化のパトス分析は成立するのである。そこでは，代行分析［本書：§17参照］における観察能力や借問能力が問われるのは言うまでもない。その類い希な〈動感(キネステーゼ)伝承財〉を蔵(かく)している名コーチの動感(キネステーゼ)消滅を解消できる〈現実態(エネルゲイア)の身体知能〉が開示されるとすれば，〈意味発生(センス)〉[23] の地平に潜むその志向含蓄態がそのコーチ本人と共に墓場に入ってしまうのを回避できることになる。このことはマイネル教授の墓場理論としてよく知られている。そこでは，動感(キネステーゼ)消滅を解消できるパトス分析が全く取り上げられないままになっている事態は，まさに遺憾としか言いようがない。

　これまでも我々の発生的運動学のなかで，動感伝承に関するマイネルの墓場理論が繰り返し指摘されてはいても，感覚触発化のその志向性分析に人間学的パトス分析による厳密なカテゴリー化が何故か見過ごされているのだ。例えば，動感素材を形態発生に向けて統覚化しようとするとき，その選手がどんな価値感覚をもつ動きかたを選択すべきか決断に迫られて苦悩しているのに，その究極的な感覚発生(センス)のパトス的情動性が何故かパトス分析の志向対象に取り上げられてこない。実存の身体運動が分析される場合に，その感覚発生に悩み苦しむパトス世界がどうして分析の志向対象から排除されてしまうのか。そこでは「結果からの予言者［*prophēta ex ēventu*］に変身した科学者だけが運動分析の首座に座っていたからだ」[24] というヴァイツゼッカーの指摘はまさに正鵠を射ていることになる。とは言っても，その基盤となる背景はそう単純ではない。つまり，この意志して動こうとする情念的なパトス的状態に在るとき，ヴァイツゼッカーは「それは存在していないものしか〈しようとすること〉はできない」[25] と謎めいた発言をする。たしかに，子どもが跳び下りようとすることは，まだ存在していないことであり，その跳び下りは未来の出来事であり，その動く感じは未知の世界にあるのだ。その場合のパトスは受け身で苦悩を引き受けていることが意味されている。それが時として逆に〈能動的印象〉を与えるに

23　Hua.XVII. §85‐③～⑦ S.215f.　邦訳：形式論理学と超越論的論理学，§85‐③～⑦ 230頁以降
24　Weizsäcker, V.v.: Gestaltkreis, ibid. S.314.　邦訳：ゲシュタルトクライス，293頁
25　Weizsäcker, V.v.: Pathosophie, S.74, 15.Kap.‐④ 1956　邦訳：パトゾフィー，106頁

しても、それは「見かけだけだ」[26]とヴァイツゼッカーは断じて憚らない。この動こうとするパトスカテゴリーを意志という概念で理解して、自由に意志して不屈の精神的強さをもって〈動こうとする〉と誤解しやすいのだ。いずれにしても、動こうとする情念のパトスが未来の動く感じをどのように統握するのかというパトス的情念の本質が見過ごされてはならない。この動こうとする情念的なパトスを、実はそう動くべき規範(ゾレン)と動ける可能性(ケネン)との中間点にあるとヴァイツゼッカーが指摘するのはこの意味においてである。そこには、無意識に生み出されたものが〈しようとしなかった〉のに生じた現象、つまり動感形態の〈受動的生成発生〉という現象の関わりが示唆されているのだ。このようなパトス分析が感覚(センス)受動発生に深く絡み合っていることを決して見逃してはならない。

(b) 動く必然は自己を隠蔽する

　まず我々は〈動く意志(ヴォレン)〉のパトスカテゴリーに激しくせめぎ合う〈動く必然(ミュッセン)〉というパトス情念性に注目しなければならない。パトスカテゴリーの筆頭に挙げられた〈動く許可(デュルフェン)〉の場合と同様に、この〈動く必然(ミュッセン)〉という情念的パトスのなかにも、ヴァイツゼッカーは〈死〉〈必然〉〈権力〉〈強制〉という本質必然的な〈浮遊状態〉[27]を再び指摘していることに我々は注目する必要がある。そこでは、いわばコーチや監督の権力を笠に着た〈強制〉や〈動かざるをえない必然〉は「〈良くも悪くもない〉のではなく、〈良くて悪い〉のだ」とヴァイツゼッカーは謎めいたことを言う。その宙に浮いたような浮遊状態は、〈動かざるをえない〉というパトス的情念がその身を隠す〈自己隠蔽性〉の働きを浮上させてくるからだとヴァイツゼッカーは的確な指摘をする。つまり、〈動かざるをえない〉という志向対象そのものが、その宙に浮いた浮遊状態のなかにその姿を隠してしまうというのだ。そこでは、コーチから権力的に強制された動きかたも、動かざるをえないパトス的苦悩の志向対象も、同時にその〈自己隠蔽性〉のなかに姿を消してしまうのである。その場合、動く意志(ヴォレン)も動く必然(ミュッセン)もともに否定のなかにわが身を隠してしまうと、動こうとしても動けない〈否定の金縛り〉に出会うことになるのだ。そこで自らの身体感覚を頼りに何の道しるべもなく試してみても、自らの感覚(センス)経験を捉える手立てもないまま途方に暮れてしまうことになる。こうして、ヴァイツゼッカーは「何かをせざ

26　Weizsäcker, V.v.: Pathosophie, S.75, 15.Kap. - ⑤ 1956　邦訳：パトゾフィー、106 頁
27　Weizsäcker, V.v.: Pathosophie, S.68, 14.Kap. - ① 1956　邦訳：パトゾフィー、96 頁

§44. 動く意志と動ける必然はせめぎ合う　371

るをえない人は溜息をつく」[28]　といみじくも指摘する。いわば，この「溜息をつく人は，何かはっきり決まっていることの上を現にただ漂っているだけという浮遊状態」のままに宙に浮いたまま〈自己隠蔽性〉の働きしかそこに現れてこないと断じるのだ。

　このようにして動かねばならぬ必然は，宙に浮いたままの〈自己隠蔽性〉の苦しみを受けることになる。ところがさらに，そのような動かねばならぬ必然そのものをもう一つの別な動かなければならない必然に責任を転嫁して，いわば自分自身に対する「必然の自己隠蔽」をして，わが身の必然からも身を隠してしまうとヴァイツゼッカーは追い打ちを掛けて指摘する。例えば，ある選手が走り幅跳びの指導を受けている場合に，その踏切り位置を見ない〈先読み〉という〈そうせざるをえない必然〉の指示が出されると，その選手はその必然的指示の意味発生を担う〈志向対象そのもの〉ではなく，そのコーチが要求した〈必然的指示そのもの〉に責任転嫁するのだ。あるいはまた，その必然的指示を出したコーチその人に責任を取らせるために，自分自身の動かねばならぬ必然それ自体を隠蔽してしまうことさえもある。このような手の込んだ奇妙な現象は，コーチングの実践では決して珍しいことではない。もちろん，先読みカテゴリー分析の意味発生を担う志向対象は，当然ながらその先読みの原発生地平分析において自己時間化されてはじめて開示されることは前段［§28～§29参照］ですでに検討済みである。このような現実を踏まえて，ヴァイツゼッカーは「そこで〈せねばならぬ必然カテゴリー〉としての不自由さは否定のなかにも潜んでいて死，必然，権力，強制という四つが否定的色彩を帯びてくるのもこのためである」[29]　と結論づけることになる。

　こうして我々は，生得的に動かざるをえない必然と自ら動ける可能性，つまり本能的必然性と実践可能性との緊張のなかにある動物の振る舞う行動に対して，それと本質的な差異を示すのが人間の〈動きかた〉ないし〈振る舞いかた〉であることを確認できるのである。とりわけ競技スポーツにおいては，その転機現象に現れる自らの〈動きかたを選択する〉というボイテンデイクが指摘する〈感覚運動知能〉の問題圏が主題化されることになる。つまり，どう動くかの決断の分かれ目に苦悩する出来事がこの転機を誘い，〈動きかた〉の取捨選択を基づけることになる。このように〈人間的なるもの〉として，パトス

28　Weizsäcker, V.v.: Pathosophie, S.69, 14.Kap. - ⑤ 1956　邦訳：パトゾフィー，98 頁
29　Weizsäcker, V.v.: Pathosophie, S.73, 14.Kap - ⑫ 1956　邦訳：パトゾフィー，104 頁

カテゴリーをもつ自我運動が自ら動く主観身体として恣意的に自由に動こうとすると，その転機(クリーシス)のなかで〈どんな動きかたを選ぶか〉という決断作用にいつも必ず迫られることになる。この動きかたの選択は，能動的に選ぶのが一般としても，とりわけ本人に自覚されない〈受動的志向性〉にも注目しておかなければならない。例えば，それは車の通る道路を横断するとき，やって来る車の接近を〈先取り〉して動きかたを選ぶという例証に典型的に示される。そこでは，自我身体に中心化する〈動きかた〉ないし動感化する情況に投射していく〈振る舞いかた〉が問われるのだ。しかも，同時変換的に選択するという人間の固有領域におけるわが身にありありと感じる〈原的な自己運動〉の現象がそこに浮き彫りになってくるからである。その自己運動におけるキネステーゼ身体感覚の同時変換的な働きそのものは，いつも必ず〈自発的〉に，いつの間にか機能している受動志向性であることは言うまでもない。

(c) 決断と承認の転機に向き合う

このようなパトスカテゴリーの転機(クリーシス)現象における地平志向性の下で，一つの〈動きかた〉が選択されるときには，〈自ら決断する〉と〈自ら承認する〉という内在経験の二重化が〈志向含蓄態〉としていつもすでに〈先構成〉されているのだ。その場合，運動主体が動感化する情況に向けて〈身体投射化〉する意味統握(センス)やそこに機能する動感身体性の〈自己中心化〉という述定判断は，すべて〈遂行自我それ自体〉のキネステーゼ感覚の実践知能にすべてを依存していることになる。となると，ある〈動きかた〉を選択した結果は他人にその責任を転嫁することができない。そこに機能する動感身体性に潜む〈自己時間化能力〉による分析結果には，そう動いた遂行自我本人が一切の責任を負わざるをえないのは論じるまでもない。このような誰にも頼れない純粋自己運動の動感身体性の〈意味発生〉とその〈陶冶形成〉こそが学校における身体教育の〈本質必然性〉をもつのである。そこには同時変換する決断と承認の二重化現象の〈自己責任性〉がその〈身体陶冶〉の基柢に据えられていることに言を重ねる必要はない。幼児体育において取り上げられる〈鬼ごっこ〉でも，学校体育における球技のボール奪取の〈フェイント攻防〉でも，そこでは遂行自我の動こうとする意志(ヴォレン)としてのパトスカテゴリーが主題化されている。その運動発生学習においては，当然ながらパトス分析がその起点をなしているのだから，そこに機能する身体性の多様な様相変動と貴重な動感身体感覚の意味発生(センス)経験が超

越論的反省の志向対象として浮上するのだ。だから，乳幼児の体育でも，学校体育でも，その陶冶目標が生理学的な健康と体力の向上だけを一義的に特化することはできないのはこの意味においてである。

こうして，機能する動感身体性の分析が関心事として浮き彫りになってくると，どうしてもパトス分析の志向対象について，その超越論的反省の態度をしっかり確認しておかなければならなくなる。その超越論的構成分析の志向対象に現れるパトス転機が主題化されていると，動こうとする意志(ヴォレン)が働かなくても，受動的に勝手に自らのキネステーゼ身体感覚が働く奇妙な出来事に気づくのだ。さらに，〈動こうとする意志〉をもっていても〈動けないこと〉もあり，さらに自ら動こうと〈思うこともできない苦悩〉[30] のパトス世界が浮上してくる。それらの多様なパトス転機は，〈ヴェクトル構造の合力〉としてしか動けない動物の行動とは，全くその対極的な位置づけをもつことも気づかせてくれる。そこには，パトス転機として謎に満ちた動感身体性がいつも機能しているのであり，それが人間の身体運動における本質必然性であることは言をまたない。

このようなパトス転機において，〈そう動こうとした〉ときには，いつもすでに〈自ら決断している〉のであり，その決断する自我を原的に，つまり自己性と身体性とによる二重化の承認を本人は不可疑的な〈原事実〉[31] として自らを承認していることになる。〈そう動いてもよい〉というパトス的な浮遊状態における身体感覚の志向体験でも，そこには〈内在的二重化現象〉がすでに生起しているのだ。例えば，歩き方やペンの持ち方のようなすでに習慣化された〈動きかた〉は，その身についた慣れた動きかたを自我身体が引き受けて，それを〈心地よい動き〉として自ら承認しているのである。そのとき自我身体が引き受けなければ，そこに〈修正化志向〉[32] が自ずと発生してくるはずである。だから，その人の歩き方を見れば，そこで顔の判別が出来ないほど遠く離れていても，その個人を特定できるのだ。それは，その本人が快感情をもって，何となく歩きやすい馴染みさがその人の〈習慣身体〉を形成し，その歩き方を自らの身体感覚が受け容れているからである。さらに，ボイテンデイクはもっとも本質的なパトスカテゴリー体験がそう動くべき規範(ゾレン)という二重化現象に現れると指摘する。その規範は〈何かに義務づけられている〉という志向体験としてわが身にありありと現れると言う。それを自我身体として引き受けるべ

---

30 Weizsäcker, V.v.: Gestaltkreis, S.315., 1997, Suhrkamp Verlag　邦訳：ゲシュタルトクライス，295 頁
31 Buytendijk, F.: das Menschliche der menschlichen Bewegung S.179　In: Das menschliche, 1958
32 Buytendijk, F.: ibid, S.180

きだと〈承認している〉ことを本人は知悉しているのだ。サッカーで〈今パスを送るべきだ〉と決断するときには，その自我身体はそのパスの二重化現象をありありとわが身で引き受けていることになる。同時に，それはパスを受け取るべき味方プレーヤーにも，〈そう動くべき規範〉のパトス転機が〈同時共振〉できるのでなければならない。そこには，〈間動感的身体能力〉の生成消滅の広大な現象野がその方法論構築に決定的な意味発生を呈示しているのである。その動感パトス世界こそが〈動感共振〉という能力可能性の発生分析を喫緊の課題として気づかせてくれるのだ。

(d) 偶発する転機に立ち向かう

　ところが，ある動きかたに突然成功したときには，その転機現象は自分自身にもはっきりした自覚がないのもよく知られている。自転車にはじめて乗れた瞬間の今ここに潜む〈純粋経験〉は，その経験直下のノエシス的転機として，遂行自我本人にもよく統握できないのが一般である。しかし，不意に襲ってくるこの一回性の出来事それ自体は，まさに本人にとって〈必当然的原事実〉[33]以外の何ものでもない。その原事実の事態を疑うことは絶対できるはずもない。鉄棒のさか上がりにマグレで成功した瞬間には，狐につままれたような奇妙な〈感じ〉しか残っていないのは周知のことであろう。その動きかたの感覚発生における〈今はこうなのだ〉[Nun-einmal-so-Sein] というのは，常に秘密のままであり，そこでは偶然と秩序が背中合わせになっているのだ。それを見ている人にとっても，その〈予期と意外さ〉[34] が絡み合っているとヴァイツゼッカーは巧みに言い当ててくれる。そのキネステーゼ身体感覚の謎に満ちた偶発的意味発生の出来事にヴァイツゼッカーはさらに言を重ねて「生きものは絶えず新しいことを今，今，今と開始している。犬が今起き上がる，今あくびをする，今からだを掻く，今歩きだす。しかし，他ならぬ〈今〉，他ならぬ〈ここ〉でこのような運動が発生したかは常に秘密に包まれている。それは偶然なのか，予定されていたのか，その偶然と秩序は常に入り交じっていて，その本質は秘密のままである」と正鵠を射て〈絶対時間化〉の地平志向性を開示してくれる。

　ヴァイツゼッカーはこの突発的なパトス的現象を好んで〈転機〉[35] と呼ぶ。

33　Hua. XV, Text Nr.22‐(23) S.386　邦訳：間主観性の現象学Ⅲ，534頁
34　Weizsäcker, V.v.: Gestaltkreis, Gesammelte Schriften, Bd.4, S.302., 1997, Suhrkamp Verlag　邦訳：ゲシュタルトクライス，279頁
35　Weizsäcker, V.v.: Gestaltkreis, ibid. S.297.　邦訳：ゲシュタルトクライス，273頁

§ 44. 動く意志と動ける必然はせめぎ合う 375

　指導実践の現場では，このようなマグレ現象は日常茶飯の出来事である。ところが昨今の体育指導者は，このマグレ発生の身体感覚に潜んでいる地平志向性の志向含蓄態に一向に関心を示さなくなってしまった。老練な教師は，すぐに子どもの重大な〈パトス転機〉に気づくのに対し，成果主義にひた走るコーチや教師たちは，直進的な知覚対象の〈自然的反省〉の態度に終始し，そのマグレ発生に潜む〈超越論的反省〉が要求される志向対象の重大さに何も気づこうともしない短絡ぶりである。もっぱらマグレ成功の確率を上げるために，機械的反復を指示し，その物理的，生理的，心理的なメカニズム情報を知らせるだけである。そこでは，自然科学者のように〈結果からの予言者〉に成り切って，端的な科学的分析だけでマグレ発生を開示できると信じて，あとは確率論にのめり込んでいく。このような科学的予言者を目指す教師たちは，動こうとする意志(ヴォレン)をもつ生徒のマグレ発生を私の指導成果だと自信を深めるばかりとなる。マグレ現象がまだ出現しない生徒に対しては，生理学的な体力の不足を指摘し，メカニズムの知的理解を促し，合理的な学習態度の改善をマネジメントに託すのが体育教師の役割と考えるのに何の抵抗も感じない。つまり，依然として動きかたの形態(ゲシュタルト)発生は，いわば粘土細工をするときのように，その筋力不足を補い，非合理的な動きかたを取り除けば，いつかマグレ発生に至り，あとは反復して確率向上に直進するのに何の疑念も抱かない。
　そのとき，本人さえもぼんやりとしか感じとれない身体感覚の原発生地平が全く指導者たちの関心を呼ばないのはどうしてなのか。指導者は一般に，生徒や選手の創造に満ちた動きかたの学習活動に教育やトレーニングの動機づけを見出しているはずである。にもかかわらず，身体感覚における〈動く感じ〉の感覚(センス)発生という〈時間化現象〉に蔵(かく)されている意味核の〈究極基体〉[36] にどうして関心を示さないのか。そこには，動きがいつの間にか突然に形態化する受動的な身体発生に対する転機現象への関心は全く生じないのだ。我々の日常生活における歩き，跳び，投げるなどの動きの身体感覚がどのように意味発生してくるのか，つまりその〈動く感じ(センス)〉に何も気づかないのに，どうして自然と動けるようになるのか？　その身体発生の転機は謎に包まれたままなのに，どうして動けるようになるのか？　教師やコーチはこの受動志向性の身体感覚発生の謎を開示できなくても，動きかたの発生学習を指導できるというのか。その起点を成しているのが原発生地平におけるパトス転機現象であり，その開示

---
[36] Hua. XVII, § 82 - ③　S.210　邦訳；形式論理学と超越論的論理学，第82節 - ③ 225頁

を超越論的反省に求めうることを再度ここで確認しておかなくてはならない。

§ 45. 動くべき規範性に向き合う

(a) パトス転機に時間化が機能する

　すでに指摘したマグレという偶発する〈生成発生〉や不意に襲ってくる〈消滅発生〉という奇妙なパトス的転機は，必ずやって来るのか，いつ来るのかは全く分からないのだ。その何とも捉えようのない漠然性という形態発生（ゲシュタルト）には依然として本質可能性が潜んでいるというのか。その〈偶発性〉は，いわば〈今はこうなのだ〉[37] という〈発生転機〉はいつも必ず秘密のままである。しかし，その〈転機現象〉そのものが発生するということは，絶対に不可疑的であり，フッサールの意味する〈原事実性〉以外の何ものでもない。この不意にやって来る転機は「一つの秩序から他の秩序への移行が意味されるだけでなく，主体の連続性と同一性の放棄なのだ」[38] から，この動感パトスの始原（アルケー）をなす転機の本質必然性はとくに注目されなければならない。ヴァイツゼッカーはそこに〈人間的アプリオリ〉[39] を，つまり生成と消滅の同時的変換という〈先経験的存在〉をその発生転機に認めざるをえないと指摘する。そこではその意味発生の転機分析として因果決定論が全く通じない〈偶然性〉，とっさの〈思いつき〉，類似連合化を促してくれる〈布置形成〉，さらに現存在の深層から同時に突然現れる〈偶発性〉などのパトス的志向対象の重大さが強調されている。従ってこのパトス転機現象には，偶発的な形態化で，いわばマグレで意味発生に至ることもあれば，今までの調和的な動きが偶発的分裂に出会って，急に何一つ動けなくなってしまうことも珍しくないのだ。つまり偶発的な〈マグレ発生〉も〈分裂発生〉も共にパトス状態における転機現象の本質に属する反論理的な一回性現象に他ならないのである。

　我々はこうして，身体運動の動感（キネステーゼ）形態化という発生現象野のなかに，〈パトス的なるもの〉がありありと感じとられる身体経験として，その身体発生の決定的な重大さを見出すことになる。つまり，パトス的な発生転機現象はそう動こうとする意志とそう動かねばならぬ必然との〈せめぎ合い〉のなかで，そのパトス発生の転機（クリーシス）における決断こそが決定的な重要さをもつことになる。身体

37　Weizsäcker, V.v.: Gestaltkreis, op.cit. S.302.　邦訳：ゲシュタルトクライス，279頁
38　Weizsäcker, V.v.: Gestaltkreis, ibid. S.299　邦訳：ゲシュタルトクライス，275頁
39　Weizsäcker, V.v.: Pathosophie, Kap.5‐⑦ S.39 1956　邦訳：パトゾフィー，57頁

§45. 動くべき規範性に向き合う　377

　運動におけるキネステーゼ感覚の形態発生(ゲシュタルト)は，すべてその発生転機における〈決断そのもの〉に依存するとヴァイツゼッカーが断じるのはこの意味においてである。ヴァイツゼッカーはさらに言を継いで「紛れもないこの転機のなかに，決断それ自体が生み出されるのであって，決断がすべての起点であり始原である。しかしその決断を誰も説明できはしない」[40] と謎めいた記述を残している。そこで最後には「先行する現象が後から来る現象を因果的に決定するという出来事は全く存在しない」と断言して憚らないのだ。

　これに対して，因果決定論しか信じていない自然科学者は〈結果からの予言者〉たることに限りない自負と愛着をもっている。だから，ヴァイツゼッカーの反論理的な記述分析を単なる神秘主義として蔑視せざるをえなくなる。ところが，我々のスポーツ実践現場のアスリートたちは言うに及ばず，そこに居合わせるコーチや指導者にとっても，このヴァイツゼッカーの謎めいた命題の純粋記述がわが身でありありと感じとれるのだ。このような謎に満ちた動感身体性に潜む志向含蓄態の発生転機現象それ自体は，外部視点から対象化して映像分析(キネマトグラフィー)しようとしても，それは不可能であるのは喋々するまでもない。いわばまさに緊迫した試合で勝負する者にとっては，原因が結果を決定できる科学的運動分析の結果そのものがとても通用しないことは必当然的な〈原事実〉［深層：§6, §20参照］として自明なのだ。例えばそれは，ボール奪取にフェイントを掛ける場面に明らかであり，その反論理的フェイントの意味内実(センス)は自らの原的な身体性で直に感知し，即断できる時間化能力に支えられるからである。しかし，そのような緊迫した発生転機のなかで，自らのキネステーゼ身体感覚でありありと了解できるのはどのようにして可能なのか。緊迫した競技の動感化する情況のなかで，それは即座に自己時間化できる機能する身体性の〈キネステーゼ感覚能力〉がまさにこの反論理的な同時変換的な発生転機を支えてくれるからである。それが動感意識流の原発生地平に潜む自己時間化の働きであることはこれまでにすでに繰り返し指摘している通りである。

(b) 動きかたに規範性を問う

　ここにおいて我々は，ヴァイツゼッカーの〈そう在るべき姿〉〈そう在る姿〉という規範(ゾレン)と存在(ザイン)との概念的隔たりに注目せざるをえなくなる。まずもって，ヴァイツゼッカーは「すべきであるというSollenは動詞であるが，Du sollstつ

40　Weizsäcker, V.v.: Gestaltkreis, ibid. S.314　邦訳：ゲシュタルトクライス，293頁

まり「そうすべきだ」「そうして欲しい」という命令法では，記述している意味合いに対して相手を動かす意味合いがぴったり一致する」[41] と指摘する。次いでさらに「時間の中で，時間と共に，［相手を］動かす意味合いは［自分が］動かされる意味合いへ，記述的な意味合いから命令執行的な意味合いへと変化する，―あるいはその反対の方向に―変化する」のだと説明し，いわば「言葉は生命と同じように流動的なのだ」と結論している一文はまさに注目に値することになろう。この文意を発生的運動学のキネステーゼ感覚世界に引き寄せてみると，ヴァイツゼッカーの一文の重大さに気づかされることになる。そのパトス的表現のそうすべき規範(ゾレン)とその存在(ザイン)との隔たりは，たしかに明白だとしても，結局は〈動くべき感覚形態(ゲシュタルト)〉と〈そこに在る感覚形態(ゲシュタルト)〉とが反復練習の遂行を通して，その隔たりが接近し，遂にはその対象が合致しうる可能性をもっているからである。このようにして，ヴァイツゼッカーは「ここで〈そうすべき規範〉の概念の幅の広さには驚嘆の念を禁じえない」と感動することになる。

　しかし，自ら動くべき規範性を巡る発生的運動学の問題圏はまさに広大であり，そこには多様な複雑な絡み合い構造が示されていることは周知の通りである。だから，〈どのように動くべきか〉という〈動きかた〉の規範性に関するキネステーゼ身体感覚の〈発生転機分析〉は，その前提に通時的ないし共時的な類型学的身体運動の身体発生基盤が厳密に超越論的に構成分析され，規定されていなければならないことになる。例えば，人間の〈歩きかた〉[42] の研究は，ボイテンデイクの人間学的立場をとる類型学的分析はまさに白眉であるが，そこには広大な問題圏が呈示されているのだ。かつての西欧の体育領域においては，〈もっとも合目的な歩行〉という生理学的効果を目的とした歩きかたこそが「もっとも美しいのだと」論じたベス・メンゼンディークの主張がボイテンデイクによって厳しく批判されたことはよく知られている。しかし，わが国では，軍国主義に傾斜し始めていた時代背景に支えられて，強健な肉体鍛錬に迎合した生理学的運動認識論が厳しい批判を免れて，現在にまで温存されている。それ以来，今でもそのまま無批判的に学校体育に生きていることはまさに希有なことと言わざるをえない。そこでは，人間の〈理想的歩行〉[43] が身体教育の生理学的合法則性だけに限定されただけでなく，その美意識を一気に理想的な

41　Weizsäcker, V.v.: Pathosophie, S.80, 16.Kap. - ② 1956　邦訳：パトゾフィー，114 頁
42　Buytendijk, F.J.J.: Allgemeine Theorie der menschlichen Haltung und Bewegung, S.113ff. 1956 Springer Verlag
43　Buytendijk, F.J.J.: Allgemeine Theorie, ibid. S.127ff.

〈歩きかた〉に直進してしまったメンゼンディークの理論的素朴性がわが国の学校体育のなかに生き続けてきたのだ。

　戦後のわが国の学校体育でも，明治以来の素朴な生理学主義が科学的な体力論に姿を変えて学校体育の主座を占めていることは周知の通りである。だから，いわゆる〈正常歩〉と呼ばれる歩きかたの〈腕の振りかた〉は，走形態の屈腕方式が何の違和感もなく受け入れられることになる。そこには，競歩の歩きかたとの絡み合いがあることは言うまでもない。このような科学主義的な普遍的運動基盤のもとでは，人間学的な類型学的分析も現象学的な感覚発生分析も非科学的な批判を甘受せざるをえないことになるのはこの意味においてである。まして，明治以来の学校体育において，もっとも侮蔑的な批判対象にされた，いわゆる〈ナンバ歩き〉［ラクダや熊の歩きかた］は，フランスの文豪バルザックも指摘しているように，一つの類型学的な〈歩きかた〉として正当に認められている。にもかかわらず，そのわが国古来のナンバ歩きは，明治以降の学校体育では，奇妙な〈異常歩行〉の位置づけでしかないのだ。しかし，我々の新しい運動現象学的分析［身体知の構造：講義9, 208~214頁参照］によれば，〈合理的な歩きかた〉としての実践可能性を含意していることになる。ここにおいて，我々は機能する動感身体性に働く意味形態のあるべき規範性の問題圏を改めて明確に呈示するのでなければならない。しかし，その仕事は本論の射程をはるかに超えてしまうので，別稿に譲るとして，ここでは問題の所在を呈示するに止めておきたい。歩きかたが〈あるべき規範性〉に向けて充実化を図る習練が重ねられるとき，その時点の物的身体の生理学的条件に適合した心地よい歩きかたのみが定着して習慣化され，いわばその人独特な〈歩きかた〉の運動様式が形成されてくるのはよく知られている。それが個性溢れる歩きかたとして身体化されて，遠くからでもその人を特定できる個性的な〈運動様式〉の生成的発生を保証するからである。その習慣化された生動的な動感身体性が呈示する個性的な歩きかたを少なくとも健康を害しない生理学的規範性を身につけさせるには，もはや動感パトスの超越論的構成分析の枠組みを超えてしまっているのは明らかである。その習慣化された固癖的歩きかたを修正する身体発生の営みは後段で取り上げる動感エートスのカテゴリー分析に依るしかないからである。そこには，多くの困難な修正化作用ないし新たな動きかたの生成的発生に対して，気概溢れる動感エートスカテゴリーの身体発生を支える時間化分析が待っていることになる。

(c) 規範と鋳型の矛盾に向き合う

　すでに前段でも触れているように，動くべき規範性を巡るスポーツ運動学的な問題圏は広大であり，しかも通時的ないし共時的な複雑な絡み合い構造を示すのは論じるまでもない。しかしここではまず，その動きの規範性と習慣化による動きの鋳型化問題を取り上げないわけにはいかない。それは指導実践の現場においては喫緊の問題であり，いわば新しい規範をもつ〈動きかた〉の生成という発生現象は二重の障碍に妨げられている。その二重の障碍とは，以前から習慣化された動きとわずかな差しかない新しい動感図式を身につける困難さと，その鋳型化された動きが新しい規範の感覚図式の発生を執拗に拒み続ける困難さである。しかも，その新旧二つの動感図式のコツとカンが極めて類似している場合には，二重の障碍が我々をさらに苦しめるのだ。例えば，昔からの日本人に伝わる〈ナンバ歩き〉と，いわゆる学校体育の〈正常歩〉との違いに例証をとってみよう。左足と右手を同時に前に振り出す正常歩の歩きかたと，ナンバ歩きのように左足と左手を同時に前に出す歩きかたは，その生成発生の訓練の時には非常な戸惑いを感じることでよく知られている。とりわけ，西洋式の歩きかた，つまり左足と右手を同時に前に振り出す歩きかたの訓練が明治時代の日本人にとっては大変な混乱を引き起こしたことは周知の通りである。それまでの日本人は古来のナンバ歩きが普通の歩きかたであり，それ以外の歩きかたは意識されていないから，その習慣化された歩きかたは完全に鋳型化されていたことになる。つまり，固癖化して鋳型になったナンバ歩きは，新しい西洋式の歩きかたの発生学習を全面的に妨げることになる。しかし，この二つの歩きかたを現代の我々が取り上げても，そこに動感意識に混乱が起こる事実は変わらないのだ。それはナンバ歩きでその同じ片側の手足の振り出しを大きくすれば到底うまく歩けるはずはない。だから，その手足の振り出しを小さくしていくと，いつの間にか正常歩に変わってしまい，それをナンバ歩きに戻そうとすると，その動感意識(キネステーゼ)は混乱して歩きかたのゲシュタルトは破壊されてしまう。それは拙著［身体知の構造：講義 9, 208~214 頁参照］に詳しいので，ここで再び繰り返す必要はないであろう。

　このような〈動きかた〉の〈意味発生〉[44]の現象では，そう動くべき規範性がその意味発生(センス)に大きく関わっているから，身体運動の発生学習には，まずもってそれまでの通時的ないし共時的な習慣的鋳型化の静態分析が前提的に取り

44　Hua. XVII. § 85‐③ S.215　邦訳：形式論理学と超越論的論理学，§85‐③ 230 頁

上げられなければならない。その意味では，幼児体育における歩行学習はもっとも難しい教材になるのはこの意味においてである。幼児の歩きかたの身体発生分析はもっとも困難な超越論反省の学領域に属することをまず確認しておかなければならない。しかし，〈歩ければそれでいい〉という成果主義が横行している昨今では，歩行の感覚(センス)発生が改めて主題化される必要性を見逃してはならないのだ。幼児はすでに自分なりの歩きかたが身体化されているから，その受動発生した歩形態をそのままにして，〈動くべき規範〉をどのように身体化できるのかは，幼児運動学の喫緊の問題になることは言をまたない。能動的な動感エートスの修正化分析は，幼い子どもたちの意味(センス)発生に馴染むはずもないからである。

　一般に，新しい規範性に基づいた動きかたを学習するとき，それは修正化分析に関わる志向対象になるが，それは動くべき規範性のパトス分析にその起点が据えられている。その修正化分析が，いわば動感エートスの志向対象に取り上げられるのが一般的であるのは言うまでもない。しかし，それが一流のアスリートの選手生命を断ってしまうほどの重大事に関わってくることも見逃してはならない。しかも，その破局的動感消滅の危機に曝された名選手を救出する道は未だに阻まれたままである。それを処方できる老練な名コーチは極めて希な昨今である。それはパトス分析とエートス分析の〈基づけ関係〉を巡る我々の発生的運動学の最大の課題となるであろう。そのことを正面からまさに直視して，我々はその明解な道しるべが究明されるのを待っている多くの選手たちのいることを知らなければならない。その破局的動感消滅の危機に見舞われた選手については，その歴史身体の発生に関わる厳密な静態分析から取りかからなければならない。そのとき意外にも，幼気(いたいけ)ない幼児期に競技スポーツに打ち込んだときの鋳型化図式が浮上してくることが珍しくないからである。そこでは，動感意識流の原発生地平に潜んでいる志向含蓄態が意外にも端的な固癖化のままで放置されていることが少なくない。このようにして，幼児期の競技力向上をどのような〈動きの規範性〉として主題化すべきなのか，どのようなパトス分析の道しるべがその幼児期の意味発生期に用意されていなければならないのかは重大な問題圏である。我々は改めてそれらの問題圏に取り組むのが喫緊の課題になるであろう。〈どう動くべきか〉という規範性の構成問題とその規範の身体化に伴う鋳型化現象の解消問題という難題を我々は決して見過ごしてはならないのは多言を要さないことである。

§ 46. 動く可能性は未来予持を拓く

(a) 今の転機が動く可能性を誘う

　ここにおいて，我々は最後に〈可能的なもの〉というパトス的な発生転機に注目することになる。そこでは，〈動ける〉のか，〈動けない〉のかという〈動く可能性〉と〈動く許可〉〈動く規範〉のパトス的転機分析を取り上げる必要があるからだ。例えば体調がよければ〈動きたい〉ように〈動ける〉のに，競技の緊張状態に入ると，何故か〈動けない〉という奇妙なことが起こる。しかし，〈動きたい意志〉と〈動かざるをえない必然〉という自由と必然の激しいせめぎ合いの記述分析は，すでに前段［§ 44］で取り上げている。そのせめぎ合いの事態における相互関係は，きわめて複雑な絡み合いのなかにあって，しかも依然として開示し切れないことが多い。たしかに〈動きたい意志〉を強化するには〈動ける限界〉を広げる〈動く可能性〉が前提となる。そのとき〈動ける〉には，〈動けるようになりたい意志〉の飽くなき追求が含意されているのは言うまでもない。〈動けるようになりたい〉と願うのは，いつも必ず〈未来予持志向性〉をわが身で感じとることに連動する。その未来予持への動感志向性が単なる空想的願望になってしまうのは，そこに〈機能する動感身体性〉が生き生きと関わっていないからだ。未来のキネステーゼ意識を自らの身体能力で感知できること，つまり，ありありとわが身で今ここの〈たった今〉を掴むと同時に可能態として未来予持能力が生き生きと機能しなければならない。そこでは，今ここの遂行自我の〈自己時間化能力〉がすでに機能していなければならないのだ。言うまでもなく物理的に動かなくても，動く感じが生き生きと機能すれば，水溜まりを跳び越せるのかどうかの未来予持志向性はすでに先構成的に機能しているのだ。そこで原発生の過去把持地平の〈たった今〉を感じるとき，それを我々は意味発生の〈ノエシス契機〉と呼ぶ。この過去把持の〈たった今〉を今統握として捉える働きが機能しなければ，未来の動く感じを，つまり未来予持作用を自己時間化することはできるはずもない。いわば〈今ここ統握〉という身体発生のきっかけ，つまり〈ノエシス契機〉を自己時間化して，その発生転機をどのように未来予持の動く感じに構成できるのかが喫緊の問題になって我々に迫ってくるのだ。

　このような〈動ける〉〈動けない〉という〈動く可能性〉とは，〈動けるようになりたい〉[Sich-bewegen-können-wollen] という意欲の飽くなき追求なのであり，

§46. 動く可能性は未来予持を拓く　383

それこそが未来の動きを生み出す発生転機(クリーシス)に連動するのだ。しかし〈動けるはずだ〉という必然志向性(ミュッセン)が否定される事態の転機現象では，さらに我々を悩まし続け，執拗にその決断を迫ってくることになる。とは言っても，走り高跳びで3mをクリアしたいといっても，今ここで把握する遂行自我にとっては，必然さの否定に直結するのは喋々するまでもない。まして1トンのバーベルを挙げることは〈そうしたい〉[Können-wollen] とはとても〈思えない〉[nicht Wollen-können] とヴァイツゼッカーは巧みに付け加えてくれる。そこでは，やる気がまったく消失した無気力状態が意味されるだけである。ここにおいて，我々はこのヴァイツゼッカーの指摘に注目することになる。つまり，動感志向性の生成と消滅の交錯したパトス的な発生転機現象においては，ヴァイツゼッカーは身体運動がパ・ト・ス・的・情念を呼び起こすと言い，そのパトス的情念が身体運動の意味(センス)発生を引き起こすのではないと正鵠を射て注意を喚起してくれる。そこでは，先と後(プリウス ポステリウス)という時間的順序の因果関係が存在しないことをいつも必ず駄目押しをしているのだ。それが謎めいて聞こえるとすれば，我々は因果決定論的な感覚与件による運動発生というロックの呪縛からまだ解放されていないのだ。それはパトス的な「情念はそのまま運動だから」[45] という同時変換作用を指摘するヴァイツゼッカーの真意が理解されていないからである。キネステーゼ感覚が意味(センス)発生するなじみ位相以前の深層世界では，いつも必ず〈原キネステーゼ〉という感覚発生の問題と絡み合っているのだ。現場のコーチや教師たちは，そのためにどんなに苦悩を強いられていることであろうか。

　ここにおいて，我々の競技スポーツも学校体育も，いずれも現代の成果主義に埋没している昨今の事態に注目しなければならない。それだけに，ヴァイツゼッカーが病理学者としてパトスカテゴリーを主題化し，人間的アプリオリの普遍基盤こそが生動感に溢れる動感身体性の働きを支えていると言及してくれても，我々はありありとわが身で了解できる時間化する身体発生が伴わないこと頻りである。しかし，どんな選手たちでも不運な怪我に見舞われて悩み，いわゆる〈技の狂い〉にも苦悩しているはずなのだ。体育嫌いの子どもが「動きたいのはやまやまなのに，どうしても動けない」と苦しんでいるのに，外部視点から眺めるのに慣れている我々は，ついキネステーゼ感覚の生動的世界に共感的に生きることができなくなってしまうのはどうしてなのか。その〈動きたいのに動けない〉というパトス的な発生危機(クリーシス)に苦悩する選手や生徒たちに対し

45　Weizsäcker, V.v: Pathosophie, op.cit Kap.6・①S.39　邦訳：パトゾフィー, 58頁

て，科学的な運動メカニズムを呈示し，その理解の上に学習活動の合理的マネジメントだけで対応できるのか。それは身体教育における〈身体概念〉が物質身体ないし物理身体と解されてきた明治以来の生理学主義の呪縛から，我々はまだ解放されていないからである。

(b) パトス情念性は運動世界に住む

　ここにおいて，すでに指摘した「情念はそのまま運動なのだ」というヴァイツゼッカーの謎めいた命題に立ち戻る必要が生じてくる。というのは，その運動という表現が位置移動という物理運動が意味されているのではないからだ。その場合の運動は〈生き生きした運動性〉いわば〈生動性〉の意味であるのは喋々するまでもない。それに関連して，我々はすでに機能する動感身体性の生成と消滅の交錯した発生転機の奇妙な同時変換作用を論じている。そこでは，とりわけ身体運動が情念的なパトス経験を生み出すのではないし，あるいはパトスとしての情念性がキネステーゼ身体感覚の意味発生を促すのでもないとヴァイツゼッカーは重ねての駄目押し的な指摘をするのだ。ヴァイツゼッカーのその「情念はそのまま運動だ」という命題が我々に謎めいて聞こえるとすれば，我々はまだ感覚と運動に関する因果決定論的なロックの呪縛から解放されずにいるのかもしれない。それは，古典的な〈感覚与件〉の概念が我々を呪縛していて，依然としてわが身を単なる道具と捉え，その自我身体そのものを事物化しているからなのだ。だから科学的に運動を分析して，そこに〈結果からの予言者〉に与するとすれば，自我身体をも奴隷化することができると，我々もそう考えてしまうのか。ここにおいて我々は，パトス情念性がどのように身体運動に関わっているのかの問題性に正面から向き合わざるをえないことになる。

　我々は改めて，パトス的情念性に潜んでいる激しい喜怒哀楽の〈生動性〉の普遍基盤について，さらに厳密に超越論的反省に入る必要に迫られることになる。しかしそれはすでに，ヴァイツゼッカー自身によってその遺著『パトゾフィー』で詳しく論じられている。そこでは，ヘラクレイトスやアリストテレス以来の運動概念が通史的に取り上げられ，しかもヴァイツゼッカーは近代におけるデカルトのみならず，さらにニュートンの絶対運動［身体知の形成（上）：講義9参照］としての数学的運動学の概念規定に至るまで，詳細かつ厳密な記述分析を施している。その最後に，ヴァイツゼッカーは〈運動そのもの〉の概念に自ら問いかけて，次のような正鵠を射た結論に至っている。つまりそこでは，

§ 46. 動く可能性は未来予持を拓く　385

「情念的運動とは［一体どこに存在するのか］？　［それは］もちろんどこにでもある。情念のない運動は［どこに存在するのか］？　そんなものはどこにも［存在し］ない」[46]　と極めて端的に結論を断じている。ヴァイツゼッカーのこの一文は，それに勝る人間学的な運動概念の述定化はないほどの見事な純粋記述だと言えよう。

　精神科医でもあるヴァイツゼッカーは，「この一文を物理学者が読んだら，彼は肯首するはずもない」と断じながら「医者だったらどうだろうか。その反応をみれば，私なりに彼がどんな医者かを判断することができる」といみじくも言い切っているのだ。ところが「運動とはいつでもすでに情念的運動に他ならない」というヴァイツゼッカーの命題に，我々スポーツの運動学者が向き合うと，ついつい奇妙な表現だという感じを禁じえない。そこには，情念豊かな〈パトス運動〉と気概溢れる〈エートス運動〉が基づけ関係にあることを口にするのは，スポーツの運動学者にも何か気が引けてしまい，恥ずかしい感じを否めないからなのか。因みにヴァイツゼッカーも念を押しているように，ここに意味されている〈基づけ関係〉は因果法則的な時間的な前後関係と捉えるのではないことは喋々するまでもない。

　競技スポーツの世界では，長い歳月をかけて苦心して身につけた熟練の技が突然に，何の前兆もなく消滅してしまい，その技をどんなにやろうとしても，わが身に反逆されて何もできずに苦悩する選手たちは決して少なくはない。そこに現れてくるパトス的な苦悩の生動性という事態に，ヴァイツゼッカーは一体何を意味しようとしているのか。ところが現に競技実践の世界では，そのようなパトス的な〈気まぐれさ〉に苦しめられる世界的な名選手さえも決して少なくないのだ。また一方では，体育嫌いの子どもがマグレ発生の逆上がりに小躍りして狂喜する〈パトス的生動性〉というものは，一体何を我々に問いかけているのか。いずれにせよ，競技スポーツでも，体育の運動発生学習でも，動きたいのは山々なのに，思うように動けない時間化する身体発生のパトス世界は，コーチや運動学者からも敬遠されてきたのは，紛れもない事実なのだ。その生動感の溢れるパトス世界の自己時間化する身体発生分析は，これまでもっぱら〈動こうとする本人〉にすべて丸投げしてきたことを我々は見逃してはならない。これまではコーチも教師たちも，その動感志向性に苦悩する遂行自我本人の自己運動の動感世界に何故立ち入ろうとはしなかったのか。むしろ，そ

[46] Weizsäcker, V.v.: Pathosophie, op.cit. Kap.4 - ⑥ S.34　邦訳：パトゾフィー，51頁

れに関わり合うのは学習者の自得する美意識の陶冶形成を妨げるとして，自ら身を引いてきたのではないのか。

このようにして，我々は外部視点から生理学的体力の不足を指摘し，そのトレーニングの合理化を図らせる道を拓こうとして，客観的な運動分析だけに専念してきた。これが従来からの一般的なコーチング方法論であり，未だにそれに異論が現れないままである。もちろん，その物的身体の科学的運動分析もマネジメント科学の合理的分析に異論のあるはずもない。しかし，コツとカンが一元化された時間化する身体発生という謎に満ちた動感世界の開示は，すべて遂行自我本人に丸投げされている現実を現場のコーチはどのように了解しているのか。教師もコーチも，自得することこそ学習者にとって最善の道であることに異論のあるはずもない。そこでは，いつもすでに動きがまだ生起しない未来の時間化する身体発生を先取りできる道は，学習者だけに〈無師独悟〉で切り拓いて行かせるべきなのか。とすれば，現場でコーチする指導者は，科学的分析者と軌を一にして〈結果の予言者〉として，応援席で拱手傍観することが許されることになるのか。その動感世界の受動志向性への道を自らの足で歩いて行かざるをえない選手たちが苦悩するパトス世界は無師独悟の世界だから，誰も手を差し伸べるべきではないのか。しかし，その受苦のパトス世界は教師やコーチがかつて自ら歩いてきた道を思えば，パトス世界の苦悩に満ちた日々を知悉しているはずである。そのパトス分析の志向対象は，厳密な超越論的反省の態度に徹する道しるべとして，一体どこまで開示されているのであろうか。

(c) パトス分析はエートスの道に通じる

我々は繰り返し強調しているように，何故に科学的な運動分析の客観的な道をとらずに，身体運動の奇妙な感覚発生に苦しむ〈パトス的生動性〉という問題圏に直に向き合うのかをまずもって確認しておかなければならない。それは，すでに前段までに主題化されてきたヴァイツゼッカーのパトス的生動性の問題圏は，次章に取り上げられる動感エートスの分析対象性と〈基づけ関係〉をもっているからに他ならない。その動感発生に直接に関わる自我身体におけるキネステーゼ感覚世界は，たしかにその時間化する身体発生そのものを他人に代わってはもらえない。だからこそ，その身体発生現象には本質必然的に無師独悟する〈自得の美意識〉が潜んでいるのだ。とは言っても，その感覚発生に関わる私秘的なパトス世界はいつもすべて開示されているわけではない。繰り返

§46. 動く可能性は未来予持を拓く

し述べているように，そのように〈動こうとしても動けない〉とき，〈動けるようになりたい〉から，反復訓練して何とか〈動こうとする〉のだ。そこにはヴァイツゼッカーの言う〈パトス的生動性〉が機能して，同時変換的に新しい動きを身につける〈気概〉が湧いてくるとヴァイツゼッカーは断じる。そこに動感エートスの気概が働く原努力性が覚起され，パトス的情念がその生動性を同時変換していつもすでに私の身体発生基盤のなかで機能することになるのだ。だからヴァイツゼッカーは「情念はそのまま運動なのだ」と断じて憚らないのはこの意味においてである。しかも，コツとカンとが一元化されて，やっとそこに意味核(センス)が姿を現したときには，それがマグレとしての儚い存在であり，次に繰り返したときに必ず同じように動けないのは，本人がすでに了解しているのだ。そこで現にうまく動けた遂行自我の当人は，心ならずもそれがマグレ発生なのを百も承知している。しかし「それはマグレだから当てにならない」と人から批判されると，その本人は「そう動いたのは私であり，私が動いた事実そのものは誰にも否定できない」とその〈絶対主観性〉を頑として主張したくなるのはこの意味においてである。それは西田幾多郎が ambulo ergo sum［我歩く故に我在り］と断じるのと同じ事態に他ならない。そのマグレ当たりの動く感じのなかには，本物のコツとカンが紛れ込んでいるからこそ，その〈マグレの真実〉を信じて，直ぐに繰り返しに入るのだ。我々はいつか〈本物のマグレ〉を探し当てて，その動く感じを身体化し，遂には〈絶対確信〉をもてる自在洗練化層位に入っていくことになる。

しかし，それはマグレ発生を経験した人にしかそのマグレ当たりの様相変動に潜む発生転機(クリーシス)の〈パトス的生動性〉は理解できない。その発生転機(クリーシス)のパトス生動性は，外部視点からそれをどんなに超高速の映像分析をしても捉えられない。そこには，その人の物的身体しか〈映像化〉できないのであり，そのマグレの〈感覚そのもの(センス)〉を外から見ることはできるはずもない。つまり，その感覚発生の〈究極核(センス)〉[47]［最終的意味核〕は，それを機能する動感身体性で直に経験した本人にしかその原発生地平における過去把持志向性の今統握を捉えることはできない。となると，その原発生の地平分析のできない人は，その究極の意味核(センス)を心ならずも過去に流してしまう仕儀となる。過去に沈殿した本人の過去地平から，その今統握を取り出すためには，多くの障碍に阻まれている。その意味核(センス)は沈殿したまま沈黙を守り続けて，遂にはその本人がそれを墓場ま

---

47 Hua. XVII, §82-③ S.210 邦訳：形式論理学と超越論的論理学，§82-③ 225頁

で持って行ってしまうのだ。このような沈黙する一元化意味核を生化させるには，超越論的反省の態度に依拠するしかないのはすでに繰り返し述べてきた通りである。

　ここにおいて我々の発生的運動学は，その謎に満ちた意味発生(センス)を実現する機能する身体性の働くキネステーゼ感覚で捉える自己運動，つまり動く感(かく)じを蔵した〈遂行自我〉の身体運動にその分析対象を求めざるをえない。こうして我々は，「運動とはいつもすでに情念的運動に他ならない」というヴァイツゼッカーの命題に直に向き合わざるをえなくなる。しかし，我々はこのヴァイツゼッカーの命題を耳にすると，つい奇妙な表現だと思ってしまう。それほどに科学主義の呪縛から逃れられなくなっている昨今である。そこでは，情念豊かな〈パトス的自己運動〉と気概溢れる〈エートス的自己運動〉が基づけ関係にあることを口にするのも憚れてしまうほどなのだ。こうして，コーチや教師たちは，ついつい外部視点に立って，その情念豊かなパトス的なコツとカンが絡み合った時間化する身体発生に苦しんでいる選手の苦悩を拱手傍観することになってしまう。これでは，ヴァイツゼッカーが自然科学者を野次馬と批判したように，意味発生に関わる我々運動分析者も野次馬にされてしまう。パトス的生動性に潜んでいるその必然的可能性を何一つ開示せずに，生徒や選手たちの自得の美意識に丸投げするだけでは，ヴァイツゼッカーに野次馬コーチと批判されても返す言葉もないであろう。それどころか，そのコツとカンの動く感じは無師独悟だから「自得すべきだ」と，選手たちにその美意識を説いても，その動感意識の深層世界が未開拓のまま放置されているのでは，コーチングに入る最初の手がかりさえもてないことになる。それにもかかわらず，選手たちのその過去に沈殿した意味発生(センス)分析の方法論が非科学的だとタブー視されるとすれば，貴重な運動文化財のキネステーゼ感覚伝承にとって由々しき問題になることに，もはや言を重ねる必要もないであろう。

第Ⅴ章
エートス分析の道

[I] 直観化綜合分析の道しるべ

§ 47. エートスの身体発生に向き合う

(a) 直観化綜合の道を辿る

　ここでは，〈エートス〉という時間化する身体発生の広大な動感感覚世界（キネステーゼ）に向き合うために，ヴァルデンフェルスの意味するエートスの概念規定をまず確認しておかなければならない。このエートス [ēthos] というギリシア語は，馴染みの滞在地あるいは慣習的行動や倫理感，感じかたや考えかたなどの多様な語義をもっている。ところが古代ギリシアの哲学者たちは，それらの表現のなかに倫理的，人間形成的な志向体験を前景に立てることになる。しかし社会生活の行動を方向づける実践可能性にこのエートス概念を取り上げたのはドイツの思想家ウェーバー (1864-1920)[1] と言われる。そこではじめて，この概念に態度改善への志向体験という固有な意味が託されることになる。エートスという表現は一般的に気概と邦訳され，挫けない意気込みや溢れる倫理感が意味され，実践理性的な価値目的論ないし人間形成に資する内在目的論の問題圏で多用される。とりわけ，ヴァルデンフェルスの『身体的自己』[2] と題した身体現象学の講義録では，このエートスが〈感覚エートス〉として身体感覚との絡み合いのなかで主題化される。そこでは，すでに他者や異他的な何かに関して，自らの身体を通して〈見抜く〉[das Hinsehen] や〈聴き取る〉[das Hinhören] という，いわば気概（エートス）溢れる事態の志向対象がカテゴリー化されている。いわば，このエートスカテゴリー分析では，そこで述定判断される志向対象として，感覚（センス）発生の気概溢れる働きが開示されることになる。我々の発生的運動学としては，この〈感覚エートス〉は動感意識（キネステーゼ）として，受動発生から能動発生に至るその原発生の地平に潜む志向含蓄態に向き合いながら，その現象野に動感エートス（キネステーゼ）の様相変動が純粋記述されることになる。

　このような動感エートスのカテゴリーは，とりわけ前段 §42 以降に取り上げられたパトスカテゴリーとの〈基づけ関係〉[3] において論じられることにな

1　Weber, M.: die protestantische Ethik und der Geist des Kapitalismus 1.Aufl. 1904~1905(1920)
　　邦訳：プロテスタンティズムの倫理と資本主義の精神，岩波文庫
2　Waldenfels B.: Das leibliche Selbst,S.392f. Suhrkamp taschenbuch 2000　邦訳：身体の現象学，419 頁以降 2004
3　Waldenfels, B.: Das leibliche Selbst, ibid. S.390‐Abs.Nr. ③　邦訳：身体の現象学，421 頁‐改行番号③

る。そこでは、アスリートたちが新しい動きかたの身体感覚を掴もうとして、そのパトス的発生転機(クリーシス)のなかに彷徨(さまよ)い始めることが特徴的に記述されていく。そこでは〈動きたくても動けない〉というパトス的な様相変動の最中(さなか)に、同時にその気概(エートス)が生成ないし消滅する動感現象と複雑に絡み合っている。そのようなパトスとエートスの〈基づけ関係〉がいつの間にか自ずと浮上してくると、キネステーゼ感覚の新しい〈身体的なるもの〉の存在に直に向き合うことになる。しかしながら、このパトスとエートスの基づけ関係に、〈時間的前後関係〉という因果決定論を持ち込んではならないと、ヴァルデンフェルスは駄目押し的な注意を忘れない。そこに動感エートスという身体性の意味(センス)発生が成立するのは、我々の普遍的な身体発生基盤に潜んでいる生き生きと機能する動感身体性が先構成的にいつも働いているからだ。そこには、ヴァイツゼッカーが「運動とはいつもすべて情念的運動だ」[4] と指摘して〈パトスの知〉の存在論を開示していったように、この動感エートスの生動的な感覚(センス)世界でも、〈エートスの知〉として究極の技芸(わざ)を飽くことなく追求していく時間化する〈身体発生能力〉が息づいている〈自己運動存在論〉[本書：§5～§9参照]がそこに浮上してくるのだ。そこにこそ、フッサールの言う〈現象学する自我〉の働く運動主体が多様な〈わざ〉[目標とする技(わざ)、身体化した業(わざ)、再現する態(わざ)、洗練された芸(わざ)] の〈遙かなる道〉を切り拓いて行く気概(エートス)の姿が露わになってくる。そのパトスとエートスの基づけ関係を触発化する道しるべこそ発生的運動学の重大な関心事になるのだ。

従ってそこでは、〈動きたいのに動けない〉パトス転機の受動発生に動感エートスが同時に〈基づけ〉られている事態に注目しておかなければならない。その場合には、苦悩を誘うパトスの触発化作用がキネステーゼ身体感覚に働く気概(エートス)を同時に触発する基づけ関係も先構成的にすでに生気づけられているのだ。そこには、エートスという気概の「世界内存在の運動基盤」[5] も同時にいつも必ず先存在している。ここでいう運動基盤の〈運動〉という表現は、世界内存在における身体性の息づく自己運動が意味されていて、物的身体の位置移動という物理運動ではないのは喋々するまでもない。だから、度々援用されるラントグレーベの運動基盤は、我々が自ら動くときに〈時間化する身体発生〉を内在超越的に直接経験するという、その自我身体に開かれる普遍的な運動基盤が意味されている。そこから動感身体性の機能する自己運動が志向され充実

---

4 Weizsäcker, V.v.: Pathosophie, op.cit. Kap.4 - ⑥ S.34 邦訳：パトゾフィー、50 頁
5 Landgrebe, L.: Phänomenologie der Leiblichkeit und das Problem der Materie, 1965 In: Phänomenologie und Geschichte S.146f, 1967

化されていくのである。

　因みに, すでにフッサールも当然ながら正鵠を射た同様な指摘を残している。つまり「キネステーゼ感覚そのものは単に気概(エートス)の様態を示すのではない。その動く感じ [のエートス] それ自体は, 目標を目指す〈意志の道〉として構成され, ある何かに向けて能動的に努力するなかにこそ, 技の極致を修練する道が拓かれ, さらに高次元のキネステーゼ感覚能力を目指して努力を重ねていく」[6] とすでに (1931) 正鵠を射た論を展開しているのだ。このようにして, フッサールの発生現象学に主題化される無限の内在目的論はキネステーゼ感覚論的な形相的形態学のなかにその姿を現してくることになる。〈自ら動けるようになる〉ために反復する原動力こそ原努力に他ならないというフッサールの言を引き継いで, ラントグレーべもまた「その原努力という表現によって, その志向的な働きはそれ自身のなかで目的論的に方向づけられるのだ。常に原努力とは〈何かに向かっての努力〉〈何かから脱出する努力〉が意味され, それは根源的なキネステーゼ自己運動として機能する」[7] という一文の重大さを見過ごしてはならない。

　このようにして, 生動感溢れる身体運動の形態(ゲシュタルト)発生は, 生成と消滅が揺れ動くなかに意味系と価値系が絡み合うキネステーゼ感覚の形態(ゲシュタルト)として, その現象野に時間化と共に身体発生してくることになる。ここにおいて, 身体運動のコツとカンが同時変換する基づけ関係をもつという反論理的現象に関心が寄せられるときに, 動感化される志向性の内在経験が前景に浮上してくるのだ。そこで当然ながら, 現象学的な無限の内在目的論が機能することにさらに言を重ねる必要はないであろう。その動感化される志向体験は,〈動ける－動けない〉という事態を超越論的に反省する時間化能力に依存しているからである。そのような可能態(デュナミス)の身体発生能力は, 自らの〈絶対ここ〉に住み, 私の〈絶対今〉にいつも引き寄せる〈自己時間化地平〉に沈潜したまま黙して語らないのである。つまり, それは絶対ゼロ点という内在的な身体発生基盤の上に生きる能力可能性なのだ。従って, キネステーゼ感覚論の形態学(モルフォロギー)としての発生分析においては, 動感化される志向形態に内在している必当然的な本質法則を開示することがまずもって不可欠な課題になってくる。とすれば, 内在的な志向体験に浮かび上がるキネステーゼ感覚の形態化という独特な概念をここでもう一度しっ

6　Hua. XV. Beilage XIX S.329f. 1931　邦訳：間主観性の現象学II, 144頁以降
7　Landgrebe, L.: Phänomenologische Analyse und Dialektik, In Dialektik und Genesis in der Phänomenologie, S.78f., 1980

かり確認しておく必要に迫られることになる。
　こうして、〈動感形態化〉という発生的運動学の基本概念は、受動発生であれ、能動発生であれ、多様なキネステーゼ感覚素材(ヒュレー)が綜合的に直観化されていく形態発生(ゲシュタルト)への道を辿っていくのだ。いわばその〈直観化綜合〉は、動感身体性の直観化分析の道しるべとして、その志向対象に取り上げられることになる。その〈直観化綜合〉の働きとは「様々に変換しながらも、互いに調和的に一致する多様な〈直観志向性〉と〈非直観志向性〉との一元化の働きによるのであり、いわばそれらの二つの志向性はそれぞれが繰り返し統合化しつつ具体的な綜合に至るのだ」[8] とフッサールは的確に開示してくれる。わが身にありありと感知される原的な動感意識流のなかに、統一的な纏まりとして直観化される〈内在知覚〉がその様相変動として純粋に記述されることになる。そこでは、受動的な動感地平のなかで未規定のまま混沌としている多様なキネステーゼ感覚素材(ヒュレー)から〈一つの纏まり〉が多くの階層を経て統覚化されていき、その動感意識流のなかに、はじめて志向的形態(モルフェー)が姿を現してくる。そこには、そのつど構成化される多様な差異化現象のなかに、志向的な意味づけをもつコントラストが未規定のまま浮かび上がってくる。そのような未規定なコントラストの感覚(センス)発生が多くの統覚化階層の直観化への〈道しるべ〉を辿りながら構成されていくのが〈動感形態化〉の現象なのである。その多様な現象のなかに、フッサールの言う内在目的論に基づいて、遂には偶発的な意味(センス)発生、いわば儚い〈マグレの形態発生(ゲシュタルト)〉として、まさに偶然の生成発生に至るのだ。

(b) 動感エートスの身体発生を問う

　これまで問いかけてきたのは、アスリートたちが新しい動きかたの〈身体感覚〉を掴もうとして、パトス的な発生転機(クリーシス)を探り求めて彷徨いながら、その様相変動のなかに、パトスに基づけ関係をもつ動感エートスに立ち向かう気概が同時に目覚めてくる動感形態化の道しるべについてである。そこでは、わが身にありありと感じられるキネステーゼ身体の自己運動のなかに、フッサールの意味する無限な内在目的論の構図が姿を見せ始めることになる。そこではさらに、コツとカンに潜む意味核の発生過程に内在する本質的な志向対象に注目せざるをえない。キネステーゼ感覚素材(ヒュレー)から直観化されるその志向対象の意味発生地平は、まさにヴァイツゼッカーが指摘するように、たしかに〈偶発的

---

[8] Hua XI § 23 - ① S 101　邦訳：受動的綜合の分析, § 23 - ① 150頁

出来事〉[9] そのものである。その〈身体的なるもの〉に潜む意味発生の〈今ここ〉は常に〈秘密のまま〉なのだとヴァイツゼッカーは断じるのだ。そのような意味核の生成消滅に関わる時間化の発生現象には，偶然と秩序とがいつも境を接した謎に満ちた姿が露わになってくる。フッサールも「感覚与件のすべては，たとい経験の動機づけを通して予期的に現れるにしても，それらはまさに偶然的なのだ」[10] と断じて憚らない。しかし，そのつど感知される〈動く感じ〉の未規定な 形態そのものは，たしかに漠然性を本義としているが，それは決して〈学問的な汚点〉などではないとフッサールは即座に駄目を押す。その漠然性が単なる〈カオス的存在〉[ギリシア神話で生成の根源にあって，未だ何の形のない無秩序な状態]という意味では決してないのだ。その原発生地平では，綜合化される志向形態に向けて何らかの必然的法則性の働く〈志向含蓄態〉が見出されるからである。そこで受動的にしか体験されないその含蓄潜在態は「顕在的な体験の意味を形成する志向性のなかに深く折り畳まれながらも予描されるのだ。それが取り出されれば，織り込まれた意味を解明する明証性をもつ」[11] とフッサールは正鵠を射て指摘する。だから，そのような内在超越的なキネステーゼ感覚の形態化に向けて働く時間化能力に対して，そこに潜む内在的な法則性を探り出すには，どうしてもフッサールの意味における内在目的論に注目せざるをえなくなる。言うまでもなく，ここでいう〈内在的〉という表現は，フッサールによる内在知覚と超越知覚の〈差異化〉[12] を前提にしているのは喋々するまでもない。

　ところが我々は，例えばボールのような物の運動だけでなく，生き生きと躍動するアスリートの身体運動さえも外部視点から物的身体として見ることに慣れてしまっている。そのような自然科学的立場に慣れている我々は，フッサールの言う内在知覚をどのように了解するかに，かえって苦労させられる羽目になる。わざわざ内在知覚とか超越知覚というややこしい表現を使わなくても，内的知覚と外的知覚といってもよさそうである。しかしフッサールは，その言い方にはただごとではすまない〈重大な疑義〉がまとわり付いているから厳密に区別しなければならないと注意する。つまり，内的・外的知覚というだけでは厳密な理解が妨げられるから不用意に使ってはならないと厳しく指摘する。

9　Weizsäcker, V.v.: Gestaltkreis, S.302 1997 Suhrkamp Verlag　邦訳：ゲシュタルトクライス，279頁
10　Hua. XIV. Beilage I. ‐⑧ S.36f.　邦訳：間主観性の現象学 III，付論 I.‐⑧ 198頁
11　Hua. I. §20‐② S.85　邦訳：デカルト的省察，§20‐② 94頁　岩波文庫
12　Hua. III. §38‐⑤~⑥ S.68f.　邦訳：イデーン I‐I，第38節‐⑤~⑥ 168頁~

〈内在〉という用語は〈内に住んでいる〉という意味をもつラテン語が語原になっている。だからこそ，我々は自己運動のなかで，わが身にありありと感じとられる動感経験に蔵(かく)れている本質可能性に注意を向けることができるのだ。これに対して，〈外的知覚〉ないし〈超越知覚〉という表現は，外部視点から身体運動を見て，それを物理的運動として知覚するのだから，自らの動感志向的な身体経験の意味(センス)内実とは全く関わりがなくなってしまう。スポーツ運動を位置移動として客観的に計量化する立場と，自らの身体にありありと感じる内在的意識流を厳密に分析する立場とがはっきり区別されるのはこの意味においてである。

　従って，ここで主題化されているのは，そのような動感意識流の内在知覚に他ならない。とは言っても，主観的な内在知覚や生身に感じとられる感覚印象は，錯覚や思い違いに満ちていて，とても信頼に値しないという考えがすっかり染み付いている昨今である。〈客観的超越知覚〉こそ信頼に値する正統な運動認識であるとつい考えてしまう。ところが，われわれの関心事は，キネステーゼ感覚素材から意味発生に向けて〈直観化〉される動感地平性に潜む志向対象に向けられている。動く感じの発生分析をするねらいは，本人にも匿名的(アノニューム)で，先言語的な時間化発生現象の〈二つの今〉という志向対象を開示することである。その身体発生における時間化能力の本質可能性を解明しようとするのだ。だから，外部視点から身体運動の発生事実を明らかにしても，その無機質なデータそのものは，どんなに精密な分析結果の科学的明証性をもっていても，生身の私の感覚(センス)発生に通じるチャンネルを全く持ち合わせてはいない。それでは，自らの動く感じを統合して新しい動きを生み出そうと気概(エートス)をもつ生徒たちに対して，教師が生徒の〈直観化綜合〉しつつある動感(キネステーゼ)形態化に働きかけることができるはずもない。たしかにロボットに新しい動き方をさせるだけなら，その精密科学的な運動分析のデータによって合理的な動作発生をプログラミングすることは可能である。しかし，その無機質な客観データは生身にありありと感じとれる内在的身体経験を綜合化していくキネステーゼ形態化の働きに直接に噛み合わないのだ。その科学的な客観データにいつも隔靴掻痒の感を拭いきれないのは誰しも経験することであろう。こうして，メルロ＝ポンティが〈上空飛行的思考〉と呼ぶ科学的運動分析と訣別せざるをえないのだ。動く感じをわが身で統覚する意味(センス)発生の本質法則をわが身で了解するためには，どうしても気概(エートス)カテゴリーの努力志向性に支えられた無限の内在目的論を基柢

に据えざるをえないのはこの意味においてである。こうして，我々はやっと溢れる気概をもって立ち向かうエートス分析の〈志向対象〉に向き合うところまでやっと辿り着いたことになる。しかしながら，前段［本章：§47‐(a)］でフッサールも指摘しているように，その時間化する身体発生分析の志向対象は〈直観志向性〉と〈非直観志向性〉との一元化の働きによるのであるが，その一元化作用はそのいずれも例外なく〈非直観的なもの〉だから，それをまず直観化の道しるべに即して，動感エートス分析の志向対象を確認することから始めなければならないのである。

(c) 動感エートスの三層位を一望する

　これまで述べてきたのは，パトス的動感世界と基づけ関係にある気概(エートス)カテゴリーの〈動感形態化〉の道程のアウトラインである。そこに現れてくる時間化する身体発生の現象野の固有性とその非直観的なるものに潜む徴表(メルクマール)の大略である。しかし，自我身体の時間流に流れつつ立ち止まる〈原現在〉は，黙して語らない私秘性をもつから，非直観的な志向対象に始まるエートス分析の詳細に立ち入る前に，その動感(キネステーゼ)身体発生層位の徴表(メルクマール)を一望の下に収めておく必要がある。それは，苦悩(パトス)と気概(エートス)の基づけ関係をカテゴリー化する本質分析を支えてくれるからである。エートス分析のキネステーゼ身体発生の起点になるのは，すでに前項で触れているように，まずは非直観的志向性という厄介な分析対象である。それは原発生地平に潜んで沈黙を守る〈志向的含蓄〉そのもので，三層位のいずれの現象野にも本質必然的に我々を悩ませる存在なのだ。その非直観的な志向対象を起点として，直観化への道しるべを順次開示していくことになるが，その動感(キネステーゼ)身体発生の層位を以下の三層位にまとめることができる。その動感形態化現象の全体は，1) 非直観志向性の発生層位，2) 本質直観の発生層位，3) 自在洗練化の発生層位となる。こうして，キネステーゼ感覚を形態化する世界内存在の普遍的な運動基盤となる三拠点を以下に一気に先取り的にその全体系を一望しておく。

1) 非直観志向性の発生層位

　すでに繰り返し述べているように，発生的運動学の〈動感形態化〉，つまりキネステーゼ感覚論というモルフォロギー的形態化の普遍的発生基盤に立つと，そのコツとカンの一元化意味核の受動発生という現象がまさに謎に満ちた様相を露わにしてくる。なかでも，幼児が新しい動きかたをいつの間にか覚え

てしまう身体発生の奇妙さは，我々の発生分析の道を阻んでしまうほどのアポリア［難関］となる。いわばコツとカンという身体感覚の〈綜合化〉を巡る受動発生現象は，その神秘的な偶発性という出来事の陰に隠れてしまうからだ。フッサールがいみじくも受動志向性というパラドックス的表現をとるのは，自我意識が全く働かないうちに，独りでに動感システムが機能し，あるいは消滅してしまうからである。その現象野に科学的因果説明を加えようとしても，その偶発性における〈今はこうなのだ〉という秘密は一向に開示されないとヴァイツゼッカーも嘆くのだ。しかし，デアヴォルトの「恒常的図形時間の規則」[13] (1938)の例証分析に示されているように，人間の動く形態（ゲシュタルト）の生成消滅という発生現象には，精密科学を基礎づける因果決定論が成立しないのである。すでにフッサールが指摘したように，そのような〈直観化綜合〉とは，互いに調和的に一致する多様な直観志向性と非直観志向性との一元化の働きによるのだ。いわばそれらの二つの志向性はそれぞれが繰り返し統合化しつつ具体的な綜合に至ると巧みに開示している。フッサールの意味する〈非直観的なるもの〉への志向性は，いわば本質必然的に非直観性である過去把持志向性の空虚表象と共現在する予期的な直観表象との相互覚起によって生じるのだ。本来的にコツとカンの同時変換的な動感（キネステーゼ）身体発生は，映像化を拒否する非直観性を根柢に据えているのに多言を要さない。だから，そのような身体発生の場合，キネステーゼ感覚志向性は，その自我意識が働かないままに，私の身体感覚に成立する非直観的な受動志向性が意味されている。それは言うまでもなく，本能動感の諸々の志向体験や，飛んでいる蝶を見るときの眼球の動きに連動する受動発生の動きなど，周知の例証分析ですでに開示されている。こうして，我々は動感志向性の非直観的なるものに着目し，多くの否定，疑念やすべての様相化現象の可能性を追い求めながら，遂には綜合的統一態に至るのだ。その原発生地平では，受動的な努力志向性が密かにいつも必ず働き続けていることは言うまでもない。このような非直観性の〈自体所与性〉を開示するためには，この〈直観化綜合〉の道しるべに沿って，その原発生地平に潜む志向含蓄態をまずもって地平分析の志向対象として取り上げなければならないことを確認しておかなければならない。

　こうして我々は，コツとカンの〈一元化意味核〉に関する受動綜合の身体発

13　Derwort, A.: Untersuchungen über den Zeitablauf figurierter Bewegungen beim Menschen in: Pflügers Archiv, Bd.240 (1938); S.661ff.

生分析を開始することができるが、まずその分析対象の起点となる様相変動の様態を確認しておく必要がある。とは言っても、すでに触れているが、自我意識の関与しない〈受動志向性〉という用語はいかにも奇妙であり、腑に落ちないパラドックス的な表現に注意しておかなければならない。フッサール自身も「適切な表現がないから、受動的という規定詞を付けて受動志向性とするしかない」[14] と断っているほどである。だから、この受動的という表現は、文法で〈〜される〉という受け身の受動態ではない。それは独りでに自ずからという自発性が意味されるのである。このような受動志向性の発生様相を動感能力の受動綜合化という相互覚起の綜合化現象に対して、フッサールは〈連合的綜合〉と呼ぶのだ。この受動綜合化に関する発生分析は、因果決定論に基礎づけをもつ科学的運動分析の任ではないのは喋々するまでもない。そこでは、まずもって我々は〈連合動機づけ〉[15] という基本概念に注目することになる。この〈連合動機づけ〉の現象野において「我々は全く動機づけが未だ存在していない根源的共存と根源的結果へと、まずもって立ち帰るのだ」[16] とフッサールは語り始めることになる。そこにおける連合的綜合化の働きのなかには、数学的確率論の通用しない〈マグレ当たり〉という意味発生の奇妙な現象が成立するのだ。それが繰り返し強調されるのはこの意味からであり、その連合的綜合化については、後段の次節［§48〜§50参照］から具体的に詳しく立ち入ることになるであろう。

2）本質直観の発生層位

我々は前段で、非直観的な動感意味核それ自体が連合的綜合化の働きによって受動的に直観化していく道しるべを一望している。その道程の最後にマグレ当たりという奇妙な、しかも儚い〈身体性現象〉に出会うことになる。そのような動感形態化という現象の源泉なかに、フッサールは時間流の「類型的な親しみやすさと先行する既知性の地平」[17] のなかに〈原直観〉という地平志向性の出現を指摘している。その非直観的ななじみ地平性のなかに、〈原連合的綜合化〉という分析対象性が取り上げられるとき、前段で主題化された〈直観化綜合分析〉の最後の道しるべが顕在化してくるからである。いつの間にか受動的に現れてくるキネステーゼ身体発生の対照化現象の分析に志向対象を構成し

14　Hua. XI. §18‑⑧ S.76　邦訳：受動的綜合の分析，§18‑⑧ 115頁
15　Hua. IV. §56‑c)‑⑤ S.226　邦訳：イデーン II‑II，§56‑c)‑⑤ 63頁
16　Hua. IV. dito.
17　Husserl, E.: Erfahrung und Urteil, §25‑①　S.136　邦訳：経験と判断，§25‑① 107頁

ていくのはこの意味においてである。そのなかに〈共鳴メロディー〉が受動的に綜合化されてくるのだ。そこで，いつの間にか突然に〈マグレ当たり〉という幸運な意識流に〈出会う〉ことになる。ここにおいて我々は，フッサールの説く時間流の原発生における過去把持と未来予持の両地平性のなかに，共鳴できる〈時間化能力〉という志向対象に注目せざるをえないのだ。いわば，そこに〈仮初めの成立〉として，マグレ現象が偶然に姿を現してくるからこそ，原発生地平の時間化分析は欠かせない重みをもつことになる。しかし，すでに繰り返し述べているように，この謎に満ちた〈偶発性〉をもつキネステーゼ身体発生はまさに奇妙なパラドックスを示し，束の間のマグレ発生に我々は狂喜してしまうのだ。しかし，その背理性に我々が苦しめられる羽目になるのは何とも皮肉なことである。このキネステーゼ感覚発生のマグレは，非直観的な動感志向性の重層的な直観化分析を通して，新しい動感メロディーが全く偶発的に流れ出すのである。しかも何の自覚もないままにこの〈不気味な偶発性〉として突然出現してくるのだ。しかし，このマグレと呼ばれる身体発生現象こそ，本格的な本質直観への道に通じているのである。それ故にこそ，原発生地平における〈自己時間化〉の志向性分析によって，キネステーゼ身体発生の本質直観の道に入っていくことができるのだ。その詳細は後段［§51～§54参照］の「本質直観分析の道しるべ」で詳しく立ち入ることになろう。

　我々は〈動きたいのに動けない〉というパトス転機に出会うこと頻りである。そこでは，動く必然やその規範に迷いながらも，未来予持に働くキネステーゼ感覚が予描的に統握される〈普遍的運動基盤〉[18] 上に立っているのだ。因みに，ここでいう運動基盤とは，ラントグレーベの身体現象学の基本概念であり，そこから自由に動ける世界内存在の普遍的基盤が意味されている。ここにおいて，我々は〈幸運のマグレ〉という偶然の意味発生に狂喜しながらも，そこに成立した〈儚い空虚形態〉をわが身で確かめようと，改めて自己運動の確定化現象に向き合うことになる。そこでは，基礎図式という始原形態の図式化確定性を高めるために本質直観分析による意味存在の確定化の道を辿り始めるのである。ここでいう〈図式化〉[19] という表現は，ボイテンデイクの意味において使われているのは言うまでもない。つまりそこでは，ネクタイを締める手

18　Landgrebe, L.: Die Phänomenologie der Leiblichkeit und das Problem der Materie, S.147‐[19]
　　In: Phänomenologie und Geschichte 1976 Gütersloher Verlaghaus
19　Buytendijk, F.J.J.: Allgemeine Theorie der menschlichen Haltung und Bewegung, S.280f. Springer Verlag 1956

の動きにしても，キーボードを打つ指の動きも，どのように手を動かすかを同時に意識しない〈事態〉が意味されているのだ。そのような志向体験には，いつも必ず先反省が内在しているのは言うまでもない。この先反省という概念も身体運動の自己関係性を本質必然的に意味づけしているのである。この身体発生の先反省という本質必然性こそが絶対ゼロ点の源泉に遡っていく超越論的反省を支える可能基盤となるのだ。だから，発生的運動学に主題化される〈身体化〉という奇妙な現象を本質直観するためには，我々はまずその〈連合動機づけ〉となる，わが身の〈反逆身体〉に直に向き合わねばならない。

　このような本質直観分析の〈道しるべ〉そのものは，その究極の終点がいつも陽炎(かげろう)のように，そのつど未来に遠のいていくのはフッサールの意味する〈目的論的無限性〉[20]［深層：§86‐②～③参照］から当然のことである。マグレ当たりの粗形態は，さらなる原努力が触発されて習練が重ねられ，そこにも無限の修正化領野が拓かれていくのだ。さらにそこには，極めて執拗な難題が我々を待ち構えている。それは，〈新しい形態化〉と〈古い鋳型図式の解消化〉との激しい〈せめぎ合い〉は，不可避的な現象として学習者のみならず，指導者にも難題を突きつけてくる。となると，この動感修正化の営みは，統覚化から確定化に至る多層的な位相に再び回帰することになる。ところが修正化現象の独自性というものは，その基礎図式としての形態発生がすでに鋳型化されているから，単に触発化に始まる統覚化現象に回帰するというわけにはいかない。つまり，すでに習慣化した動感形態を修正するには，改めてその修正化対象に関わる〈事態分析〉に立ち戻って，自らのキネステーゼ身体感覚の意味発生(センス)に向き合わなければならなくなる。拙著［身体知の構造：講義13参照］における修正地平分析はこの〈修正化二重性〉に対する問いかけに他ならない。後段［§53～§54］で詳しく立ち入るから，ここでは修正化の動機づけと修正目標像の構成化に関わる〈調和化現象〉，ならびに修正化の成否を決める〈解消化現象〉の本質可能性を確認するだけにしておきたい。

3) 自在洗練化の発生層位

　ここで主題化される〈動感自在的洗練化〉という究極的な感覚発生(センス)の層位に属する諸現象は，端的に約言すれば，自我身体が何ものにもとらわれず自在無碍に動ける層位に属している。いわば，自在無碍の高みに向けて自己時間化能力が機能して生み出される〈究極意味核〉の高次元な様態がそこに姿を現して

20　Hua. XV. Text Nr.22‐① S.380　邦訳：間主観性の現象学Ⅲ，テキスト Nr.22‐⑧ 526頁

§ 47. エートスの身体発生に向き合う　401

くる。そこに機能する動感身体性に示される自在洗練化能力や，その高次な自己時間化の様相変動を示す自在構成化などを巡る用語については，すでに拙著［身体知の構造：講義14参照］に詳しい。その場合には，自在洗練化の身体発生地平に潜む安定化現象，負担軽減による即興形態化などの現象のみならず，至芸に示される〈技の冴え〉などの高次元の価値感覚の働きも，さらに〈非人称的それ〉が機能する究極意味核の希有な事態さえ，その述定判断の志向対象として取り上げられることになる。このように自在洗練化された〈絶対時間化〉[21]の〈動きかた〉は，競技スポーツの名選手や芸道における無形文化財といわれる名人たちによる至芸の自在境地に顕現され，多くの人々に深い感動を呼び起こしていることは周知の通りである。しかしながら，その高次元の技芸（わぎ）を遂行する本人，つまりその遂行自我でさえ，自らの〈絶対時間化能力〉を機能させるときのキネステーゼ身体感覚を明確に言表できるとは限らない。その非直観志向性は外部視点から映像化されないのは自明のことであり，あるいは他人からその意味（センス）発生の様相変動を借問されても，自らの動感志向性を即答できないことはよくあるのだ。こうなると，この貴重な技芸（わぎ）の感覚（センス）発生の様相も，その意味（センス）内実も，その遂行自我の原発生深層に沈殿したまま，場合によってはその本人と共に墓場に葬られてしまうことになる。ところが，日常的に用いる箸の使い方でも，歩きながらスマートフォンを操作するという振る舞いにも，その習慣的反復の成果として知らぬ間にすでに自在洗練化層位に達していることも珍しくはないのだ。いわば〈自在洗練化現象〉というのは，競技や舞踊などの技芸（わぎ）の世界のみならず，日常の動作や振る舞いのなかにもその姿が顕在化されるのである。従って，このキネステーゼ身体感覚の〈自在洗練化現象〉それ自体は，その人の競技歴や指導者ライセンスに関わりなく，そのキネステーゼ身体発生の地平に潜む含蓄潜在態の志向対象にのみ開示されることを確認しておかなければならない。とは言え，その日常的な身近な動きかたは，誰でも共感的に体験する可能性がある。しかし，高次元の自在洗練化層位にある天分に恵まれた名選手の精進によってしか成し遂げられない高度な動きかたは，その生成的発生を体験した人でなければ，その高次元の技の冴えに共感でき，共遂行できるはずもない。こうして，その貴重な意味（センス）内実は何らかの能力条件さえ満たされれば，この感覚ヒュレーの伝承成立に参画する本質可能性があることになる。その高次元の〈感覚運動知能〉を蔵（かく）している遂行自我が意味内実（センス）の秘伝

21　Hua XV・Text Nr 38 - ⑪ S 670　邦訳：間主観性の現象学III，テキスト Nr. 38 - ⑪ 506 頁

的沈黙を守っていても，それを見たり，聞いたりした他者に伝承される本質可能性は存在しているのだ。それは現に間身体的な世界内存在の〈普遍的運動基盤〉[22] に支えられていると指摘するラントグレーベの言を待つまでもない。その非直観的なコツとカンの一元化意味核を一目見ただけで，即座にその究極核を見抜いてしまう人のいることは珍しくはない。その目に見えないコツとカンの一元化意味核に超高速の映像分析(キネマトグラフィー)を施しても，その動く感じの深層意識は直観化されることはないのに，本質直観できる人が一目見れば，その秘密の〈わざ〉はたちどころに開示されるのはよく知られていることである。

　さらに，禅仏教における〈無我の境地〉に比せられる〈それ〉という〈非人称的自在無碍〉は，神がかった師匠の稚拙な作り話として批判されること頻りの昨今である。しかし，古来芸道の優れた師匠がそれに截然と一線を画しうるのは周知のことである。その限りにおいてのみ「コツは教えるべきではない」とか「芸(わざ)は見て盗む」などの自得の教えは，技芸(わざ)伝承の必当然的な明証性をもつことになる。従って，自ら無師独悟という師匠不要論を唱えても，弟子たちは誰一人として師匠の奥義を疑う者はいない。このような自得の美意識は，今日でも教養ある日本人の精神生活の基柢に息づいているのだ。その具体的な例証をドイツの哲学者ヘリゲル [Herrigel, Eugen; 1884~1955] が弓道の修行に励む体験を基にした好著『弓と禅』[23] に見ることができる。「〈それ〉が射る Es schießt」という有名な表現が誤訳と批判されるのは，この究極的な〈非人称的自在無碍〉の境地が我々の動感身体発生分析(キネステーゼ)の志向対象から全く遠のいてしまったからかもしれない。〈純粋経験〉という自他未分の自在無碍に働く生々しい体験のない人にとっては，非人称代名詞の「〈それ〉が矢を発射する」という阿波師範の一言は単なる隠喩的な表現としてしか理解できるはずもない。それどころか，もっともらしい唾棄すべき〈まやかしの教え〉だと，心ならずもつい考えたくなる昨今である。しかし，わが国の精神生活に根づいている自得の美意識の基柢を支える芸道方法論は，決して古くさい非合理的な方法論として一笑に付されるべきものではない。それはむしろ古代中国の『荘子』に見られる至芸への道教思想に端を発し，禅仏教の思想に支えられながら，わが国の長い歴史のなかで踏み固められた〈芸道〉という誇るべき道(ホドス)，つまり方法論

22　Landgrebe, L.: Die Phänomenologie der Leiblichkeit und das Problem der Materie, 1965 In: Phänomenologie und Geschichte 1967 S.147 Gütersloher Verlagshaus, Gerd Mohn
23　Herrigel, Eugen: Zen in der Kunst des Bogenschiessens, 9. Aufl.1960 (1948)　邦訳：弓と禅, 稲富栄次郎, 上田武訳, 福村出版　1981

に他ならないのだ。ここで取り上げられる〈非人称的自在無碍〉の境地にある〈究極的意味核〉は, 高次元の機能する動感身体性にしか宿らないのである。しかし, すっかり科学主義に傾斜している競技領域では, 人間の高次元の身体運動も精密科学的分析によってすべて解決できると考える風潮は洋の東西を問わない昨今である。そのただ中において, 運動文化の伝承理論に新しい道を拓こうとしたマイネルの形態学的運動分析論は, いま改めて見直される必要があるのだ。とりわけ動感深層の原発生の地平分析を通して, 実践的な形態学的運動分析に新しい道を切り拓こうとしたマイネル教授の遺志が引き継がれる可能性は, むしろドイツ本国よりも, フッサール発生現象学に深い関心を寄せながら, わが国古来の芸道における技芸の〈身体発生〉の機微を肌身で感じとれるわが国においてこそ, 真の技芸伝承の承け手になりうるのではないであろうか。この問題圏はさらに別稿で取り上げられることになろう。

§ 48. 非直観志向性に道を拓く

(a) 偶発する意味発生は沈黙する

すでに前節 § 47 で指摘しているように, 発生的運動学のキネステーゼ形態化という基本概念に立ち戻って考えると, 一元化意味核の受動発生という現象はまさに謎に充ち満ちていることに気づかされる。なかでも, 乳幼児が新しい動きかたをいつの間にか独りでに覚えてしまう奇妙な発生様相の変動は, 運動現象学的な我々の発生分析の道を阻んでしまうほどの勢いをもっている。このことは拙著［深層 : 第Ⅳ章 動感発生の深層世界, とりわけ § 52~53］に詳しく取り上げられている。そのなかでも, 受動ないし受容発生の深層世界は, その様相変動の激しさは最たるものであり, 我々の志向性分析を戸惑わせる事態が次々と現れてくる。そのような動感形態化の事態における最たる出来事は, つまりコツとカンという一元化意味核の綜合化統一を巡る受動綜合化現象である。それは神秘的な偶発性, つまり〈今はこうなのだ〉[Nun-einmal-so-Sein] という〈今統握〉は不気味な沈黙を守ったままなのだ。フッサールがいみじくも受動志向性というパラドックス的表現をとるこの受動的な感覚発生の層位は, 自我意識が全く働かないままなのに, その動感システムが独りでに勝手に機能したり, 消滅したりする気味悪さを潜ませている。その現象に科学的因果説明を加えようとしても, その〈今はこうなのだ〉という今統握の秘密は一向に確認できない。

デアヴォルトの「恒常的図形時間の規則」[24] (1938) という見事な例証分析に開示されているように，人間の運動形態(ゲシュタルト)の生成消滅という身体発生現象は，科学的運動分析の因果決定論を本質必然的に拒否してしまうのだ。ヴァイツゼッカーも，その動きの生成消滅という「変換作用の同時性は作用でないとか無時間的なものと見なすいかなる理由も存在しない」[25] と断じて，因果決定論による科学的運動分析と必当然的に一線を画さざるをえないと結論する。人間における動きの発生を形態円環(ゲシュタルトクライス)のなかに開示するヴァイツゼッカーは，そこに呈示される同時的変換作用という，生成消滅の作用共存のなかで先と後(プリウス ポステリウス)の順序性が全く存在しないことを指摘し，それどころか〈原因が結果を先取りする〉[26]とまで断じて憚らないのだ。それがヴァイツゼッカーの数多くの厳密な例証分析に開示されていることは周知の通りである。自我意識が働いていないのに，その動感システムに受動志向性がすでに働いてしまうから，フッサールもそのような逆説的表現を取り上げざるをえないと慨嘆するほどである。そこには，いつの間にか〈先構成される何か〉がいつもすでに存在しているのだ。

それは自我意識の働く能動発生と絡み合う受容発生の層位だけでなく，受動発生の層位も当然ながらこの〈受動的先所与性〉[27]の働きに支配されるのは論をまたない。そこでは，私の身体がいつの間にか〈勝手に動いてしまう〉のだから，私に内在する時間意識も空間意識も自覚されないのは自明の理である。とは言うものの，そのキネステーゼ意識に潜む感覚質の原発生地平には，奇妙な反論理性やパラドックスが余りにも多すぎるのだ。例えば，一つの動きかたを何回も反復してやっと身についたと思うと，それは鋳型化して，よりよい動きに修正を加える営みを妨げるという〈二重パラドックス〉に悩まされるのは，アスリートなら誰もが知り尽くしているはずである。新しい動きを覚えようと繰り返しているうちに，マグレの偶発性が生じ，いわば何の前触れもなく偶然に突発するキネステーゼ身体感覚は記憶に残っていないのだ。〈今はこうなのだ〉というキネステーゼ意識は何一つ働かずに真っ白なままである。しかし，本人が〈我知らず動いてしまう〉のに，〈そう動ける〉のは紛れもなく自分自身であることは分かっているのだ。とは言っても，私が〈今こう動いている〉というキネステーゼ身体感覚は，その本人にも語れない不気味な沈黙層に沈ん

24　Derwort, A.: Untersuchungen über den Zeitablauf figurierter Bewegungen beim Menschen in: Pflügers Archiv, Bd.240 (1938): S.661ff.
25　Weizsäcker, V.v.: Gestaltkreis, dito S.254　邦訳：ゲシュタルトクライス，221頁
26　Weizsäcker, V.v.: Gestaltkreis, dito S.257　邦訳：ゲシュタルトクライス，225頁以降
27　Husserl, E.: Erfaherung und Urteil, §16 S.74ff.　邦訳：経験と判断，第16節・①～⑤

§ 48. 非直観志向性に道を拓く　405

だままなのである。
　このような謎めいたマグレ現象(さなか)の最中にあっては，そのコツとカンの統一態を他人に伝えることができるはずもない。だからと言って，科学的運動分析に頼ろうとしても，そのコツとカンという非直観的な一元化意味核は，どんなに高速の映像分析器を用意しても，動感意識(キネステーゼ)と絡み合う自己時間化の発生様態は映像分析(キネマトグラフィー)で捉えられるはずもない。そこに映し出されるのは，物的身体としての位置移動だけである。しかも，高速撮影すればするほど，動きの時間流は静止像のなかに消えていくのだ。それは，まさにベルクソンが指摘した〈動きは分割できない〉という周知の命題そのものである。ところが，非科学的なコツとカンの意味核に潜む価値感覚そのものは〈伝わる人には伝わる〉のだ。その一連のキネグラムから，それどころか一コマの静止映像からでも，ありありと〈キネステーゼ意識流〉を感じとる人が現にいるのだ。このような奇妙な動感能力の存在をフッサールは不可疑的な〈原事実〉[28]［深層：§69参照］と断言する。さらに，それとは反対に，今までスムーズに動けたのに，その動きが突然に消滅してしまうことも起こるから，その奇妙さに五輪選手の金メダリストでも苦しめられるのだ。どんなに動こうとしても動けない突然のキネステーゼ意識消滅が世界的なトップアスリートを襲うのであり，それは決して珍しいことではない。マグレ発生にしても，意識流の破滅的消滅(カタストローフ)にしても，その本人の身体感覚には何も残らず真っ白なのだから，その動感(キネステーゼ)反省を求めても答えが返ってくるはずもない。そのときでも，その遂行自我の動感身体性は自我意識のないままその空虚地平のなかで生き生きと機能できるのだ。とすれば，その自らの身体感覚を感じとって反省し，未来の動きを先読みすることなどできるはずもない。そのときの源泉における時間流の原発生に流れつつある〈今ここ〉は，一体どうなっているのか。その絶対ゼロ点の時間流という原発生地平に潜んでいる志向含蓄態の〈今統握〉をどのようにして捉えることができるのか。それらは超越論的反省の態度を取れるかどうかによるのであり，それはこれまで繰り返し強調されているから，さらに言を重ねる必要はないであろう。

(b)　直観化綜合の志向対象を探る

　このような純粋な受動発生の現象がもっとも顕在化する領野においては，フッサールは〈直観化綜合〉という発生現象の重大さをまずもって強調する。そ

28　Hua. XV, Text Nr. 22　(23) S.386　邦訳：間主観性の現象学Ⅲ，テキスト Nr. 22　(23) 534頁

の〈直観化綜合〉とは「多様に変換しながらも，互いに調和的に一致する直観志向性と非直観志向性との統一的達成による」とフッサールは言いながら「それらの二つの志向性はそれぞれが繰り返し統合化しつつ具体的な綜合に至る」[29]と巧みに指摘してくれる。いわば，この直観化綜合は非直観的な過去把持の〈空虚表象〉と〈共現前〉[30]［類比統覚］で予期する〈直観的表象〉との〈相互覚起〉によって成立するのだ。言うまでもなく〈非直観的なもの〉への志向性とは，〈本能キネステーゼ〉の諸々の志向体験や，飛び回る蝶を見るときの眼球の動きに連動して受動発生する動きのように，独りでに発生する非直観的な動感志向性が意味されている。同様にして直観志向性は，直に動感志向性の働く身体感覚によって，わが身でありありと感じとれる実的（レエール）な，つまり内在的な感覚（センス）経験の志向対象である。こうして，我々は動感志向性における〈非直観的なるもの〉に着目し，多くの否定，疑念やあらゆる可能性の様相化現象を追い求めて，やっと一つの〈綜合的統一態〉に立ち至るのだ。そこでは，何かに方向づけられていて一連の傾向性が呈示されている。その新しく生み出されるキネステーゼ身体感覚の〈充実化綜合〉を追求して，その身体感覚の直観志向性の明証性を確認するのだ。そのような原発生地平では，自我意識のない受動的な努力志向性が密かに機能していることは言うまでもない。この非直観志向性の〈自体所与性〉という密かな志向対象を開示するには，そこに〈直観化綜合〉という道しるべが拓かれ，その手続きが開示されなければならないのである。

とは言うものの，この直観化綜合への道は多くの障碍に阻まれ，本質直観に辿り着くには多くの障碍に向き合わなければならない。その直観化綜合の起点となる根源的な動感志向性として，〈本能キネステーゼ〉ないし〈野性キネステーゼ〉[31]の働きが注目されるとフッサールはまずもって指摘してくれる。そこでは，新しい動きかたが発生するゼロ点領野のなかに今ここの〈定位感〉の事態カテゴリーに向き合わざるをえないからだ。自我の固有領域である〈私の身体〉がその絶対ゼロ点から自らの動きかたを自ら自由に選び出し，情況に応じて即座に行動するときには，絶対ゼロ点で今ここの方位づけを感知する〈定位感〉という本質必然性に直に向き合っているのだ。その深層位の動感時空間で方位づけする空虚表象が〈ゼロキネステーゼ〉[32]と呼ばれる。そのゼロ

29　Hua. XI. § 23‐① S.101　邦訳：受動的綜合の分析，§23‐① 150頁
30　Hua. I. § 50 S.138ff.　邦訳：デカルト的省察，第50節，195頁以降　岩波文庫
31　Hua. XV: Beilage‐54 S.660 f.　邦訳：間主観性の現象学Ⅱ，260頁〜
32　Hua. XV. Beilage 45‐⑩ S. 606　邦訳：間主観性の現象学その方法，付論45‐⑩ 501頁

§ 48. 非直観志向性に道を拓く

動感(キネステーゼ)に目覚めるところに，定位感の身体発生が浮上してくるからだ。このような受動的に現れる身体知能の感覚(センス)発生が注目されるところに，乳幼児の実的な内在経験に直に向き合う発生分析の起点が潜んでいる。そのゼロキネステーゼが覚起され，それに正面から向き合うところにこそ，新しいキネステーゼ身体感覚の超越論的反省の態度が主題化される起点を見出すことができる。フッサールは授乳時における乳児の〈有意味な動きかた〉の発生例証をすでに取り上げている。それだけでなく，乳児の奇妙な喃語を口まねして，そこに先所与されている〈眠れるモナド〉[33]の〈喃語〉を触発する母親に注目しているからである。その貴重な記述分析を見逃すわけにはいかない。そこには，まさにキネステーゼ感覚の発生を誘う貴重な例証分析が呈示されているからである。そのキネステーゼ意味(センス)発生の起点をなす〈ゼロ動感(キネステーゼ)〉に対して，キネステーゼ感覚の受動発生における〈触発化現象〉に直接に関わっている母親は，キネステーゼ身体感覚の能力可能性に対して，その感覚(センス)発生を促す役割を〈本来的〉にもっていることが意味されている。そこにこそ，女性の固有領域のなかに，そのキネステーゼ触発化に働く身体発生への本質可能性を見出すことができる。この事実は，女性の体育教師や競技コーチのもつ固有な役割，とりわけキネステーゼ触発化分析に関わる原触発的な衝動志向性に女性指導者が特筆すべき必然的可能性に恵まれていることを見逃してはならない。

しかしながら，自我意識が関与しないままに〈本能動感(キネステーゼ)〉の綜合化が成立する受動発生領野は，その対となる能動発生の表層位にあって機能する受容発生領野と画然と区別されるわけではない。乳児や幼児の〈ゼロ動感(キネステーゼ)〉の空虚表象が〈原感情〉の身体感覚素材(ヒュレー)と連合化し，相互覚起されて，はじめて〈エートス的反復化〉が起こるからである。その受動的反復において，いつの間にかその動きが充実して，独りでに自由に動けるようになる過程を本人がすでに受け容れているから受容発生の層位に越境していることになるのだ。そこでは，知らずに自然と動いてしまうから，その主観身体はラントグレーベの意味する〈自己忘却性〉[34]のただ中に在ることになる。そこに機能しつつある〈動感身体性〉そのものは，未だ主観も客観もない経験直下の出来事のなかにある。その〈動ける身体性〉はまさにその内在的経験の直下にあり，それは「直接経験と同一である」[35]という，いわば西田幾多郎の指摘する純粋経験の世界に生き

---

33 Hua. XV. Beilage 46‐⑥ S. 609 邦訳：間主観性の現象学Ⅲ，付論46‐⑥ 518頁
34 Landgrebe, L.: 1980, op.cit S.83f.
35 西田幾多郎：「善の研究」13頁 岩波文庫

ていることになる。卑近な例証を挙げれば，賑やかな人通りの多いところを急いで通り抜けようとするとき，人はとっさに我知らずに身をかわし，速度もそのつど変えて歩ける身体知能をすでに身体化しているのだ。その歩きかたは，独りでに受動綜合化するキネステーゼ身体感覚の働きにいつも支えられている。このように私の身体が自ずと情況変化に対して即興的変様が可能になるのは，すでに習慣化された〈駆使身体〉の主客未分の身体経験がその身体発生基盤にいつもすでに息づいているからである。だから，この意味の受動綜合化の身体感覚発生は，能動綜合化の表層位にある受容発生にいつも必ず絡み合っているのだ。

ところが，そのような主客未分の駆使身体さえも突然に〈反逆身体〉［深層：§40参照］に変様し，キネステーゼ身体感覚の消滅現象に出会うことも珍しくはないのだ。もちろん，マグレ発生はその身体感覚が独りでに勝手にまとまったのだから，そのようなマグレ成立は泡沫のように消滅してしまうのは誰でも首肯できることである。そのコツとカンの突然の消滅はいつでもすでに私の身体が受け入れているのだ。その意味では，その感覚消滅はまさに首肯的な消滅現象なのである。しかし，受動綜合化の身体感覚の突発的欠損によって，キネステーゼ感覚消滅という出来事にはじめて気づかされるのだから，その非直観的な相互覚起の様相変動は超越論的反省の志向対象に取り上げられなければならないはずである。ところが，たまたまの，いわばマグレの感覚消滅なのだから，マグレの感覚発生と同様に，いつの間にか自然と動けるようになると考えるのに，我々は何の抵抗もない。しかし発生的運動学では，このキネステーゼ身体感覚の感覚消滅こそ，その超越論的反省の態度で主題的に取り上げられ，その志向対象が否定，疑念，可能性などの様相変動を引き起こす様相化分析として開示され，純粋記述されることになる。この事態カテゴリー分析における述定判断の志向対象を見逃さずに厳密分析に持ち込むところにこそ，スポーツ運動学的分析の固有な役割があることを忘れてはならない。

この受動綜合化する非直観的な〈身体能力〉それ自体は，外部視点からその物的身体の位置変化としてそれを行動科学的に分析しても，そこには位置移動という行動の物理的過程しか捉えられない。そこには〈歩きかた〉の受動発生的な〈動機づけ〉が姿を見せるはずもない。フッサールはその物的身体という分析対象を「事物そのものは，エネルギー形式をもつ運動状態であり，連続的ないし非連続的に充された［等質］空間のなかに成立する」だけだと即座に

断じることになる。さらに「その空間を充たしている運動そのものは，一群の微分方程式に支配され，物理学の基本法則に対応している」だけであり「そこには，何一つ感覚質が存在していないのだ」と注意する。「何故なら，生き生きした空間を充たしている動きの性質は，〈感覚質そのもの〉だからだ」[36] とフッサールは断言する。我々の主観身体が生き生きと動く空間は〈生命的空間〉なのであり，その空間を充たしている身体運動の「感覚質は感覚器の種類と情態によって変様し，…さらにその身体と経験しつつある主観のあらゆる情況に左右されるのだ」とフッサールは駄目押しと共に明解に開示してくれる。実存する生ける身体としての運動は，そのキネステーゼ身体感覚の〈精緻さ〉と〈程度差〉によって，そのつど新しい意味発生として成立するのである。フッサールはそこに，受動的綜合化の微妙な様相変動が潜んでいることに注目しているのだ。独りでに動ける〈受動発生〉に注目するとき，周囲世界の動感情況に応じてコツとカンの〈同時的変換〉が機能することに我々も気づかされること頻りなのだ。フッサールは時間性に優位性を与えて「空間はすでに時間を前提としている」[37] という。しかしそれは，身体能力に潜む時間と空間の同時変換作用が，いわば今とここが二重化統一態としていつもすでに同時変換的に機能しているのを見過ごしてもよいというわけではない。キネステーゼ身体性の超越論的構成分析に際しては，どちらが背景に身を隠しているのかを捉えた上で，その前景にある有意味なキネステーゼ身体感覚の発生分析がはじめて可能になるからである。

(c) 身体発生の非直観性に道を拓く

我々がいつも主題化する動感身体の発生現象は，コツとカンの同時変換可能な二重化一元性を蔵す自己時間化する意味核であることをまずもって確認しておかなければならない。いわば，その意味核は動きの意識流に潜む価値感覚する時間化能力の核心を呈示するのである。ところがこの一元化意味核は，コツとカンが絡み合っているから余り当てにならないドクサ領域の素朴な身体経験に過ぎないと誤解されてしまうこと頻りなのである。だから，それを客観的に科学的分析して，その実態を解明しようとする自然科学者も少なくないのはこの意味においてである。加えて，超高速のデジタル映像分析（キネマトグラフィー）が驚異的な進化を

---

36 Hua. IV. § 18 - g S.84 f. 邦訳：イデーン II - I，第 18 節 - g，①～②
37 Hua. XI. S.303 B. Behandlungen; Wahrnehmung und ihre Selbstgebung; 1923 und 1920/21

遂げている現代である。しかも，今まで百万分の一秒を解析できる高速映像分析に驚かされたばかりなのに，今では一兆分の一秒の位置変化を解析できるデジタル映像分析が世人を驚かせているのだ。だから，アスリートの目に止まらない素早い動きも，体操選手の想像を絶する〈放れ技〉も，その同一路線上で神秘のヴェールを剝ぎ取って開示できると勢いづくことになる。しかし，その超高速の精密な運動分析の対象は，物的身体の物理的な位置移動であり，その高度な技を身体化している選手たちの〈動感形態化〉に潜む奥義や秘伝を開示してくれるわけではない。その動感意識を秘めた身体感覚を生み出す工夫は，そのすべてが自ら動くアスリート本人の独創的な工夫によるから，本人の超越論的反省の意味内実が開示されない限り，映像そのものに呈示されはしない。そこには，科学的分析における運動者の位置移動という〈物理対象性〉と，現象学的分析のアスリートの動感身体発生という〈志向対象性〉との間には，本質必然的な断層が存在しているのを見逃してはならない。この両者の分析方法論の間に介在する〈究極的裂け目〉については，すでに拙著に繰り返し詳述されているから喋々するまでもない。しかし，競技スポーツの勝敗決定を客観的に保証するのはニュートン以来の数学的運動学の時空間の測定値だから，その呪縛は強固であり，その混乱が今もなお続いているのだ。その本質必然的な差異性を確認しておくことはまずもって決定的な意味をもつことになる。

　しかし偶然に発生した〈マグレ〉の瞬間には，その本人に何の感覚印象もないから，その遂行自我の身体発生に自覚が生じるはずもない。しかし，遂行自我はその動く感じが泡沫のように儚い存在であるのをわが身でいつもすでに知悉しているのだ。だから，直ぐにその動きを繰り返して身体化しようとする。そのマグレ偶発には常にその空虚形態が〈先構成〉されているからこそ，その空虚な枠組みをわが身でもう一度〈感じとろう〉と即座に繰り返しに入るのだ。それは誰もがよく知っている当たり前の〈身体経験〉なのである。このようにして，内在的目的論に基づく動感形態化に向けた身体発生への溢れるような気概が我々の現象学的記述分析の志向対象として浮上してくるのだ。いわば，コツとカンというドクサ的な身体感覚しか私の身体が信じてはいないからである。そのコツとカンが一元化した〈身体発生能力〉なしには，実存する私自身が溝を跳び越し，川を泳ぎ渡り，スロープを滑り降りたり，転がったりすることはできるはずもない。このことは誰も否定できない必当然的明証性である。それはすでに度々援用されるように，西田幾多郎の ambulo ergo sum ［我歩く故

に我在り］という一文がまさにこの現象学的明証性を言い当てているのだ。
　とは言っても，そのつど発生する動感形態化の志向対象は，先(プリウス)も後(ポステリウス)もない同時変換作用という奇妙な反論理性に貫かれているから厄介なのだ。いわば，この同時変換という〈反論理的思考〉は，因果決定論に基づく〈科学的思考〉に慣れているスポーツ領域では，なかなか了解されないことが多い。そこでは，動きが速すぎれば，停めて見れば分かると考え，その静止像を繋ぎ合わせれば運動になると考えること頻りなのだ。まして，自らの身体運動さえも，一挙に丸ごと見えるはずもないのだから，映像化して確かめるのは当たり前のことと考える。その映像を見る段になると，その静止像シリーズの流れを物理的位置移動として見ることに何の抵抗もなくなってしまう。しかし競技に苦悩する選手たちなら，その映像を目で見ないで〈身体で見る〉努力志向性をもつのだ。それができなければ，その映像(キネマトグラフィー)分析からコツとカンの一元化意味核を見抜けないことを知っているのである。こうして，生ける身体発生能力の志向対象を捉える手続きは，わが身の内在的時間流のなかでその動く感じを自ら直観するしか道はないと気づくことになる。それは競技に身を投じて，この動感形態化現象の志向体験を肌で感じるアスリートにとっては，疑いようのない〈原事実〉以外の何ものでもない。こうして我々は，コツとカンの身体発生現象という生成と消滅の身体経験に直(じか)に出会うためには，そのような身体感覚(エンプフィンドニス)という非直観的なるものを時間化する〈身体発生〉そのものをわが身で直に直観化せざるをえなくなる。独りでにいつの間にか受動発生する動感形態化の〈原現象〉を本質直観できるためには，その分析対象を一体どこに起点を求めればよいのか。こうして，非直観的志向性を本質直観に持ち込むための直観化分析に，どのような志向対象を〈道しるべ〉として取り上げるかという問題に我々はやっと向き合うことができるのである。

§ 49. 連合的綜合の志向対象を問う

(a) 連合動機づけに向き合う

　ここに，受動発生領野における一元化意味発生の超越論的構成分析を開始するに当たって，我々はその構成分析の志向対象をまず確認しておかなければならない。というのは，すでに前段［§ 21］で述べているように，自我意識の関与しない受動志向性という用語はいかにも非論理的で腑に落ちない表現だから

である。さすがのフッサール自身も「適切な表現がないから，受動的という規定詞を付けて受動志向性とするしかない」[38] と断っているほど，この受動的綜合の問題圏は複雑で厄介である。この〈受動的〉という表現は，文法における〈～される〉という受け身の受動態ではない。それは，独りでに自ずからという〈自発性〉の意味である。このような受動志向性としての発生様相と身体感覚との相互覚起現象をフッサールは〈連合的綜合〉と呼ぶ。その場合の動感身体性の受動綜合化に関する超越論的な〈構成分析〉は端的な科学的な〈因果分析〉とは本質必然的に区別されている。その両者の分析対象性は全く別種であり，どちらが正しいのかという二者択一の問題ではない。そこでは，まずもって〈連合動機づけ〉[39] という基本概念が注目されなければならない。この〈連合動機づけ〉の概念を「全く動機づけが未だ存在しない根源的な共存と根源的な経過へと我々はまず立ち帰ることになる」[40] とフッサールは語り始めるのだ。ところが，フッサール自身は「しかし，こういうことが一体どこまで考えられるのか。意識流の統一に動機づけが全くなければ，統一態はどのように現れるというのか。それらはまさに疑問として残ってしまう」と反問しながら超越論的反省の立場から純粋記述に入っていく。我々の発生的運動学としても，自我意識が全くない乳幼児の動きかたに見られるキネステーゼ身体発生に対して，どのような志向対象をその構成分析に持ち込めるのかが喫緊の問題になってくるのだ。自らの動く感じを言表できるはずもない乳幼児の〈自然的反省〉[41] をどのように純粋記述できるというのか。さらに，その自発的な受動発生の謎を開示しようとする〈現象学する自我〉はその身体発生基盤を一体どこに求めうるというのか。

　ここにおいて，我々はこの究極的な志向対象性という〈動機づけ〉を可能にする〈連合化現象〉という基本概念に問いかけることになる。それがどのような普遍基盤に支えられているのかを我々はまずもって確かめておかなければならないからだ。その自発的なキネステーゼ身体発生を生み出す基盤的領野をフッサールが〈原感覚性〉という統覚化以前の基盤領野に見出していることを我々はまずもって見逃すわけにはいかない。フッサールは「この根源的な感覚性は連合によって生じるわけではない」と断りながら「原感覚性や［身体］感覚な

38　Hua. XI. § 18‐⑧ S.76　邦訳：受動的綜合の分析，第 18 節‐⑧ 115 頁
39　Hua. IV. § 56‐c)‐⑤ S.226　邦訳：イデーン II‐II，§ 56‐c)‐⑤ 63 頁
40　Hua. IV. dito.
41　Hua. I. § 15‐② S.73　邦訳：デカルト的省察，第 15 節‐② 72 頁

§ 49. 連合的綜合の志向対象を問う   413

どというのは，内在的な理由や心情的な傾向から生じるのではなくて，端的に現に存在し，現出するのだ」[42]と正鵠を射て指摘する。となると，この統覚化以前に現に存在する原感覚性の基盤領野には，一体どのような志向対象が潜んでいるいるというのか。ここにおいて，フッサールはさらに言を継いで「この受動性の領野のなかに，この自発的な発生ないし新たに立ち現れる領域（いわば，自我が目を向け，見出すことができて，そこから刺激を引き受ける受容性の領域）のなかに，我々は〈志向性〉という〈原領域〉をもつのだ。しかもこれは自我を必要とする本来的な〈～への志向〉ではない。だから，それは非本来的な〈志向性の原領域〉である。ところがこの〈～についての表象〉ないし〈統覚化〉はすでに現に存在しているのだ」[43]と正鵠を射て結論する。しかしこの一文はかなりややこしい。まさに〈～への志向〉が働かない，いわば自我を必要とする志向性ではないと言っておきながら，受動性の領野は〈志向性の原領域〉をもっていて，そこに〈原感覚性〉が存在しているという。しかし我々は，フッサールが慎重に追加している一文を見逃すわけにはいかない。フッサールは〈原知性的なるもの〉も〈心情的連合〉から生じるのではなく，まさに〈絶対として存在する〉のだと言う。しかしその一方では，その「自我は触発や刺激という感覚性を前提していて，まずもって原感覚性を，次いで二次的な感覚性を前提にする」と巧みに駄目を押している。自我は常に何らかの〈ある所産〉をもっていて，その〈原感覚性〉こそが自我の〈原所産〉に他ならないとフッサールは断じるのである。その自我の〈第二の所産〉となるのが，わが身にありありと感じとられる〈想起再生〉としての〈再生的志向所産〉である。それと同時に，第二の所産となるのが，再生的な〈想像形成化志向所産〉であり，ないしは，それまでの信念が崩れて，自ずと形態化される〈受動的想像形成化〉という［未来予持の］〈志向所産〉であると追加する。この第二の志向対象となる過去把持志向性と来たるべき未来予持志向性の〈同時発生〉を指摘していることを我々は決して見逃してはならない。それは次の新しい反復化への気概(エートス)を生み出す身体発生基盤を生化するからである。こうして，受動的なキネステーゼ身体発生を可能にする〈連合動機づけ〉の志向対象に〈原感覚性〉という志向性の〈原領域〉を我々は見出すことができる。

ところがこの問題もそう単純ではなく，さらにアポリア［難関］を突きつけ

---
42 Hua. IV. Beilage XII. - I. - §2 - ③ S.335   邦訳：イデーン II - II，付論 XII. - I. - §2 - ③ 191 頁
43 Hua. IV. Beilage XII. - I. - §2 - ④ S.335   邦訳：イデーン II - II，付論 XII. - I. - §2 - ④ 191 頁

てくる。いわば、我々の動感受動発生における志向性分析は一義的にノエマ的意味の統一的存在を確定する役割をもつ。それに対して、動感志向性の生成消滅という発生現象におけるノエシス的意味を統握する働きは〈実的分析（レエール）〉として、その内在経験に潜む〈リアルな成素〉を直に確認するところにも通り抜けられないアポリアが潜んでいるのだ。その場合、価値感覚の発生に直接に関わる「ノエシス的なものは、構成する働きをもつ多様性に満ちた領野であり」[44]、そのなかでの知覚経験は、〈原的な実践可能性〉に直接に向き合うのだとフッサールは重大な指摘をする。いわば、キネステーゼ身体感覚が発生する様々な様相は「ノエシス的機能を通して超越論的に構成されるもの」[45]として、キネステーゼ感覚素材（ヒュレー）の基盤上にやっと姿を現してくるからである。コツとカンというキネステーゼ感覚（センス）発生を支える身体感覚は、実的（レエール）に、つまり内在経験の〈ヒュレー成素〉として統合化され、キネステーゼ身体感覚の身体発生現象のなかに、〈ノエシス分析の志向対象〉として呈示されてくるのだ。しかしそこでは、感覚的な〈ヒュレー的なるもの〉が多様な内在経験のなかに、実的成素としてノエシス分析の志向対象になるとは言っても、それをどのような志向対象として捉えうるかは別問題である。そのノエシス分析の志向対象を〈どのようにして創設させうるか〉という方法論の未開示は、さらに我々の身体発生分析の道を阻むことになる。コツとカンの身体発生現象に潜む自我の関与なしに働く〈連合動機づけ〉の〈原キネステーゼ感覚性〉という志向対象は、ラントグレーベが指摘するように、自我意識を欠いた、いわば〈自己忘却性〉[46]の地平にその姿を隠しているから、その志向性分析はまさに晦渋な対応を迫られることになる。〈今ここ〉に動きつつある主観身体の自己意識は、その自己忘却性のなかに、いつも必ず姿を隠しているのであり、〈後追いの反省〉では捉えられないのだ。動く感じを触発化する実践指導においては、そのヒュレー成素を、とりわけ価値意識の働く身体感覚を〈どのように気づかせるか〉が喫緊の問題になってくるのは決定的な重みをもつことになる。

(b) 時間化能力が身体発生の源泉となる

ここで主題化されている〈連合動機づけ〉というキネステーゼ身体発生の作用は、一切の自我意識の関与なしに働くのだから、その連合化する動機づけ作

---

[44] Hua. III. § 98・⑥ S.231　邦訳：イデーン I‐II、§ 98・⑥ 150頁
[45] Hua. III. § 97・⑩ S.228　邦訳：イデーン I‐II、§ 97・⑩ 146頁
[46] Landgrebe, L.: 1980, S.83f.

§ 49. 連合的綜合の志向対象を問う　415

用に注意を向けるとすれば，その動機づけの志向対象となる〈原感覚性〉は，発生的運動学の〈究極基体〉[47] をなす〈原動感〉の源泉［絶対ゼロ点］にまで遡らざるをえなくなる。それは，時間流の原発生に関わる動感地平分析の道を辿ることになるから，さらなるアポリア［難関］に阻まれることになる。ここにおいて，我々は改めて〈連合動機づけ〉における一切の自我関与なしに働く〈純粋受動性〉の領野を拓いたフッサールの言に向き合わざるをえなくなる。フッサールは「我々がこのような純粋受動性のなかで，全く自我関与しない動機づけに注目してみると，その動機そのものに関しては，正当か不当か，真理か虚偽か，善か悪かについて理性のいかなる問いかけも取り上げることができないのは明白である。それはどうしてなのか」[48] と謎めいた問いかけをしながら語り始めるのだ。さらに言を継いで「というのは，その［一切の自我関与なしの］動機づけは今や，真と見なすこと，判断すること，価値づけることという自我作用ではないからである。それにもかかわらず，そのような［自我］作用はそこ［動機づけ］に向けて関係づけられ［連合化され］ている。それらすべての自我作用はこの背景的意識からその［自我作用の］栄養を吸収することができるのだ」と巧みな結論づけをする。次いで「さらに心情的基盤において根源的かつ純粋受動性として現れる，いわば我知らずの感情や衝動と，それに関わる諸々の動機づけは，それ自体のなかでは，理性的でも非理性的でもないのだ」とフッサールは断じるのだ。

　このようにして，フッサールが自我関与なしの〈連合動機づけ〉という新しく拓かれた〈純粋受動性〉の領域は，スポーツの発生的運動学に貴重な視座を与えてくれる。これまでのスポーツの運動分析は，明治以来の生理学主義のもとに構築されてきたから，身体能力が不足して目標とする動きかたができなければ，物質身体の生理学的体力を強化し，物的身体の物理学的合理性を追求し，心理学的なメンタルトレーニングで克服する道を辿ってきた。さらに，行動科学的にそのトレーニングないし試合運びのマネジメント合理性が主流となってくるのも当然となる。しかし，そこではマグレ発生や独りでに身体が動いてしまう受動発生ないし受容発生の領野は，そのような成果主義によって無視されて排除されてしまう。乳幼児の身体能力における動感意識の受動発生，体育領域の受容的マグレ発生，あるいは競技領域の突発的な動感消滅現象などは，こ

47　Hua. XVII. § 81‐1 ① S.208f.　邦訳：形式論理学と超越論的論理学，§ 81‐① 223 頁
48　Hua. XXXVII. § 24‐④ S.111f

れまでいずれも例外なく，数学的確率論に依存する手続きを選ばざるをえない道を辿ってきたのだ。あるいは科学的な運動分析でも解決がつかなければ，メンタルリハーサルに依存するしかなかったから，フッサールによる一切の自我関与なしの〈連合動機づけ〉に関する現象学的志向性分析はその出番が回ってこなかったのかもしれない。ところが，競技領域における動感意識の生成消滅の発生現象に苦悩するアスリートたちは，むしろこのような謎に満ちた〈原連合〉[49] と名付けられた〈非科学的道しるべ〉に一層の親しみさえ感じとっているのだ。つまり，コツとカンという動感身体感覚(キネステーゼ)を身につける工夫こそが勝利への道につながることを，現場の選手もコーチも知悉しているからである。いかに高い確率のデータをもっていても，いざ本番では常に不安は付きまとうから，アスリートは自らの究極の意味核を頼りに勝負を打つしか道はないのだ。だから，とっさにシュートを打って，見事にゴールした快挙をインタビューで解説させようとしても，それは無理である。それに答える名選手は「私の身体感覚でシュートしたのだから，私に分かるはずもない」と謎めいた言葉を平気で口にするのだ。それは，いわばフッサールの連合動機づけの問題圏であり，自我作用と関係のない〈連合的綜合〉の出来事［本書:§21参照］に他ならないからである。こうして，連合動機づけを支える〈原動感〉(キネステーゼ)の志向性分析が正統的に主題化されてくることになる。

　ところが実存する身体運動は，その一回性原理によって，動きそのものが次々と過去に流れ去っていくのだ。〈たった今掴んだまま〉という過去把持志向性の〈今統握〉でも，忘却の彼方に刻々と流れ去ってしまう。そのような〈同じ河の水に二度と入れない〉という〈ヘラクレイトスの流れ〉のなかで，単に同じ動きかたを機械的に反復しているだけでは，どんなノエシス的統握も成立するはずはないのだ。その自らの身体感覚の内在経験のなかに，確かな実的(レエール)分析の手がかりが何一つ掴めずに，〈身体的なるもの〉の貴重なノエシス契機がすべて過去に消えてしまうのでは，〈今ここの身体運動〉そのものの存在理由(レゾンデートル)に何らの確たる証拠を捉えることもできはしない。それは，超高速の映像分析(キネマトグラフィー)によってでも不可能であることはもう喋々するまでもない。こうして，自我身体に価値感覚の働く〈動感身体性〉がひたすら生成と消滅を繰り返しながら，その〈自己時間化能力〉［本書:§8参照］を介して自ずと身体発生に至るのだ。だから，我々は原発生地平の源泉に回帰して，改めて自我身体の〈今ここ〉と

---

[49] Hua. XI. §33 - ⑱ S.158　邦訳：受動的綜合の分析，§33 - ⑱ 227頁

いう〈原現在〉に直に向き合わざるをえないことになる。自らのキネステーゼ身体感覚の働きが意味系や価値系を巻き込んで〈私は動ける〉〈私は動けない〉という生成・消滅の本質可能性を追求していくところにこそ〈形相的形態学〉[50]の道が拓かれているのだ。そこでは，その原動感地平における内在的経験の〈ノエシス契機〉の実的分析がまずもって〈連合動機づけ〉という志向対象と共に前景に浮上してくるのだ。スポーツ領域における我々の実践的運動学は，その核心をなす自己時間化される身体発生に向き合って，その多様な様相変動に注目し，その内在経験のノエシス契機に潜んでいるコツとカンに対して直観化綜合分析を施していく道を辿ることになる。このようにして，コツとカンの一元化意味核の〈ノエシス契機〉に何らの自我関与なしに向き合い，その内在的動感ヒュレーを充実化して明るみに出す役割が選手たちに課せられていることになる。そのときの動感志向性分析の方法論は，フッサール発生現象学における受動綜合化現象の〈様相化分析〉［深層：§16参照］に求められていることはもはや多言を要しないであろう。

(c) ノエシス契機こそ連合的綜合を誘う

このような〈ノエマ的存在様相〉や〈ノエシス的時間様相〉を重畳的に含蓄している動感身体性をもつ〈自己運動〉のなかでは，とりわけそのノエシス契機に触発される動感身体感覚がその生成と消滅の発生現象に大きく関わってくる。というのは，一般の知覚のなかで何かを認知するとき，そのノエシス志向性は，そこに「実的に含まれている知覚信念，さらに言えば知覚確信をもっている」[51]からだとフッサールは指摘する。いわばこの〈確信性〉こそが「信念の在りかたの原形態」[52]の役割を果たしているとフッサールは断じる。その実的な知覚信念が変様されない，つまり様相化されない〈原形態〉として捉えられているからこそ，その〈確信〉に対する当て外れや疑わしさ，その蓋然性や誘引可能性など，そこに多様な様相変動が露呈されてくるのだ。そこにこそ〈様相化分析〉の起点を見出すことができるのである。

たしかに，日常の端的な身体習練でも，〈できる－できない〉を巡って反復練習が行われている。そこでは，すでに先構成されている〈原形態〉が志向された意識対象として，まだ様相化しないまま，いつもすでに息づいているのだ。

---

50 Hua. III. § 145 - ④ S.336　邦訳：イデーン I - II, §145 - ④ 310 頁
51 Hua. III. § 103 - ① S.239　邦訳：イデーン I - II, §103 - ① 163 頁
52 Hua. III. § 104 - ① S.240　邦訳：イデーン I - II, §104 - ① 166 頁

例えば，乳児が母親に誘われてはじめて歩き出すとき，そこに密かに内在している原形態が匿名的な〈歩ける感じ〉に誘われるように歩き始めるのだ。そこには，そのつどの歩きかたの変様態を生み出す〈原形態〉は身を隠した〈先存在〉としていつもすでに構成されているのである。そのとき，母親の誘いに応じて働き出すのがフッサールの名付ける〈ゼロキネステーゼ〉[53]であり，そのゼロ動感という志向対象が受動綜合化の現象を支えているのだ。そこから，多くの失敗を重ねながらも，やがていつの間にか独り歩きという形態をもつ身体発生に至ることになる。いわば，自我意識の伴わないゼロ動感に誘われて，受動的な様相変動が独りでに綜合化に至るのだ。だから，その連合的綜合では，そのゼロ動感の志向対象にノエシス契機が受動的に機能して感覚発生を触発する役割を果たすのである。

やがて，受動的に綜合化するノエシス的意味統握は，同時にノエマ的意味内容として統一的にその存在様相の確認を保証する働きをもつ。そこでは，ノエシス契機による身体感覚の意味発生，つまりその感覚統握の成立は，それに平行関係をもつノエマ意味の〈先所与性〉にも同時に支えられているのだ。しかし，変様を重ねるノエシス契機の動感志向性こそ，意味発生分析の起点をなしていることは言をまたない。その身体感覚の感覚素材が，意味発生に決定的なノエシス契機を没意識のままでも受け容れているからだ。そうでなければ，その動感感覚素材はすべて過去に流れ去ってしまい，様相化分析の役割が果たされず終わってしまうことになる。いわば，受動発生でも受容発生でも，そのキネステーゼ身体感覚に潜むノエシス契機が，その身体発生に不可欠な意味核を匿名的［自覚なしに］に蔵している〈先所与性〉を〈生化〉しているのだ。それ故にこそ，わが動感身体性に差異化された〈原的身体開示性〉を秘めた奇妙な身体感覚の〈原的感覚性〉を，つまりその身体発生分析の志向対象をまずもって直に純粋経験することこそ，その自己時間化する身体発生分析の起点になっているのだ。だから，その原的な感覚性をわが身で直接経験する動感ヒュレーのノエシス契機を感じとれる〈自己時間化能力〉［本書：§8参照］を身につけることが先決である。それなしには，否定や疑念の様相化分析に入るための不可欠な前提が成立しないからだ。そこにこそ，体育大学などの教員養成機関における実技実習の存在理由が正当に主張されることになる。まさにこのキネステーゼ身体発生で捉えられた〈原的身体開示性〉を具体的にわが身で実的分析

53　Hua. XV. Beilage XLV・⑩ S.606　　邦訳：間主観性の現象学その方法，付論45・⑩ 501頁～

できる〈自己時間化能力〉こそが競技コーチないし身体教育の専門教員の必修的陶冶内容であることを見逃してはならない。

　体育教師ないし競技コーチの指導者養成大学において，実技実習が次第に軽視され，外部視点からの科学的運動分析やマネジメント科学による合理的学習が主題化されている昨今である。もちろん，物質身体のない身体運動，つまり〈幽霊身体〉などは存在しないのだから，その科学的運動分析の存在理由はあるにしても，それらの運動分析は身体感覚の意味発生とは無関係であることを見過ごしてはならない。この〈原的身体開示性〉，つまり自らの身体感覚でその意味発生の機微を開示して，自らの動く感じをありありと自我身体で確認することこそ，指導者養成における実技実習を必修科目にする存在理由に他ならない。単にその必修スポーツ種目の動作や行動が理念的に理解でき，その動きかたが達成できれば単位を認定するという皮相的な問題では決してないのだ。その必修課題の動きを達成できることが，同時にその動きの身体感覚をありありと統握し開示できるとは限らないところに身体発生学習の難しさがある。しかも，学校体育で教える教材のすべてが高度な習熟レベルに達することは不可能に近い。マラソンの名ランナーが同時に卓球の目にも止まらない敏捷な動きもマスターする名手であることは希有なことである。それは，その身体感覚の意味発生に決定的な究極的差異性が潜んでいるからである。こうして，体育教員養成大学の実技実習は，その身体感覚の動感発生領域の幅とその習熟位相の高さを巡って，その本質的な問題性が呈示されていることを見逃してはならない。教員養成大学の身体発生分析の実技実習の種目範囲と習熟レベルの問題圏は，発生的運動学の立場から改めて厳密な体系論的分析が求められることになろう。それはスポーツ運動学に現象学的形態学を導入したマイネル教授がその〈スポーツ運動学演習〉に実技実習の不可欠さを主張していたことはこの意味において高く評価されて然るべきであろう。

(d) ノエシス契機に気づけるのか

　ところが，キネステーゼ身体感覚の意味発生現象を指導する側のコーチないし教師は，かつては何らかのスポーツ選手として試合経験者であったはずなのに，その当時の生き生きした身体感覚はすでに枯渇して，過去地平に鋳型化したまま沈殿しているのだ。その意識時間流の原発生地平もすでに崩壊しているか，現に跡形もなく消滅したままである。そのために，〈動感仲間化〉「深層：§

80, §83参照］という伝承関係系の身体発生基盤もすでに地盤沈下を起こし，そこに生き生きと働いていた〈動感連帯感〉［深層：§46, §80参照］もとっくに萎えてしまっているのだ。昨今の体育教師も，競技コーチも，動感伝承のノエマ分析の意味存在論にも気づかず，一方的に伝達する運動メカニズムの客観的な情報に関心を寄せるのが一般である。それどころか，伝承発生の成立を保証するノエシス契機の〈切っ掛け〉による身体発生現象に共感する気もないとしたら，身体能力の伝承という〈身体教育〉の核心をなす陶冶内容はどうなってしまうのか。

　このような事態のなかでは，どうしても生徒の動きかたにまず目を凝らさなければならない。教師はそこに機能する生徒の自己運動に共感し，自らの動感身体性を介して〈自己運動分析〉［§10～§13参照］するしかない。その生徒の感覚発生のノエシス契機を見抜くには，自己運動分析を介した〈他者分析〉［§19～§22参照］に入るしか道はないのだ。その分析の手続きは，すでに第Ⅰ章と第Ⅱ章で詳しく考察されている。しかし，戦前の体育教師のように，教師自らの動感身体性を通して，生徒が発する動きのノエシス契機に〈耳を傾け〉，さらに〈借問する〉という奇妙な身体発生の〈連合動機づけ〉を探し求めていく本格的な教師やコーチはめっきり少なくなってしまった。昨今のスポーツ指導者は，かつて自ら住んでいた身体発生のキネステーゼ時空世界を放棄して，物理学的，生理学的発生機序だけの客観的な運動情報を提供すればよいと断じるだけとなる。そのほうが生徒本人の自得の美意識を生化し，本来の動感意識伝承が成立すると考えるのか。その自得への丸投げこそ，本来の価値感覚を生化させうる古来芸道の修練鉄則と断じて憚らない。しかし，外部視点から選手や生徒の位置移動する物的身体運動をどんなに精確に測定して，その無機質な運動メカニズムを捉えても，その万人に通じる運動メカニズムそのものは，生徒たちの感覚発生それ自体に何の通路ももっていない。外部視点から選手の生ける身体運動を物的身体の運動に置き換えれば，たしかに客観的に，つまり対象化して分析したのだから，それは正当な科学的分析には違いない。しかし，そこでは生徒たちの身体感覚世界との通路がすでに完全に遮断されている。生徒たちはその自然法則を自らの身体に潜むキネステーゼ感覚に変換しなければ，現に何一つ動くこともできないのだ。その変換操作は結局学習者自身の工夫に丸投げされているだけである。古来の芸道では，その身体知能をもたない師匠はいないのだ。そのようなコツとカンの意味発生の身体経験を昨今の教師はそ

の実習経験も十分に持ち合わせているとはいえない。そこに身体感覚の意味発生が偶然成立したとき、自然研究者はその成果を科学的分析の正当性の証拠だと断じ切れるのか。その場合の身体感覚の単なる反省分析は非科学的で素朴な主観的分析として、それを貶めることができるのか。フッサールが「準現在化[想起や予期]は生き生きした現在化の変様態だ」と指摘しても馬耳東風の態で、その科学的運動分析の結果こそ正当性をもつと断じる昨今である。それは身体感覚の意味発生との関係をすでに絶っているのだから、ノエシス契機の時間様相をわが身でありありと感じとれる〈原的身体開示性〉はすでに消滅して存在していないのだ。それをどのようにして開示できるというのか。

　こうして我々は、身体発生分析に決定的意味をもつキネステーゼ感覚の身体発生基盤のなかでこそ、ノエシス契機の志向性分析が可能になることを改めて確認しておかなければならない。それは、指導者がノエシス契機という〈切っ掛け〉を掴める鋭い感覚発生に関わる可能態（デュナミス）の〈身体発生能力〉をもっているかどうかに依存しているのだ。キネステーゼ感覚の突然の消滅現象に出会って、呆然自失してしまうのでは身体感覚の発生コーチは失格である。つまり、ノエシス契機の〈切っ掛け〉という身体発生に即応できる〈時間化分析能力〉を生気づける方法論こそ喫緊の課題となるのはこの意味においてである。当然ながら、老練な教師や動感促発を得意とするコーチは、その身体感覚の多様な変様態を十分に知悉しているのは言うまでもない。動感情況へわが身を投射するカンと自我身体に中心化するコツは、そのつど目まぐるしく同時変換的に変様しながら、微妙な身体感覚の生成と消滅に関わっているのだ。そのなかから、指導者は生徒や選手たちのノエシス契機を自己時間化［§8‐ⓒ参照］して、それを自らの分析能力で捉え、微妙な価値感覚を働かせながら、その身体感覚の統一化しつつある統握様相を〈直観化〉していくのでなければならない。そうでないと、生徒や選手の動感身体感覚の意味発生に対して、何一つ有効な処方素材化を統握することができないからである。

　老練なコーチたちはしかし、選手たちの身体経験の琴線に触れる貴重な意味発生を触発する具体的な身体感覚を実的（レエール）に呈示して、その意味発生に効果を挙げているのは周知の通りである。ただし、その決定的な確信に至るまでの様相変動の道程は、漠然としたドグマ的な経験知に留まっていることが少なくない。そこでは、方法論的な基礎づけが空虚表象のままに放置されているのである。そのためにこそ、改めて本質直観分析の道しるべが待っているのだ。そこでは、

その身体化現象に向けての本質分析がさらに求められるのだ。とりわけ実的な〈ノエシス分析〉が厳しく求められるのはこの意味においてである。何一つ動感促発の志向体験に関わらないまま，単に拱手傍観していた教師ないしコーチが，偶発的マグレで成功した生徒に狂喜し，それをわが指導の成果と我田引水するのは，まさに牽強付会の誇りを免れない牧歌的素朴さである。そのマグレ発生への道の厳しさを知悉しているのはその感覚発生に成功した生徒や選手たちであり，その教師が〈今ここ〉の動感発生の様相変動そのものに無関心な単なる傍観者，つまりヴァイツゼッカーの言う単なる野次馬(キービッツ)でしかないコーチや教師が胸を張るのを選手たちはどう見ているのであろうか。そこでは，身体感覚がどのようにしてノエシス契機に意味統握されていくのかという問題圏が全く取り上げられていないのだ。しかも，その身体発生のノエシス分析の欠損が運動伝承の崩壊につながる危機感も欠損したままである事実を我々は直視しておかなければならない。

§ 50. マグレの偶発現象に道を拓く

(a) 直観化分析の志向対象に向き合う

我々は前段［§ 48～§ 49］において直観化綜合分析の志向対象に論及し，さらに受動発生や受容発生の現象野における動感身体性の生成消滅に関わる志向対象の諸問題をすでに展望している。そこで浮き彫りになってきたのが受動発生における〈連合的綜合〉という現象である。そこに連合して覚起現象を開示していく〈直観化綜合分析〉の重要性は，そこでとりわけ強調されることになる。それは〈直観化〉という現象のなかに動感志向性に関わる一連の階層性を確認することができるからである。その起点となる原発生層位には〈なじみ地平〉と呼ばれる漠然としたキネステーゼ感覚の〈地平志向性〉が潜んでいる。だから，その原発生の地平分析の必要性にまず注目する必要があるのだ。すでにそれは拙著［スポーツ運動学，250頁参照］にキネステーゼ触発化の本質法則として，その起点に〈なじみ現象〉が挙げられている。その〈動感(キネステーゼ)なじみ性〉という現象野は身体発生分析の普遍的運動基盤としてとくに注目されるのだ。ところが，発生的運動学の地平分析が主題化されるには，余りにも多くの障碍が我々の行く手を阻んでいる。しかもそこには，従来の科学的運動学とは全く別種な〈超越論的反省〉の立場がよく理解されないままに，肝心の専門用語そのものに不

毛な誤解が入り込んでしまうからである。スポーツの発生的運動学においては，まだ未規定なままに漠然とした〈非直観的現象〉を本質直観に持ち込むときの起点的分析が〈直観化綜合分析〉ないし端的に〈直観化分析〉と呼ばれる。しかし，その〈非直観的現象〉というときの現象概念さえも誤解されてしまうから，蛇足ながら付言しておかなければならない。その〈現象〉の概念をメルロ＝ポンティに倣って規定すれば，科学的運動分析における因果法則の働く現象とは本質必然的に区別されている。しかもその現象は，心理学的な〈意識状態〉ないし〈心的事実〉からも区別されなければならないとメルロ＝ポンティは厳しく注意するのだ。つまり「木の葉の隠し絵のなかに〈ウサギを見つけた〉とか，〈動く感じを掴んだ〉とか言うとき，誰もが経験するように，一種の〈体得〉によってその対象ないし動きの感覚状態が〈了解〉される」[54] のが現象だと正鵠を射た開示をしてくれる。そこには，スポーツの発生的運動学でいう現象概念が巧みに開示されている。だから，私のキネステーゼ身体感覚から生成し，消滅する〈志向対象〉こそが動感身体発生の〈現象〉として分析対象に取り上げられることになる。科学的運動分析では，そのような目に見えない単なる意識対象が分析対象になるはずもない。しかし，我々の発生的運動学では，〈動く感じ〉が微妙に〈形態化〉していく過程のなかに生き生きと様相変動する領野は，とくに〈現象野〉と呼ばれて注目され，厳密な超越論的反省の志向対象に取り上げられるのである。

　このような〈動感身体性〉，つまりわが身にありありと感知される志向対象が様相変動して形態化していく現象野には，いろいろな動く感じの感覚素材が触発されてくるのは周知の通りである。いわば，わが身に〈ふと偶然に〉，ある一つの動感ヒュレーが感知されるとき，その動感意識に微妙な差異化が生じている〈現象〉を見過ごすことは決してない。さらに，その感覚素材が価値感覚によって査定され，取捨選択され，さらに統一的な志向形態に向けた動感メロディーが流れてやっと〈連合的綜合〉に辿り着くのである。それがシュトラウスの言う一つの奇妙な〈動きかた〉として形態化されるのだ。このような重層的な動感意識の〈形態化現象〉のなかには，生き生きとした実存的身体性に関わる様々な志向体験が前景に浮上してくる。そのときの動く感じの感覚素材は，川の流れのように単に過去へと流れ去ってしまうのではない。その時間流の原発生に潜む動感素材のなかには，規則的に反復される秩序性が秘められて

54　Merleau Ponty, M.: Phénoménologie de la perception, op.cit. p.70　邦訳：知覚の現象学 I，112頁

いるのだ。そこにも本質可能性が必然的に確認されるのだ。とは言っても，そもそも不十全にしか与えられない内在的な知覚経験のなかに，そのような本質必然性を取り出す可能性が果たして存在すると言えるのか。そのためには，その〈原発生〉の過去把持地平と未来予持地平の二つの〈地平性分析〉が厳密に検討されなければならないとフッサールはことあるごとに注意しているのに贅言を重ねるまでもない。しかし一般的には，コツとカンという漠然とした身体感覚は，主観的な単なる感覚素材（ヒュレー）でしかないと貶められてしまう。ところが，発生的運動学のコツとカンは一元化された意味核として，その本質必然的な時間化する身体発生現象そのものが重視されるのだ。しかも，その目に見えない直観化現象のなかに潜む〈本質法則〉は，数学的・論理学的な〈アプリオリ法則〉でもないし，自然科学的な〈アポステリオリ事実法則〉が意味されているのでもない。それはフッサールの発生的現象学における〈原事実アプリオリ〉，つまり〈先経験的本質必然性〉として，その合法則性が厳密に記述されていくのを見逃してはならない。

(b) 連合的綜合はなじみ現象に始まる

このようにして，スポーツの自己運動における〈形態発生と伝承発生〉という現象野のなかに隠れている〈内在的本質必然性〉こそが超越論的反省の〈志向対象〉に取り上げられることになる。とは言っても，競技スポーツにおける主観身体の動きかたは，〈刺激－反応図式〉という一連の生理学的因果法則で説明されるほど単純ではない。しかし，我々は運動認識の機械論的先入見にすっかり慣れているから，わが身に感じとれる身体感覚のなかに本質必然性を見出そうとする現象学的分析の方法論にはなかなか馴染みにくいところがある。因みに，その執拗な科学的な因果思考が人間の内在知覚をどれほど歪めているかについては，メルロ＝ポンティの〈現象学的分析〉[55] として分かりやすくすでに開示されているから，ここでさらに言を重ねるまでもない。我々もすでに前段［§39］で，動感時空間（キネステーゼ）における〈方向不定な漠然性〉を本質必然性とした奇妙な意識現象を事態カテゴリーの〈気配感〉として取り上げている。この全身で捉える〈感じ〉とは，キネステーゼ感覚として一挙に直観化される意味発生の身体感覚に他ならない。いわば，フッサールも早くからこの全身感に注

---

55 Merleau-Ponty, M.: Phénoménologie de la perception, op.cit. p.9~19　邦訳：知覚の現象学 1, 29~44 頁 みすず書房

§ 50. マグレの偶発現象に道を拓く　425

意を喚起して，その全身体を覆う〈感じ〉と表現される〈感覚的感情〉は「知覚のなかに，それ自体が風変わりな〈身体的なるもの〉として特徴づけられる」[56]と述べて，その〈原的所与性〉と〈身体的所与性〉の本質必然性を指摘している。それは決してまやかしの幻想的な〈感じ〉や単に空想的に描かれた〈感じ〉などではない。あくまでも主観身体にありありと感知できる原的な，しかも自らの〈身体的なるもの〉という自体所与性として明証的な〈原事実〉であると断じるのだ。ここで言う〈感じ〉という微妙な邦語表現は，漠然とした原感情や全く受動的な本能キネステーゼの感覚あるいは動きの快不快の感情や方向不定な周界の気配感など，すべて動感身体性に関わる〈動く感じ〉が意味されている。このような〈気配感〉という身体感覚は，すでにフッサールによって重層構造をもつ〈なじみ地平〉[57] として開示され，受動発生の最下層に〈連合的綜合〉として位置づけられている。自我が〈意味発生〉に働きかける以前の受動志向性領野は「本来の意味では未だ対象性の領野ではない」と言いながらも「この領野は単なるカオス，所与の単なる〈混沌〉なのではなく，そこには一定の構造，濃淡，様々な仕切りをもった領野である」と付け加えている。感覚的に志向対象が与えられる領野は「すでに同一的なものの統一性が存在し，その同一的なものは種々な様相をとって現象しつつも，やがて統一態として主題的な対象になりうるのだ」[58] というフッサールの重要な結論を見逃してはならない。

　我々の発生的運動学においても，動感意識の〈出会い現象〉におけるコツとカンという空虚な枠組みは，原発生地平で原本能的な原動感と原感情との〈連合的覚起〉によって，その空虚形態の〈欠損態〉として際立ってくるのだ。その欠損態を巡る〈親和性〉と〈コントラスト〉の増大と共に，受動綜合的〈反復化〉[59] が自発するというフッサールの指摘は極めて重大である。それは発生的現象学における受動綜合の〈原連合現象〉[60] として位置づけられているからである。その場合，その原触発現象に潜むコツとカンの空虚形態のヒュレー欠損態は，主観身体の〈身体的なるもの〉に状態づけられているから，「その自己運動は魅力的なもの，反感を呼ぶものなど」[61] の原感情に触発され，自我身体に了解されるのだというラントグレーベの解説も見過ごしてならない。この

56　Hua. III. § 43 - ④ S. 90　邦訳：イデーン I - I, 第43節 - ④ 186頁
57　Husserl, E.: Erfaherung und Urteil, §16 - ④　S.77　邦訳：経験と判断，§16 - ④ 63頁
58　Husserl, E.: Erfaherung und Urteil, §16 - ①　S.75　邦訳：経験と判断，§16 - ① 61〜62頁
59　Hua. XV. Beilage XIX. : S.329　邦訳：間主観性の現象学 II，付論 19, 145頁
60　Hua.XI. § 33 - ⑱ 〜 ⑲ S.151ff.　邦訳：受動的綜合の分析，第 33 節 - ⑱ 〜 ⑲ 227頁
61　Landgrebe, L.: Der Weg der phänomenologie, V. - (26) S.122 Gütersloher Verlag 1963　邦訳：現象学の道，V 章 - ㉖ 197頁

ような〈動感なじみ〉の地平志向性分析の重要さは拙著［深層：§33‐④参照］にも強調されてはいるが，そこではノエマ分析ないし実的(レエール)分析によって具体的に開示されているわけではない。

　ここにおいて，動感志向性の〈非直観的なるもの〉を開示するために〈直観化分析〉に入るには，その最下層位にある〈なじみ現象〉が原発生の地平分析に志向対象として取り上げられてはじめて，受動発生の〈超越論的反省〉の起点に立てることになろう。いわば，〈原連合的綜合〉という〈非直観志向性〉に直に向き合ってこそ，直観化分析の最初の道しるべを確認できるからである。そのなじみ地平における志向性分析は，まずもって〈触発化〉という最下層の志向体験に向き合うことから始められるのは論じるまでもない。フッサールは自我への誘いの働きを〈触発〉[62]と名付け，それは「対象に向けられた志向の目覚め」[63]として「対象をより詳しく考察し，知ろうとする努力」が意味されているという。となると，その自我意識の関わらない受動的動感志向性の層位は〈動感なじみ〉という〈原連合的綜合〉の地平に〈基づけ関係〉をもつことになる。すなわち「一方では，共現前と把持的過去性に働きかける連合や相互覚起が生じ，他方では未来に向かう方向に連合が生じるのだ」[64]という原連合的綜合に関するフッサールの指摘はまさにスポーツ運動学にとっては重大であり，決して見過ごすわけにはいかない。スポーツの発生的運動学における身体運動は，〈いつも未来に〉開かれていなければ，いわば，原現在に立ち止まりつつ〈未来の動き〉に〈確信〉を確保できなければ，息詰まるような競技の世界に生きることはできないからである。動感なじみ地平の領野に生き生きと働く〈原連合的綜合〉の身体発生能力を動感地平分析の志向対象にどのように主題化するかという問題圏がここに浮上してくることになる。

　ここにおいて，人間が地球上で〈思うままに動ける〉のは，〈時間化能力〉の働く動感世界のなかに，その世界内存在の〈運動基盤〉[65]が存在するからだというラントグレーベの指摘は極めて重大な意味をもってくるのだ。これまで考察してきた受動的ないし受容的経験野の動感意識を支えているのは，絶対ゼロ点に潜む〈原動感(キネステーゼ)〉であり，それは価値意識の伴う根源的なキネステーゼ身体感覚の働き以外の何ものでもない。この身体発生基盤の基柢に潜む〈原動

62　Hua. XI. § 32 S.148ff.　邦訳：受動的綜合の分析，215 頁以降 1
63　Hua. XI. § 33‐①　S.151.　邦訳：受動的綜合の分析，§33‐①　218 頁
64　Hua. XI. § 33‐⑱　S.158.　邦訳：受動的綜合の分析，§33‐⑱　227 頁
65　Landgrebe, L.: Die Phänomenologie der Leiblichkeit und das Problem der Materie, 1965　In: Phänomenologie und Geschichte 1967 S.147 Gütersloher Verlagshaus, Gerd Mohn

感〉の受動志向性は，身体性を秘めた自己運動の働きを支える〈原構造〉[66] をもつというフッサールの指摘は重大である。フッサールはそこで自ら述懐しながら「ここで，私が思索を深めなければならないのは，［深層位の源泉へ］遡行する問いかけのなかで，原動感，原感情，原本能を伴う原ヒュレーの変転のなかに原構造が最終的に姿を現してくることである。この原構造を通して，事実性のなかに原質料がまさにその統一形態のなかに展開されるのだ。その本質形態は世界性に先だって存在している。このことから，全世界の構成は，すでに本能的に予描されているように私には思える」と純粋に記述している。我々の発生的運動学の始原に位置づけられる直観化分析の出発点には，フッサールの意味する〈原構造〉の〈なじみ現象〉が位置づけられることになる。とは言っても，その〈動感なじみ性〉をもつ身体発生現象の分析対象性がすでに十全に開示されているわけではない。しかし，乳幼児期の〈動感なじみ発生〉に日頃から関わっている保育士や教師たち，さらに幼児期に始まる〈動感なじみ〉の促発現象に関わるコーチたちは，原的な動感身体発生の貴重な実践経験知をもっているに違いない。これまでは，その〈動感なじみ性〉の超越論的構成分析が一方的な科学的客観主義に阻まれて，厳密な研究論文から排除されてきたとすれば，それは遺憾としか言いようもない。このような謎に満ちたなじみ現象の〈原構造地平分析〉の問題性，とりわけその起点を構成する〈動感なじみ発生〉の〈原ヒュレー分析〉に関わる問題圏は広大であり，それは別稿に改めて体系化されるにしても，それはまさに乳幼児運動学の究極基体を構成することになろう。

(c) 動感形態化が身体発生を触発する

　スポーツ領域においては，いつの間にか偶発的に意味発生して，急に動けるようになる奇妙な〈動感形態化〉の現象は決して珍しいことではない。その謎に満ちた動感意識の深層位には，無自覚な触発という多様な志向体験が見出されるのはよく知られている。何となく気になる〈触発〉という志向対象は，たしかに自我身体に中心化されるとしても，いつもはなじみ地平の背景に沈んでいて気づかれない。だから，何らかの〈切っ掛け〉，つまりノエシス契機の空虚形態がない限り，新しい志向対象に構成されることはないのだ。いわば，そのノエシス契機の空虚形態という志向対象はいわゆる〈なじみ地平〉のなか

66　Hua. XV. Text Nr. 22 - ⑰ S 385　邦訳；間主観性の現象学Ⅲ，テキスト Nr. 22 - ⑰ 533頁

に，黙して語らずに沈殿したままなのだ。ところが「こう動きたい」とか「そう動けないと困る」とか，何らかの情念的な〈感じ〉が生じると，いつの間にか我知らずノエシス契機が息づいてくるのだ。そのうちに何らかの切っ掛けで，触発現象が誘い出されることになる。そこでは，この〈触発の動機づけ〉こそが〈原的充実性〉を誘い出してくれるのだ。その動機づけというパトス的切っ掛けがなじみ地平に浮上して，ありありとした原的なキネステーゼ感覚の充実化が始まることになる。だから，老練な教師やコーチはそれを〈腕の見せどころ〉として，その動機づけを探ること頻りなのだ。いわば，コツとカンという身体感覚による意味発生を可能にする動感形態化の起点がなじみ地平にあれば，その沈黙を守る空虚形態ないし空虚表象への動機づけを探るのが喫緊の課題となるはずである。しかも，いわゆる老練な指導者はコツとカンのキネステーゼ感覚を形態化する〈実践知〉を豊かに蓄えているのだ。しかし，そのキネステーゼ身体感覚を形態化する発生方法論は一般に教師やコーチの個人財産として保有されてはいても，その普遍的な伝承発生の方法論に高められることはないのだ。それは競技コーチの場合も同様であり，それはパテント権として秘伝化され，家元制度や流派の伝承問題を絡んだ芸道世界と軌を一にするのだ。その貴重な運動文化の伝承財の開示こそがスポーツ運動学にとって喫緊の課題の一つであり，その動感伝承論の方法論的体系化が急がれなければならないのはこの意味においてなのである。

　しかし，そこに機能しつつある身体発生現象野に一連の階層構造を捉えることは不可能ではない。その動感形態化における空虚形態への〈動機づけ〉が働いて身体中心化する〈触発現象〉がいつの間にか自ずとわが身に感知できると，その様々な動感ヒュレーのなかに，やがて漠然とした対照化現象が浮上してくるのだ。そのキネステーゼ形態化の志向対象の様々な志向体験のなかには，まずもっていわゆる〈程度差〉という現象が現れてくる。フッサールは「触発［という志向対象］は〈際立ち〉を前提にする」と述べ，「そのもっとも根源的な触発は［感覚］印象の現在のなかに発生するから，コントラストは触発［現象］のもっとも根源的な前提となる」という指摘は重みをもつことになる。こうして「この〈触発程度差〉は〈コントラスト程度差〉に関わってくる」[67]と結論づけられる。このような一連のプロセスを経て，そこに以前の動感形態と次の動感形態との〈類比統覚化〉という志向体験が生起し，遂には動感意識の

67　Hua. XI. § 32 - ③ S.149　邦訳：受動的綜合の分析，§ 32 - ③ 216 頁

§ 50. マグレの偶発現象に道を拓く　429

〈対照化(コントラスト)〉という究極的志向対象が必然的に姿を現すことになる。この〈対照化〉という決定的な志向対象は，キネステーゼ形態化作用の一回ごとの動感身体性の違いを，自らの時間化能力によってわが身に捉えられるのだ。その原的充実性こそが〈キネステーゼ対照化分析〉を可能にするのである。そのつどに微妙に異なる動感ヒュレーに出会うとき，それらは言うまでもなく全く同一というわけではない。いわば〈類化形態〉という枠組みのなかで，はじめて〈動感(キネステーゼ)反復化〉の志向分析が機能し始めるのである。こうして新しい身体運動にありありとした感覚(センス)発生が成立するのであり，同時にそこには，〈類比(アナロゴン)統覚化〉の〈共現前〉に関わる〈他者経験〉[68] の広大な現象野なかに，動感伝承の身体発生基盤が形成されていることにも注目しておかなければならない。

　しかし，なじみ性をもつ地平志向性にキネステーゼ形態化という動機づけが働いて対照化現象が生起したとしても，そこに動感ヒュレーが雑然と寄せ集められただけではそれらの本質可能性は空虚なままに再び沈殿してしまうことになる。コントラストを類比(アナロゴン)統覚化する志向対象は，同時に価値感覚の働きを必然的に触発するのだ。そこには，触発された動感ヒュレー(ヒュレー)を相互に比較して，形態化に持ち込める価値感覚素材を探り当てていく〈探索地平志向性〉が必然可能的に浮上してくることになる。その場合の〈評価作用〉に必然的に求められるのが〈価値感覚の身体能力〉である。そこに価値感覚が働かなければ，求める形態化に有効な動感(キネステーゼ)ヒュレーを取り出すことができるはずもない。因みにフッサールは，表象や認識を目指しての努力を〈知覚〉と呼ぶのに対し，期待や楽しみを査定する努力をその相関項として〈価値感覚(センス)〉[69] と呼ぶのだ。フッサールが両者の努力志向性の相似性に注目して価値感覚という新しい意味存在に注目しているのはすでに繰り返し強調されている。それにもかかわらず「カンを働かせる」とか「コツを身につける」という現象は，単なる〈感覚的直観〉として，最低階層の直観でしかないと批判する人も少なくない。ところが，価値感覚による統覚化現象は「一つの単なる事象をもっとも単純な仕方で理論的に把握する」のであり，「その価値対象は理論的な価値把握の相関者としてより高次な対象なのだ」とフッサールは注意を怠らない。このようにして，動感ヒュレーの〈探索地平分析〉は，経験直下で受動的に構成される価値感覚の能力性を前提にしてはじめて可能になることを見逃してはならない。このような

68　Hua. I. § 50 S.138ff.　邦訳：デカルト的省察，第 50 節，195 頁以降　岩波文庫
69　Hua. IV. § 4 S.9 - ⑦　邦訳：イデーン II - I, § 4　10 頁

価値感覚の働く現象野では，心情領域の働きも同時変換的に働くから，その内在的なキネステーゼ感覚経験は，そこで成し遂げられた成果の如何にかかわらず，時間流の原発生地平に生じる二つの〈原法則性〉[70] に基づくとフッサールは断じることになる。その第一の原発生法則は過去把持地平であり，第二の原発生法則は未来予持地平であるから，絶対ゼロ点の〈原発生地平分析〉に関わらざるをえないのだ。ところが，このような原発生深層における地平志向性分析の例証はけん玉遊びや凧(たこ)揚げなどの日常的な遊戯に容易に見出すことができる。凧揚げのときの紐の引き方は，科学的法則を知らなくても，凧を天高く揚げることができるようになる。それはフッサールの言う価値感覚を頼りに，有効な動感ヒュレーを〈自由変更〉して最適なヒュレーを探索する〈自己時間化能力〉が機能しているからである。このような価値感覚の現象学的な例証分析はハイデルベルク大学のヴァイツゼッカー教授を中核とした精神医学の研究者たち，とりわけクリスティアン教授による著名な論文「鐘を振り鳴らす実験」[71] に見ることができる。それは拙著［身体知の形成：講義23参照］に詳しく述べられているので，ここでの冗長な繰り返しは不要となる。

　ところがこのようなキネステーゼ価値感覚に基づいて，不快な動感ヒュレーを捨て，動感身体に快感情を生み出す〈感覚素材(ヒュレー)〉を選択し収集する段になると，その価値感覚による取捨選択という〈探索作用〉の志向対象が浮上してくるのだ。しかし，その価値感覚を正当に働かせるには同時に淘汰化現象にも注目しておかなければならなくなる。類似の価値感覚の度重なる〈探索作用〉の反復は，次第に習慣化されて，そこにいわゆる〈動感なじみ性〉が受動的に自然と醸し出されるからである。そのキネステーゼ価値感覚にいつの間にか，古い通時的淘汰化現象［スポーツ運動学：272~288頁参照］の判断基準が入り込んでくるのだ。時代を超えて伝承される価値感覚はその社会的な正統性のなかで，個人的な運動主体の感覚(センス)発生に忍び込み，それが快感情を誘う動感意識に変じてしまうことも珍しくない。日本人の〈ナンバ歩き〉やマオリ族の〈オニオイ歩き〉がその典型的な例証［わざの伝承：65~66頁参照］を呈示して余りある。そこでキネステーゼ価値感覚が働く領野は同時に〈形態淘汰化現象〉の影響を受けるから，その絡み合い構造も注目されなければならない。長い間その社会に伝承され，慣習化(ハビトゥス)された動きかたに潜むキネステーゼ価値感覚はそれを身体化す

70　Hua. XI. § 18 - ④ S.73　邦訳：受動的綜合の分析，第18節 - ④ 110~111 頁
71　Christian, P.: Vom Wertbewußtsein im Tun, Ein Beitrag zur Psychophysik der Willkürbewegung;1948:In "Über die menschliche Bewegung als Einheit von Natur und Geist", S.19~44, 1963, Verlag Karl Hofmann

§ 50. マグレの偶発現象に道を拓く　431

る運動主体に快感情を誘い出す本質可能性を蔵(かく)しているからである。このことはとくに競技スポーツにおいて，深刻な問題として浮上してくるのだ。正統なコーチがいないまま，そのときどきに心情領域の価値感知だけを頼りに競技力を高めてきた選手たちは往々にしてどうにも修正の利かない鋳型化された〈キネステーゼ固癖〉を身につけてしまうからである。本質可能的な動感形態を正統に直観化していくためには，一体何を選び出し，何を捨てるべきかという価値感覚を巡る取捨選択作用が重大な伝承発生の問題圏を構成することになる。

(d) マグレは共鳴化に発生する

　我々は自らの動感意識の非直観的なものの志向対象に向き合って，その充実化を進めながら直接に本質直観を開示しようとするのが一般である。しかしその直観化を進める道程には，次々と階層的に現れてくる様々な出来事の最後に顕在化してくるのがいわゆる〈マグレ当たり〉という奇妙な身体発生現象である。それまでには，ぼんやりした動感意識の〈自体所与性〉に，何となく好ましい感じをもちながら，いわばその〈動感(キネステーゼ)なじみ性〉という現象に向き合うことになる。そこには，自我意識の働かない〈原触発連合作用〉が芽生えてくる。この〈原連合的綜合〉という現象野においては，以前の動く感じと次の動く感じとの〈類比統覚化(アナロゴン)〉と呼ばれる志向対象がそこに構成されるのだ。その類比統覚化の志向体験を重ねるうちに，最後には〈キネステーゼ対照化(コントラスト)〉という志向対象が浮上してくるのだ。その場合に機能する諸身体感覚には，動感身体性との〈類比統覚化(アナロゴン)〉と〈動感対照化(コントラスト)〉が浮き彫りになり，いつの間にか独りでに受動的な連合的綜合現象が息づき始めることになる。フッサールは「感覚的類似性と感覚的対照性が構成されるものすべてを基礎づけている」[72]と指摘し，その感覚素材(ヒュレー)を統一していくのはいつも〈共鳴化現象〉に他ならないことをいみじくも開示してみせる。このような〈動感共鳴化現象〉が触発されるところでは，動きつつある自我身体に共鳴化する〈動感メロディー〉が流れていることに注目しなければならない。すでに事態カテゴリーの分析対象性に取り上げられたリズム化現象［本書：§ 30 - (b) 参照］のなかでもフッサールの指摘が援用されている。つまり，この動感志向性の〈メロディー〉[73]というのは，ノエシス契機となる動感ヒュレーが一連のメロディーのなかに意味発生(センス)を構成

72　Hua. XI. Beilage XVIII. - ③ S.406　邦訳：受動的綜合の分析, 付論　XVIII. - ③ 348~349 頁
73　Hua. XI. § 30 - ① S.142　邦訳：受動的綜合の分析, § 30 - ① 206 頁

するときに顕在化してくるのだ。だから、自我身体に共鳴化する動感メロディー〔キネステーゼ〕それ自体は、原発生地平の〈今ここ〉に立ち止まりつつ流れる自己時間化作用として、その地平分析の志向対象に取り上げられることになる。因みに、ここで感覚〔センス〕発生に直接関わる共鳴化という志向対象の構成には、連合心理学における因果決定分析が本質必然的にエポケー［判断中止］されなければならない。客観的心理学の連合概念は、例えば「水はその温度が低いから、冷たいという感覚が生じる」と、その連合に因果判断を持ち込んでくるからだ。発生的運動学においては、動感形態化が進んで、コツとカンの一元化した本質必然性を直観化していくには、内在的な動感素材〔ヒュレー〕の類似性が受動的に対比されて対照化〔コントラスト〕が進み、その感覚〔センス〕発生の本質可能性に向けて収斂されていくのだ。しかし、その心情領域における快感情をもつ動感ヒュレーが選び出されても、そのままで自我身体に中心化され、生き生きとした原的な意味発生に行き着くわけではない。それらの動感ヒュレーのなかには、新しいメロディーが流れて、そこに統一的な志向形態が浮かび上がってこなければならない。〈動感メロディー〔キネステーゼ〕〉とは、私が動きつつあるなかで、どんなリズム感でどのような価値感覚のメロディーを奏でながら動くのかという、いわば実的な内在体験の統一的な意識流〔レエール〕が生き生きと働いていなければならないのだ。

　ここに我々が次のことを確認しなければならない。つまり、自ら動けるという自己運動がその〈自体所与性〉として基柢に据えられるのは、根源的な〈今統握〉の〈現前化能力〉と、そこに過去把持と未来予持の二つの地平志向性を引き寄せる〈自己時間化能力〉である。しかもその二つの能力性は、その受動地平構造のなかに〈原連合〉として生化していなければならないのだ。しかし、過ぎ去った動感意識とこれからの未来の動感意識が〈今ここ〉のありありとした動感身体性に引き寄せられるとき、原現在に現れる動感素材〔ヒュレー〕には極めて強い〈触発傾向〉が働いていることは論じるまでもない。その触発傾向における「触発は伝播の方向に関して、未来に向かっての統一的傾向をもち、その志向性は未来に方向づけられている」[74]とフッサールはいみじくも正鵠を射た指摘をしてくれる。それどころかフッサールは、過ぎ去った動感ヒュレーそれ自体は次第に不明瞭になって触発も弱まりはしないのだと駄目押し的に断じて、注意を喚起している。そこには、まさに〈動感親和性〉の息づいた感覚素材〔ヒュレー〕が呼び戻されるのだから、それぞれに〈触発的過去地平〉をもつと断じるのだ。同様に

74　Hua. XI. §33‐⑫ S.156　邦訳：受動的綜合の分析, §33‐⑫ 225頁

§ 50. マグレの偶発現象に道を拓く　433

して，未来の動く感じを予描するときにも，その経験直下の感覚素材(ヒュレー)との〈動感親和性〉が働かなければ，それは単なる空虚な予測にしかならないと的を射た確認をしてくれる。

　このようにして，私の身体に新しい動感メロディーが奏でられるのには，選び出される動感ヒュレーのなかに〈共鳴化法則〉が必然可能的に機能していなければならない。因みにフッサールは「共鳴とは感覚類似性と感覚対照化(コントラスト)であり（それはそれで類似性を前提とする），それが構成されたものすべてを基礎づける」と述べて「共鳴とは距離を保って分離しながらの一種の合一である」[75]と結論づけるのだ。つまり，動感類似性による共鳴化現象は連合化志向体験によってこそ成立するのであり，その感覚類似性は相互に距離を保って区別されつつも，そこに一種の統一的合一が見出されるのだ。だから動感ヒュレーのなかでその親和性に基づいて〈共鳴化〉した動感メロディーは「感覚的に結びつけられた統一として単数になりうる複数として」[76] 現出するとフッサールは巧みに指摘する。こうして親和性へと収斂された調和的動感メロディーは相互に距離をもちながらも合一としての〈共鳴化統一態〉が形づくられることになる。その場合の動感調和性そのものにも，そこに程度差は認められる。しかし全く調和しない動感メロディーとして，動感意味核の親和的な志向体験を完全に妨げるようなメロディーもあることに注意しなければならない。これははっきりと区別して排除する必要がある。それは単なるハーモニーの程度差の問題ではなく，メロディーの統一性を阻害する働きをするからだ。それは非調和的［ハモらない動感流］な動感形態でも，それが機械的反復で習慣態となり，鋳型化されることがあるのだ。となると，そこに動感なじみ性も増幅されることも珍しくはない。そこには，コーチの修正化実践を阻む〈固癖化現象〉が浮上して，それ以降の選手生命に重大な危機を招来する事態は，実践現場ではよく知られていることである。

(e) マグレの確率論は鋳型化を誘う

　我々はすでに前段において，マグレ当たりと言う奇妙な動感発生の現象を取り上げている。ここで言う〈マグレ〉は，一般に僥倖と呼ばれる〈偶然的幸運〉が意味されている。発生的運動学における意味核の〈マグレ発生〉は，単に僥

75　Hua. XI. Beilage XVIII. - ③ S.406　邦訳：受動的綜合の分析，付論 XVIII. - ③ 349 頁
76　Hua. XI. Beilage XVIII. - ④ S.406　邦訳：受動的綜合の分析，付論 XVIII. - ④ 349 頁

倖の〈マグレ生成〉のみならず，〈マグレ消滅〉という発生現象も分析対象性に紛れ込んでくるのだ。むしろこの〈マグレ消滅〉こそがマグレ発生現象の地平構造の陰に沈んでいて，学習者だけでなく，教師やコーチにとっても，非直観的な感覚(センス)存在として，まだ謎に包まれたままの厄介者なのである。体育における動きの発生学習でも，競技スポーツの伝承財の意味(センス)発生でも，その意味核を少しでも早く習得するために，効果的な反復訓練に励むのは自明のことである。とすると，そこでは〈マグレでもいい〉から，少しでも早く〈動けるようになりたい〉という成果主義が最大の関心事となる。いわば，〈マグレ生成〉がまずもって第一の目標に掲げられるから，その相関項の〈マグレ消滅〉は背景に沈められ，さし当たっては関心事になってこないのだ。となると，このマグレ発生という一元化現象野は，前段［§50‐(a)(b)(c)］までに展開されてきた直観化分析における志向対象として前面に出てくることはない。とすると，我々が空に舞う蝶を目で追うときの首の動きのように，思わず知らずに受動的に動きが発生するのだ。つまり非直観的な身体発生現象を起点とする直観化分析の志向対象から排除されてしまうことになる。いわば，動く感じの統覚化位相に取り上げられる直観化分析では，非直観的な動く感じの意識現象を起点として，究極の本質直観に向かう重層的な直観化への多くの道しるべが取り上げられているのだ。その最後にやっと〈マグレ生成〉に辿り着く重層的な志向対象に向き合っている道しるべは，前段までにすでに開示されている。それに対して，一般に言われるマグレ発生分析は，幸運のマグレ生成が最初の目標になり，偶然に生起するマグレ生成の僥倖を頼りに機械的反復を重ねながら，その数学的確率を上げるべくトレーニングをするのが一般的である。そのマグレ成立の確率が高くなった場合に，突発的に現れるのがこの〈マグレ消滅〉であるとすれば，数学的確率論の分析対象である実在発生(レアール)という科学的運動分析の道に迷い込んでいたことになる。

　こうして，マグレ生成という実在的な発生の出現確率だけを上げようと反復する場合に，偶然のマグレ生成に遭遇し，その事実の頻度だけを追求する立場は，単に機械的反復に過ぎないから，我々の発生的運動学で追求する究極の動感身体性に生かされる感覚(センス)発生は成立しないことになる。とすれば，運動主体の身体経験として，伝承世界に生きる一元化意味核は身につくはずもない。マグレ生成の事実だけを起点として，マグレに遭遇する実在発生の頻度を上げる確率論的な科学的発生分析と，マグレ消滅を起点とする現象学的直観化分析の

§ 50. マグレの偶発現象に道を拓く 435

道は，そこに本質必然的な差異性が介在していることをまずもって確認しておく必要がある。これに対して，マグレの意味発生分析では，その〈動きかた〉が我知らずに突然できたのだから，運動主体の本人にも頼りない儚い存在であり，それを〈紛れ込んだ幸運〉と捉えれば別に驚くには当たらない。だから，それは直ぐにも消えてしまう感覚意識だから，その突然の消滅にショックを受けることなく，我知らず直ちに〈繰り返し〉に入ることになる。とすれば，この〈マグレ消滅〉は突然に消滅した動感意識を開示する〈身体発生学習〉として，いわばキネステーゼ身体感覚をわが身でありありと捉えようとする気概が機能し，改めて意欲的に取りかかる出発点に位置していることになる。そこでは，多くの階層をもった直観化分析の諸々の志向対象は，そのつど超越論的反省の志向性分析に取り上げられなければならない。その〈マグレ消滅〉の志向対象性は次の本質直観分析の起点に連動する貴重な道しるべそれ自体であることを見逃してはならない。

ここにおいて我々は，前段までに純粋記述してきた直観化分析における重層的な志向対象は，その存在理由を改めて確認せざるをえないことになる。すでに述べているように，動感共鳴化現象に向き合い，それまでに多くの志向対象をわが身にありありと動感身体性で確認し，その感覚発生の現象野に入っていくと，巷間にいう「コツの足音が聞こえる」とか「カンで気配を感じる」といった謎めいた表現がわが身の動感身体性として直に〈了解できる〉ようになってくるのだ。こうして，我々はやっとヴァイツゼッカーの言う〈偶発性〉，つまり「今はこうなのだ」[77]という秘密それ自体に向き合えることになる。そこでは，自らのキネステーゼ身体感覚の働く〈意味発生〉という奇妙な謎を開示する道の行く手を展望できる起点を改めて確認することになる。いわゆるマグレ性というキネステーゼ身体感覚の志向対象性は，単なる機械的な反復によってその成功の数学的確率が上がればマグレ当たりが現れるのでは決してないのだ。実在発生のマグレ性に関する自然科学的態度をまずもって括弧に入れなければならないのは，まさにこの意味においてである。そこでは，動感マグレ性を判断する超越論的反省における〈原現在〉[78]という志向対象がまずもって体系的に捉えられなければならない。どのように動ければ〈よし〉とするのかという〈意味存在論の目標像〉に向き合い，一体そこに何が意味されているのか

77　Weizsäcker, V.v.: Gestaltkreis, S.302, 1997, Suhrkamp Verlag　邦訳：ゲシュタルトクライス，279頁
78　Hua. XV. Beilage XLIII. S.598　邦訳：間主観性の現象学II，付論43 456頁

を改めて問い直す必要がでてくるのだ。例えば，競技会の順位，測定記録，ゴール数などの〈実在結果〉だけに目標像を設定すると，それは〈数学的形式化〉によって客観的に示される〈実在頻度〉が主題化されることになるから，そこに確率論的な予測が成立するのは論をまたない。ところがコツとカンの一元化意味核の〈目標像そのもの〉が達成目標に挙げられると，自ら企投した価値感覚に合致しなければ，たとい優勝の表彰台に立っても，その目標像は達成されたことにならない。表彰台に立つ優勝者の複雑な表情は，このような動感程度差の問題圏にあることを示して余りあるのだ。

　そこでは，マグレに成功した一元化意味核が意味内実を含んだメロディーを奏でているのか，それとも機械的反復による確率論的頻度上昇なのか，それを見極める〈評価作用〉こそが問題になってくる。原発生の地平志向性分析を原的身体性として何一つ経験していないコーチは，どうしても外部視点から物的対象の位置変動を観察する数学的確率論に依存するしか道はないのだ。だから，その〈マネジメントコーチ〉は単なる確率のパーセント上昇を目標にひたすら反復訓練を指示するしかない。その科学的運動分析を得意とするコーチは，コツとカンの豊富な身体経験をもつ本格的な〈現象学するコーチ〉，つまり原発生の時間化分析のできるコーチとは本質必然的に截然と区別されるのでなければならない。さらに，そのシュートが〈生きたマグレ〉なのか，〈死んだマグレ〉なのかを一目で見分ける感覚論理の〈実践知コーチ〉もまた決して珍しくはないのだ。ここにおいて，動感意識に関する〈偶発性の本質分析〉ができる指導者養成の問題圏として，その訓練プログラムの構成が改めて喫緊の課題になってくることに注目しなければならない。このような動感身体発生という偶発性に関する原現在の地平志向性には，多くの志向含蓄態が貴重な経験知として潜んでいるのだ。だから，まずもって絶対ゼロ点の原発生の〈地平性分析〉［深層：§62参照］によって生きたマグレの地平構造を明るみに出すことが先決問題となろう。すでにマイネルは無反省な反復訓練が動感形態の修正化作用にマイナスになることを指摘し，その〈機械的反復〉[79]によって欠点もまた同時に鋳型化し，抜き差しならない固癖を形づくってしまうことを鋭く指摘しているのは周知の通りである。マグレ発生現象の〈地平分析能力〉をもった勝れたコーチに恵まれると，この固癖の定着が未然に防がれ，将来を見越した正統なコーチングに出会うことができる。そのためには，直観化分析の各階層の本質必

79　Meinel, K.: 1960 op.cit. S.378 f.　邦訳：スポーツ運動学，408~409頁

然的な志向対象性をしっかり確認し，動感身体性による直観化分析の具体的な道しるべを拓くことが，今こそまさに喫緊の課題として浮上してくるのだ。動感受動発生の〈連合的綜合〉に不可欠な〈直観化分析〉は，これまでほとんど取り上げられないままに放置されてきている。たしかに競技領域の直観化分析は，世界的な一流選手でも〈破 滅 的動感消滅〉に苦しめられるだけに，その〈消滅発生分析〉の役割が改めて注目され始めている昨今である。しかし，それはまだ意味核の再生に関わる謎がすべて開示されているとは言い難い。世界的な選手であれば，それだけに動感システムが定着しているから，その消滅した動感身体性の〈解体分析〉は想像を絶する苦悩が強いられることになろう。その鋳型化された動感システムを改変する目標像が以前のシステムとの間に，本質可能的な〈動感類似性〉と〈調和共鳴性〉を蔵している場合には，その両者に動感メロディーが共鳴化する可能性が果たして存在しうるのか。その両者に統一的な動感メロディーが共鳴化するかどうかは，後段で取り上げられる動感確定化現象における〈解体分析〉と連係する本質法則が問われることになろう。

　この直観化分析に残された問題性の最後に特筆しておかなければならないのは，乳幼児運動学における直観化分析の道しるべである。その道は今のところ，全く閉ざされたままになっている。明治以来の長い間，わが国における幼児体育は一貫して生理学主義に傾斜してきたから，動感身体性の原発生における直観化分析は完全に欠損態のまま今日に至っているのは遺憾としか言いようがない。ゼロキネステーゼ感覚に始まる乳幼児の新しい〈身体発生分析〉は，まさに非直観的な動感発生を主題化しているのにかかわらず，その直観化分析における奇妙な身体発生現象や動感身体性の連合的綜合に関心をもつ研究者は極めて希である。おそらく，保育園や幼稚園の乳幼児の動感身体発生に関わっている保育士や教師たちは，ゼロ動感の感覚発生分析における多くの貴重な実践的経験知をもっているに違いない。我々は乳幼児の園児たちの身体感覚の意味発生にとって，〈動きかた〉の基本形態の意味発生現象を改めて問い直し，その直観化分析の志向対象を新しく構成して，その分析の道しるべを早急に体系化する必要があろう。ここでは，その喫緊の問題性を提言するに止めておきたい。その新しい〈幼児運動学〉の道しるべを立てる仕事は別稿に譲らざるをえない。

[Ⅱ] 本質直観分析の道しるべ

§51. 本質直観の静態分析に向き合う

(a) マグレのパラドックスに向き合う

　すでに我々は〈直観化綜合分析〉の道しるべを一望に収めてある。しかし，非直観的な一元化意味核そのものは〈連合的綜合〉によって様相変動する道程を辿るからそう単純な現象ではない。なかでも〈没意識〉のまま幸運の〈マグレ当たり〉が出る奇妙さは我々を戸惑わせること頻りである。そこに現れるコツとカンの動感身体発生(キネステーゼ)が泡沫(うたかた)のように消えたとしても，私の身体感覚はそれを現に捉えているのだ。だから，そのマグレ現象は単なる夢物語などではない。その意味存在が必当然的(アポディクテッシュ)な〈原事実〉(センス)として，その遂行自我が現に受け入れているのである。そうでなければ，そのマグレ現象を即座に繰り返しはしないはずだ。そのような〈動感形態化〉の過程に潜むマグレ発生について，フッサールはその時間流の「類化する身近さと既知性との地平」[80] のなかに潜んでいる〈原直観〉が遂行自我のなかで統覚しているのだといみじくも指摘してくれる。しかし，そこに統覚される〈原直観の根源性〉という表現は，全く未知な志向対象にはじめて気づいて統握するという意味ではない。その〈原直観〉に機能する没意識過程には，〈先読み〉という働きが〈原現在〉の未来予持志向性としていつもすでに共在しているのだ。そこには，現に直観に与えられる以上のものがその地平に蔵(かく)されているという。だから，この時間流の〈原発生地平〉[81] の未来予持志向性は，いつも同時に生き生きと機能しているのである。そこで，直観的に何か把握されると，その地平に新しい〈動く感じ〉が書き込まれて，〈先読み〉として確認され，修正されるのだ。このような〈馴染み地平〉に〈原連合的綜合〉が志向対象として取り上げられると，そこに直観化分析への〈道しるべ〉が自ずと見えてくることになる。いわば〈原現在〉の地平志向性に，受容的に現れてくるキネステーゼ感覚の対照化(コントラスト)現象が志向対象に構成されると，それに共鳴できるメロディーが〈連合的綜合〉され，没意識のまま突然〈マグレ当たり〉が紛れ込んでくるのだ。そこでキネメロディーに調和化(ハーモニー)し，

80　Husserl, E.: Erfahrung und Urteil, §25‐① S.136　邦訳：経験と判断，§25‐① 107頁
81　Hua. XI. §18‐④ S.73　邦訳：受動的綜合の分析，第18節‐④ 111頁

§ 51. 本質直観の静態分析に向き合う　439

いわばその幸運にハモった〈志向体験〉が生まれることになる。

　こうして，時間流の〈原現在〉に過去把持と未来予持の二つの〈地平志向性〉が共鳴 [ハモる] して，そのメロディーの志向対象が〈マグレ発生〉として一気に姿を現してくるのである。すでに述べているように，この謎に満ちた偶発的マグレ現象は，まさに奇妙なパラドックスをしているのを見逃してはならない。そのために我々はこの儚いマグレ現象の背理性に苦悩を強いられる仕儀となる。たしかにこの〈マグレ当たり〉は，非直観的な志向対象が直観化への道を辿りながら，偶然に共鳴できるキネメロディーに出会うときに成立する。しかも，その〈出会い〉は何の前触れもなく突然に，私の動感身体性がこの奇妙な〈偶発性〉に遭遇するのだ。となると，我々は奇妙な偶発現象に無関心でいられるわけはない。そのマグレ意味発生は，偶発的マグレ生成の驚きの情念とその開示の気概との相互覚起から，絶対ゼロ点の〈原現在〉に潜む地平志向性の〈原直観〉に回帰することになる。いわばキネステーゼ感覚の本質直観に向けて，それを開示する長い道を辿り始めるのだ。しかし，我々はこの広大な問題圏に立ち向かう前に，このマグレ当たりの幸運な動感形態化の地平に潜んでいる気味悪い〈パラドックスそのもの〉の問題性を確認しておかなければならない。

　我々はまずもって，このマグレ意味発生の志向対象が奇妙なパラドックスを蔵している現実に直に向き合わなければならない。それは〈原現在〉の〈今はこうなのだ〉[das Nun-einmal-so-Sein] という今統握の様態は，ヴァイツゼッカーの言をまつまでもなく，全く〈秘密のまま〉[82] なのだ。ところが，この原現在に潜むマグレ意味発生の〈道しるべ〉には，二つの方向標識が認められる。その一つはその場限りの〈偶発性〉を確かなものにしようと成果を求める道しるべである。そのマグレ現象を端的に機械的に反復すれば，たしかにその成功の確率は高まるが，その動きかたの〈鋳型化〉も同時に進んでしまうのだ。その鋳型化された動感形態が〈固癖化〉すれば，後でよりよい動きに修正化を進めようとしても，すでに鋳型化した〈無機質な動き〉は，私の身体感覚に反逆して激しく抵抗することになる。例えば，幼い頃からの習慣化した歩きかたの癖を変えようとすると，その自己身体が猛然と抵抗してくるのは誰しも経験済みのことであろう。しかし，そのまま修正化を止めて成功の確率だけを上げようとすれば，その動く感じの馴染みさは内在する自我の〈反逆身体〉を押さえ込

82　Weizsäcker, V.v.: Gestaltkreis, Gesammelte Schriften,Bd.4, S.302., 1997, Suhrkamp Verlag　邦訳：ゲシュタルトクライス，279 頁

んでしまうのだ。さらに，もう一つの道標が指し示しているのは，自らの反逆身体に正面から向き合って，少しでも感覚発生(センス)の次元を高めようと〈修正化〉の道を辿って習練に入ることである。そこには，動感形態化における高次元な〈自在洗練化〉の現象世界が開けてくるのだ。つまり，動きの〈安定化現象〉［本書：§56参照］や〈わざ幅現象〉［本書：§57参照］への気概溢れる動感身体発生世界は，機械的反復と全く異質な道しるべに従うことになる。またさらに高次元な〈冴え現象〉［本書：§58参照］や〈究極自在無碍〉［本書：§59参照］などのわざの極致に迫る現象世界に入っていく道は無限に拡がっていくのである。それは後段で詳しく具体化されることになるが，この二つの道しるべのいずれも動感形態化には不可欠な道であることは論をまたない。第一の機械的反復の道なしには，いつまで経ってもても試合で勝負を賭けるわけにはいかない。古来の芸道の教えにも世阿弥の「風姿花伝」における「指を指して人に笑わるるとも，それをばかえりみず」という，いわゆる〈数稽古〉[83]［深層：§36参照］という世界に没入する身体経験の重大さを伝えているのはこの意味においてである。だからと言って，その修正化を志向しなければ，その動きかたは高次な洗練化領野に入ることもできず，わざの極致に向けての現実態(エネルゲイア)の〈身体知能〉に達する道はすでに断たれてしまうことになる。この幸運なマグレ現象をわが身に確信できる身体知能として現実態(エネルゲイア)に定着させるには，〈立ち止まりつつ流れる原現在〉[84]を根源的に直観できる，いわば〈原直観〉の立場からその〈原現在の本質観取〉に向かって〈超越論的反省〉をせざるをえなくなるのである。しかしいずれにしても，この動感マグレ現象そのものが高次元の〈動感確信〉への本質直観分析への有意味な分岐点を呈示していることをここで確認しておかなければならない。

(b) マグレは本質直観への道を拓く

我々はここで，まず動感身体感覚(キネステーゼ)に潜む〈本質直観〉の基本概念を明確にしておかなければならない。それはフッサール発生現象学の基本概念の一つであり，とりわけスポーツの発生的運動学でも，わが身にありありと付与される〈原直観〉である。それはすでに，我々の身体発生基盤に位置づけられていることは言うまでもない。しかしながら，これまで自然科学的な運動分析に慣れ

---

[83] 表 章・加藤周一『世阿弥・禅竹』12頁，1974 岩波書店
[84] Hua. XV. Beilage 43 - ① S.598 邦訳：間主観性の現象学II，付論43 - ① 456頁

親しんできた我々は，その本質法則や本質直観などという基本概念の理解がうまく進まないことがある。現象学的な意識分析ないし動感意識の反省分析などと言うと，単なる感覚印象や自己意識を反省したところで，生身の身体(からだ)が現実に動けるようになるはずもないと，つい〈科学的思考〉[85]に逆戻りしてしまうこと頻りなのだ。それよりも，物理的自然法則を知り，生理学的な体力をつけるのが先決だと断じたくなる。発生的運動学の〈超越論的反省〉でどんなに厳密に〈本質分析〉をしたところで，万人に通じる身体運動の客観法則が開示できるわけはないとして，そこに必ず自然法則と本質法則と並列して，二者択一を取り上げてしまうのだ。それどころか，コツとかカンといった非科学的なドクサ経験，いわば単なる経験的な思い込みの〈主観的反省〉によって本質必然的妥当性に至るという現象学的分析は単なる哲学的詭弁でしかないと唾棄する仕儀となる。ところが，それを実現するのは，私自身の生ける身体運動そのものであり，わが身を〈どんな感じで動かすか〉は，結局のところ，動こうとする私の固有領域である自我身体に機能する可能態(デュナミス)の〈身体能力〉に依存する以外に道はないのである。

　ここにおいて，我々は「経験する個人的な直観は本質直観に向けて，その理念を直観する働きへと転化させうるのだ」[86]というフッサールの断じた指摘を見逃すわけにはいかなくなる。そこには，現象学的意識分析の基柢を支える本質直観の厳密な方法論が前提になっているのは言うまでもない。我々の発生的運動学がその学問的基礎づけをフッサール発生的現象学の〈形相的形態学〉[87]に求めているのは繰り返し指摘している通りである。つまり，科学的な運動学という〈事実学〉の対極に位置づけられているのが発生的現象学という〈本質学〉(フォロノミー)なのである。それは〈絶対主観性〉の自己運動を起点としているのはすでに第Ⅰ章［自己運動分析の道しるべ］で取り上げられている。いずれにしても，スポーツの発生的運動学は，キネステーゼ身体感覚の本質必然性と本質可能性を追求する本質学として，その自己運動における意味発生の〈形態充実〉(ゲシュタルト)[88]を純粋記述し，その本質観取を目指すところにしか本質直観に通じる道は拓かれていないのだ。そこには，意味発生に関わる可能態(デュナミス)の〈身体能力〉の志向性分析(センス)がその現象学的人間学の分析対象として取り上げられるのである。その生命

85　Merleau-Ponty, M.: L'Œil et l'Esprit, op.cit. p.12 Gallimard 1964　邦訳：眼と精神，255頁，みすず書房
86　Hua. III. §3‐①S.10　邦訳：イデーンⅠ‐Ⅰ，第3節‐①64頁］
87　Hua..III. §145‐④S.302　邦訳：イデーンⅠ‐Ⅱ，第145節‐④310頁
88　Hua. VI. §9‐b)‐④S. 28　邦訳：ヨーロッパ諸学の危機と超越論的現象学，第9節‐b‐④‐原注83頁

ある存在の自己運動こそがその世界内存在の普遍的運動基盤に据えられ，外部視点からの物的身体の位置移動という物理的運動は分析対象から除外されるのだ。だから，動きかたに潜むコツとカンという同時変換作用の働く一元化意味核が志向対象として取り上げられ，その志向対象を意味づけする〈構成〉の様相変動が厳密な記述学として分析されることになる。そこには，選手や生徒たちの実践可能性に共鳴化できる〈新しい道しるべ〉が建てられ，その道標に即して，そのつど新しいキネステーゼ感覚が身体化され，習得されていくことになる。そのためには，どうしても自らの内在的身体経験のなかに原的な意味づけを可能にする本質直観への道しるべの開示が喫緊の課題になるのはこの意味においてなのである。

　ところが，我々はこれまで，外部視点から科学的に身体運動を映像化し，そこに自然法則の客観メカニズムを開示しようとしてきた。しかしその科学的な運動メカニズムが分かっても，新しい〈動きかた〉を覚えようとする生徒や選手たちの身体感覚そのものの〈道しるべ〉は全く開示されていないのだ。その役割はすべて，発生学習する選手や生徒たちに丸投げされたままである。それをわが身の動感形態化のなかに再生化していくには，すでに開示されているように，自我身体に秘められている不可疑的な〈原直観〉に回帰するしか道はないのだ。その原現在に潜むコツとカンが同時変換する統一態の本質普遍性に向き合い，私自身の意味核を新たに身体化する気概(エートス)をどうしても生化しなければならない。そのためには，自らのキネステーゼ時間流の原発生地平に，過去把持の今統握を捉え，同時に〈流れ来る時間流〉をありありと予感しながら，未来の〈キネメロディー〉を私の身体感覚のなかに奏でるしか道はない。いずれにしても，意識流の立ち止まる今統握をノエシス契機として，未来地平に立ち入って，生ける価値感覚の本質をわが身で〈直観化綜合〉していかなければならない。我々はここにおいて，改めて高次の本質直観分析を通して，不退転の〈キネステーゼ感覚確信〉を獲得する道に多くの生ける道標を自ら立てる気概(エートス)を奮い起こさなければならない。こうして，我々は再び〈原直観〉の地平性に新しい志向対象の構成分析をして自得していく仕儀となる。その具体的な本質直観分析の三階層は，すでに拙著［深層：§77～参照］でも立ち入っている。しかし，ここでは本質直観の三階層性をもつ動感意識の〈再構成分析〉が静態分析と発生分析のそれぞれの志向対象性の本質可能性に注目して，その補完性が普遍的な身体発生基盤を生化させていく気概(エートス)を我々に生化させてくれるのか

どうかを確認しておかなければならない。

(c) 静態分析の新しい役割は何か

すでに我々は，拙著［深層：§ 68, § 77, 本書：§6〜§7,§19〜§20］において，静態分析と発生分析との相互補完関係や超越論的構成分析の三階層に関わるそれぞれの志向対象について論及している。従ってここでは，その全体を見通して，体系的に要点を確認しながら，多少の付論的解明を試みるだけにする。まずもって，動感意味核の本質直観を開示する超越論的構成分析に立ち向かうとき，我々はその構成分析に取り上げられる静態分析と発生分析が相互補完性をもつことを再確認しておかなければならない。とは言っても，フッサールが意味する〈構成する〉という表現は一般に誤解が紛れ込みやすいから，念のため確認しておきたい。まず超越論的に志向対象を構成するというときの表現について，フッサールは「その場に自我が存在する場合のみに構成される」[89]とわざわざ注意を付け加えている。そこではすでに〈意識対象性〉を構成するという機能が主題化されているという。その場合「諸々のノエシスが素材的なものを生気づけ，互いに絡み合って多様かつ統一的な持続や綜合となり，あることの意識を成立させ，その結果その対象性の客観的統一がどのようにして調和的に〈表され〉，〈証示され〉，かつ〈理性的に規定〉されうるのか」[90]とその働きをフッサールは確認しているのだ。いわばそこでは，志向対象を構成する仕方が語られ，その志向対象を構成する役割の意味づけ［確認］，つまりその機能問題の独特な手続きが開示されているのである。

こうしてフッサールは，この〈超越論的構成分析〉に関して「知覚的に現存在しているものとして（あるいは可能な知覚対象としても），その対象を明示する知覚対象の〈構成〉と多様な知覚構造の〈解明〉は，〈静態分析〉の問題性である」と指摘する。さらに「その〈静態的なるもの〉とは，常に〈生成されるもの〉〈形成される習慣〉その習慣の〈知覚方式〉や〈統覚方式〉がそれによって〈自らの歴史に〉記述されていく」[91]と慎重に追加している。この〈静態分析〉に呼応して，「〈発生分析〉とは〈発生的構成の理解可能な解明〉であり，いわばそれは〈構成の構成〉の解明であり，当該の〈習慣性の発生〉や〈習慣統覚の発生〉の理解可能な解明である」とその役割を明確化しながら，構成分

---

[89] Husserl, E.: Erfahrung und Urteil, § 63 - ④ S.301 邦訳：経験と判断，第 63 節 - ④ 239 頁
[90] Hua. III. § 86 - ① S.196 邦訳：イデーン I - II, § 86 - ① 98 頁
[91] Hua. XXXV.. Beilage XIV. ① S.407

析の静態論と発生論の〈相互補完性〉に論及している。フッサールはさらに「静態分析は発生分析をまずもって可能にするのだ」[92] と指摘しながら, そこでは, 静態分析が単なる感覚の形式的構造の解明分析に堕することを警戒し, 自我の歴史のなかに〈生成されたもの〉〈形成された習慣〉という〈志向対象の構成〉を開示することの不可欠さが見過ごされてはならないと駄目を押しているのだ。だから静態分析では, その生成的発生が〈一応完了したもの〉として, 動感意識の生成消滅に関わる発生史的プロセスが分析対象に取り上げられることになる。それによってこそ, この静態化した〈形象発生の解明〉が静態分析の中核的役割として浮上し, そこに欠損していた〈動感ヒュレー〉が新しい発生分析の志向対象に改めて構成され, 静態分析と発生分析の〈相互補完性〉が生化されていくのである。

こうして静態分析においても, ある可能な現実世界における動感身体発生の構成作用が主題的に取り上げられるのだ。そこでは, キネステーゼ感覚の綜合化として働く〈統覚化分析〉が, つまり〈今のところ〉として, すでに完了し定着した統覚化作用が改めて静態分析の志向対象として構成されることになる。そこには, 動感メロディーの欠損態や様相変動の可能性がいつもすでに潜んでいるからである。そのキネステーゼ身体経験のなかでは, 不調和や修正作用という出来事の真っただ中で一つの統一世界が構成されていくのだ。だからこそ, その一般的な世界経験を自らの動感形態化(キネステーゼ)として静態分析する本質必然性が浮上してくるのである。しかしそこでは「この基本的分析が時間意識に, 連合化や再創発の覚起や原創設などに向き合っている」[93] ことをフッサールは不可欠な指摘として付け加えてくれる。しかしそこでは, すでに定着した統覚化作用や諸構想の下でその統合された現実的構成作用や現実的構造を明示することが意味されているのではない。それらの静態分析として〈構成された類型〉に縛られることなく, その代わりに今こそ私が分析していくのは「根源的なもののなかで, あるいは任意に取り上げられた体験ゲシュタルトのなかで, 自由変更しながら追求される生成する必然性なのだ」[94] とフッサールは断じているからだ。しかもこの〈生成必然性〉こそが, これまで前提になってきた構成形態とそれらの類型の視点に逆らったもっとも普遍的な必然性であり, しかもその志向対象を構成した動感形態(キネステーゼ)の生成必然性に他ならないのである。そこに

92　Hua. XXXV.: Beilage XIV. - ⑧ S.408
93　Hua. XXXV.: Beilage XIV. - ⑫ S.410
94　Hua. XXXV.: Beilage XIV. - ⑫ S.410

開示された〈生成必然性〉は次の新しい発生分析によって,さらにキネステーゼ意識の高次な志向対象が構成されることになる。こうして,この発生的構成化分析は,改めて次の静態分析へとさらに〈開かれた目的論の道〉を辿っていくことができるのである。

(d) 静態分析はモナド意味核を問う

こうして,フッサールの超越論的静態論に基づく生き生きした〈静態分析〉は,単なる映像分析(キネマトグラフィー)に基づく静止像シリーズの分節化を取り上げた科学的構造分析と本質必然的に区別されることになる。この静態的構成分析の対象は,いわば動感形態化が〈今のところ完了した〉という一元化意味核なのだから,その当座の意味(センス)存在は新しい動感ヒュレーのさらなるノエシス契機による意味(センス)発生分析によって補完されていくのだ。だから,これまでの統覚化作用がさらに高次な本質直観に向けて,その当座の意味核が次の意味(センス)発生分析の志向対象として新たに構成されることになる。今のところ完了した静態分析の意味核は高次なキネステーゼ形態化に向けた発生分析のために,新しい探索がすでに始められているのだ。だからここで,次の発生分析に向けての問題性を捉える静態分析の役割が改めて確認されていなければならない。そこでは,〈絶対今〉と〈絶対ここ〉という原現在の動感(キネステーゼ)意識流が形態学的(モルフォロギー)本質分析に向けて,すでに構造化されていた意味核がさらなる静態分析の志向対象に改めて構成されることになるからである。

言うまでもなく,ここで意味されている〈構造化意味核〉とは[スポーツ運動学:258頁以降参照],動感システムの〈生成的発生〉を支えている価値感覚的分節からなる〈一元的究極核〉に他ならない。それなしには動感メロディーは奏でられないからだ。いわば〈構造化意味核〉とは,まさにキネステーゼ身体感覚の〈生動性そのもの〉であり,他の動感メロディーでは置き換えられない遂行自我の絶対的なキネステーゼ意識流に他ならない。そのためにも,実践現場の選手たちやコーチの意味(センス)発生へのキネステーゼ気概(エートス)が活発に機能する志向体験には,常にわが身にありありと捉えられる動感身体性への厳しい工夫が求められるのは論をまたない。この構造化意味核は当然ながら変動する周界情況に応じて,生き生きと機能するのは言うまでもない。シュートする体勢やディフェンスの情況が変わっても,その〈分節的まとまり〉をもった〈一元化意味核〉の動感(キネステーゼ)メロディーは必然的に機能するのだ。前振りがどんなに小さくても,逆

に大き過ぎても〈け上がり〉が成功するのでなければ、それは意味発生(センス)の構造化に成功しているとはいえない。一定の決まり切った情況のなかでしかその構造化意味核が機能しないのでは、それは〈鋳型化意味核〉なのであり、緊迫した競技情況に即した実存する〈身体能力〉として競技世界に生き残れるはずもない。だから、そのキネステーゼ感覚のもつ微妙な意味発生(センス)に関わる構造化意味核の本質必然的な意味内実が厳密に純粋記述されなければ、超越論的静態分析としては十分とは言えない。マイネルが実践現場の指導者に超越論的構成分析への関心を触発するために、自らの身体感覚の〈自己観察〉を重視し、他者の動感メロディーに共感できる〈他者観察〉を重視したのは、この意味において重大な役割をもっていたのだ。マイネルのモルフォロギー分析は、決して主観的なドクサ経験に埋没した非科学的な分析論と酷評される筋合いのものでは決してない。形態学(モルフォロギー)的分析への侮蔑的批判は、科学的運動分析と現象学的運動分析の本質必然的な差異に気づかない低次元の批判と言わざるをえないのはこの意味においてである。

　発生分析と静態分析が相互に補完し合う超越論的構成分析として、その分析の志向対象に取り上げられるのは、生ける〈実存運動〉[95] そのものである。しかし、競技する身体運動の本質的な意味内実(センス)は、多くの誤解や皮相的解釈のまま放置されているから、その真の意味内実が厳密に検討されなければならない。すでにフッサールは身体運動に多くの厳密な考察を開示している。なかでも、〈独我論的身体〉の認識論に対して、心身二元性の主観身体とその外界との因果関係を条件関係に置き換える〈転換点〉[96] として超越論的な〈身体学〉という固有な学領域を切り拓いたフッサールの業績が高く評価されているのは周知の通りである。この身体学という普遍的な運動基盤の上に、その構造化意味核の静態的現存在分析がまずもって本質直観の道しるべに即して取り上げられる。ところが、それぞれの分節的意味核の関係構造が意味発生(センス)として明るみに出されても、通時的ないし共時的な淘汰化現象に対してもすべてが有効に機能するとは限らないのだ。そのためには、どうしても〈モナド意味核〉と呼ばれるコツとカンの一元化意味核が改めて確定されなければならない。これがモナド意味核の本質法則として運動伝承の発生次元に浮上してくるのは周知［わざの伝承：265～269頁／スポーツ運動学：254～263頁／深層：238頁参照］の通りである。そ

95　Merleau-Ponty, M.: Phénoménologie de la perception, p.160　邦訳：知覚の現象学１，232頁
96　Hua. IV. § 42‐③ S.161　邦訳：イデーン II‐I, 第42節‐③ 190頁

の伝承発生次元における一元化意味核は，もはやそれ以上に分割できない〈単一なもの〉だから，ライプニッツに倣って〈モナド〉と表すしかない。しかし，フッサールのモナド論ではライプニッツのモナド論と違って，伝承に通じる〈窓〉をもつ〈モナド〉[97]であることは言うまでもない。フッサールの言う〈モナド意味核〉とは，部分がないから数えられず，計測することもできない。そのモナド意味核は遂行自我のキネステーゼ感覚に固有なものだから代理不可能であり，発生も消滅も必然的に同時に行われるのは贅言を重ねるまでもない。競技の実践現場においては，それは〈命綱〉の意味核とも呼ばれて，名選手と謳われる人はこのモナド意味核という命綱を現実態の〈身体知能〉としてしっかり身体化しているのだ。しかもその現実態としてのモナド意味核は，その形態化発生の〈界面化現象〉［身体知の構造：講義 11／スポーツ運動学：258~260 頁参照］を確認するために，故意にそのモナド意味核を解体する道しるべは指導現場でもよく知られている実践知である。これがモナド意味核の〈消去法〉ないし〈解体法〉と呼ばれ，そのモナド意味核を意図的に消去してしまうと，どんなにやろうとしてもその動感メロディーは成立しないのだ。いわば，それは〈失敗に必ず成功する〉というパラドックス的表現としてコーチングの現場ではよく知られている。この意図的解体法は，いわばヴァイツゼッカーの言う〈反論理性〉を秘めており，フッサールの言う〈原的経験〉の解体的解釈に当たるのも言をまたない。フッサールが「あらゆる経験（知覚，原的な経験統覚）をある方法で体系的に解体することができる」と断じるのはこの意味においてである。「ある経験を発生から排除すると，知覚がその地平に向かってどんな状態にならざるをえないかを考えれば，ある一群の経験は不可能になるのを確かめうる」[98]のだとフッサールも指摘する。そこでは，このモナド意味核のノエマ的存在様相は，すでに〈完了した志向対象〉として，その静態分析に取り上げられ，再確認されることになる。それは同時に，ノエシス的な意味統握の動態論的な〈統覚化分析〉の起点となる役割を担っているのは言うまでもない。こうして，超越論的構成分析の静態分析と発生分析では，その表裏一体の〈平行関係〉がいつも必ず注意されて，新たなモナド意味核が厳密に再構成化されていくのだ。このようにして得られたノエシス的発生分析への手続きは，再びノエマ的意味存在の静態分析に還元され，次のノエシス的意味核発生の新しい起点を提供す

---

[97] Hua. XIV. Text Nr.13・§4・④ S.115　邦訳：間主観性の現象学 III, 257 頁
[98] Hua. XIV. Text Nr. 6 S.115　邦訳：間主観性の現象学 その方法, 369~370 頁

(e) 静態分析は原創設に通底する

　ここにおいて，我々は改めて静態論的構成分析の抱える問題性を浮き彫りにしておかなければならない。それは，知覚に〈現存在するもの〉として，あるいは可能な〈知覚対象〉として，それらを明示する知覚対象の〈構成作用〉と知覚多様さの〈構造解明〉は，静態分析の主題的問題だとフッサールが指摘している。すでに前段でも述べたように，我々がそこでとくに注目するのは，自らのキネステーゼ感覚的な生活世界の〈生成的発生〉のなかで，すでに〈生成されたもの〉，ないしは〈形づくられた習慣性〉ならびに〈その統覚化作用〉に向けられた事態に関する諸問題である。静態論的な創設的構成分析では，完了済みの統覚化作用がいわば〈今のところ〉すでに〈完了したもの〉として意味づけされている。だから，その動感システムも「外部視点からも視覚化できる」と早合点してしまうこともあるのだ。すでに前段で，コツとカンが一元化したキネメロディーの流れる〈構造化意味核〉に止まらず，さらにその伝承発生に絡む一元化意味核は，もはやそれ以上に分割できない〈単一なもの〉としての〈モナド意味核〉についても，改めてその通時的ないし共時的な〈淘汰化現象〉の様相変動をその〈原創設〉[99] [Urstiftung] として開示しておかなければならなくなる。ここでフッサールが言う〈原創設〉という表現は，キネステーゼ意味発生の歴史的反省を通して，〈追行創設〉[Nachstiftung] として誰かへの伝承可能性を前提としているのを見過ごしてはならない。そこには，我々の〈運動文化伝承〉の起点がいみじくも呈示されているからである。この運動伝承の次元におけるモナド意味核の原創設的構成分析は，運動文化の〈伝承財〉として確定するために，単に運動伝承の伝え手のみならず，承け手の選手や生徒たちの追行創設的構成分析への相互補完的共働関係が改めて問われることになる。この問題は後段に改めて主題化されることになろう。この原創設的構成分析の志向対象となる〈モナド意味核〉は，その遂行自我のキネステーゼ身体感覚に固有なものだから〈代理不可能〉である。さらに，その発生も消滅も必然的に同時に行われるのは贅言を重ねるまでもない。とは言っても，モナド意味核の〈原発生地平〉は，その個人に沈殿した内在的キネメロディーを秘めているから，その〈流れつつ立ち止まる原現在〉の地平志向性分析に回帰せざるを

---

99 Hua. VI. § 15・① S.72　邦訳：ヨーロッパ諸学の危機と超越論的現象学，第15節・① 100頁

§ 51. 本質直観の静態分析に向き合う　449

えない。だから，その運動主観の志向対象を他人が外から見ることはできるはずもない。しかし一般的に，ある動きかたの統覚化作用がキネステーゼ感覚に捉えられ，その動感図式が反復されて自らの〈習慣身体〉に沈殿してくると，そこに直接経験された自己運動の志向対象も位置移動する物的運動と同じように映像化できると勘違いしてしまうのだ。いわば，キネグラムにおける静止映像シリーズを見ると，その〈動きそのもの〉の意識の流れも可視化可能だとつい思ってしまうこと頻りである。そうなると，キネステーゼ身体感覚のノエマ分析の意味存在もノエシス分析の意味統握も，我々の超越論的構成分析の志向対象から抜け落ち，志向性分析という現象学の基体が消滅してしまうことになる。

　キネステーゼ意味存在の超越論的構成分析では，どんな場合でも可能的事実として与えられ，すでに知られた馴染みの動きかたをすでに〈完了したもの〉として，構成分析の立場からその意味内実を私の新しい実践可能性として構成していくのだ。フッサールは「〈静態分析〉とはまずもって発生分析を可能にする。いわばそれは，まさに当該の〈静態的形象の発生〉を解明可能にするのだ」[100] とその意味内実を的確に規定してくれる。静態分析においては，このように一つの現実世界の可能な〈構成作用〉が取り上げられることを確認した上で，「その構成作用は，綜合化のなかにまとまる統覚化分析に，つまり定着した統覚化作用の〈静態分析〉に持ち込まれる」[101] とフッサールはそこに重大な結論を指摘することになる。にもかかわらず，この静態分析の意識対象性について，その動きかたがすでに習慣化し，定着した〈完了したもの〉だから，〈図形的キネグラム〉と同じだと早合点してしまうのだ。その静態分析の志向対象はキネグラムの連続図に置き換えられて，単に位置移動する物的運動の〈数学的形式化〉による構造分析にすり替わってしまう危険があるのだ。静態現象学としての構成分析，いわば〈超越論的静態分析〉のもつ固有の役割は，常に〈動態的な発生分析〉と密接に関わる〈相互補完性〉に支えられて，時間流の〈原発生地平〉に回帰していく特性をもつというフッサールの指摘を見過ごしてはならない。というのは，その静態分析を外部視点からの〈運動構造分析〉と取り違えてしまうと，現象学的な静態分析の志向対象になる〈モナド意味核〉に潜んでいる動感メロディーまで消滅してしまうからである。

　このようにして，我々は超越論的構成分析の固有な志向対象に注目すること

100　Hua. XXXV. Bl. XIV. S.408
101　Hua. XXXV. Bl. XIV. S.410

によってはじめて，コツとカンの一元化意味核の存在様相の静態分析が可能になる。そのような意味存在の〈様相化分析〉は，否定や疑念あるいは実践への〈誘引可能性〉［その気にさせる可能性］などの様相変動のみならず，想起や予期ないし想像などの〈設定立〉などもそのノエマ分析の志向対象に取り上げられ，改めてその本質直観のために，第一段階の〈自由変更〉を試みることになる。そこでは，静態分析の志向対象に取り上げられた〈モナド意味核〉について，改めてその通時的ないし共時的な〈淘汰化〉の様相変動をその〈原創設〉[102] として開示しておかなければならない。すでに述べたように，ここでフッサールが言う〈原創設〉という表現は，そのモナド意味発生の歴史的反省を通して，〈追行創設〉として誰かへの伝承可能性を〈発見していくこと〉が意味されているのだ。そこでは，我々の運動伝承の普遍的な身体発生基盤がさらに生化されることになる。従って，〈通時的淘汰化〉の原創設的構成分析は，モナド意味核の〈歴史的存在様相の構成分析〉と，選手個人に関わる動感形態化の〈発生史的存在様相の構成分析〉とに区別されるのは言をまたない。さらに〈共時的淘汰化〉の原創設的構成分析では，その競技の現行ルールの制約や身体教育における運動認識の様相変動が同時に注目されることになろう。それらの前提的な歴史的存在様相の淘汰化分析に基づいて，構成分析の対象となる〈完了済み〉としての統覚化作用に潜む問題性も同時に開示されていくことになる。その淘汰化領野の原創設的構成分析は本質直観の三階層をもつ道しるべに沿って，その様相化分析が取り上げられることにもはや言を重ねる必要はないであろう。

　最後に，我々は静態分析の最大の難問であり，その開示が喫緊の課題になっている問題性について，そのアポリアに阻まれる重大な事態だけを先取り的に指摘しておきたい。すでに述べているように，超越論的構成分析としての静態分析の志向対象は，自我身体にしっかり形づくられた習慣性の沈殿した〈動きかた〉であり，それは純粋な可能性をもつ普遍的な類型，いわば〈形相的形態〉[103] であり，その〈習慣身体〉に共在している〈事態〉に他ならない。しかし，わが身の動く感じに沈殿した習慣性が動感形態化されていく過程はそれほど単純な出来事ではない。自らの動く感じに統覚化作用が働き，同類の動感メロディーが連合化によって偶発的に形態化されるまでには，多くの紆余曲折を経てやっと〈偶発的マグレ〉という〈生成的発生〉に辿りつくのだ。しかし，その

102　Hua. Ⅵ. § 15・①S.72　邦訳：ヨーロッパ諸学の危機と超越論的現象学, 第 15 節・① 100 頁
103　Hua. Ⅰ. § 34・⑥〜⑦S.105　邦訳：デカルト的省察, § 34・⑥〜⑦ 131 頁

§ 51. 本質直観の静態分析に向き合う 451

　動感マグレ性の原発生地平には，いつもすでに〈消滅的発生〉という志向含蓄態が秘められている。だから，その〈マグレ沈殿態〉がいつ消えるか分からないという不安感は，必然的に〈機械的反復〉を誘うことになる。マグレは度重なる反復の結果として偶然に姿を見せるのだから，その儚い〈仮初めの意味核〉をわが身に習慣化するには，繰り返し反復訓練を続けるしかない。その必然的な成果として，生きた意味核に出会える可能性が生じると考える。いわば，「こんな動く感じだ」と確信をもつまでには，統覚化の領野を越えて，さらに確定化領野の〈消滅的発生〉という〈反逆身体〉のアポリア［難関］を通りに抜けなければならない。そこでは，新しい〈動きかた〉を求めて，微妙な修正化作用に立ち向かわざるをえなくなる。さらに，その究極の〈絶対確信〉を身につけるためには，動く感じの統覚化作用をわざと解体して，その〈確信的命綱〉を改めて自ら再能動化しなければならないのだ。

　ところが，その統覚化領野の最後に現れる偶発的な〈マグレ現象〉を克服するための反復訓練には，マイネルの意味する〈鋳型化現象〉[104] という修正化作用を拒否する〈必然可能性〉が同時に息づいているのだ。このような厄介な問題は我々の発生的運動学のなかでは，すでに随所で取り上げられている。もちろん，マイネルの形態学的運動学におけるこの鋳型化現象は〈個性的様式〉の動きかたと区別されているのは多言を要しない。いわば，動く感じを身体化するための反復訓練によって，その人固有の人格的様式をもつ，いわば〈運動様式〉[105] と呼ばれる〈動きかた〉も形態化されるからである。それについて，すでにフッサールはその個性的な運動様式に〈人格的自我発生〉を指摘し，それは「自らの能動発生に基づいて，持続的に自我に固有なものを担う同一基体として構成され，…さらに進んで存立し，持続する〈人格的自我〉としても構成される」[106] と巧みな指摘をしてくれる。それは習慣化された歩きかたがその人独特な存在様相を示し，遠くからでも直ぐに見分けがつくことからもよく知られている事実である。しかしながら，ここで我々の発生的運動学に喫緊の難題を突きつけてくるのは，その〈習慣化身体性〉にまつわる奇妙なパラドックスである。つまり，それは新しい動きかたが思うようにできるようになるには，同一の動きかたを何回も反復して自らの身体に覚え込ませなければならない。その反復訓練をしなければ，新しい動きを〈身体化すること〉はできない。

104　Meinel, K.: Bewegungslehre 1960 S.36ff.　邦訳：スポーツ運動学，25~26頁　1981 大修館書店
105　金子明友：「運動技術論」89~116頁（運動様式 110頁以降），『序説運動学』1968 大修館書店
106　Hua, I. § 32 S.100f.　邦訳：デカルト的省察，124頁　岩波文庫

しかし，その反復を機械的に繰り返せば，それだけ鋳型化だけが進行するのだ。その固定化した新しい動きに修正を加えようとすると，その鋳型化現象が激しい抵抗を引き起こすのは周知の通りである。没意識的に動いてしまうほどに鋳型化が進んでくると，その修正化作用は困難を極めることになる。こうして，志向するキネステーゼ身体発生に激しく抵抗する鋳型化現象は，それがアスリートの選手生命さえも脅かす〈破局的な動感消滅〉という奇妙な事態を引き起こすことになる。一流の選手や老練なコーチを悩ませるこの未解決なパラドックスは，今でも我々に重大なアポリアを突きつけてくるのだ。

§52. 発生分析の道しるべを問い直す

(a) 本質直観の生成必然性を問う

これまでに我々は，スポーツ領域の一元化意味核に超越論的構成分析を施すに際して，通時的・共時的淘汰化領野における〈モナド意味核〉の〈静態的原創設分析〉と，キネステーゼ感覚形態化に伴う生成消滅現象の志向対象を主題化した可能態（デュナミス）としての〈動態的発生分析〉をその徴表を含めて確認し，それらを区別している。しかし，その静態的構成分析と発生的構成分析の差異性と相互補完性を確認しながら，この〈二つの構成分析〉が相まって普遍的なキネステーゼ身体発生基盤をなしていることに，さらに言を重ねるまでもない。このような独特な超越論的構成分析という動感発生の普遍基盤に立ってはじめて，フッサールの本質直観分析の三階層に向き合って本質分析の道しるべを辿ることができるからである。本質直観分析の第一階層に〈自由変更〉という道しるべを立てるのは，この超越論的構成分析における絡み合った身体発生基盤にまさに即しているのである。しかしそこに，いつも必ず浮上してくるのがその個人的な経験的直観の〈偶発性〉というアポリアである。その問題となる現象を排除するためには，直接の経験対象ないし想像対象に捉えられる直観像を「任意の見本に変更し」，それに道しるべとなる目標像の働きを付与して「無限に開かれた多様な変更形態を生み出して起点とする」[107]というフッサールの指摘は正鵠を射ていることになる。ところが，この偶発性の排除という問題性は，我々が因果決定論に基づく科学的分析態度に慣れているため，わざわざ現象学的還元を施して，何故にそれを判断中止（エポケー）に持ち込むのかはそうたやすく首肯で

---

[107] Husserl, E.: Erfaherung und Urteil, §87 - ① S.411　邦訳：経験と判断, 第87節 - ① 328~329頁

きない憾みがある。そこでは，内在的経験における直観作用が実在の出来事の出現回数にすり替ってしまい，統計学的確率論が採用されることが少なくないからである。動感意識流の〈原発生地平〉に潜む偶発性は，いつも今把握という〈原現在〉に生気づけられている。その現象は自然現象のなかにおける実在的出来事とは本質的に区別されるのだ。〈流れつつ立ち止まる原現在〉という，わが身を隠して息づいている原現在の本質必然性がその志向対象に構成されることをまず確認しておかなければならない。

　すでに拙著［深層：§72参照］でも考察しているように，フッサールは〈私はできる〉〈私は動ける〉という〈実践可能性〉をその新しい超越論的身体学の鍵概念に取り上げていることに注目しなければならない。そこでは，遂行自我のキネステーゼ身体感覚による〈自己運動そのもの〉が主題化されているのだ。その自己運動分析の〈原対象性〉は〈感覚図式それ自体〉[108] に求められている。すなわち，そのような独自性のなかに実践可能性をもつのは，〈原対象〉そのものだとフッサールは指摘して，それが発生的現象学として〈感覚対象〉そのものに他ならないと断じて憚らないのだ。我々がいつも実践可能性を求めて習練を重ねるとき，その〈動く感じ〉にノエシス契機を捉えようと，一回ごとに変様する意識対象性を反省しながらその時間様相の変様に直接に向き合っている。例えば「さっきの捌きはしっくり行かなかった」と内在反省をしながら実践理論的な態度をとるのは，まさにアスリートにとっては自明の理である。「たった今の動きは，前の感じより気持ちよく動けた」と感じながら，価値意識の微妙な変化を捉える態度をとり続けるのだ。その鋭い内在的な超越論的反省によって微妙なキネステーゼ意識を充実しようとするときには，フッサールの言うように，いつもすでに時間流のなかに原発生の地平志向性を捉えているのである。だからフッサールによる「感覚対象こそが原対象だ」という指摘は，発生分析に決定的な意味づけを与えてくれる。ひたすら〈私はできる〉という実践可能性を前景に立てるフッサールの身体学領域においては，〈私は動ける〉という，いわばコツとカンの同時変換作用をもつ〈動感能力システム〉[109] はいつもすでに主題化されているのだ。しかも，そこに機能する動感身体性と諸身体感覚との微妙な絡み合いが一元化意味核の様相変動を呈示し，その価値意識の働く志向対象こそが分析対象性を形づくっている。従って，重層的な様相

108　Hua. IV. §8‐① S.17　　邦訳：イデーンII‐I, §8‐① 20頁
109　Hua. VI. §47‐② S.164　　邦訳：ヨーロッパ諸学の危機と超越論的現象学，§47‐② 229頁

化分析を通して，その〈原発生地平分析〉における微妙なノエシス契機の発生様態を純粋記述していくことが意味発生には不可欠な〈道しるべ〉になってくる。わが身にありありと感じる動感身体性を秘めた〈構造化意味核〉の本質必然性について，それを純粋に記述分析できるのは，自己運動分析する本人の〈キネステーゼ反省能力〉以外の何ものでもないのだ。

　当然ながら，老練な体育教師や感覚促発を得意とするコーチたちは，その動感身体性の多様な変様態を十分に知悉しているのだ。動感情況に向けて投射化するカン能力と自我身体に中心化されるコツ能力は，そのつど目まぐるしい同時変換作用を示しながら，微妙な意味核の生成と消滅に直に関わっているのである。その名コーチは，選手たちの動きのなかに自らの〈キネステーゼ感覚移入〉を介して，立ち止まりつつ流れる〈自己時間化〉のなかでノエシス契機を捉え，一元化意味核の統握様相を巧みに直観することができるのだ。そうでないと，選手たちの感覚発生に直結する有効な動感素材を捉えることはできないからである。それは微妙な差異化を秘めた志向対象を自己時間化する実践経験を重ねることによって，本質直観できる身体能力，つまり，わが身にありありと感じる身体性のキネステーゼ能力可能性が高められるのである。それは絶えざる努力志向性に支えられていることは喋々するまでもない。老練なコーチたちは，選手たちの動感意識の琴線に触れる貴重なノエシス契機を即座に捉えて，意味発生に素晴らしい成果を挙げていくのだ。それは決して単なる主観的な思いつきなどと貶められる非科学的な〈まやかし〉などではない。それこそ原発生の地平志向性の深層に自ら沈潜して，超越論的反省の態度で自己時間化してはじめて把握できる間モナドの〈間身体能力〉なのである。しかしながら，そのような〈究極的確信〉［深層：§57 参照］に至るまでの様相変動は，漠然としたドグマ的な経験知に沈殿し，コーチの個人的な〈パテント資産〉として蔵されたままになっているのも事実である。そこでは，不可欠な方法論的な基礎づけが空虚表象のまま放置されているのだ。そのためにこそ，〈動感身体能力〉という志向対象の本質直観分析が主題化されるのである。とりわけ実的な〈ノエシス分析〉が実践現場に厳しく求められ，その〈動感ヒュレー〉とその〈生成必然性〉との相互覚起がそこに浮上してくるのだ。何一つ動感発生に関わらないまま，単に拱手傍観している教師ないしコーチが，偶発的マグレで成功した生徒に狂喜し，それを私の指導成果と誇示するとすれば，それは単なる我田引水に過ぎず，まさに牽強付会の誹りを免れない。その教師は動感意識の〈今

ここ統握〉という志向対象の様相変動に無関心な単なる傍観者，つまりヴァイツゼッカーの言う野次馬でしかないのだ。そこでは，キネステーゼ身体感覚がどのようにしてノエシス契機に統握されていくのかという実的（レエール）な身体発生分析は全く取り上げられずに放置されているだけである。しかも，そのノエシス分析の欠損態が貴重な運動文化の動感伝承の崩壊につながるとすれば，その危機感も欠損したままである現状はまさに遺憾としか言いようがない。

(b) 本質直観の発生分析に道を拓く

　フッサールの発生的現象学における本質直観分析は三階層[110]［深層：§77参照］に分けられているのは周知の通りである。それは〈自由変更による多様さ点検の階層〉〈持続的合致による綜合化統一の発生階層〉，さらに〈差異化合致を能動的に同定する階層〉の三階層である。この現象学的本質直観の道しるべは，とりわけ競技スポーツの身体発生分析に多くの貴重な示唆を与えてくれる。競技世界において，自らの〈動き〉や〈振る舞い〉の実践可能性を追求していくキネステーゼ感覚（センス）発生への道は，まさに本質直観の膨大な例証分析で埋め尽くされるほどである。新しい技術や戦術の〈身体化〉を日常的に迫られている選手たちは，その三階層の分析手続きはいつも慣れ親しんでいる〈道しるべ〉でもある。我々はとっさに動けるコツを掴もうとするし，周りの情況から一気にその意味（センス）を見抜くカンを働かせるアスリートたちはそうしなければ厳しい競技世界に生き残ることは到底できるはずもない。しかもその〈動き〉や〈振る舞い〉の難易を別にすれば，我々の日常生活でも，〈たった今〉の動きにコツを感じ，〈未来の動き〉にカンを働かせて振る舞うのは，誰もが気づかずにやっているのだ。だから〈動く感じ〉の本質直観に至るそのような〈道しるべ〉は，競技世界ばかりでなく，新しい動きかたを学習する学校体育でも，さらには技芸（わざ）の極致を求められる芸道世界においても，むしろそこに通底するような〈親和性〉をもって受け容れられるキネステーゼ身体発生の〈道しるべ〉でもある。

　そればかりではなく，何気ない日常の動作でも，そのキネステーゼ身体発生のノエシス契機を〈今ここ〉で直に感じとり，未だ来ない予持志向性のなかで，どう動くかを相即不離に，つまり後先（あとさき）なしに決めているのだ。そのような身体感覚の働く意味発生をヴァイツゼッカーは〈相即〉（コヘレンツ）[111] と呼ぶ。そのように気

110　Husserl, E.: Erfahrung und Urteil, §87 S.411ff.　邦訳：経験と判断，第87節　328頁以降
111　Weizsäcker, V.v.: Gestaltkreis, Gesammelte Schriften, Bd.4, S.110f.,1997, Suhrkamp Verlag
　　邦訳：ゲシュタルトクライス，42頁

づかずに一気に動きに移せる本質直観的なキネステーゼ身体発生世界は，自我意識の働かない時間流の〈原発生地平〉に〈志向含蓄態〉として潜んでいるのだ。例えば空を飛ぶ蝶の気まぐれな〈動きかた〉を目で追うときに，自然と身体(からだ)が動いてしまうのは，我々にとって極めて身近な日常的振る舞いなのだ。いわば，そのときの私の〈動きかた〉はキネステーゼ感覚の機能する身体性を呈示する自己運動なのであり，その身体発生はまさに本質直観分析の志向対象によって開示されるのだ。わが身に内在する個人的(トデ・ティ) [tode ti = dies da このこれ] なキネステーゼ感覚の身体経験のなかで，自らの動感志向性の本質を直(じか)に観取し，さらに他者の動感世界に〈自己移入〉してその本質をわが身で直観できなければ，とてもアスリートとして競技世界に生きて行けるはずもない。こうして，現象学的本質直観という分析の道しるべは，それぞれの選手たち個人に先構成されている〈原形象〉(ゲシュタルト)に通底しながら，その形態発生の多様さのなかに〈共通する一者〉[en epi pollōn]，つまり〈共通的なるもの〉〈一般的なるもの〉の形相(エイドス)［本質］を直観する志向対象性を開示してくれるのだ。

　ここにおいて，我々はキネステーゼ身体感覚の本質可能性を純粋記述できる発生的構成分析に向き合うことができる。つまり，ノエシス的意味を統握する働きは，〈実的分析〉(レエール)とも呼ばれ，その内在経験におけるリアルな成素を直観するところに始まるのだ。その場合，キネステーゼ身体感覚の発生に直接に関わる「ノエシス的なものは，構成化する働きをもつ多様性の領野に在り」[112]，そのなかで知覚経験は，原的な実践可能性に直接に向き合っているとフッサールは巧みに解き明かしてくれる。つまり，意味発生の多様な変様態は「ノエシス的機能によって超越論的に構成されたもの」[113] として，感覚素材の体験(センス)基盤上にやっと姿を現してくるのだ。こうして，巷間にコツとカンと呼ばれる謎に満ちた一元的意味核は，実的に(レエール)，つまり内在経験の素材成素として綜合化され，価値意識をもつ感覚発生の現象野で出会うことになる。そこでは，〈感覚素材的なもの〉(ヒュレー)が〈ノエシス分析〉によって，その多様な内在経験のなかに〈実的成素〉(レエール)として露呈されてくるのだ。そのキネステーゼ身体発生の実践指導においては，そのヒュレー成素を，とりわけ動感意識の働く〈身体性〉に「どのようにして気づかせるか」が喫緊の問題として浮かび上がってくる。そこに主題化されるキネステーゼ身体経験における〈価値感覚発生〉は，その動機づ

112　Hua. III. § 98 - ⑥ S.231　邦訳：イデーン I - II, § 98 - ⑥ 150頁
113　Hua. III. § 97 - ⑩ S.228　邦訳：イデーン I - II, § 97 - ⑩ 146頁

§ 52. 発生分析の道しるべを問い直す 457

けを動感時空意識の源泉，つまり絶対ゼロ点における〈原発生地平分析〉にまで遡らざるをえなくなるのはこの意味においてである。

(c) 原発生地平への道を拓く

ここで取り上げられる発生分析とは，すでに指摘しているように，静態分析と〈相互補完性〉をもつ発生的構成分析が意味されている。前節で述べた静態分析を静態的現象学の〈構成分析〉と理解したとしても，その〈構成〉という表現は外部視点からの単なる形式的構造が意味されるのでは決してない。フッサールはその静態分析を「可能な現実世界の構成作用」[114] という静態的現象学として取り上げているからである。その静態分析では，〈連合的綜合〉のなかに統一された統覚化分析，いわばすでに定着した統覚化作用にも，まだまだ不統一性や様相変動の存在可能性を指摘し，静態分析がさらにその不統一さや修正化の諸現象に向けて静態論として創設的に構成分析していくことをフッサールはいみじくも指摘するのだ。だから，単にその動きかたが「うまく跳べた」とか「シュートが入った」とか言うように，その動きの役割が果たされた〈事実そのもの〉を成果として捉えているのではない。その動きを〈完了済みの動き〉とか〈生成した動き〉とは決して呼ばないのだ。つまりスポーツ領域の発生的運動学は，その普遍的な身体発生基盤をフッサールの〈開かれた目的論〉［深層：§ 30 参照］に基礎づけられているから，その一元化意味核，つまりキネステーゼ身体感覚の〈究極核〉［本質的担い手〕が十全に開示されなければ，固有な動感メロディーをもつ〈構造化意味核〉として成立する意味発生とは決して呼ばない。

このようにして，動態的な〈創設的構成分析〉が前景に浮上してくることになる。ところが，それは〈すでに完了した〉統覚化作用の理念的構成化を進めていく〈静態論的類型学〉に属する超越論的構成分析と区別されるのは論じるまでもない。というのは，任意に取り上げられた体験形態の〈生成必然性〉を開示するために，この動感身体発生分析を改めて取り上げることになるからである。発生分析という「その基本的分析は，時間意識，連合化作用，再創発的覚起，原創設などに向き合っている」のである。ここにおいて，フッサールの意味する超越論的構成分析における〈発生分析の役割〉が明確に浮上し，我々の理解を助けてくれることになる。そこで分析しようとしている志向対象は

---

114 Hua XXXV Beilage XIV・⑫ S 410

「基本的に本質的なもの，あるいは任意に取り上げられた体験形態(ゲシュタルト)のなかで，自由変更して追求していく〈生成必然性〉そのものである」とフッサール自身が断じるのはこの意味においてである。しかも同時に「構成的な静態論的類型学に縛られることなく」というフッサールの〈但し書きの意図〉も首肯できることになろう。「これまで前提になっていた構成された形態(ゲシュタルト)やそれらの類型の視点のもとで，たしかにもっとも一般的必然性ではあっても，そこでさらに私は，構成的形態(ゲシュタルト)の生成必然性を考察していく」とフッサール自ら言明しているのだ。我々はフッサール自らの指摘に基づいて，ここに改めて一元化意味核の動感身体発生分析を〈時間意識〉〈連合作用〉〈再創発の覚起〉さらに〈原創設〉という志向対象の〈生成必然性〉に的を絞って行うことができるのである。

　ここにおいて我々は，動感意味核の本質可能性を純粋記述する身体発生分析に直に向き合えることになる。そこでは，まずもってコツとカンという一元化意味核の身体発生様相に「どのようにして迫れるのか」という問題に，つまりノエシス的意味統握の実践可能性に直に向き合わなければならなくなる。いわば，静態分析が一義的にノエマ的意味の〈統一的存在〉を確定する役割を担っているのに対して，ノエシス的意味を統握する発生分析は，実的(レエール)分析として，つまりその内在経験におけるリアルな創設的構成要素を直に確認する役割を担うことになる。その場合，キネステーゼ身体感覚の〈生成的発生〉に直接に関わる「ノエシス的なものは構成しつつある多様性領野に在り」[115]，そこでの知覚経験は原的な〈実践可能性〉に直接に向き合っているとフッサールは指摘する。つまり，動感身体感覚の発生する多様な諸様態は「ノエシス的機能によって超越論的に構成されるもの」[116] として，動感ヒュレーの身体発生基盤上にやっと姿を現してくるのだ。こうして，コツとカンというキネステーゼ感覚の〈身体能力〉は，実的(レエール)に，つまり内在経験の〈ヒュレー成素〉として統一され，価値意識をもつ身体感覚の発生領野にやっとその姿を現してくる。そこでは，感覚質の〈ヒュレー的なもの〉が，ノエシス分析によってその多様な内在経験のなかに，実的(レエール)成素として露呈されてくるのだ。コツとカンという一元化意味核の感覚発生を促す実践指導においては，その動感ヒュレーの構成要素を，とりわけ価値意識の働く感覚質に「どのようにして気づかせるか」が喫緊の課題となってくる。そこに主題化される動感経験の意味(センス)発生は，その動機づけを動

115　Hua. III. §98‐⑥ S.231　　邦訳：イデーンⅠ‐Ⅱ，§98‐⑥ 150頁
116　Hua. III. §97‐⑩ S.228　　邦訳：イデーンⅠ‐Ⅱ，§97‐⑩ 146頁

感時空意識の絶対ゼロ点という〈原発生地平〉にまで遡らざるをえなくなるのはこの意味においてである。

ところが，生ける実存としての身体運動はそこに内在する一回性原理によって，動きそのものが次々と過去に流れ去ってしまうのだ。〈たった今掴んだまま〉という過去把持の〈今統握〉でも，「同じ河の水に二度とは入れない」という〈ヘラクレイトスの流れ〉[Hērakleitos: 紀元前500年の哲学者]では，その空虚な形態や表象から同じ動きを機械的に単に反復するだけでは，忘却の彼方に次々と流れ去って姿を隠してしまう。だから，どんなノエシス契機の意味統握もできるはずはない。その動く感じの内在経験のなかに，確かな実的分析の手がかりが何一つ捉えられずに，〈身体的なるもの〉の貴重なノエシス契機がすべて過去に消えてしまうのでは，今ここの〈動く感じそのもの〉の存在が捉えられるはずもない。それは百万分の一秒という超高速の映像分析(キネマトグラフィー)でも不可能なのは論をまたない。こうして，自我身体に価値感覚の働くコツとカンという一元化意味核は，わが身の動感志向性としてその生成と消滅を繰り返しながらも，その存在様相を黙して何一つ語らないのだ。主観身体の動感意味核が意味系や価値系を巻き込んで，〈動ける〉〈動けない〉とその生成消滅を繰り返しているのに，その究極意味核の本質可能性をどのように開示できるというのか。わが身にはありありと直に感じとれるのに，その意味統握を頑なに黙して語らない〈動感身体性〉に対して，我々はその志向対象の構成に苦しめられることになる。その苦悩の果てに，やっとその原発生地平に潜む志向含蓄態にフッサールの言う〈形相的モルフォロギー〉[117]の発生基盤が浮上してくることになる。そこでは，まずもって内在経験のノエシス分析が前提になっているのは言をまたない。スポーツ領域における実践的な発生的運動現象学は，その核心をなすキネステーゼ身体性の多様な様相変動に着目し，その内在経験に潜んでいる奇妙な意味核の〈ノエシス契機〉に着目して，超越論的な本質直観分析を施していかざるをえないのだ。そのことは，競技の世界では日常的に馴染んでいる〈地平分析〉の道しるべである。その志向対象をどのように構成するかは，動感(キネステーゼ)発生分析として，決してこと新しい分析手続きではない。ところがそれは，私秘的な〈主観的身体経験〉のためか，〈動く感じ〉の通じる人にしか理解してもらえないのだ。だから，科学的思考を好む運動分析者からは，それを客観性の欠落として，非科学的な意識分析という烙印を押されてきたことは周知の通

117　Hua. III. § 145 - ④ S.336　邦訳；イデーン I - II § 145 - ④ 310頁

りである。万人に通じる実在的対象の客観的分析はロボットの動きには役立つとしても，生ける実存身体の絶対主観性をもつ〈動く感じ〉の意味発生には何も通底していないのだ。こうして，ノエシス契機の構成要素を明るみに出す役割が発生的現象学に基礎づけられて，はじめてその発生的構成分析の道が我々にも拓かれる仕儀となる。フッサールが意味するパラドックスを秘めた受動的綜合における〈様相化分析〉[118]の役割が我々の求める動感身体発生分析に不可欠であることがやっと日の目を見るに至ったのである。

(d) ノエシス契機の様相変動を記述する

このようなノエマ的存在様相やノエシス的時間様相の志向対象を重畳的に含蓄している〈動感身体性〉の自己運動のなかで，とりわけそのノエシス契機に触発される志向対象が一元化意味核の生成的発生に大きく関わってくるのは多言を要しないであろう。というのは，一般の知覚のなかで〈何かへの気づき〉というノエシス志向性は，そこに「実的に含まれている知覚信念，さらに言えば知覚確信をもっている」[119]とフッサールはいみじくも指摘する。いわばこの〈確信〉こそが「信念の在りかたの原形態」[120]の役割を果たしているとフッサールは断言する。その実的な知覚信念を〈様相化しない原形態〉と捉えるからこそ，その確信に対する〈当て外れ〉や〈疑わしさ〉，その〈蓋然性〉や〈誘引可能性〉など，そこに多様な様相変動が露呈されてくるのだ。その〈確信の原形態〉という志向対象の存在にこそ，様相化分析の起点を見出すことができるのである。

たしかに，日常の端的な身体運動では，〈できる－できない〉を巡って反復練習が行われる。その場合，そこで向き合う志向対象には，すでに〈先構成された原形態〉がまだ変容しないまま，すでに息づいているのだ。例えば，乳児が母親に誘われてはじめて歩き出すとき，そこに密かに〈内在している原形態〉が匿名的な〈歩ける感じ〉に触発されて無意識的に働き始めているのだ。そこには，そのつどの歩きかたの変様態を生み出す原形態がいつも必ず密かに〈先構成〉されているのである。そのとき，母親の誘いに応じて息づき始めるのが〈ゼロキネステーゼ〉[121]であり，そのゼロの動感意識こそが〈受動綜合化〉

118　Hua. XI. § 5 S.25ff.　邦訳：受動的綜合の分析，§ 5〜　45頁以降
119　Hua. III. § 103 - ① S. 239　邦訳：イデーン I - II，§ 103 - ①　163頁
120　Hua. III. § 104 - ① S. 240　邦訳：イデーン I - II，§ 104 - ①　166頁
121　Hua. XV. Beilage XLV(45) - ⑩ S.606　邦訳：間主観性の現象学その方法，付論45 - ⑩　501頁〜

§ 52. 発生分析の道しるべを問い直す　461

という現象を引き起こすのだとフッサールは正鵠を射て開示してくれる。そこを起点として多くの失敗を重ねながらも，やがていつの間にか独り歩きの〈道しるべ〉に沿って歩き出すことになる。いわば，自我意識の伴わない〈ゼロキネステーゼ〉に誘われて，受動的な様相変動がいつの間にか〈連合化綜合〉に入りながら，自らのノエシス契機はわれ知らずに〈意味統握〉に至ることになる。

　この〈受動綜合化〉におけるノエシス的意味統握は，やがてノエマ的意味内容として，統一的に存在様相の確認を保証する働きをもってくるのだ。そこでは，ノエシス契機によるキネステーゼ身体感覚の発生は，それに平行関係をもつノエマ意味の〈先所与性〉に支えられているからである。しかしながら，変様を重ねるノエシス契機の動感志向性こそ，発生分析の起点をなしていることを見過ごしてはならない。その動感ヒュレー(ヒュレー)が，決定的なノエシス契機に気づかれないままでは，その感覚素材はすべて過去に流れ去って，様相化分析の役割は果たされず終わってしまうからである。いわば，受動発生でも，能動発生でも，そのノエシス契機の動感志向性が，その意味発生に不可欠な価値感覚の基体［担い手(かく)］を蔵しているのであり，そのことを一気に直観できるのでなければならない。それ故にこそ，わが身に差異化された〈原的開示性〉という奇妙な志向対象に気づくことになる。それが，ノエシス契機の否定や疑念の様相化分析に決定的な存在理由［実技の類化分析による実習の不可欠性］を与えることになるからである。

　ところが，動感意識を発生させる側のコーチは，かつては現役の選手だったはずなのに，その〈原的身体開示性〉はすでにすっかり枯渇してしまい，その動きは鋳型化して過去地平に沈殿したままとなる。そのために，他者の動感身体性との相互覚起を保証する〈動感仲間化〉という肝心の伝承関係系は，すでに形骸化し，選手との共感を保証する〈動感連帯感〉さえもすでに崩壊してしまっているのだ。昨今の体育教師も，競技コーチも，動感伝承のノエマ的意味(センス)存在そのものの存在論に何らの関心をもつこともなく，一方的に伝達する運動メカニズムを呈示するだけで，キネステーゼ身体発生そのものの指導はすべて本人に丸投げしてしまうのが一般である。それどころか，伝承発生の成立を保証するノエシス契機の〈切っ掛け〉をなす動感意味発生というコツとカンの意味(センス)内実に関わる指導もすべて放棄してしまうとしたら，動感伝承という身体教育の中核的な役割はどうなってしまうのか。そのためには，どうしてもキネ

ステーゼ意味発生の奇妙な〈動機づけ〉を探るしか道はないのである。これまでは，伝承発生に関わる指導者が，かつて自ら住んでいた動感時空間の〈生活世界〉を自ら放棄して，コーチングの普遍基盤を物理的運動世界の発生メカニズムだけに依拠して，そこに何らの違和感を生じない事態になっている昨今である。フッサールが「〈準現在化〉［想起，予期や想像を含む］とは生き生きした現在化の変様態なのだ」と的確な指摘をしても，特段の気づきも生じない指導実践の現状である。そのノエシス契機の時間様相をわが身でありありと感じとれる〈原的開示性〉は，もはやすでに教師やコーチの志向対象から消滅していることを直視しなければならない。こうして我々は，発生的構成分析に決定的な起点をなす〈キネステーゼ身体発生基盤〉こそが，ノエシス契機の発生的構成分析を可能にする可能態の〈身体能力〉を保証してくれることを改めて確認しておかなければならない。もちろんその身体能力はノエシス契機における〈切っ掛け〉を掴みとる〈自己時間化能力〉をもっているのも不可欠な前提である。確率百パーセントの身体運動が全く突然にその動く感じが消滅したときに，その想定外の出来事に呆然自失してしまうのでは，その指導者は動感発生コーチとしてはまさに失格なのである。つまり，ノエシス契機の〈切っ掛け〉となる生成的発生，消滅的発生の志向対象に即座に対応できる指導者こそ，競技コーチとしても体育教師としても，キネステーゼ身体感覚の伝承次元に生きられる有資格者と言えることになろう。その身体発生分析能力を生気づけする一般発生的運動学と個別発生的運動学の充実化こそがスポーツ運動学領域における喫緊の課題となっているのは，まさにこの意味においてである。

§ 53. 身体化の志向対象を開示する

(a) 反逆身体の志向対象に向き合う

アスリートたちが「動きたいのは山々なのに動けない」というパトス転機に出会って，その判断に苦悩しながら，動かねばならぬ必然や動くべき規範などに迷うパトス分析の道しるべは，すでに前段［§44〜§46参照］で取り上げられている。そこでは，とりわけ未来予持を志向する動く感じを探る世界内存在の〈普遍的運動基盤〉[122]が注目されている。因みに，この〈運動基盤〉とはラン

---

[122] Landgrebe, L.: Die Phänomenologie der Leiblichkeit und das Problem der Materie, S.147-⑲ In: Phänomenologie und Geschichte 1976 Gütersloher Verlaghaus

§ 53. 身体化の志向対象を開示する　463

トグレーベの身体現象学の基本概念であり，そこから未来に向けて〈動ける自由さ〉をもつ世界内存在の普遍的な動感身体発生基盤が意味されている。そのような苦悩する転機の意味発生に際して，その自らのキネステーゼ身体感覚を充実化していく気概発生の運動基盤についても，これまですでに繰り返し論及されている。そこで我々は，〈幸運のマグレ〉という偶然の感覚発生に狂喜しながらも，そのマグレ発生した〈空虚形態〉の儚さをわが身に直に感じとり，その動感身体性の様相変動を自ら確かめざるをえなくなる。そこでは，遂行する自我が自らの動感身体性という志向対象に向き合って，その微妙な様相変動をわが身にありありと統握するためには，そのキネステーゼ感覚発生に向き合う気概をもたざるをえない。いわば，遂行自我がその動感発生の確定化分析に立ち向かう事態に入るのである。ところが，動感メロディーの基礎図式がマグレ発生した瞬間はすべてが秘密に包まれていて，しかも直ぐに消えてしまうから，再確認がうまくゆかない。その儚い動感メロディーの図式化を高めるためには，鋳型化の危機を知りつつも機械的反復せざるをえない。因みに，ここでいう〈図式化〉[123] という表現は，ボイテンデイクの意味で使われている。つまりそこでは，ネクタイを締める手の動きにしても，キーボードをブラインドタッチする指の動きも，どのように手を動かすかを同時に考えることはできない志向対象が意味されている。さらに念のため付言すれば，このマイネルの言う〈機械的反復〉［深層：§ 34 参照］は，わが国古来の芸道における自得方法論として，前段［§ 51 参照］で述べた〈数稽古〉と区別されているのは論じるまでもない。

　このようにして，この第 53 節で主題化される〈身体化分析〉の問題圏が浮上してくる。その方法論は本質直観分析の道しるべに沿って開示されていくことになる。そこには，志向対象として構成される〈先反省〉がすでに内在していることを見過ごしてはならない。この〈先反省〉という概念は身体運動の自己関係を本質必然的に意味づけているからである。キネステーゼ身体感覚の先反省というこの本質必然性こそが，絶対ゼロ点の源泉に回帰する超越論的反省の可能的基盤を支えているのだ。いわば，その動感身体性に潜む先反省の志向対象は動感メロディーとしてしか捉えられない。だからこそ，発生的運動学に主題化される身体化現象野においては，その身体感覚発生の〈原的充実性〉

123　Buytendijk, F.J.J.: Allgemeine Theorie der menschlichen Haltung und Bewegung, S.280f. Springer Verlag 1956

がさらに追求されていくことになる。このような謎に満ちた身体化現象を本質直観していくためには，我々はまずその〈連合動機づけ〉となるわが身の〈反逆身体〉に直に向き合わねばならない。

　この動感メロディーという謎めいた志向対象はマグレ当たりの形態発生(ゲシュタルト)のときに偶発的に現れてくる。その〈偶発性〉の体験位相では，思うように動いてくれない自我身体と直に向き合っているのだ。そこでは，すでに〈自我分裂〉のなかに〈現象学する自我〉が機能し始めている。スローガン的な〈反逆身体〉という表現には，自ら動こうとする意図に反逆的に機能する動感身体性の志向対象がいつもすでに含意されている。ところが，突然にマグレ形態が出現する場合には，ヴァイツゼッカーの言う偶発性としての〈今はこうなのだ〉(コンティンゲンツ) [Nun-einmal-so-Sein] という動く感じは何一つ語らずに頑なに沈黙を守ったままである。ところがそこに，ボイテンデイクは正鵠を射た指摘をしてくれる。つまり，〈私の自我身体〉に奏でられてくる「動きのメロディーを追って行くには，その自我身体は支配力をもっていなければならない」[124] というのだ。そうでないと，自分の手足であっても意図した動きとは全く違って動いてしまうからだ。ある一つの動きを了解し，その形態発生(ゲシュタルト)の徴表(メルクマール)を捉え，動きのメロディーを潜勢的に再構成しても，それはまだ生ける〈実存運動〉の発生には至らないとボイテンデイクは注意を怠らない。つまり「畳の上の水練やボート漕ぎ」には，わが身にありありと感じとれる〈抵抗体験〉が欠損しているからだという。そこにはキネステーゼ身体感覚というわが身に直に感じとれる志向体験が欠損していては，まさにそれは画餅でしかないからである。

　ところが一般的には，思うように動けない原因は生理学的身体を動かす体力不足と断じてしまう。さらに恐怖などの心理的障碍があるとすれば，メンタルリハーサルによって解決できると考え，それでもできなければ，教育学的マネジメントによって，その学習手続きの不合理さを取り除けばよいと考える。しかし体力条件にも恵まれ，恐怖を呼ぶ動きかたでもなく，しかも熱心に学習しているのに〈そのように動けない〉という事態は決して珍しくはないのだ。最後になって，やっとキネステーゼ身体感覚という〈主観的な動感意識〉の分析対象性に気づくことになる。そこでは，すべて外部視点からの科学的運動分析ですべて解決できるという牧歌的な素朴さが信じられているのだ。〈そう動きたい〉と意欲する学習者本人のパトス的志向対象は何故にいつも後回しになる

---

[124] Buytendijk, F.J.J.: ibid. 1956 S.288f.

のか。そこでは，超越論的構成分析そのものが非科学的な意識現象として，長いあいだ欠損態のまま放置されていたのである。

それに対して「情動的な情況を体験している〈主体そのもの〉が〈そう動けない〉と経験しつつある」[125] のに，肝心の生ける身体の〈主観性〉が分析対象性から排除されていたからだとボイテンデイクは断言するのだ。そこには「できるとは思えない」[Nicht-Können-Wollen] と「望むことができない」[Nicht-Wollen-Können] という生々しい葛藤が〈原発生地平〉の深層に沈められたまま見過ごされている。ヴァイツゼッカーによれば「そうできない」[Nicht-Tun-Können]] という場合の意味は，「10トンの重量物を人は持ち上げることができない」という必当然的な明証性のことだ。とすると，〈そう動ける〉[so-sich-bewegen-können] とは「動けるようになりたい」[so-sich-bewegen-können-wollen] という動感現象がその前提になっているのだ。そこには〈そうできる〉[Tun-können] と〈そうしたい〉[Tun-wollen] という〈パトス関係系〉が成立している。そこには〈そうしたい場合にはできる〉ないし〈そうすべきだ〉という志向含蓄態がすでに匿名的な前提になっている。だから，生徒が「そうできるとは思えない」[126] [Nicht-Können-Wollen] と言えば，教師は〈やる気がない〉と早合点してしまうことになる。もう一方の「そう望むことができない」[Nicht-Wollen-Können] には，「そうしてもよい」ないし「できることが許されるならそう望んでもよい」という志向含蓄態が隠されているのだ。

従って「そうしたいのは山々なのにどうしてもできない」と悩む生徒の動感地平性に潜んでいる本質法則性に教師は何一つ気づこうともしていない。外部視点に立つマネジメント教師は，そのような生徒を見て「やれるのに何故やらないのか」といぶかり，「動けるはずなのになぜそう動かないのか」と不信を募らせる。結局，その原因を生徒の無気力さや努力不足に求めるだけとなる。このような動感意識に関わる〈身体化現象〉の地平では，キネステーゼ感覚発生の学習をする〈動く主観性〉に潜む〈反逆身体〉の様々な本質可能性が手つかずのまま放置されているのだ。その事実を我々はまさに直視しなければならない。ここにおいて，我々はその動感分析の志向対象に改めて注目し，キネステーゼ身体発生の鍵概念である〈身体化現象〉に直に向き合い，その動感意識流の原発生地平分析に道を拓いて行かなければならない。

125　Buytendijk, F.J.J.: ibid. 1956 S.273
126　Weizsäcker, V.v.: Gestaltkreis op.cit. S.314ff, 邦訳：ゲシュタルトクライス，203頁以降

(b) 身体化に直に立ち向かう

　わが国のスポーツ領域における現象学的運動学が学会として活動を始めてから，はや 30 年の歳月が流れている。しかし，未だに科学的な運動分析との区別が十分とは言えないのはどうしてであろうか。それは，学校体育の基本的認識が心身二元論，つまり生理的身体と倫理的行動の二元性を基柢に据えた明治以来の歴史的背景によるだけではないのかもしれない。身体運動の分析論は，物理身体の位置移動や物質身体の生理学的メカニズムを分析し，要すれば心理学的問題に潜む客観法則を探るのを主題とするのが一般である。むしろそのほうが国際的にも理解されやすく，その限りにおいて身体運動の諸現象は，あくまでも外部視点から客観的に精密分析され，生起した事象に関する定量的ないし定性的な出来事として，そこに普遍妥当性が認められるのだ。だからそこでは，身体運動が発生するには，科学的な客観データを必要に応じて合成すれば，〈動けるようになる〉と考えるのが一般である。ところが，この因果決定論的な客観法則は，〈主観身体〉が今ここで動きつつある〈生ける原現在〉の〈発生様相〉に何一つ関わってこないのだ。そこでは，動こうとする人の動く感じの感覚発生には全く無縁な出来事が分析対象になっているのだ。となると，わが身に生き生きと機能する〈主観身体性〉の身体発生分析をするには，全く別種の時空間世界が措定されなければならないことになる。このことはすでに拙著［身体知の形成：講義 8〜12；スポーツ運動学：運動分析の対象領域 112〜116 頁参照］に詳しい。いわば，ボイテンデイクの指摘する〈生命的な時空間ゲシュタルト〉[127] をもつ意味核の〈発生様相〉を開示するには，そこに新しい分析論が求められなければならないことになる。そこでは，動く感じの一元化意味核は〈同時交換作用〉をもつコツとカンの統一態という〈究極核〉[128] が主題化されるべきなのだ。その身体発生分析の志向対象は，パトス的な身体感覚の意識現象だから，ロボットの運動発生を開発する科学的分析の因果的な運動分析と区別されるのは当然のことである。とすると，スポーツの発生的運動学の分析対象はコツとカンが一元化された意味発生の志向対象となる。その志向現象は超越論的構成分析によって，その〈今ここ〉に動きつつある選手自身の〈志向対象〉としてまず純粋記述されことになる。それこそが我々の発生的運動学の辿るべき分析の道しるべとなり，他の科学的運動分析とは截然と区別された

127　Buytendijk, F.J.J.: Allgemeine Theorie der menschlichen Haltung und Bewegung, S.43ff. 1956
128　Hua. XVII. § 82 - ③ S.210　　邦訳：形式論理学と超越論的論理学，§82 - ③ 225 頁

〈固有な役割〉を担うことになる。

　しかし長いあいだ外部視点からの客観的運動分析に慣れている我々は，動く感じの主観的な記述，いわば私のコツとカンを直観的に純粋記述しても，それが〈一般妥当性〉をもつとは考えられなくなっている。コツとカンという一元化身体能力は，本来的にその個人固有のもので絶対主観性の意味核なのだから，万人に必ず通用する無機質な抽象的自然法則とは截然と区別されるのは自明のことである。そのキネステーゼ感覚の意味核は一回ごとに差異化されるから，〈数学的形式化〉になじまないばかりか，それに〈統計学的確率〉[129] を求めても無意味になってしまうとボイテンデイクは断言する。たしかに，その絶対主観性をもつ意味発生が通じる人には，その動感意識を移入する必然可能性が存在しているのだ。だから，そこには超越論的構成分析に基づいて，その私の意味核をモナド意味核に還元する本質法則はすでに開示されている。それこそが時間流の原発生地平をもつキネステーゼ身体発生分析に他ならない。しかし，アスリートのパトス的な実存運動でも客観的に計測できると信じている人々にとっては，「運動は絶対に分割できない」と主張するベルクソンの〈純粋持続〉の生命哲学も，フッサール発生現象学の〈形相的直観〉[130] という厳密な〈超越論的反省分析〉も理解されないのは，いわば当然の成り行きかもしれない。その科学的運動分析では，身体運動の概念が全く別種な分析対象として主題化されているのだ。つまり，科学分析では物的身体運動を，現象学分析では動感身体運動を分析対象に捉えているのだから，その両者における身体運動の概念は決して二者択一の問題であるはずはない。だから，後期フッサールの発生的現象学として超越論的構成分析を取り上げても，それをわが身でそのキネステーゼ感覚発生をありありと原的に了解できない人，いわばその意味発生を〈身体化〉できない人にとっては，我々の言う発生的運動学の表現は謎に満ちた難解な用語の連続とならざるをえない。空に舞う蝶の動きを目で追うときの相即的自己運動を〈ゲシュタルトクライス〉と呼んで，知覚と運動との一元論を説いだヴァイツゼッカーは，科学としての感覚印象を〈感覚与件〉の投影ないし対象化であると断じるのはこの意味においてである。それに対して，知覚と運動の一元論としての感覚印象は，自我身体の状態ないし触発される刺激として経験されることになる。「それは〈感覚の身体化ないし主観化〉と呼ば

129　Buytendijk, FJJ: Allgemeine Theorie der menschlichen Haltung und Bewegung S.349　1956
130　Hua. I. § 34 - ⑨ S.106　邦訳：デカルト的省察，§34 - ⑨ 133頁

れる」[131] といみじくもヴァイツゼッカーは指摘してくれる。そこでは，主体と周界との〈即興的相即現象〉が〈身体化〉されるのであり，自己中心化するコツと情況投射化するカンとが一元化されて意味発生(センス)に至るのだ。このような因果論的思考の通じないキネステーゼ感覚の意味発生を自らの身体感覚それ自体で理解することは，単にそれらの専門的用語が難解だというのではなくて，その謎に満ちたキネステーゼ感覚の〈身体発生現象〉そのものに無関心な人たちが余りにも多いだけなのである。

　フッサールがいつも言うように，自らの動く感じのメロディーを実現するには，自我身体が〈そう動ける〉ためにキネステーゼ感覚の〈身体能力〉が必要となる。しかし，その〈動感身体性〉そのものは，物的身体が位置移動するメカニズムでは理解できないし，それは生理学的な物質身体の条件的体力だけでも，教育学的な学習能力だけでも理解できないのだ。そこに機能しつつある〈動感身体性〉に潜む究極意味核の基柢には，自ら〈動く感じ〉の〈今ここ〉を統握できる身体感覚を機能させる能力可能性が息づいているのである。思うように動かない自らの物的身体を〈動かせる道具〉と考え，その道具立ての諸条件がよければ，その新しい動きかたがすぐにできると考えることも頻りである。〈さか上がり〉ができなければ，腕力と腹筋をつければよいと考え，〈駆けっこ〉が苦手ならば，脚力のパワートレーニングをプログラムするのは至極当然な昨今ではある。ところがボイテンデイクは「一つの運動プログラムに〈どのように生命が吹き込まれるのか〉，その同時かつ継起的な筋刺激伝達が〈最後にどのように成立するのか〉，我々はそれに対して，どんな像表象ももってはいないのだ」[132] と正鵠を射た純粋記述を展開するのだ。その出来事はまさに謎に満ちていて，そこで同時に働いているはずの諸々の筋肉について，何一つ主観的に経験できないのだ。我々は「筋肉を動かすのでなく，手足を動かすのだ」というボイテンデイクの感覚発生(センス)の例証分析を重く受け止めなければならない。とは言っても，昨今の我々には，ボイテンデイクの例証分析の真意が必ずしもよく理解されているとは言えない。たしかに現代のロボティクスは長足の進歩を遂げた〈サイボーグ科学〉に代表されるように，神経支配と身体運動の関係系は新しいメカニズムが次々と開示されて我々を驚かせること頻りである。しかし，ロボットが微妙な動きを可能にするのはソフトウェアに依存する

131　Weizsäcker,V.v.: Gestaltkreis op.cit. S.236　　邦訳：ゲシュタルトクライス，195頁
132　Buytendijk, F.J.J.: 1956 op.cit. E.‐I.‐§7‐㉝ S.285f.

§ 53. 身体化の志向対象を開示する　469

からといっても，人間の主観身体が自らの動感システムをどのように生み出すのかは一切語らずに沈黙したままである。そのために，ロボティクスが人間の動感意識の〈原発生地平分析〉を取り上げるはずもない。サイボーグがその物質身体を駆使して〈準身体運動〉を構築することと，私の身体が時間化された動く感じを志向対象として構成することとの間には厳然たる区別が存在しているのだ。このことはボイテンデイクの厳密な論考に立ち入って引用するまでもない。こうして，道具に見立てられた物的な〈対象身体〉の自然法則のなかにではなく，思うままに動ける〈駆使身体〉の現象野にこそ，わが身にありありと生じるキネステーゼ意味発生の本質可能性が潜んでいるのだ。意味発生を担う駆使身体の本質直観分析においては，「自らの身体に対して，対象化する態度を放棄すること以外の何ものでもない」[133] とボイテンデイクが宣言するのは，まさにこの意味においてである。こうして，メルロ＝ポンティも生ける〈実存運動〉は単なる〈意識の奴隷〉ではないし，〈私の身体〉は〈即自〉の領野に属さないと指摘するのだ。動く感じが〈身につく〉，いわば〈身体化〉するということは，その動きかたを「私の身体が了解すること」なのである。私の身体が〈動ける〉のは「自らの世界へと合体化すること」[134] であるとメルロ＝ポンティは言う。その〈合体化〉とは，自らの動感世界にわが身を〈身体化〉し，〈形態化〉することであり，身体化現象とは〈対象身体〉[135] を捨てて〈駆使身体〉になりきる営み以外の何ものでもないのだ。

　ところが，このような微妙な差異をもつ用語も，わが身の〈動く感じ〉でその意味内容を〈身体化〉できれば，直ちに氷解してしまうのだ。因みに，この奇妙な〈身体化〉という用語［深層：§ 6-⑤参照］をヴァルデンフェルスは「身体が道具として利用されるのではなく」[136] と前置きしながら，「自らの身体が対象と一体化することだ」と巧みに開示してくれる。例えば，他人の動きを何気なく真似るときには，私の身体は思わず知らずに，つまり受動的に「身体化がいつも働いている」と付け加えてくれるのだ。このように〈受動発生する身体化〉という現象は，日常的に何気なく動いている我々の到るところに現れている出来事である。しかし，いつも時計時間に即して空間を測って生活している我々は，そのような〈キネステーゼ身体発生〉に関心を向ける〈切っ掛け〉そのも

133　Buytendijk, F.J.J.: 1956 ibid. E.‐I.‐§ 6‐⑩ S.280
134　Merleau-Ponty, M.: Phnoménologie de la perception op.cit. p.161　邦訳：知覚の現象学 1，233 頁
135　Merleau-Ponty, M.: Phénoménologie de la perception, op.cit. p.123　邦訳：知覚の現象学 1，184~185 頁
136　Waldenfels, D.: Das leibliche Selbst, S.173　邦訳：身体の現象学，186 頁

のに気づかないことが多い。我々が日常生活で情況に即して適切に動けるのは，それに気がつくかどうかは別にして，コツとカンが一元化した〈沈黙の身体能力〉の謎に満ちた働きに支えられているのは喋々するまでもないであろう。

(c) 未来予描の身体能力を開示する

すでに述べているように，ヴァイツゼッカーの言う〈感覚の身体化 [Somatisierung]〉や〈主体化 [Subjektivierung]〉，メルロ＝ポンティが多用する〈合体化 [incorporé]〉やヴァルデンフェルスの〈身体化 [Einverleiben]〉という用語も，元々はフッサールの言う〈身体中心化作用〉に遡る［深層：§58‐①～②参照］のだ。同時にそこでは，時間流の今，今，今と〈流れつつある今〉と，直に感じた〈たった今〉という〈立ち止まる今〉とは，共に原現在の〈中庭〉［深層：§63‐③参照］に位置している。そのことをラントグレーベは「過去と未来が同時現在的に結びつけられている」[137] と的確に表現してくれる。さらに，その運動主体の自己意識は，〈自己忘却性〉のなかに隠れたままだから，〈後から気づく〉という〈事後的反省〉によっては捉えられないと念を押すことを忘れない。しかし，ありありとわが身に機能する動感身体性として，そこに経験される〈生身の時間流〉は「消えながら〈流れ去るもの〉として自我身体に気づかれないままに経験され，それと同時に〈流れ来るもの〉として常に新たな原動力となる未来時間も生々しく経験される」。この繰り返しのなかに，「自ら動きつつある者は，その動きの地平のなかに〈身体能力〉を発見できるのだ。そのとき〈私が動く〉は〈私ができる〉に先行し，未来から〈流れ来る〉と過去へ〈流れ去る〉この統一態こそ，フッサールが意味する〈生き生きした現在〉に他ならない」のだとラントグレーベは正鵠を射て解説をしてくれる。そこでは，絶対ゼロ点の生き生きとした動感身体性への〈自我中心化〉が意味されているのだ。言うまでもなく，身体中心化とは自我身体への〈中心化作用〉である。その自我身体は，いつも必ず〈自我分裂〉によって，〈たった今掴んだまま〉の過去把持に機能する動感志向性と，周囲世界に動感意識を投射する未来予持の動感志向性とに分裂しつつ同時変換的に一元化されているのだ。だから，この〈自我中心化作用〉はモナドコツの今統握作用とモナドカンの周界投射化作用が同時交換作用として臨機に〈表裏関係として〉機能する〈一元化モナド意味核〉であることを確認しておかなければならない。しかも，その表裏一体的な同時変換作用は，

137　Landgrebe, L.: 1980, op.cit. S.83f. (29)

§ 53. 身体化の志向対象を開示する　471

ヴァイツゼッカーの言う〈相即現象(コヘレンツ)〉[138] であることは言うまでもない。それは、いわば動感意識が表で情況に投射化するカンとして働くときには、その裏で今統握のコツが同時に働いているという、奇妙な身体化現象に属しているのだ。しかも、そのカンとコツという二つの対照化された意識作用には、その〈動きのメロディー〉それ自体がスムーズに流れているなかに、表裏一体的な同時的変換として、その動感意識だけが臨機に変換するという奇妙な志向対象が構成されている。我々はこのような〈反論理的な動く感じ〉の意味核を身につける〈身体化現象〉という志向対象を超越論的構成分析によって、そこに道を拓こうとするのである。

　このような身体化現象が独りでに受動綜合化する働きをもっていることは、すでに直観化綜合分析の純粋記述のなかでも明らかにされている。さらに、この身体化の本質直観分析が時間意識流の〈原発生地平〉に開示されていることも、これまで繰り返し述べられている。そこでは、〈たった今掴んだまま〉という過去把持志向性が今統握の沈殿化作用としてわが身にしっかりと了解されているのだ。同時にその〈今統握〉は、未来への〈予描作用〉を生み出す〈同時現在的な身体能力〉を蔵(かく)しているというラントグレーベの重大な指摘を見過ごしてはならない。ここにおいて、その未来予描の〈身体発生〉に対して、その志向対象の構成化にどのような前提的な身体能力が求められるかをここで再確認しておかなければならない。この身体化志向対象を構成する前提には、その価値感覚を働かせるための動感目像が〈先構成〉されていなければならない。つまり、分析対象性にその〈動く感じ〉の良否を判断する基準となる目標像を改めて確認しておく必要があるのだ。マグレ発生以前の受動志向的な〈直観化綜合分析〉の現象野では、受動的に先構成される目標像は匿名的な沈黙のままである。ところが、たとい偶然でもマグレ成立の後における有意味な〈本質直観分析〉においては、改めて以前の先構成的目標像がその静態分析を通して、予めその通時的動感形態との比較分析が取り上げられていなければならない。因みに、ここで再構成される本質直観分析の目標像は、通時的な〈理想的目標像〉とは区別されるべきであるのは多言を要しない。この本質分析の価値感覚に妥当する動感目像は、学習者の〈今ここ〉の習熟位相との関わりを前提に指定されなければならないからである。学習者の動く感じに相応した目標像を的確に再構成しておかないと、結局のところ偶発的な〈マグレ発生〉に狂

138　Weizsäcker, V.v.: Gestaltkreis op.cit. S.110　邦訳：ゲシュタルトクライス、42頁

喜してしまい，思わぬ〈鋳型化現象〉に引きずり込まれるからである。そこでは，一元化意味核発生を無視した〈機械的反復〉に堕する可能性を否定できないのだ。少なくとも，マグレ発生以降の身体化生成現象においては，学習者の動く感じの良否判断の基準となる〈生ける目標像〉を慎重に構成化する静態論的構成分析が不可欠になるのはこの意味においてである。

　こうして，我々はすでに共時的に完了している〈動感目標像〉を改めて静態分析を通して再構成し，その確認された前提に基づいて，学習者が意欲的に価値感覚を働かせる〈身体発生〉に取りかかることができる。すでに前段において，我々は〈たった今掴んだまま〉の過去把持志向性を今統握として捉えると同時に，その〈今統握〉は未来への〈予描作用〉を生み出す同時現在的な可能態の〈身体能力〉を重視するラントグレーベの指摘にはすでに注目しているはずである。〈絶対今〉と〈絶対ここ〉に中心化される自我身体が自らの〈反逆身体〉に向き合うとき，その〈原身体〉の絶対ゼロ点に中心化される本質可能性が浮上してくるのだ。ラントグレーベによれば，〈私が動く〉とは「同時に私を動かす私の能力性に気づいている」と言う。そのときには，「絶対ゼロ点として自我身体に中心化されている」から，〈私が現に居る〉というときの〈現〉は〈必然的絶対規定〉となる。今ここに「動いている人はそのゼロ点から逃げ出すことはできない。それはその人自身が絶対ゼロ点そのものであり，どんな運動のときも自我と一緒にそのゼロ点を担っているからだ」[139] とラントグレーベは身体化の本質必然性を的確に開示してくれる。たしかに，自我身体の絶対ゼロ点に中心化されること，つまり〈身体中心化〉とは，自我覚醒の基礎を提供し「自我同一化は二重の意味で，あらゆる〈行為〉の身体中心化以外の何ものでもない」[140] とフッサール自身も指摘しているのは周知の通りである。

　しかし，〈私の動感身体性〉が目覚めているとは言っても，自我身体のキネステーゼ身体感覚の働きは多様であり，その微妙な〈感じの違い〉を明確に統握することはそう簡単なことではない。むしろ，それが大きな障碍になって，その行く手を阻んでいるからだ。それどころか，〈動く感じ〉の微妙な違いを純粋に記述する段になると，その表記問題も含めて我々の動感意識分析の道を阻んでしまうのである。とは言っても，その身体感覚の発生的構成分析なしには，貴重な運動文化の伝承の道も絶たれてしまうことになる。とすれば，我々

139　Landgrebe, L.:1980, op.cit. S.71
140　Hua. XV. Beilage L - ⑤ S.642f.　邦訳：間主観性の現象学 III，付論50 - ⑤　495頁

はこの謎に満ちた身体化現象を純粋に記述する道を是非とも拓いておかなければならない。そのためには，〈自己運動する主体〉が自らの動感身体性の志向体験を感じとる能力に向けて，いわば運動主体の動感身体性に潜む〈ノエシス契機〉を覚起する身体能力を主題化することから始めなければならない。その動感形態化現象における〈ノエマ的意味存在の静態分析〉と〈ノエシス的契機を統握する発生分析〉から着手するしかない。その場合にはすでに前段で述べたように，その動感形態化の志向対象性は「その消えていくなかに〈流れ去るもの〉として自我身体に受動志向的に統握され経験されている。それと同時に，常に新たな原動力となる未来時間も〈流れ来るもの〉として同時予描的に経験されるのだ。この繰り返しのなかに〈自ら動きつつある者〉が，その動つつある地平に潜むその志向対象の能力可能性を発見できるのだ」というラントグレーベの正鵠を射た指摘を見過ごしてはならない。ここで取り上げるキネステーゼ身体発生分析の起点には，その〈未来予描の動きかた〉に潜む可能態の〈身体能力〉をどのような手続きを介して〈身体化〉していくかが主題化されることになる。

§54. モナド意味核の伝承に道を拓く

(a) 鋳型化は解体できるのか

　キネステーゼ身体発生の本質直観に向き合う長い道程においては，受動的な〈統覚化分析〉に始まって，受容的ないし能動的にキネステーゼ身体発生史の確認や修正化を含めた〈身体化分析〉を通して，そのキネステーゼ身体能力を確かめるなかに，本質必然的な数多の志向対象を構成し，開示していくことになる。しかしその当座の終点は，いつも必ず陽炎のように未来に遠のいていく。その芸への道は〈目的論的無限性〉[141]を基柢に据えているから当然のこと［深層：§86-②~③参照］であろう。マイネルの言うマグレ当たりの〈粗形態〉にも気づかないまま，相即的に〈原努力〉が触発されるが，そこにも限りない〈修正化〉の道が待っているのだ。自らの動きを修正する役割は，さらに上位の自在洗練化形態（ゲシュタルト センス）の意味発生に向けて〈再統覚化〉する働きに高められていく。しかし，すでに基礎的な図式化地平を通過しているから，目指されるべき修正化の志向対象を再構成する営みは，パトス的ないしエートス的な〈動機づけ〉

---

[141]　Hua. XV. Text Nr.22・① S.380　邦訳：間主観性の現象学Ⅲ，526頁

の触発がないと，〈慢心〉のなかに沈殿してしまうことになる。そこでは，キネステーゼ身体発生を導くコーチや教師が重要な役割を果たすのは論をまたない。しかしそこにも，さらに加えて執拗なアポリア［難関］が待ち構えている。つまり，その古い図式化の〈解消〉と新しい動感ヒュレー（キネステーゼ）の〈統覚化〉との激しい〈せめぎ合い〉は不可避的な現象として，学習者のみならず指導者にも多くのアポリアを突きつけてくるからである。

　ここにおいて，改めて〈修正化分析〉の感覚（センス）発生に問いかけざるをえなくなる。この修正化起点を構成している現象野は，それまでの古い〈形態消滅〉（ゲシュタルト）と新しい〈形態生成〉（ゲシュタルト）という二重の絡み合い構造に向き合わなければならないからである。とすると，修正化の営みは統覚化，確定化，修正化という多層的位相の本質可能性に再度回帰することになる。ところが修正現象の独自性というものは，それ以前の動感形態化がすでに〈当座の完了として〉定着しているから，単に動感ヒュレー（キネステーゼ）のゲシュタルト統覚化に回帰するわけにはいかない。とすると，すでに〈図式化〉された動感形態を修正するには，改めてその修正化分析の志向対象に立ち戻って，自らの動感形態化の志向対象を再確認し，新しいキネステーゼ感覚の〈意味発生〉（センス）に改めて向き合わなければならない。拙著［身体知の構造：講義13参照］における修正化地平分析はこの修正化二重性に対する問いかけであり，それはすでに立ち入って講義されているので冗長な繰り返しを避けることができる。いわば，〈キネステーゼ感覚形態化〉の現象野に立ち返って，その源泉の絶対ゼロ点に遡源し，動感化された時空間に現象する身体中心化や情況投射化の現象野に立ち戻って原発生地平分析を施すことになるが，ここでは，修正化の〈動機づけ〉と共に，修正目標像の構成に関わる〈調和化現象〉と修正化の成否を決める〈解消化現象〉の本質可能性を念のため要約しておこう。

　このような感覚素材に〈キネステーゼ調和化〉（ヒュレー）を見出す志向対象には，その基柢に微妙な動感意識の違いを感知できる身体能力が求められている。自らの動感ヒュレー（キネステーゼ）を修正化するときには，その感覚素材相互の〈対照化〉や〈重なり合い〉の作用に支えられて，はじめて〈調和化作用〉が生気づけられるからである。そこで改めて修正化への志向対象が〈動機づけ〉されるのだ。調和化現象の地平には，マイネルの指摘する〈発見方法論〉[142] が志向含蓄態として潜み，新たな修正化への〈動機づけ〉を発見させるのだ。そこで修正される

142　Meinel, K.: Bewegungslehre op.cit. 1960 S.232ff. 邦訳：スポーツ運動学，248頁以降

§54. モナド意味核の伝承に道を拓く 475

目標像は改めて確認されなければならない。ここで言う〈調和〉という表現には、その語原[harmoniā 組み立てる，一致する]が示しているように、そこに幾つかの分節が区別され、そこに対照化(コントラスト)が生じても、その感覚発生のハーモニー志向性が感覚印象の統一化を支えているのだ。だから、修正に働く調和化の身体発生基盤には、分節的な相互の動きかた、あるいは〈コツの身体中心化〉と〈カンの情況投射化〉との関わりに統一的な快感情を引き起こす志向対象がすでに息づいているのだ。自らの〈動く感じ〉に統一的印象を感じ、その〈連合化綜合〉からハーモニー志向性を感知できる身体能力こそ決定的な役割を果たすのであり、それを端的に〈動感調和化能力〉と呼ぶこともできる。その動感ヒュレー(キネステーゼ)の微妙な違いを修正するには、この〈調和化能力〉という本質可能性を基柢に据えてこそ、すでに固癖の定着した鋳型化現象に対する新しい〈解体分析〉の道が拓けてくる。むしろこの調和化現象の基柢を支える動感調和化能力の発生分析こそ伝承発生に重大な役割を果たしているのに注目しなければならない。従って、キネステーゼ意味発生の各現象野を貫く〈動感調和化〉の本質必然性は、改めて〈静態分析〉(センス)として問い直され、その意味(センス)存在が確認されなければならない。その広汎な調和化領野には、動感意識流の調和化形態を直に感知し、その良否判断を同時に感じとれる調和化能力の〈発見方法論〉こそ、その本質必然性が改めて問い直されるべき喫緊の課題になるであろう。

　ここにおいて、我々はここで主題化されている鋳型化現象を〈解消化〉し、さらに新しい身体発生を保証する解体分析への道に立ち入る実践可能性に向き合うことになる。この〈通時的歴史身体〉に潜む鋳型化現象を解体する道を拓くことは、まずもって動感発生論の最大の難関といっても決して過言ではない。そこでは十重二十重(とえはたえ)に絡み合ったアポリアに立ち向かわなければならないからである。動く感じが自らの〈習慣身体〉に沈殿して固癖化し、さらに強固な鋳型化に変容していく過程には、受動的綜合による〈習慣身体生成〉と、強制的反復訓練による受容的綜合の〈鋳型化成立〉という特徴的な二つの生成過程に注目する必要がある。前者の指導者不在の受動的綜合の場合には、自我身体にいわゆる〈なじみ地平〉がいつの間にか成立し、その動きかたは何の抵抗もなくわが身に身体化され、その動く感じに快感情が生じてしまうからだ。だから、反対にその自我意識の働かないまま習慣化した動きかたが何らかの切っ掛けで変形されると、途端に不快な感じが襲ってくる。こうして遂には、その習慣態となった動きかたはいつの間にかその人特有な〈様式感〉[個性的な歩く感じ]を

形成することになる。このような受動綜合によるキネステーゼ習慣態はマグレ発生に狂喜して機械的に反復を重ねてしまうときに典型的に現れる。そこにはいわゆる動感発生コーチ(キネステーゼ)が不在のことが多い。後者の受容的綜合の鋳型化成立は，成果主義に徹した教師やコーチによって，一定の範型をもった動きを強制的に鋳型化する場合に生じることは周知の通りである。

　このような受動綜合の〈習慣態成立〉でも，受容綜合の〈鋳型化成立〉でも，いずれにしても，運動主体の意味核はマグレ発生によって成立するから，その意味内実(センス)は不安定であり，まさにマグレの〈空虚形態〉の儚さそのものである。それに対して，執拗に機械的反復が強要されるのだから，その意味核の外縁だけが硬化することになる。それが習慣態となり，鋳型化するのだから，その意味核の中身は柔らかで，殻だけが硬い鶏卵のようになってくる。だから，そのまま機械的な反復で成功の確率が高められても，その身体感覚の意味内実は〈空虚表象〉のままだから，何かの切っ掛けでこの殻が壊されると，全く動けなくなってしまうのだ。それは，いわゆる突発的な動感消滅現象であり，いわば巷間で〈技が狂った〉と呼ばれる奇妙な出来事である。その場合のキネステーゼ身体感覚の生成現象，つまり動感意識の身体化現象が全く欠損しているのだから，その本人の身体感覚が空虚表象のままでは〈動ける〉はずがない。そこには，身体発生の本質直観分析が全く欠損しているから，キネステーゼ感覚発生とは全く無縁なままに放置されていたことになる。このような身体発生の本質直観分析に無縁なところでは，その学習者の動きかたを外部視点からどんなに高速な映像分析(キネマトグラフィー)をしても，そこに〈動く感じ〉が映像化されるはずはない。だから，その修正の仕方は，粘土細工のときと同じように，動きの外形だけにこだわり，動く感じの良否判断は一切無視されることになる。そこでは，間違った動きかたを取り除き，そこに新しい正しい動きかたを加えるという，いわば〈粘土細工の加減方式〉をとらざるをえない。

　このように，いつの間にか受動的に習慣態が発生し，ひたすら強制されるまま機械的に鋳型化が生じてしまった学習者に対して，我々はキネステーゼ身体発生という新しい道を拓いてやらなければならない。〈動く感じ〉のなじみ地平の存在を直に感じとらせ，動くときの感じをそのつど掴み取る〈直観化綜合分析〉の道を最初からその〈道しるべ〉にそって辿り始めなければならなくなる。指導実践の現場では，身につけるべき動きかたに気づかせ，生成させるためには，わが身にありありと感じとれる反復を取り上げるしか道はない。ところが，

その動く感じの定着化を進めようとすると，再び我々は次の修正化作用を逆に困難にしてしまうという〈二重化パラドックス〉に直面する。とは言ってもその動感形態化を確かなものにするには，どうしてもその意味発生の〈定着化〉をセンス図らないわけにはいかない。このような〈定着化〉と〈解消化〉のアポリアの狭間に，この解消化現象の重大さが浮き彫りになってくるのだ。悪いフォームを修正するとき，以前の動きかたがしつこく絡みついてくる苦しい〈身体経験〉をもっている人は少なくないであろう。そこでは，間違った動きかたを取り除き，そこに新しい正しい動きかたを加えるという，いわば〈粘土細工の加減方式〉に頼りたくなる。その場合，修正される運動経過が物理座標系の〈図形的変化〉と誤解されることにまずもって気づかなければならない。フッサールの言うように，修正する分析対象となる〈動きかた〉は，その本人が〈志向対象〉を構成することにあるのに，つい〈物化〉して映像分析が可能だと勘違キネマトグラフィーいしてしまう。その動作部分を取り替えようとしても，全体の動感メロディーは〈変調〉をきたし，その古いキネメロディーは忘れようとしてもしつこく絡みついて離れない。新しい動感システムを安定させようとすればするほど，そのシステムは〈解体化〉できなくなるというパラドックスに呪縛されてしまうのだ。と言っても，いつでもすぐに解消化できるように，最初からその統覚化をいい加減に甘くすれば，いつまでもマグレの偶発位相に止まるしかない。このような矛盾した本質必然性に束縛された解消化現象から脱却するには，新たにキネステーゼ感覚発生に立ち向かう努力志向性を生気づけさせるしかない。センスそれはなじみ地平に始まる直観化分析に回帰する道をとるしかない。たとい，その動感志向的な近縁構造をもつ動感形態であっても，そこに〈動感差異化〉を厳しく感知しながら新たな〈原的充実性〉に向けての〈直観化綜合分析〉に徹するしかとる道はない。その場合，〈動感親和性〉ないし〈動感類縁性〉の地平分析とその発見方法論がさらに体系的に開示されるべきことは決定的な重みをもつことになる。

(b) 動感発生は誰が伝えるのか

こうして，マグレ発生に始まる機械的反復による習慣化や鋳型化の現象野から脱却するには，再び〈身体化への回帰〉が結果的に求められる。となると，動感意味核を安定して身につけ，しかも鋳型化にも陥らない道は一体どのようにして拓かれるのか。この問題圏は後段のモナド意味核の伝承次元における高

次元の安定化, 優雅さ, わざの冴え, あるいは自在洗練化現象野への道に通底してくるのだ。いわば, 失敗しない意味核の〈確信程度差〉に展開される〈わざ幅〉の問題圏がそこに浮上してくる。すでに前段で取り上げた意味核のマグレ発生を単なるマグレでなく, 確実に遂行できるようになるためには, 鶏卵の〈殻を硬化させる〉だけの機械的反復の危険性は何としても避けなければならない。とは言っても, 意味核の中身をマグレ位相のまま温存しているのでは, その動感メロディー(キネステーゼ)が何時消滅するか分からない不安を抱え続けるだけとなる。偶然のマグレに紛れ込んできた意味核における価値感覚の〈身体化〉を進めるためには, 儚いマグレ形態の〈外延〉にさらなるキネステーゼ身体経験を重ねて行かなければならない。その身体化の充実は, 実践現場ではスローガン的に〈わざ幅を拡げる〉と呼ばれる。ここで言う〈わざ幅〉とは, 私の意味核を的確に成立させる〈程度差〉の多層的構造が意味され, その〈遊び幅〉の働きを充実化しようとするのだ。しかし, 意味核の機能的な遊び幅を的確に充実化する道はまさに多岐にわたり, その深淵は我々を苦悩させること頻りである。マグレ意味核を中心とする〈同心円〉の外延は幾重にも多層化され, その〈遊び幅〉も身体化現象の多様性に応じて拡げられていくのである。この意味核の〈実践的確信〉を充実化していく〈わざ幅〉の身体化現象の解明に直に向き合う事態こそが反復練習の在るべき姿であると言えるであろう。しかしそれは, まさに苦渋に満ちた解明分析の道を辿らざるをえなくなる。この〈わざ幅〉については, 改めて後段［§ 57］で〈自在無碍分析〉の道しるべの一環として詳しく立ち入ることになるから, ここでは, そのマグレ発生からの脱出する〈道しるべ〉の一端を少し垣間見ておきたい。

　我々の実践現場では, たとい〈マグレ当たり〉の幸運でも, け上がりに成功し, 的確にシュートを打ち, 高跳びのバーがクリアできれば, 同時にそのキネステーゼ感覚(センス)発生の地平性に潜む志向含蓄態に〈先反省的〉にすでに向き合っているのだ。つまり,〈今ここ統握〉が漠然としたままでも, ノエシス契機にわずかに感じたその朧(おぼろ)な〈目標像〉を手引きとして, はじめて〈再生像〉の意味(センス)発生に立ち向かう転機を掴んでいることになる。その再生像は一回性原理に支配されるから, その度ごとに, おぼろ気(げ)な再生像から次の再生像へと「移りゆくなかに〈重なり合い〉」の可能性が生まれてくるのだ。そのうちに, 一連の動感メロディー(キネステーゼ)が流れ出し「純粋に受動的な綜合的統一態に出会う」[143]　のだ

143　Husserl, E.: Erfahrung und Urteil, § 87‐(c) S.413f.　邦訳：経験と判断, 第 87 節‐(c), 331 頁

§ 54. モナド意味核の伝承に道を拓く

とフッサールは巧みにその道を開示してくれる。「こうした〈重なり合い〉の進むなかではじめて〈同じもの〉に一致が生まれるのだ。その〈同じもの〉は、今やそれだけを取り出しても、それが純粋に直観できるようになり、その〈同じもの〉はそれとして受動的に先構成されている。〈形相的直観〉とは、その先構成を能動的に観取し統握するなかにこそ行われるのだ。その事態はまさに悟性対象性や一般対象性のどんな構成化の場合でも全く同じである」と断じるフッサールの指摘は決定的な重みをもってくる。

そのキネステーゼ感覚発生の目標像と再生像との〈重なり合い〉が自らの動感身体性に気づかない間に再構成できるようになると、その〈対照化地平〉の背景に隠れている本質可能的な志向対象がほんのりと姿を露わにしてくるのだ。この微妙なキネステーゼ身体性の様相変動は偶発的でその本人にも常に秘密だというヴァイツゼッカーの指摘[144]が重みをもってくる。この微妙なキネステーゼ感覚発生は単に〈数学的な確率論〉では述定化できない。それは微妙な価値感覚との関わりがそのつど様相変動を支配するからだ。視知覚ではとても捉えられない百分の一秒の差に挑む一流選手のキネステーゼ感覚発生のコーチングは、その意識流を全く体験していない素人の手に負えるものではない。とすると、その意味核発生の地平志向性を体験した人にしかキネステーゼ身体感覚のコーチングはできないことになるのか。しかも動感深層の意識は、いつも匿名性に覆われ、その本人にさえもおぼろ気にしか気づかれないとしたら、その一般妥当性も疑問視されてくるのは当然である。競技の世界では、未だかつて誰一人成功できなかったわざ［技，業，態，芸］がトレーニング目標に取り上げられるのだ。だから、かつての名選手だったコーチでも、現実態の〈身体知能〉として、それをわが身のキネステーゼ身体で再現することは不可能である。とすれば、その金メダルコーチでも、新しい技を自らの身体で〈観察〉し、その不明な感覚発生の機微に〈借問〉を続け、キネステーゼ感覚で〈代行分析〉に入らざるをえないことになる。その意味では、どんな卓越した指導者でも、新しい技に関する〈身体発生〉[145]［キネステーゼ意味身体の発生］の指導は、本質必然的に常に〈後追い〉にならざるをえないのだ。こうして、本来的に保守性をもつかつての名選手だったコーチでも、匿名性に秘められた原発生の地平志向性分析に改めて立ち向かわざるをえなくなる。その地平志向性の背

---

144 Weizsäcker, V.v.: Gestaltkreis, S.302,1997 ,Suhrkamp Verlag 邦訳：ゲシュタルトクライス，279 頁
145 Auersperg, Alfred P.: Vorläufige und rückläufige Bestimmung in der Physiogenese; Jahrbuch für Psychologie, Psychotherapie und medizinische Anthropologie, 8, 1961, S.226

景に畳み込まれた本質可能性の意味核は端的に〈志向含蓄態〉と呼ばれる。その受動的にしか体験されない志向含蓄態は「顕在的な体験の意味を形成する志向性のなかに深く折り畳まれながらも予描される。それが取り出されれば、織り込まれた意味は解明された明証性をもつのだ」[146] とフッサールは正鵠を射た指摘をしてくれる。こうして身体化現象野における匿名性の重層的地平構造が主題化されていく。しかし、自我身体に匿名的に内在している奥義(おうぎ)という志向対象は、不立文字(ふりゅうもんじ)だから自らの動感身体性(キネステーゼ)で原的に了解できる人にしか通じない。たといそれを数学的に形式化し、記号論理学的に記述しても、その個人の動感意識流(キネステーゼ)に直接に切り結ぶことは決してない。「身体(からだ)がひとりでに動いたから勝てた」とか「身体(からだ)が覚えている動きは本物だ」などと取り沙汰されるとき、「身体(からだ)の何が勝手に動いたのか」「いったい何が身についたのか」はまさに奥義(おうぎ)としてすべて匿名的なキネステーゼ感覚世界に送り込まれてしまうのだ。これでは、どんなすばらしい至芸に自在洗練化の身体能力が露呈されても、その運動文化伝承の道はいつでもすでに絶ち切られていることになる。

(c) モナド意味核の存在に向き合う

ここにおいて、我々はこの〈モナド意味核〉を伝承次元に取り上げるには、その〈原発生地平分析〉に向き合わざるをえない。そこでは、原発生の動感意識流(キネステーゼ)のなかに、改めて二つの地平分析に再び着目することになる。すなわちフッサールは、その動感源泉における原発生領野をまずもって時間流の〈原発生地平〉[147] と呼び、その根源的な発生の原法則性に二つの原発生地平を指摘する。すなわち、その第一の原発生地平は〈過去把持地平〉(レテンツィオーン)であり、第二の原発生地平は〈未来予持地平〉(プロテンツィオーン)である。その二つの原現在の地平志向性のなかで自ら動くときには、その感じの良さと感じの悪さのコントラスト的な述定判断に向き合い、否定、疑念、可能性などの様相化分析の手続きが浮上してくる。それに沿って、直に感じたままを純粋記述しながら厳密な超越論的反省の志向性分析に入っていくのだ。そこにおいて、取り上げられた動感意識(キネステーゼ)の〈対照化現象〉がはっきりと直観されるときには、その記述分析はそう難しくはない。しかし、その志向対象の動く感じが似ていて、そのキネステーゼ身体性に微妙な違いが朧(おぼろ)なままに、しかも〈原感情〉との絡み合いが強いときには、その純

146　Hua. I. § 20 - ② S.85　邦訳：デカルト的省察、§20 - ② 94頁　岩波文庫
147　Hua. XI. § 18 - ④ S.73　邦訳：受動的綜合の分析、第18節 - ④ 111頁

§54. モナド意味核の伝承に道を拓く　481

粋記述分析は困難を極めることになる。

　しかし学校体育でも競技領域でも，そのような絶対主観的な，しかもパトス的志向対象までを取り上げるキネステーゼ感覚発生分析は，単なるドクサ的な思い込みの情緒的な経験記述でしかないと一蹴されてしまうのが一般である。ところが，その遂行自我のキネステーゼ感覚発生を記述するときに，それを〈数学的形式化〉[深層：§54参照]して客観的に記述にすること自体がむしろ大きなパラドックスを抱えていることに気づかなければならない。外部視点から動きかたの客観的なメカニズムや形式的関係構造が解明されたとしても，動こうとする遂行自我の運動主体が肝心の〈動く感じ〉をわが身に〈合体化〉[incorporé 身体化]して，そこに私のキネメロディーを直観できるとは限らないからである。そのためには，主題化される志向対象の基体をなす〈モナド意味核〉と呼ばれるコツとカンの〈一元化モナド論〉に基づく身体発生現象がまずもってしっかりと確認されていなければならないからである。

　そのような身体化現象が，わが身に〈合体化〉し，感じのいいキネメロディーが奏でられるのには，伝承次元における〈モナド意味核〉の意味内実が我々に明確に開示されていなければならない。例えば〈歩く〉と〈走る〉との〈動く感じ〉の意味統握は，誰にでも自らのキネステーゼ身体に了解されている。つまり，その歩きのモナド意味核と走りのモナド意味核は，自らの身体感覚でその違いが明証的かつ不可疑的に承認されているのだ。それ故にこそ，その〈歩きかた〉や〈走りかた〉というモナド意味核はまさに伝承次元のなかに意味存在がいつもすでに成立していることになる。母親がわが子に歩きかたを教えるときには，〈歩くモナド〉と〈走るモナド〉のキネメロディーはすでに母親自身のキネステーゼ感覚としてわが身に〈身体化〉されているのだ。この謎に満ちた〈モナド意味核〉という固有な本質必然性は，物的身体の歩行運動に潜んでいる生理学的，物理学的な〈自然法則〉とは全く異質な現象学的〈本質法則〉である。スポーツの発生的運動学では，伝承次元における〈原的普遍妥当性〉が保証されているときにのみ〈モナド意味核〉という表現が用いられるのだ。しかし，母親が「ここで走っちゃいけない」と叱るときには，すでに動感伝承次元に入っていることになる。その母親に身体化されている走りのモナド意味核は，フッサールの言う〈モナド的なるもの〉として，もはや分割できない単一なものであり，ライプニッツ（1646〜1716）に倣って〈モナド〉と表すしかないのだ。しかも，このモナド意味核は，部分がないから数えられず，計測も

できず,歩と走との超高速の映像分析(キネマトグラフィー)はまさにアポリア［難問］に阻まれてしまうことになる。それはまたキネステーゼ身体発生に固有なものだから他人に代わってもらえない。だから〈代理不可能〉であり,しかも発生も消滅もいつも必ず同時変換的に行われる〈反論理性〉そのものなのだ。競技スポーツの実践現場では,このモナド意味核の原的な必然可能性を〈究極的命綱〉として大事にされることはアスリートなら誰でも知悉しているはずである。名選手と謳われる人たちは,例外なくこの〈モナド意味核〉という命綱をいつもすでに身体化できているのだ。生命ある〈知覚と運動の一元論〉を唱えるヴァイツゼッカーも,人間学的運動分析に〈意味系〉［モナドコツの意味(センス)発生］と〈価値系〉［モナドカンの情況感覚(センス)発生］の現象野を導入したボイテンデイクも,身体運動における究極の意味核を〈モナド〉と呼んでいるのはこの意味においてである。

(d) 運動伝承は芸道に通底する

　運動伝承次元の〈モナド意味核〉とは,キネステーゼ感覚の形態発生(ゲシュタルト)を保証できる本質必然性を秘めたキネステーゼ感覚の〈究極核〉[148]［最終的意味(センス)の担い手］だから,物体のような〈延長性〉をもつはずもないし,科学的な映像分析(キネマトグラフィー)の対象にもならない。しかもその動く感じを含蓄した〈モナド意味核〉は,単一なモナドだから,そのコツないしカンの一部だけ身体化するというわけにもいかない。そのようなモナド意味核はひたすら〈原的充実性〉を秘めているから,意味核発生の〈界面化現象〉を確認するためには,その究極核を故意に消去したり,動感メロディーを解体化したりするトレーニング方法が指導実践の現場ではよく知られている。これは,スローガン的には〈失敗に必ず成功する〉とパラドックス的に表現されることも多い。それは〈できる－できない〉の最後の一線を駄目押し的に確認する〈縁どり分析〉とも約言される。発生的運動学の分析手続きとしては,モナド意味核の〈消去法〉ないし〈解体法〉とも呼ばれるが,それは拙著［スポーツ運動学：254~263頁参照］に詳しい。その意味核を構成しているモナドコツとモナドカンを意図的に消してしまうと,どんなにやろうとしてもその動感メロディーは成立しない。だから,それは実践現場では〈失敗に必ず成功するトレーニング〉として親しまれているのだ。それが緊迫した競技における〈究極的命綱〉として,アスリートにとっては不可欠なトレーニングになっていることは言をまたない。〈絶対に失敗する〉というこ

148　Hua. XVII. § 82‐③ S.210　邦訳：形式論理学と超越論的論理学,§82‐③ 225頁

§ 54. モナド意味核の伝承に道を拓く　483

のパラドックス的な〈解体手続き〉は、いわばヴァイツゼッカーの言う〈反論理の原理〉に他ならず、フッサールの意味する〈原的身体経験の解体による解釈〉に立ち返ることになる。つまり、フッサールが「あらゆる経験（知覚、原的経験統覚化）をある仕方で体系的に解体することができる」[149]と指摘するのはこの意味である。「ある経験を発生から排除すると、知覚がその地平に向かってどんな状態にならざるをえないかを考えて、ある一群の経験が不可能になってしまうのを確かめることができる」とフッサールは具体的に駄目押しまでしてくれる。このような身体知ないし感覚論理は、モナド意味核の解体分析法として競技トレーニングでは馴染まれているが、ボイテンデイクは因果分析で説明できない奇妙な〈感覚運動知能〉として特記していることは周知の通りである。自らのコツとカンの一元化を確かめるとき「うまくいかない動きかたを順に確認していけば、最後に命綱としてのモナド意味核を掴める」という現場の〈実践知〉は、競技に生きるアスリートたちにとっては自明の理である。それはフッサールの意味する〈共通感覚〉[150]（アイステータ コイナ）であり、目で見る視覚や耳で聞く聴覚という因果的な理念感覚（アイステータ イデア）ではないからこそ、ボイテンデイクもそこに関心をもち、その謎めいたキネステーゼ身体能力の新しい固有性に気づいたのであろう。

しかし、このキネステーゼ身体能力の伝承次元で取り上げられる〈モナド意味核〉は、その原発生地平における遂行自我の〈一元化意味核〉として原的に充実した〈私のモナド意味核〉であるが、その絶対主観的なモナド的なるものが〈窓〉をもって他者との交流が可能であることをフッサールは指摘する。つまり、競技スポーツにおける実践的な身体能力の志向体験は、コツとカンがいつも〈二重化統一態〉として実践可能性を支えてくれるから共通感覚（アイステータ コイナ）として他者との交信が可能なのだ。それは選手や生徒たちにとっては、きわめて日常的な〈一回性の出来事〉[151]でしかないが、しかしその二重感覚が動きの感覚質を伴うと、この〈触られつつ触る主観身体〉の感知能力は、さらに他者の〈自我身体〉を同時変換的に〈共感できる働き〉として生み出すのだ。このような主観身体と間主観身体を架橋する奇妙なキネステーゼ身体能力の働きは、〈感覚質越境性〉と呼ばれて、我々のスポーツ領域における実践可能性を支えてい

149　Hua. XIV.: Nr. 6‐⑭ S.115　邦訳：間主観性の現象学 その方法、テキスト Nr. 6‐⑭ 370 頁
150　Hua. VI. § 9‐b）‐④ S.27f.　邦訳：ヨーロッパ諸学の危機と超越論的現象学、第 9 節‐b）‐④ 46 頁
151　Weizsäcker, V.v.: Anonyma, S.49　邦訳：生命と主体、3‐反論理‐① 94 頁以降

ることを見逃してはならない。こうして動感身体発生領域には，〈動感連帯化〉の現象が姿を現すことになる。この問題圏は，すでに拙著［スポーツ運動学：151頁以降参照］に詳しい。因みにそこでは，フッサールに倣って〈我汝連関〉という「自我と他者との間の特別な合致原形態」[152]に注目せざるをえなくなる。それは，微妙な感覚質までも私と通じ合える「他者は私の汝」なのであり，延長的空間に実在する「私に向き合った他人ではない」という。フッサールの言う〈我汝連関〉には，私の語りかけとそれを受け入れる汝との〈出会い〉が同時変換的に成立しているのである。自我と他我がそこで「語りつつ，聴きつつ，借問しながら〈特別なまとまり〉をもち，〈仲間化して一つの我々〉を形づくる」ような〈原形態〉がそこに姿を現してくるのだ。その場合の〈我汝連帯感〉のなかに，キネステーゼ感覚交信できる仲間としての間柄に独特な〈動感連帯感〉が同時に生み出されるのは言うまでもない。このような〈出会い〉における我汝仲間化としてのキネステーゼ感覚交信は，競技スポーツのなかでは，まさに日常的な出来事である。子どもたちの遊び仲間のなかでも，竹馬の乗り方のコツを奇妙な表現で話しかけ，それを即座に納得してコツを受け入れる〈仲間化〉という出来事は，何も珍しい出来事などではない。そのコツを受け入れる仲間は，それをすぐに〈身体化〉して，竹馬乗りにうまく生かすことができるのだ。まして競技スポーツでは，コツが仲間に伝わり，ゲームの情況を一瞬にして読みとるカンが選手同士の間に即座に伝わることなどは，決して希有な現象などではない。つまり，〈動感出会い〉（キネステーゼ）という〈原事実〉ないし〈絶対事実性〉は，相互に同時変換的に発生するからこそ，モナド意味核の伝承が成立するのだ。このような動感伝承（キネステーゼ）の次元に生きる〈モナド意味核〉は古来の芸道や武道における〈伝承の型〉に通底して，キネステーゼ感覚の越境性がそれを支えていると考えられる。柔道や剣道の〈型〉は，単なる抽象的な動きかたの図形的な形態でなく，固有な伝承型，つまりモナド意味核に他ならない。その伝承次元のモナド意味核は，その〈型〉を演じる名手の原発生地平のなかに，生き生きとした〈今ここ〉のキネメロディーが即座に〈生気づけ〉できる〈志向含蓄態〉として，いつもすでにその地平に息づいているのだ。それが単なる〈動きの図形的変化〉であれば，キネステーゼ感覚が越境できる〈伝承型〉になるはずもない。

152　Hua. XV. Text Nr. 29: Ich-Du-Deckung ①〜②　S.476　　邦訳：間主観現象学Ⅱ，我汝の合致・①〜② 398 頁

§ 54. モナド意味核の伝承に道を拓く

　ところが, 少しでも早くコツを発見したいと願うあまり, わざわざ失敗を誘う動きかたを試みるのを嫌う成果主義が横行している昨今である。しかし, オリンピックや世界選手権などの大舞台で, 絶対に失敗が許されないキネステーゼ感覚情況におかれると, その〈失敗をトレーニングする〉というパラドックスの真意が了解できることになろう。その失敗トレーニングは, 機能しつつある動感身体性として, まさに遂行自我の承認に至るに違いない。厳密な解体分析で自らを鍛え抜いた選手のみがその究極の〈命綱〉としてのモナド意味核を身体化できる必然可能性をもつことができる。成果主義的な科学的トレーニングからは, この因果決定論を否定する本質法則の必然可能性を解明することは論理的に不可能なのである。このような命綱を確かめるキネステーゼ〈界面化現象〉は, 当該のキネステーゼ感覚形態化の成立を確定する境界面にしかその姿を現さないのだ。不毛な誤解を避けるために, この〈界面〉という表現が二つの物質の境界面に起こる物理学的・化学的現象とは明確に区別されなければならない。身体化現象を確定化するなかで意味されるこのキネステーゼ感覚の〈界面化現象〉は, 動感身体性の〈世界内存在〉を保証する身体化現象が主題化されているからである。拙著の講義［身体知の構造: 講義11参照］では, 〈界面〉という科学的概念と混同されるのを避けるために, スローガン的な〈縁どり地平〉の表現が用いられているのはこの意味においてである。こうして, 我々の発生的運動学においては, 伝承次元に生きるモナド意味核がわが国古来の芸道や武道の〈型〉の本質必然性に通底していることを特筆しておきたい。我々の芸道や武道の〈稽古〉［古を引き止める: 過去の志向対象を捉え, 即座に未来の動きを予描する］というトレーニング方法は, 決して非科学的な主観的方法ではない。むしろ西欧圏における17世紀の科学革命に先駆けて, すでに15世紀の室町時代にわが国に時間化志向性が芽生えていたことはまさに一驚に値する。もちろん, この芸道や武道における稽古の源流は, 古代中国の道教や禅仏教などの東洋的な〈わざ〉［技, 業, 態, 芸］の世界に遡源するのは言をまたない。我々の発生的運動現象学におけるキネステーゼ感覚伝承の意味発生分析論は, わが国古来の芸道における稽古方法論を基柢に据えて, フッサール発生現象学において機能する動感身体性の意味発生として, さらに厳密なキネステーゼ感覚発生論への道が拓かれていくべきであろう。

［Ⅲ］　自在無碍分析の道しるべ

§．55　自在無碍は原現在に回帰する

(a) 自在洗練化は極致に現れる

　ここで主題化されるキネステーゼ感覚発生の〈自在洗練化〉という究極層位に位置する自在無碍の高次現象は，端的に約言すれば，自我身体が何者にもとらわれず〈自在無碍〉に動ける一元化意味核に呈示されるキネステーゼ意味発生の〈事態〉である。その素晴らしい動きかたを示す事態について，それを述定判断する高次元な諸々の志向対象性は，改めて〈超越論的反省〉の立場から構成分析に取り上げられることになる。そこには，いわば意味統握の自在無碍の高みを目指して，自らの〈時間化能力〉から生み出される究極意味核の志向対象が次々と姿を露わにしてくる。そこに機能しているわが身にありありと感知される動感身体性の〈自在洗練化能力〉や，その高次な自己時間化による〈自在構成化〉などのキネステーゼ感覚の統握現象が浮き彫りになってくるが，それはすでに拙著［身体知の構造：講義14参照］に詳しい。そこには，競技に使う新しい目標技(わざ)，想像を絶する神業(わざ)，感動を誘う真に迫る振る舞いの態(わざ)，限りなく追求される究極の芸(わざ)など，それぞれの技芸の極致に立ち現れる高次元の〈動きかた〉や〈振る舞い〉の水際立った志向対象が厳密に記述分析されることになる。そこには，自在洗練化のキネステーゼ感覚発生地平に潜む安定化，負担軽減化による〈即興形態化〉のみならず，至芸に示される〈技の冴え〉などの高次元な志向対象性も，それどころか非人称的な〈それ〉が機能する意味核の希有な事態さえ，その諸現象の超越論的構成分析の志向対象として主題化されていくことになる。

　このような自在洗練化された〈絶対時間化〉[153]によって示される〈動きかた〉は，競技の名アスリートたちや芸道の無形文化財的名手たちによる至芸の〈自在境地〉のなかに現れ，多くの人々の感動を呼ぶことは周知の通りである。しかしながら，その高次元の技芸(わざ)を遂行する本人が，つまりその遂行自我でさえも，〈立ち止まりつつ流れる原現在〉という私自らの時間化能力の働く〈動く感じ〉を明確に言表できるとは限らない。その意識時間流の原発生地平におい

153　Hua. XV.: Text Nr. 38, S. 670　邦訳：間主観性の現象学Ⅲ，テキスト38・⑩〜⑪ 506頁

て，コツとカンが一元化されたモナド意味核のすべてを純粋記述できるのはむしろ希有なことかもしれない．それは〈非直観志向性〉としてその姿を潜めてしまうから，外部視点から映像化できるはずもないのだ．あるいは他人からその意味(センス)発生の様相変動を借問されて，自らの動く感じを即答できる人は珍しいかもしれない．こうなると，この技芸(わぎ)の貴重なキネステーゼ感覚発生はその遂行自我の〈原発生地平〉に沈殿したまま，場合によってはその本人と共に墓場に葬られてしまうことさえありうる．これでは，どんなに素晴らしい神技も，地域を越え，時代を超えて，キネステーゼ感覚の伝承次元に入ってくることは難しくなる．そこでは，余りにも多くの障碍が我々の超越論的構成分析の試みを妨げ，いわばキネステーゼ感覚伝承の道に通行不能なアポリア［難関］で阻止している事態を我々は直視しなければならなくなる．そこに芸道伝承の長い歴史のなかに，家元制度や流派による相伝形式が生み出されながらも，そのアポリアは依然として現代に生き続けているのである．

　ところが，日常的に用いる箸の使い方でも，歩きながらスマートフォンを操作するという振る舞いにも，その習慣的反復の成果として，知らぬ間にこの自在無碍層位に達しているのだ．いわば，〈自在洗練化現象〉というのは，競技や舞踊などの技芸(わぎ)の極致世界のみならず，日常の動作や振る舞いのなかにも，その姿が露わになる．そのありふれた日常的な自在洗練化現象の〈今はこうなのだ〉[154] [Nun-einmal-so-Sein] という〈発生転機〉も常に秘密のままである．この奇妙な〈偶発性〉の現象は，いつもすでに秘密のままであるとしても，それは〈原的な動きかた〉に気づいた人には直に伝わってしまう奇妙さがあるのだ．従って，この動感化された〈自在洗練化現象〉それ自体は，その人の競技歴や指導者資格に関わりなく，その機能しつつある動感身体性の原発生地平にいつもすでに開示されていることになる．しかし，このような日常的な身近な動きかたは，誰でも体験する可能性があるが，高次元の自在洗練化層位にある高度な技芸(わぎ)の動きかたは，その類い希な名手の精進によってのみ成し遂げられるものである．だから，その生成のキネステーゼ感覚発生の自己時間化に関わった身体経験に共感できる人でなければ，その動感意識を外部から捉えることはできない．そのためにこそ，キネステーゼ感覚の〈伝承手続き〉こそが本質可能性として開示されなければならない．その貴重な〈動感伝承財〉の手続きについては後段［終章］に体系化されることになろう．だから，その貴重な〈モ

154　Weizsäcker, V v: Gestaltkreis, op.cit. S.302. 邦訳：ゲシュタルトクライス，279頁

ナド意味核〉は何らかの条件が満たされれば，このキネステーゼ感覚素材(ヒュレー)の伝承が成立する普遍的な身体発生基盤に存在できることになる。その不世出の名選手の遂行自我が，たといその意味発生(センス)の秘密を固守していても，それを見たり，聞いたりした他者に伝承される本質可能性までも消えてしまうことはないのだ。それは，現にその動感身体性の機能する世界内存在の〈運動基盤〉[155]のなかに息づいているというラントグレーベの指摘をまつまでもない。その非直観的なモナド意味核を一目見ただけで，即座にその究極核に〈気づける人〉も存在することは周知の通りである。とは言っても，その目に見えない一元化意味核を超高速の映像分析に掛けても，その遂行自我が動感形態化していくときの〈立ち止まりつつ流れる原現在〉の〈今はこうなのだ〉という秘密は，客観的に対象化されることは不可能だというヴァイツゼッカーの指摘を重く受け止めなければならない。こうして，そのモナド意味核を即座に本質直観できる人が見れば，その秘伝の技芸(わざ)は一気に開示されるという奇妙な出来事の存在が現に注目されることになるのだ。

　さらにこの自在洗練化現象では，可視的に捉えられる形態変容が大幅に減少する特性を示している。新しい動感形態を統定覚化，確定化さらに修正化するときには，それまでの〈動きかた〉とかなり明確に区別することができる。たといマグレでも，け上がりに成功し，的確にシュートを打ち，高跳びのバーがクリアされれば，その動感形態化の地平構造はかなり顕在化して浮上してくる。だから地平に潜む志向含蓄態を取り出すこと自体はそう難しいことではない。ところが安定化層位に達し，その志向形態が自在に〈わざ幅〉をもって達成されるようになると，そのコンスタント化現象の背景に潜む志向対象は，いわば遂行自我の目標像に対する満足の〈程度差〉や快不快の〈原感情〉と直に関わってくることになる。その志向対象性は，端的に述定判断できない微妙な価値意識を〈差異化〉するから，単に数学的な確率論の手に負えなくなってしまう。だから，視知覚ではとても捉えられない百分の一秒の差に挑む一流選手のキネステーゼ感覚指導は，その動感意識流の原発生事態を全く体験していないコーチの手に負えるものではなくなる。とすると，その原発生地平に潜む感覚素材(ヒュレー)を身体化した人にしか動感形態化(キネステーゼ)の指導はできないことになる。しかもその深層意識はいつも匿名性に阻まれ，その本人にさえもよく了解できないこ

---

[155] Landgrebe, L.: Die Phänomenologie der Leiblichkeit und das Problem der Materie, 1965 In: Phänomenologie und Geschichte 1967 S.147 Gütersloher Verlagshaus, Gerd Mohn

§ 55. 自在無碍は原現在に回帰する 489

とが多いのだ。それどころか，高次元の競技世界では，かつて誰も成功できなかった極限の技の〈動感形態化〉がトレーニング目標に取り上げられているのだから，かつての名選手でも自ら体験したことのない時間化能力の指導はどうするのか。たとい金メダリストであっても，その頃には指導すべき目標像のキネステーゼ感覚発生の志向対象がまだ存在していなかったのだから，超越論的反省による後追いもできるわけはない。こうして，競技コーチは本来的に〈保守性〉にしか生きられないのだから，匿名性に阻まれた新しい動感形態化のコーチングには，どうしても原発生地平の超越論的反省にその〈時間化分析〉の手続きを取り上げないわけにはいかなくなる。現役時代にその動感形態化の志向体験を経験していないコーチや教師は，どうしても全く未知の動感財の伝承方法論に立ち向かわざるをえなくなるのはこの意味においてである。こうして我々は，この自在洗練化現象の現れる高次なキネステーゼ感覚発生に関して，その意味核が生成される自己時間化の事態カテゴリー分析に向き合い，その超越論的構成分析に関わる志向対象の静態分析と発生分析の相互補完性の働きに注目せざるをえなくなってくる。そこには，貴重な伝承価値が確認できる〈伝承財〉それ自体の静態分析による意味(センス)構造の確認が不可欠となる。さらに，教師やコーチの未経験なキネステーゼ意味(センス)発生現象を指導するためのコーチング道しるべが改めて我々の発生的運動学の喫緊の課題になってくる。

(b) 時間化する自己運動に向き合う

我々はすでに前段［§28〜§29］でも立ち入っているが，ここにおいて時間流の原発生のなかに動感身体性を機能させて自己時間化する〈感覚(センス)発生〉の様相変動をもう一度問い直して確認しておかなければならなくなる。意識時間流における原発生の地平分析において，まずもって〈立ち止まりつつ生き生きとした流れ〉のなかに，〈対象化時間〉に先行する，いわば〈先時間的現在〉を〈原現在〉[156] とフッサールが呼んでいる事態に注目しなければならない。そこには，〈流れつつある今〉と〈立ち止まりつつある今〉という〈二つの今〉が〈原現在〉として，生き生きした現在の〈中庭〉のなかに構成されているのだ。いわば，ありありと機能する動感身体性で自己時間化するときには，その先時間のなかに〈没自我的な受動性〉，つまり原受動性がいつもすでに秘められているのだ。だからフッサールは「時間は私から構成される」と言い「自我の超越

---

156 Hua. XV, Beilage XLIII. S 598　邦訳：間主観性の現象学Ⅱ，付論 43　456 頁

論的な自己時間化は立ち止まる―原初的先現在のなかに在る」[157] といみじく も絶対時間化の〈自己性〉を指摘するのである。

ここにおいて、「自ら動いているから生きているのだ」[158] というヴァイツゼッカーの単刀直入な名言に倣って〈自ら動く〉という自己運動は、〈自ら動ける〉[Sich-bewegen-können] という能力可能性がすでに畳み込まれていることに注目しなければならない。〈生命あるもの〉は単に〈動かされる存在(ザイン)〉ではない。ラントグレーベは「生命あるものは〈動かされる〉のを自ら〈引き受けている〉存在である」と述べて「自ら動くことは動かされるなかにあっても常に自分自身と一つの関係を保っているのだ」[159] と的確に指摘する。そこには、一つの〈自己関係〉が意味されていて、いわば〈自ら動きつつある者〉は、その私の動きをわが身にありありと感じとれる原的な自己運動として、しかも反省という方法をとらずに、つまり〈先反省的〉にそれを〈いつもすでに知っている〉のだという。別言すれば、自己運動はその遂行のなかに自ら動きつつあることを直(じか)に〈確信している〉のであり、一般に理解されている反省のように、〈後から気づく〉というのでは決してない。

このようにして、フッサールの意味する超越論的な〈自己時間化〉とは、自我が〈立ち止まりつつ生き生きと流れる原現在〉のなかに〈絶対時間化〉という時間流を自ら構成化することになる。そのような自我による自己時間化が行われるためには、前もって〈立ち止まる〉という〈原初的先存在〉が〈先所与〉されていなければならない。〈立ち止まり〉がないと、流れつつあるなかに〈たった今〉というノエシス契機は〈未来に向き合う〉ことができないからだ。〈立ち止まりつつ流れる原現在〉という自我の〈絶対時間化〉が働く深層位には、〈立ち止まる〉と〈流れる〉が〈変換同時性〉をもつ反論理として現れるのはこの意味においてである。しかし、競技の動感世界に生き生きと気概(エートス)をもって業(わざ)の身体化に打ち込むアスリートたちにとっては、フッサールの言う自己時間化という〈志向対象〉は、わが身にありありと感じとれる日常的な〈身体経験〉であることは喋々するまでもない。それは直に身体感覚できる〈現象〉として受け容れられ、原的に機能する動感身体性のなかでいつもすでに了解されているのだ。メルロ＝ポンティの言うように、このことはむしろ〈科学的思考〉に

157　Hua. XV. Nr.38‐⑥ S.667　邦訳：間主観性の現象学 III, テキスト Nr.38‐⑥ 502 頁
158　Weizsäcker, V.v.: Gestaltkreis, Gesammelte Schriften,Bd.4, S.101, 1997, Suhrkamp Verlag　邦訳：ゲシュタルトクライス, 31 頁
159　Landgrebe, L.: Phänomenologische Analyse und Dialektik, In Dialektik und Genesis in der Phänomenologie, S.78, 1980

慣れ切っている我々にとっては，かえって不可解な謎になるのかもしれない。ところが，緊迫した競技世界では，コツとカンの一元化意味核に露呈される変換同時性は，むしろ当たり前の必当然的な一回性の出来事である。むしろ，立ち止まりつつ流れ，流れつつ立ち止まるという自己時間化という事態のもつ反論理性こそわざの極致に示される〈反転化自在無碍〉の境地にも通底するのだ。その境地は，競技するアスリートの動感身体性のなかで，すでにシュトラウス(1935)の言う無限の〈隔たり原現象〉［深層：§60参照］としてわが身にありありと了解されているからである。

　今，今，今と〈流れつつある今〉と，受動的に把持された〈たった今〉の〈立ち止まる今〉とは，共に原現在の〈中庭〉に位置している。それは動感原発生の深層位で〈生き生きした現在〉として，わが身に無記名のまま受動的に覚知されるのだ。そのことをラントグレーベは「過去と未来が同時現在として結びつけられている」と巧みに表現して「その運動主体の自己意識は，自己忘却性のなかに隠れたままであり，〈事後的反省〉では捉えられはしない」と付け加えている。しかし，動感身体性に経験される生き生きした時間流はその消えていくなかに〈流れ去るもの〉として自我身体に受動志向的に経験され，それと同時に，〈流れ来るもの〉として，常に新たな原動力となる絶対時間化が機能する動感身体性のなかに受容的に〈迎え入れられる〉ことになる。こうして，ラントグレーベは「この繰り返しのなかに，自ら動きつつある者は自らの〈能力可能性〉としてそこに動きを発見する」のだと述べ「そのときに〈自我が動くこと〉は〈自我ができること〉に先行する」[160] といみじくも結論する。さらに，〈未来から流れ来る〉と〈過去へ流れ去る〉というこの統一態こそ，フッサールが意味する〈生き生きした現在〉に他ならないと解説しながら，ラントグレーベは時間流の原発生地平に決定的な意味づけをする。そこでは〈自己時間化〉に関する能力可能性の〈発見性〉に言及していることを見逃してはならない。いわば，生き生きした原現在の流れつつ立ち止まる〈時間化能力〉に自ら気づくのには，まさに自己運動に直に向き合うことなしには成立しないことを自ら発見するのでなければならない。

(c) 伝承を阻む秘伝に道を拓く

　ここにおいて，自在洗練化現象の匿名問題に立ち入らなければならないが，

---
160 Landgrebe, L: 1980, op cit. S 83f. - (29)

それはすでに拙著［身体知の構造：講義25参照］に詳しい。〈匿名性〉という表現は〈自らの名前を隠す〉という意味をもつが，ここでは自在洗練化という私秘的な内在経験に関わる匿名性の意味で取り上げられる。その地平志向性の背景に畳み込まれた本質可能性は端的に〈志向含蓄態〉と呼ばれる。そこで気づかれずに体験されるこの潜在的志向対象は「顕在的な体験の意味を形成する志向性のなかに深く折り畳まれながらも予描されている。それが取り出されれば，畳み込まれた意味が解明されて明証性をもつのだ」[161] とフッサールは注目すべき開示を追加してくれる。ところがこの志向対象は，前段で述べた〈流れ去るもの〉として自我身体に先反省的に経験されるとしても，それは時間化空虚形態のまま過去に流されてしまうことが多い。それを時間化空虚表象としてキネステーゼ感覚発生に関わるには，〈流れ来るもの〉を受容的に迎え入れる〈空虚なノエシス契機〉がとくに注目されなければならない。それは，その過去把持に正体不明の無記名なまま時間化される〈空虚形態〉から，未来予持のなかに自己時間化する〈空虚表象〉への意味発生的反復のなかに，そのノエシス契機の充実化可能性を見出すことができるのだ。すでに我々は前段［§29］でも立ち入っているが，その空虚表象は知覚表象に先行して「現在が未来に向かって腕を広げて迎え入れるのだ」[162] とフッサールは巧みな表現で正鵠を射た開示をしてくれる。つまり「予期充実として立ち現れる〈現在化というもの〉は，いつも〈新しい今〉に向き合っているだけでなく，その今を介して刻々と〈やって来る何か〉に向かっているのだ」とフッサールは貴重な駄目押しを追加してくれる。

　こうして，常に新たな原動力となる自己時間化が機能する動感身体性のなかにそのキネステーゼ感覚能力が高められていくことになる。競技において，生き生きと機能するキネステーゼ感覚発生の自己運動は，常に未来に向かって「どのように動けるか」をいつもすでに投企しているのを見逃してはならない。すでに完了した身体運動をどんなに精密に科学的分析しても，そこから得られる予測的な確率にはどう動くのかという自己時間化の働きが全く欠損しているのだ。そのような数学的な確率的予測は，そのキネステーゼ感覚を形態化する身体発生の役割をすべて選手や生徒たちの自己時間化能力に丸投げしてしまうだけである。結局のところ，自ら動くためには，たといその確率的予測が百パ

161　Hua. I. § 20 - ② S.85　邦訳：デカルト的省察，第20節 - ② 94頁　岩波文庫
162　Hua. XI. § 18 - ④ S.74　邦訳：受動的綜合の分析，第18節 - ④ 112頁

ーセントでも，主観身体のキネステーゼ身体感覚が機能しなければ，それは画餅に過ぎない。そのキネステーゼ身体感覚をどのように機能させるかの手続きが実現できなければ，我々の生きた身体運動は成立するはずもない。そこにこそ，我々の発生的運動学のキネステーゼ感覚(センス)発生分析の独自性を捉えることができる。

このようにして，自在洗練化領野における匿名性をもつ重層的な〈原発生地平分析〉が主題化されることになる。しかし，動感身体性に匿名的に内在する奥義(おうぎ)というものは，わが国古来の芸道においては，不立文字(ふりゅうもんじ)として自らの動感身体性で原的に，つまりわが身でありありと感じとるしか道はないという。わが国に伝承されてきた芸道の修行において，いつも必ず師匠が厳しくその弟子に要求するのは「わざは見て盗むもので，教えてもらうものではない」という自得の美意識そのものである。この自得すべき美意識はフッサールの言う価値感覚によるキネステーゼ身体発生が意味されていることは喋々するまでもない。そこでは，常に他人に頼らずに，わが身で自己時間化して自らのキネステーゼ身体感覚を意味統握(センス)することが厳しく求められるのだ。たといその動くメカニズムを数学形式化して捉えていても，その数学化論理はキネステーゼ感覚を形態化する感覚論理に直接に切り結ぶことはありえないのだ。そのことを伝承の究極核に据えているのがわが国の〈自得の美意識〉と呼ばれる志向対象に他ならない。もちろんそのキネステーゼ感覚世界における〈感覚〉という表現には，もはや17世紀のロックの呪縛から解放された新しい〈感覚質〉がすでに含蓄されていることは言をまたない。ところが「身体(からだ)が勝手に動いたから勝てた」とか「身体(からだ)が覚えている動きは本物だ」などと言われると，「身体の何が勝手に動いたのか」「いったい何が身についたのか」はまさに奥義(おうぎ)ないし秘伝としてすべて匿名的なキネステーゼ感覚発生の世界に送り込まれてしまう。これでは，どんなすばらしい至芸の自在洗練化能力が華々しく顕在化され，衆人の耳目を惹きつけるとしても，その運動伝承の道はアポリアに閉ざされたままになるのは言うまでもない。こうして，人から人に移される〈秘伝的奥義〉の本質必然性が我々の関心事になってくるのだ。原発生地平の深層位における〈自己時間化分析〉による自在洗練化現象の開示は，さらに階層化された自在洗練化現象野において，その安定化，わざ幅，技の冴え，さらには反転自在洗練化の志向対象のみならず，非人称的なキネステーゼ感覚発生の志向対象などとして存在する。それらの貴重な運動伝承財は，秘められた本質必然性のまま

門外不出となるのは周知のことである。それは，わが国の技芸伝承の家元制度や流派の門外不出となって世紀を超えて伝承されることになるのは当然の成り行きかもしれない。以下に順を追ってその秘伝的な動感身体発生の問題圏に入っていくが，運動文化の伝承問題にはこのような通時的，共時的淘汰化現象という大きなアポリアに阻まれることになる。しかも，近年のアマチュアリズムの崩壊から，スポーツ競技領域においても同様の伝承問題がパテント権のアポリアに阻まれることは必至のようである。

§．56　安定化の志向対象を問い直す

(a) 定着化の数的反復を排除する

　ここで主題化される自在洗練化における動きの〈安定化〉は，すでに拙著［深層：§34参照］でも述べているように，そこでは同一動作の端的な数的(デジタル)反復を排除せざるをえないことになる。いわば，キネステーゼ感覚素材の反復動作は一回ごとに価値感覚の様相変動が激しいから，そのなかに自ずと類的(アナログ)反復が際立ってくるのを待たなければならない。我々がある〈動きかた〉をしっかり身体化しようとすると，古来芸道における〈数稽古〉のように，一回ごとの動感形態化に即してその原発生に超越論的反省を直に捉えて工夫を重ねるしかない。だから，本来的に端的な数的(デジタル)反復とは厳しく区別されることになる。因みに，このような習熟位相を高める層位をマイネルは安定化位相と呼ぶ。我々の発生的運動学でも，ここで取り上げる自在洗練化分析における安定化という志向対象の意味内実(センス)をまずもって確認しておかなければならない。マイネルがいわば超越論的反省を踏まえた新しい形態学的な運動発生論を唱えたときに，すでにそれは示唆されているのだ。習練の目標像が安定化位相に入って自動化され，その習熟の高まりに〈熟練の境地〉を認めながらも，マイネルはさらに慎重な態度を崩さない。つまり，その場合の運動習熟に相対的な終了しか認めずに「学ぶ人に終了ということは絶対に存在しない」[163]　と断じて，その動きの熟練に無限の高まりを志向する本質必然性を示唆しているのは，まさにマイネルの特筆するに値する慧眼である。マイネルが密かに超越論的現象学における〈開かれた目的論〉［スポーツ運動学：127~135頁参照］を自らのスポーツ運動学の基柢に据えていたことを見逃してはならない。マイネルは〈その唯一の遺著〉のなか

163　Meinel,K.: Bewegungslehre 1960 op.cit.　S.371　邦訳：スポーツ運動学，400頁

で，超越論的な事態カテゴリーの運動質分析［第3章］に先鞭を付け，さらに類型学的運動発生［第4章］を論じ，最後に超越論的なキネステーゼ感覚形態化の運動発生学習論［第5章］へと進めていった展開のなかに，まさに〈形相的形態学〉の学問的基礎づけを据えていたのは刮目に値する。しかも，動きの安定化現象に対して，開かれた目的論を基柢に据えて「初心忘るべからず」と慢心を戒めるのは，技芸の道が無限であることを教えるわが国古来の芸道にも通底するのだ。我々の発生的運動学における自在洗練化分析の安定化現象はまず〈定着化〉を捉えつつも，コンスタントに動ける〈正確性〉の志向性分析を経て，やっとこの〈安定化〉という価値感覚の志向対象を構成する道に入り始めるのである。

　その最初に現れる〈定着化現象〉における志向対象は，何といっても数的反復現象が主題化されやすいのは言うまでもない。志向する目標像の形態発生がいつでも成立できるようになるには，反復訓練を重ねるしかないから，そこでは〈何回反復したか〉という数的目標に特化されるのは当然の成り行きであろう。しかしそこでは，その動きかたに習慣化が生じて，いつの間にか自然と，いわば受動的に動けるようになるだけである。その場合〈どう動くべきか〉という価値感覚の〈パトス的な志向体験〉を背景に沈めてしまうと，〈負担免除〉という非直観的な〈ノエシス契機〉を見過ごすことになるのだ。そこには，いつの間にか受動発生する負担免除という〈非直観志向性〉［本書：§48参照］がすでに機能しているのである。しかしその場合，〈原発生地平〉に潜んでいる〈志向含蓄態〉という動感身体発生の志向対象が分析に主題化されなければならない。ところが，我々はその非直観的な志向対象に気づかないまま過去に流してしまうこと頻りなのだ。いわば，〈定着化〉による負担免除にかまけて，いわば「楽に動けるようになった」というその成果に浮かれて，肝心な動感形態化の志向性分析が不問に付されてしまうことになる。そこでは，端的な数的反復に終始したまま，肝心な定着化現象の動感身体発生分析が欠落したままなのだ。そこでマイネルは，このような自動化を〈機械化〉と呼んで，それを厳しく批判することになる。人間の価値感覚の機能する〈動きかた〉を単なる〈自動制御装置〉に置き換えて，いわば〈ロボット化〉していくのを決して見過ごしてはならない。そのような態度は真の自動化ではなく，単なる運動の〈メカニズム化〉[164] でしかないとマイネルは厳しく批判する。それは，動きのメカニズ

164　Meinel, K.: Bewegungslehre 1960 ibid. S.378　邦訳：スポーツ運動学，408頁と次頁

ムを知的に理解する科学的運動分析がキネステーゼ感覚(センス)発生に直結するという誤解を誘ってしまうからである。そこでは，そのメカニズムの知的理解そのものは，動けるようになるキネステーゼ感覚(センス)発生に至る動感形態化への道から全く絶縁されているのを現に確認しておかなければならない。もしそうでなければ，知的に理解できればすぐに動けるはずである。その矛盾に気づくと昨今では，その原因を体力不足や意欲不足，ないしマネジメントの不備に気づかせる二元論的な手続きに迷い込むことが多い。そこには，動けるためのキネステーゼ感覚(センス)発生の道は動こうとする本人の自己責任の道と断じて，学習する遂行自我に丸投げの構図が浮上してくる。その場合には，体育教師も競技コーチも不要であり，科学的運動メカニズムの知識とそれを合理化する手続きのマネジメント理論だけですべて解決できることになる。こうして，我々は科学的運動分析と現象学的運動分析との決定的な差異を鮮明に確認することによって，ボイテンデイクが主張するように，さらに上位の協力する新しい学問的方法論の道を改めて追求することになる。その協力の道は〈解剖学的生理学〉から新たに〈人間学的生理学〉(1967年公刊)として，その新しい現象学的分析の道が切り拓かれているのは周知の通りである。

　とは言っても，我々は日頃のトレーニングのなかで，その反復回数だけを課題に設定することはきわめて日常的な手続きである。その反復回数が単に〈数学的形式化〉に流されたままになると，それによる定着化の成立が感覚(センス)発生の志向対象を消滅させてしまう仕儀となる。その場合には，キネステーゼ感覚(センス)の形態化に関する意味統握の志向性分析は欠損したままに放置されることになる。そこでは，その動感身体発生のノエマ構造に静態分析を施しておかないと，次の反復遂行のトレーニングの目標像も同時に消滅してしまうことを見逃してはならない。そもそも〈数える〉という行為は，その〈事態〉，つまり述定判断の志向対象そのものを数的に形式化するのだから，そのときに動感形態化に不可欠な肝心の意味(センス)内実はすべて捨象されてしまうのである。一回ごとの動きのキネステーゼ感覚(センス)発生がすべて過去に流されてしまっては，何回反復してもその動感意味(センス)発生につながるはずもない。因みに，ここでいう〈意味(センス)〉とは〈価値意識〉の働く感覚質と同義だから，機械的な無機質のメカニズム反復は，我々の定着化地平における動感形態化の意味(センス)発生に連動しないのは言うまでもない。

　こうして〈定着化分析〉は，ロボット化されない真の〈生動的自動化〉を着

§ 56. 安定化の志向対象を問い直す　497

実に進めることができる。そこでこそ，機械的反復による〈鋳型化〉の落とし穴にはまりこまない実践可能性が浮上してくるのだ。ひたすら機械的に反復を重ねれば，たしかに表面的には，端的に固定化されていくであろう。そのような〈機械的固定化〉を無反省のままに反復すれば，後でその動きかたを改善しようとするときに，その鋳型化された動きかたが修正化作用に激しく抵抗してくるのはよく知られている。ここにおいて，その定着化と解消化の激しいせめぎ合いを見せるアポリア［通行不能な難関］が最大のパトス的苦悩を我々に課してくる。そのことはいつも修正化分析のアポリアに通底しているから，反復の成果を確かなものにするには，古来の芸道でも〈数稽古〉としてそれに取り組むのに何の異存があるはずもない。そこでは同時に負担免除の意味発生分析が求められるから，その志向性分析が厳密に進められるのだ。こうして，定着化分析に潜む負担免除という生動的な自動化の志向対象に着目することによって，いろいろな変化に即応できる真の定着化に近づく実践可能性の道を辿ることができる。とは言っても，真の自動化に至る道はいつもそのつど陽炎のように遠のいていくから，この定着化分析におけるキネステーゼ身体発生の問題圏はさらに大きな広がりを見せることになろう。それは，後段［§ 57］の〈わざ幅〉の動感身体発生への道につながっていくのだ。

(b) 自己運動の正確性とは何か

　ここにおいて我々は，動きかたがコンスタント［不変的，固定的］になるとは一体何を意味するのか，どんな動きかたが反復されるのかを改めて問い直しておかなければならない。何が繰り返されるのかというときの〈何〉が，非直観的な志向対象として畳み込まれて地平の背景に沈んでいるから，どうしてもその志向対象が見逃されやすいのである。その場合に，まず区別されなくてはならないのは，その〈何〉が数学的時空系における計測可能な客観的な身体運動ではないということである。というのは，我々は普段から多かれ少なかれ，数学的時空系の結果で勝敗を決する競技形式に慣れているから，そこで競技するアスリートたちの動きや振る舞いが決して単なる物化された運動ではなく，パトス的情念に満ちた生き生きした現在の絶対主観的身体運動であることをつい失念して，その客観化分析に走ってしまうのだ。そこでは，キネステーゼ感覚の生成消滅現象に満ち溢れた自己運動の〈流れつつ立ち止まる原現在〉はすでに消滅しているのである。

我々の発生的運動学は、そのような生ける身体運動の動感形態化の意味発生(センス)そのものに問いかけ、その遂行自我の身体能力を保証するキネステーゼ感覚発生の謎を開示しようとするのだ。それにもかかわらず、その絶対主観の自己運動の位置移動をすべて映像分析(キネマトグラフィー)の対象に取り上げ、静止像の連続として可視的に捉えれば、非科学的なコツとカンを開示できると考えるのに何の違和感もない昨今である。それは競技するアスリートの運動分析ではないとは考えられなくなっている。そこでは、生き生きとした今ここの〈原現在〉の動きは消えてしまっているのに、それが客観的な私の身体運動だと思い込んでいるのだ。その意味で理解された物化された身体運動の恒常的(コンスタント)な正確性は科学的運動分析の手続きにすり替わっているのだ。その手続きは我々の発生的運動学の問題でないことは論じるまでもない。遂行自我の本人がコンスタントに動けるかどうかを外部視点から客観的に分析しても、その人が「どうしたらコンスタントに動けるか」という動感身体発生の問題圏はすでに排除されていて、自己時間化される身体能力に潜む〈動く感じ〉に何一つ関わりがないのだ。我々がここで主題化しようとしているのは、これから動こうとする私の動感(キネステーゼ)図式の意味発生(センス)に機能する身体の〈動きかた〉や〈振る舞いかた〉そのものなのである。そのような一元化意味核の原発生する地平に潜んでいる恒常的(コンスタント)正確性こそが我々の発生的運動学の〈安定化分析〉の志向対象そのものなのだ。その〈生き生きした現在〉の意味核の正確性を巡る変様態を〈自己運動分析〉の志向対象に取り上げるからこそ、この意味核の〈生成発生〉ないし〈消滅発生〉に直接的に関わり合う恒常的(コンスタント)正確性の現象に出会うことができるのである。そこにこそ、発生的運動学の究極的な志向性分析に立ち入る普遍的な身体発生基盤に立つことができるのだ。

　このような原発生地平に潜んでいる恒常的(コンスタント)正確性という志向含蓄態こそが、実は一回性原理に即した分析すべき非直観的な志向対象なのである。さらに駄目押しをすれば、我々がこの恒常的(コンスタント)正確性を原発生の地平分析で取り扱おうとしているのは、延長的な物的身体運動の恒常的な反復正確性でも、コンスタント出現でもないからである。滑り台の遊びを飽くことなく繰り返す幼児の行動がコンスタントな単純反復としか見えない人には、この動感原発生の地平に織り込まれた志向含蓄態の意味発生(センス)も見えるはずはない。しかし、滑り台で自ら滑ってみれば、一回ごとに新しい動感身体性が生き生きと働いて、一回ごとにそのつど瑞々しい〈動く感じ〉が生み出されるのを現に実感できるはずである。

こうして我々はその動感意識のわずかな差に類化カテゴリーを，つまりその類的一般化としての滑る感じのコンスタント正確性をわが身にありありと感じとり，その感覚世界(センス)の意味存在(センス)に気づくことができるのだ。

　ここにおいて，我々が同じキネステーゼ感覚形態のなかに類化カテゴリーの繰り返しを理解するには，ここで再び反復の正確性について，つまり前にやった〈動く感じ〉が繰り返されるのかどうかという意味(センス)の〈正確さ〉を問い直しておく必要に迫られるのだ。この問題圏はこれまでもマグレ地平分析でも取り上げられているから，ここでは冗長な重複を避けて，動きの〈的確さ〉[165] と〈精確さ〉という意味発生(センス)の区別を確認するだけにしたい。たしかに，フェッツの指摘する的確さは，目標に的中するかどうかの〈的確さ〉であり，〈精確さ〉は運動経過全体の反復の〈ばらつき〉が対象化されている。その〈目標的確さ〉〈目標精確さ〉や〈経過的確さ〉〈経過精確さ〉を区別して関係項を取り出したのは特筆に値する。しかしその運動分析はもっぱら物理的時空系において捉えられていて，我々が問題にするわが身にありありと機能する身体能力の生成と消滅の動感身体発生現象の超越論的反省の立場は除外されている。つまり決定的な重要さをもつ〈身体能力〉の発生現象が成立する生命的時空系［拙著：スポーツ運動学，113~115頁参照］における身体能力の〈反復的確さ〉や〈反復精確さ〉という問題圏には立ち入っていない。その身体能力の意味発生(センス)という的確さや精確さは，機能する動感身体性のなかでその自己時間化の〈原発生地平分析〉によってしか捉えられないことはもはや多言を要しないであろう。マグレの地平構造を分析しようとするときには，外部視点を放棄して〈自己時間化能力〉で志向対象を捉える訓練が要求されるのはこの意味からである。この自己時間化能力で捉えた的確さや精確さはその動感身体発生分析で直に捉えることができるのだ。だから，その〈わざ幅〉の身体発生分析のなかで遂行自我に〈絶対確信〉を保証する実践可能性に出会うことになる。それはさらに後段［§57］で詳しく立ち入ることになろう。そのような原発生地平分析の動感身体性に関わる志向体験を何一つもっていない指導者は，どうしても外部視点から端的に数学的確率の向上を求めて，ひたすら物的身体のコンスタント正確性を生み出そうとするしかないのだ。それはいかに的外れであるかは現場のコーチも選手も知悉しているはずである。それがトレーニングで百パーセントの成功確率をもっていても，試合本番のときに迫り来る〈不安〉を解消することはで

---

[165] Fetz, F.: Bewegungslehre der Leibesübungen S.369f, 3. Auflage 1989

500　第Ⅴ章　エートス分析の道

きるはずもない。そこでは、〈絶対時間化能力〉による意味(センス)発生の習練が全く欠損しているからである。科学的運動分析の恒常的正確性(コンスタント)と現象学的運動分析の恒常的正確性(コンスタント)とは全くその役割が違うのであり、主観的な恒常的正確性(コンスタント)は客観的でないから当てにならないと侮蔑するのはまさに的外れの二者択一的な批判でしかない。私自身の恒常的正確性(コンスタント)をどうして習得するかを問題にするからこそ、そこに発生的運動学の〈原発生地平分析〉という固有の役割が浮上するのだ。このことはやがて次節で主題化する〈わざ幅〉の志向性分析の不可欠さを気づかせることになるであろう。

(c) 安定化分析の自己時間化に向き合う

　ここにおいて、機械的反復による定着化現象を外部視点から確率的成功の上昇が確認され、その的確さや精確さが数学的確率論として確認されたとしても、そこでは内在超越的な〈安定化分析〉の志向対象は未だ構成されているとは言えない。たとい、その動感形態の目標像がコンスタントに出現していても、そこに目標像の安定化がどのような志向対象として出現するかはまだ問われてはいないのである。やみくもに反復の回数を増やしても、似たようなキネステーゼ感覚素材(ヒュレー)の出現に気づいたとしても、そのキネステーゼ身体発生の〈安定化〉という志向対象は〈何であるのか〉を改めて問い直しておかなくてはならない。マイネル教授はこの問題性に早くも気づいていたのであろう。その論展開のなかでパヴロフの高次神経活動に起点を求めていることを除けば、フッサールの言うわが身にありありと感じられる動感身体性に即して、マイネルが「内在的運動知能」という志向対象の存在を宣言しているのはまさに特筆に値することであり、いくら称揚しても言い過ぎにはならない。

　ここにおいて、マイネルが動感身体発生分析の志向対象をいみじくも適切に指摘していることを見過ごしてはならない。動きかたの定着化とそれに〈しなやかに〉適応化できる実践可能性を〈両者の矛盾の統一〉として、マイネルはそこに内在的運動能力の呈示に注目しているからである。そのマイネルが注目したこの原的直観に綜合的に捉えられる身体能力とは、いわばフッサールの言う「機能する動感身体能力性」、あるいはボイテンデイクの「感覚運動知能」の存在を追うかのようにして、次のように述べている。すなわち「このような内在的な運動知能というものは、たしかに捉えにくいものではあるが、それがすべていつも意識される必要はないとしても、その知能は私たちの行為のなか

に現に存在して，その行為を高次元のなかに適応化してくれる」[166] といみじくも正鵠を射た指摘をしている。わざわざマイネルが傍点を付した〈内在的〉という表現は，自己運動の志向体験に属することが意味されているから，その内在超越的な志向体験の成素をもつ実的(レエール)分析の志向対象になるのは，私自身の運動知能に他ならないということになる。だから，運動知能に内在的という規定詞を付けたマイネルは，その運動知能を計量化して科学的な運動分析の対象にできないことにすでに気づいていたのであろう。その厳密な運動認識論に基づいてはじめて，マイネルがその運動学習論［運動発生論］のなかに現象学的形態学としての原発生地平分析への道を探っていることも読み取れることになる。

このようにして，我々はマイネルが〈内在的運動知能〉と呼んだ自己運動の身体能力に注目すると，多様に変動していく動感情況に「即興的に自らを適応化できること」は，我々の発生的運動学における表現に置き換えて，フッサールの言う〈キネステーゼ身体感覚能力〉あるいは端的にボイテンデイクの言う〈感覚運動知能〉(1956)，〈身体知〉ないし〈感覚論理〉(1958) の諸概念を同じ意味で援用することができる。それによって〈定着化〉と〈適応化〉の矛盾を統一する原発生の動感地平分析に直に向き合う志向対象を構成できることになる。このような意味の安定化現象におけるキネステーゼ身体発生は，反復による〈定着化作用〉と遊び幅をもった〈類化作用〉という二つの矛盾した志向対象のなかに，一つの動感メロディーが流れるときに，その安定化志向体験のなかに身体能力という志向対象が一気にその姿を露わにしてくるのだ。だから現象学的安定化の成否を述定判断する志向対象は，自己時間化できる身体能力であり，いわばそのキネステーゼ身体発生における時間化能力によって原発生地平のなかに一元化意味核の生成的発生が保証されるのだ。その一元化された〈モナド意味核〉の発生現象こそが未来予持志向性の確信的遂行を内在的身体能力として保証することになるのである。

こうして，この現象学的安定化分析の志向対象は，その原発生地平の自己時間化それ自体の静態分析と発生分析によって開示されることになる。しかし，この安定化という自在洗練化領野に属する動感身体性の実践可能性は，多様な競技領域によってその様相変動が区々である。各競技それぞれの発生的運動学の固有な超越論的構成分析が喫緊の課題として浮上してくるのであり，その競

---

[166] Meinel, K.: op.cit. 1960 S.378　邦訳：スポーツ運動学，409頁

技種目ごとの体系論的な純粋記述分析が待たれることになろう。我々はいろいろと多様に様相変動する動感情況のなかに安定化した動感形態をメロディー化して，実的に内在するキネステーゼ感覚素材の〈綜合化〉が保証されるようになる。とは言ってもしかし，その志向形態は〈よい条件のもとでは〉という但し書きを見過ごすわけにはいかない。そこに綜合化された動感形態はまだガラス細工のように壊れやすい志向形態でしかないのだ。それがいかなる情況においても，どのような様相変動にも即興的に安定化した志向形態に綜合化できるようになるには，さらに重層的な多くのトレーニングをくぐり抜けていかなければならない。こうして我々は，競技実践においてスローガン的に〈わざ幅〉と呼ばれている新しい謎に満ちた志向対象に向き合わざるをえなくなってくる。

§ 57. わざ幅の層位構造を問い直す

(a) 外的軽減化の地平志向性を問う

　このような当座の安定化現象は，さらなる試練に耐えうるように高次元の安定化作用を求めて，〈負担軽減化〉という新しい地平分析が施されなければならない。この軽減化に向けての〈地平志向性〉は競技スポーツのみならず，おおよそ技芸の究極を志向して希求努力が続けられる実践現場では，その重要さが見過ごされるはずもない。自己運動する遂行自我に潜む先存在的なこの地平志向性についてはすでに前段［§6-(c)参照］でも述べられているが，原発生に現れる〈負担軽減化〉への地平分析は我々に次々と奇妙なアポリア［難関］の開示を求めてくるのだ。競技実践の世界では，どんなに〈安定化〉した動きかたがいつも示されていても，その失敗が絶対に許されないいざという場面に追い込まれると，それまで営々と築き上げてきたキネステーゼ感覚形態が一気に崩れ去ってしまう苦い経験はよく知られている。その苦悩に満ちた身体経験を我々は見過ごすわけにはいかない。このような危機場面における安定化への志向対象に直面すると，その揺らぐ〈ゲシュタルト〉を安定させようと数学の確率論に解決を求めるが，そこには鋳型化のアポリアが待っていて極め手にはならない。さらにその不安を乗り切ろうとメンタルトレーニングに入っても，その心理学的手続きではキネステーゼ感覚に秘められた微妙な意味発生の様相変動に対応し切れない。そのような危機場面の安定化志向対象は原発生の〈地平志向性〉に深く畳み込まれていて，その感覚存在を捉えることはきわめて難

しい。このような地平志向性の深層に潜む志向含蓄態をどのようにして明るみに出せるのか，その地平にはどんな様相変動が起こっているのか，その志向含蓄態を身体化するにはどうすればよいのか，それらのキネステーゼ感覚発生に絡む負担軽減化の〈地平志向性〉は，勝敗にすべてを賭ける競技の現場で最大の関心事になってくるのは当然である。さすがにマイネルは負担軽減化の本質可能性に早くから気づいて，安定化位相の成立条件として〈免疫性〉[167] という概念を取り上げている。マイネルが命名した〈免疫性〉という表現は，わが国では医学用語として定着して一般的に使われるが，ここでは疾病や毒物に対する免疫性ではなく，動感形態化に安定さを生み出すキネステーゼ感覚発生の実践可能性が現に求められている。我々はこの医学的な免疫という表現を避け，語原的な意味で〈負担軽減化〉[im＝否定＋mūnus＝負担：負担からの解放] と表し，その負担軽減化地平に潜む志向対象にどのように実践可能性を生み出すかという手続きに直に向き合おうとするのである。ヴァイツゼッカーの言うように，自然科学者は遂行自我の感覚発生そのものの苦悩を川向こうの火事として拱手傍観する野次馬の態度が許容されよう。我々の発生的運動分析はその自然分析者の立場は最初からすでに放棄しているから，当事者の苦悩分析から逃げ出すわけにはいかない。

　まずもって，我々は〈外的環境〉から押し寄せてくる多様な障碍や負担に対して，その軽減化作用はどのような意味構造をもつのか，その負担をどのように軽減できるのか，いわば〈外的軽減化〉の地平志向性を探ることから運動分析を始める。外的環境からくる負担には，全身感としての雰囲気に関わる〈情況負担〉と動感情況に直接関わってくる〈物的条件負担〉に分けられる。前者の雰囲気的負担の典型的な例証としてフェッツも指摘した〈場所の利〉[168] が挙げられる。そこでは，トカゲの素速い動きやサンゴ礁の魚の機敏な動きかたについて，比較行動学者ローレンツの例証を援用して，その〈棲処の利〉は馴化された経路訓練に基づく実践可能的身体能力と理解されている。そこでは，その経路訓練の地平に潜んでいる身体感覚による〈馴化〉という志向対象の重要さが開示される。たしかに，この問題圏は我々にも〈ホームグランドの有利さ〉として日常的に取り沙汰されている。慣れたホームグランドでのシュートはキネステーゼ身体感覚の馴化に支えられるから，その馴化の背景を破壊する

167　Meinel, K.: op.cit.1960 S.375　邦訳：スポーツ運動学，405 頁
168　Fetz, F.: op.cit. 1989 S.391ff

トレーニングの重要さは老練なコーチの〈実践感覚〉としてよく知られている。例えば，外的環境の変わらない体操競技の場合でも，それまで使い慣れた器械とその配置のままで身につけた演技の身体感覚的馴化を試合前に故意に破壊する試技会を行うのは，いわば競技前の常識的な手続きである。さらにサッカーの場合のように，サポーターによる熱狂的な応援はプレーヤーの士気に大きな支えになる反面，敵地(アウェー)に乗り込んでの試合では大きな〈雰囲気的情況負担〉に姿を変えるのだ。それらの有利不利の志向対象は定量分析に馴染まないから，それを単なる〈心構え〉の問題に移してしまい，その地平分析の志向対象に取り上げられないことが多い。しかし負担軽減化地平の背景に潜むこの志向含蓄態を取り出すことによって，その競技運びの在り方が大きく左右されることを我々は見逃すわけにはいかない。

他方，物的条件負担はグランドや床面や氷面の感触状態に始まって，競技に用いられる器械や道具の慣れ不慣れも，キネステーゼ情況やキネステーゼ身体感覚に大きな負担になってくることもよく知られている。かつては体操競技の器械はその国の器械を持ち込んで試合に使うことができたような牧歌的な時代もあったが，現在では国際的な規格が整備され，その際に生じる有利不利がないように配慮されてはいる。しかしどんなに規格通りの器械や道具でも，それらに対する不慣れは，キネステーゼ身体感覚に不可避的な負荷を構成し，そのキネステーゼ感覚(センス)発生の安定化に大きな負担を招くのは言をまたない。そこでは，それらの不慣れな道具や器械にどのようにでも適応できる身体能力をもっているかが決定的な差を生み出すのだから，その対応可能性を身体化しておかなければならない。こうして我々は，外的な環境から寄せられる意味(センス)発生の諸障碍に対して，どのように対応するかを地平分析の志向対象として，その実践可能性を主題化することになる。

(b) 内的軽減化の地平分析に立ち向かう

ここでは，内的環境のなかに生み出される安定化の意味(センス)発生に関わる多様な障碍や負担について，その負担軽減化の現象に「どのような地平志向性があるのか」「その負担をどのようにして軽減できるのか」という〈内的軽減化分析〉に向き合うことになる。内的環境に生み出される障碍や負担には，生理学的な物質身体の〈体調的負担〉と，もう一つは目指す志向形態の失敗を予測する〈体調的負担〉に分けられよう。もちろん，ここでいわれる物的身体負担と心情的

負担が別個な出来事として絶縁的に理解されてはならないのは論をまたない。物質身体をもたない〈幽霊身体〉がどう動くべきか，どう動きたいのかというパトス的負担を感じるはずもない。同時に，生命的な動感志向性なしには，人間の固有領域における身体物体による自己時間化される私の動きを考えることもできないからである。物的身体を巡る負担には，怪我の状態や体調の不安，時差による体調の崩れなどが挙げられよう。しかし体調が万全だとしても，どんな突発的な危機(クリーシス)で意味発生(センス)が崩されるか分からないから，〈体調不安〉という負担は，単純な心身二元論の対応で割り切れるはずもない。試合がその競技者にとって大事であればあるほど，体調不安の負担は倍加される。物的身体に絡み合う負担軽減化は単純に生理学的な障碍の排除ないし軽減だけでは片付くはずもない。もう一方のキネステーゼ感覚(センス)負担では，パトス的な〈決断不安〉と運動遂行の〈失敗不安〉が区別されよう。いわばパトス的な決断の不安からくる軽減化現象は〈情況投射化能力〉というカン能力の地平志向性に絡み合い，さらに運動遂行の失敗不安は〈身体中心化能力〉というゼロ点原現在のコツ能力の地平志向性に絡み合うことになる。もちろんカンもコツも一元化統一態の同時変換作用に支配されるから，〈決断不安の軽減化〉も〈失敗不安の軽減化〉も，共に不安に応じたメンタルトレーニングの心理学的問題圏を一気に超えてしまうのだ。コーチングの実践現場で「技の工夫のない心の工夫は存在しない」と〈技心一元性〉が確信されるのはこの意味における実践可能性に開示された身体発生現象に生きる一つの〈心構え〉[169]に他ならない。

物質身体を巡るキネステーゼ感覚(センス)発生負担には，生理学的な物質身体が競技前にどのような体調(コンディション)になっているのか，つまり怪我の状態や体調の不安，時差による体調の崩れなどが挙げられよう。生理学的体調が万全だとしても，その事態がどんな突発的な転機(クリーシス)で崩されるか分からないから，体調不安という負担は端的に心身二元論で割り切れるほど単純なものではない。その試合がその競技者にとって大事であればあるほど，体調不安の負担は倍加される。このような物質身体に絡み合う負担軽減化の地平志向性は，単純に生理学的な障碍の排除ないし軽減だけでは片付かない奇妙な志向含蓄態の様相変動を確認しておかなければならない。こうして，生理学的身体の調整努力はたしかに不可欠な前提であるとしても，同時にその原発生地平に潜む〈体調不安〉という志向含

---

[169] Kaneko, A.: Die Geisteshaltung beim Turntreining, In: Olympische Feuer 1962 Nr.10 Wilhelm Limpert Verlag
Kaneko, A.: Die Geisteshaltung des Wettkämpfers, In: Olympische Feuer 1966 Nr.1 Wilhelm Limpert Verlag

蓄態はとりわけ注目されるべきである。このような〈原発生地平分析〉における二つの今統握の時間化能力という志向対象を決して疎かにできないことを老練なコーチはその〈実践感覚〉で捉えてよくわが身で了解しているのである。

もう一方には、キネステーゼ意味発生の不安からくる〈パトス的心情負担〉がある。それは〈どう動くべきか〉〈どう動けばよいか〉を決断する〈パトス的不安感〉と遂行の〈失敗不安感〉が区別されるのも周知の通りである。それらは競技者の予描的な行動不安を誘い、遂行の〈確信〉を崩す〈連合動機づけ〉になるのだ。いわばパトス的決断の不安からくる負担軽減化作用は〈情況投射化能力〉のカン能力に絡み合っている。つまり伸長、先読み、シンボル化などの地平分析によって、その事態カテゴリーの地平に潜んでいる志向対象を開示することが負担軽減化作用に生かされるのは論をまたない。さらに、運動遂行の失敗不安感は〈身体中心化能力〉、つまりコツ能力の地平志向性がそこに絡み合ってくる。もちろんカンもコツも一元化意味核の表裏をなした〈同時変換作用〉が機能するのは喋々するまでもない。これらの決断不安の負担軽減化も、失敗不安の負担軽減化も、共にそれらの〈不安感〉が心理学的なメンタル面の負担だからといって、メンタルリハーサルだけですっきりと解決に持ち込めるわけにはいかない。そこには、その不安感が〈動感形態化〉されるときの原発生地平に機能する自己時間化能力にどのように絡み合うのかという身体発生の地平分析が放置されてはならないのだ。そこに機能する動感身体性に、どのような様相変動が隠されているのかに無関心のままでは、その不安感の志向対象が何一つ開示されてはいないからだ。メンタル面の改善が意味発生のどの実践可能性に〈キネステーゼ形態化〉されるのかが依然として闇の中に沈んだままでは、とても勝負に入ることもできない。そこにメンタル面の改善が先行的になされて、うまく動けるようになったとしても、その不安感が再び不意打ちに襲ってくる可能性を否定できないのだ。メンタル的な処方がキネステーゼ感覚発生の何に機能するのかという動機づけ因果性［深層：§40‐⑤参照］は解明されないままに、すべて予測と結果の因果的等式を前提にしているのでは、〈技心一元性〉の超越論的反省が欠損態のままである。そこでは、フッサールが動感発生の源泉に向かって「遡行的に問いかけるのは、明らかに妥当基づけへの絶えざる問いかけであり、同時にそれは意味発生への遡行的問いかけに他ならない」[170] と断じて、その〈立ち止まりつつ流れる生き生きした原現在〉のもつ

170　Hua. XV. Text Nr.35‐② S.614　邦訳：間主観性の現象学その方法，テキスト Nr.35‐②　447頁

決定的な役割を正鵠を射て指摘する。競技スポーツにおけるキネステーゼ身体発生の現象野は，端的な因果決定の二元論だけで快刀乱麻の決着に至るほど単純な身体発生世界ではない。わが身で原的に気づかなければならないことをフッサールはいつも駄目押ししてくれるのだ。

　ここにおいて我々は，内的外的な障碍や負担軽減化の諸現象に対して，自己運動を根元的に支えているキネステーゼ身体能力の可能幅を広げる問題圏に立ち入らざるをえなくなる。ここで主題化される〈わざ幅〉というスローガン表現は，すでに述べたように，目指された動きかたに成功するときの境界面の〈遊び幅〉が意味されている。そのわざ幅はキネステーゼ意味核（センス）の成立を承認できる境界幅の身体能力に依存するから，〈コントラスト程度差〉が必然的に関わってくるのは論をまたない。フッサールによれば「触発はとくに〈際立ち〉を前提にしている」という。その〈際立ち現象〉とは，内容的に絡み合った様相のなかに，コントラストとして際立つことが意味されるから「その〈触発程度差〉は〈コントラスト程度差〉に関わってくる」[171] とフッサールは駄目押ししてくれる。その程度差に応じて志向形態の成立を自ら承認するのだから，その運動主体の投企する〈目標像の程度差〉に注目しなければならなくなる。こうして，動感ヒュレーに統一メロディーが流れるとき，その目標像の〈承認幅〉として〈わざ幅〉の志向対象が浮上してくることになる。このわざ幅は，その境界幅それ自体に重層的同心円をもつ〈遊び幅の程度差〉が志向対象として構成されているのだ。だから，傑出した選手が重層的同心円の自らの遊び幅を広げるために，〈必ず失敗できる動きかた〉を反復訓練するのはこの意味においてである。このようなわざ幅の地平構造に潜んでいる志向対象は，決して〈ヴェクトル構造の合力〉のような自然法則ではない。そこには，その程度差の決断と承認という二重性の同時交換作用が機能している。それはボイテンデイクの巧みな表現を借りれば，「承認するとは自らを二重化するのであり，人間が自ら決断し，その決断しつつある者としての自らを知っている」[172] からである。とりわけ，目標像の程度差には，パトス的な決断が求められるから，二重化された同時変換作用が前面に浮上してくることになる。こうして，モナド意味核の身体化現象を伝承次元に持ち込むには，この〈わざ幅の拡大〉という志向対象の構成が決定的な意味をもってくる。この問題圏は発生的運動学の学問

171　Hua. XI. § 32‐③ S.149　1966　邦訳：受動的綜合の分析，§32‐③ 216頁
172　Buytendijk, F.J.J.: Das Menschliche der menschlichen Bewegung, In: Das Menschliche, S.179 1958 Köchler Verlag

的基礎づけに関わるものだけに，果てしなく開かれる目的論の道を引き続いて歩み続けなければならない。そこにおけるパトス決断の不安感も遂行失敗の不安感も，共に時間流の原発生深層に潜む絶対的な〈自己時間化〉の構成に〈基づけ〉られていることを確認しておかなければならない。その原発生の地平志向性分析においては，過去把持地平分析と未来予持地平分析の相互関係が複雑に絡み合っているから，因果決定論のように，快刀乱麻の結論に至る道でないのは喋々するまでもない。メルロ＝ポンティの言うように，因果決定論的な科学的思考だけで，すべてうまく改善されるはずもないからこそ，超越論的構成分析の道を拓いていくしかないのだ。それは，我々の競技スポーツにおける現実的な〈実践感覚〉の世界のなかに，実存的な身体運動が身体物体の地平に潜んでいる同時変換作用というヴァイツゼッカーの言う反論理性原理に深く絡み合っているからである。こうして我々は，このような安定化志向体験の障碍になっている謎に満ちた負担軽減化の現象野に，さらにもう一つの〈わざ幅〉という動感地平に潜む意識対象性の構成に注目を怠るわけにはいかないのである。

(c) わざ幅の地平分析を問い直す

　ここにおいて，キネステーゼ志向形態の〈安定化〉を阻む外的，内的な障碍の負担軽減化作用は，私の身体運動を根源的に支えている〈時間化能力〉の実践可能性に向き合うことになる。そこでは，この〈時間化能力〉に支えられている〈わざ幅〉の身体発生分析の志向対象が何であるかをまず開示しなければならない。いわば，その負担軽減化の志向対象はスローガン的に〈わざ幅〉と呼ばれている。競技スポーツの実践現場では，そのキネステーゼ感覚発生の様相変動を確認する〈わざ幅分析〉から始められるのだ。それはすでに拙著［わざの伝承：427頁～；身体知の構造：418～423頁参照］に詳しい。このわざ幅というスローガン表現は，身につけようとする〈わざ〉［目標とする技，身体化した業，再現する態，洗練された芸］の動きかたを身につけるときに形成される重層的同心円の境界線の〈ゆとり幅〉が意味されている。それは自動車のハンドルに設けられている〈遊び〉とも別言できよう。このわざ幅はキネステーゼ感覚発生の形態化を承認できる〈境界幅〉であり，遂行自我にありありと捉えられる動感身体性に内在する自己時間化の働きに依存しているのだ。だから，その感覚発生の形態化を保証する〈ゆとり幅〉には，〈コントラスト程度差〉が関わってく

§57. わざ幅の層位構造を問い直す　509

るのは論をまたない。志向した目標像を掲げて，繰り返し習練を重ねていく動感形態化(キネステーゼ)のプロセスには，そこに機能する時間化能力が動機づけとして触発化されているかどうかがまず問われる。それは一回ごとのキネステーゼ身体感覚の純粋記述のなかにその志向対象が姿を現してくる。だから，その動きの価値感覚の違いが実的に，つまりわが身に内在する経験として〈何となく気になって〉，そこに漠然としたコントラストが現れているかどうかがまず確かめられなければならない。そのような志向対象への〈気づき〉こそが即座の反復試行に連動していくからである。つまり志向形態化の成立を巡る触発化作用のなかに，いわば〈触発程度差〉という志向対象が漠然と姿を現してくる。フッサールはこのような場合の「触発はとくに際立ちを前提にしている」と指摘するのはこの意味からである。それは〈非直観的事態〉の意味存在(センス)を開示してくれるからである。この〈非直観的な何か〉は外部視点から可視化されるとは限らない。その動感意識の〈際立ち〉というのは，内容的な混じり合いのなかに対照(コントラスト)的な際立ちが意味されているから，フッサールは「その触発程度差はコントラスト程度差に関わる」[173]と巧みに謎を開示してくれるのだ。その程度差に応じてキネステーゼ感覚の形態化成立を〈自ら承認する(センス)〉のは，自己時間化する動感身体能力そのものの可能態(デュナミス)の働きである。だから，それは自ら動ける〈絶対主観性〉の働きであり，運動主体の〈純粋記述〉にありありと呈示されることになる。その志向的目標像の微妙な程度差を厳密に分析するには，運動主体の自己時間化による超越論的反省の態度に依存するしかない。そのような微妙な感覚(センス)発生の程度差は，外部視点からの超高速の映像分析(キネマトグラフィー)にも呈示されるはずもないことに喋々する必要はない。

　すでに我々は前段［§54‐(b)］において，〈マグレ当たり〉の生成発生現象を取り上げたとき，この〈わざ幅〉の問題圏に少し立ち入っている。その一元化意味核における価値感覚の身体化を進めるためには，儚(はかな)いマグレ意味核の外縁にさらなる原的な身体経験の層位を重ねていくしかない。その身体化現象を実践現場ではスローガン的に〈わざ幅を拡げる〉と呼ぶ。そのわざ幅には，自我に一元化される意味核を的確に成立させる〈程度差のゆとり幅〉が含意され，その〈遊び幅〉の働きを拡大する営みこそが主題化されるのだ。しかし，その意味核の機能的な〈遊び幅〉を充実化する道は多岐にわたり，その計り知れない深淵は我々をさらに苦しめること頻りである。マグレの意味(センス)発生を中心核と

173　Hua XI §32‐③ S.149　邦訳：受動的綜合の分析，§32‐③ 216頁

する同心円の外縁線は，幾重にも多層化され，その遊び幅も身体化現象の多岐多様性に応じて拡大されていく。こうして我々は，この意味核の〈実践的確信〉を獲得する前提となる〈わざ幅〉の身体化現象に直に向き合うことになる。しかし，自在洗練化現象における高次元な〈わざ幅〉の深淵は，まさに苦渋に満ちた超越論的構成分析の二つの道を我々に強いてくることになる。

　さらに，追求していく目標像の〈ゲシュタルト承認幅〉は，微妙な差異化もないほどの高次元のわざ幅として現れてくる。そこには，動感ヒュレーに統一的なメロディーが流れるときの原発生地平の〈立ち止まりつつ流れる原現在〉の様相変動が超越論的発生分析にさらなるアポリア［通行不能な難関］の開示を求めてくるのは喋々するまでもない。スキーやスケートにおける滑走のキネステーゼ感覚(センス)発生がバランスの崩れをリカヴァリーできずに尻もちを着くときの〈わざ幅〉と，ほんのわずかな先読みの遅れが動感メロディーを乱す高次元な〈わざ幅〉との間には，想像を絶する〈芸(わざ)の隔たり〉が存在しているのだ。自在洗練化位相の地平志向性に応じて，その形成化形態(ゲシュタルト)に多くの程度差が存在することを見逃してはならない。つまりその〈境界幅〉そのものにも〈遊び幅の程度差〉が存在することになるからである。そこには，競技領域によって，さらにその習練対象となる動きや振る舞いの分化様態によって，まさにそれぞれが区々である。それは個別競技ごとに，発生的運動学の〈わざ幅分析〉における志向対象の体系論的検討が喫緊の課題になってくるであろう。端的に機械的な鋳型化を目指した習練形式の成否判断に二者択一という基準しかないところでは，いろいろな変化条件に即座に対応できる動感身体性の〈ゆとり幅〉が欠損態のままであることが多い。そのような粗形態の習熟位相しかない競技領域も珍しくはないのではないか。これに対して，不世出の名選手が自らの〈わざ幅〉を確認するためには，〈必ず失敗できる動きかた〉を反復訓練するという高次元の現実態(エネルゲイア)としての身体知能が実践現場では大事にされているのだ。このような〈わざ幅〉の地平志向性に潜む非直観的な志向含蓄態に向き合う〈努力志向性〉こそは，選手のみならず，キネステーゼ感覚(センス)の触発化に関わることのできる高次元のコーチや体育教師の関心事として，改めて追求される本質必然性をもっていることを見過ごしてはならない。

　ここにおいて，それぞれの目標像のわざ幅に関する原発生地平分析に機能する動感身体性は，その時間化能力の程度差に応じて，わざ幅地平に潜んでいる〈志向含蓄態〉が探り出される必要性が浮上してくる。さらに，その遊び幅の

程度差はその目標像の次元をどこに求めるかによって異なってくるから，価値感覚に機能する努力志向性の次元によって，さらにはそれぞれの競技種目の固有性に即して，わざ幅のカテゴリー分析は多様な〈同心円的感覚構造〉に向き合うことになる。自在洗練化現象野における〈絶対確信〉の生成発生への努力志向性はさらに〈わざ幅〉の同心円構造を進化させていくことになろう。このようなわざ幅の地平構造に潜んでいる本質必然性は，必然的な〈ヴェクトル構造の合力〉のような自然法則では決してない。その程度差の決断と承認という二重性には変換同時性原理が支配しているのだ。ボイテンデイクは「承認とは自らを二重化することであり，人間が自ら決断し，その決断しつつある者として自ら知っている」[174]からなのだと正鵠を射た開示をしてくれる。とりわけ，目標像の動感形態化における程度差には，〈パトス的決断〉が同時に求められるから，二重性の変換同時性原理が前面に浮上してくるのは言をまたない。もちろんのことながら，わざ幅の基柢に据えられる意味核をもつ同心円は，その感覚発生に関わる運動主体に内在する〈現象学する自我〉が純粋にその同心円の意味核の程度差の決断と承認を自ら確認しているのでなければならない。こうして負担軽減化現象は，自らの〈時間化能力〉の程度差に応じるわざ幅の本質必然性が決定的な重みをもつことになる。さらにその遊び幅の程度差は，その目標像をどこに求めるかに依存するから，動感価値意識に潜む本質必然性も同時にそこで純粋に記述され，確認されなければならない。その道はまだ遙かな広がりをもつことになろう。

§ 58. 冴えの意味発生に立ち向かう

(a) 雄大さ，安定さ，優雅さの地平性を探る

これまでのキネステーゼ形態（ゲシュタルト）は比較的安定化した地平のなかに，その姿を潜ませている志向含蓄態が探られてきている。しかし，その動きかたの自動化を質的に高めるためには，最終的にわざ幅における志向対象となる高次の志向含蓄態に向き合わなければならない。そこでは目標像の程度差のなかに，そのノエシス契機が何となく気になってきて，より質の高い動感（キネステーゼ）目標像を創設しながら，それに問いかける動感エートスに迫られてくるのだ。ここにおいて我々

---

[174] Buytendijk, F.J.J.: Das Menschliche der menschlichen Bewegung, In: Das Menschliche, S.179 1958 Koehler Verlag

は，さらに上位のキネステーゼ価値感覚の働く志向対象として，つまりキネステーゼ感覚地平に潜んでいる動きの〈優雅さ〉や〈芸の冴え〉といった価値感覚の働く地平志向性に探りを入れる原努力が働き出すことになる。キネステーゼ形態の安定化地平のなかには，いっそう自動化が進んで無駄な動きは消えて，そこにすっきりした〈簡潔美〉が出現し，そこに流れるようなリズム感が発生してくると，その遂行自我の〈心情領域〉[175] にキネステーゼ形態化への溢れる喜びや感情が湧き起こってくるのだ。ここで，まず動感身体性の感覚質の意味内実に少し付言しておきたい。ここで言う〈感覚質〉という概念には，価値感覚するノエシス契機が同時に機能しているから，キネステーゼ感覚質という表現は，自らのキネステーゼ身体の志向体験をありありと感じとって，そこにフッサールの言う価値感覚の地平志向性が主題化される事態を表すことになる。フッサールが価値感覚と呼ぶときのこのような価値概念は体系論として共存できる価値意識ではない。それは機能しつつある動感身体性そのものに〈同時に居合わせている〉[Mit-dabei-sein] 心情領域に属しているもっとも〈根源的な価値構成〉[176] であるとフッサールは念を押しているからだ。マイネルはそのモルフォロギー的運動分析のなかで，運動質と呼んで，局面構造，運動伝導，運動先取りなどを論じているが，それらを我々はキネステーゼ身体発生の〈事態分析〉として取り上げ，マイネルの運動質概念から区別しているのだ。そこでは，キネステーゼ身体発生がカテゴリー化されて，その非直観的な志向含蓄態を開示する本質直観への道を辿るからである。ここで主題化される動感身体性に原的に直観されるの価値意識としての〈雄大さ〉や〈優雅さ〉などは，マイネルが意味する運動質分析と混同されてはならない。ここで取り上げるのは，自在洗練化領野における高次元の感覚発生分析の志向対象である。その遂行自我の心情領域に働くキネステーゼ価値感覚に密かに畳み込まれた志向対象を探り出し，高次にキネステーゼ形態化していく目標像のなかに，〈程度差〉を秘めたその志向対象が主題化されのである。

　まずここでは，空間性を前景に立てる価値意識の志向対象が取り上げられる。もちろんここで言われる空間性や時間性は，キネステーゼ感覚時空系に属しているから，遂行自我の動く感じのなかでは，その知覚と運動は一元化され，機に即して〈同時変換〉されることは多言を要しない。いわばヴァイツゼッカー

175　Meinel, K.: Bewegungslehre 1960 S.373　邦訳：スポーツ運動学，402頁　1981
176　Hua. IV. §4‐⑦ S.9　邦訳：イデーンII‐I，§4‐⑦ 10頁

のゲシュタルトクライスという自己運動の世界には、〈回転扉の原理〉が働くのだから、時計や物差しで数量化できる物理時空系の計測可能な物的身体の運動分析と截然と区別されるのは論じるまでもない。このようにして、まず空間性における価値感覚として前景に浮かび上がってくるのは、キネステーゼ形態化する自己運動の〈雄大さ〉〈安定さ〉〈優雅さ〉である。しかし、この問題圏における空間性の〈動きかた〉は外部視点から〈直進的〉に視覚対象として捉えられるものではない。それは動きつつある遂行自我の動きの様相変動はそのすべてを自らの視覚で〈直進的〉に捉えることは不可能だからだ。その自我身体の運動と知覚は自らの〈キネステーゼ身体感覚〉によって一元化された意味核である。しかも、それはそのノエシス契機によってその表裏が同時的に変換する奇妙な動感メロディーという志向対象そのものである。このような発生的運動学特有な分析論の普遍基盤において、キネステーゼ身体性が機能する〈遂行自我〉の自己運動の存在をまず確認してはじめて〈雄大さ〉〈安定さ〉〈優雅さ〉の地平志向性分析に入っていくことができるのだ。

1）雄大さ地平分析の志向対象

このような遂行自我の運動主体という運動認識を基柢に据えて、我々はやっと動きの〈雄大さ〉の分析対象性に向き合うことができる。つまり、物理的時空間における延長量、例えば跳び上がった重心の高さや跳んだ距離の計測量では捉えられないキネステーゼ感覚の〈雄大さ〉という志向対象に対して、我々は超越論的反省の態度をとることができるのだ。舞踊領域で言われるバロンテクニックのように、空中にふわりと浮き上がったジャンプは、その重心の高さの位置や跳んだ距離の測定値だけでその志向対象を統握できるものではない。反復訓練の目標像になるキネステーゼ感覚の機能する〈雄大な動きかた〉は、その原発生の地平分析に入る前に、その〈キネステーゼ感覚形態化〉の志向対象に関する静態分析が施され、その通時的、共時的な前提的認識が確認しておく必要がある。こうして、我々はやっとその雄大さの原発生地平分析の起点に立つことができる。しかしそこでは、その過去把持地平や未来予持地平の静態分析によって、その反復訓練の〈動感目標像〉を捉えるにしても、すでに述べたような自らの〈地平分析能力〉に全面的に依存していることを見過ごしてはならない。この高次元の雄大さの地平性分析に立ち入るレベルにあるアスリートであれば、重心高や空間的延長量にその習練目標像を求めることはまさに杞憂に過ぎないことになろう。

2) 安定さ地平分析の志向対象

このようにして，雄大さという地平分析の志向対象に関する〈身体的統握〉が十分となれば，ここで主題化される自己運動の〈安定さ〉という問題圏では，それが単に反復できる〈的確さ〉や〈精確さ〉という確率論的成果問題でないことに贅言を費やす必要はない。ましてやこの遂行自我の〈安定さ〉が，独楽の回転に見られる〈物理学的安定さ〉であるはずもないし，事故回避の〈安全さ〉が意味される取り越し苦労はもはや無用であろう。とは言っても，キネステーゼ感覚の働く安定さの地平分析では，その前提となる厳密な静態分析が取り上げられていないとすれば，その意味発生分析への道が拓かれるにはまだ十分とは言えない。とりわけ，体操競技やフィギュアスケートなどの評定競技においては，その安定さの〈価値感覚分析〉が十分に行われているとは言えないからだ。フィギュアスケートの演技中の不安定さや転倒に至る様態変化は多様であり，そこに多くの貴重な問題性を発見できるはずである。鉄棒演技における下り技の着地の安定さや不安定さがまだ物理的安定さの採点に留まり，まだ自在洗練化に相応しい採点規範に達しないまま放置されているからだ。例えば，着地で〈踏み出し〉さえなければ，上体の多少のバランス補正があっても〈着地が極まった〉ことになるのか。いわば，下り技の終末局面の評定基準は厳密な規定が欠損したままでよいのか。そこには高次元の着地安定さに関する〈地平志向性分析〉が欠損しているからである。この着地の〈安定さ〉という志向対象がまだ取り上げられてないとすれば，厳密な静態分析が欠損したままに放置されていることになる。発生的運動学が意味する〈今ここ〉の現前的安定さは，自己時間化するキネステーゼ感覚発生に直結しているのだ。それが，どうしても外部視点からの位置移動という物理的安定さに直行してしまうのは科学的思考の呪縛から未だ解放されていないのかもしれない。だから，我々はどうしても原発生地平分析に即した通時的，共時的な静態分析と立ち止まりつつ流れる原現在の発生分析の道を，いわば，〈原発生地平分析〉の道を拓いておくのを忘れるわけにはいかない。

3) 優雅さ地平分析の志向対象

最後に取り上げられる動きかたの〈優雅さ〉の地平性分析は発生的運動学のなかでも舞踊や評定競技以外で主題化されることはないのは，本質可能的に競技規則の問題だからである。しかし，そのエレガントな動きの地平に潜んでいる動感志向性が競技の勝敗に直接関わらなくても，その洗練された動きに内在

するキネステーゼ感覚エートスが究極の技芸へ道を拓いてくれることを見過ごしてはならない。競技スポーツでは，余りにも成果主義一辺倒になると，肝心の〈わざ〉の奥義という究極意味核への道を阻んでしまうことになるからである。それは競技スポーツの勝敗基準の決定が客観主義に過度に傾斜しすぎると，基準決定の述定判断するときの志向対象が計測定量化以外の志向対象性をすべて弾き出してしまうことになる。競技スポーツの測定，判定，評定の三競技領域における静態論的構成分析のなかで，その述定判断の志向対象性を改めて問い直す必要が迫っているようである。この新しい問題意識については，キネステーゼ価値感覚の働きが主題化される評定競技でさえも，どうしてもその採点方式が〈数学的形式化〉に一方的に傾斜して自縄自縛に陥ってしまうことが頻りなのだ。この競技論そのものの運動現象学的分析の立ち後れが目立っているようである。だから，肝心の競技領域の類型学的規範論が主題化されないままに，その地平志向性の背景に沈殿してしまうなど，多くのアポリアに阻まれている事実をまさに今こそ直視するのでなければならない。動きかたに〈優雅さ〉を追求し，しなやかな動きやポーズに品格のあるエレガントさを求めるという運動類型学的な規範論に馴染みのない競技関係者は，〈運動現象学〉を基柢に据えたボイテンデイク運動学の主張に耳を傾ける必要があろう。ボイテンデイクはその規範論的類型学において，すっきりしたポーズをとり，エレガントに振る舞うときに「人間の感覚一般は，その優雅さの主要な徴表として，〈伸びやかさ〉を直観するのだ」[177]　と新しい本質直観分析を開示してくれるからである。ボイテンデイクはさらに言葉を継いで，「精神は身体に対して決して暴力的に支配してはならない。それどころか，身体はその美しい高潔な表出を生み出す精神の働きを押さえつけてはならない」と述べながら「もっぱら自然がそのままはっきりと感じとれるところでは，人間的なるものは黙して語らずにいてもらいたいからだ」と断じて，真に共感を誘う〈動きかた〉については，それを決定する働きは意志がもっているではなく，感情こそが決定権をもつとボイテンデイクは正鵠を射て，この〈感覚的感情〉［本書：§39，§42参照］の重要さをフッサールに倣って強調していることを見逃してはならない。

　しかしこの優雅な動きは，端的に力みのない〈解緊状態〉が意味されていると早合点してはならない。わが国の日本舞踊や演劇における〈たおやか〉な女形の中腰の動きにどんな過酷な筋努力が求められるかは周知のことであろう。

177　Duytendijk, F.J.J.; 1956 op.cit. S.358

体操の吊り輪における十字懸垂という力技は，手首を腹屈させて力強く表現したつもりでも，〈これ見よがし〉の力ずくの十字懸垂は，むしろグロテスクな感じさえ与えてしまうのだ。そのような美意識の欠損した筋力表現に堕してしまう独りよがりの表現は田舎芝居の陳腐な態(わざ)でしかない。それに反して，手首を落とした弱々しそうに見える十字懸垂に優雅な品格を認める価値意識の働きを見逃してはならない。このような動きや振る舞いに呈示されるフッサールの言う価値感覚の評価基準は，高次元の類型学的規範論に基づいた厳密分析が検討されるのでなければならない。それぞれの種目領域の競技運動学のなかにおいて，新しく〈発見された分析対象性〉は，改めてそのノエマ的静態分析が取り上げられ，その実(レエール)的な意味発生の〈ノエシス的発生分析〉が捉え直されれば，それぞれの発生的運動学の分析研究は勢いを増すことであろう。そこには，〈自在洗練化現象〉の超越論的構成分析が新しい運動分析の道として脚光を浴びることになるからである。

(b) リズム感，スピード感，極めの地平性を探る

ここでは，まず時間性が前景に立つ〈キネステーゼ感覚分析〉の志向対象が取り上げられる。すでに前段でも指摘しているように，この生き生きしたキネステーゼ時空系に属する空間性や時間性は，遂行自我の〈動く感じ〉のなかで機に即して〈同時変換作用〉が働いて，知覚と運動がそこに〈一元化意味核〉として成立することをまず確認しておかなければならない。ここでは，伝染可能性をもつ〈リズム感〉，速さ溢れる〈スピード感〉，究極の停止感に姿を現す〈極め〉という価値意識の志向対象が時間性を前景に立てて主題化されることになる。しかしこの時間性のノエシス契機が表に出ても，その裏で空間性の動感意識もすでに機能しているのだ。このような原発生地平分析の高次元の志向対象は，それぞれの競技や体育の発生的運動学における分析対象の違いによって，この時間性のキネステーゼ価値感覚にも〈程度差〉が見られるのは言うまでもない。その一元化意味核における価値感覚の評価作用も区々になるから，その競技領域ごと，体育領域ごとに時間性のキネステーゼ価値感覚が独特な時間性の目標像として分析されることが不可欠となる。そこでは発生的運動学として，それぞれに類化された〈地平志向性分析〉が取り上げられ，その固有な志向対象が発見されていく必要がある。とりわけ，リズム感の伝染作用はマイネルの形態学的分析の白眉と評価される研究であるが，その伝染作用が〈間モナ

ド意味核)のキネステーゼ感覚伝承に対して,そのキネステーゼ転移を可能にする普遍的な運動基盤を提供した仕事はまさに特筆に値することになろう。ここでは,自在洗練化領域における高次元の価値感覚に関わる意味(センス)発生に貴重な拠点を提供するリズム感の伝染性という志向対象に問いかけることから,原発生の地平分析との関わりを開示していくことになる。

1) リズム感地平分析の志向対象

このリズム感の〈伝染可能性〉[178] と呼ばれる地平分析の志向対象は,すでに前段[§31参照]でも取り上げられている。すでに述べているように,この〈リズム感〉という志向対象は,幼児の運動遊びとして親しまれている長縄跳びで,跳びに入るときの〈間合いのリズム〉をわが身のキネステーゼ感覚に同調させて身体化できることはよく知られている。そこで志向対象になるロープという〈物〉に私の〈リズム化能力〉を共動感化させる〈時間化能力〉の謎はすでにフッサールによって見事に開示されているのも周知の通りである。ところが,そのキネステーゼ感覚の奇妙な〈身体発生現象〉が分析対象にも取り上げられないのはどうしてなのか。その謎めいた身体化現象に厳密な身体発生分析を施し,その志向対象を発見する分析が幼児体育の専門家にも等閑視されるのはどうしてなのか。それは幼児の単なる〈運動遊び〉でしかないから,〈できればそれでよい〉という成果主義が発生的運動学の地平分析を阻んでしまうのか。ところが,ボールゲームや対人競技における実践現場でも,他者のリズム化現象を即座に読み切って,自らの行動を〈同時変換的〉に遂行するのは決して珍しい〈身体化能力〉ではない。そのような絡み合った動感(キネステーゼ)情況の下で,このキネメロディーの〈伝染能力性〉が決定的な役割をもっているのにかかわらず,この日常的に行われている〈リズム感転移〉という志向対象の発生分析が等閑視されているのは遺憾である。とりわけ柔道などの対人競技や,敵方と味方が複雑に絡み合ってボールを奪い合う球技においては,この〈リズム化伝染作用〉が高次元の自在洗練化領野でその決定的な意味発生分析に関わっていることをここで再び指摘せざるをえない。科学的運動分析では,本質必然的に不可能な原発生の〈時間化能力〉の開示が放置されたままでは,とてもハイレベルの競技実践に対応できないことを知らねばならない。しかし,昨今ではその現象学的運動分析が理解されて,例えばハンドボールのボール奪取の実践可能性

---

178 Meinel, K・Bewegungslehre 1960 op.cit. S.165ff. 邦訳:スポーツ運動学,175頁以降

が追求された論文[179] も現れて，その原発生地平に潜む自己時間化の意味発生分析の道が拓かれたのは特筆に値する。そのリズム感転移の問題性はすでに前段[§31参照]で述べてある通りである。マイネルはリズム化の力動性に着目し，動きかたの基柢に潜む緊張と解緊の〈周期的交替〉を重視し，リズム化の本質必然性をその緊張と解緊の〈流れるような移り変わり〉[180] に注目したのはすでに指摘した通りである。そこでは，遂行自我に感知される動感リズム感の流れに潜む地平志向性が当然ながら主題化されなければならない。その〈リズム感〉のキネステーゼ価値感覚は，まず修正化作用の拠点に取り上げられたリズム化志向体験が導きの糸になる地平構造をもつ。だから，〈リズム概念〉がその緊張と解緊の〈分節性〉と〈交互解緊性〉に支えられていることをまず確認しておく必要がある。そこでは，ダイナミックに動くモダンダンスにそのリズム感を容易に捉えられるとしても，伝統芸能の〈能の所作〉に示される〈もの静かな動き〉にも，その地平に潜む生命的なリズムの息遣いを感じとれるのでなければならない。むしろ抑揚の少ない動きかたのリズム感こそ，原発生の厳密な地平分析を必要とすることになろう。

2) スピード感地平分析の志向対象

次のキネステーゼ身体感覚で捉えられる〈スピード感〉という価値感覚分析の志向対象となる〈速さそのもの〉は，数学的時空系で測定された距離と時間から算出される〈速度〉とは本質必然的に区別される。だから，アスリートの素早い動きを映像分析(キネマトグラフィー)して，その物的身体の位置移動を物理的速度(モートスロカーリス)としてデータ化しても，たといそれが超高速の映像分析から精密に速度を計算しても，それはその一連の動きに秘められた溢れるような〈スピード感〉を捉えることはできない。そこにキネステーゼ身体感覚で感じとられた動きの〈速さそのもの〉は，過去に流れ去る前の〈たった今掴んだまま〉という過去把持(レテンツィオン)の今統握なのだから，それをすでに生起した〈過去事実〉として数えることはできるはずもない。それはまだ事実になっていない〈原現在〉の〈立ち止まりつつある今〉が問題になるのだ。しかも，それは当人の捉えた周界情況と私秘的な気分や全身感にも左右されるから，とても生起した過去事実として統計学的な確率論が成立するはずもない。だから，ボクシングに見られる目にも止まらぬ素早いパンチにスピード感が溢れているのは，そのパンチが極まったときに顕在化

179　佐藤靖：ハンドボールにおけるボール奪取の実践可能性，2016 伝承第16号　運動伝承研究会
180　Meinel, K.: Bewegungslehre, 1960 S.160　邦訳：スポーツ運動学，168頁

するのは周知の通りである。剣道の試合で,その一瞬の〈突き〉を繰り出すスピード感は,それに〈有効打突〉が成立したときにこそ顕在化するのだ。そのような意味発生に深く切り結んだ素早いスピード感の地平分析における〈速さそのもの〉という志向対象は多くの競技に見られるが,その折り畳まれた志向対象を発見できるようになるには,長年の修練が要求されるのは言うまでもない。その原発生地平に潜むスピード感の志向対象としての〈速さそのもの〉は,その意味発生の様相変動のなかに姿を隠し,黙して語らないのだ。しかもその意味内実は,今ここ統握する遂行自我のキネステーゼ感覚能力と周界キネステーゼ情況とが微妙に絡み合っているから,スピード感を身体化する本人にもうまく言い表せないのだ。結局,その謎に満ちたスピード感という価値感覚は,どうしても以心伝心の伝承方式に流れやすく,本人のパテント権として独占される仕儀となる。この〈スピード感〉という志向対象は外部視点から計測できないし,そこに因果法則は成立しない。そこには,遂行自我の〈現象学する自我〉がその超越論的反省を純粋記述してくれない限り,このスピード感の身体発生現象はその遂行自我と共に墓場に葬り去られてしまうだけとなる。それは運動文化の伝承が抱え込んでいる本質必然的な重大な問題性に他ならない。その遂行自我に身体化された匿名のスピード感の地平性分析を改めて主題化して,そこに新しい運動分析の道が拓かれることになる。それが他者運動の超越論的構成分析の道であることは,すでに前段[第Ⅱ章 他者運動の身体生基盤:§14～§22参照]ですでに開示されている通りである。

3) 極め地平分析の志向対象

このようなスピード感地平分析の志向対象性の対極に位置するのが究極的な〈極め〉と呼ばれるキネステーゼ価値感覚の地平志向性である。その極め地平分析の志向対象に微妙な停止感を伴う動きかたはよく知られている。その〈停止感〉という志向対象は,競技スポーツの意味発生分析の究極的な感覚存在の一つであり,多くの選手たちやコーチのキネステーゼ感覚分析の意欲を掻き立てる魅力をもっているのは周知の通りである。この極めの価値意識は,古来の芸道から由来したものと思われるが,例えば,歌舞伎の〈見えを切る〉仕草に現れる停止感を伴う〈極め〉のポーズを挙げることができる。そこで意味される停止感とは,流れる動きの最後に素早いブレーキ動作が示されて,そのポーズを印象づける振る舞いとして純粋記述されるであろう。しかし,多様な様相変動のキネステーゼ形態化をもつ競技スポーツでは,評定競技としての体操競

技やフィギュアスケートに見られる端的に停止感溢れる〈極めのポーズ〉だけでなく，ボールゲームや対人競技に見られるフェイント動作に見られる停止感を伴う〈動きの極め〉という新しいキネステーゼ感覚の形態化の働きも，この極め地平分析の志向対象に含めうるのであり，球技や格技の対人競技には，そこに多くの貴重な〈発見〉が待たれていることであろう。その成否を握っているのは，各種競技の発生的運動学的分析が積極的に進められ，比較論的な〈関係分析〉[181]が施されることがさらに喫緊の課題となっていくであろう。例えば，体操競技の振動技から静止技への極めの志向対象は，その停止感の〈極めのポーズ〉に高次の価値意識が働いていなければ，そこに冴えた〈技さばき〉はとても望むべくもない。吊り輪の振り上がりから倒立に持ち込むときに，力づくの振り上がりから，のったりと倒立に入る動きかたに〈気持ち悪さ〉を感じない審判員は，ジャッジの究極核となる共動感能力を身につけているとは言えない。まして，決勝競技で鉄棒の着地を極めたときの快感は，選手本人だけでなく，多くの観衆の感動を呼び起こすに十分である。しかし，本来的に着地だけという〈対象技〉は存在するはずもない。その前の宙返り下りという技の終末局面が着地ということになるのは言うまでもない。しかも，その着地そのものの意味発生分析をするには，必然的に着地それ自体のキネステーゼ感覚発生に関わる静態分析が開示されていなくてはならない。それなしに，着地の極めの価値感覚的な評価判定は不可能である。つまり両足で停止さえすれば減点なしとするのは，物的身体の〈物理的着地〉であり，動感身体性に生起する停止感をもつ高次元の〈着地の極め〉とは言えない。体操競技界の人たちがその停止感という意味発生地平分析に関心をもたなくなっているとしたら，体操競技そのものの本質法則が見失われる危惧の念を抱かざるをえない。

　このようにして，生命的時間性という価値感覚の働く身体発生の地平分析は，動感論的分析研究の難関の一つに数えられるのもこの意味においてであり，そこに畳み込まれた原発生の志向含蓄態は容易にその姿を見せてくれないからである。それぞれの競技領域によって独自な価値意識が働き，その評価作用も区々であるから，それだけに，単純に物理学的合法則性や生理学的合理性だけで，このような動感価値感覚の働きを判断する志向対象が開示されることは決してないのだ。その原発生地平の深層には，価値感覚的な身体発生の志向含蓄態が

---

[181] Husserl, E.: Erfahrung und Urteil, §33～§34 S.171ff. 6.Aufl. 1985　邦訳：経験と判断，§33～§34　135頁以降

秘められていることに気づかなければならない。それぞれの競技領域ごとに，その動きと振る舞いには，特有な価値系や意味系が絡み合って存在しているから，競技ごとに発生的運動学の現象学的地平分析を改めて推進していくことこそ，現場の実践可能性に新しい道を拓いていくことになるであろう。

(c) 冴えの価値意識に立ち向かう

キネステーゼ価値感覚の地平分析における最後の志向対象として，我々は〈究極意味核〉に機能する価値感覚として〈冴え〉の動きかた [簡潔極まる〈動き〉ないし〈振る舞い〉] を取り上げることになる。それは原発生地平性に潜んでいる意味発生としての〈志向的含蓄態〉[182] である。ここで〈わざの冴え〉と呼ばれるキネステーゼ価値感覚の志向対象には，いわば究極的意味核に潜む高次元な価値意識が創設されている。その志向対象は，今ここに機能しつつある価値感覚が同時変換作用によって一元化された〈究極意味核〉の〈冴え〉という非直観的志向性である。それは，無駄な動きがすべて消え去り，すっきりした〈簡潔さ〉を示す〈動感形態化一元性〉と別言できる。このような動きの価値意識は，その源流を古代中国の道教や禅仏教に遡るとしても，わが国古来の能楽や武芸などの芸道 [多くの求道者によって踏み固められた道] における〈技芸の極致〉に他ならない。それは動きかたの〈冴え〉を含蓄した芸としてカテゴリー化された志向対象である。因みに，歌舞伎におけるある動きのわずかな緩急の妙に伝来の美意識を託した動きかたの〈冴え〉であり，いわばその〈洗練された所作〉に大向こうから声がかかることでよく知られている。

このことは，わが国固有の剣道でも同じ美意識が大事にされ，一点の曇りもなくその技が冴えて，無駄な動きがすべて消え去った簡潔な〈動きそのもの〉を限りなく追求していくことに価値意識が深く畳み込まれているのだ。同じように柔道においても，単なる優勢勝ちに満足せず，そこに鮮やかな〈技の冴え〉で〈一本〉を取ることに執着する美意識は，わが国固有の武道修行の比類のない特質を示して余りある。このような動きの価値意識にかかわる，いわばフッサールの言う価値感覚の機能する〈動きかた〉を大事にする〈心構え〉は，明治以降に西欧諸国から入ってきた競技スポーツにも受け継がれて，その〈形態化目標像〉を構成する美意識に決定的な影響を及ぼしてきたことは周知の通りである。我々はこのような動きかたの冴えの美意識に共感できる心構えを大事

---

182 Hua XVII § 85・③ S,215 邦訳：形式論理学と超越論的論理学，§ 85・③ 230 頁

にするとしても，その〈冴え〉を生み出すキネステーゼ価値感覚の謎に満ちた〈身体発生〉の感覚内実は果たして〈運動分析〉として開示されているのかを問い直してみなければならない。運動を分析するには科学的な因果分析だけしか考えられない昨今だから，その〈冴え〉という価値感覚の志向対象は分析不可能として，その伝承世界は〈以心伝心〉として秘伝化される仕儀とならざるをえない。その謎に満ちた〈冴え〉の身体発生がどんな地平志向性に支えられているのか，その志向対象の厳密な静態分析や発生分析はどのように取り上げられるかは，現象学的運動分析の固有な役割としてすでに前段で開示されてはいる。ところが，その〈原発生地平分析〉の道は未だに阻まれたままであり，依然として〈秘伝〉という謎に満ちた技芸伝承の道にしか取り上げられていない。それは運動分析における科学主義的なロックの呪縛が世紀を超えて，現代に至るまで貴重な現象学的運動分析の道を阻み続けているのであろうか。

　ここにおいて，我々はすでに，雄大さ，安定さ，優雅さに加えて，リズム感，動きのスピード感，停止感と共に浮上するポーズや動きの極めなどのカテゴリー化を進めながらも，そこにキネステーゼ価値感覚の分析対象として，〈冴え〉という究極の志向対象を取り上げることになる。しかし我々は今ここに機能しつつある動感身体性の働きを意味発生分析としてやっと確認したばかりであり，その志向対象がこれまでの科学的運動分析とは本質必然的に一線を画して，意味発生の地平分析として，やっと新しい運動現象学的分析として超越論的構成分析の道を辿り始めたばかりである。我々の発生的運動学の独自の分析領域として，自らのキネステーゼ価値感覚の意味発生分析の方法論はすでに前段で立ち入って確認されているから繰り返すまでもない。ところが，この高次元にある自在洗練化の志向対象の道を拓いた名選手の〈動感身体知能〉そのものは希有な存在である。そのアスリートは原発生地平に高次元の貴重な志向体験が蔵されていることを見過ごしてはならない。それどころか，世界の頂点に上り詰めた一流の選手たちでも，その原発生の時間化分析に〈現象学する自我〉が機能する選手はさらに限られるし，その人が超人的な究極の技の冴えに純粋な超越論的反省を心無しか拒むことも少なくないのだ。となると，この動きかたの〈冴え現象〉の静態分析による感覚ヒュレーの伝承財の確認はさらに難しくなってしまう。その貴重な動感経験をもつ選手に借問できる老練の〈発生コーチ〉もまた希有な存在だから，二重のアポリア［通行拒否の難関］に阻まれることになる。

こうして，実的(レエール)に，つまり内在する身体経験の原発生という運動基盤に依拠して，高次元のキネステーゼ身体感覚の超越論的構成分析に立ち入るには，余りにもその道は多くのアポリアによって阻まれていることを知らなければならない。それどころか，戦後には急速に科学主義が蔓延してきて，コツとカンという非直観的な地平志向性に関心をもつ運動現象学者もまた希有な存在になってきているのだ。戦後の我々は，西欧の科学的運動分析に一方的に依存して，超高速の映像分析(キネマトグラフィー)や生理学的，物理学的な精密分析にのめり込んできたのだから，コツとカンという謎に満ちた〈一元化意味核〉を自らの動感身体性で直観できる時間化能力はすっかり萎えてしまったのかもしれない。しかも，その「当てにならない〈ドクサ経験領域〉に帰還せよ」[183] というフッサールの直観化分析論への貴重な提言に対しては，非科学的な侮蔑感さえ抱いてしまう運動科学者の多い昨今である。それどころか，終戦前までにコツとカンの一元化意味核の習得だけに打ち込んできた我々のキネステーゼ身体発生の道は，GHQ［連合軍総司令部］の命令によって完全に遮断されてしまった。戦後になってからは，物的身体の運動分析と一線を画した原的なキネステーゼ価値感覚による運動分析は放棄されてすでに半世紀以上の歳月が流れているのだ。だから，直接にその動きの本質を直観分析できる方法論を知的に理解できても，その謎に満ちた価値意識を直観的に判断できる〈動感身体能力(キネステーゼ)〉はすっかり萎え果てて，すでに消滅しかかっているのだ。わが身で生き生きした動きの原現在を時間化能力として捉える方法論もその実践可能性の訓練もすっかり放棄されて久しいのである。ところが，緊迫の勝負を打つ競技領域の実践世界では，競技する〈自己運動〉のキネステーゼ意味核は，そのコツ素材(ヒュレー)もカン素材(ヒュレー)も同時変換的に受動発生として一元化されているから，この動感ヒュレーは通時的，共時的な始原的な価値意識の実践可能性として生化し，息づいているのだ。競技世界で，例えば吊り輪でダイナミックな雄大な振りから一気に微動だにしない倒立静止に入ったとき，その選手の技は冴えていると直に感じとり，その〈技の冴え〉は高く評価されるのだ。しかし，そのとき示された技の冴えと自らの理想像の冴えの間に，審判にも気づかれないほどのズレであっても，その技の冴えにわずかな曇りがあれば，たとい優勝してもその〈冴えない気分〉を消すことはできない選手の美意識は，戦後になっても依然として生き続けているのだ。

---

183 Husserl, E.: Erfahrung und Urteil, §6・③ S.22 6.Aufl. 1985 Meiner Verlag 邦訳：経験と判断，§6 - ③ 20頁

そのような選手が現にいるとすれば，その人こそ技の冴えを本質直観できる名選手と称える美意識は競技世界には受け継がれているのだ。しかし，その冴えの美意識は四面楚歌の事態に入りつつあるのを否定できないこと頻りの昨今である。

これらの動きかたの〈冴え〉の原発生地平においては，それぞれの競技種目の実践現場では，その原発生の地平志向性分析は喫緊の課題になってくる。しかし，究極の技に無限の〈動きの冴え〉を求めていく〈心構え〉は，超人的な高次元の技にばかり捉えられているわけではない。それは日常の動きや振る舞いにも，その冴えの美意識が存在しているし，世界一流のピアニストの感動的な手指の動きの冴えも，日常的に使うパソコンのブラインドタッチの指の冴えにも，その動感身体性に潜む見事な身体能力として，伝統の美意識は生き残っているのだ。しかし，その美意識そのものの素晴らしさは，特段の解説がない限り，それは自分でも気づかないまま過去に流れ去ってしまう程度ではある。とすれば，日常的な動作のなかにも，そこに潜んでいる志向含蓄態というその〈冴え〉がノエマ分析の対象性として開示されることに着目すれば，体育の運動発生学習にも，生徒たちの深層に機能する貴重な身体経験として，人間教育としての意味発生が主題化される可能性は残っていることになる。この〈冴え〉という事態カテゴリーが地平分析の志向対象性に取り上げられる場合には，競技領域における高度な技の動感システムだけでなく，いわば学校体育で取り上げられる学習される身体運動も，そこに身体発生学習の志向対象として，その〈冴え〉を取り上げる実践可能性は残されているのだ。当然ながら，球技のシュート学習にも，走って溝を跳び越すという幼児の運動学習にも，伸長能力や先読み能力などの他の事態カテゴリーの働きにも注目される実践可能性は存在しているのである。この〈冴え〉という高次元の価値感覚の働きは，例えば走り幅跳びという基礎的学習でも取り上げることができるのだ。その伸長能力がわずかに1センチメートルの誤差もないほどの〈冴え〉に気づくことは，身体教育として貴重な身体能力のノエシス契機を生み出すことになる。スポーツ運動は，単に将来の楽しいスポーツ活動への広がりに資するというだけでなく，人間教育として機能する動感身体性の貴重な生命的志向体験を生化する身体発生の役割も決して見過ごすことはできないのである。

§59. 自在無碍の動感世界に向き合う

(a) 優勢化自在の身体発生を問う

　これまで我々は，動感エートス分析の志向対象をその非直観的な〈動感感覚世界〉(キネステーゼ)に求め，さらに不可視的なコツとカンの意味核を本質直観化する道においても，その一元化された意味核の志向対象を的確に捉えながら，その〈自在洗練化分析〉の現象野における〈究極意味核〉の志向対象に直に向き合うところまでやっと辿り着いたことになる。〈今ここ〉に機能する私の動感身体は厳しい修練を通り抜けて高次元の感覚発生(センス)を身体化した意味核に，つまり自らの感覚図式に直に向き合っているのだ。そこには，〈片側優勢化〉をやっと乗り越えた〈自在さ〉もあれば，とっさに使える〈即興自在さ〉を身につけたレベルもあり，それらをさらに超えて，その究極的層位の〈大自在〉の妙境も存在する。それはいかなる周界情況の変化に出会っても，心身に何らの束縛もなく，すべて理に適って全く思うままに〈自由自在に動ける〉至芸世界に生きる境地である。そのように，わが身にありありと機能する身体の〈自己性〉からも離脱できる〈身体能力〉を我々は端的に動きの〈究極自在さ〉と呼ぶ。これらの高次元の〈自在無碍〉をもつキネステーゼ身体発生は，その道の名選手や芸達者の現実態(エネルゲイア)の〈身体知能〉としていみじくも実現されているのは周知の通りである。

　しかしすでに指摘しているように，日常生活の何気ない歩きかたのなかにも，この究極的な〈自在無碍〉をもつ志向対象が本人も気づかないままにそのキネステーゼ感覚が〈形態化〉されているのだ。それどころか，どんな人でも，この〈究極的自在さ〉という高次元の動きかたが〈駆使身体〉の実践可能性をもっているのだ。卑近な例証を挙げれば，歩きながら，ポケットから携帯電話を出してメールを打つなど，考えてみればまさに見事な究極自在さの妙技に他ならない。そこでは，キネステーゼ身体発生のパトス世界にある我々が，何一つ気づかずにあらゆる情況変化に即応して，動きのミスを即座に修正しながら，驚くべき〈自在無碍〉な動きを形態化しているのだ。ただし，そのように機能する動感身体性の〈形態化志向体験〉は，その非直観的なコツとカンを同時変換的に一元化し，その動きの身体発生をありありと原的に直観化しているのである。それはフッサールの言う受動志向性の〈動感身体発生現象〉(キネステーゼ)であることは言うまでもない。日常の何気ない動きや振る舞いのキネステーゼ形態化現

象においては，その反復訓練の動機づけが〈受動志向性〉という奇妙なキネステーゼ身体発生の地平に沈んだままに機能しているのだ。それは決して因果的な生起ではない。その即興自在無碍をもった身体発生は，日常生活のなかに気づかないまま習慣身体化していても，遂行自我はそれをいつも承知しているのである。

　このような匿名的な〈即興自在さ〉を一方の極とすれば，他方の極には，工夫しながら反復訓練を重ねているうちに，全く何の前触れもなく，突然にマグレ当たりが発生するという〈偶発さ〉にも出会うことになる。その〈偶発性〉，いわば〈今はこうなのだ〉[184] という〈発生転機〉は常に秘密のままであるというヴァイツゼッカーの言がよく援用されるのはこの意味においてである。しかし，このようなあらゆる習練を経た後で，運動と感覚が同時変換的に機能して一元化し，遂には高次の自在無碍の境地に辿り着くことになるのだ。それは言うまでもなく，動感エートスの気概に満ちた能動的な〈即興自在無碍〉と呼ばれる現象に他ならない。その能動的な自在即興さにキネステーゼ感覚発生の志向対象を捉えようとする場合には，まずそこに〈否定様相化〉が我々の動感エートスを動機づけてくれるのは論をまたない。この動感身体性の〈意味発生〉を志向するときには，まずもって〈そう動けない〉という動感能力の欠損が不可欠だからである。いつも右から自転車に乗る人が反対側から乗ろうとすると，そこには否定様相化現象がいつもきっと現れてくるのだ。すでに前段［本書：§32参照］でも述べているように，〈片側優勢化〉のカテゴリーでは，その反対の動きかたが欠損ないし不十分な様相を露呈するのは周知のことである。物的身体としての運動発生学習では，片側の優勢化だけを習得すればよいとされるが，発生的運動学では，生ける自我身体のキネステーゼ感覚発生が志向対象になるのだから，どうしても〈優勢化否定〉に向けて機能するキネステーゼ身体能力も志向されることになる。そこにはじめて，〈優勢化自在無碍〉という志向対象がいみじくも浮上してくることになる。野球のバッティングで，左打ちも右打ちも全く能力差もなく自在に動けるところに，スイッチヒッターの驚異的な〈身体知能〉が脚光を浴びることになる。その究極的意味核に現れてくるのが，いわば〈側性の否定〉であり，〈優勢化消滅〉という志向対象に他ならない。その反論理的な〈大自在の妙境〉こそが選手たちの動感気概を奮い立たせるのだ。この優勢化という事態カテゴリーは，利き手，利き足，左右のひね

184　Weizsäcker, V.v.: Gestaltkreis, op.cit. S.302.　邦訳：ゲシュタルトクライス，279頁

り，前方と後方の回転方向などきわめて多岐にわたる様相変動が存在している。それぞれの競技種目におけるキネステーゼ感覚側性の意味発生は，膨大な様相変動を示して，その意味構造(センス)はそう単純ではない。だから，各競技種目の発生的運動学として，その〈動感側性(キネステーゼ)〉の身体発生分析はその体系論を含めて喫緊の課題になってくる。

　すでに確認しているように，いかなる周界情況の変化に出会っても，何の心身の束縛もなく，すべて理に適って全く思うままに自由自在に動ける身体知能の現実態(エネルゲイア)の働きこそが〈究極自在さ〉と呼ばれる。そのように機能しつつある身体の〈自己性〉を解放できる動感能力こそが自在無碍を支える志向対象である。とは言っても，動きつつある自我から解放される，いわゆる〈無我の境地〉というのは，メンタルトレーニングの端的な〈意識対象性〉ではない。機能する身体性は〈意識の奴隷〉ではないし，動かす意識も動かされる身体も，知覚も運動も一元化されてはじめて動きの意味核が発生するのだ。その場合にこそ，あらゆる周界情況の様相変動に即して，まさに即興的［同時発生的］に最善の動きかたが即座に可能となる。とすると，これまで取り上げてきた片側優勢化自在無碍という事態カテゴリーは，野球のバッティングで左打ちも右打ちも全く能力差なく〈自在に動ける〉ところに驚異的な優勢化自在さの身体能力が希求されることになる。しかしそこでは，最初からどちらのバッターボックスに立つかを本人は予め決めているのだ。どちらでも正確にヒットできる自在洗練化能力をもっていても，そこでは二者択一の決断が先行することになる。しかし対人競技においては，どちらの手でパスをするか，どちらの足でシュートするか，それはその瞬間に決断せざるをえない動感情況がとっさに現れてくるのだ。それは対人競技に多く現れるとしても，体操競技の演技でとっさに捌きを変更する事態も多々あるのだから，一般的に側性に関わる自在無碍には，同時に〈即興自在無碍〉の事態カテゴリーに連動していることを認めざるをえない。それが即興自在という事態にカテゴリー化されるのだ。だから当然ながら，我々はさらに即興自在無碍の事態カテゴリーに立ち入らざるをえないのはこの意味においてである。例えば，イチローの見事なバッティングの打ち分けやフライボールのキャッチに示される究極自在さのキネステーゼ身体能力は，まさに即興自在洗練化現象を示す典型的例証と言えるであろう。イチローがフェンスにかけ登りながらフライボールを捕る時間化能力は，フェンスに近づくのに周界情況を〈先読み〉しながら，同時に〈伸長化能力〉を働かせる一回性の反論理的

(b) 即興自在無碍の身体発生に向き合う

　ここに主題化される〈即興自在無碍〉という出来事は、まさに現象学的運動分析の志向対象である。あらゆる周界情況の変化に即して、自ら気づかないうちに独りでに最善の動きかたが即興的に選びとられるのだ。この〈即興〉という表現では、知覚と運動の一元的同時変換の志向体験として、つまり〈感じながら動き〉、〈動きながら感じる〉なかに〈結果の先取り〉[185] として、我々の〈生き生きした現在〉にキネステーゼ感覚の形態化現象が意味されているのだ。その現象は謎に満ちた〈キネステーゼ感覚発生〉に他ならない。そこでは、フッサールの意味における〈私は動ける〉という時間流の原発生地平のなかでその〈自己時間化能力〉と向き合わなければならないことになる。その時間化の働きは、価値感覚が形態化する受動的総合において、コツとカンの同時変換作用という〈即興自在無碍〉が一元的に機能する原発生地平の奇妙な出来事である。しかし、このような究極的な即興自在作用の身体発生現象は、決して高次元の競技選手たちによる希有な身体能力の出来事だけに現れるわけではない。それは日常生活のなかでも、個人的な癖をもった特有な歩きかた［歩行の個人的徴表］として、いつの間にか習慣化し、身体化してしまう動感感覚発生という出来事にも現れているからである。そのような受動的発生としての〈即興自在無碍〉を一方の極とすれば、他方の極には、あらゆる習練を経た後で運動と感覚の一元的な同時変換作用を特徴とする〈動感エートス〉の働く即興自在無碍としても現に成立するのだ。この即興自在無碍の実践可能性を明快に呈示してくれるのは、競技選手が披露する神業のような驚異的身体能力である。そのような謎に満ちた現実態の〈身体知能〉は、これまでのような体力要素の診断的分析や基礎運動能力テストなどでは、その因果関係が開示できるはずもない。その動感感覚の形態化という現象は、ヴァイツゼッカーの言う〈結果の先取り〉という因果律を否定する〈反論理〉が働かなければ発生しないのだ。このことは繰り返し指摘されている通りである。だから、たとい超高速の映像分析によって、そこに潜んでいる科学的な自然法則が開示されたとしても、それはロボットでない生ける人間に機能する動感身体感覚の形態化に役立つはずもないのだ。

185　Weizsäcker, V.v.: Gestaltkreis, op.cit, S.258　邦訳：ゲシュタルトクライス、226 頁

しかし，その科学主義の呪縛はしつこく我々に絡みついて離れない。それだけに我々は，この即興自在無碍の地平構造に厳密な現象学的還元を施して，その深層に織り込まれた志向含蓄態をまず取り出さなければならない。その即興自在無碍のキネステーゼ感覚能力を身体化するには，改めて〈動感身体発生〉の形態化分析に向き合わざるをえないのはこの意味においてである。謎に満ちたこの即興自在無碍の深層位に立ち入るには，どうしてもこの匿名的な即興自在能力の分裂危機に直に向き合う〈超越論的反省〉を欠くことはできないのだ。この即興自在無碍の地平志向性は，絡み合った複合的な意味発生を内在させているから，コツを掴み，カンを働かせてその意味発生に直に向き合わなければ，その即興自在無碍が機能する動感身体発生基盤に立つことができないのだ。そこに畳み込まれている動く感じを純粋に記述しない限り，謎に満ちた志向対象はその姿を見せてくれはしない。そこでは，この即興自在無碍のキネステーゼ感覚能力そのものの地平構造に向き合い，即興自在無碍のその形態化していく動感身体発生の謎を開示するのでなければ，運動分析の起点にも立つこともできないのである。そのためには，我々はどうしても動感意識流の原発生分析を欠くことができない。その原発生地平における自己時間化の志向性分析，いわば〈生き生きした原現在〉の働く過去把持志向性と未来予持志向性を迎え入れる実的分析を前提とすることがすでに繰り返し強調されているのはこの意味においてである。

しかし，この即興自在無碍の現象野の存在が仮に認められたとしても，その本質必然性を分析するには，多くの障碍がその道を塞いでいることを認めざるをえない。というのは，その即興自在無碍の身体能力を身につけた希有な名選手がそこに現に居たとしても，その選手がその即興自在無碍の意味発生のコツとカンを開示してくれなければ，それを受け継いで新しく即興自在に動ける者が現れるわけもない。その見事な即興自在に動きを形態化するところを見せてもらっても，そのコツとカンは目に見えないから，その本人がその〈奥義〉の意味発生の究極核，つまりモナド意味核の〈秘伝〉を明かしてくれない限り一歩も進めないのだ。外部視点から客観的に位置移動する物的身体に対して，どんな超高速の映像分析を施しても，肝心の核心をなす奥義は見えてくるはずもない。その本人は，本当にその奥義の中身を言えないのか，わざと言わないのかはすべて秘密のヴェールに包まれて，何一つ開示されない。そこに奥義としての技芸伝承のアポリアがあるのは周知の通りである。〈一子相伝〉とか〈一

家相伝〉などの家元制度のもとでは，その秘伝の正統な〈動感伝承〉(キネステーゼ)はますます混迷を深めるばかりである。それは拙著でいつも繰り返し強調されていることである。

　こうして即興自在無碍の現象する動感発生世界においては，まずもって無際限に開かれている目的論的原理が支配しているから，その奥義を身につけた達人からその意味内実(センス)を確認するしか道はないことになる。ところが，このような最高の身体知ないし感覚論理をもつ即興自在無碍の層位に達した即興自在能力を身につけた名選手が居ても，その人は何も言ってくれない。そのアスリートの物的身体の運動経過に上空飛行的な〈科学的運動分析〉を施しても，そこから得られるのは科学的な自然法則だけである。その自然法則をわが身にありありと直観できるコツとカンを一元化したキネステーゼ感覚発生の必然的な本質可能性を探らない限り，その生命的な動感身体性の現象野を支配する必然的本質法則に出会えるはずもない。しかし，結局この現象野の即興自在能力を分析するには，科学的思考を一切エポケー［判断中止］して，厳密な現象学的還元に向き合わなければ，超越論的志向性分析に入ることもできない。この謎に満ちたコツとカンが一元化された〈動感身体発生〉(キネステーゼ)の開示を一体誰が，何を阻んでいるというのであろうか。

(c) 大自在の本質可能性を追う

　ここにおいて，我々がこの究極自在無碍の深層位に立ち入るには，メルロ＝ポンティの言うように，物的身体運動の経過を〈上空飛行的思考〉[186]によって科学的に運動分析する立場から訣別しなければならない。そのような科学的思考を一切エポケー［判断中止］し，超越論的志向性分析に基づく純粋記述の道しかないことを確認するのが先決である。そのためには，我々は改めて古代中国の道教や禅仏教の教えの源流にまで遡って，フッサールの言うように「欺瞞的仮象を伴う曖昧なドクサ経験の領野」[187]に帰還するしかないのかもしれない。こうして我々はフッサール発生的現象学に基礎づけを求めて，あらゆるキネステーゼ感覚発生をその〈原発生地平〉に沈殿している究極的〈大自在〉の事態に向き合うことになる。そこには，周界情況のあらゆる変化に動感身体性を投射化していく志向体験も，そこに同時変換的に即興される動感意識流の

186　Merleau-Ponty, M.: L'Œil et l'Esprit, op.cit. p.12 Gallimard 1964　邦訳：眼と精神，255頁，みすず書房
187　Husserl, E.: Erfahrung und Urteil, §6‐③ S.22 6.Aufl. 1985 Meiner Verlag　邦訳：経験と判断，§6‐③ 20頁

§ 59. 自在無碍の動感世界に向き合う

自己時間化という志向体験も、すべて原発生地平の背景に沈潜してこそ、究極的自在無碍が自ずと立ち現れてくる位相、つまり『荘子』に指摘される〈適自然〉の位相が立ち現れてくることになる。習練的な同時変換作用の機能する身体性の匿名的な即興自在無碍もその沈黙する動機づけを欠かすことができない。それにもかかわらず、ここではわざの極致として、あるがままの自然な究極の〈大自在無碍〉が姿を現してくるのだ。『荘子』[188]におけるその〈適自然〉の極致は「全きを天に得る無心自然の境地」に見ることができるという。そこには情況の変化も、それに対する構えも、すべて背景に沈めて、はじめて適自然の動きが自ずと現れてくることになる。このような先人称的な〈究極自在無碍〉の現象は、没自我的な〈それ〉に変身した動感身体性が〈自己離脱〉に到り、いわば〈絶対空〉という〈究極大自在〉の境地が出現してくることに連なるのである。

我々は前節までに、修練の極に住みついている即興自在無碍の志向体験の身体発生地平を開示してきたが、さらにあらゆる動感身体性の匿名的な機能さえも一切消え果てて、原発生の深層地平にその姿を沈めている〈非人称自在無碍〉の地平を探ってみなければならない。そこには、周界情況の変化に投射する受動志向性も、同時変換的に即興される動感身体性の匿名的な〈機能現象〉も、すべて原発生地平の背景に沈み切ってしまうと、もっともよい動きかたが〈自ずと現れる〉事態、つまり『荘子』に述べられている〈適自然〉という述定判断の志向対象に注目せざるをえなくなる。修練の末に到達する〈即興自在無碍〉の事態、いわば述定判断の志向対象においても、そこに無限の動機づけを欠かすことはできない。それを『荘子』における「全きを天に得る無心自然の境地」に見ることができよう。そこではあらゆる動感作用がすっかり消え果て、〈真の極致〉の純粋受動的地平に帰還し、あるがまま自然な〈即興自在無碍〉が姿を現してくるという。そこでは情況の変化も、それに対する構えもすべて背景に沈んで〈適自然〉の動きかたが自ずと現れてくるだけである。この〈先人称的究極自在無碍〉は、〈没自我的それ〉として匿名の動感身体性が自ずと働き、いわば〈絶対空〉の究極自在無碍の境地が露呈されてくることになるのだ。

このような禅仏教における〈無の境地〉に比せられる〈それ〉という〈非人称自在無碍〉の志向体験は、現代における科学主義の昨今では、芸道師匠の神がかった非論理的な寓話として唾棄されること頻りである。そのアナロゴン的

---

[188] 荘周；『荘子』達生篇 第十九 岩波文庫 第三冊 31頁以降

な動感体験も持ち合わせないまま，それを冷めた目で批判する識者が後を絶たない昨今である。それは技芸の自在洗練化志向体験における〈自己時間化〉の深層に対して，厳密な〈原発生地平分析〉を放棄してしまっているからである。その点では，わが国古来の芸道師匠は自らの動感身体発生の修行世界における深層を厳しく抉り出し，その志向含蓄態の奥義をわが身に取り込むことによってしか至芸に達する道はないと断言して憚らない。その道は不可疑的な明証性そのものに内在する技芸の究極世界であり，誰もが例外なく通らなければならない〈修行道〉に他ならないのだ。そのような本格的な真の師匠は，受動的な動感志向性のみならず，能動的な自在位相における〈主客未分の地平志向性〉もすべて知悉しているのは喋々するまでもない。その動感伝承も「コツは教えるべきではない」とか，「芸のすべては見て盗むのだ」など自ら〈無師独悟〉という師匠不要論を唱えても，弟子たちは誰一人として師匠の奥義を疑う者はいない。このような自得の美意識は，戦前の教養ある日本人の精神生活の基柢にいつも息づいていたのは周知の通りである。主観と客観という二元論的認識論に慣れ切った昨今の我々には，このような芸道思想は理解しにくくなっており，自我身体で自らの〈絶対時間化〉を構成できなくなっている昨今である。しかしながら，その自己時間化する〈自我離脱〉に向き合う〈非人称自在無碍〉の身体発生現象はさらに遠い存在になっているようである。まして私の身体が動くのではなく，〈それが動く〉という動感感覚世界に問いかける必然可能性がここで問題になってくるのだ。しかし，そのような芸道の究極世界がわが国の日常生活に息づいていたのはそんな遠い昔のことではない。それどころか，競技に生きる選手たちには，このような技芸の道における〈自ずと動ける〉という〈自在無碍〉の深層経験は，わが身でありありと感じとれる人が決して少なくないのである。

(d) それが動く世界を問う

ここにおいて，この〈非人称自在無碍〉の具体的な例証は，ドイツの哲学者ヘリゲルがわが国の弓道修行に励む体験を基にした好著『弓と禅』[189]に見ることができる。それは拙著［身体知の形成（下）：講義25参照］で詳しく取り上げられている。「〈それ〉が射る」という有名な表現が誤訳と批判されたりするの

189　Herrigel, Eugen: Zen in der Kunst des Bogenschiessens, 9.Aufl.1960(1948)　邦訳：『弓と禅』稲富栄次郎，上田武訳，福村出版 1981

は，この非人称自在無碍という志向対象が我々の動感世界から全く遠のいてしまっている証左とも言えるであろう。〈自他未分〉という〈純粋経験〉における自在洗練化作用の働く深層に立ち入った生々しい〈身体経験〉のない人にとっては，非人称代名詞の「〈それ〉が矢を発射するのだから，満を持して待ちなさい」と言う阿波師範の指導は，単なる隠喩的な表現でしかなく，もっともらしく見せかけた〈まやかしの教え〉だと考えたくなるのは当然かもしれない。合理的な思考形式を重んじるドイツの哲学者が何一つ教えてくれない阿波研造師範に対して，神秘主義的まやかしを感じ，弓道修行を放棄する危機に瀕しているとき，その〈待機形態〉の危機を肌身で感じとった阿波師範は，常識では理解できない〈それが射る〉という究極自在無碍の奥義を示さざるをえなかったのであろう。その哲学者の修行破綻をわが身で感じとった阿波師範は，ヘリゲル教授を招いて弓射の真髄を披露する仕儀となる。闇夜に明かりを消した漆黒の暗闇のなかで，師範が〈甲矢（はや）〉を射て，次いで〈乙矢（おとや）〉を射って見せたのである。その結果，甲矢は黒点の中央に当たり，乙矢は甲矢の筈（はず）を砕いてその軸を裂き割り，甲矢と並んで黒点に突き刺さっていた。それを阿波師範は教授に見せて「いずれにしても，この射が〈私〉の評価に帰せられてよいという〈私〉というものが存在しなかったことを私は承知しているのです。これは〈それ〉が射たのであり，的中させたのです」という阿波師範の正鵠を射た言葉は余りにも有名な台詞である。そこで語られる〈それ〉は自然現象や時刻表現の〈エス：es〉でもなければ，非人称動詞の主語になるエスでもなくて，存在の〈エス＝es gibt〉なのだ。ヘリゲル教授は「この二本の矢でもって，師範は明らかに私をも射止めた」と述懐するに至る。まさに，わが国古来の芸道修行に生きている〈待つことの重大さ〉というキネステーゼ身体発生の〈待機志向性〉の不可欠さを知らされたヘリゲル教授の述懐は，とりわけ科学主義にのめり込んでいる昨今の選手やコーチにとっても貴重な示唆に富む至言と考えられる。

このような禅仏教における〈無の境地〉に比せられる〈それ〉という非人称自在無碍は，神がかった師匠の〈埒もない寓話〉として批判されること頻りの昨今である。その動く感じのアナロゴン志向体験もないまま，それを冷めた目で批判する識者が後を絶たないのは，まさに時代を感じさせるものかもしれない。その点では，古来の芸道師匠はそれに截然と一線を画しているのだ。その師匠は動感感覚（キネステーゼ）世界における自らの深層体験を〈現象学する自我〉として厳しく抉り出し，その本質可能性をわが身に取り込むことによってしか至芸への

道は通じていないのを肌身で知悉しているのである。だから,〈非人称自在無碍〉の事態は,誰もが例外なく目指される修行の究極(テロス)となりうるのだ。そのような本格的な真の師匠は,受動的な動感志向性のみならず,能動的な自在洗練化現象における主客未分の匿名的地平志向性もすべて知りつくしている。その限りにおいてのみ「コツは教えるべきではない」とか「芸は見て盗(わざ)む」などの教えは,動感(キネステーゼ)伝承の〈必当然的明証性〉をもつことになる。従って,自ら〈無師独悟〉という師匠不要論を唱えても,弟子は誰一人として師匠の奥義を疑う者は決していないのだ。このような自得の美意識は,今日でも教養ある日本人の精神生活の基柢にまさに息づいている。その具体的な例証をドイツの哲学者ヘリゲルが弓道修行に励む体験記に見ることができるのは幸いである。「〈それ〉が射る Es schießt」という有名な表現が誤訳と批判されるのは,この究極自在無碍の事態が我々の動感世界から全く遠のいてしまった証左以外の何ものでもない。自他未分の自在無碍に働く生々しい〈無師独悟〉のない人にとっては,非人称代名詞の「〈それ〉が矢を発射するのだから,満を持して待ちなさい」という阿波師範の一言は,まさにヴァイツゼッカーの反論理性を意味しているのに,それが単なる隠喩的な表現としか理解できない昨今なのかもしれない。それどころか,もっともらしい〈まやかしの教え〉だと考えたくなるのは,我々の〈身体発生現象〉に何かの異変が起き始めているのか。それ故にこそ,わが国の精神生活に根づいている〈自得の美意識〉を基柢に据える芸道方法論は古くさい非合理的な手続きとして一笑に付されるべきものでは決してないのだ。それはむしろ古代中国の『荘子』に見られる至芸への思想に端を発し,禅仏教の思想に支えられながら,わが国の長い歴史の中で踏み固められた技芸(わざ)の道しるべを秘めた誇るべき〈芸道〉,つまり身体発生分析の方法論に他ならないのだ。この非人称的自在無碍は,機能する動感身体性にこそ宿るのであり,その内在目的論には〈無際限性〉が含蓄され,その動感化される極致に向かっての〈努力志向性〉の道こそが新しい〈身体教育〉の基柢に据えられるべき究極意味核となる必然可能性を呈示していることになろう。

　ドイツのマイネル教授が形態学的思想をスポーツ分析に導入してはや半世紀以上になるが,すっかり科学主義にのめり込んでいるわが国の競技領域では,人間の生命的な身体運動も物質運動の精密科学的分析によってすべて解決できるという風潮が支配的であり,それは洋の東西を問わないようである。そのただ中において,運動文化の伝承理論に新しい道を拓こうとしたマイネルの形態

学的運動分析論を改めて見直す必要があろう。とりわけ動感深層の原発生地平分析を通して実践的な形態学的運動分析に新しい道を切り拓こうとしたマイネル教授の遺志が引き継がれる可能性は，むしろドイツ本国よりも，フッサールの発生的現象学に深い関心を寄せながら，わが国古来の芸道における技芸の動感(キネステーゼ)身体発生に臨んで，その機微を肌身で感じとれるわが国においてこそ，真の動感(キネステーゼ)伝承の承け手になり得ると思われるからである。

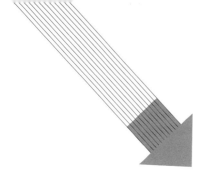

終章
発生的運動学の現在と将来

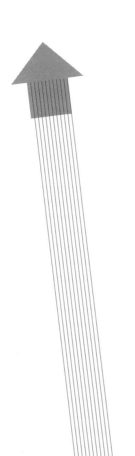

§ 60. 身体発生の危機に立ち向かう

(a) 身体感覚は自己運動にしか働かない

　これまで繰り返し確認してきたように，本論の基本概念の一つとして取り上げられているフッサールの意味する〈身体感覚〉という用語は，生理学や心理学で取り上げられている〈体性感覚〉ではない。その〈体性感覚〉とは感覚生理学［本書：§5参照］や〈客観的心理学〉[1] の問題圏に属しているのは言うまでもない。それはいわば，触覚，圧覚，痛覚，温度覚などを司る皮膚感覚と筋覚，腱覚，骨膜覚，関節嚢などに関わる深部感覚とを併せて運動感覚や皮膚感覚の感知を担っている概念である。それらの生物学的な脳脊髄神経系の随意神経系という〈体性感覚系〉の下に，スポーツ科学の生理学や心理学の領域における〈客観的運動分析〉が主題化されているのは周知の通りである。だから，我々の〈発生的運動学〉におけるフッサール現象学の身体感覚は，感覚生理学の体性感覚と類似の表現［身体的感覚 somatische Empfingung］になるから，その区別を確認しておかなければならない。むしろ誤解を避けるためには，〈身体感覚〉を〈物理自然的身体学〉[2] から区別された現象学特有な〈身体学的身体感覚〉と表記すれば混乱はないかもしれない。しかし，そのような冗長な表記を取り上げなくても，科学的分析の体性感覚は客観的な因果論的な概念であり，我々の言う身体感覚は主観身体の〈自己運動〉に機能する動感身体感覚という〈内在的超越〉[3] の現象学的概念［§10‐(c)参照］であることがしっかり区別されていれば何の問題もない。コツとカンという〈動く感じ〉の身体発生分析の方法論に客観性の欠如を批判するとすれば，それはこの学問論的基礎づけの区別を無視した素朴な批判でしかない。〈物質身体〉の科学的な運動分析と〈生命身体〉の現象学的運動分析との間には，それぞれに**本質必然的**な運動概念が截然と区別されるのは論じるまでもないからである。

　自然科学の分析対象となる身体運動は，数学的等質時空系における物的身体の位置移動であり，現象学の分析対象は「生命あるものの運動」[4] [die Bewegung lebender Wesen] であるとヴァイツゼッカーが断じているのはこの意味においてである。我々のスポーツ運動学は，その〈生命的運動〉のなかに「一つの主観を，

1　Straus, E.: Vom Sinn der Sinne 2. Aufl. 1956, S.35　Springer Verlag
2　Hua. V. §3‐Abs.Nr.⑬ S.18f.　邦訳：イデーンⅢ，第3節‐改行番号（以下略す）⑬ 26頁
3　Hua. I. §61‐④ S.169　邦訳：デカルト的省察，第61‐④ 255頁
4　Weizsäcker, V.v.: Gestaltkreis, Gesammelte Schriften, Bd.4, S.101, 1997, Suhrkamp Verlag　邦訳：ゲシュタルトクライス，31頁

自己自身の力で自己自身との関係で行為する存在」を受け容れているのだ。ヴァイツゼッカーの意味する〈自己運動〉[Selbstbewegung] とは，主観の自由意志による〈自発的行為〉(シュポンタネイテート)なのであり，「自ら動いているから生きている [Es bewegt sich, also lebt es]」というよく知られた表現は，可能態(デュナミス)の〈身体感覚〉で自らの行為の〈動く感じ〉(キネステーゼ)を捉えて動く競技者自身の生き生きとした〈自己運動〉が意味されている。そこでアスリートは息詰まるような緊迫した試合のなかで〈立ち止まりつつ流れる〉原現在地平のなかに自ら動いていくのだ。だからその自己運動は，センサー付きの精巧なロボットの位置移動とは截然と区別されるのは論をまたない。現象学的人間学を基柢に据えた我々のスポーツ運動学の分析対象は，すでに完了した〈客観的運動〉では決してないのだ。まさに〈今ここ〉という原現在に働く〈絶対主観性〉[本書：§8参照]の身体運動にしか私の〈動く感じ〉(キネステーゼ)の身体感覚は機能しない。その〈動く感じ〉(キネステーゼ)が生き生きと感じとれなければ，その動く形態(ゲシュタルト)の生成も消滅もわが身に統覚できるはずもない。ところが，戦後の競技スポーツや体育領域では，〈運動分析〉というと一義的に終わった運動を精密に計測する〈科学的運動分析〉しか認められないのだ。実践現場で大事にされる〈動く感じ〉(キネステーゼ)の主観的分析は，一方的に非科学的な分析として唾棄されるようになってしまった。しかし，我々の競技実践におけるスポーツ運動学の分析対象は，主観身体の自己運動に潜む〈動く感じ〉(キネステーゼ)の感覚質を分析するのだから，その意味では全く新しい運動分析の方法論ということになる。しかしそれは科学的運動分析よりもずっと古い歴史をもっていることは序論[§3参照]から第Ⅰ章にかけて繰り返し述べられている通りである。だから，科学的運動分析と現象学的運動分析はその分析対象が全く別種の分析論であり，そこに二者択一の問題を持ち込むことはまさに無意味(ナンセンス)なのである。

とは言っても，感覚生理学的な〈体性感覚〉と現象学的な〈身体感覚〉とは全く絶縁されていると言う意味ではない。むしろ，自然という地盤の上に立てば「身体と心情とは結合して呈示され，…その心情的実在性は身体的物質に基づけられるのだ。しかし逆にこの身体的物質は，心情のなかに基づけられないのだ」[5] というフッサールの正鵠を射た指摘はまさに重大である。さらにフッサールは「その場合，身体という語はそもそも物質的事物だけを指しているのではない。それは－任意に－第二の実在性と，いわゆる心情と，さらにはあ

5　Hua. V. Beilage I・§4・① S 117　　邦訳：イデーンⅢ，付論Ⅰ・§4・①　150頁

る意識流という現象と絡み合って機能的に依存し合っている」[6] とわざわざ駄目を押しているのだ。こうして「我々が身体と呼んでいるのはすでに物質的事物以上のものであって，すでに〈心情的なもの〉に属している層位をもち，その層位は我々によって単なる考量で身体に関係づけられるのではなく，はじめから―いわば直観的に―身体そのものの全体に属する統覚層としてそこに存在しているのだ。だから，単に物質的に過ぎない身体だけを保持するためには，我々はまずもってこの層位を捨象しなければならない」[7] とフッサールは的確に開示することになる。ここにおいて身体とは，触覚やキネステーゼ感覚のような多様な感覚も担うのであり，温度感覚や嗅覚や味覚も局在化されて身体表層や身体内に一つの存在層位を形成することになる。このようにして，局在化されてない他の感覚［気配感や情況感などの全身感］と絡み合って，その諸感覚は身体に属すことになる。それらの感覚は「直接的な経験直観のなかで，経験しつつある身体それ自体に在ったり，その表層位に在ったり，その上に拡がったり，そこに存在するものとして，いわば，局在化された感覚として与えられている」[8] のだと言う。それが〈動く感じ〉の身体発生を支える〈身体感覚〉に他ならないのである。こうして，この身体感覚という表現が一般的に取り上げられるとフッサールは断じることになる。そのような身体感覚をフッサールは〈感覚態〉とも呼んで，その感覚状態を浮き彫りにしているが，その Empfidnisse という原語表記は，序章の冒頭［§1‐(b)参照］からすでに述べているように，なかなか邦訳しにくい。そこには多様な訳語，例えば再帰的感覚，感覚態，感受状態，身体感覚などが当てられている。しかし，自己運動する自らの身体を通して見たり，聞いたり，あれこれと動く工夫をしたりする働きを我々は〈自らの身体で感覚する〉とも言い表すので，その意味で我々は〈身体感覚〉[Empfidnisse] という表現を取り上げることになるのだ。

　このような〈絶対主観性〉に貫かれた自己運動が意味発生する様態が科学的な映像分析の対象にならないのは多言を要しない。どんな超高速の映像機器を使っても，そこに映し出されるのは物的身体の位置移動だけであり，そこに潜んでいるコツとカンというキネステーゼ身体感覚の〈立ち止まりつつ流れる原現在〉は到底映像化されるはずもない。ところが，自らのキネステーゼ感覚をありありと身体化できる人には，その一瞬の静止像からでも，時間流のキ

---

[6] Hua. V. Beilage I‐§4‐① S.117　邦訳：イデーンⅢ，付論Ⅰ‐§4‐① 151頁
[7] Hua. V. Beilage I‐§4‐(a)‐① S.118　邦訳：イデーンⅢ，付論Ⅰ‐§4‐(a)‐① 152頁
[8] Hua. V. Beilage I‐§4‐(a)‐② S.118　邦訳：イデーンⅢ，付論Ⅰ‐§4‐(a)‐② 152頁

§ 60. 身体発生の危機に立ち向かう　541

ネメロディーが自らの自己運動に乗り移って，わが身にありありと原的に感知できるのである。その身体感覚能力の可能態（デュナミス）は，どのように〈動く感じ〉を身体発生（ピュシス）［深層：§ 18 参照］するのか，その身体能力をどのように形成していくのかという発生現象を蔵（かく）しているのだ。だから我々は，スポーツ領域におけるコツとカンの働くキネステーゼ身体感覚能力の発生現象，いわばその〈生成消滅現象〉を純粋に記述分析していくから，その運動分析に発生的ないし発生論的（ゲネアロギー）という表現を付加することになる。ここにおいて，科学的な〈体性感覚〉から明確に区別されたフッサールの言う〈身体物体〉［深層：§ 24 参照］に働く可能態（デュナミス）の〈身体能力〉の意味（センス）発生の問題が浮上してくるのだ。そこで改めて，その生理学と心理学の両者が自己運動，主観性，身体性の三基本概念を分析の中核にもつ〈上位分析法の単一視座〉[9] に止揚されるべきだというボイテンデイクの指摘は重大な意味をもつことになる。いわば，自然科学的な因果決定論の運動分析論は，現象学的な自己運動，主観性，身体性という基本概念を基柢に据えた〈人間学的機能運動学〉[10] としてすでに [1948: holländische Ausgabe ~1956: deutsche Ausgabe] 止揚されて，古典的な科学的運動分析から截然と区別されて，すでに半世紀以上の歳月が流れている。ところが，ボイテンデイクの求める新しい〈上位分析法〉をもつ現象学的人間学の機能運動学は，それを基礎づける新しい生理学的基盤がその遺著『人間学的生理学序説』(1967) のなかに，すでにその斬新な人間学的生理学を普遍基盤として，新しい動感（キネステーゼ）身体発生論の現象野が開示されていることはすでに周知のことであろう。それは我々の発生的運動学にさらなる貴重な道しるべを与えてくれるものである。ところが今のところは，自然科学的運動分析はますますその精度を高めて，時間流の一兆分の一秒を捉える勢いである。しかし，スポーツ領域における発生的運動学がボイテンデイクによってすでに開示されただけでなく，さらにその普遍基盤が〈人間学的生理学〉としてさらに上位の協働研究の実践可能性に新しい〈キネステーゼ身体発生〉[11] の道が拓かれているのである。我々のキネステーゼ身体性に関わる運動分析論も，その基盤上にさらに発展的に体系化されていくことであろう。現象学的なキネステーゼ身体発生論がヴァイツゼッカーの

9　Buytendijk, F.J.J.: Allgemeine Theorie der menschlichen Haltung und Bewegung, S.30　Springer-Verlag 1956

10　Buytendijk, F.J.J.: Allgemeine Theorie der menschlichen Haltung und Bewegung, S.13ff.　Springer-Verlag 1956

11　Buytendijk, F.J.J.: Prolegomena einer anthropologischen Physiologie, S.56f. 1967　Otto Müller Verlag, Salzburg

運動と知覚の一元的形態円環論やボイテンデイクの人間学的機能運動学と，その人間学的生理学との協働研究に道が拓かれている現在では，スポーツ領域の発生的運動学の未来にも，実りある実践可能性をもつ新しい〈動感身体発生分析〉の道が実践現場の指導者たちによって切り拓かれていくことを期待したいものである。

(b) 身体能力の伝承危機が迫る

しかしながら，現象学的に厳密に統握されたこのキネステーゼ身体能力の発生分析論も，一般的には余り当てにならない感覚的な単なるドクサ経験記述でしかないと批判されることが少なくない。そこでは，身体感覚の経験領域にある謎に満ちた身体発生現象を科学的分析によって精密に数学化して客観的に開示すべきだと考えること頻りなのだ。となると，フッサールの「幾何学の起源」(1936) に開示された身体経験の「再生化の固有な能力可能性」[12] という指摘は身体能力の伝承に生かされないまま放置されてしまうことになる。このスポーツ領域における科学化の考え方には，イギリスのジョン・ロック (1632~1704) の呪縛が未だにまとわりついているのは言うまでもない。しかも，現代の精密科学は，まさに科学万能を信じさせるに足る驚異的成果を誇っているからだ。こうして，ミュラー＝リヤー図形 (Müller-Lyer, F.1889) も実は錯覚と断じられ，その線分を計測すれば，感覚の仮象は一気に暴かれと考える。音，匂い，味などの二次性質も単なる〈可感的性質〉だから客観的に数量化できると断じて憚らない。だからと言って，このキネステーゼ感覚の身体能力の発生現象も「当てにならない仮象」[13] に過ぎないと断じ切れるのか。平行線は絶対に交わらないという幾何学に即して，閉じて見える交差的な線路は単なる錯覚なのか。同様にして，我々の競技領域でもとっさに動いてしまう身体感覚能力のコツとカンを排除しても，緊迫する試合に自信をもって堂々と勝負を打てるというのか。いわば，その科学万能の世界は〈上空飛行的思考〉[14] という客観的立場に立って行動すれば，すべて快刀乱麻を断って勝利を保証してくれると考えること頻りなのだ。だから，サッカー選手がゴール前の混戦のなかに見せる見事なシュートの神技も，それは数学的時空間における位置移動という物的身体運動と理解

12　Hua. VI. Beilage III・⑫ S.371　邦訳：ヨーロッパ諸学の危機と超越論的現象学，付録二：幾何学の起源・⑫ 394 頁
13　Husserl, E.: Erfahrung und Urteil, §6・③ S.22, 1985　邦訳：経験と判断，第 6 節・段落③ 20 頁
14　Merleau-Ponty, M.: L'Œil et l'Esprit, op.cit. p.12　邦訳：眼と精神，255 頁，みすず書房

するのに何の違和感もない昨今である。そこに呈示された動いた物的変移を等質時空系のなかで精密に計測し、そこに変様する動きや振る舞いを測定して客観法則化できれば、その神技のメカニズムが開示されると信じて憚らない。それは神技を見せた物的身体運動の客観的な位置移動の自然法則であり、その驚くべき身体能力のコツとカンという運動意識の本質法則は全く取り上げられていない。しかし、そのメカニズムさえ開示できれば、後は選手たちがそれをわが身で、つまり自己運動として実現すればよいと結論する。そのとき、コツとカンという身体感覚能力をどのようにして発生させるかは選手たちに丸投げされるだけである。その主観的な自己運動のなかに秘められた意味発生(センス)の本質法則を開示するのが我々の発生的運動分析の役割である。そこでは、外部視点から、メルロ＝ポンティの言う〈上空飛行的思考〉を捨てて、その選手の絶対主観的な自己運動の〈身体発生能力〉を開示しなければ、その驚異的な身体運動の秘密は開示できないのだ。このことはすでに前段で〈他者運動の分析〉としてその道しるべは開示されている。我々の発生的運動分析では、主観的な自己運動の身体発生(ピュシス)が主題化されているから、戦後のわが国にとっては、その道しるべは新しい運動分析の道に他ならない。しかしその道は精密科学の客観的分析では本質必然的に排除されている。その神技の本質法則は非科学的な〈主観的運動分析〉でなければ、その奥義は開示されないのだ。この現象学的運動分析がフッサールによって道が拓かれて一世紀以上の歳月が流れている。しかし、確認された科学的データ以外のことは一切首肯しない〈幾何学的精神〉[15]の権化のように胸を張る人が多いスポーツ科学の世界である。今さらコツとカンに頼る身体能力のドクサ経験を厳密に分析したところで、それはまさに時代錯誤以外の何ものでもないと唾棄されるのが落ちとなるだけである。

とは言っても、主観身体に潜む身体発生(ピュシス)はその動く感じが漠として明確に言語化することが困難である。そこでは、私の身体の動きを感じているのに、その意味内実(センス)は〈先言語的〉だからアポリアに阻まれてしまう。だから「今の見事なシュートはどんな感じで打ったのか」と聞かれても、選手は即答する気もない。「今シュートを打ったのは感覚だから私には分からない」と他人ごとのような答えしか返ってこない。意地悪に「誰がシュートを打ったのか」と聞くと、その選手は「私が感じ、私がシュートしたのだから、それは私です」と色を成すのだ。ところが、競技の世界に生きる選手たちにとっては、〈流れつ

---

[15] パスカル『パンセ』上巻 11~14頁 1988 新潮文庫

つある原現在〉のただ中で，〈絶対今〉〈絶対ここ〉を把握するのは当たり前のことなのだ。そこで「私が感覚するという出来事は外からは見えない」と言えば，そんな非科学的な発言と唾棄されるだけだ。だからこそ「すべて感覚することは自ら感覚することそのものである」[16] というラントグレーベの一文は重みをもつ。ラントグレーベは「感覚する自己自身をどのように意識するのか」という問題性を起点として〈感覚する〉ということを厳密に開示しようとする。一般に〈感覚する〉とは，刺激を純粋に受容的に感受することと考え，それを〈感覚与件〉と呼ぶのは周知のことである。この古典的なロックの呪縛に注意を喚起し，感覚対象を構成する意味に問いかけることこそ注意が肝要だとラントグレーベは駄目押しをしてくれる。このラントグレーベの指摘は，フッサールが「ガリレイによる自然の数学化」を鋭く批判した〈危機書〉[17] からの引用であることは言うまでもない。それはすでに拙著［深層：§7参照］でも詳しく論じられている。我々の発生的運動学の〈身体能力〉は，キネステーゼ身体感覚の基柢に潜む共通感覚的性質，つまり〈キネステーゼ感覚質〉を統握する能力可能性がすでに前提になっているのだ。この〈感覚与件〉の宿命的な誤解は，フッサールもそこでロック以来の心理学的伝統の悪しき遺産に他ならないと断じるほどである。フッサールのこの重大な指摘は，発生的運動学におけるキネステーゼ感覚質の統握に決定的な重みを与えてくれる。これまでの感覚与件の機械論的認識，つまり感覚与件を刺激量に相関させて〈数学化〉し，その計測値で謎解きをしようとしたガリレイの「不幸な誤解」[18] が現代のスポーツ科学を支配しているとすれば，それはまさに一驚に値する。このフッサールの指摘はここでこそまさに特筆されなければならない。何故なら，〈自己自身が意識される存在〉[Sich-seiner-selbst-bewußt-Sein] という契機は，本質必然的にその感覚与件に〈先行している〉のであり，つまり〈感覚するすべて〉は〈自己自身が感覚すること〉そのものだとラントグレーベが駄目押しをしているからだ。それどころかラントグレーベは単刀直入に「感覚することはキネステーゼ意識そのものだ」と断じるのである。

ここにおいて，〈感覚すること〉がいつも同時に〈自ら感覚する〉[ein Sich-Empfinden] 根拠になるのが〈キネステーゼ意識そのもの〉だというラントグレ

---

16 Landgrebe, L.: Prinzipien der Lehre vom Empfingen, 1954 In: Der Weg der phänomenologie, Gütersloher Verlagshaus 1963, S.116　邦訳：現象学の道，第五章・⑫ 186頁
17 Hua. VI. §9‐b)‐④ S.27f.　邦訳：ヨーロッパ諸学の危機と超越論的現象学，第9節‐b)‐④ 46頁
18 Hua. VI. §9‐i) S.54ff.　邦訳：ヨーロッパ諸学の危機と超越論的現象学，第9節‐i) 76頁以降

ーベの指摘は, 一体何を意味しようとしているのか。それは, キネステーゼ志向性を客観空間における物的運動として, つまり可視的な事象として, 直進的に知覚できる位置移動と理解してはならないからである。むしろ〈動感システム（キネステーゼ）〉は, 感覚することとその動機づけの運動意識が〈一元化した統一態〉であり, 自発的に生み出される運動の自己意識に他ならないからだと断じる。キネステーゼ感覚の働く自己運動と自らの諸感覚との〈連合化〉は触覚のなかにもっとも顕著に現れるのは周知の通りである。さらに, その〈連合化〉は, 他の感覚野においても同様に機能するのに言を重ねるまでもない。このような現象学的に厳密に基礎づけられた可能態（デュナミス）としての〈身体能力〉は, 一流のアスリートの業（わざ）にだけ現れるのではない。それは極めて日常的な動作や振る舞いにも現れていることを見過ごしてはならない。日常生活で何気なく, 例えば水溜まりを跳び越そうとするときには, 自らの可能態（デュナミス）の〈身体能力〉で跳び越せるかどうかを未来予持（プロテンツィオーン）として〈先読み〉しているのだ。都会のスクランブル交差点で人混みを急いで通り抜けるには, コツとカンの一元化身体能力が無意識に機能しているから, 他人にぶつからずに急いで歩くことができる。このような場合に, 我々がコツとカンと言い慣わしている身体感覚能力は, 受動的に働く〈動感身体性〉[19]に一元化された, フッサールの命名する〈動感能力システム（キネステーゼ）〉[20]なのである。そこには「調和し, 帰属し合う一連のシステムが相関をなしている」からだとフッサールは付け加える。これこそが「現前する事物のあらゆる存在確信を生み出す志向的背景なのだ」とフッサールは断じながらキネステーゼ身体感覚能力の〈始原性〉を浮き彫りにしてくれる。だから, ここで意味される身体能力システムは,〈サイバネティクス的システム〉でもないし, その見事な身体能力が〈体性感覚〉と呼ばれる感覚生理学や客観心理学の神経システムでもない。そこには, まさに〈身体的なるもの〉の能力可能性が意味されているのだ。生命的自己運動の発生現象学を唱道するフッサールは, 我々の日常的な生活世界において, 立ったり, 座ったり, 歩いたり, 跳んだり, 踊ったりする「どんな身体運動にも豊かな心情が込められていて」[21], そこには〈有意味な身体性〉の内在経験が蔵（かく）されていると念を押してくれる。となれば, そこで意味されている〈身体的自己運動〉は, 生理学的な体力向上の運動（エクササイズ）ではないし, 物理学的な位置移動でもないことに言を重ねる必要はないであろう。

19　Hua. VI. §28-⑦ S.109　邦訳：ヨーロッパ諸学の危機と超越論的現象学, §28-⑦ 147頁
20　Hua. VI. §47-② S.164　邦訳：ヨーロッパ諸学の危機と超越論的現象学, §47-② 229頁
21　Hua. IV. §56-(h)-⑧ S.240　邦訳：イデーン II-II, §56-(h)-⑧ 80頁

ところがわが国の競技や体育の領域においては，戦後の GHQ［連合軍総司令部］による武道禁止令で排除されたコツとカンという〈身体発生能力〉には，単なるドクサ的な，いわば〈非科学的な感覚能力〉でしかないという侮蔑的ニュアンスがいつも付きまとっているのだ。それはアメリカのキネシオロジー的運動認識が主流になって科学的運動分析が前面に浮上してきたからである。ところが，我々は日常生活のなかで「コツの呑み込みが早い」「コツが身についた」あるいは「カンが働いた」「カンに頼るしかない」などいう表現を身近に聞くことができる。しかし，その身体発生能力の存在を純粋記述するのは決して容易なことではない。それは単なる確率論的予測ではどうにも説明ができないからである。そのコツとカンが働く自らの身体感覚の内在経験は，すべてまだ発生していない未来の動きかたや行動の仕方に絡み合っているから，単に過去の事実からの確率ですべてを律するわけにはいかないのだ。まして，その動きかたが生命の危険に関わる競技の場合には，その確率が百パーセントでも躊躇せざるをえなくなるのは言うまでもない。コツとカンという一元的な〈身体能力〉が謎めいた匿名性に覆われ，その本人にもはっきり分からないとしても，そのコツとカンがなければ，その動きができないと断じて憚らないのが実践現場に生きる人たちの偽らざる声である。それはフッサールの言う不可疑的な明証性をもつ〈原事実〉［深層：§69参照］なのである。生き生きとした身体経験の深層地平から生成してくるコツとカンの身体能力は，外部視点からその動きを分析しようとしても，その本来の姿が露わになるはずもないのだ。

　このようなコツとカンの身体能力に否応なく気づかされるのは，一流選手が示す驚異的な 現実態（エネルゲイア）の〈身体知能〉を目の当たりにするときである。その驚異的な神業を高速ビデオで百万分の一秒まで微分しても，キネステーゼ身体感覚の様相変動は決して姿を見せてくれない。コツとカンの身体発生は，そのキネステーゼ身体感覚の〈親和性〉と〈コントラスト〉による〈連合的覚起〉[22]によるとフッサールは的確に開示してくれる。その驚異的な身体発生能力は，アスリートだけでなく，ピアニストや物づくり職人の驚くべき手業にも示されるのは周知の通りである。それどころか〈歩く〉〈跳ぶ〉などの日常運動のなかにも，単なる因果決定論では説明し切れない奇妙な身体能力の働きが我々を驚かせること頻りである。さらに，その現実態（エネルゲイア）としての〈身体知能〉は，周囲世界の移りゆく〈動感情況〉と複雑に絡み合う驚異的なカンにも示されて，そ

22　Hua. XI. § 34 - ①〜② S.159ff. 邦訳：受動的綜合の分析，34節 - ①〜②

§ 60. 身体発生の危機に立ち向かう　547

の一元化現象は謎に包まれたままだ。ところが，その謎に満ちた身体能力による意味発生(センス)は，それが達成され身体化できれば，昨今の成果主義によってそれ以上の追求は立ち消えになってしまう。他人のスキップを見て，すぐにそのリズムを身体化してスキップに入る幼児には，そこに素晴らしい〈身体発生能力〉が呈示されているのに，その意味発生の志向対象に指導者は全く関心を示さない。もちろん，その子どもに「どんな感じでできたの」と聞いても答えが返ってくるはずもない。幼児運動学の〈身体発生分析〉が暗礁に乗り上げるのはこの意味においてである。そこには，謎に満ちた身体能力のキネステーゼ感覚発生という志向対象が秘められているが，その発生分析論の詳細は別稿に送るしかない。

　同様にして，幼児運動学の対極にある自在洗練化領野における〈原発生地平分析〉も相関共属的に浮上してくる。ところが，キネステーゼ身体感覚に潜んでいる匿名的な奥義(おうぎ)は，不立文字(ふりゅうもんじ)として自らの美意識で自得して了解するしかない。古来の芸道修行において，いつも必ず師匠が厳しくその弟子たちに要求するのは「わざは見て盗むもので，教えてもらうものではない」という自得の美意識である。この場合の美意識は，自ら自己運動するときに，フッサールの言う価値感覚の働きが意味されている。そこでは，常にわが身で〈自己時間化〉して，その〈二つの今〉の間で自らの動きかたを工夫し，自らの身体感覚で統握するしかないのだ。たとい，その自己運動が科学的に映像分析(キネマトグラフィー)した結果として呈示されても，そのメカニズムがキネステーゼ身体感覚の意味発生に役立つコツとカンに直接に関わる〈動く感じ〉そのものを開示してくれはしない。結局，自分で動いてみなければ何も始まらないのだ。だから，伝承世界では〈自得の美意識〉が称揚されるし，自ら〈無師独悟〉の自得に徹するしかない。ところが「身体(からだ)が勝手に動いて勝てた」とか「身体(からだ)が覚えている動きこそ本物だ」などいわれる自得の美意識の奥義(おうぎ)は，それを達成したその個人の秘伝であり，そのパテント権の問題にも関わってくる。それがわが国の芸道や武道における伝承世界の実態であろう。「身体(からだ)の何が勝手に動いたのか」「いったい何が身についたのか」はまさに奥義としてすべて匿名的なキネステーゼ感覚の身体発生世界に送り込まれてしまう。これでは，どんなすばらしい至芸の自在洗練化能力が華々しく衆人の耳目を惹きつけても，その運動伝承の道は絶たれたままとなる。ここにおいて，人から人に移される〈伝承財〉の本質必然性が問われ，その意味構造(センス)の体系化の問題が浮上してくる。しかし，もしこのキネステーゼ

感覚伝承が成立しなければ，運動文化財はその個人の肉体と一緒に墓場に葬り去られて，貴重な伝承財はこの世から消滅するしかない。それ故にこそ，動感志向性の原発生層位における〈自己時間化能力〉による自在洗練化現象の開示は，喫緊の問題性として我々に迫ってくるのだ。そのためには，芸道伝承の奥義の〈静態分析〉のみならず，乳幼児が新しい動きを生み出し，あるいはマグレで突然に身体感覚が機能しつつも，沈黙を続ける非直観的なるものの意味統握に注目せざるをえなくなるのはこの意味においてである。こうして，貴重な伝承財の静態分析的体系論とその匿名的な可能態の身体能力における代行，観察，借問による超越論的発生分析とが喫緊の課題として我々に迫ってくる。こうして我々は貴重な運動文化財としてのわざの〈伝承発生〉に直に向き合うことになる。

(c) 運動伝承の道しるべを追う

　これまで我々は，動感志向的に機能する身体能力の伝承世界が多くのアポリアに阻まれていることを見ている。このままでは貴重な運動文化を育む動感身体発生基盤は，その基柢が次第に脆弱化し，遂には伝承成立を断念せざるをえなくなるかもしれない。スポーツ運動学にはじめて〈形態論〉と〈感覚論〉を導入したマイネル教授が危惧していた運動伝承の墓場理論が成立してしまうことになる。すでに述べてきたパトス的感覚世界と基づけ関係にあるエートスの感覚世界に生化する身体発生現象は，広大な現象野のそれぞれに特徴的なその姿を露わにしているが，そこにはその運動伝承の道を阻む多くのアポリアが待ち構えている。とりわけ，動感エートスの意味発生の起点になるのは〈非直観的なもの〉の地平に潜む志向含蓄態である。そこで頑なにその開示を拒み続ける〈動く感じ〉の〈身体発生能力〉に対して，その〈直観化への道〉を拓くことが喫緊の問題となるのだ。その〈直観化方法論〉はすでに前段［§47‐(c)］で開示されてはいるが，ここにその問題性の要点を再度確認しておきたい。そこでは(1)非直観的層位，(2)本質直観層位，(3)自在洗練化層位の三層位の道を辿っているが，マイネルが取り上げたのは本質直観層位と自在洗練化層位の一部だけであり，発生的運動学の始原基盤をなす〈原発生地平分析〉はまだ取り上げられていない。ここでは，その問題性を踏まえながら，さらに伝承発生に至る道程を一望に収めておくことにする。

　すでに我々は，第一層位から第二層位における〈身体化〉の動感身体発生に

おいて，〈動きたいのに動けない〉といったパトス転機に注目している。〈動かねばならない〉〈動くべきだ〉などに迷い，その判断に苦慮しながらも，未来予持できる動感能力を統握する身体発生基盤をいつもすでに確認しているのだ。そこでは〈幸運のマグレ〉という偶然の意味発生に狂喜しながらも，そのマグレ発生の〈儚い空虚形態〉をありありと自らの身体で確かめようする。それは自らの身体感覚の〈確定化現象〉に直に向き合うことになるのだ。そこには，ネクタイを締める手の動きにしても，キーボードを打つ指の動きも，どのように手を動かすかを同時に意識しない志向対象が浮上してくる。このような志向体験に潜む〈先反省〉という概念は，自らの身体感覚の自己関係性を保証している自他未分の〈純粋経験〉の世界である。その〈動感的先反省〉（キネステーゼ）という本質必然性こそが自らの原発生地平の源泉に遡っていく身体発生的な可能基盤となるのだ。だから，そこで主題化される〈身体化〉という謎に満ちた現象を直観化するためには，我々はまずその〈連合動機づけ〉となる，わが身の〈反逆身体〉に直に向き合わねばならない。そこには，その新しい図式の〈形態化〉と古い図式の〈解消化〉との激しい〈せめぎ合い〉が起こり，学習者のみならず指導者もそのアポリアに苦しめられるのだ。となると，〈動感修正化〉（キネステーゼ）の営みは，〈統覚化〉と〈確定化〉の位相に再び回帰することになる。ところがその修正化現象においては，その基礎図式としての形態発生がすでに鋳型化されているから，単に〈触発化〉に始まる統覚化現象に回帰するわけにはいかない。とすると，すでに図式化された動感ゲシュタルト（キネステーゼ）を修正するには，改めてその修正化対象に関わる原発生地平分析に立ち戻って，自らの動感意識の意味発生（センス）に改めて向き合わなければならなくなるのである。

　さらに，第三層位の〈自在洗練化〉の諸現象は，端的に約言すれば，自我身体が何ものにもとらわれず〈自在無碍〉に動ける究極層位にその姿を現すことになる。その場合には，自在洗練化の身体発生地平に潜む〈安定化現象〉，負担軽減による即興形態化の〈わざ幅現象〉のみならず，至芸に示される〈技の冴え〉などの高次の価値意識も，さらに非人称的な〈それ〉が機能する究極意味核の希有な事態さえ，その判断の志向対象として取り上げられなければならない。このような自在洗練化された〈絶対時間化〉[23]の〈動きかた〉は，競技スポーツの名選手や芸道の無形文化財と謳われる名人たちによって〈至芸の自在境地〉として顕現され，多くの人々の感動を呼んでいるのは周知の通りであ

23　Hua. XV・Text Nr. 38, S. 670　　邦訳：間主観性の現象学Ⅲ，テキスト Nr. 38 - ⑪ 506 頁

る。しかしながら，その高次元の技芸を遂行するアスリートの遂行自我でさえ，〈絶対時間化〉を自ら機能させる〈身体感覚〉を明確に述定化できるとは限らない。それは本質必然的に非直観的な志向性であり，物的身体には現れない謎に満ちた内在経験である。こうなると，この貴重な技芸の〈動感発生〉はその遂行自我の原発生深層に沈殿したままとなり，場合によってはその本人と共に墓場に葬られてしまうこともありうるのだ。

しかし他方では，日常的に用いる箸の使い方でも，歩きながら携帯電話を操作するという振る舞いにも，その習慣的反復の成果として，没意識のまま自在洗練化層位に達していることは言うまでもない。いわば〈自在洗練化現象〉は，競技や舞踊などの技芸の動感世界のみならず，日常の動作や振る舞いのなかにも，いつもすでにその姿を現しているのだ。従って，この身体能力の〈自在洗練化現象〉そのものは，その人の競技歴や指導経験に関わりなく，その動感身体性の原発生地平におけるその〈絶対ゼロ点〉という始原深層に開示されることを確認しておかなければならない。とは言うものの，日常的な身近な動きかたは誰でも体験する可能性をもつが，自在洗練化層位にある高次元な妙技の動きかたは，その動感発生の身体経験をもった人でなければ，その深層に潜む動感意識のすべてを了解し共感できるはずもない。しかし，その貴重な身体感覚そのものは何らかの条件が満たされれば，この身体感覚素材の伝承が成立する普遍的な運動基盤に立つことができる。その遂行自我が自らの身体発生の奥義について沈黙を守っていても，それを見たり，聞いたりした他者に伝承される本質可能性は存在するのだ。現に動感発生する〈世界内存在の運動基盤〉[24]に支えられているというラントグレーベの指摘が貴重なのはこの意味においてである。同時に我々は，その〈非直観的な動感身体発生〉を一目見ただけで，即座にその究極核に気づく人の存在を承知しているのだ。その非直観的なコツとカンの身体能力に秘められた志向含蓄態は，本質直観化できる人が見れば，その秘密は一気に開示されてしまう。ここにおいて，非直観的な身体発生能力を即座に身体化できる運動学する自我の存在が前景に浮上してくるのである。

すでに前段［§ 48〜§ 50］で繰り返し指摘しているが，その身体感覚の〈受動発生〉という現象はまさに謎に満ちた様相を露わにする。なかでも，乳幼児が新しい動きかたをいつの間にか覚えてしまう発生様態は，我々の身体発生分析

---

24 Landgrebe, L.: Die Phänomenologie der Leiblichkeit und das Problem der Materie, 1965 In: Phänomenologie und Geschichte 1967 S.147 Gütersloher Verlagshaus, Gerd Mohn

の道を阻んでしまうアポリアの一つである。いわば，コツとカンという〈身体発生能力〉の綜合化を巡る受動発生現象は，その神秘的な偶発性における〈今はこうなのだ〉[Nun-einmal-so-Sein] という秘密のなかに潜んでいるのだ。フッサールがいみじくも受動志向性という〈パラドックス的表現〉をとるのは，自我意識が全く働かないのに，独りでに動感システムが勝手に機能し，ないし消滅してしまうからだ。その現象に科学的因果説明を加えようとしても，その偶発性の〈今はこうなのだ〉は一向に開示されないから，本質必然的に数学的確率論が成立するはずもない。デアヴォルトの「恒常的図形時間の規則」[25]（1938）の例証分析に示されているように，人間の動く形態(ゲシュタルト)の生成消滅という発生現象には，精密科学の因果決定論が成立しないのだ。そのような〈直観化綜合〉は「様々に変換しながらも，互いに調和的に一致する多様な直観志向性と非直観志向性との統一の働きによるのだ。いわば，それらの二つの志向性はそれぞれが統合化を繰り返ししつつ具体的綜合に至る」[26] のだとフッサールは巧みに開示してくれる。それは非直観的な過去把持(レテンツィオーン)の空虚表象と共現在する未来予持(プロテンツィオーン)の直観表象との〈相互覚起〉によって生じるのだ。言うまでもなく，非直観的なものへの志向性とは，本能キネステーゼの諸々の志向体験［把握動作／声，口笛の強弱や高低］や，空を舞う蝶を見るときの眼球の動きに同調して受動発生する動き［ヴァイツゼッカーの蝶を追う〈眼と動き〉；ボイテンデイクの〈首と眼球〉の連動］のように，受動発生する〈非直観的志向性〉が意味されている。こうして，我々は動感志向性の非直観的なるものに着目して，多くの否定，疑念やあらゆる可能性の様相化現象を追い求めつつ〈綜合化統一態〉に至る実践可能性をもつことができる。その地平には，密かに受動的な〈努力志向性〉がたえず機能していることは言うまでもない。このような非直観的なるものの〈自体所与性〉を開示するためには，このような〈直観化綜合〉という道が開示されるのでなければならないのだ。

因みに，この〈受動的〉という表現は，文法の受け身という受動態ではなく，独りでに自ずからという〈自発性〉の意味であることは喋々するまでもない。このような動感志向性の発生様相を身体能力の〈受動綜合化〉という，その〈相互覚起〉の綜合化現象をフッサールは〈連合的綜合〉と呼ぶ。この受動綜合化に関する意味発生分析は，端的な科学的因果分析の手に負えるものではない。

---

25 Derwort, A.: Untersuchungen über den Zeitablauf figurierter Bewegungen beim Menschen in: Pflügers Archiv, Bd.240 (1938): S.661ff.
26 Hua XI § 23 - ① S,101　邦訳：受動的綜合の分析，§23 - ① 150頁

その例証はヴァイツゼッカーによる協調生理学の問題提起のなかで，身体運動の〈調整的適応〉を中枢神経機能によって説明する試みの〈破綻〉[27] として呈示されているのは周知の通りである。こうして我々は，運動分析の科学的思考をエポケーして，現象学的キネステーゼ感覚の発生分析における形態発生(ゲシュタルト)に向き合うことになるのだ。そこでは，まずもって我々は〈連合動機づけ〉[28] という前段［§11参照］で述べた基本概念に注目せざるをえなくなる。この〈連合的動機〉に関わる領野において「我々は全く動機づけが未だ存在していない根源的共存と根源的な結果へと，まずもって立ち帰ることになる」[29] とフッサールは語り始める。そこには，〈連合的綜合〉の働きのなかに〈マグレ当たり〉という数学的確率論の通用しない奇妙な身体発生現象が成立しているのである。これまで我々は，非直観的な〈動く感じ〉それ自体が〈連合的綜合〉の働きによって受動的な直観化の道を辿りつつその道程のなかに〈動感マグレ性〉という奇妙な儚い身体現象に出会うことに注目しているのだ。そのマグレ発生の源泉には，時間流の〈類型的親和性〉と先行する〈既知性の地平〉[30] を蔵(かく)している〈原直観〉という地平志向性が出現してくるとフッサールはいみじくも指摘してくれる。その〈非直観的なじみ地平性〉のなかに，原連合的綜合という分析対象性が取り上げられるとき，ここで主題化される〈直観化綜合分析〉という方法論が姿を露わにし始めるからである。いわば，いつの間にか受動的に現れてくる動く感じの対照化現象に分析対象を構成していくとき，そのなかに共鳴できるメロディーが〈受動綜合化〉されてくるのだ。そこで，いつの間にか突然にマグレ当たりの幸運な動感意識流に出会うことになる。いわば，フッサールの説く時間流の原発生における過去把持と未来予持の両地平性のなかに，共鳴できる〈動感メロディー〉という志向対象が〈仮初めの成立〉として，一気に姿を現してくるのだ。しかし，すでに繰り返し述べているように，この謎に満ちたマグレの動感現象は，まさに奇妙なパラドックスを示し，束の間のマグレ発生の背理性に我々は苦しめられる羽目となる。この〈動感マグレ性〉は，非直観的な動感の重層的な直観化分析を通して，やっと新しい動感メロディーが偶発的に流れ出すことになる。しかも何の自覚もないままに，この〈不気味な偶発性〉としてマグレが現れるのだ。この〈マグレ現象〉こそ動感

---

27 Weizsäcker, V.v.: Gestaltkreis, op.cit. S.244f.　邦訳：ゲシュタルトクライス，210頁以降　みすず書房
28 Hua. IV. §56‐c)‐⑤ S.226　邦訳：イデーンⅡ‐Ⅱ, §56‐c)‐⑤ 63頁
29 Hua. IV. dito.　邦訳：同上
30 Husserl, E.: Erfaherung und Urteil, §25‐① S.136　邦訳：経験と判断, §25‐① 107頁

意味発生の〈本質直観の道〉に通じているのであり，原発生地平における〈自己時間化〉によって動感発生の本質直観に向けての道へと辿り始めることができる。そのマグレの〈身体発生〉を機械的反復の確率に頼る科学的思考こそ，我々はまずエポケーしなければならないのである。

§61. 身体能力の伝承財を開示する

(a) 伝承財の志向対象を問い直す

まずもって我々は，ここに主題化される運動伝承財，つまりキネステーゼ感覚として機能する現実態（エネルゲイア）としての〈身体知能〉のなかに，伝承に値する意味核の意味（センス）内実を確認することから始めなければならない。そのつどの動感情況のなかで変様し続ける可能態（デュナミス）としての〈身体能力〉は，そのノエシス契機から統握される動感ヒュレーの実的（レエール）な，つまりわが身にありありと内在するノエシス分析に即して，それに平行関係をもつノエマ的意味も同時変換的に変様するのは論をまたない。しかし，すでに拙著［深層：§86参照］でもノエマ的意味存在論が考察されているように，その〈ノエマ的意味〉そのものが現実の実的（レエール）なノエシス契機をもっていないことはすでに確認済みである。目まぐるしく変様するノエシス契機の意味（センス）発生は，多様なその動感ヒュレーのなかから統一的に意味統握されるとしても，それと平行関係をもつノエマ的意味は，どのような存在様相を示すのかが注目されるのだ。これに対して，フッサールは「知覚されるそのもの，つまり知覚ノエマ」[31]には，どんな本質契機が蔵（かく）されているかが問われなければならないと指摘する。そこに「本質所与に純粋に向き合う」という本質必然性こそが〈ノエマ的意味〉であり，さらにフッサールはそれを別言して「知覚されるそのものをノエマ的観点から記述する」と述べ，そのノエマ的意味は〈知覚されるそのもの〉の意味（センス）構造存在論として純粋に記述されることになる。とすると，ノエマ的意味の存在様相はノエシス契機の実的（レエール）な身体発生（ピュシス）分析の場合のように〈失敗した〉とか〈できそうな気がする〉といった感覚（ヒュレー）素材の様相変動が分析されるのではない。さらにフッサールは言を継いで，このような知覚の意味とは「知覚の本質に必然的に属しているものであり…それはどんな実在的（レアール）な特質ももってはいない」[32]と駄目押しをする。例えば，〈逆

31　Hua. III. §88-⑧ S.183　邦訳：イデーン I - II, 第88節-⑧ 110頁
32　Hua. III. §89-① S.184f　邦訳：イデーン I - II, 第89節-① 111頁

上がり〉そのものというノエマ的意味は,「当てが外れて失敗した」とか「気持ちよくできた」という身体感覚でありありと感じる動感ヒュレーの内在経験が記述されるわけではない。

　こうして,我々はノエマ的意味の存在様相に〈目的論的歴史性〉を取り上げざるをえなくなる。そこには,通時的,共時的な価値感覚の変様態が浮上してくるのだ。この動感システムの本質可能性をもつ通時態と共時態の〈淘汰化分析〉［スポーツ運動学：242~244頁参照］は,身体発生分析の営みに入る前提をなし,ノエマ的意味の存在様相の基柢を構成する役割をもつことになる。〈マグレの足音〉に胸をふくらませ,〈偶然のマグレ〉に狂喜し,その頼りない身体感覚を確かめようと反復練習する人たちには,ノエマ的意味の本質必然性の不可欠さを違和感なく感じとっているはずである。それは通時的,共時的な価値感覚の働きがいつも必ずその習練の基柢に据えられるからである。そのノエマ的意味の身体感覚の働きなしには,その身体感覚の評価作用が機能するはずもない。この身体発生に潜んでいる内在的な〈目的論的無限性〉(ピュシス)[33] こそが運動分析論の普遍的な身体発生基盤をなすのであり,それは〈目的論的原形態〉[34] という本質必然性なのだとフッサールは断言するのだ。こうして,身体能力の超越論的構成分析は,その無限な目的論的原形態によって,因果決定論の科学的運動分析から截然と一線が画されるのである。

　従って身体能力の〈伝承発生〉は,歴史的,文化社会的な背景に関わりをもつから,人から人への動感身体発生(キネステーゼ)という出来事の伝承世界のなかで,〈何が伝承されるのか〉という〈伝承財〉の地平志向性がまずもって前景に立てられることになる。というのは,伝え手の捉えるノエマ的意味には,通時的,共時的な価値感覚が働き,承け手のノエシス契機にもその同じ価値意識の身体感覚が可能的に受容されていなければ,動感感覚伝承(キネステーゼ)の発生現象野は成立しないからである。こうして我々は,おおよそ技芸(わざ)に関わる身体能力が機能するところでは,常に内在目的論の背景に〈歴史的目的論〉[35] との〈基づけ関係〉を無視できなくなる。だから,そのような歴史的目的論の無限性が内在目的論の動感志向性における〈空虚－充実〉という無限性と基づけの関係にあるのは言をまたない。競技における動感システムの伝承成立には,伝承されるべき動感システムが現に誰かによってすでに実現され,その〈身体知能〉の価値意識

---

[33] Hua. XV. Text Nr.22・⑤ S.380　邦訳：間主観性の現象学Ⅲ,テキスト Nr.22・⑤ 524頁
[34] Hua. III. § 58節・段落② S.111f　邦訳：イデーンⅠ・Ⅱ,第58節・段落② 247頁
[35] Hua. VI. A. Abhandlungen, Die Krisis des europäischen Menschentums und die Philosophie: III. S.347・①

が現実態(エネルゲイア)として社会的に承認されていなければならない。それどころか，その伝承財が伝承の習練対象に取り上げられるためには，その伝え手にも承け手にも共感される〈動感連帯感〉に支えられていなければならない。従って内在目的論としての伝承発生には，その〈歴史的現在〉において，伝承に値するノエマ的意味内実が価値意識として承認される本質必然性が確認されていることが前提となる。その伝承発生において身体能力の働く地平構造は，単に共存価値の〈体系論分析〉のみならず，歴史目的論を踏まえた共時的，通時的な〈淘汰化分析〉に耐えうるものでなければならない。その詳細については拙著［スポーツ運動学：272~288頁参照］に譲るしかない。ここでは，伝承発生におけるノエマ的意味の存在論に通時態(ディアクロニー)と共時態(ジュンクロニー)に絡み合った〈歴史時間性〉に関わる〈動感(キネステーゼ)沈殿化〉を巡る問題圏を呈示するだけにしておきたい。因みに，キネステーゼ身体感覚に関わる〈運動伝承〉という邦語表現が極めて特徴的であることを付言しておきたい。〈伝承〉という表現を単に西欧語に端的に置き換えても，伝え手から承け手への〈動く感じの一方的伝達〉の意味しか表せないからである。その承け手による〈動感(キネステーゼ)身体発生学習〉の生化も同時に表に出して〈伝える〉と〈承ける〉という両面の同時変換作用を表記するには，西欧語では冗長な合成語 [Überliefern-Aufnehmen-Konnex] にするしかない。その伝え手と承け手の同時的相互作用を一語で〈伝承〉と端的に表記できる邦語表現はまさに好都合である。それだけに，〈動感(キネステーゼ)身体能力〉の伝承発生という問題圏に取り上げる現象学的な超越論的構成分析について，わが国古来の〈芸道伝承〉との比較論的視座のもとに注目すべき問題性を見出せるのは興味深いことであるが，それは後段に送らざるをえない。

(b) 伝承財の身体能力に問いかける

ここにおいて，我々は前項で取り上げた運動伝承財，つまり〈動感(キネステーゼ)身体能力〉のなかに伝承すべき意味核をもつ〈究極基体〉[36]［担い手］が〈動感(キネステーゼ)身体発生〉との関わりのなかで確認されなければならない。伝承世界における伝え手，つまり教師やコーチは，承け手に伝えるべきキネステーゼ意味核のノエマ的な意味(センス)構造を確認しておくことが伝承成立の前提になるのは言うまでもない。ところが，学校体育の教材研究として，その学習対象のノエマ的構造そのものが取り上げられることは極めて珍しい。同様に競技世界でも，そのノエマ的意味(センス)

---

[36] Hua XVII, § 81 - ③ S.208f. 邦訳：形式論理学と超越論的論理学，§ 81 - ③ 223頁

構造は，生き生きと畳み込まれた〈志向含蓄態〉としてコーチの胸三寸に収められたままである。いずれにしても，伝えるべきノエマ的意味存在に即した〈究極核(センス)〉がその伝承されるべき価値感覚の志向対象として厳密に〈超越論的静態分析〉に付されることは珍しい。そこでは，課題達成の成否だけが関心事となり，その動感(キネステーゼ)発生の多襞的な変様態の意味存在(センス)が〈ノエマ分析〉として，その志向対象に取り上げられないのはどうしてなのか。そこではノエシス契機の原発生地平が厳密に発生分析されていなければ，そこに潜む身体感覚のノエマ的意味構造が浮上してくるはずもないからである。とは言っても，〈動く感じ〉の身体発生を指導する実践現場では，どんな教師やコーチでも，そのつど変様する〈動く感じ(キネステーゼ)〉に必然可能的に向き合っていることには変わりはないのだ。ところがそこでは，指導者自身が〈動く感じ(キネステーゼ)〉の発生そのものに関心がないまま拱手傍観するだけのことが多いのである。その場合，その動きの感覚発生に〈居合わせる〉[Mit-dabei-sein]という〈動感連帯感〉［深層：§46参照］がすでに欠損しているのだ。だから選手たちは自得の美意識という教えに倣って，その実践可能性の実現に向けてコツとカンをわが身に取り込もうと必死に工夫を重ねるしかない。そこには，可能態(デュナミス)としての〈身体能力〉を伝承するという貴重な人間関係が欠損しているのだ。それは伝承発生の学習指導とは言えず，単なる学習課題の〈空虚形態〉を一方的に呈示し，あとは学習する者の自得の美意識への〈努力志向性〉に丸投げしただけのことである。

　伝承成立のもう一方の担い手である伝授する側のコーチは，かつて選手だったにもかかわらず，その価値感覚はすっかり枯渇して，過去に沈んだままである。そのために，〈動感仲間化〉という伝承関係系はすでに破綻し，その〈動感連帯感〉もとうに崩壊しているのだ。だから，微妙な価値意識を含む身体感覚を伝承するノエシス契機は生じるはずもない。昨今の体育教師も競技コーチも，キネステーゼ感覚を伝承する運動基盤にあるノエマ的意味核の〈超越論的静態分析〉を確認しないまま，直ちに運動メカニズムの理念的教材を一方的に伝達するだけである。それどころか，〈動く感じ(キネステーゼ)〉の発生を保証するノエシス契機による意味発生(センス)という〈究極基体〉の担い手さえも放棄しているとしたら，動感(キネステーゼ)発生の伝承は成立するはずもない。学校における身体教育の陶冶目標像が健康維持と体力向上だけに直行するなら，同時に取り上げられる競技やダンスの陶冶的〈志向対象〉は何なのか。マネジメント指導だけの教師やコーチは，その高次の〈身体発生世界(ピュシス)〉に身を置いても，それに全く関わらない監視役に

なってしまうのか。そこでは，いわゆるヴァイツゼッカーから野次馬(キービッツ)と呼ばれるのに甘んじるというのか。ここにおいて我々は〈動く感じ〉(キネステーゼ)の伝承発生現象野にあって，その運動伝承の対象になる身体能力の充実形態となる〈感覚質〉(ヒュレー)[37]をどのように理解するのか，どうすれば高次の〈身体発生〉(ピュシス)に関われるのかが明らかにされなければならない。そのためには，どうしても〈動く感じ〉(キネステーゼ)の身体発生(ピュシス)の動機づけを探るしかない。これまでは伝承発生に関わる伝え手が，かつて自ら住んでいた身体発生(ピュシス)の〈生命的時空間世界〉を放棄していたことになる。そこでは，自らのノエシス契機の意味統握がそのノエマ的静態分析との平行関係をなすという超越論的発生分析が何故に排除されてきたのかを問い直さざるをえなくなるのだ。こうして我々は，運動伝承価値を確認する存在論的な〈静態分析〉と，ノエシス契機の実的(レエール)な〈発生分析〉に立ち入る〈動感感覚能力〉(キネステーゼ)の普遍的な身体発生基盤に向き合わざるをえないことになる。

　我々はここで伝えるべき〈伝承財〉としての指導対象について，まずそのノエマ分析の不可欠さに言及しておかなければならない。というのは，学校体育や競技スポーツ，あるいは技芸や舞踊などそれぞれの〈動感身体発生〉の伝承現象野においては，そこで伝えるべき指導対象に対して，そのノエマ的意味構造が厳密に〈静態分析〉されなくてはならないからである。これまでは，指導実践に入る前に習練目標像として呈示するのは，科学的分析による運動メカニズムないし映像分析のキネグラム(キネマトグラフィー)である。それらの科学的分析のデータそのものは，学習者が動く感じを統握する〈身体発生〉に直接関わりのない，単なる物的位置移動(モートスロカーリス)のデータに過ぎないのだ。この科学的運動分析と現象学的運動分析との乖離に気づいたのは，マイネル教授の本質的な形態学分析(モルフォロギー)として，自己観察分析や共感的な他者観察という〈超越論的形相［本質］分析〉が発表されて以来のことである。これを契機として，ノエマ的意味の存在様相における体系論的研究は，とりわけスポーツ運動学の一環として，1960年代に多くの〈体系論的分析〉[38]が発表され始めたのだ。その〈超越論的静態分析〉は伝承財の

37　Hua. VI. §9, b‐④‐Anm.1 S.27 f.　邦訳：ヨーロッパ諸学の危機と超越論的現象学，第9節，b‐④‐註1

38　Kaneko, A.: Zur Entwicklungsmöglichkeit der Turunkunst, In : Olympische turunkunst, Nr. 1, 1966, Nr. 1, Limpert Verlag Frankfurt
　　Kaneko, A.: Zur Morphologie der Turnkunst, In: Olympische Turnkunst, Nr.5, 1967, Limpert Verlag Frankfurut
　　Rieling, K.: Zur strukturellen Anordnung der Übungen des Gerätturnens, In: Theorie u.Praxis der Körperkultur, 1967, H.3
　　金子明友：器械運動における技の体系化の基礎，97~110頁，東京教育大学体育学部紀要，第8巻，1969

指導対象になる身体能力の志向対象に関わる体系論として，ノエマ的意味(センス)構造分析が多くの研究者の関心事になっていったのである。とは言ってもその当時では，学習対象を表す名称が示されても，その〈ノエマ的意味〉そのものの実(レエール)的分析，いわばノエシス的意味(センス)統握の〈様相化分析〉そのものは，老練な教師やコーチの胸三寸に収められたまま開示されてはいない。そこでは，実(レエール)的なノエシス的分析と，それに平行関係をもつノエマ的静態分析の〈相補的統一態〉[深層：§17参照] はまだ取り上げられずに放置されたままであったのだ。例えば〈歩く〉のノエマ的意味が左右の足の交互踏み出しだけに局限化され，〈走る〉とのノエマ的差異性が空中局面の成立だけに理念化されるだけである。となると，ノエシス的志向性との平行関係は欠損態のままに放置され，科学的運動分析との本質必然的な決定的差異性を明るみに出すには至らないままだった。同様にして，サッカーやバレーボールの戦術におけるゲーム理論という数学的形式化の方法論が，たといどんなに高次の確率論的検証を重ねても，そこにありありとした実(レエール)的なノエシス契機が欠損しているのでは，それは絵に描いた餅でしかない。そのままでは，数学的に検証した確率論を生き生きした戦術行動に生動化することは不可能なのだ。その実践可能性は選手たちの可能態(デュナミス)の〈身体能力〉に丸投げしているだけであり，すべて選手たちの身体感覚発生に向けての苦悩に満ちたキネステーゼ感覚を統握する工夫に，あるいは伝来の自得の美意識に一方的に依存していたのである。

まして，学校体育の教材研究が学習指導のマネジメント的手順や手段のマニュアル開発だけに傾斜すると，そこでは〈動ければよい〉という端的な成果主義に堕してしまい，そのキネステーゼ感覚発生の実的なノエシス分析はその生徒たちの過去地平に沈められていくだけである。それでは，運動伝承の問題圏は全く欠損態のまま，何一つ伝承発生に生かされる身体経験はひたすら忘却の彼方に流してしまうだけとなる。そこでは依然として，体育の〈運動教材(エクササイズ)〉のノエシス分析もノエマ分析も無視されたまま，〈自らの動き〉そのものの志向性分析は全く放置されたままの事態が今も続いているのだ。例えば，低鉄棒の〈さか上がり〉という教材の指導過程に踏切り台を利用すると，後方回転におけるキネステーゼ感覚のノエシス契機が排除されてしまうのにも気づかないままである。つまり，その〈さか上がり〉では，後方回転だけが学習され，〈上がり〉のない〈さか上がり〉を学習させるという奇妙なパラドックスに陥ってしまう。そこでは，ノエマ的意味の存在論的分析が欠落しているのに，その存

在論にも気づかない呑気な成果主義が常態化しているのだ。学習対象の教材研究は，ノエマ的な意味存在の〈本質直観分析〉によって，はじめて学校体育における貴重な身体経験の志向対象という〈陶冶目標〉が前景に浮上してくるのだ。そこでは，生き生きした実的な身体能力に関わる貴重な陶冶財が保証されているのである。学校体育が〈生理学的身体〉の発育発達だけに陶冶目標を一義的に収斂させてしまうと，フッサール発生現象学のもつ本質必然的な〈人間形成〉に関わる固有な身体発生の本質直観という人間学的固有性がいつの間にか背景に沈められることになる。その生き生きとした身体発生現象における超越論的構成分析という新しい運動分析論も，人間学的運動学の本質必然的な教育目標も次第に影が薄くなり，いわば生き生きとした実存的な身体経験の陶冶目標も，いつしか端に追いやられてしまうのである。

(c) 伝承財の促発方法論に向き合う

ここにおいて我々は，いわば他で置き換えられない独自な身体発生［深層：§18参照］の学習指導対象，ないし競技種目における身体化すべき〈わざ〉の伝承財としての意味存在を確認しておく必要に迫られる。それによって，動感意識として身体発生すべき伝承財のノエマ的意味構造も浮上してくるし，そのノエマ分析に同時並行する実的ノエシス分析も促発方法論として拓かれることになる。そこでは，まずもってその伝承財のノエマ的意味構造に〈超越論的静態分析〉が施されなければならない。こうして前景に浮上してくるのが伝承財の〈動感身体発生〉への道，つまり動感意識の働く身体発生をありありと原的に触発［affizieren < afficere＝感じさせる，その気にさせる］し，さらにその充実化を促進する方法論の問題なのである。すでに繰り返し述べているように，伝承とは伝える者と承ける者との間に生じる〈動感身体発生〉の営みである。伝え手は同じノエマ的対象を共感しながら，承け手の身体発生を促して，いわば身体感覚で通じ合う〈仲間同士〉にならなければ，その伝承の相互覚起は成立するはずもない。そのときコツとカンという身体感覚を直に呈示するか，その機が熟するのを待つかは，すでに述べたように，その伝え手の〈調整的適応〉［本書：§17‐(c)参照］を踏まえた具体的な促発処方論の問題である。だから，同一の伝承財に機能する身体感覚がその伝承場面で共有されていなければ，真の伝承発生は成立するはずもない。昨今では，マネジメント上手な〈軍師気取り〉のコーチや教師が多くなってきたのはまさに戦後の特徴的な傾向の一つと言えよ

う。すでに伝承発生論の問題圏は，拙著［スポーツ運動学：第Ⅵ章伝承発生論，290頁以降参照］に具体的に詳述されているが，本書でも第Ⅱ章［他者運動の分析手続き：§14～§22参照］として取り上げられている。念のためにここでその要点を一望して再確認しておきたい。

　まずもって取り上げなければならないのは〈代行分析〉という珍しい動感（キネステーゼ）志向性の働く身体発生を分析対象にする方法論である。それはすでに拙著［身体知の形成：講義28／スポーツ運動学：第Ⅵ章 伝承発生論］に詳しい。〈代行〉という概念はフッサールが意味する〈代行的統握〉や〈代行的変化〉に倣っているのは言をまたない。それは指導者自身が指導する動感形態を選手や生徒の代わりに行うという意味ではない。フッサールはすでに「物と空間」と題したいわゆる物講義［1907年夏学期］において，自らのキネステーゼ変化という〈代行する変化〉を他者運動のなかにキネステーゼ身体運動として構成できるのに注目しているのだ。「私は他者に私を移入できるし，他者の言を私の言に，あるいは私の言を他者の言に関係づけることもできる。他者運動に現れる他者の言と，しかも私のように他者が動き動かされていると私が見る私の言とを関係づけることもできる」[39] のだとフッサールはいみじくも講義している。このフッサールの代行現象に基づいて，他者にわが身を移し入れて，他者の動きを動感的（キネステーゼ）に機能する身体性に代行できる本質可能性を捉えることができる。このような〈潜勢自己運動〉[40] というキネステーゼ感覚の身体能力（ピュシス）こそが実践指導者に求められる不可欠な〈代行能力〉として注目されるのだ。しかし，この潜勢自己運動としての動感代行の働きは現在でも十分な理解が得られているとは言いがたい。フッサールがその夏学期における講義の第83節の終わりに，この動感代行分析論に先鞭を付けている。さらに自らの発生現象学に〈感覚論的身体学〉という厳密な身体発生分析に入った1920年代後半には，ようやく運動と感覚の一元的な絡み合い構造が脚光を浴び始めている。なかでもハンガリーのパラージ [Palágyi Menyhért 1859~1924] による〈潜勢運動〉の発見 (1925) は，ここで主題化される代行現象に的確な拠点を提供することになる。パラージはまず触覚と運動の想像力に注目する。丸い皿の縁を掌で被うとき，丸い形を知覚できるのは，この触覚が〈想像的運動〉を引き起こすからだという。それを潜勢運動と呼んで「生命あるものが現に今いる場所を離れずに，あたかも別な空間位置あ

39　Hua. XVI. § 83　S. 284　Ding und Raum, Vorlesungen 1907　Martinus Nijhoff　1973
40　金子明友：運動観察のモルフォロギー，122~123頁，筑波大学体育科学系紀要，第10巻，1987

るいは別な時間点に逃れ出るように振る舞えるのはまさにこれ以上の不思議はない」[41] と重大な指摘をするのもこの意味においてである。

ところが，昨今の〈科学的思考〉はこんな荒唐無稽な運動想像力などを客観的事実として承認するはずもない。ところが緊迫した競技の世界では，潜勢的に宙返りが成功したとか，踏み切ったときにバーをクリアーできるのが〈身体(からだ)で分かる〉などの〈超越論的反省〉は日常的なことである。その身体感覚の反論理な〈結果の先取り〉という現象［本書：§4参照］を科学的運動分析は本質必然的に拒否せざるをえないのだ。しかし競技するアスリートたちは，それがどんなに非科学的な発言であり，非論理的な出来事だと批判されても，紛れもない私という〈絶対主観性〉の動感(キネステーゼ)志向体験なのだから，その内在知覚を単なる妄想として否定できるはずもない。

しかしこの〈動感代行分析〉は，次の〈動感促発処方化〉への不可欠な橋渡し役割を担っているのにかかわらず，古来の芸道思想に根づいている自得精神の立場から本質可能的に否定されることになる。わが国の芸道においては，師匠が弟子のためにカンとコツの構成を代行してやるなど考えられるはずもない。たしかに，キネステーゼ感覚は運動主体の〈固有領域〉に属するのだから，自らの努力工夫で自得するのを本義とするのに何の異論のあるはずもない。正統な芸道の伝承世界においては，言うまでもなく，未熟な駆け出しの芸(わざ)ではとてもその師匠の座を守ることはできない。まして未経験の芸(わざ)を教えるなど許されるはずもない。しかし現代では，〈金槌教師〉でも水泳を教えざるをえないし，〈冠コーチ〉はその後光が消えているのにも気づかず，動感深層をもっともらしく教示することさえ珍しくない。英語が聞き取れない英語教師，二次方程式が解けない数学教師はすぐ馬脚が現れるのに，身体感覚のキネステーゼ感覚地平に全く未経験のままでも，体育教師やコーチはその職を追われることはない。教師は過去の動感体験が消失しているのにも気づかないまま，的外れの指導をしても何も咎められることはない。体育教師は生徒たちの自得能力に助けられているのに気づかないほど牧歌的な世界に住み慣れているのかもしれない。生徒たちの身体感覚の発生学習に何も関与していないのに，その学習行動をマネジメントし，励まして努力させることができれば，教師は〈動く感じ〉(キネステーゼ)の発生指導に成功したと断じて憚らない呑気さだ。そこでは，いつも身体感覚の〈意味発生〉(センス)は指導の対象になってはいないのである。このような事情の下

41　Palágyi, M.: Wahrnehmungslehre, S.94 In: ausgewählte Werke, Bd.II. Leipzig 1925

では，指導者による〈動感代行能力〉は背景に沈んだままに放置されてしまうのは明らかである。教師やコーチは全面的にマネジメント科学だけに依存し，自らの〈身体感覚能力〉が萎えても，あるいは消失してしまっても，学習指導ないし競技指導する権利が確保されると考えるのであろうか。自得の美意識を本義とする正統な芸道においては，踊れない師匠，芸(わざ)の未熟な師匠はその世界に生きていくことができるはずもない。しかし体育や競技の指導では，未経験の教材指導にはレディメイドのマニュアルが利用され，すでに自らの身体感覚が枯渇したコーチでもトレーニング過程の監視役に回れば，その伝承世界に居座ることが許されるというのか。教師にもコーチにも，その職業上の役割として，学習者が〈どんな感じで動くのか〉，〈どんな意味(センス)発生に狂喜するのか〉という動感地平構造が不問に付されてよいはずはない。こうして，身体感覚の発生論(ゲネアロギー)にどのように関わり，どのような手続きで学習者の〈動感感覚(キネステーゼ)〉を〈身体化(ピュシス)〉させていくのか，その専門的な動感意識に関わる身体発生にはどのような道を辿らせるのか，その普遍基盤をなす分析方法論はどんな手続きで取り上げられるのかについては前段［第Ⅱ章］ですでに考察済みである。その動感(キネステーゼ)伝承発生の処方手続きは，即座に進めるのか，今は待つべきなのかという処方論は機に即して取り上げられるにしても，その前提となる身体発生(ピュシス)の普遍基盤は確認されていなければならない。

(d) 代行分析の道を再確認する

動感代行分析は，機能しつつある他者の身体発生世界(ピュシス)に越境して，その他者身体感覚を自らの自己運動の身体能力で〈共感的〉に了解し，自ら他者の自己運動に共感して模倣し，自らの〈運動学する自我〉がそのキネステーゼ感覚で代行して形態化し，今ここの学習者に受け容れられる目標像を代行適合化する道程のなかで取り上げられるのだ。その三層位におけるそれぞれの代行分析の道しるべはすでに拙著［身体知の形成：講義28／運動学：代行現象の本質法則］に呈示されているが，念のためその要点だけをここに一望に収めて再確認しておく。

1) 動感模倣化による代行分析

この代行分析の第一層位では，指導者が学習者のキネステーゼ感覚の模倣を構成する営みが主題化される。だから，そこでは必然的に〈共動感化〉の原理が支配的な役割を果たすことになる。〈共動感化現象〉とは，いわば指導者と学習者がその動きのなかでキネステーゼ感覚世界を共有し，そのなかに共動感

§ 61. 身体能力の伝承財を開示する　563

できるときに，そこに一つの動感メロディーが共鳴的に奏でられるかどうかが問われているのだ。しかしこの指導する伝え手と身体化する承け手の両者は，全く同じキネステーゼ感覚質をもつはずもない。指導者と学習者が全く同一の身体感覚ならば，両者の区別はできず，自己と他者の区別も消えてしまうからだ。共動感化の世界では，指導者と学習者の別人格の両者のなかに〈動感移入交信〉が機能し，そこに〈借問的対話〉が重ねられ，相互に〈二声共鳴化する動感調和化〉という，俗に言う〈ハモる〉という志向体験が生み出されるかどうかが問題になるのだ。

　しかし，この動感移入による模倣代行分析の〈共鳴的調和〉は，かつて選手で活躍した頃の後光を意識した指導者にはなかなか機能しにくい。つまり，学習者の動感世界に自己移入して借問的な対話を重ねようとしても，学習者の余りにも素朴な〈原発生地平性〉が読み切れないことが多いからだ。しかし，学習者が失敗を重ねる動きかた，欠点だらけの動きかたを克明に〈模倣構成化〉していくには，学習者の欠点だらけの動きかたを克明になぞりながら，それを指導者が自らの動感素材を動員して真似ようとする謙虚さがなければならない。その動きの真似がうまくできるようになれば，少なくとも学習者の誤った動きかたの変様態がわが身でありありと感じとれるからだ。もちろん学習者の動きかたを現勢的に模倣化できなくても，潜勢的にその動感意識流を共動感化できる実践可能性の存在はすでに繰り返し指摘しているから論じるまでもないであろう。すなわち，生徒と〈動感連帯感〉［深層：§48参照］をもって身体化し，その動きかたを潜勢的に真似ることは，次の処方素材化に決定的な役割を果たすからである。この代行模倣化は，少なくとも学習する者の動感世界に共生し，その動きを〈真似る〉ことは動きを〈学ぶ〉ことに通底し，身体感覚の〈意味発生〉を触発化する重大な役割を担っていることを身体で感覚する〈原努力志向性〉を生化させなければならない。それにもかかわらず，この代行模倣化による〈分析論開発〉とその〈能力訓練実習〉が未だに主題化されないとしたら，それは遺憾としか言いようがない。

　2）動感形態化による代行分析

　ここで主題化される〈代行形態化〉において，その学習者の身体発生を構成するには，〈なじみ地平分析〉に始まり，〈触発化分析〉，価値感覚の〈探索分析〉，動感メロディーの〈共鳴化分析〉による〈マグレ発生〉に至るまで，十分な内在的な〈動感素材〉［キネステーゼ感覚ヒュレー］が十分に収集されていな

ければならない．現場の老練な教師やコーチは，この動感志向性の〈代行統覚化〉の苦しい志向体験を通り抜けてきているから，単に励ましの言葉かけのうまい教師とは本質的な違いがそこにあるのだ．それらの貴重な動感ヒュレーに基づいて，その促発コーチは自らの〈現象学する自我〉を機能させ，ありありと身体化した〈潜勢自己運動〉を介して〈代行形態化〉の手続きを見事に展開していくのだ．とは言っても，老いた教師自らの動感意識が萎えてしまったとき，あるいはそれが全く〈未経験な動感地平〉に関わるときには，この〈代行形態化分析〉は大きなアポリア［難関］に阻まれることになる．そこでこそ我々は身体感覚で観察し，借問して〈代行形態化〉を原的(オリギネール)に構成し充実化していく〈動感創設能力〉が不可欠となるのだ．この動感ヒュレーの〈借問分析〉は，〈内在体験流〉をもつ実的(レエール)な〈代行形態化〉の働きを支えうるものでなければならない．そのような代行形態化を構成するプロセスのなかでは，指導者はその学習者のいろいろな〈局面構成化〉の乱れや〈リズム化〉の崩れ，ないし〈力の入れ方〉などの多くのキネステーゼ発生の〈感覚素材(ヒュレー)〉をいつでも生徒との借問分析に利用することができるのだ．しかしながら，そこでフッサールは「私の身体が〈ここ〉と〈そこ〉に同時に在ることは不可能なのだ」と厳しく注意し，「そこにある〈現れ〉を私が捉えるのは，〈立場交換〉によってしかできない．つまり可能な未来においてしか〈そこ〉をもつことはできないからだ」[42]と駄目を押す指摘はまさに重みをもってくるのである．

　そこでは，〈原動感システム〉の働きが前提になっているから，その〈機能しつつある身体性〉の奇妙な働きこそ，借問分析に必当然的(アポディクテッシュ)に求められるのである．同様にして，このような動感意識の立場交換の可能性は，〈同一のもの〉同士の交換はパラドックスになるから，類的普遍化をもつ〈似たもの〉同士の交換となるのだ．こうして，主観身体に了解されている〈感覚質〉のみならず，ボールやラケットなどの〈感覚質〉も，今やその〈共遂行能力〉[43]［共感能力］に支えられて，我々は他者の〈私秘的動感世界〉に主観身体を移し入れること，つまり〈キネステーゼ身体移入〉が可能となるのだ．つまりその主観身体は，自らの動感地平のなかに同時に〈間主観身体〉を内在させうるから，情況に応じて即興的に，先(プリウス)も後(ポステリウス)もなく〈同時変換作用〉の道を辿ることができることになる．そこでは，動感源泉の深層位に遡源しながら「知覚作用には，〈自

42　Hua. IV. Beilage 1.‐⑧ S.309　邦訳：イデーン II‐I，付論 1.‐⑧ 210 頁
43　Hua. I. § 44‐③ S.125f.　邦訳：デカルト的省察，第 44 節‐③

由な動き〉として身体運動の可能性が不可欠である」[44] というフッサールの指摘は決定的な重みをもってくるのだ。このようにして，指導者によって行われる〈代行形態化現象〉は，当然ながらそのための統覚化，確定化，自在洗練化の各形成位相の地平構造をもっているから，生徒の動きかたの形成化される位相に応じて代行形態化も多岐にわたることは言うまでもない。しかし，経験豊かな教師や名コーチたちは，これらの代行形態化の多様さに対応できる多くの可能態の〈動感身体能力〉という〈伝承財〉をわが身にすでに身体化し，いつでも生動化できるのである。その指導者たちはその学習グループやそのチームに適する〈代行類化形態〉という現実態の〈身体知能〉をもっているのも珍しくはない。個々人に適した代行形態化を構成できないままに，多くの生徒に通底する〈類的代行形態〉を導き出せるはずはないからだ。生徒や選手のキネステーゼ感覚世界に自己移入しないで，マニュアル通りの指導を取り上げるだけであれば，専門教育を受けない素人にでも指導は可能である。生徒の〈身体感覚発生〉，いわば身体発生に関わる〈代行形態化能力〉という新しい志向対象については，その静態分析と新たな開発に繋がる発生分析が喫緊の課題となっているのだ。その〈道しるべ〉をどのように養成するかの方法論演習の問題圏はまだその起点に辿り着いたばかりである。今後の動感形態化に関わる代行分析の新たな方法論開発に期待するしかないであろう。

3) 動感適合化による代行分析

こうしてやっと我々は〈代行適合化〉という最終層位に辿りつくことになる。そこでは，促発処方化領野への架橋的役割をもつ代行適合化の本質必然性が取り上げられるのだ。指導者によって構成された代行形態化の働きは，たしかに学習者の〈今ここの動きかた〉の位相を確認することはできる。しかし，そこに構成された〈代行形態化〉をそのまま学習者の習練対象に取り上げるわけにはいかない。そこには，原的な，つまりわが身にありありと感知できる重層的，多襞的な志向体験が存在しているのだ。だから，その学習者の形成層位をよく見極める必要に迫られるのである。たといそこに動感統覚化が働いていても，そこには〈なじみ地平〉からやっと触手が動き出した〈探索地平〉にいるのか，価値覚志向体験の〈取捨選択地平〉にいるのかを見定めないで，代行形態化された動感素材を取り上げることは学習者の拒絶反応を誘う危険があるからだ。だから統一的な意味付与に成功した代行形態化でも，学習者という運動主体の

---

44 Hua. IV. Beilage 1.‐⑪S 310　邦訳：イデーン II‐I，付論 1.‐⑪ 212 頁

〈動感形態化〉の地平分析を欠かすことはできないのである。こうしてそこには，さらに学習者に即した〈代行適合化〉の志向対象が前景に浮上してくることになる。実践的な処方化領野に入る架橋的役割をもつこの〈代行適合化能力〉は，現場では実践知としてよく知られているとしても，その適合化能力の発生地平は十分に開示されているとはいえないのだ。

　この代行適合化では，学習者自身の動感素材を生かした〈代行模倣化〉と学習者の位相に適合した〈代行形態化〉との擦り合わせ分析が主題化される。つまり，そこでは代行模倣化と代行形態化との間の〈動感化隔たり〉を確認する役割が前景に立てられることになる。この動感化隔たりを無視して，学習者にいきなり修正指示を出そうとしても，それは学習者の動感世界に直になじむものではない。従って，学習者の学習指導はオプティマム原理に，選手たちの促発コーチングはマキシマム原理に基づいて目標像とする代行形態化を構成することが肝要になる。こうして，やっと〈代行適合化目標像〉が選ばれることになる。伝承発生の現象領野は，動感志向的な身体発生にその基柢を据えてはじめて，我々はやっと指導実践の促発処方化領野の起点に立つことが許されるのである。これまでは，このキネステーゼ感覚の形態形成化現象の志向対象が運動分析の対象に挙げられなかったから，学習指導財やわざの伝承財の指導は直接に，〈目標化〉や〈実的呈示化〉に直行していたことになる。我々の発生的運動学では，その身体感覚発生の感覚素材を前提的に取り上げてから，促発処方の習練活動に入ることになるので，その伝承財の観察分析や交信分析を含意した代行分析が前面に躍り出ることになるのだ。それは我々の運動分析論がキネステーゼ感覚の身体発生基盤の形成化を主題化するからである。その身体発生という現象は，繰り返し述べているように，発生的運動学の究極基体を構成するのである。それは主観身体の自己運動のなかにしか成立しないから，運動分析は自己運動の発生分析を起点にせざるをえないことになる。

§ 62. 発生的運動学の喫緊問題を展望する

(a) 運動分析の対象領域を確認する

　ここに『わざ伝承の道しるべ』と題した拙い随想的論集を閉じるに当たって，喫緊となる今後の課題を展望しておきたい。当然ながら，発生的運動学の〈動感身体発生〉に関わる分析論は広汎な身体運動の対象領域をもつ。今

§62. 発生的運動学の喫緊問題を展望する

ここに差し迫った喫緊の課題を一望に収めるに際して，その対象領域の射程をまず確認しておきたい。いわばここでは，工芸の手業領域や楽器操作の微妙な身体能力，さらに演劇での感動を呼ぶ〈振る舞い(わざ)の態〉の動感(キネステーゼ)分析は，我々のスポーツ運動学にとっても身近な問題性を潜めている。しかし我々の運動分析の対象領域は，競技スポーツやダンスの〈動く感じ(キネステーゼ)〉の発生現象みならず，〈身体教育〉や〈保健と体力〉の運動(エクササイズ)一般にまで拡げられると，それだけでも広汎な身体運動一般に及ぶことになってしまう。もちろんそこでは，運動現象学としてその身体の動きや振る舞いの〈動感感覚発生〉そのものに分析対象を限定しても，その運動分析の対象領域はまさに広大である。しかもその〈動感(キネステーゼ)発生〉の身体的対象は，〈習慣身体〉を畳み込んだ〈歴史身体〉の動きや振る舞いが絡み合い，複雑な通時態的(ディアクロニー)に淘汰化されて生き延びているから，その対象領域は極めて複雑な深層の地平構造も潜めていることになる。例えば，古くから世紀を超えて伝承されてきた日本人の〈ナンバ歩き〉の超越論的反省に着目すれば，即座にその身体発生の深淵(ビュシス)に一驚させられること頻りである。本書で取り上げられる〈自己運動〉〈他者運動〉の分析論は，言うまでもなく純粋現象学を基柢に据えた発生的運動学の動感意識分析であるから，その分析対象の例証が競技領域，体育領域ないし幼児や高齢者領域の問題に即して取り上げられることになる。しかし，その事態分析のカテゴリー領域も〈今のところ〉という起点的役割しかもっていないから，それぞれの領域でさらに〈空虚－充実〉の道を辿って発見されてくるのは論をまたない。例えば，それはフッサールも言うように，事態カテゴリー分析には多く身体能力が志向対象となって呈示されているが，これからもさらに新しい志向対象が発見され，充実化されていくからである。しかしここでは，その動感(キネステーゼ)身体発生に絡む問題性の起点的役割が果たされれば十分といえよう。

このようにして，スポーツ領域における動感(キネステーゼ)身体の発生分析に関わる対象領域は，競技領域，体育領域と幼児・高齢者領域の三基盤をベースにして，我々はその問題性を浮き彫りにしておきたい。その分析対象の三基盤における身体発生現象は，普遍的な身体発生基盤をなす自己運動分析や他者運動分析の例証に通じることは言をまたない。ここでは，この三基盤領域における身体発生現象の徴表(メルクマール)を以下に一望に収めておくが，それぞれの具体的な問題は後段に改めて立ち入ることになろう。

1) 競技領域における身体発生能力の徴表(メルクマール)

　ここで意味される競技という表現は，いわば〈運動達成能力〉としての技を競い合うという広義の意味で用いられている。すなわち，精密な数量的測定値を基準としてその競技能力が競われる〈測定競技〉，サッカーや柔道のようなレフリーの〈判定〉を介して，その得点によって勝敗が決定される〈判定競技〉，さらにフィギュアスケートや体操競技のようなジャッジの〈採点〉によって優劣を決める〈評定競技〉の三競技領域が存在している。それは後段で詳しく立ち入ることになるが，しかしこの競技領域は五輪大会の競技スポーツだけが意味されているわけではない。いわば，世界的に有名なローザンヌやモスクワのバレエコンクールもこのカテゴリーに入ることになる。そこで客観的な定量化がなくても，芸術舞踊という技芸(わざ)の〈身体感覚能力〉が競われる領域として，〈運動現象学的分析〉の対象領域としてカテゴリー化されるのは論をまたない。その舞踊コンクールでは，厳密な専門審査員による価値感覚によって優劣が決められるから，評定競技領域に属すのに言を重ねる要はない。

2) 体育領域における身体発生能力の徴表(メルクマール)

　ここでは，小・中学生などの学校体育における身体発生分析が取り上げられる。しかしそこには，体力や調整力などという〈生理学的体力〉が分析対象に取り上げられるのが一般である。しかし，我々の純粋現象学的な発生的運動学の分析対象は〈キネステーゼ感覚学〉としての〈身体知能〉が取り上げられる。学校体育における教育成果は二者択一の問題ではないから，その陶冶目標は予め厳密に確認しておかなければならない。生理学の〈体力向上〉は物質身体の〈肉体的条件発生〉が求められるのに対し，発生的運動学の〈身体知能〉は，〈動く感じ〉(キネステーゼ)の〈感覚発生〉(センス)そのものが現実態(エネルゲイア)として現に達成されていなければならない。しかし，我々の発生的運動学の体育的陶冶目標となる〈身体発生能力〉そのものの学習指導は今のところ背景に沈められたまま，生徒たちの〈自得学習〉に丸投げされたままになっている。その具体的な分析の道しるべはすでに前段［第Ⅳ章パトス分析§42〜§46；第Ⅴ章エートス分析§47〜§59参照］で体系的に開示されている。これまでは生理学的な〈体力条件トレーニング〉の指導実践は行われても，肝心のスポーツ運動そのものの〈身体知能〉の〈動感発生分析〉(キネステーゼ)は放置されたままなのはどうしてなのか。その分析対象における具体的な例証は後段で再び取り上げられることになろう。

3) 幼児・高齢者領域における身体発生能力の徴表(メルクマール)

　ここにおける幼児・高齢者領域における〈身体発生現象〉は、共に受動発生現象野に属していることは、これまでにその事態カテゴリーに応じて繰り返し指摘されている。いわば、乳幼児の発生的運動学と高齢者の発生的運動学の二領域に通底する受動発生現象では、〈生成発生〉と〈消滅発生〉の現象がそれぞれに特徴的に出現しているのである。そこには、その身体発生現象のなかに相関共属性をもっているとしても、正反対の〈身体発生〉が前景に立っていることが見逃されてはならない。つまり、そこに共通な発生基盤が構成されているのは、乳幼児の〈生成発生〉も高齢者の〈消滅発生〉も、共に〈原発生の地平志向性〉として通底しているからである。だからこそ、その〈共属的地平領域〉に共通する〈身体発生基盤〉を捉えることができるのである。しかし、その幼児運動学と高齢者運動学の分析論をそれぞれ独立的に取り上げて、その問題意識を具体的に開示しようとすると、そこには再び科学的な〈客観運動分析〉と我々の純粋運動学の〈身体発生分析〉との果てしない角逐が露呈されてくることになるのだ。

　この三分析領域の身体発生基盤は、これまでのわずかな考察からでも、少なからず問題が潜んでいることに気づいているはずである。そこでは、これまでの運動分析が依然として外部視点か客観的に身体発生現象を捉えようとしていることが明らかになってくるからである。それは本論の至るところで、我々の発生的運動学の分析論が物的運動の自然科学主義的立場をとる分析論から訣別せざるをえないと繰り返し強調されているのはこの意味においてである。だから、静止を前提にした〈絶対空間〉と等質的に流れる〈絶対時間〉を座標軸にした〈絶対運動〉というニュートンの運動概念は、まずもってエポケー［判断中止］され、すでにその述定判断は一切停止されなければならない。とりわけこのことは、本論の前段［§22-(a)参照］で繰り返し強調しているように、物理的時空系における〈絶対運動〉は、実存する人間が動くときに機能する〈キネステーゼ身体感覚〉から全く絶縁された〈数学的純粋概念〉以外の何ものでもないからである。スポーツ領域における我々の〈人間学的運動学〉は、コツとカンの同時変換作用をもつ身体発生の〈志向対象〉(ピュシス)に向き合い、そこに機能するキネステーゼ身体性の〈意味発生〉(センス)の謎を開示しようとしているのを再確認しておかなければならない。そこに現れる自我身体のキネステーゼ感覚を形態化していく現象は、わが身にありありと直接に感知される〈感覚的直観〉のなかに

しか現れてこないのだ。その感覚的直観をフッサールが繰り返し駄目押ししているのを忘れるわけにはいかない。我々の発生的運動学で主題化される原的な〈感覚発生論〉は，すでに拙著［深層：§66参照］に詳しいが，それを端的に約言すれば，原現在の地平志向性に露呈される〈身体発生〉という始原問題性が浮上してくるからである。だから，ここで言う身体は，生理学的な〈物質身体〉が意味されてないし，バイオメカニクスの〈物体身体〉でもない。この〈身体発生〉と呼ばれる概念は，オーストリーのアウァスペルクやオランダのボイテンデイクが〈キネステーゼ身体性〉について論じた〈身体発生論〉の問題圏［本論：§28‐(a)参照］に属している基本概念であることは喋々するまでもない。精神神経学者であるアウァスペルクは，内在目的論に基づいて厳密な身体発生分析を論じ，そこで意味される身体は「その心情も取り込んで開示する生き生きと体験しつつある身体である」[45]と断じているのだ。それはメルロ＝ポンティが指摘する〈現象身体〉[46]と同一であり，わが身にありありと感じとられる〈原的身体性〉そのものだと指摘する。それは，ボイテンデイクの言う〈身体知〉ないし〈感覚論理〉と呼ばれている謎に満ちた〈身体知能〉でもある。さらにそれは，フッサールの言う〈機能するキネステーゼ身体性〉[47]に遡ることに言を重ねる必要はないであろう。

(b) 競技三領域の身体発生を問い直す

前項（a）において，運動分析の三基盤領域の一つに挙げられた競技領域をさらに三つにカテゴリー化して，物理的時空間の運動計測値によって勝敗を決める陸上競技や競泳のような〈測定競技領域〉，レフリーの価値判断によって勝敗が判定される柔道やサッカーのような〈判定競技領域〉，さらにフィギュアスケートや体操競技のような審判する主観の価値感覚による採点で優劣を決める〈評定競技領域〉という三競技領域をすでに我々は確認している。このような運動分析の対象領域の分類に先鞭をつけたのはマイネルであることはよく知られている。つまり，マイネル教授はその遺著『スポーツ運動学』(1960)において，単に数学的等質時空系における計測結果だけで勝敗を決することに疑

---

[45] Auersperg, Alfred, P.: Vorläufige und rückläufige Bestimmung in der Physiogenese; Jahrbuch für Psychologie, Psychotherapie und medizinische Anthropologie, 8, 1961, S.226

[46] Merleau-Ponty, M.: Le philosophe et son ombre," Éloge de la philosophie et autres essais", p.214, Gallimard, 1960　邦訳：「哲学者とその影」『シーニュ』2所収，竹内芳郎監訳，17〜18頁，みすず書房，1970

[47] Hua. VI. §28‐⑦ S.109　邦訳：ヨーロッパ諸学の危機と超越論的現象学，§28‐⑦ 147頁

§ 62. 発生的運動学の喫緊問題を展望する 571

義を呈しているのだ。いわば，競技される達成能力の優劣には，〈運動質〉ないし〈感覚質〉という価値感覚が介入することを指摘し，〈測定スポーツ〉と〈評定スポーツ〉の二領域[48]を提示したのは周知の通りである。ところが，その頃に旧ソ連のドンスコイ教授も，価値意識の働く身体能力を競う体操競技などの〈感性的スポーツ領域〉，さらに陸上競技や競泳などの記録を追求する〈達成スポーツ領域〉，さらにサッカーなどの変化する条件下で勝負する〈質的スポーツ領域〉という三領域のカテゴリーを専門誌「身体文化の理論と実践」[49] (1967) に発表して大きな反響を呼んでいたのだ。このドンスコイ教授の三競技領域が我々の発生的運動学における測定競技，判定競技，評定競技の分類に影響を及ぼしたのは言をまたない。

第一の〈測定競技〉では，そこに実在したスポーツ運動が精密機器で計測されたデータだけで勝敗を決定する清冽さと公平さに支えられて競技が成立する。だから，静止を前提にした絶対空間と等質的に流れる絶対時間を座標軸にした〈絶対運動〉というニュートンの数学的運動概念が基柢に据えられ，その数学的等質時空間系における時間・空間的な位置移動が，要すれば千分の一秒まで時間を刻んだ空間量で勝負をつけてしまうのだ。ところが，この等質時空間を計測するという方法論は自然科学的運動分析の手続きをとるから，すべて外部視点から選手たちの身体運動の位置移動だけしか対象化されないことになる。しかし，その選手自らの生ける身体運動は一回性原理に支配されるから，その身体発生に潜むキネステーゼ価値感覚はそのつど差異化された感覚図式を生み出すことになる。そこでは，全く同一のキネステーゼ感覚図式は二度と成立しない。このような身体発生現象（ピュシス）は分析対象にされずに，すべて過去に流されてしまうのだ。このような等質時空間の計測を基礎とする測定競技領域では，当然ながら勝敗決定に直接関係しない純粋運動学の〈身体発生分析〉は取り上げられるはずもない。ところが測定競技の名選手たちは，その自己運動の一回ごとに変化する原的な〈感覚論理〉そのものを捉えようと，その超越論的反省の態度をとることは夙（つと）によく知られている。その選手は自己運動するときに〈自我分裂〉を介して，〈現象学する自我〉がその動く感じを的確に捉えているのだ。しかし測定競技のコーチはまずもって体力トレーニングという〈条件づくり〉に一気に傾斜することが少なくない。しかし測定競技の場合でも，

48　Meinel, K.: Bewegungslehre, 1960 S.102　邦訳：スポーツ運動学，148 頁
49　金子明友：運動技術論，『序説運動学』105〜106 頁，1968 大修館書店

選手自らの身体発生の達成データで勝敗が決められるのだから，その生理学的体力の〈条件づくり〉よりも，その現実態の〈身体知能〉そのものの身体発生分析こそ喫緊の課題になっているはずである．勝負に直に向き合う名選手たちはその当然の〈身体発生能力〉の達成を高めようとして，一回ごとの身体感覚分析に真剣に取り組むのは当然のことである．しかし，この身体発生能力という可能態は外部から映像化して捉えることができない．それは〈原感覚性〉［§49‐(a)参照］なのだから，自らの身体感覚で感じとるしかない．例えば，走り幅跳びの分析対象には，助走から跳躍に入るときの踏切りの身体発生現象は映像分析では捉えられない〈形なきものの形〉なのである．とくに，測定競技領域の身体発生分析においては，静態分析による名選手に秘められた〈身体知能〉の現実態の開示と身体化する選手の発生分析による可能態の開示こそが喫緊の課題として浮上してくるのはこの意味においてである．現代の高度な測定技術はさらに精度を上げて一兆分の一秒を刻むことも可能である．そこでは，その優劣判断の基準が客観的で公平であるから，その清冽な美意識は測定競技の勝敗決定の公平さが保証されるとしても，すでにその勝敗決定の述定判断はすべて結果された計測値以外は一切エポケーされてしまう．そこにこそ，短距離走のスタートのフライング問題が提起されてくることはすでに本論［§43‐(b)参照］でも取り上げられている．しかし，その科学技術に支えられた高度な時空間の微分化は，例えば動きのフォームの成立を条件とする競歩の〈歩きかた〉に不可避的なアポリア［難関］を突きつけている昨今である．さらに，アスリート自身の動きの感覚を差異化して，自らの感覚を形態化するトレーニングも大きなアポリアに阻まれているのだ．いわば，測定競技の選手養成には，どうしても純粋運動学の身体発生分析が不可欠になってくるのはこの意味においてである．しかし今のところ，新記録を出すような名選手はすでにこの身体発生分析を自らの〈現象学する自我〉によっていつもすでに開示しているのは夙によく知られている．それにもかかわらず，多くの選手たちは一方的に体力トレーニングという条件づくりに傾斜していくのはどうしてであろうか．この時空間測定の無機質的な細切れデータと競技成立とのアポリアは，改めて競技領域の勝敗決定基準に関わる〈競技規則論〉の充実化が求められていることも喫緊の課題として我々に迫っているのだ．

第二の〈判定競技〉においては，サッカーや柔道などのように，レフリーに機能する価値感覚の判定によって勝敗が決定されるから，その判定の正否を巡

って多様な問題が山積していることは周知の通りである。しかし，それだけにレフリーの価値感覚による判定能力の問題に関してトラブルが絶えないとしても，それは精密なエレクトロニクスのデータに文句も言えない測定競技に較べれば，人間味溢れる競技形態にスポーツ文化の温もりを感じる人も少なくはない。その判定競技におけるまさにアスリート同士のもつ身体能力の対決様態は，観る人々に心揺さぶる感動を与え，それが世界中のファンたちを惹き付けて止まない動機づけになっているのかもしれない。とすると，測定競技が一兆分の一秒までにその精度を高めて電子工学に傾斜していく道を取っているのに対して，判定競技が生ける人間の身体感覚で優劣を判定する人間学的身体文化の道を辿るのは対照的な未来を担っていることになる。とは言っても，その公平な勝敗を判定するレフリーの〈身体能力〉の可能態（デュナミス）をどのように高めていくのかは，まさに発生的運動学の重大な役割であり，喫緊の課題になっていることは間違いない。いわば，それはボール奪取に関する敵味方の選手たちの身体発生現象の開示と，レフリーやコーチたちの身体発生現象との間には，いみじくも〈相関的共属性〉が呈示されていることを見過ごしてはならない。つまり，レフリーの実践的判定能力を向上させるためには，精密な映像分析的判定でなく，優れたコーチが敵味方のボール奪取の絡み合いにキネステーゼ身体移入していくのと同様に，その価値感覚の働く判定志向対象に自らの身体移入をしていかなければならないからである。ここにおいて我々は，レフリーとコーチないし教師らの身体発生能力をどのようにして高めていくのかという課題は，まさに相関的共属性の動感意識流の原発生分析で確認せざるをえないことになる。同様にして，シュート能力に抜群の身体知能を示したり，柔道の〈内股〉の現実態（エネルゲイア）を身体知能化した不世出の名選手の身体発生能力の〈静態分析的開示〉は，まさに見逃してはならない喫緊な課題となる。それはこれからの選手の〈身体化能力〉を育てるときの貴重な〈道しるべ〉を示しているからである。とすれば，名選手たちの身体知能の静態分析と今ここの選手の身体発生を創設する発生分析は，〈運動学する自我〉の働く指導者たちの必当然的（アポディクテッシュ）な役割となるのだ。それらの動感創発能力の競技ごとの事態分析の志向対象は改めて発見されるべきであり，まずもってその起点となる道を拓かなければならないことになる。

最後の〈評定競技（ひょうてい）〉では，フィギュアスケートや体操競技のようなジャッジの美意識を含む価値感覚によってその身体能力の優劣を決める競技領域が主題

化されるのはすでに指摘している通りである．しかも，ダンスやバレエの世界的コンクールにおける芸の〈身体発生能力〉を競う芸術的舞踊もこの評定領域で分析対象に取り上げることもできるのは論をまたない．とは言っても，ここで競われる特殊な動きや振る舞いは，決して我々の日常生活の歩くや跳ぶなどの〈動きかた〉とは一線が引かれているのは言うまでもない．つまり，その動きかたが〈ひねり宙返り〉[長体軸回転の宙返り技]や〈トリプルアクセル〉[三回転半ジャンプ]といった非日常的な技ばかりでなく，〈歩きかた〉でも独特な美意識[ダンスコンクールや床ないし平均台の歩きかた]がそこに露呈されてくるのだ．だから，この評定競技領域では，〈こう動きたい〉〈こう動いてみたい〉というパトス的情念とそれを成功させたいという気概に満ちた身体能力の競技が主題化されていくのである．そのようなキネステーゼ感覚の身体発生能力の〈芸比べ〉であるだけに，この評定競技領域の分析対象は膨大な数の技芸[技,業,態,芸]の体系をもっていることになる．それだけに，この競技領域における身体発生分析には〈カテゴリー分析〉が大きな役割を占めることを見逃してはならない．いわば，わざの分析対象を確認する〈類化分析〉と〈基づけ分析〉を欠かすことができないのだ．体系化なしに身体発生分析に入っても，その全体系との関係づけが曖昧では身体能力の進化に取り組むことができないからである．例えば，体操競技の技の〈基づけ分析〉と〈類化分析〉が十分でないと，その技の難度は〈ねずみ算〉のように膨大になってしまうからだ．宙返り技のひねり回数と抱え込み，屈身，伸身の姿勢変化とのカテゴリー分析が放置されたままだと，体操競技の進化に大きな障碍となっていることは夙に知られているのだ．さらに，その分析対象の体系論に基づいてはじめて，問題となる身体能力の超越論的構成分析の開示は意味をもつことになる．最後に，我々は今ここに現実態として貴重な〈身体知能〉を静態分析によって，その意味構造を開示することが喫緊の課題として我々に迫っているのを見過ごしてはならない．これが放置されたままになると，その貴重な身体知能はその本人共に墓場に葬られてしまうからだ．そのことは，競技三領域に共通する喫緊的な課題としてその開示が求められていることを確認しておかなければならない．

(c) 体育領域の身体発生に向き合う

わが国の学校体育の陶冶目標は，明治維新以来，一貫して健康と体力の向上が主題化されてきていることは周知の通りである．とりわけ，日露戦争

§ 62. 発生的運動学の喫緊問題を展望する　575

[1904~1905；明治37~38年］以降はスウェーデン体操の影響を強く受けて，当時の文部省か学校体操教授要目［現在の指導要領］の制定に踏み切り，体育の学習に生理学的合理性が主題化されていったことは歴史の示す通りである。とは言っても，その実技の指導実践は，数世紀以前からわが国に古くから育まれてきた芸道や武道の〈修行の道しるべ〉が中核に据えられ，そこではコツとカンの感覚指導が優先され，学習の道は自得の美意識によって支えられてきたのだ。ところが，昭和時代における悲惨な世界大戦後における学校体育は，序論からすでに指摘されているように，終戦後の混乱のなかでGHQ［連合軍総司令部］の命令に従わざるをえなかったから，わが国におけるそれまでの軍国主義の温床と目されていた武道や芸道の〈稽古論〉はすべて排除され，もっぱら欧米の科学的運動学（キネシオロジー）による合理性と経済性が何よりも優先されていったのだ。とりわけ，東京五輪(1964)の陸上競技や競泳の不振が動機づけになって，その学校体育の学習内容が文部省の主導によって一気に見直される事態になったのは周知の通りである。いわゆる〈体力づくり〉というブームが一気に生理学的体力トレーニング一辺倒に傾斜していって，その余波が現在にまで及んでいるほどである。そこで前景に浮上してきた体力トレーニングの対象になる身体運動（エクササイズ）とは，繰り返し述べられているように，静止を前提にした絶対空間と等質的に流れる絶対時間を座標軸にした〈絶対運動〉というニュートンの位置移動という運動概念であり，同時にその運動それ自体は単に数的意味しかもたない動作反復である。その筋力づくりのための動作そのものは，まさに意味構造（センス）をもたず，単に反復されて筋力養成の手段としてしか意味をもたない抽象化された位置移動の運動である。そのような身体能力の発生に直に関わらない運動（エクササイズ）は，我々の純粋運動学では，直ちにエポケー［判断中止］され，すでにその述定判断は一切停止されることになる。いわば，そこで言われる体力という表現は，生理学的な体力要素が意味されていて，それは物質身体の生理学的要素のトレーニング手段に他ならない。その体力要因が具体的に生き生きとした身体能力，いわば可能態（デュナミス）としての身体能力が具体的に達成能力として何かが実現できるためには，そこに〈連合的綜合〉［本書：§49‐(a)参照］という身体発生現象が相互覚起されなければならないのだ。例えば，幅3メートルの小川を跳び越すことができるためには，筋力やパワーなどの体力要因があっても，その情況を先読みして，助走をどうするか，どっちの足でどのように踏み切るのかなどの〈身体能力〉，つまり純粋運動学としての〈キネステーゼ身体感覚能力〉がその情況

に応じて機能するのでなければならない。その場合，わが国で呼ばれている生理学的な調整力，いわば〈調整的適応〉[本書：§15‐(a)，§17‐(c)，§60‐(c) 参照] という基本的な能力概念は，すでに述べているように，いわば世界大戦が終わる数年前 (1940) にドイツの神経生理学者ヴァイツゼッカーによって厳しく批判され，否定されていたのはよく知られている通りである。

　このようにして，余りにも科学主義的な体力トレーニング論における物的身体の運動学(エクササイズ)の過熱ぶりに，多くの学校体育の授業が生気を失い，無機的な反復動作に追い込まれてしまった学校体育の実態は，多くの心ある教師たちを奮起させる動機づけになっていったのだ。楽しいはずのダンス授業にも，体力要因の効果を求める過熱ぶりに授業研究の生気は次第に失われていったのは夙に知られていることである。その無機的な体育授業に反旗を翻した識者たちによって，その反動として，〈楽しい体育〉という新しいスローガンが叫ばれ出したのは周知の通りである。同じ無機質な動作反復に反旗を翻した楽しいスポーツを標榜する教師たちは，サッカーやバレーボールなどの生徒が夢中になる楽しい授業研究が主題化する機運が起きてきたのはむしろ当然のことであった。このような不安定な体育授業の振り子のような様相変動のなかにあった学校体育に，改めて楽しいスポーツの種目が多く取り入れられ，体育授業は一気に生気を取り戻すことになった。ところが，それがかえって生徒の〈身体発生現象〉の指導実践にアポリア [難関] となってしまい，教師たちは学習指導そのもののキネステーゼ感覚発生に苦慮することになる羽目に追い込まれていったのだ。テレビのスポーツ放映で人気のあるサッカー，野球，バレーボールなどのほかに，生徒たちの関心の高いスポーツ種目も随時取り入れるとなると，そのコツとカンという〈動感身体発生〉の指導は，教師の経験範囲を超えてしまうから，どうしても監視役にまわり，マネジメントの合理性を指導するしか手はなくなってしまう。まして，金槌の先生たちや跳び箱の跳べない女性教師は体育の授業が重荷になってくるのは否めない事態である。

　ここにおいて我々は，学校体育の運動教材の体系論が正面から取り組まれなければならないことになる。ここでは発生的運動学の立場からどのような教材体系論が問題になってくるのかを一望しておきたい。その基礎的な習練教材の体系論はすでに拙著 [例えば，身体知の構造：講義 8，講義 9] で述べられているが，その運動教材(エクササイズ)の原発生地平の志向対象には，共通の事態カテゴリーとして，可能態(デュナミス)の〈身体能力〉が取り上げられることになる。それは第Ⅲ章のカテゴリ

一直観分析における定位感身体能力，遠近感身体能力さらに全身感身体能力の三領域にまたがる身体発生現象に潜んでいる〈身体感覚能力〉である。〈定位感身体能力〉として発生するのは局面化能力，リズム化能力，優勢化能力，伝動化能力，弾力化能力を数えることができる。しかし，これは〈今のところ〉という前提であり，今後新たな発見可能性が大いにあることはすでに本論で指摘されている通りである。次の〈遠近感身体能力〉が時空間にまたがることはすでに指摘されている。その時空間に現れる身体能力は，遠近感能力，先読み能力，伸長能力である。最後の〈全身感身体能力〉は気配感能力，情況感能力，シンボル化能力となる。これらの身体能力は相関共属性をもっているので，例えば，優勢化能力で優勢化しない側性の動きを敢えてすると，局面化やリズム化の身体能力が同時に機能して，新しい身体発生現象に向き合うことになる。この相互覚起の〈連合化現象〉は分析対象によって区々であり，さらにパトス分析やエートス分析の志向対象にも，この身体発生現象は絡み合ってくるから，それぞれの競技領域ないし体育領域の分析対象の体系論を整理することも要求されてくることになろう。

　このような多様な〈身体発生現象〉の絡み合いは，教員養成大学のカリキュラムの必修単位との関わりも生じてくるのは必定である。さらにその専門的身体知能をもった教授の開講カリキュラムの偏りにも問題が出てくるのは避けられないことになる。まして，実技実習の必修単位内では，とても学校体育の各種の身体能力を充実して身につけさせることは不可能に近い。となると，競技三領域［測定競技，判定競技，評定競技］の身体能力の発生実習には七基本形態［①這う・転がる，②歩く・よじ登る，③走る，④跳ぶ，⑤投げる・捕る，⑥押す・引く，⑦打つ・突く］の身体発生現象を絡み合わせて体系化する工夫も可能であろう。それにしても，身体発生現象の実技の指導経験のない体育教員が免許を取れる仕組みが許されるとなれば，ヴァイツゼッカーの言う素人の野次馬がマネジメント能力さえあれば，体育専門の指導が可能だという昨今の考え方には深刻な問題性が潜んでいることを見逃してはならない。学校体育の専門教師養成大学では，一体どんな体育教員像を描いているのかは，喫緊の課題として我々にアポリアを突きつけていることを忘れてはならない。教員養成の陶冶目標像に，純粋運動学の身体発生現象の身体化問題を抜きには考えられないからである。この問題性に対する開示はすでに本論でその大略が体系化されているはずである。しかし，この究極的な身体発生現象の超越論的構成分析は，かつての生理

学的体力分析とは全く異質の究極意味核の開示を目指しているだけに，その道は多くのアポリアに阻まれることになろう．

(d) 幼児運動学の身体発生に道を拓く

　ここでいう〈幼児運動学〉という表現では，乳幼児期における本能キネステーゼの機能する受動発生を特徴とする純粋運動学の領域が主題化されている．その〈受動発生〉という現象野では，その幼児は全く自覚のないまま，いつの間にか自然に〈動ける〉ようになる．そこでは，いわば〈没意識性〉が際立っているが，それはキネステーゼ意識が働いていないという意味ではない．動く感じの〈空虚形態〉という枠組みだけがいつもすでに先所与されているのだ．そこで独りでに動いてしまう動機づけは〈本能キネステーゼ〉という〈原衝動性〉に基づいている．その〈原感情〉や〈原本能〉と共に働くキネステーゼ感覚は〈ゼロキネステーゼ〉[§5-(a)参照]の志向性が充実する以前にすでに息づいているのだとフッサールは指摘する．そこには，いつも〈自己自身が居合わせている〉という〈安らぎ〉[深層：§23参照]のなかに原衝動がすでに先触発されているからである．しかし，我々はその貴重な価値感覚の〈身体発生〉に気づかないばかりか，気づこうとする気配もないのはどうしてだろうか．それどころか，例によって，〈あ〉という仮名文字を鉛筆で書き覚えた三歳の童子がその文字を書く〈手の動き〉かたをいつの間にか身体全体ですでに覚えているのだ．だから，その手で覚えた動きを即座に肘でも書くことができる．さらに，その動きかたを踵でも，同じく再現できるという〈原事実〉[§8-(c)参照]はどのように理解されるのか．それは原衝動的な〈ゼロ動感〉の働きと呼ばれてはいても，一向にその意味発生の秘密は謎に包まれたままである．我々はこのような奇妙な謎に満ちた自己運動の身体発生現象に一驚させられること頻りなのである．動く感じをもつ身体発生という，いわばキネステーゼ感覚の働く身体感覚に秘められた〈形なきものの形〉[西田幾多郎]をもつボイテンデイクの意味する〈身体知〉ないし〈感覚論理〉を我々は見過ごしているのではないか．我々は乳幼児期における身体教育に固有な〈身体能力〉の〈発生学習〉はこれまで単に〈できればよい〉という成果主義にかまけて見過ごしてきたのではないか．ここにおいて我々は，改めて幼児運動学における新しい〈分析道しるべ〉を開示するべく，それを喫緊の課題として前景に立てるのである．

　ここにおいて我々は，幼児が全く自覚しないままに動いてしまう没意識的な

§62. 発生的運動学の喫緊問題を展望する 579

原衝動性に向き合って，その幼児自身に同居している〈安らぎ〉を消去できる志向対象に誘い込むことができれば，その幼児の動けないパトス的な原衝動を触発する可能性が生じることになる。それは空腹が原本能を触発して泣き叫ぶように，そこに動けない原衝動が触発されて，幼児自らの安らぎを本能キネステーゼの働きに没意識的に求める可能性が開示されるかもしれない。いわば，全く自覚のないままに動いてしまう没意識的な原衝動性に向き合って，その〈動きの欠損態〉を誘い込んで本能キネステーゼの〈感覚作用〉を引き出す道が拓かれれば，幼児運動学の新しい身体発生基盤が構成されるからである。しかし，本能キネステーゼでしか動かない幼児にどのようにしてその原衝動を遮断するかがアポリアになって我々の行く手を阻むことになる。しかし，母親が乳児の口真似をしながら，その子の訳の分からない〈喃語〉を模倣して言語化への〈連合的綜合〉の道が拓かれるのだから，動きの模倣化の道にも新しい原衝動性を誘う道が拓かれる可能性を無視するわけにはいかない。しかし，「這えば立て，立てば歩めの親心」のように，幼児の身体能力の発生はどうしても先を急ぎ過ぎる傾向を否定できない。そのために，その第一の這う・転がる基本形態［身体知の構造：講義8～講義9参照］が十分な身体発生に至らないことは指摘されて久しい。そのため，歩走形態に入る頃になって，幼児が転んだときの顔面制動的な醜態が頻りとなる。それは，基本形態の類化分析と基づけ分析の志向対象が十分な身体発生に〈連合化動機づけ〉が機能しない問題として浮上してくるのだ。その問題性は幼児期の運動分析論の立ち後れであり，幼児運動学の〈身体発生分析〉の喫緊の課題となっていることを見逃してはならない。

乳幼児期の発生的運動学分析の対象は，〈感覚的直観〉に直進的に知覚される身体運動の基本形態であり，同時にカテゴリー直観される志向対象を含意する可能態としての〈身体能力〉になることはすでに拙著［身体知の構造：講義8～講義9参照］に詳しい。しかし，その講義録では学校における基本的な身体運動が分析対象に取り上げられているから，冬期のスキー・スケートや夏期の遠泳や跳び込みなどの身体運動は対象外になっている。しかし，発生的運動学分析の対象として乳幼児の〈原感覚形態〉を含意した新しい基本形態を前提にしないと，幼児運動学の可能態（デュナミス）の身体能力を分析対象に取り上げることはできない。ここでその全体を一望に収めるわけにはいかないので，その前提的な課題を指摘するに止めることにする。例えば，這う・転がる形態は定位感能力発生の起点をなすが，そこには泳ぐ基本形態の原感覚的な〈身体能力〉と関わって

くるのは言をまたない。同様に，歩く基本形態においては，スケートやスキーの滑る形態の原感覚的直観を統摂する可能態(デュナミス)の身体能力を志向対象として分析対象に取り上げることも可能となる。その歩く基本形態が単に直進的知覚対象として自然的反省する立場にとどまらず，超越論的反省の立場からその歩く本人の自己運動としてその意味情況を踏まえれば，飛んでくるボールを捕ろうとして動くのか，敵をタックルしようと動くのかは，その身体発生能力の意味構造を変化させてしまうのだ。この問題圏は今後の身体発生分析を大きく左右することになろう。その意味において，幼児運動学の〈身体発生能力〉には，新しい運動分析の道が拓かれていくことになろう。この意味においても，幼児運動学の将来には，基本的な身体能力の体系論が求められるであろうし，それに基づいて，例えば〈鬼ごっこ遊び〉における背後の〈気配感〉という全身感能力や〈先読み〉できるという遠近感能力［本書：§35～§38参照］の身体発生分析が喫緊の課題になるであろうし，キャッチボールの投捕形態に潜んでいる定位感能力［本書：§30～§35参照］も，その身体発生分析が大きな問題を我々に投げかけてくることになろう。

(e) 高齢者運動学の身体発生に道を拓く

すでに第62節の冒頭に予め述べておいたように，前項（d）で主題化した乳幼児の発生的運動学と，ここで取り上げる高齢者の発生的運動学の二領域は，そ両者に通底する受動発生現象は，いわば幼児運動学ではその〈生成発生〉の現象が前景に立ち，この高齢者運動学では〈消滅発生〉の現象が特徴的に露呈されてくる。そこではたしかに，その身体発生現象のなかに〈相関共属性〉が直観されるとしても，そこには正反対の身体発生現象が前景に立っているのだ。今どき後期高齢者といっても，なお矍鑠(かくしゃく)としている現代の人たちであっても，やはり健康を保つための医学的支えは不可欠である。となると，スポーツ運動学という新しい身体発生能力の分析論よりも，保健的な運動としての動きや振る舞いを楽しむことができて，健康な生活が生き生きと営まれればそれでよいことになる。そこでは，発生的運動学の新しい身体発生への出番はないと考えるのが一般であろう。にもかかわらず，ここに高齢者固有の発生的運動学を取り上げるには，他で置き換えられない固有な身体発生の立場がまず呈示されなければならない。すでに述べているが，高齢者のための発生的運動学の対象領域では，その身体発生領野における消滅発生という現象が高齢者に気づかれな

ければならない。だから，まずもってどんな身体発生能力が消滅し，あるいは消滅しかかっているのかという様相変動に気づく身体感覚が機能しなければならないことになる。とは言っても，そこには幼児の生成発生現象と高齢者の消滅発生現象が共に原発生の〈地平志向性〉として通底しているという普遍的基盤がすでに先構成されていることを見逃してはならない。だからこそ，その共属的地平領域に共通な身体発生分析の基盤に立つことができるのである。

この高齢者の身体発生領域における消滅現象の代表的な出来事は歩形態における躓き現象を挙げることができる。老人になると，身体の生理学的運動機能が衰えて，歩くのも不自由になるのは周知の通りである。股関節や膝関節が固着してその動きに障碍が出てくることも少なくない。だから，転ばないように杖を頼りに外出することも多くなる。このように自然といつの間にか迫ってくる生理的運動機能の衰えは，当たり前の出来事として受け容れられている。だから躓き現象は，高齢者自身に受け容れられ，承認されて，躓かないように注意はするものの，つい足下が縺れて躓いてしまうことになる。となると，正しく踵から着地できるためには脛骨筋の筋力トレーニングを含めて，専門医の指導によって歩行訓練に入ることになる。しかし，幼児の頃にすでに習慣化した歩行形態はもっとも鋳型化の激しい動きだから，新しい歩きかたが直ぐに身につくはずもない。それは鋳型化された〈習慣身体〉が一歩ごとに反逆するから，その修正化の働きは一向に進行しない。その本質直観の道［本書：§53～§54参照］は厳しく，反逆身体との角逐は激しくなるばかりである。そこでは並々ならない努力志向性が求められるから，日ごとに動く感じの気概(エートス)が萎えていく高齢者にとってはとてもそのトレーニングに絶えられるはずもない。我々はさらにここで，高齢者に襲いかかってくる代表的な消滅現象にメルロ＝ポンティの言う〈身体図式〉［深層：§71参照］の崩壊を挙げることもできる。この身体図式とは「私の身体が世界内存在であることを表現する一つの仕方なのだ」[50] とメルロ＝ポンティは断じるが，それはフッサールの言うキネステーゼ感覚(センス)の機能する身体性，いわばキネステーゼ身体発生に遡ることは言うまでもない。私が自ら動くときには，私の身につけたものすべてに私の身体感覚が伸長化しているのだ。その身体図式がいつの間にか崩壊していると，いつも何気なく通れるドアに肩をぶつけたりする。このような肩をぶつけたりする身体図式の崩壊現象も，習慣身体化した歩行の躓き現象も，すべてそれらは〈カテゴリー直観〉に捉えら

50　Merleau-Ponty, M・Phénoménologie de la perception, p.117　邦訳：知覚の現象学-1, 176頁

れる私の〈身体能力〉である。だから，その習慣身体化した歩きかたの身体発生や主観身体が伸長した〈身体図式発生〉という意識対象そのものは，外部視点からは客観的に映像化できないのだ。そのカテゴリー直観の志向対象である身体能力は，生理学的な体力トレーニングでは習得できないのはもはや言を重ねるまでもない。とすると，高齢者の身体図式が消えたり，歩く習慣身体に反逆する発生現象は，その自己運動する主観的な身体能力の崩壊現象だから，自らの〈超越論的反省〉の立場から，発生的運動学における身体発生分析によってしか開示することができないのである。

　こうして我々は，高齢者の身体発生分析を固有なキネステーゼ感覚の自らの超越論的反省の態度に基づいて，その消滅現象の〈再生成〉に向き合わざるをえないことになる。しかし，この〈再生成〉という表現にも誤解を招く可能性が潜んでいる。それは，キネステーゼ感覚身体が消滅する以前における現実態の〈身体知能〉に帰還することではないからである。狂った技が再び元のように回復したとか，動感消滅以前の〈業〉ないし〈競技力〉に戻るという意味の再生成が意味されているのではない。この再生成に取りかかるときには，それまでの身体発生の仕方をすべて廃棄して，全く新しくキネステーゼ身体感覚を生み出す動感創設の営みが主題化されなければならない。そのためには，以前の身体発生現象のすべてをゼロに還元して，その〈絶対ゼロ点〉から超越論的反省の態度に徹して，全く新しい身体感覚の創設を構成するのでなければならない。それは，少なくとも以前の動きかたとは明確に区別できることが前提になるのは論をまたない。だから，そのコツとカンの意味発生が昔の意味発生と類似しているときには，その身体発生現象はもっとも過酷な〈発生の苦しみ〉を背負うことになる。幸いにして，高齢者の身体発生は，すでに過去の身体能力がすべて崩壊しているのだから，全く新しく身体発生現象に向き合うことが可能なのである。その新しい身体能力によって構成される動きや振る舞いは，以前の固癖を何一つ引き摺っていない，生き生きした動きや振る舞いの身体運動がそこに生み出されるのだ。その〈新しい生成〉への営みこそ，高齢者の〈生き生きとした生命力〉を生み出してくれることになろう。そこにこそ，高齢者の清新な身体発生能力と新しい動きかたの未来を生み出してくれるのである。この高齢者の新しい動感能力を生み出す身体発生分析の道は，さらに進化した身体発生の新しい道しるべを待つことになろう。

さくいん

あ

アプリオリ法則　424
アポステリオリ事実法則　424
間の関係　310
遊び幅　478, 507, 509
歩きかた　139, 201, 378
安定化　494, 495
安定化現象　440
安定化分析　498, 500
安定さ　513, 514

鋳型化現象　451
鋳型化成立　475, 476
生き生きした現在　115, 470
生きものの根拠関係　249
意識の奴隷　108, 323
意志の道　392
意味　107, 235
意味核　87
意味発生　6, 46, 57, 173, 217, 235, 264, 273, 368, 381, 561
以心伝心　164
一元化意味核　92, 445
一元化身体発生　115
一元化身体発生能力　216
一元化属性　303
一元化同時変換　356
一元化同時変換能力　305
一元化モナド意味核　470
一元的統一態　332
移入経験　146
命綱　447
苛立ち　115, 251, 297
因果決定的分析　154

ヴェクトル構造の合力　361, 507
受け止め作用　290
動きかた　6, 52, 99, 109, 139, 195
動きの極め　520
動きの冴え　522
動く感じ　6, 13, 95, 425, 455, 561

運動　2, 391
運動学　8
運動学する自我　119, 550
運動幾何学　213
運動記述　59
運動基盤　462
運動共感能力　128
運動先取り　311
運動達成能力　568
運動伝導　279
運動投企　332
運動認識論　168
運動発生基盤　367
運動様式　379, 451
運動流動　290
運動量伝導　282
運動類型学　201
運動連係　283

エートス　390
エートス運動　385
エートス的自己運動　388
エートス的反復化　407
エネルギー伝導　239
遠近感　295, 296, 300
遠近感能力　298, 301
遠心的身体能力　318
遠心的方向性　327

奥義　276, 480, 532
横断科学　283, 356

か

カオス的情況　330
カテゴリー　187, 360
カテゴリー対象性　232
カテゴリー直観　237, 240
カテゴリー分析　365
外延　478
外的軽減化　503
外的知覚　395
快感情　475
解消化　477

解消化現象　474
解体分析　82, 84, 149, 223, 225, 230, 437
解体法　447
解剖学的生理学　496
回転ドアの原理　250
界面　485
界面化現象　447, 482, 485
科学革命　165
科学主義的態度　174
科学的客観分析　213
科学的思考　4, 249, 411, 441
可感的性質　542
可能態　14
可能態の身体能力　17, 281, 336
確信　417
確信の原形態　460
確定化現象　549
確率論的予測　321
学的方法論　81, 83
過去把持地平　480
重なり合い　474, 479
数　38, 165
数稽古　440, 463, 494
型　485
片側優勢化　270
形なきものの形　222
価値感覚　243, 429
合体化　94, 469, 481
過程分析　275
絡み合い構造　241
仮初めの成立　552
感覚運動知能　9, 236, 371, 401, 483
感覚エートス　390
感覚形態化　207, 213, 304
感覚構造化　229
感覚質　512, 557
感覚質越境性　483
感覚図式　79, 246
感覚図式化　341
感覚図式発生　218
感覚する　544
感覚すること　35

584　さくいん

感覚素材的なもの　456
感覚態　540
感覚対象　195
感覚的感情　325, 351, 361, 425, 515
感覚学的形態学　59
感覚的綜合　196
感覚的対象　300
感覚的直観　106, 187, 188, 240, 262, 569, 579
感覚与件　34, 544
感覚論的身体学　560
感覚論理　42, 47, 165, 236, 323, 570
感じ　296, 326, 330, 425
感情移入　123
感情感覚　252, 292, 330
感情の高揚　325
感性的直観　240
関係分析　233, 520
観見二様　336, 341
間主観身体　309, 564
間身体教育　323
間身体性　40, 46, 181
間身体能力　454
間モナド　454
間モナド連関　141, 321

キネシオロジー　4
キネステーゼ感覚　9, 11, 92
キネステーゼ感覚学　568
キネステーゼ感覚形態化　352
キネステーゼ感覚消滅　352
キネステーゼ感覚能力　377
キネステーゼ共鳴　345
キネステーゼ欠損態　155
キネステーゼシステム　88
キネステーゼ情況　42
キネステーゼ身体移入　564
キネステーゼ身体発生　541
キネステーゼ対照化　431
キネステーゼ対照化分析　429
キネメロディー化　225
機械化　495
機械的反復　436, 463
機能運動学　214
機能する動感身体性　213, 229
機能分析論　275, 277
幾何学的精神　543
危機　251

記述学　95
技心一元性　505
基体　60, 210
基本概念　267
気づき　509
気分　327
規範化　206
規範形態化　207
極め　214, 292, 519
客観的心理学　538
究極意味核　400
究極核　32, 167, 358, 387, 466, 482
究極基体　12, 87, 211, 375, 415, 555
究極自在さ　525
究極身体能力　226
究極大自在　531
究極的命綱　482
究極の核　217
究極の確信　316, 454
究極の裂け目　410
求心的方向性　327
共感志向性　128
共感能力　122
共現前　406
共遂行　40, 267
共遂行志向性　127
共遂行の共感　253
共遂行能力　122, 150, 308, 564
共通感覚　11, 123, 483
共通感覚的達成能力　227
共通する一者　456
共通知覚の感覚質　253
共動感化　269, 562
共鳴化統一態　433
共鳴化法則　433
共鳴メロディー　399
局面化　258, 259
局面化志向対象　263
局面構成化　258, 259
局面構造　259
競技運動学　293
教材分析研究　234
際立ち　428

グループリズム　268
空虚形態　69, 476
空虚志向　243
空虚志向性　15

空虚地平　77
空虚表象　69, 406, 476
偶発性　435, 452
偶発的出来事　393
駆使身体　408, 469
組合せ形態　222

ゲシュタルト承認幅　510
稽古　485
稽古論　575
形相単一形態　197
形相的還元　175
形相的形態　450
形相的形態学　90, 169, 417, 441
形相的直観　467, 479
形相的モルフォロギー　459
形態充実　441
形態化　32, 423, 469, 549
形態学的漠然性　90
形態漠然性　334
形態発生　236
芸道　534
結果　357
結果からの予言者　357, 369, 384
結果の先取り　36, 43, 216, 316, 317, 357, 528
結果の反省　124
欠損態　70, 425
気配感　325, 327, 330, 424
気配感能力　330
原印象　100
原感覚形態　579
原感覚性　412, 413, 415, 572
原感情　252, 480
原感情感覚　253
原キネステーゼ　383
原経験　169
原形象　456
原形態　417, 484
原現在　34, 112, 233, 242, 247, 435, 453, 489
原現在地平分析　245
原現象　249, 295, 298, 300, 316, 322, 411
原構造　79, 112, 161, 243, 253, 427
原構造地平分析　427
原自覚　248
原事実　19, 42, 68, 129, 155, 256, 373, 405, 425, 484, 546, 578

原事実性　376
原衝動　244
原触発　245, 273
原触発連合作用　431
原所産　413
原身体感覚　189
原身体性　189
原創設　448, 450, 458
原対象　11, 194, 195, 246
原対象性　191, 195, 299, 453
原直観　398, 438, 440, 552
原的　232
原的開示性　33
原的感覚性　418
原的充実性　428, 482
原的所与性　227
原的身体運動　194
原的身体開示性　418, 419
原的身体性　227, 231, 232, 236,
　　　314, 321, 322, 326
原的身体能力　227, 228
原的直観　56, 65, 66, 151, 170,
　　　172, 195, 200
原的直観化　313, 317, 342, 344
原動感　95, 308, 415, 416
原動感感覚　253
原動感性　253
原動感地平　104
原動力　185
原ドクサ　136
原努力　27, 96
原努力志向性　185, 315
原努力の反復化　322
原発生　111, 185, 245, 351, 424
原発生地平　42, 438, 449, 480
原発生地平分析　36, 280, 358,
　　　430, 457, 532
原ヒュレー分析　427
原方位づけ　242
原法則性　430
原領域　413
原連合　103, 416, 432
原連合化　242
原連合化現象　78
原連合現象　425
原連合的綜合　184, 426, 431, 438
原連合的綜合化　398
現実態　14
現実態の身体知能　17, 336
現象　423

現象学する自我　37, 277, 361,
　　　368, 464, 511, 533
現象学的間身体分析　213
現象学的記述学　84, 171
現象学的空間　255
現象学的自我　117, 221
現象学的人間学　366
現象学的分析　424
現象身体　145, 236, 350, 570
現象の手　330
現象野　423
現前化能力　432

コントラスト　425
コントラスト化　100
コントラスト程度差　105, 428,
　　　507, 509
恒常的正確性　498
構造化意味核　445, 448, 457
構造化基体　227
構造の構造　345
心構え　505
悟性対象性　239
個性的様式　451
個別態　199, 210, 218
小走り　209
固有領域　57, 72, 125, 255, 561
根拠関係　310, 329

=====　さ　=====

差異化　394, 488
差異化合致　455
再生像　478
再生の志向所産　413
再認の直観　262
最適化傾向　306
先取り　438
先読み　293, 312, 313
先読み作用　221
先読み能力　312, 313

シリーズ的準個別態　224
シリーズ動感図式　224
シンボル　339
シンボル化　325, 339, 341
シンボル化現象　327
シンボル化身体知能　342
シンボル化身体能力　345
シンボル化図式　339, 342, 343

シンボル化能力　342, 343, 346
シンボル化分析　344
シンボル形態　340
シンボル的行動　340
自我身体　20, 57, 169
自我中心化　39, 470
自我分裂　37, 61, 97, 175, 361
自己移入　123
自己隠蔽性　67, 371
自己運動　6, 52, 66, 93, 205,
　　　417, 539
自己観察　92, 446
自己時間化　29, 77, 185, 245,
　　　248, 280, 312, 399, 490,
　　　508, 547
自己時間化能力　177, 314, 315,
　　　356, 372, 382, 416, 418,
　　　432, 462, 548
自己時間化分析　192, 493
自己性　490
自己責任性　372
自己中心化　266
自己分析　420
自己忘却性　55, 69, 118, 242,
　　　251, 257, 414, 470
自己離脱　531
自在無碍分析　478
自然主義的態度　62, 173
自然の世界　173
自然の態度　89, 172
自然の反省　89, 117, 156, 258,
　　　412
自体所与性　431, 551
自得の構え　27, 96
自発的自己運動　273
自由変更　430, 450, 452, 455
時間化能力　85, 124, 180, 352,
　　　508
時間化分析　219
時間化分析能力　421
時間化様相　262
時間様相　95
時間流　176
刺激－反応図式　424
始原性　545
始原的自己意識　66, 68
始原的事実性　256
志向越境性　126
志向含蓄態　67, 184, 356, 394,
　　　480, 492, 511

さくいん　585

志向体験　300
志向対象　62
志向対象変換　306
事後的反省　470, 491
事態　235, 496
事実学　441
事態的基体　237
実在対象　62
実証科学　366
実践運動学　91
実践可能性　14, 300, 453
実存運動　446
実的成素　456
実的分析　60, 157, 212, 456
射映原理　298
射映の対象　296
借問分析　149
習慣身体　449, 475
習慣身体生成　475
習慣態成立　476
充実綜合　406
修正化　440
修正化志向　373
重層的同心円　507
種的特殊化＝種化　191, 197
主観身体　300
主観性　205
受動志向性　180
受動綜合化　39, 201, 212
受動的　412
受動の先所与性　101, 244, 404
受動発生　180
受容発生　182
循環運動　210
準現前化作用　262
準個別態　224, 225
純粋記述　63, 134
純粋記述分析　41, 220, 265, 311, 344
純粋経験　549
純粋持続　467
純粋受動性　415
純粋直観　63
純粋論理学　231
情況　235, 318
情況感　293, 325, 327, 332, 344
情況感身体知　339
情況感能力　333, 334, 335
情況投射化能力　42
消去法　447

消滅現象　52
消滅発生　54, 368, 376
消滅発生分析　437
上空飛行的思考　395, 530, 542
承認幅　507
触発　184, 426, 427
触発化　104, 426
触発化程度差　105
触発傾向　432
触発程度差　507, 428, 509
触発的過去地平　432
触発の動機づけ　428
人格の自我　451
深層形成　305
身体　235
身体移入　123, 128, 149, 172, 263, 336
身体移入能力　150, 197, 308
身体運動　5, 194
身化　7, 41, 111, 266, 469, 481
身体学　69, 173, 320, 446
身体学的身体感覚　538
身体学的発生論　168
身体化現象　469
身体化分析　229, 463
身体化目標像　223
身体感覚　10, 189, 231, 289, 320, 350, 393, 538, 540
身体教育思想　202
身体経験　410
身体状態感　136, 328, 330
身体図式　320
身体性　205
身体知　42, 47, 165, 236, 275, 336, 570
身体知能　14, 200, 302, 343, 447, 546, 553, 568, 570
身体中心化　39, 104, 266, 276, 288, 289
身体中心化能力　305
身体的自己運動　545
身体的所与性　227
身体的なるもの　425, 545
身体投射化　104, 276
身体能力　14, 256, 279, 302, 545, 553
身体発生　3, 30, 32, 40, 236, 303, 471, 479, 569, 570
身体発生学習　273, 435
身体発生基盤　71

身体発生現象　53, 192, 207, 239, 481, 578
身体発生的　154
身体発生能力　29, 129, 154, 167, 172, 185, 187, 197, 230, 296, 303, 318, 410, 568, 580
身体発生分析　130, 181, 342, 455, 538
身体発生分析能力　143, 344
身体発生論　214, 236, 570
伸長　318, 323
伸長現象　324
伸長作用　221
親和性　100, 425, 455

スピード感　518
スポーツ運動学演習　419
スローランニング　209
遂行自我　7, 60, 174, 388
数学化　3
数学的確率論　324
数学的形式化　346, 481
数学的時空系　85
図形時間研究　44
図式化　399, 463
棲処の利　503

せめぎ合い　549
ゼロキネステーゼ　79, 242, 243, 245, 406, 418, 460, 578
ゼロ動感　181, 290
精確さ　499
精緻さ　409
正確性　495
成果主義　198
正常歩　202, 380
生成現象　52
生成発生　54, 368, 376
生成必然性　454, 458
生動性　384
生命の空間　409
生命の時空間世界　557
生命の想像力　136, 330
生理学的体力　568
静態の原創設分析　452
静態分析　53, 95, 224, 267, 443, 449, 548
静態論的類型学　457
世界意識　111, 247

接合化機能　222
接合化形態　220
絶対今　254, 544
絶対運動　165, 187, 569, 571, 575
絶対確信　387, 451, 499
絶対規定　256
絶対空　531
絶対空間　569
絶対ここ　254, 544
絶対時間　569
絶対時間化　29, 105, 115, 248, 303, 374, 401, 486, 532, 549
絶対時間化能力　401, 500
絶対事実性　135, 256, 484
絶対主観性　7, 45, 213, 241, 255, 387, 539, 540, 561
絶対主観的自己性　232
絶対ゼロ点　64, 78, 242, 253, 295, 308, 550, 582
設定立　450
先経験的の存在　376
先経験的の本質必然性　424
先言語的　543
先言語の奥義　200
先行条件の関数　346
先構成　26, 67, 69, 372, 410, 460
先時間の現在　247, 489
先所与性　183, 461
先反省　463, 549
先反省性　52, 72, 75
先反省的　478
先反省的の事態　77
全身感　293
全身感覚　136, 325, 327, 328
全体の感覚図式　208
潜勢運動　560
潜勢自己運動　145, 176, 560
潜勢伸長　320, 322, 324
潜勢の投射化　319

それ　531
相関共属性　30, 580
相互隠蔽原理　310
相互覚起　26, 102, 183, 406, 551
相互補完関係　48
相互補完性　278, 293, 294, 444
相即　129, 258, 455
相即現象　120, 471
相即性　115

相補的一元性　40, 48
相補的統一態　179
想起再生　413
想像形成化志向所産　413
綜合化　291, 397
綜合化個別態　218
綜合化統一　455
綜合化統一態　551
綜合的統一態　406
走リズム　209
即興演奏　253
即興先読み　314
即興舞踊　253
即自　469
測定競技　571
促発的身体発生　101
杣道　278
存在様相　95

た

たった今　142, 248, 257, 382
第一原発生法則　247
第二原発生法則　247
待機志向性　533
体系論的の分析　557
体験地平　64
体性感覚　190, 538
体調不安　505
体調的負担　504
体得　423
体力づくり　575
体力づくり運動　355
代行　560
代行形態化　148, 563
代行形態化能力　565
代行適合化　565
代行適合化能力　152
代行の統握　145
代行の変更　145
代行能力　177
代行分析　267, 560
代行模倣化　148
代行模倣化能力　148
代理不可能　482
大自在　530
大自在無碍　531
対象一般　238
対照化　429, 474
対照化現象　480

対象身体　469
対象性　107
他我　119
他者観察　171, 446
他者経験　105, 429
他者分析　420
立ち止まる今　241
達成原理　108
脱目的性　29, 355
短懸垂　214
探索化地平　105
探索化地平分析　106, 429
探索作用　430
探索地平志向性　429
端的知覚　240
弾力化　287, 289

地平意識　307
地平志向性　15, 64, 65, 149, 439
地平性分析　424
超越知覚　395
超越論的の蓋然論　324
超越論的の主観性　176
超越論的の態度　172
超越論的の反省　20, 36, 88, 117, 123, 156, 172, 219, 258, 529
超越論的の本質分析　228
超感覚的知覚　241
調整の適応　131, 149, 552, 559, 576
調和　475
調和化現象　474
調和化作用　474
直観化綜合分析　33
直進の作用　194
直進の自我　117
直進の志向体験　251
直進の知覚　46, 125, 279
直感　45
直観　188
直観化　155, 421, 422
直観化綜合　393, 397, 406, 442, 551
直観化綜合分析　20, 398, 422, 423
直観化能力　83
直観化分析　423, 437, 552
直観志向性　396
直観的表象　406

588　さくいん

沈黙の具体相　115, 117, 118

通時的淘汰性　162
通時的歴史身体　475

テクネー　165
出会い　8, 484
出会い現象　48, 241
定位感　253, 257, 258
定位感現象　253
定着化　477, 495
定着化分析　496
抵抗体験　464
停止感　519
程度差　104, 409, 428, 488
的確さ　499
適合化目標像　145
適自然　531
転換点　446
転機　374
転機現象　355
伝承　30
伝承財　220, 343, 448, 489, 547, 554
伝承の型　484
伝承発生　548
伝染可能性　268, 517
伝動化　239, 278
伝導原理　108
天頂の上　252

ドクサ経験　166, 170, 177
ドクサ領域　188
統計的標準化　346
統覚化作用　444
統覚化分析　444
動感移入　454
動感確信　112, 440
動感化現象　205
動感隔たり　152
動感感覚交信世界　40
動感感覚論化　324
動感共振　374
動感形態化　351, 368, 393, 410, 427
動感欠損態　76
動感原発生地平　329
動感情況　319
動感消減　251
動感消減現象　267

動感身体　145
動感身体性　18, 36, 346, 361, 416, 459, 545
動感身体知能　522
動感身体能力　454, 523
動感身体発生　232, 245, 323, 529, 530, 559
動感身体発生基盤　529
動感身体発生経験　233
動感身体発生現象　232
動感親和性　157, 432, 477
動感スキップ現象　71
動感側性　271
動感創設能力　564, 573
動感対照化分析　105
動感体験　532
動感調和能力　475
動感出会い　484
動感的先反省　549
動感伝承　530
動感伝承発生　344
動感仲間化　96, 149, 419, 461, 556
動感なじみ性　422, 427
動感なじみ発生　427
動感能力システム　453, 545
動感発生　189
動感反復化　429
動感メロディー　431
動感リズム　264
動感類縁性　477
動感連帯化　7, 484
動感連帯感　32, 420, 461, 484
動機づけ　32, 58
動機づけ因果性　140, 212
動機づけ分析　272
動機的発生分析　452
統計学的確率　467
統計的標準化　112
統計的標準概念　202, 230
同時変換志向対象　314
同時共感能力　309
同時的変換　409
同時変換　303
同時変換作用　25, 140
同時変換能力　305
同心円　478
同心円の感覚構造　511
投射化能力　318
淘汰化現象　448

淘汰化分析　554
頭頂の上　252
東洋の技術観　38
独我論的身体　446
徒手空拳　322
努力志向性　27

━━━━━━━ な ━━━━━━━

なじみ現象　422, 427
なじみ地平　104, 422, 425
ナンバ歩き　204, 379
内在　395
内在的　501
内在的運動知能　501
内在的超越　94, 303, 307, 538
内在的本質必然性　424
内的軽減化分析　504
中庭　250, 255, 470, 491
仲間関係系　32
仲間同士　559
流れ来る今　313
流れ来る時間流　250
流れ来る未来の今　241
流れ来るもの　470, 473
流れ去る今　313
流れ去るもの　470, 473
喃語　579

二重化現象　361
二重化統一態　483
二重化パラドックス　477
二重感覚　26, 304
二重的一元性　334
二重パラドックス　404
二声共鳴化　147
人間学　365
人間学的運動学　569
人間学的機能運動学　541
人間学的生理学　496
人間的アプリオリ　376

眠れる喃語　245
眠れるモナド　407
年代記分析　175

ノエシス契機　382
ノエマ的静態分析　230

さくいん 589

は

はずみ原理　290
はずみ反動　291
はずみ反動作用　290
パトス　352, 354
パトス運動　385
パトスカテゴリー　354, 367
パトス関係系　465
パトス的葛藤　158
パトス現存在　361
パトス的抗争　367
パトス的自己運動　388
パトス的情念性　351
パトス的生動性　385, 386, 387
パトス的なるもの　359, 360
パトス転機　375
パトスの知　359
パトス分析　351, 368
パトゾフィー　354
破局的危機　55
漠然性　39, 90, 169, 304, 312, 335
場所の知　330
場所の利　503
発見　520
発見可能性　577
発見性　491
発見方法論　474
発生　3, 367
発生の原法則　111
発生転機　376
発生分析　95, 443
発生様相　466
発生論　2, 190, 367
跳ね返し作用　290
場のヴェクトル構造　345
速さそのもの　518
反逆身体　297, 323, 400, 408, 439, 451, 465, 549
判定競技　572
反復化　425
反論理性　25, 93, 258, 303, 482
反論理的思考　411
ピュシス　2
ヒュレー的なるもの　414
非循環運動　210
非直観的志向性　551
非直観志向性　396, 495
非直観的なもの　396, 406

必然可能性　158
必当然的原事実　374
必当然的動感確信　217
否定の金縛り　370
秘伝　522
非人称自在無碍　531
非人称的自在無碍　402
評定競技　573

フェイント　316
不安感　506
複合形態　217
不幸な誤解　544
付帯伸長　320, 324
二つの今　63, 242, 247, 277, 395
二つの上　63, 242, 277
二形（ふたなり）統一態　33, 80, 180
負担軽減化　502, 503
縁どり地平　485
縁どり分析　223, 482
物理自然的身体学　538
部分的感覚図式　208
普遍基盤　83
浮遊状態　362, 365, 370
振り子理論　203
不立文字　335, 480
雰囲気　328

ヘラクレイトスの流れ　416
平行関係　82
隔たり　297
隔たり感　293, 295, 300
変換同時性　44, 150, 218, 249, 254, 304
遍時間性　241

ボール理論　281
方向不定性　327
保守性　489
没意識性　78
本質学　441
本質直観　440
本質直観化能力　220
本質直観分析　455, 471
本質法則　424
本能キネステーゼ　79, 244, 252, 406
本能動感　95

ま

マグレ当たり　398, 431
マグレ消滅　434
マグレ発生　434
窓　483

道しるべ　28
見取り稽古　98
未来予持地平　480
未来予持的志向性　382

無師独悟　163, 532
無の境地　531

メカニズム化　495
メタ構造　345
メロディー化　100
免疫性　503

モナド　447, 481, 482
モナド意味核　87, 199, 446, 448, 480, 482, 501
モナドコツ　42, 157
モナド個別態　199
モナド的個別態　199, 201, 212
モナド的なるもの　481
モナド論　481
モルフォロギー分析論　214
目的論的原形態　554
目的論的原理　322
目的論的無限性　400, 473, 554
目的論的歴史性　554
基づき関係　208, 209, 231, 390
基づき対象性　195
基づき分析　227, 232
物化　477
模倣遂行　149

や

役割経験　76
安らぎ　79, 243
野性キネステーゼ　244, 406

誘引可能性　450
優雅さ　513, 514
融合化局面　218
融合化形態　218
優勢化自在無碍　526

雄大さ 513
幽霊身体 48, 419

幼児運動学 183, 578
様相化分析 417, 460
要素核 216
予描先読み 313, 314
予描分析 141

リズム化 264
リズム概念 518
リズム感 517
リズム感転移 517
リズム構成化 264
離見の見 37, 336
理想的歩行 378
理想的目標像 471
理念的関係点 242

類化形態 429
類型学的分析 290
類型形態化 201
類型成立現象 207
類的一般化＝類化 197
類的単一形態 198
類的普遍化 191
類比的統覚化 285
類比統覚化 105, 428

例証的静態分析 311
例証分析 357
歴史身体 125, 359
歴史的目的論 554
連合化 545
連合化現象 412
連合的覚起 546
連合的綜合 26, 69, 102, 180, 257, 266, 398, 412, 416, 423, 437, 551, 575, 579

連合的綜合分析 70
連合動機づけ 102, 103, 284, 398, 412, 415, 420, 549, 552
連動原理 35, 156, 158

ロックの呪縛 44, 326
ロボット化 495

わざ 3, 391
わざの冴え 521
わざ幅 478, 497, 502, 507
わざ幅現象 440
わざ幅分析 508, 510
技芸（わざ）伝承 170
芸の隔たり 510
我汝連関 484
我汝仲間化 40

［著 者］

金子明友（かねこ あきとも）

筑波大学名誉教授
元日本女子体育大学学長
国際体操連盟名誉メンバー

［主な著書］

『体操競技のコーチング』1974 年，大修館書店
『マイネル・スポーツ運動学』(訳)1981 年，大修館書店
教師のための器械運動指導法シリーズ『マット運動』『跳び箱・平均台運動』『鉄棒運動』
　1982~1984 年，大修館書店
マイネル遺稿『動きの感性学』(編訳)，1998 年，大修館書店
『わざの伝承』2002 年，明和出版
『身体知の形成［上］－運動分析論講義・基礎編－』2005 年，明和出版
『身体知の形成［下］－運動分析論講義・方法編－』2005 年，明和出版
『身体知の構造－構造分析論講義－』2007 年，明和出版
『スポーツ運動学』－身体知の分析論－』2009 年，明和出版
『運動感覚の深層』2015 年，明和出版

わざ伝承の道しるべ
ⓒ Kaneko Akitomo 2018

初版発行――――2018 年 4 月 20 日

著　者――――金子明友
発行者――――和田義智
発行所――――株式会社 明和出版
　　　　　　〒 174-0064　東京都板橋区中台 3-27-F709
　　　　　　電話　03-5921-0557　E-mail: meiwa@zak.att.ne.jp
　　　　　　振替　00120-3-25221

装　丁――――下田浩一
印刷・製本――壮光舎印刷株式会社

ISBN978-4-901933-42-1　　　Printed in Japan
Ⓡ 本書の全部または一部を無断で複写複製 (コピー) することは，著作権法上での例外を除き禁じられています。